先秦道家『德』观念研究

叶树勋 著

中国社会科学出版社

图书在版编目(CIP)数据

先秦道家"德"观念研究 / 叶树勋著.—北京：中国社会科学出版社，2022.5
　ISBN 978-7-5203-9975-3

　Ⅰ.①先… Ⅱ.①叶… Ⅲ.①道家—伦理学—研究—中国
Ⅳ.①B223.05②B82-092

中国版本图书馆 CIP 数据核字（2022）第 049155 号

出 版 人	赵剑英
责任编辑	冯春凤
责任校对	张爱华
责任印制	张雪娇
出　　版	中国社会科学出版社
社　　址	北京鼓楼西大街甲 158 号
邮　　编	100720
网　　址	http://www.csspw.cn
发 行 部	010-84083685
门 市 部	010-84029450
经　　销	新华书店及其他书店
印　　刷	北京君升印刷有限公司
装　　订	廊坊市广阳区广增装订厂
版　　次	2022 年 5 月第 1 版
印　　次	2022 年 5 月第 1 次印刷
开　　本	710×1000　1/16
印　　张	37.5
插　　页	2
字　　数	555 千字
定　　价	228.00 元

凡购买中国社会科学出版社图书，如有质量问题请与本社营销中心联系调换
电话：010-84083683
版权所有　侵权必究

序 一

若说探寻事物如何发生和生成是认识它的一种方式，那么这种方式对于人类认识思维创造物的观念世界也同样有效和可取。对观念以及作为它的近亲的概念（还有范畴）进行历史考察的观念史或概念史，已经是一个相当成熟的研究范式和类型了。就像人是由细胞构成的那样，一般所说的哲学史、思想史的链条上布满一系列的观念和概念。直接以观念研究为目标的观念史可以说是思想史、哲学史的缩略版、精华版。观念世界是波普尔（Karl Popper）所说的人类所面对的不同世界中的一个世界，这是人类精神的创造物及其被不断解释和刻画的世界。

对东西方传统或任何一个传统中的观念和概念展开探讨，始终是一个开放的过程，它不断地被构筑和积累，不断地被扩大和扩容。叶树勋的《先秦道家"德"观念研究》是一个新的实践和贡献。这一实践一开始就是在观念史的自觉意识之下展开的。对某一观念展开观念史研究，其方法可以是明示的，也可以是暗含的。树勋选择了前者，并在所需的限度内对其进行了解释和说明。他辨析了观念和概念，也回应了人们对观念史的疑虑。任何一个观念都不是可以离开其他观念的独自性存在，它始终是观念丛和观念网络中的存在。这意味着探讨任何一个观念都离不开其他观念。只是为了避免无穷的倒退，人们又必须划出适当的边界和范围，根据主题的需要进行选择取舍。由此出发，对一个观念的整体把握是指这种意义上的整体，对它的部分分析也是这种意义上的部分。这构成了观念探讨的核心部分，它是在观念自身的相互关系中所作的内部解释。在这一点上，树勋引入了关系概念，将早期道家之"德"置于道家的四种基本关系即道与物、道与人、己与他和王与民中来考察。揭示道家哲理具有这四种基本关系本身就是一个发现，认为"德"与这四种基本关系密不可分也是一种新知。

按照知识社会学的方法，任何一个观念哪怕是抽象的观念（如形而上学）都不是自外于社会和环境的孤立性存在，它和某一时期、某一空间的社会具有一定关联，这是观念形态的外部因素。对观念进行社会史解释是观念探讨的一部分。理想型的观念史研究，是观念内部解释和外部解释的统一。只是，对观念进行知识社会学的解释，需要解释者具备大量的历史和社会史知识，需要解释者能从中找出它们之间的真正关联（而且还要警惕将观念看成由什么决定或是什么因变量的做法），这十分困难和不易。树勋提出对两者进行分工处理是一个变通性考虑。出于这种考虑，他对"德"观念的探讨限于其本身，而不涉及它的社会史解释。事实上，这也是大多数观念史研究采取的方式。

道家的"德"观念是老子奠基的，它在老子智慧和《老子》这部书中同"道"差不多具有同等的重要性。《老子》中没有"道德"合称的用例，但在《庄子》中就比较多了，《荀子》中也有不少例子，当然儒道两家的用法很不同。司马迁的《老子列传》说老子"著书上下篇"主要是"言道德之意"。《论六家之要指》称诸子学派为阴阳、儒、墨、名、法、道德，其中的"道德"又被称为"道家"。到了《汉书·艺文志》就统称为"道家"，并沿袭至今。"道家"的称谓很简洁，但称"道德家"也完全没问题。《老子》书名和篇名的演变就说明了这一点。《老子》这一书名使用的最初记载，迄今所见仍是韩非的《解老》和《喻老》（"老"乃老子的简称，全称应是"解老子"、"喻老子"）。郭店简《老子》之名是整理者所加。汉代多称"老子"。《汉书·艺文志》记载的汉代几部重要的《老子》解释著作就是如此，如《老子邻氏经传》（四篇）、《老子傅氏经说》（三十七篇）、《老子徐氏经说》（六篇）、《刘向说老子》（四篇）等。将《老子》之书称为《老子道德经》《道德真经》或《道德经》要晚于《老子》，但很快也流行起来。若《老子道德经河上公章句》是汉代所称，那王弼的《老子道德经注》已是步其后尘。《老子》之书很早就分为上下篇，如帛书甲本分上下，只是没有篇名；稍晚的帛书乙本也分上下，并且有上篇"德"、下篇

"道"的篇名（篇序和传世本相反；汉简本则称"老子上经"和"老子下经"）。正如池田知久所说，"老子道德经"之名可能就是孕育于此。这些都表明，在老学史上"德"这个概念同"道"往往相提并论。但在老子学和道家观念史的研究上，人们对"德"的探讨是完全无法同"道"相比的。树勋的这一著作第一次以"德"观念展开主题化研究则是对此情况的重要弥补和改变。

对早期道家之"德"展开观念史研究的一个前提，是要确定早期道家人物和文本在时间上的先后关系。正是在这种过程中，"德"这一观念一方面保持着自身的同一性，一方面又在变化和转化。也只有确定了这一点，人们才有可能谈论"德"观念的演变过程，才能谈论它如何被传承又如何被丰富。但问题恰恰在于，要十分明确地确定这一点十分困难。解决这一矛盾的方法，是在相对意义上划定它们的前后关系，不排除有的文本是并行的和交错的。整体上，树勋正是如此处理这一难题的，这给他的探讨带来了便利。以老子和《老子》一书为出发点，树勋将《庄子》、《管子》四篇和《黄帝四经》这三个重要文本（还可以扩大选择范围，加上《文子》等）作为其重要的传承者和转化者。道家的"德"在老子之后有它的连续不断的后生，在老子之前也有它的前生和身世。为了说明老子之"德"的上承关系，树勋花费了许多精力考察前子学时代的"德"观念。从文字到语义，从义理到运用，他通过考察，在众解和众说之中提出了一个值得注意的看法，认为前诸子之"德"是一个体现工具思维的观念。这一看法可能会引起争议。如果"德"同时也是一个关乎正义的观念，那么人的美德正义同天的正义则是统一的。天佑德者和德者而天佑，敬德保民和保民敬德，两个理路中的相互关系具有双向性。

如同老子的"道"是对前子学之"道"的革命性转化，老子之"德"对前子学之"德"的转化也远远超出它传承的部分。观念丛中的老子之"德"，逻辑上可以从四个方面来考察："德"是"道"之"德"，"道"的本根化同时也是"德"的形上化，这是前子学时代所没有的；"德"是物之"德"，作为"道"的创生物的具象性、现实性，物之"德"是"道"之"德"的形下化，这也是前子学时代所没有的;"德"是人之"德",人作为物的一部分,其存在根据即在于人之"德";"德"是圣王之"德",作为人群中的寡人,圣王的政德是他成为圣王的必备条件。但依据文本,正如树勋恰当指出的那样,老子的"德"主要是指"道"之"德"和侯王或圣人之"德"。老子对"德"的使用还有其他方面的区分,如"上德""恒德""玄德""孔德""广德""建德""不争之德",等等。

老子之"德"在后来是如何演变和被塑造的,是树勋这一研究的另一个重点,也是一个难点。老子之后道家开始分化,在战国时期形成了纷繁和复杂的谱系。过去先秦道家的研究者们更多地关注庄子的智慧和路线,现在出土文献促使着人们更多地关注黄老学,这也是对先秦道家的一次重新认识。越来越清楚,司马氏父子和《汉书·艺文志》对道家的认知和描述,主要是黄老学意义上的图像,这也说明黄老学是战国和汉初的主要思潮。庄子加重了老子的文明异化意识和政治批判,将老子的小型国家变成了更为单纯和素朴的自然状态,将个人趣味的满足变成了远离政治的自由和逍遥。在这个路线上行走的道家人物,还有列子、杨朱、宋荣子等。树勋化繁为简,以《庄子》、《管子》四篇和《黄帝四经》为个案,考察老子之后"德"在这四个个案上的演变和展开。他通过细致考察而得出的明确和清晰的判断令人信服。庄子这里有一个重要的新用法即物德,它是"德"在具体事物中的内在化;与此紧密相联,庄子的"德"还包括一般所说的人之"德",它被扩大到了治理者之外,这也是庄子对老子之"德"的发展。《管子》四篇对"德"的发展比较接近于庄子,但又有所不同。它的"德"仍较强地同治理者结合在一起。《黄帝四经》主要是发展老子的政治性的"德",它还将"德"落实在对人的合法行为的奖赏上,并使之相对于对人的不合法行为的惩罚。"德"作为个人品性的伦理意义在这里被弱化。"德"观念在老子之后的种种转化,又和"道""天""性""心""理""法"等观念具有连动关系。它们的复杂关系也在树勋的整体视野之中。

树勋这一著作的完成,前后经历了较长的时间。它原本是我指导的树勋在清华的博士学位论文(2013年)。树勋从博士毕业到在清华国学院做博士后，从博士后出站到在南开大学从事中国哲学的教研工作，迄今已有差不多9年的时间。在这一过程中，他沿着博士阶段的方向继续深化对道家哲学的研究，提出了"先秦道家物德论研究"课题，并获得了国家社科基金青年项目立项。这项课题除了从"德"观念延伸到"物德"理论，也包括他对"自然"观念的研讨。这方面的研究结下了许多果实，对学界产生了一定影响。在继续深化道家研究的同时，树勋将领域扩展到了先秦儒家哲学，同时也关注新出土的简帛文献，并在去年又申获了国家社科基金一般项目"先秦儒家自我学说研究"。通过博士毕业之后的积累和不断扩展，树勋现在对其博士论文进行了大幅的修改、扩充和升格，其广度和深度都达到了原来不可想象的程度，可谓是久久为功。他的另一部重要著作很快也将出版，这一著作体现了他在早期儒道哲学方面的研究成果，其论域、论题和论说有洋洋大观之感。这些都是树勋努力求学的结果。树勋刚到清华大学读本科时是在化学系学习，后因兴趣转到了法学院学习，在法学院先后获得法学学士和硕士学位。在研读法理学过程中，他对中国哲学发生了兴趣，报考了我的博士研究生并以优异成绩获得了攻读哲学博士学位的机会。自此树勋就完全投入到中国哲学的学习中。他刻苦钻研，不懈努力，不断积累，成果丰硕。我感到十分欣慰。我也相信树勋在学术上将不断有所建树，不断体证学问作为人的生命的价值，不断体证学术作为人的天职的意义。

北京大学哲学系教授　王中江
2022年4月18日

序 二

"德"在今天，几乎只是一个与人相关的、伦理意义上的概念，然而在中国古代，其内涵远比现在深刻、系统、丰富。首先，"德"不局限于人，万物都有其德。其次，和"道"一样，"德"也是一个根本性的哲学概念，可以用来解释"天""道"的作用方式以及得天者、得道者的行为方式，可以用来解释万物的生成、构造及其性质，当然也可以用来解释人间社会各种关系的原理和准则。对于中国哲学而言，"德"的重要性是不言而喻的，从《老子》被称为《道德经》就可以看出，"德"的价值和意义几乎不亚于"道"。因此"德"的研究，是中国哲学研究中最为基础性的工作，对于深刻认识中国哲学的特征和价值具有重大的意义。然而，目前的中国哲学研究，对于"道"的考察要远远多于"德"，对于儒家之"德"的考察要远远多于道家之"德"，"德"更多被等同于伦理意义上的德性，被局限在人伦关系中加以考察。将其作为中国哲学基本元素做出完整、系统研究的论著还非常少。

以往的研究之所以稀少，和"德"研究的难度有很大关系。我自己在做道家研究时，也注意到"德"的丰富性和层次性，例如《老子》中"道""德"并用，显示出"德"也具有形而上的高度。但是，老子又以"玄德"一词表达"道"特有的作用方式，将"德"视为"道"之用。此外，"德"又处于"道"与"万物"之间，被视为"道"下贯于万物时，沟通形而上与形而下之间的重要环节。"道"并非纯粹的抽象虚无，而是一个活的东西，有具体的落实，这个落实正是借助了"德"之后，才进入到人间与历史之中。"道"如何以"德"的形式在天下展开，在老子之后构成了所有道家的主要关切。从《庄子》"德""性"大量连用来看,"德"成为了万物来自于"道"的内在规定性与由内向外的驱动力。那么"德"为什么具有这么丰富的层次,这么复杂的义涵是为何形成、何时形成、又如何演变的,自己虽然也曾用心探索,但常常有力不从心之感,因为这里面的问题太多太复杂,想要做出体系性的说明,并由此对中国哲学的特质做出阐发是不容易的。我发现不少学者也或多或少地对"德"观念做过考察,但是完整的、系统的论述却还少见。所以如果有人能够把"德"的复杂而多元的面相,整体地、系统地表达出来,那我们是求之不得的。现在,树勋敢于挑战这个题目,并做出了具有建设性的研究,我觉得非常欣慰,认为这是一本做出了重要学术贡献的书,乐于将其推荐给学界。

这本书是树勋在其博士论文基础上修改完成的,他的博士论文提交于2013年,距今已经快十年了。我曾在清华大学教书,和树勋有师生之缘,他当年撰写这篇论文时的场景,我还记得清清楚楚。他天分很高,是所谓的"四清",即本科、硕士、博士、博士后四个阶段全部在清华度过。他本科和硕士在清华法学院,一般清华法学院的学生出路都很好,无论从政、从商或者从事法律职业,都能过上富足的生活。但他毕业后却到人文学院来读博士,准备过清贫的日子,这让我刮目相看。他的硕士论文与刑名有关,最初见到树勋,是在我所开设的关于名学的课程上。树勋一开始就给我留下了深刻的印象,因为他的思维实在是太活跃了,问题一个接着一个,而且往往经过缜密思考,这一点和人文学院的学生有较大不同,我想这和他经过严格的法学训练一定有关。

树勋的博士生指导教师是王中江教授。王教授在树勋博士一年级的时候就调去了北大,那时清华哲学系从事中哲研究的教师非常少,所以在那之后树勋和我的接触就多一些,我的课他几乎都来听,我们的交流也非常频繁。王中江教授往往指导学生做哲学观念的研究,树勋选择了"德",一方面看得出树勋的勇气,敢于挑战硬骨头,另一方面也看得出王教授对他的信任。撰写博士论文期间,他常常在下课后,陪着我从教室走到清华照澜院附近的东九宿舍,把自己的想法讲给我听,两个人一边推着自行车慢慢走,一边慢慢聊。春花下如此,夏日下如此,秋风中如此,冬雪中如此。让我感觉此人定力不凡,能够咬定青山不放松,将来一定可以成大器。要研究"德"这个极其复杂的哲学概念，除了需要具备相当高的哲学素养和悟性之外，我想还需要一些特别的素质，例如细致和坚韧。树勋思考问题特别缜密，不轻易地接受别人的观点，也不轻易地下结论，一个问题往往被他掰碎了，前前后后、反反复复地思考，把各种可能性都展现出来，再利用逻辑性很强的语言恰如其分地表达出来。他的论述层次感特别强，能够把复杂的问题说得清清楚楚，这一点我们从他的书中能够明显感受到，所以他的观点能够经得住推敲，读起来也不累，这在青年学者中是比较少见的。树勋没有什么嗜好，除了睡觉吃饭，其他时间都在思考问题，他喜欢在夜里做学问，快天亮时再睡觉，我劝他不要这样，对身体不好，但他就是改不了。他三年就写出了很出色的博士论文，看上去时间很短，效率很高。但我知道，实际上是他心无旁骛、一心钻研，把绝大部分的时间和精力都用在学问上了。

树勋还很年轻，这些年他的学术成果非常丰富，思考的问题非常成熟，我想这和他当年博论所受的训练、打开的眼界有很大关系。我一向以为，如果真的立志一生从事学术，博论一定要做大的、基础性的题目，足以提供今后一生的发展可能性。德论研究就是这样的题目，树勋这些年在学界崭露头角，在物德、自然、自我、行动、帝道等研究领域都有不凡的见解，可以说这些题目都在德论研究的延长线上，是博论给了他思维延伸的丰富可能。我常常受他的启发，并让学生多读他的论文，观察学习他是如何发现问题、解决问题的。读他的论著，可以感受到一种生机勃勃的思考力，相信他今后一定能够做出更多有创见的学问来。

前面说到，德论是一个极具挑战性的题目，因为过去没有人做过系统研究，一般人不敢接手，但我觉得树勋做得不错，他的德论研究已经走在了学界的前列。在此，就我的理解和感受，从全面性和系统性两个方面对此书的学术价值做一些介绍。

首先是德论研究的全面性。过去关于"德"的研究，大多是为了研究"道"、为了研究"天"、研究"心"、研究"性"，甚至是为了研究具体的德目，而顺便研究"德"，很少把"德"置于关键和枢纽的位置，视为独立的研究对象。而实际上，中国历史上曾经经历过西周这样的"德"的建构时代，和东周这样的"德"的瓦解和重建时代，我们仅仅将"德"作为儒家思想渊源去理解是显然不充分的，不然我们无法理解《老子》为何以"道德"作为其思想的基本结构。显然，在早期的宇宙生成论、天人关系论、君民关系论中，"德"具有崇高而特殊的地位，有着丰富而独特的内涵，而不仅仅是伦理德性的总和。因此只有对"德"的历史、演变、关系和功能做出全面而系统的研究，才能对中国早期文化、尤其是对中国早期文化有着独到继承的道家思想做出准确的理解。树勋此书，正是以此为职志做出的研究，因此他给我们完整地打开了"德"的思想舞台，这是此书首先值得肯定之处。

虽然树勋九年前完成的博论已经写得很不错了。但是这九年里，树勋一直在打磨，从现在重新完成的书稿来看，这里面充实了很多新的东西，其中最引人注目的就是关系学说。这在博论里面并不明显，而在这本书稿里面，树勋将其大大扩充，并将"德"视为关系学说中的一个重要符号。也就是说，经过这么多年的思考，树勋体会到，"德"的主要特点在于，它是依关系而生的，只有在关系中呈现出来的"德"的学说才是开放的、活的、有生命力的。这种在关系中呈现出来的"德"，我称之为十字打开。即在树勋看来，道与物、道与人、己与他、王与民这四组关系是德论的基本骨架，不管"德"的意义如何变化，它始终不离这四组关系。过去，我们所讨论的"德"往往只涉及其中某些侧面，因此，得出的结论也只能是片面的、零碎的。现在将其置于四重骨架之中，就可以看出中国古代德论层次的丰富、功能的多样、地位的重要，因为"德"在这四种关系中均处于枢纽和关键的位置。以此四组关系为基础，道家呈现出了世界观、心性论、伦理学、政治学的丰富面向。不仅道家，连儒家、墨家、法家、阴阳家的德论也可以从这四种关系中找到各自的位置。

基于以"德"为中心的关系理论，树勋认为可以重新深化道家的主要学说，重新定义道家思想的特色，重新确认道论、天论、性论、心论的意义，重新考量诸子百家的德论。这里面有不少独特的见解，给我留下了深刻印象。例如，道家常常"德""性"连用，那么如何对此二者做出区别呢？这是一个非常关键的问题，树勋对此作了精心区分："道家以'德'所表征的属性或指作为'道'在事物之全蕴的潜质，或指作为'道'在事物之分化的特性。而其所论'性'的概念只有后一层意味。仅就人来看，'德'主要是指示人得以体道、觉道的一种潜质，而'性'指的是人的与生俱来的天性。二者的思想功能并不一样。"另外，"性"虽然同样是一个能够体现诸实体之关系的重要概念，但与"德"相比，"性"在能动性和涉他性上没有那么显著，因此无法像"德"那样成为构造诸种关系的枢纽。再如"道"与"德"的关系，似乎每个学者都能说上一点，但很难全面，树勋指出："道家是以'道'标示世界之本根，以'德'指示本根在人之境域。没有'道'，人事和万物都缺乏本原性的支撑；而没有'德'，'道'将会成为一个纯粹形而上的孤立的符号。'德'与'道'互需而互动，它们是构建道家哲学体系的两根基本支柱。"他将两者关系总结为道体德用、内在超越、道总德分以及道德并列四类，在我看来，这是目前所见最为完整，也最有说服力的"道德"框架。再如，过去我们更多地把儒家作为一种关系性学说来研究，在树勋看来，无论在深度还是广度上，道家德论作为一种关系性学说都更为彻底和丰满。在上述这些重要的问题上，树勋时有创发，我想，不仅是我，每个认真阅读的读者都会从中受到启发。

其次是德论研究的系统性。上述四层关系，看上去是一种共时性的逻辑结构，但实际上是在历史中具体展开的，所以树勋对于"德"的讨论，也贯彻了典型的观念史研究进路。他认为，在西周时期，"德"是指君王据以受天命的一种综合状态，它主要是一个关联君王和上天、先王和后王、君王和民众的观念，更多地表现为君与天、王与民关系中的恩惠授受状态，所以，与"德"相关的理念更多呈现为工具性的特征。而后来道家才把这种恩惠授受关系投射到了道物关系、道人关系的哲学思考中，这对我们纠正只从儒家角度考察"德"之原始意涵的做法有很大帮助。

随着春秋战国时期社会形势的变化，"德"原来的解释功能开始遭遇困境，这为后来诸子对"德"的改造提供了契机。道、儒、墨、法、阴阳诸家都参与了这一改造工作，中国的"德"观念开始脱胎换骨，迈向了新的思想历程。其中对"德"观念加以改造最多的是儒道两家。树勋指出："此两家都消除了'德'的工具性思维，让它成为一个纯粹表征道德价值的符号：'德'不再是获得天命的工具，也不会是获得其他效果的手段；'德'之所以重要，只在于其自身。从工具到价值的转变，是中国'德'观念的重要分水岭。"儒道两家也都将"德"从德性和德行两个方面去展开，都关注"德"的修养途径，都重视"德"在政治领域中的作用。这是儒道两家在德观念上的相同之处。而不同之处在于，儒家继承了"德"源自于"天"的认识，道家则做了大幅度的转变，主张以"道"为"德"的根源，"德"成为"道"之"德"。在人事领域中，无论是君王之"德"，还是一般个体之"德"，都是"道"之"德"在他们身上的一种具现。

具体而言，从德性维度看，道家更强调"德"的先天义，儒家更关注"德"的后天义。先天之"德"指的是，在道家思想中，"德"首先是指人所具有的体"道"、觉"道"的一种潜质，其次才是这一潜质在现实生活中的释放和展现。如孔子所言"天生德于予"，儒家思想中"德"也有先天之义，但更多的是指向后天修养的工夫与境地。从"德"的修养路径看，庄子主张"去德之累"，而孟子主张"扩而充之"，后者希望"德"能够发生"从小到大"的扩展；荀子强调"化性起伪"，希望"德"能够出现"从无到有"的转变。因此儒家希望"德"出现正面的发展。而道家则反过来，"德"的修养不是让它出现"从小到大"或者"从无到有"的正面发展，而是避免"从有到无"这种负面情况的发生。

在政治领域，虽然两家都存在"从内圣到外王"的理路，但儒家强调君王之"德"的典范性，推崇仁义教化，但道家则强调天下人固有其"德"，天下人需要的是让他们成其所是的自由场域，人为的教化非仅不能助其成"德"，反而会导致"德"的异化。就"德"与为政者的关系而言，儒家对于为政者意志显示出更多的肯定，而以庄子为代表的道家，对于为政者之"己"所带来的危险则十分警惕，因而强调"无为"的重要性。就"德"与人、物的关系而言，儒家更关心的是人、物之异,喜欢谈人禽之辨,而道家首先是关心人、物之同,关注人、物之同源与相通,进而关注人、物之差异。

就诸子百家而言,墨家继承了以"德"配"天"的思想,但在其"非命"的基调下,"天命"被改造成了"天志","德"的内涵被"兼爱"重新填充。法家延续了春秋时期逐渐流行的"德""刑"并用思想,让"德""刑"成为"法"的实质性内容。阴阳家以"德"配"五行",用"五德终始"说,来解释朝代政权之更迭,保留了以"德"指示政权正当性的意味。

至于道家内部,"德"观念在《老子》、《庄子》、《管子》四篇、《黄帝四经》那里,也有不同的表现,对此,树勋在书中以个案的形式作了详尽的分析。如前所言,他在关系理论中作十字打开,即在道与物、道与人、己与他、王与民四组关系的历史展开中做出详细说明。其中,老子对于"德"观念的改造最为全面,其重点在于,让"德"从一个解释政权的工具,转变为一个承载人事价值的符号,也让它从一个政治—宗教观念,转变为一个兼含世界观、心性论和政治哲学三重意义的观念。如果说老子是从"道"的向度讲"德","德"为"道"之"德",那么庄子则是从万物的向度讲"德","德"为万物之"德"。个体如何成德是庄子思想的核心关切,围绕"德者成和之修",庄子发展出了独特的"性"论与"心"学。在庄子这里,"德"的基本功能是为人的自由立基。如果说"道"与"德"同为世界本根,那么前者主要彰显本根的超越性,而后者更强调本根于人的内在性。庄子也并非不谈为政者之德,但其宗旨在于配合"天下之德"的实现。

黄老道家的"德"观念主要集中于德政论域,而德政思想又包含了政治德性和政治德行两个方面。《管子》四篇和《黄帝四经》正好强调了不同的侧面。《管子》四篇注重以"心术"为代表的"内德",通过精气说的引进,使"内德"修养获得更为具体的途径。《黄帝四经》既重视老子的"玄德",又不放弃传统的"明德"。和法家一样,黄老道家也重视"刑""德",但从天道的角度对其合理性和必要性做出了论证。同时,"德"的位置主要不在道物关系之间而在于天物关系之间,这样就改造了老子过分玄虚的理念,使其政治思想更具有操作性。

以上我择取了书中对"德"之演化的一些基本看法，从中可看到树勋的研究具有很强的系统性。这些观点都是他在对文献进行扎实研究基础上得来的，有理有据，多发前人所未发。树勋在最后总结道："'德'在道家思想中经历了一个不断开展、不断丰富的过程。经由老子改造、后学发展，道家贡献出一种别具一格的'德'的观念，和儒家共同成为轴心时期重造'德'之传统的杰出代表。老子奠定它的基本性格，铺设它的基本论域，庄子和黄老学派从不同的方向进行发展。庄子关注'德'作为个人之德性如何实现的问题，这一观念承载着他关于生命本质与价值的基本思考。黄老学派聚焦于'德'作为君王之德政如何推行的问题，用'德'指示他们所期许的社会政治形态。"我觉得这一概括比较全面，也比较精准，是前人尚未清晰达到的思想高度。

因为"德"在中国哲学史上无与伦比的重要性，因此，在中国古代"德"不仅是每个时代思想的核心观念，而且经历了复杂的演变、创新和运用，并和其他哲学观念产生了广泛的联系。所以树勋此书不仅仅是对"德"之观念史的梳理，也几乎从一个新的角度，对中国早期思想作了一番新的考察。

此书还有其他值得一提的特色。例如书中多次出现"语文学"一词，可以看出，树勋在研究过程中有强烈的语文分析意识，注意通过语文现象来把握观念内涵在思想流变中的痕迹。面对"德"的复杂性，树勋强调回到文本本身，立足于道家论"德"的各种材料，从语文层面开始做起。"语文学"方法包括两个方面，一个是立足于特定历史文本的语言分析，另一个是立足于特定思想语境的语义分析，这其实融通了中西两种语文学理论。我读他的书或论文，确实有此感受，树勋总是希望在语言和思想上实现最大程度的贯通。比如《老子》第五十一章"道生之，德畜之"中的"德"，历来解释不一。他通过分析此处语句之结构，发现"道生之，德畜之"是一种互文表达，后面所言"物形之，势成之"也是如此。这句话是说"道"及其功德能够生、畜万物，万物及其运动之势因此得以形成。"道"既生又畜，此等功能即是"德"。"德"在这里指的是"道"之功能，不是万物所得于"道"的属性,也不是与"道"并立的另一生养者。而如果忽视此处语句的互文性,那么就容易得出"道"负责"生"、"德"负责"畜"的看法。而且树勋的理解,还可以通过本章中间直接说"道生之、畜之……"不再提"德畜之",以及本章末句出现的"生而不有,为而不恃,长而不宰,是谓玄德"得到印证。因为这里的"德"就是指"道"施与万物的玄妙作用。可见,对这段话的解读同时运用了语法分析和语用分析,前者体现于互文性的发现,后者体现于语境方面的印证。在书中,这种从细小的语文现象入手做出的分析还有很多,这说明,作者的立论并非纯粹的理论推导和逻辑建构,整个分析过程既可以得到哲学界的认可,也可以得到文史学界的承认。

我想,这部书不仅具有很高的学术价值,也有重要的思想价值。一方面,借助树勋的悟性与努力,他建构起了一个全面而系统的、具有立体感的道家德论,这超越了以往的学者,是对学界的一大贡献。另一方面,树勋的德论研究也为我们重新审视中国古代思想中那些最为根本、最为鲜活的东西,提供了有益的帮助。受此书的启发,我认为,如果跳出历史、跳出学派,我们可以发现,中国人"德"思维的最大特征在于"德"指向了行为的正当性和化育万物的生命力,并成为调和各种关系的最佳方式。因此成德就成为成人的关键,无论儒道,都对此有着极为丰富而执着的思考,而这正是"德"观念在今天依然那么重要,可以超越时代、超越文化的魅力所在吧。

由于"德"观念过于复杂,树勋虽然已经下了很大的工夫,并把主题收缩在道家范围,但有些问题还是被忽略或没有来得及更好处理。例如,郭店楚简《老子》作为《老子》学术史上第一个文本,其"德"思想呈现出怎样的形态,是否具有特定的面貌?《文子》是道家的重要著作,无论是简本还是今本,"德仁义礼"都是其中的总纲,"德仁义礼"虽然能看出作用递降的趋势,但和《老子》《庄子》所强调的文明退化论显然不同,而呈现出对于价值秩序的包容和肯定,因此在道家观念史上,这是不可忽视的重要现象。另外,无论是前诸子中所见的"德",还是道家的"道",都有从正反两面论述的现象,而并非仅为正面之"德",这一点树勋也有论及,但这种现象如何纳入他提出的四种关系框架之中，还需要做些说明。《吕氏春秋》深受道家影响，其中作为养生最高境界的"全德"应该如何定位？这些都是有待作者今后继续思索或重新思考的问题。

  总而言之，这是一本由青年学者撰写的高质量、高水平的专著。我非常乐意为之做序推荐。现在，因为有各种各样的资助，青年学者出书并不是很难，但为了升等晋级，匆忙炮制，漏洞百出的也为数不少。然而，最终能留下的还是那些沉得下心思、耐得住寂寞、言之有物、给人启发的成果，我相信树勋这本书就在此列。

中国人民大学哲学院教授 曹 峰
2022 年 4 月 18 日

序 二

也留下未排除之点。无论是曲牌曲词，《白兔记》、《杀狗记》等，中所以集生亦仍疑案⋯⋯"。⑧明人的同类论述，又大都沿自叶子奇，今读之间题。也有待进一步的探讨。

要而言之，迄宋、末明初不管诸宫调中，曲本不均占影响，还非常本乎之的折流体。说者。内容在社会性发的元杂，言出皆用的半不多，悟吟。也为了再事矣。杂剧唱，原南曲旧唱或未改。而。故形型流下南未是明出现的不如是，是南曲南流变。音乐版发的变形。将在以后的有关本书中拟论。

中国人民大学国学院 朱一玄
2022 年 4 月 16 日

目 录

序一 ··· 王中江（1）
序二 ··· 曹 峰（6）

导 论 ·· （1）
  一 问题缘起 ·· （1）
  二 既往研究述要 ·· （4）
  三 研究思路与方法 ·· （24）
  四 文本概述 ·· （44）

第一章 思想渊源："德"观念的前诸子形态 ···················· （50）
  第一节 "德"在殷商时期 ···································· （51）
    一 作为文字的"德" ······································ （52）
    二 作为观念的"德" ······································ （56）
  第二节 西周的"德"观念 ···································· （60）
    一 "德"的字形 ·· （61）
    二 "德"的含义 ·· （63）
    三 "德"与"得"的关系问题 ······························ （76）
    四 "德"的主体、面向及其关系性 ·························· （81）
  第三节 "德"在春秋时期的发展 ······························ （86）
    一 "德"的含义 ·· （87）
    二 "德""得"之关联 ···································· （96）
    三 "德"的主体、面向及其变化趋势 ······················· （101）

四　"德"之困境及其思想转型 ································ (105)
　第四节　综　论 ·· (109)

第二章　新意域的开创：老子的"德"观念 ················ (112)
　第一节　"下德"与"上德"："德"的批判与重建 ········ (113)
　　一　《德经》首章的文本问题 ································ (115)
　　二　概念关系和意义结构 ····································· (120)
　　三　《德经》首章的思想史意义 ····························· (127)
　第二节　思域的扩展：道、物之间的"德" ·················· (134)
　　一　道之"玄德"：道生养万物的大功德 ·················· (134)
　　二　"德畜之"与"德"义再论 ······························ (140)
　　三　道体德用之关系及其成立依据 ························· (152)
　　四　"万物得一"与物德论的渊源 ·························· (158)
　第三节　人、道之间"德"的心性意义 ······················ (161)
　　一　"德"之"得道"义再考 ································ (161)
　　二　作为觉道之潜质的"德" ······························· (169)
　　三　"德"的异化及其成因 ··································· (174)
　　四　"德"的复归与"心"的作用 ··························· (178)
　第四节　王、民之间"德"的政治意涵 ······················ (188)
　　一　心性之"德"的政治功效 ································ (188)
　　二　"玄德"：老子政治思想的核心诉求 ·················· (192)
　　三　老子德政理念的层次及其特点 ························· (203)
　第五节　综　论 ·· (208)

第三章　个人德性的彰显：庄学的"德"观念 ············ (214)
　第一节　物德论的呈现："德"在道、物之间 ············· (215)
　　一　"德""得"关联与"德"义转向 ······················· (216)
　　二　"道"与"德"的关系 ····································· (220)
　　三　"德"与"性"的区别与联系 ···························· (229)
　　四　物德思想合论 ·· (235)

目 录

第二节　生命之"德"的多重思域：从天真之质
　　　　到游和之境 ………………………………………… (242)
　　一　作为生命本质的天真之"德" ……………………… (243)
　　二　天真之"德"在俗世生活之异化 …………………… (271)
　　三　"悬解"：化除物累而葆养天德 …………………… (281)
　　四　作为"德"之焕发的游和之境 ……………………… (313)
第三节　政治场域中"德"思想的展开 …………………… (326)
　　一　作为理想天下的"至德之世" ……………………… (328)
　　二　由"私"而"为"与"德"之"下衰" ………………… (331)
　　三　"在宥""藏天下"与"德"的回归 ………………… (337)
　　四　庄子德政思想的构造及其特点 ……………………… (347)
　　五　"悬解"与"在宥"：成德之两路及其内在联系 …… (360)
第四节　综　论 …………………………………………… (364)

第四章　探寻德政的基础：《管子》四篇的"德"观念 ……… (375)
第一节　"德"在道、物、气之间 ………………………… (377)
　　一　道的化育之"德"与物的所得之"德" …………… (377)
　　二　精气语境中"德"的表现 …………………………… (385)
第二节　"内德"的境地及其修养方式 …………………… (393)
　　一　作为精气和畅状态的"内德" ……………………… (393)
　　二　"内德"修养中身体的角色 ………………………… (398)
　　三　"心术"与"内德"之修养 ………………………… (402)
第三节　政治领域中"内德"的运用 ……………………… (420)
　　一　政治行为正当性的基础 ……………………………… (420)
　　二　从内圣到外王：黄老政治思想的内在理路 ………… (424)
第四节　综　论 …………………………………………… (427)

第五章　德政的开展：《黄帝四经》的"德"观念 ………… (434)
第一节　"德"在天地场景 ………………………………… (435)
　　一　天地之德行及其两种表现 …………………………… (436)

二　理论结构之演化 …………………………………… (445)
第二节　"德"作为为政之原则 ……………………………… (451)
　　一　"玄德"："王术"的内在基础 …………………… (452)
　　二　"明德"与德政的正当性依据 …………………… (457)
　　三　德政两个传统的结合与改造 ……………………… (463)
　　四　"德"的内外之辨与价值意涵 …………………… (468)
第三节　作为治理措施的"德"与"刑" …………………… (477)
　　一　"德""刑"之关系 ……………………………… (479)
　　二　"德""刑"正当性的基础 ……………………… (488)
　　三　法制当中"德""刑"之施展 …………………… (503)
第四节　综　论 ………………………………………………… (513)

结　语 ………………………………………………………… (522)
　　一　"德"在道家思想的历程 ………………………… (524)
　　二　"德"的义理构造与道家的关系学说 …………… (533)
　　三　"德"与"道""性""心" ……………………… (539)
　　四　"德"在道儒之间 ………………………………… (543)

参考文献 ……………………………………………………… (550)

后　记 ………………………………………………………… (574)

导　论

一　问题缘起

谈起道家，我们首先想到的是"道"；论至"德"的观念，大家更容易联想到儒家。确实，"道"是道家思想的一个标志，而"德"的观念也历来为儒者所重视。但我们不能因此而淡忘了"德"在道家哲学中的位置。《老子》又名《道德经》，包括上篇《道经》和下篇《德经》两个部分。仅从这里就可得知，"道"与"德"各占着老子哲学的"半壁江山"。[①] 倘若追溯到此前的殷周文化，毫无疑义地，"德"是那个时代的思想主角。自从老子提拔"道"、孔子"志于道"以后，"道"这个概念才脱颖而出，由此也开启了它与"德"并驾齐驱的思想历程。

老子从以往的"天道""人道"思想中萃取出形而上的"道"，这是其思想革命的一个重大方面。在此之外，其思想的创造性还体现于对曾经的思想主角——"德"——所进行的改造与重塑。"道"的思想革命太过于绚丽夺目，以至于我们往往忽视老子贡献的另一方面。老子区分"上德"与"下德"，对西周以降的流行语"明德"只

[①] "道德"在今天是大家耳熟能详的一个语词，但在古代思想中它们是各自独立的两个概念，即便二者存在千丝万缕的关系。当然，这不意味着古代没有"道德"一词，它在《庄子》《荀子》等先秦典籍中已经出现（《道德经》的书名是后来才有，不代表"道德"语词的出现）。

字不提，反而倡言有点针锋相对的"玄德"，① 这些都在暗示他要重新打造"德"的观念。"道"的升华和"德"的重造是老子思想革命的两个方面，而其成果则成为构造老子哲学体系的两根基本支柱。"道德经"的书名以及文本的结构已经提示了这一点。在近年出土的简帛《老子》中，帛书甲、乙本以及汉简本都是《德经》在前、《道经》在后，这更能反映"德"在老子哲学中的紧要地位。

  在道家后学中，老子重新勘定的"德"得到了传承与发展。庄子笔下那些看起来稀奇古怪的残疾人，其实正是"德"的化身，这些形象提示着"德"在庄子心目中的特殊地位（残疾人形象集中见于《庄子·德充符》）。在《逍遥游》中，庄子讲完著名的鲲鹏故事之后，紧接着就讲到那些"德合一君，行比一乡"的庸俗者，进而又讲到那位超凡脱俗的藐姑射山神人——"之人也，之德也，将旁礴万物以为一"。《应帝王》以"其德甚真"的真人形象开篇，在第二章则讲到那些以世俗方式治理天下的行为不过是"欺德"（具有欺诈性的德）而已。凡此种种，庄子何尝不是在重新打造"德"呢？只是他不像老子那样，明判"德"之"上""下"，他将自己的思想暗暗地寄托在那些寓言故事之中，悄悄地散落到不同的章节里。"德"不仅指示着个体精神之境地，还能标示天下社会之情状。庄子给我们描绘了一个"混芒"而"天放"的"至德之世"（《马蹄》），这是他心目中理想天下形态的一个寄托。

  作为战国道家的另一支系，黄老学派关于"德"的论议也非常丰富。《管子》书中《心术上》《心术下》《白心》《内业》此四篇，一般被视作稷下黄老之作品。正如同对于老子哲学我们容易在"道"的显赫之下淡忘"德"的角色，对于此四篇我们也往往因为聚焦于"心"而忽视其他方面。"心"的修养即其所谓"心术"，而"心术"

---

① 郑开先生敏锐地察觉到，儒家倡言"明德"，但绝口不提"玄德"，似乎是针锋相对；老、庄倡言"玄德"，对"明德"只字不提；"明"与"玄"都是视觉语词，一个表示明照，一个表示幽隐，有点儿针尖对麦芒的意味。见郑开《玄德论——关于老子政治哲学和伦理学的解读与阐释》，《商丘师范学院学报》2013 年第 1 期。在郑论基础上笔者想指出的是，这正好反映了儒道两家对西周以降"德"之传统的不同态度。

的目标则在于其所言之"内德"。"内德"是此间殊为关键的一个概念，它提示着各种修"心"之"术"究竟该往何处做。不惟如此，"内德"作为一个指向内在德性的概念，却又经常出现在政治论域中。我们通常会把传统思想中的"德"区分成德性与德政两个方面，但在《管子》四篇这里此二者是融为一体的。

在另一部黄老文献《黄帝四经》中，"德"的思想别有一番风味。它不怎么关心如何修养"内德"的问题，而是将重点放在了"德"的政治活动如何开展上。从《管子》四篇的角度来看，《黄帝四经》所关心的正是一种"外德"。老子重新勘定的"玄德"理念在此书中得到了继承，但耐人寻味的是，那个被老子所拒斥的"明德"传统又被接纳了进来。在对两种理念进行融会的基础上，它又主张以"德""刑"治国，让"德"从一种抽象理念转变成一种具体治术。这里也显示出黄老和法家的某种亲缘性，但无论是关于"德""刑"之治术，还是关于作为二者施行之标准的"法"，黄老道家都有着自身的独到之见。

只要我们略加回顾，很容易会发现"德"这个曾经的思想主角在道家学说里一直备受青睐，甚至于和"道"并驾齐驱。无怪乎司马谈在《论六家之要指》中言及道家时，用的是"道德"而不是"道"。[①] 在他看来，道家区别于其他学派的标志并非仅在于"道"，而在于"道""德"二者。以此来看，"道家"其实应该叫作"道德家"，这样才能系统反映其核心思想。"德"在道家思想里确实不再像它在此前那样，拥有着无与伦比的主角身份。但它依然担当着十分重要的角色，在道家诸子的思想建构中它一直激荡、飞扬着，是其学说得以开展的一条重要线索。

道家学说往往给人一种离世脱俗的印象，这种印象让我们容易淡忘它和殷周传统的联系。实际上，如同其他学派一般，道家也是在对

[①]《论六家之要指》曰："夫阴阳、儒、墨、名、法、道德，此务为治者也，直所从言之异路，有省不省耳。"（《史记·太史公自序》）此所言"道德"乃"道""德"之合称，如同"阴阳"是"阴""阳"之合称。

传统的延续和改造之中呈现其学说思想。如果说"道"是道家从传统那里提取材料重新打造的新瓶子，那么"德"就是道家从传统那里沿用下来的用以装新酒的旧瓶子。品鉴新瓶之酒，固然是我们研究工作的一个重要方面，但品鉴旧瓶之新酒，何尝不是别有一番风味？后者的味道是前者所不能具备的，要想对道家思想品出全味，旧瓶子的酒是我们断不能忘却的。

二 既往研究述要

在以往的道家思想研究中，"德"虽然不像"道"那样成为研究视域的中心，但也引起了一定程度的关注。我们先介绍关于此观念的研究概况，进而根据论者的进路叙述诸家之观点。

（一）研究概况

暂不论古代注《老》、释《庄》者对"德"的注解，自现代以来，"德"在比较早的时候就进入了研究者的视域。冯友兰先生、张岱年先生在撰述中国哲学通史时对此已有留意，钱穆先生辨析庄、老思想时把它作为一项内容。严灵峰和徐复观两位先生对此有过专论。严先生在《老庄研究》中专设一章以探讨老子的"德"观念，徐先生在研究道家人性思想时以"德"为主要依据进行考察。[①]

自20世纪80年代以来，研究者对此展开了更多的探讨。概念范畴研究的兴起促使大家关注"德"，并留意到道家的情况。如张岱年先生在《中国古典哲学概念范畴要论》一书中对道家思想的"德"

[①] 诸学者的具体观点在后文叙述，这里交代其大概的撰述时间。冯友兰《中国哲学史》上卷于1931年由神州国光社出版，后与下卷在1934年由商务印书馆一并出版。张岱年《中国哲学大纲》初成于1930年代后期（书中自序落款时间为1937年，见氏著《中国哲学大纲》，中国社会科学出版社1982年版，第19页），1958年由商务印书馆出版。钱穆所论出自《庄老通辨》中"庄老的宇宙论"一章，据书中交代，此章成于1956年（《庄老通辨》，生活·读书·新知三联书店2005年版，第147页）。严灵峰《老庄研究》于1959年由香港的亚洲出版社出版。徐复观《中国人性论史（先秦篇）》于1963年由台湾东海大学出版。

有专门考察。①"德"受到更多的关注和研讨，主要还是源于道家思想研究的不断深入。②研究者在论述道家相关问题时每每会涉及"德"的解释，此外也不乏学者对此展开专门的探讨。

王中江先生和郑开先生对这一观念有持续的关注，提出了许多重要的见解。王先生在专著《道家形而上学》中专设一章以探讨"德"的观念，其间尤为关注它的形上化倾向以及它区别于儒家之"德"的特征。③在后来的研究中，王先生从德性论的角度进一步探讨此观念从老子到庄子和黄老学派的演变情况，④此外也特别留意它作为"道"之辅助者而养育万物的角色。⑤郑先生曾深入探讨前诸子时代的"德"，在道家"德"观念上他也有许多重要的研究。在专著《道家形而上学研究》中他对此已有注意。⑥在随后的研究中，他发现了道家"玄德"和儒家"明德"的对照意味，以此为背景论析"玄德"之义涵。⑦此后他进一步对老、庄思想的"德"展开综论，⑧并基于比较哲学的视野考察"德"与西方"virtue"的同异。⑨

王博先生在专著《庄子哲学》中对"德"有精到之论。他围绕《德充符》的寓言故事阐发此观念在庄子哲学中的意味，并在此书附

---

① 张岱年：《中国古典哲学概念范畴要论》，收入《张岱年全集》第四卷，河北人民出版社1996年版，第612—614页。此外，《中国哲学史研究》编辑部主编的《中国哲学史主要概念范畴简释》（浙江人民出版社1988年版）收入了耿忠平先生所写的《德》一篇，其间也论及道家的情况。

② 这应该也和马王堆帛书《老子》的出土有一定的关系。帛书甲、乙两本中"德经"在前的情况，促使大家更加注意老子思想的"德"。

③ 王中江：《道家形而上学》，上海文化出版社2001年版，第169—182页。

④ 王中江：《早期道家的"德性论"和"人情论"——从老子到庄子和黄老》，《江南大学学报》（人文社会科学版）2012年第4期。

⑤ 王中江：《出土文献与先秦自然宇宙观重审》，《中国社会科学》2013年第5期。

⑥ 郑开：《道家形而上学研究》，宗教文化出版社2003年版，第182—195页。

⑦ 郑开：《玄德论——关于老子政治哲学和伦理学的解读与阐释》，《商丘师范学院学报》2013年第1期。

⑧ 郑开：《试论老庄哲学中的"德"：几个问题的新思考》，《湖南大学学报》（社会科学版）2016年第4期。

⑨ 郑开：《德与Virtue——跨语际、跨文化的伦理学范式比较研究》，《伦理学术》2020年总第9卷。此文立足于儒道两家和西方相关思想进行比较。

录中对它进行专门解释。① 罗安宪先生在研究道家心性论时比较关注"德"的问题。他把"德"看作道家"性"论的一个重要符号，同时也考察它和"命"的关系。② 许建良先生基于道德哲学的视野探讨老子、庄子以及《黄帝四经》的"德"，并总结了"德"的几个思想特性。③ 李晓英教授从个体论的视角一并研究"德""道"两观念，在"德"的观念上她尤为关注儒道思想之同异。④ 曹峰先生很关注"德"的地位问题，从生成论的角度解释"德"在老子哲学中为何是不可或缺的。⑤

此外，国外学界也有论者注意到道家此观念。牟复礼（Frederick W. Mote）曾用分析的方法对老子"德"义进行梳理，并强调"道"只能通过"德"来喻指。⑥ 孟旦（Donald J. Munro）研究道家"人"的观念时对"德"比较重视，并给出了一定的论析。⑦ 安乐哲（Roger T. Ames）曾就道家此观念撰写专论，基于"场域—焦点"的视域探析"德"的义涵。⑧ 木村英一很关注"德"与"道"的关系，以"分有"之论对此给出解释。⑨ 池田知久在其专著《道家思想的新研究》中对此已有留意，⑩ 在后来的《问道：〈老子〉思想细读》一书

---

① 王博：《庄子哲学》，北京大学出版社2004年版，第60—73、第157—159页。

② 罗安宪：《虚静与逍遥——道家心性论研究》，人民出版社2005年版，第83—122、254—265页。

③ 许建良：《先秦道家的道德世界》，中国社会科学出版社2006年版。

④ 李晓英：《个体论——先秦儒道对"德""道"的诠释》，中央文献出版社2009年版，第35—133页。

⑤ 曹峰：《〈老子〉的幸福观与"玄德"思想之间的关系》，《中原文化研究》2014年第4期；《〈老子〉生成论的两条序列》，《文史哲》2017年第6期。

⑥ ［美］牟复礼：《中国思想之渊源》，王立刚译，北京大学出版社2009年版，第74—81页。

⑦ ［美］孟旦：《早期中国"人"的观念》，北京大学出版社2009年版，第136—153页。

⑧ Roger T. Ames. "Putting the Te back into Taoism." in J. Baird Callicott, and Roger T. Ames, eds. *Nature in Asian Traditions of Thought: Essays in Environmental Philosophy*. Albany: State University of New York Press, 1989, pp. 113–143.

⑨ ［日］木村英一：《老子の新研究》，東京：創文社1971年版，第572—585页。

⑩ ［日］池田知久：《道家思想的新研究——以〈庄子〉为中心》，王启发、曹峰译，中州古籍出版社2009年版，第244—245页、第291—292页。

中展开了更多的论述，认为老子思想的几个部分都由"道""德"共同组成。①

（二）诸家观点

通过以上概略的回顾，可以看到虽然"德"受到的关注无法与"道"相提并论，但它在大家的研究视域中仍有一定的位置。接下来，我们进一步叙述学界已有的各种观点。这不限于前面提到的情况，还包括那些散见于各种论著的观点。② 另外，我们打算将老庄和黄老分成两部分进行回顾。学者们对道家此观念的研究主要围绕老庄展开，并且，就黄老方面的研究来看，大家关注的是"德""刑"之论，这在研究视域上也造成了一定的分离。③

1. 关于老、庄"德"观念的研究

"德"的含义是大家普遍关心的问题，此外也有学者留意到"德"与"道""性"等概念的关系以及"德"的思想地位。我们先叙述大家对"德"义的解释，然后集中看看研究者在其他问题上的见解。

（1）"德"的含义

不管对"德"的地位以及它和其他概念的关系持何种看法，研究者在论及它时一般都由含义入手。总的来看，既有的解释可以概括为三种进路，分别是由"道"解"德"、以"性"解"德"和由"心"解"德"。它们没有绝对的界线，有些论著会兼含不同的角度。这种区分主要为了反映人们在理解时各所侧重的思想支点。

若问起道家思想中"德"指的是什么，最常见的回答应该是

---

① ［日］池田知久：《问道：〈老子〉思想细读》，王启发、曹峰等译，广西师范大学出版社2019年版，第83—88页。池田先生将老子思想分成哲学、伦理思想、政治思想、养生思想以及自然思想五个部分，认为伦理思想的目标即怀抱最高的"道"以及作为"道"之作用的"德"，政治思想中统治者实施有效治理的方法在于把握"道"和"德"，养生的基本方法是对"道""德""无为""虚静""无知"的把握。

② 当然，这里的叙述仍然是有限的，我们将对一些比较有代表性的观点进行总结。

③ 此所言分离是就研究情况而言，并非指道家思想的"德"本来有此现象。事实上，黄老思想的"德"和老、庄思想的"德"具有内在的联系，这也正是本书所要处理的一个问题。

"德者得也"和"道体德用"。另一方面,"德"的字形构造也提示着它和"心"具有密切的关联。这里就反映出对"德"义理解的三种进路。"道体德用"说从"道"出发,将"德"理解成"道"的功能。"德者得也"说则基于万物或者人,把"德"看作由"道"而"得"的本性,虽然此解也涉及"道",但所立足的是万物或人,而不在于"道"。从"德"的归属者(主体)来看,前者强调的是"道"之"德",后者关注的是万物之"德"或人之"德"。至于由"心"解"德"的思路,则更强调它作为心灵境界的意义。这里也关乎"得道"——"德"往往被看成一种"得道"的精神境界,但人们理解的侧重点已不同于那种把"德"看作本性的见解。

①由"道"解"德"

道家哲学中"德"与"道"的密切关系,直接影响着人们对前者的理解进路。"道体德用"之论是目前研究中很常见的一种解释。当然,这还不是由"道"解"德"的全部情形,有的学者虽然也是从"道"出发,但其看法又和体用之论有所不同。这里先叙述体用之论,继而再看其他的见解。

"道体德用"的观点很早就有出现。如《韩非子·解老》曰:"道有积而积有功,德者道之功。"[①] 后世注《老》亦有沿此思路者。如苏辙注曰:"道者,万物之母。故生万物者,道也。及其运而为德,牧养群众而不辞。故畜养万物者,德也。"[②]"及其运而为德"意味着"德"即"道"之运行功能。现代研究中比较早对此解作系统论述的是严灵峰先生。严先生梳理了《老子》中的"德",进而总结出"德"即"道"之用、"道"即"德"之体的看法。[③] 高亨先生以

[①] 王先慎集解本"积有功"作"德有功"。顾广圻曰:"德当作积。"据改。见王先慎《韩非子集解》,中华书局1998年版,第133页。

[②] 苏辙:《道德真经注》,熊铁基、陈红星主编:《老子集成》第三卷,宗教文化出版社2011年版,第21页。

[③] 严灵峰:《老庄研究》,台北:台湾中华书局1979年版,第82—115页。

"道的性能"解释老子所论"德畜之"的"德",① 其思路类似于此。这种观点在后来的研究中比较常见。如陈鼓应先生认为,"道"和"德"的关系是二而一的,老子以体和用的发展说明"道"和"德"的关系;"德"是"道"的作用,也是"道"的显现。② 刘笑敢先生在解释老子所论"德畜之"时,认为这里的"德"是指"道"的功能的具体体现和落实。③ 许建良先生认为,《老子》的"德"有两个方面的意义,一是与"道"同义,一是"道"之用,即"德"是"道"的具体体现或"道"的具象。④

在国外学界这种观点也比较流行。我们可以通过两个方面来考察国外学者的理解,一是看其译语,二是看其论述。韦利(Arthur Waley)将老子的"德"译为"the power of Tao",意指"道"的一种力量。⑤ 葛瑞汉(Angus C. Graham)将老子的"德"译为"potency",视之为"道"的一种效能;⑥ 针对庄子的"德",则同于韦利的译法。⑦ 梅勒(Hans-Georg Moeller)以 efficacy 翻译老子所言"德",认为它是指"道"所具有的一种功效。⑧ 这几个译词(power、potency、efficacy)在内涵上没有根本区别,都是把"德"看作"道"的功能。论述方面,史华慈(Benjamin I. Schwartz)论及老子的"德"时曾强调,"德"即是"道"的一种体现。⑨ 牟复礼将老子所论

---

① 高亨:《老子注译》,清华大学出版社 2010 年版,第 84 页。

② 陈鼓应:《老庄新论》(修订版),商务印书馆 2008 年版,第 148 页。

③ 刘笑敢:《老子古今》(修订版上卷),中国社会科学出版社 2006 年版,第 534 页。刘先生还言道:"德"可以是"道"之"德",也可以是万物之"德"。

④ 许建良:《先秦道家的道德世界》,第 40 页。

⑤ Arthur Waley. *The Way and Its Power: A Study of the Tao tê ching and Its Place in Chinese Thought*. New York: Grove Press, 1958, p. 205.

⑥ Angus C. Graham. *Disputers of the Tao: Philosophical Argument in Ancient China*. La Salle: Open Court Publishing Company, 1989, p. 218.

⑦ Angus C. Graham. *Chuang-tzû: The Inner Chapters*. London: Unwin Hyman Limited, 1989, p. 76.

⑧ Hans-Georg Moeller. *The Philosophy of the Daodejing*. New York: Columbia University Press, 2006, pp. 41-42.

⑨ [美]史华慈:《古代中国的思想世界》,程钢译,江苏人民出版社 2004 年版,第 217 页。史华慈在此处还论及"德"作为圣王之德性的意义。

"德"分成五义,其中三项都和"道"的功能有关。① 孟旦把道家所论"德"分为两义,其中一义即是"道"生成万物之表现。② 池田知久在论述老子之"德"时,一直都很强调它作为"道"之机能和作用的意义。③

"道体德用"之论是由"道"解"德"的常见情形,此外有一些解释虽然也结合"道"展开,但其间所论却和体用之说有所不同。它不怎么强调"德"作为"道"之功用的意义,而是表现出将"道""德"视作并立关系的倾向。如《文子·道德》曰:"物生者道也,长者德也。"这应该是针对《老子》"道生之,德畜之"的解释。④ 同样是针对此言,河上公注曰:"道生万物;德,一也,一主布气而畜养。"⑤ 这种解释有个特点,它没有以物之所得定位"德",而是从"道"生成万物的角度理解"德";但它又没有把"德"视作隶属于"道"的概念,而是突显它的独立地位。某种程度上,它是把"德"看作与"道"并立、共同化育万物的生养者。

现代研究中也有学者持类似的见解。如王中江先生认为,老子思想中的"德"具有形上化的特点,"德"畜养、滋养、养育万物,参与到万物的生命中,为万物提供了条件和活力,成就事物。⑥ 在后来的研究中王先生延续此解,认为"德畜之"具有养育万物之外的意

---

① 牟复礼所分五个义项为:由"道"衍生出的力量和德行;养育万物;引导事物恢复如初;大智者的品质;万物的本性(《中国思想之渊源》,第75页)。其中的第二义和第三义都是基于第一义而来。

② 孟旦认为,道家思想中"德"具有两个方面的新意义,一是指"道"生成万物的恩惠行为,二是指事物内在的生命法则,这两种意义都和"德"以前的含义有关,前者源于"德"原有的恩惠之义,后者则源于"德"与"得"的联合(《早期中国"人"的观念》,第138—139页)。

③ [日]池田知久:《道家思想的新研究——以〈庄子〉为中心》,第245页;《郭店楚简老子の新研究》,東京:汲古書院2011年版,第391页;《问道:〈老子〉思想细读》,第84页。

④ 关于《文子》的成书问题,后文将有述及。这里是把它看作《老子》的解释性文献。

⑤ 王卡点校:《老子道德经河上公章句》,中华书局1993年版,第196页。

⑥ 王中江:《道家形而上学》,第175页。

思，体现的是"德"对万物的重要作用；① 此外还论及，如果说"道"是最高的养护者，那么"德"就是具有辅助角色的养育者。② 曹峰先生也强调"德"在万物生成中的地位，但具体所论不同于王先生。曹先生提出，老子宇宙论包含了发生与成长两个序列，"道"只是提供了发生的源头，万物的成长还有赖于"德"的作用；"道"与"德"分别担当不同的角色，发挥不同的功能，这是老子讲"道"之外还要讲"德"的一个重要原因。③ 在王、曹两先生的解释中，"德"拥有了一定的独立性，它和"道"相互配合，共同化育天地万物。王先生关注"德"对于"道"的辅助角色，曹先生则更加强调二者的并立地位。

前面叙述了由"道"解"德"的两种情形。它们的共同之处是没有从物之所得出发、将"德"解为属性，而是顺着"道"的概念去呈现"德"的意义。所不同在于，在"道体德用"的解释中，"德"是一个隶属于"道"、表征其功能作用的概念，而在另一种解释中，"德"拥有了一定的独立地位——对于万物生成而言，"德"与"道"是两个相互配合的生养者。

②以"性"解"德"

如果说"德"与"道"的密切联系为由"道"解"德"提供了可能，那么"德"与"性"的紧密关联则是以"性"解"德"的重要依据。④ 在"道德""德性"这两个古代即有而现代频繁使用的语

---

① 王中江：《早期道家的"德性论"和"人情论"——从老子到庄子和黄老》，《江南大学学报》（人文社会科学版）2012年第4期。

② 王中江：《出土文献与先秦自然宇宙观重审》，《中国社会科学》2013年第5期。在新近研究中王先生将"德畜之"的"德"看作"道"的美德（王中江解读：《老子》，国家图书馆出版社2017年版，第180页）。

③ 曹峰：《〈老子〉的幸福观与"玄德"思想之间的关系》，《中原文化研究》2014年第4期；《〈老子〉生成论的两条序列》，《文史哲》2017年第6期。曹先生在前文论述"玄德"和幸福观的关系，并提出了两条序列的观点，后文则对此展开系统论述。

④ 这里需注意的是，在"道体德用"思路中，"道"是"德"的归属者，这一点不能类比于以"性"解"德"。在后解中，"德"的归属者是形下万物（包括人）。由此而论，这种解释也可说是由"物"解"德"或由"人"解"德"。

词中，① 即可管窥这两方面的渊源。以"性"解"德"也可分成两种情形来看。把"德"解释成事物（包括人）的本性，是这一类观点的共同之处，但论至"德"与"性"的关系上，大家的看法则有所不同。大多数学者不怎么强调"德""性"之区别，而在某些学者看来，"德"虽然是一个表征属性的范畴，但它和"性"的概念存在一定的差异。

以"性"解"德"的思路和"德者得也"之训诂密切相关，研究者多是以此为基础，把"德"看作万物由"道"而"得"的本质属性。这种解释在古代即有出现，如王弼对老子所论"德"的注释就是其中的典型："道者，物之所由也；德者，物之所得也。由之乃得，故曰不得不失，尊之则害，不得不贵也。"② 所谓"物之所得"，是基于万物由"道"而"得"之本性这一点来说。在现代研究中这种理解颇为流行。在比较早的研究里，冯友兰先生等人即作此解。冯先生认为"道"是指万物所以生之总原理，而"德"是指一物所以生之原理。③ 钱穆先生认为庄子的"德"是指修行，接近孔孟之"德"的初义，而老子的"德"则是指人之禀赋，其义近于儒家所言"性"。④ 徐复观先生堪称此解之代表。他认为《老子》和《庄子》内七篇均无"性"字，然其所谓"德"实即"性"。⑤ 基于此，徐先生考察《老子》和《庄子》内七篇之人性论时把"德"作为主要的依据。

在后来的研究中，这种解释经常出现。耿忠平先生认为，老子的"德"含有两种意思：一是和儒家相似，把它看作修身治国之"德"（但儒家强调有为，老子强调无为）；二是指事物的本性及其产生的

---

① "道德"一词在《庄子》《荀子》等典籍中已有出现。"德性"一词在《中庸》有出现（"尊德性而道问学"）。
② 王弼撰、楼宇烈校释：《老子道德经注校释》，中华书局2008年版，第137页。
③ 冯友兰：《中国哲学史》（上册），华东师范大学出版社2000年版，第137、172页。冯先生没有直接讲本性或属性。所谓"所以生之原理"，应是就本性、属性而言。
④ 钱穆：《庄老通辨》，第178—183页。
⑤ 徐复观：《中国人性论史》，华东师范大学出版社2005年版，第225、253页。

根源。① 汤一介先生通过"德""道"两个概念来解释道家哲学的内在超越之义理,认为"道"是天地万物存在的原则,它是超越于天地万物的,"德"是天地万物存在的根基,它是天地万物的内在本质。② 许抗生先生将"德"解释为德性,并指出德性即事物的本性,它包括"道"的德性、圣人的德性、天地万物的德性,基于此许先生把老子"德"论概括为物性论。③ 杨国荣先生以个体原理解释"德",认为它是指个体事物由"道"而得的具体规定性。④ 董平先生强调,任何现象都必然是因有得于道才获得自己的当前存在的;万物有得于道而谓之德,德即是"性"。⑤ 吴根友先生将"德"分作两义:一是指"道"的一种不易为人所理解、所把握的品性;二是指"道"的一种有形化、具体化的结果,即一物得道之结果。⑥ 李晓英教授以个体属性解释"德",并强调"德"是属性形成和个体创造的过程,此即"得道"之过程。⑦ 付粉鸽教授认为"德"是"道"在个体中的落实,无形无象的"道"和有形有象的现实之间需要一个过渡环节,此环节也就是"德"。⑧ 李霞教授认为"德"的根本内涵是万物和人从终极根源"道"那里获得的生命力,以及由此而形成的内在本质和个性特征。⑨

有的学者则侧重于伦理学角度,关注"德"作为人之德性的意义。朱伯崑先生将老、庄之"德"解释为人的品德,并认为老子的

---

① 耿忠平:《德》,收入《中国哲学史研究》编辑部主编《中国哲学史主要概念范畴简释》,第247页。
② 汤一介:《儒道释与内在超越问题》,江西人民出版社1991年版,第15—16页。
③ 许抗生:《老子与道家》,新华出版社1993年版,第21—24页。
④ 杨国荣:《庄子的思想世界》,华东师范大学出版社2009年版,第178—184页。
⑤ 董平:《老子研读》,中华书局2015年版,第21页。
⑥ 吴根友:《道家思想及其现代诠释》,上海交通大学出版社2018年版,第278—279页。
⑦ 李晓英:《个体论——先秦儒道对"德""道"的诠释》,中央文献出版社2009年版,第241页。
⑧ 付粉鸽:《自然与自由——老庄生命哲学研究》,人民出版社2010年版,第101—108页。
⑨ 李霞:《道家之"德"的生命论意蕴》,《江苏大学学报》(社会科学版)2012年第6期。

◇◆◇ 先秦道家"德"观念研究

"德"重在说明不刻意、不尚行的品德,而庄子的"德"则主要是指无差别境界的品德。① 蒙培元先生认为,"德"就是人的德性,它是"道"在人生问题上的落实,它是"道"的主体化,如果没有"德",所谓"道"也就失去了意义,或者只是自然哲学的问题。② 王博先生认为,老子五千言中没有一次出现"性"字,但这不意味着老子没有涉及人性的问题,在《道德经》中与"性"意义相当的词是"德"。③ 在其他地方王先生又指出,老子思想的"德"包括两个层次,一是指"道"的性质,一是指主体(人)所具有的品质。④ 陈霞教授围绕《老子》中"孔德之容,惟道是从"这一经典言论展开探讨。她认为,老子追问道德的根基,此论是要为人的道德确立合理性的基础,"惟道是从"作为一条宽泛的原则,具有普遍有效性和形而上学性。⑤

在国外学界,以"性"解"德"的思路也比较常见。沃森(Burton Watson)将庄子的"德"译为"virtue",⑥ 与英语世界对儒家之"德"的通常译法相同。孟旦将道家的"德"分作两义,认为它在指"道"生成万物之表现以外,又可以指事物内在的生命法则。⑦ 安乐哲基于"场域—焦点"理论解释道家的"道"与"德",认为"德"是"道"作为场域的焦点化,它是个体事物独特性的显露。⑧ 陈汉生(Chad Hansen)强调道家的"道"是指引导人们行为

---

① 朱伯崑:《先秦伦理学概论》,北京大学出版社1984年版,第187—188页、第208—210页。
② 蒙培元:《"道"的境界——老子哲学的深层意蕴》,《中国社会科学》1996年第1期。
③ 王博:《老子"自然"观念的初步形成》,《中国哲学史》1995年第3—4期合刊。
④ 王博:《老子思想的史官特色》,台北:文津出版社1993年版,第228—229页。
⑤ 陈霞:《孔德之容,惟道是从——论道家道德哲学的根基及其特征》,《哲学研究》2016年第3期。
⑥ Burton Watson. *The Complete Works of Chuang Tzu*. New York: Columbia University Press, 1968, p. 68.
⑦ [美]孟旦:《早期中国"人"的观念》,第138—139页。
⑧ Roger T. Ames. "Putting the Te back into Taoism." in J. Baird Callicott, and Roger T. Ames, eds. *Nature in Asian Traditions of Thought: Essays in Environmental Philosophy*. Albany: State University of New York Press, 1989, pp. 113—143.

的方法体系,"德"意味着这些方法内在于人或者说被人学习到的技艺。① 木村英一把老子思想的"德"理解成事物由"道"而获得的性质,同时又强调事物只获得"道"的某个部分,而人通过体认和修养,可以达至和"道"相趋近的"上德"。② 池田知久以"道"之机能解释老子之"德",论至庄子时则认为它是指人得"道"以后所具有的完备的能力。③

就"德""性"之关系来看,上述研究者一般不怎么强调它们的区别,甚至有的学者还明确表示"德"即是"性"。在另一些学者看来,"德"虽然是一个表征属性的范畴,但它和"性"的概念却存在一定的区别。张岱年先生比较早注意到这一点。他认为"德"指一物所得于"道"以成其体者,"德"实即一物之本性;④ 但他又指出"德"与"性"是两个有区别的概念,前者关乎事物"未生无形"之阶段,后者则指向"既生有形"之阶段。⑤ 王中江先生也留意到"德""性"之区别,同时也指出二者的联系:《庄子》的"德"已比较清楚地与"性"联系起来,"性"来源于事物得"道"而产生的"德","性"得以修养也就返回到"德"之初。⑥ 罗安宪先生则认为,道家思想中存在一个"道—德—性"的系统,由"道"而"德"而至于"性",是事物由一般到具体的过程。⑦

以上研究者主要关注"德"作为"道""性"之中介的角色,此外也有学者以共性和个性来区分"德""性"二者。郑开先生认为,"德"包含同一和分殊的两个层面,一个意味着"道之所一",一个

---

① Chad Hansen. *A Daoist Theory of Chinese Thought: A Philosophical Interpretation*. New York: Oxford University Press, 2000, pp. 205 – 208, 300 – 303. 陈汉生没有以事物属性解释"德",但他强调"德"是"道"内在于人的结果,这也是以"得道"解释"德"的表现。我们是基于这一点将其观点归于此处。
② [日] 木村英一:《老子の新研究》,第578—580页。
③ [日] 池田知久:《道家思想的新研究——以〈庄子〉为中心》,第291—292页。
④ 张岱年:《中国哲学大纲》,第23—24页。
⑤ 同上书,第196页。
⑥ 王中江:《道家形而上学》,第175—176页。
⑦ 罗安宪:《虚静与逍遥——道家心性论研究》,第91—92页。

接近牛有牛性、马有马性的"性",前一层次的"德"是超越物类、种属诸范畴的最根本的"性",可称为"性之性"。①就作为"性之性"的"德"而言,郑先生是以共性定位"德"、以个性定位"性"。不过,也有学者持相反的看法。艾兰(Sarah Allan)认为,"德"是某种人的特有之物,"性"则是所有人的共有之物。②王玉彬先生基于《庄子》内篇言"德"不言"性"的现象,认为"德"与"性"是泾渭分明的两个概念:同然之"性"构成仁政的现实基础,多元之"德"则是统治者应尊重的生命本质。③在何者为共性、何者为个性的问题上,他的看法接近于艾兰。

比起前述的第一种解释(不强调"德""性"之区别),这一种解释虽然也以属性解"德",但它又强调"德"是一个有别于"性"的概念。具体到二者有何区别的问题上,学者们有不同的视角。有的学者结合"道"的概念,强调"德"作为"道""性"之中介的角色;有的学者则以共性和个性对"德""性"进行区分,但在何为共性、何为个性的问题上又存在不同的看法。当然,不管视角有何不同,他们都是把"德""性"看作两种不同层次的"属性",这是其解释的共同方向。

综合上述情形可知,以"性"解"德"是一直以来颇为流行的一种思路,某种程度上它比由"道"解"德"更为流行。尽管人们在"德"是否等同于"性"这一点上存在不同的看法,但以属性解"德"是大家共同的思路。这类解释(包括两种情形)主要有两个渊源:一是"德""性"本有紧密之联系,"德性"一词即是其联系之显征;二是"德者得也"的训诂被予以哲理化的理解——所谓"德"其实是指事物由"道"而"得"的成其为自身的东西,此即事物所

---

① 郑开:《试论老庄哲学中的"德":几个问题的新思考》,《湖南大学学报》(社会科学版)2016年第4期。
② [美]艾兰:《水之道与德之端——中国早期哲学思想的本喻》(增订版),张海晏译,商务印书馆2010年版,第119、126页。
③ 王玉彬:《"德""性"之辨——〈庄子〉内篇不言"性"释义》,《哲学研究》2017年第12期。

具之本性。①

由"道"解"德"和以"性"解"德"是两种不同的解释进路，这反映着人们理解当中所依据的不同支点：前者基于"道"，把"德"看作"道"的功能或者与"道"相配合的生养者；后者立足于形下万物，把"德"理解成事物的属性或人的本性。需进一步指出的是，这两种进路并无绝对界线，不乏学者在其论述中会同时采用二者，甚至会认为"德"作为"道"的功能和它作为"物"的属性是同一个意义。比如严灵峰先生在强调"德"作为"道"之用的同时也指出："德"不能离"道"而为用，必须通过于"物"而表现出来；"道"通于"物"而有得，故"道"所显现于"物"者为"德"。② 这已流露出把"道"之功能和"物"之属性统一起来的意思，此等意思在陈鼓应先生的论述中更为明确："德"是"道"的作用，也是"道"的显现；混一的"道"在创生的过程中会内化于万物，而成为各物的属性，这便是"德"，简言之，落向经验界的"道"，就是德。③ 孙以楷先生有类似之见，在解释老子所论"德畜之"时他提出：道内在于万物之中，万物由道而具有不同的特质，这就是道的功能。④ 在这些学者的理解中，所谓"道"的功能、所谓"物"的属性，其实是一回事，只是言说的角度有所不同而已。⑤

③由"心"解"德"

"德"的字形构造已经提示了它和"心"的密切联系。"德"在殷商甲骨文中写作"㣫"，⑥ 西周时期添加心符而成"惪"字。这一

---

① 当然，此中也有个别学者反对基于"德者得也"将"德"理解成有得于"道"，见前引郑开先生之论文。
② 严灵峰：《老庄研究》，第88页。
③ 陈鼓应：《老庄新论》，第148—149页。
④ 孙以楷：《老子通论》，安徽大学出版社2004年版，第473页。
⑤ 这样的理解也见于其他论著。这里所举三例是比较集中的论述。研究者在其解释中可能会"夹杂"两种进路，比如在前面说了"德"是"道"之功用，而在后面某些地方又以物之属性展开论述。
⑥ 关于此字是否为"德"字初文，学界尚有争议，笔者持肯定的意见。

◇◆◇ 先秦道家"德"观念研究

变化透露出"德"的观念经历了一个内心义被强化的过程。就道家思想研究来看，由"心"解"德"的情形主要见于对《庄子》的解释。陈鼓应先生在论述《德充符》之义旨时，即强调"德"是指"得"于"道"——体现大道精神之谓。① 刘笑敢先生认为庄子所谓"德"包含两义，一是指淳朴的自然本性，一是指最高的修养境界；同时也指出，最高修养境界的特点是"和"，即和谐圆满之意，实际也就是涵养和保持淳朴的自然本性，所以庄子所谓"德"的两个意义是完全一致的。② 王博先生认为，庄子所谓的"德"可以很方便地描述为"游心于道"的状态，庄子提出了足和尊足者、形和使其形者以及形骸之外和形骸之内等说法，都用来表现形和德的对立以及德较之于形的更重要的位置。③ 王楷先生强调，在庄子这里，体道于心即为德（"游心于道"），并且心只有在虚灵明觉状态之下方能体道。④ 王玉彬先生认为，庄子以"命"为生存境域的不断绽开与流衍，并将"德"阐释为心灵对命运之无可奈何的随顺与安和，由此而重新勘定了心灵自由的界域与精神逍遥的家园。⑤ 总的来看，这种解释是把庄子思想的"德"理解成"体道于心"，亦即"游心于道"的一种状态。

前面我们看到，"德"作为"道"之功能和作为物之本性这两种意义是存在一定联系的，甚至有学者认为二者在根本上是同一个意义。类似于此，"德"作为"心"之境界和作为人之本性也存在一定的联系。刘笑敢先生已注意到此点，他认为这两种意义是完全一致的。类似的看法也见于艾兰的研究。艾兰从隐喻角度解释"德"，论至庄子思想时她很关注"才全德不形"之论，认为这里

---

① 陈鼓应：《老庄新论》，第241页。
② 刘笑敢：《庄子哲学及其演变》（修订版），中国人民大学出版社2010年版，第133—134页。
③ 王博：《庄子哲学》，第158页。
④ 王楷：《庄子德论发微》，《道德与文明》2013年第1期。
⑤ 王玉彬："游心乎德之和"——庄子哲学"德"义发微，《道德与文明》2013年第2期。

的意思是作为"德"之容器的"心"就像一池水那样,"内保之而外不荡"。①艾兰没有直接论述"德"作为本性和作为心境的联系,但从她的解释可推知,"德"是"心"这一容器所承载的内容,至于心灵的境界则是指"心"中之"德"所表现的状态。可以说,刘、艾解释的落脚点都在于"德"的属性义(刘强调自然本性、艾强调特质),在他们的理解中,心灵的境界其实是这种属性得到实现的一种状态。

(2)"德"与其他概念的关系以及它的思想角色

"德"总是处于和其他概念的复杂关系之中,而它的思想地位也往往是由此得到体现。研究者解释"德"义的进路已经在反映他们对这两个问题的某种见解,尽管有些学者在其论述中并没有明确带着这样的问题意识。我们在前面就"德"义之解释进行综述,现今围绕这里说的两个问题对大家的见解再予总结。

就"德""道"关系而言,诸家之观点可以概括为四种,分别是道体德用、道德并立、内在超越以及道总德分。②第一种见于以"道"之功能解释"德"的观点,不管研究者是否明确以"道""德"关系为论述目的,他们都承认二者之间的体用关系。顺着这种思路,如果要回答"德"之地位的问题,那么答案应该是,"德"作为"道"之"用",是道家用以描述"道"之功能表现的核心概念,体和用相互依存,"道"与"德"不可或缺。并立之论见于《文子》《河上公注》的解释,以及王中江和曹峰两位先生的观点。这种观点认为,"道"与"德"是万物生成过程中相互配合的生养者,它们共同化育、成就万物。照此来看,"德"的地位就表现于,它与"道"

---

① [美]艾兰:《水之道与德之端——中国早期哲学思想的本喻》,第123—124页。
② 前两种来自由"道"解"德"的思路,后两种来自以"性"解"德"的思路。以"性"解"德"的观点也包含着研究者对"道""德"关系的见解。另需指出的是,在那些把"道"之功能和"物"之属性看作一种意义的观点看来,道体德用和内在超越这两种关系是没有区别的(当然,他们并没有从内在超越去讲论"道""德"关系,这是基于其观点的一种推论)。在笔者看来,"德"作为"道"之功能和它作为"物"之属性,应予以一定的区分,故而道体德用和内在超越是两种不同的关系类型。

分别代表宇宙生成论的两个维度，离开了"德"，道家的宇宙生成论将是不完整的。内在超越之论以徐复观、汤一介两位先生为代表，①此外，那些认为"德"是"道"在人之体现，同时又不强调它是"道"之分化的观点（如蒙培元先生、陈霞教授的解释），某种意义上也可归为此类型。总分之论把"道"看作世界万物的总根源、总根据，把"德"看作"道"在个体事物中的分化表现。此论见于冯友兰、张岱年、刘笑敢、杨国荣以及木村英一等人的研究。②就"德"的地位问题来看，内在超越之论和总分之论有共同之处，它们都肯定"德"作为"道"在事物之落实的角色，但后一种观点又强调"德"分有"道"的意味。

接下来看"德"与"性"的关系问题。以"性"解"德"的思路虽然都把"德"看成一个表征属性的范畴，但在"德""性"两概念能否等同的问题上，大家的看法并不一致。有的学者强调"德"即是"性"，徐复观先生是此论之代表，许抗生、王博、董平等人亦持此见；王中江、罗安宪、郑开等人则认为道家所言"德""性"是两个不同的概念。这里也透露出学者们关于"德"之角色的两种理

---

① 前面所引可体现汤先生在此点上的见解。徐先生之见解集中见于以下论述："《庄子》书中对德字界定得最清楚的，莫如'物得以生谓之德'的一句话。所谓物得以生，即是物得道以生。道是客观的存在；照理论上讲，没有物以前，乃至没有物的空隙处，皆有道的存在。道由分化、凝聚而为物；此时超越之道的一部分，即内在于物之中；此内在于物中的道，庄子即称之为德。此亦系继承老子'道生之，德畜之'的观念。由此不难理解，《庄子》内七篇虽然没有性字。但正与《老子》相同，内七篇中的德字，实际便是性字。因为德是道由分化而内在于人与物之中，所以德实际还是道；因此便可说'通于天地者德也'。道是内在于每一物之中，因此，便可以说'行于万物者道也'。"（《中国人性论史》，第225页）学界一般是把"内在超越"之论看成是牟宗三、唐君毅在20世纪60年代前后提出的用以解释儒家哲学的理论架构，实际上徐先生也在这一时期基于道家哲学提出了此论。

② 前面所引可体现冯先生和木村先生的观点。张先生的看法见于此下："德是一物所得于道者，德是分，道是全。"（《中国哲学大纲》，第24页）刘笑敢先生有类似之见："德是道之分，道是德之本。……道为主，德为从，道决定了德的特点，德体现了道的性质。"（《庄子哲学及其演变》，第135页）杨国荣先生认为，普遍之"道"体现于具体事物便表现为个体的"德"，"德"作为特定的规定，可以泛指事物的不同属性（《庄子的思想世界》，第180—182页）。

解。一则,《老子》以及《庄子》内七篇均无"性"的概念,此二者所言之"德"相当于"性",其间的"德"论传达着老、庄关于物性以及人性的思想。二则,"德"与"性"是两个不同的概念,它们分别指向事物的不同层次的属性,二者共同构成道家的物性思想和人性思想。

论至"德"与"心"的关系问题,从前面的综述可以看出,学者们往往是把"德"看作一个表征"心"之境界的关键词,一般不怎么强调"德"与"心"的区别。刘笑敢和艾兰的观点则提示着二者的某种差异,在他们的理解中"德"是"心"的内容,所谓"心"的境界是此内容得到表现的一种状态。聚焦于"德"之角色来看,这两种观点似无很大差异。顺着其思路可以说,"德"是一个指示心灵境界的关键词,如同"道"的表现需要"德"来概括,"心"的情状也需要"德"进行标示。道家需要一个简练的语词或一个统一的概念去指称他们所期许的心灵修养之境地。从心学角度来看,"德"之角色的重要性要之在此。

"德"与其他概念的关系以及它在道家哲学中的地位,是理解此观念过程中需要重视的问题,学者们的诸种观点可以从不同角度给出一定的解答。当然,这些解答含有笔者补充的成分。有些研究者并没有明确论及此问题,以上是顺着他们对"德"义的解释思路,给出一种具有延伸性的叙述。

2. 关于黄老"德"观念以及其他方面的研究

相比于老、庄,人们关于黄老"德"观念的研究显然要冷淡许多。这和黄老学研究整体上起步较晚有关,此外也因为大家的研究视域集中在"德""刑"之论上,黄老学中"德"的思想空间还没有被充分打开。围绕黄老学的"德""刑"之论,吴光[1]、陈丽桂[2]、浅

---

[1] 吴光:《黄老之学通论》,浙江人民出版社1985年版,第148—149页。
[2] 陈丽桂:《战国时期的黄老思想》,台北:联经出版事业股份有限公司1991年,第82—99页。

野裕一①、白奚②、崔永东③、张增田④、荆雨⑤、叶树勋⑥等人都有过一定的探讨。总要来看，这些研究主要关注两方面的情况，一是"刑""德"作为治国之两术的意义，二是"刑""德"与"阴""阳"相结合的思想。

黄老"德"观念在"德""刑"理论之外的意义虽然还没有得到充分的探讨，但也有个别学者已经注意到。如王中江先生从观念史角度探讨"德"从老子思想到黄老学的演变情况，认为黄老学的最大转化是把"德"同法律制度（落实为奖赏和惩罚）结合起来。⑦许建良先生比较关注《黄帝四经》的"明德"之论，把它视作此书道德思想的核心。⑧郑开先生在论述老子"玄德"思想时，留意到《黄帝四经》同时提到"玄德"与"明德"的现象，并指出这是黄老学相容并蓄之特征的一个体现。⑨

如同前述，"德"是诸子以前思想舞台的主角，而道家关于"德"的种种论议在很大程度上是体现着他们对这一曾经的主角的重新塑造。那么，要深入理解道家此观念，我们有必要考察它在此前的状况。这里也一并将学界对诸子以前"德"观念的研究作一简述。在这方面，陈来、郑开两位先生已作了比较系统的探讨。陈先生在《古代宗教与伦理》和《古代思想文化的世界》这两部专著中，分别

---

① [日] 浅野裕一：《黄老道的形成与发展》，韩文译，凤凰出版社2021年版，第321—325页。

② 白奚：《稷下学研究——中国古代的思想自由与百家争鸣》，生活·读书·新知三联书店1998年版，第107—109页。

③ 崔永东：《帛书〈黄帝四经〉中的阴阳刑德思想初探》，《中国哲学史》1998年第4期。

④ 张增田：《黄老治道及其实践》，中山大学出版社2005年版，第145—154页。

⑤ 荆雨：《自然与政治之间——帛书〈黄帝四经〉政治哲学研究》，东北师范大学出版社2007年版，第139—189页。

⑥ 叶树勋：《先秦象天明刑锥指》，硕士学位论文，清华大学2010年，第38—43页。

⑦ 王中江：《早期道家的"德性论"和"人情论"——从老子到庄子和黄老》，《江南大学学报》（人文社会科学版）2012年第4期。

⑧ 许建良：《先秦道家的道德世界》，第93—192页。

⑨ 郑开：《玄德论——关于老子政治哲学和伦理学的解读与阐释》，《商丘师范学院学报》2013年第1期。

考察了"德"在殷商、西周与春秋时期的情况。① 郑先生在《德礼之间》一书中，以"德礼体系"为主线，从政治语境、社会史分析、文化视野、道德系谱学等不同的角度，对前诸子时期的"德"观念展开了多方位的探讨。② 此外，郭沫若③、张岱年④、耿忠平⑤、刘翔⑥、晁福林⑦、孙熙国⑧、金春峰⑨、匡钊⑩、李若晖⑪、郭沂⑫、倪德卫（David S. Nivison）⑬、刘华夏（Vassili Kryukov）⑭、安靖如（Ste-

---

① 陈来：《古代宗教与伦理——儒家思想的根源》，生活·读书·新知三联书店2009年版，第316—356页；陈来：《古代思想文化的世界——春秋时代的宗教、伦理与社会思想》，生活·读书·新知三联书店2009年版，第272—368页。

② 郑开：《德礼之间——前诸子时期的思想史》，生活·读书·新知三联书店2009年版。

③ 郭沫若：《青铜时代》，《郭沫若全集》历史编第一卷，人民出版社1982年版，第317—376页。

④ 张岱年：《中国古典哲学概念范畴要论》，《张岱年全集》第四卷，第611—614页。

⑤ 耿忠平：《德》，收入《中国哲学史研究》编辑部主编：《中国哲学史主要范畴概念简释》，第245—250页。

⑥ 刘翔：《中国传统价值观诠释学》，生活·读书·新知上海三联书店1996年版，第90—101页。

⑦ 晁福林：《先秦时期"德"观念的起源及其发展》，《中国社会科学》2005年第4期。

⑧ 孙熙国：《先秦哲学的意蕴——中国哲学早期重要概念研究》，华夏出版社2006年版，第89—116页。

⑨ 金春峰：《"德"的历史考察》，《陕西师范大学学报》（哲学社会科学版）2007年第6期。

⑩ 匡钊：《先秦"心"的思想研究——以修身工夫为视角》，清华大学哲学系博士学位论文2010年版，第11—27页；匡钊：《心由德生——早期中国"心"观念的起源及其地位》，《中国哲学史》2020年第6期。

⑪ 李若晖：《以"天"代"帝"——周人对于君权正当性之反思及"德"之初步独立》，收入周强、陈望衡主编：《儒源新探——周先祖与中国文化》，中国社会科学出版社2012年版，第86—95页。

⑫ 郭沂：《"德"义探本》，《周易研究》2019年第3期；郭沂：《从西周德论系统看殷周之变》，《中国社会科学》2020年第12期。

⑬ David S. Nivision. "Royal 'Virtue' in Shang Oracle Inscriptions," *Early China*, Vol. 4, 1979, pp. 52—55；[美]倪德卫：《儒家之道——中国哲学之探讨》，周炽成译，江苏人民出版社2006年版，第21-53页。

⑭ Vassili Kryukov. "Symbols of Power and Communication in Pre-Confucian China (On the Anthropology of "De")；Preliminary Assumptions," *Bulletin of the School of Oriental and African Studies*, University of London, Vol. 58, No. 2, 1995, pp. 314-333.

phen C. Angle）[①]、小野泽精一[②]、小仓芳彦[③]、小南一郎[④]、增渊龙夫[⑤]、洼田忍[⑥]、洪淳穆[⑦]等一些学者，在这方面都有过相关的研究。[⑧]

三 研究思路与方法

通过上述可见，虽然"德"没有像"道"那样成为道家哲学研究的中心范畴，但它依然受到了一定程度的关注；尽管大多数学者是在研究道家相关问题时涉及这一观念，但归总来看，它也得到了比较丰富的探讨（尤其是老、庄思想的"德"）。学者们对某些问题的讨论已达到了比较深入的地步，不只是在文义上解释这一符号。无论是在"德"的内涵上，还是在它与其他观念的关系上，抑或是关于它的思想地位问题，既有的研究都可以提供富含启发性的见解和思考路径。不过，学界在积累一定成果的同时，也留下了诸多有待进一步处理的问题。就"德"在道家思想的丰富性和复杂性来看，至少存在以下几个方面需要我们继续探讨。本书的研究思路与方法主要就是围绕这些问题展开。

（一）观念史研究

大局上来看，以往的研究主要集中在老、庄思想的"德"，而对

---

① ［美］安靖如：《圣境——宋明理学的当代意义》，吴万伟译，中国社会科学出版社2017年版，第65—69页。

② ［日］小野泽精一：《德论》，收入赤塚忠、金谷治等主编《中國文化叢書·第2卷 思想概論》，東京：大修館書店，1968年，第151—184页。

③ ［日］小仓芳彦：《〈左传〉中的霸与德——"德"概念的形成与发展》，许洋主译，收入刘俊文主编：《日本学者研究中国史论著选译·第七卷 思想宗教》，中华书局1993年版，第1—27页。

④ ［日］小南一郎：《天命と德》，《東方學報》1992年第64辑。

⑤ ［日］增渊龙夫：《中国古代的社会与国家》，吕静译，上海古籍出版社2017年版，第188—195页。

⑥ ［日］洼田忍：《中国先秦儒家圣人观探讨——殷周时代的"圣"观念及其在先秦儒家思想中的演变和展开》，北京大学哲学系博士学位论文1989年版，第95—141页。

⑦ ［韩］洪淳穆：《先秦思想中"德"的意义范畴》，《当代韩国》2003年春夏合刊。

⑧ 此间所述是关于诸子以前"德"思想的论著，此外还有很多关于文字方面的研究，对此我们在后文将有述及。另外，学界关于儒家"德"观念的研究甚为丰富，这与本书题域虽不是直接相关，但也是需要参考的研究成果。此处不予列举，我们在后面的讨论中会有述及。

于道家思想中"德"是如何发生、如何传承和演化的这一观念史问题，还没有给出充分的考察。此间又包括三处有待处理的问题。

一则，人们一般是直接探讨"德"在老子哲学中的义涵，不怎么关注它和此前思想的联系。老子究竟是如何改造"德"的，这一问题还没有得到充分的探讨。[①]"道"的升华和"德"的重造是老子思想革命的两个基本方面，"德"在老子哲学中发生的转变，不仅关乎道家此观念的发生，也涉及老子哲学的创造性问题。

二则，既有的研究往往会同时留意老、庄，却不怎么关注"德"在老、庄之间的同异。从老子到庄子，这一观念是如何传承和发展的，这一问题还没有得到应有的重视。[②] 探讨这一问题不仅可以厘清"德"的演化轨迹，同时也可以从"德"的角度考察庄子哲学较之老子的变化。就后者而言，以往主要是基于"道"的线索展开研究，"德"的观念将能够提供一条新的线索。

三则，目前关于黄老方面的研究主要围绕"德""刑"理论展开，这在呈现黄老特色的同时也造成了黄老之"德"和老庄之"德"相分离的现象。"德"在老庄和黄老之间有没有关联性，如果有，这是一种怎样的关联性，黄老所热衷的"德""刑"之术是在何种背景下被提出来的，诸如此类的问题，都有待深入的探讨。[③] 作为老子以后道家的一个支系，黄老学的很多方面都传承了老子思想并加以转化。这一点已得到比较多的研究，比如关于"道"和"无为"的观念。但论至"德"的观念，其情况尚未引起充分关注。类似于前面所说的第二项，探讨此情况不仅是为了厘清"德"的思想历程，也是为了从新的角度考察老子到黄老的思想演变。

[①] 此中有个别学者已关注及此，比如王中江先生指出老子思想的"德"较之此前出现了形上化的转变，郑开先生发现"玄德"与"明德"有针锋相对的意味。这些都是非常有启发性的见解，为我们系统考察老子关于"德"的重造提供了重要方向。

[②] 个别学者如王中江先生曾带着这样的问题意识去考察"德"在老、庄之间的演变，此外也有少数学者在论及老、庄时会有意无意间给出不同的解释，但总的来看，这一问题还有待更加全面和深入的探讨。

[③] 虽然已有个别学者从其他的论域（比如"玄德"与"明德"，"德"与"法"）留意到"德"在老子和黄老之间的联系，但这一问题还没有得到充分的处理。

归总而言，上述三点实际上是一个问题，即道家哲学中"德"的观念史问题。这意味着本书的工作首先是一项观念史研究。"德"在道家思想中究竟是如何发生的，继而又是如何传承和演化的，这将是本书在宏观层面上所关注的首要问题。"道"的升华和"德"的重造是老子思想革命的两个基本方面，而放到整个道家哲学来看，"道"在升华之后的传承和演化，"德"在重造以后的延续和变化，将是我们理解道家思想发展的两根重要线索。我们习惯于以"道"为线索看待道家哲学的发展，而后一线索的意义还没有得到应有的揭示。从这一点来说，"德"的观念史问题其实也是道家哲学思想如何发展的问题。

就方法本身而言，观念史研究是目前学界比较流行的一种做法。人们往往把它看作一种源自西方的方法，但正如王中江先生曾指出的，这种研究方式在中国自身传统中其实早有出现。[①] 当然，中国现代以来的观念史研究离不开西方学术的刺激和影响，其中影响比较大的便是洛夫乔伊（Arthur O. Lovejoy）所代表的研究方式。[②] 自20世纪80年代以来，观念史研究在中国开始流行（尽管此前研究者对此已有一定的运用），张岱年先生在这方面做出了典范性的工作。[③] 在张先生等人的倡导之下，中国哲学界陆续涌现了一批重要的成果。[④]

---

① 王先生认为，汉代的《白虎通义》就是一部观念史著作，北宋陈淳的《北溪字义》专门研究过理学的一些概念和观念（《自然和人：近代中国两个观念的谱系探微》，商务印书馆2018年版，第496页）。除王先生所言，清代戴震的《孟子字义疏证》也是一部观念研究的著作。戴震此书专论孟子思想中的观念，"史"的意味没那么显著（不像陈淳《北溪字义》那样，对观念的源起和流变进行考察），但它也兼及孟子前后的情况，某种程度上仍带有观念"史"的性质。

② 参见［美］洛夫乔伊《存在巨链——对一个观念的历史的研究》，张传有、高秉江译，商务印书馆2015年版；《观念史论文集》，吴相译，江苏教育出版社2005年版。

③ 参见张岱年《中国古典哲学概念范畴要论》，中国社会科学出版社1989年版。

④ 对这一阶段的研究，我们习惯称它为概念范畴研究。相关成果见《中国哲学史研究》编辑部主编《中国哲学史主要概念范畴简释》，浙江人民出版社1988年版；张立文主编《中国哲学范畴精粹丛书》，中国人民大学出版社1989年版（丛书含十卷，一卷阐释一个概念，包括"天""道""理""气""心""性""仁""知""变""神"）；葛荣晋《中国哲学范畴通论》，首都师范大学出版社2001年版；张岱年等著、苑淑娅编《中国观念史》，中州古籍出版社2005年版。

近年来，观念史研究取得了进一步发展，不但研究的领域变得多样，而且学者们就方法本身也进行了许多新的探索。其中，王中江①、方维规②、高瑞泉③、程乐松④、圣凯⑤等人，运用此方法在不同的领域里都取得了令人瞩目的成果。这些研究大多数在内容上和本书并无直接关系，但在方法上它们都具有重要的借鉴意义。

这里涉及"观念"（idea）和"概念"（concept）这两个术语的关系问题。一般来说，"观念"的所指比"概念"更宽泛。"观念"可以是"概念"，也可以是其他的思维形式。高瑞泉先生对此二者的关系作了比较细致的梳理。他结合《说文借字》对"观""念"二字的解释，⑥认为"观念"既有"审视""谛视"的意思，又和"思"的活动密切相关，实际上涉及心的"视域"，它指一个人在特定时刻的全部视觉印象或直接知觉；就抽象的程度或理性的程度而言，观念与概念有所区别，前者可以包含感性的内容。⑦笔者赞同此见。就汉语使用来看，"观念"确实能体现"观"和"念"的组合之意，我们可以把"观念"简便地理解为对事物的一种看法和想法。"概念"作为理性思维的一种基本形式，它特指那些具有抽象性或概括性的"观念"（这一点从"概念"的"概"字即可看出），而"观念"在此之外还可以指那些比较具体的或比较模糊的看法和想法，这些看法和想

---

① 王中江：《道家学说的观念史研究》，中华书局 2015 年版；《自然和人：近代中国两个观念的谱系探微》，商务印书馆 2018 年版。

② 方维规：《概念的历史分量——中国近代思想的概念史研究》，北京大学出版社 2018 年版；《什么是概念史》，生活·读书·新知三联书店 2020 年版；《历史的概念向量》，生活·读书·新知三联书店 2021 年版。

③ 高瑞泉：《平等观念史论略》，上海人民出版社 2018 年版；《观念的力量及其实现》，《华东师范大学学报》（哲学社会科学版）2019 年第 6 期；《词汇：中国观念史研究的进路》，《学术月刊》2021 年第 5 期。

④ 程乐松：《身体、不死与神秘主义——道教信仰的观念史视角》，北京大学出版社 2017 年版。

⑤ 圣凯：《佛教观念史的方法论传统与建构意义》，《清华大学学报》（哲学社会科学版）2021 年第 6 期；圣凯、谢奇烨：《经典、观念、生活：佛教观念史的要素与维度》，《世界宗教文化》2021 年第 5 期。

⑥ 《说文·见部》："观，谛视也。"《说文·心部》："念，常思也。"

⑦ 高瑞泉：《平等观念史论略》，第 17 页。

法可能还包含一些感性的内容。要言之,"观念"包含"概念","概念"是"观念"的一种。就"德"而论,它在道家以及儒家思想中基本上是作为"概念"出现,而在此前它作为"概念"的形态没那么显著。但不管何种情形,皆可统称为"德"观念。

还需指出的是,虽然"观念"的所指比"概念"更宽泛,但它并不等同于"思想"。"观念"是构成"思想"的基本单位,[①]"观念"之于"思想",就好比细胞之于生命体。比如说,老子思想是由"道""德""有""无""自然""无为"等众多观念所构成的。[②] 从"思想"和"观念"的关系来看,观念史研究是我们了解过去某一思想的必经之路。中国现代的观念史研究虽然是在20世纪80年代以后才变得流行,但在此之前的哲学史研究其实大多也是围绕思想家们的观念展开,只是没有像后来那样,把那些特别重要的观念单独提出来,以作专门系统之考察。

晚近以来,观念史研究在取得发展的同时也面临一些质疑和批评。比如说这种方式往往是截取某一观念,难以反映思想之整体,又或者是,这种方式聚焦于观念符号,容易忽视思想的社会背景。针对第一点,需要指出的是,围绕某个观念开展研究,不意味着只考察这一个观念。观念和观念之间总是处于复杂纷纭的关系构造之中,而观念的意义也正是在这些关系构造中得以体现。我们无法想象,在一个观念没有和其他观念发生关系的情况下,它能够拥有一定的意义。因此,我们对某一观念进行研究,必会遭遇它所在思想体系的其他观念。研究某一个观念,实际上是选择了它作为中心,去考察它所在的思想体系。至于第二点,我们不回避观念史研究的这一不足。在这点上来说,那种结合社会史的思想史研究能对它构成一定的补充。但与

---

① 在作为"思想"之单位这一点上,"观念"和"概念"是一样的,即便前者所指更宽泛。

② 如同洛夫乔伊所说的,任何哲学家或哲学学派的学说,在总体上几乎总是一个复杂的和不同来源的聚集体,它是一个由众多单元观念(unit-ideas)聚合而成的化合物(《存在巨链——对一个观念的历史的研究》,第5页)。笔者所说的"观念"和"思想"的关系类似于洛氏所言的"单元观念"和"学说"的关系。洛氏以化学原理进行类比,笔者倾向于以生命机制来理解这一情况。

其说此方式可以替代观念史研究，毋宁说二者是研究上应有的一种分工。观念史研究集中关注思想本身的内核，而结合社会史的思想史研究则更加关注思想的各种外缘，它们可以起到相互配合的作用。① 后一种研究能够反映思想和社会的关联性，能够呈现思想所处的各种复杂环境，但它难免会在对外缘的关注之中而淡化思想本身的构造。就此来看，观念史研究所存在的不足，也可以说正好是它的特点和价值所在，它可以将更多的注意力放在思想本身，放在各种观念的内涵上。

（二）哲理语文学

观念的历史由不同阶段的意义表现所构成。因此，要考察一个观念的发生和演化，首先得弄清楚它在每个阶段的意义，这是开展观念史研究的前提性工作。总体上来看，道家在先秦时期包括了三个阶段或者说三个学理系统——老学、庄学和黄老学。② 这意味着，我们对"德"义的解释将要立足于《老子》《庄子》以及黄老诸书。在对每一"子"的"德"义具有充分把握的基础上，才有可能揭示这一观念的演化轨迹。

围绕"德"的含义，学界已提供了多种理解进路。立足文本去推敲，会发现这些进路都有一定的合理性，它们在道家文本中都存在相应的依据。这说明，道家思想的"德"本来就是一个意义复杂的概念，而研究者选择了不同的关注点，所以就产生出多种多样的解释进路。"德"义的复杂性不仅表现于它在不同的学理系统中会具有不同的意义，即便是在同一个系统里，它的意义也是纷纭多样的，更有甚者，哪怕是同一处言论中，它也可能是含混不清、充满歧义的。目前存在的几种进路确乎能反映"德"在某方面的表现，但如果仅凭其中的一种，我们将难以得出全面的认识。当然，这不意味着笔者要做的是将现有的几种进路整合起来，达到一种所谓全面的认识。面对

---

① 如果说前者是通过研究细胞及其组织来了解生命体的机理，那么后者则是通过考察生命体所处的环境来了解生命体的活动状况。

② 庄学和黄老学作为两个阶段是平行的关系，它们难以明分先后。这涉及成书年代问题，后面会有述及。

"德"的复杂性，我们最好是回到文本本身，立足于道家论"德"的各种材料，从"语文"的层面开始做起。

观念由语词进行传达。语词是观念的语言载体，观念则是语词所承载的思想的单位。从思想层面看，"德"是一个观念；从语言层面看，"德"是一个语词。要理解"德"作为一个观念的内涵，首先要把握它作为一个语词的语义。因此，语义分析将成为观念研究的一项基础性工作。关于这一点，洛夫乔伊早有强调。他主张观念史研究要结合哲学语义学（philosophical semantics）的方法："这种哲学语义学也就是对一个时期或一种运动中的神圣语词和短语的一种研究，用某种观点去清除它们的模糊性，列举出它们各种各样的含意，考察在其中由于模糊性所产生的混乱结合的方式……由于其模糊性，单纯的语词很有可能作为历史的力量而产生某种独立的活动。"[①] 意义的模糊性是观念产生思想力量的一个重要原因，但同时也给后人的研究带来了困难。往往越是重要的观念，它的意义越是含混。这种模糊性不仅表现于它的发展过程，即便是在同一个思想系统或同一处言论，它的意义也可能是含混不清的。因此语义分析的方法就成为必要。当然，语义分析只是一种工具，在此基础上把握观念的内涵，以及它在哲学思想的河流中如何发挥创造性的力量，才是最终的目的。这种方法之所以被称为"哲学"语义学，其原因即在于此。

对于观念史研究而言，语义分析是必需的方法，但仅仅强调哲学"语义学"还是不够的。就观念内涵在语言上的投射而言，语义固然是研究的中心，甚至是语言层面上研究的目的，但要达到这一目的，还不能仅靠语义学的方法。在此之外，又需要结合语法学、语用学的方法，后者将有助于语义的呈现。就"德"而论，分析它所在语句的结构，以及不同语境的具体使用，对于理解它的语义都有很大的帮

---

① ［美］洛夫乔伊：《存在巨链——对一个观念的历史的研究》，第18—19页。

助,甚至有的时候会发挥不可取代的作用。① 语法学和语用学是源自西方的学科,但不意味着它们的方法不能运用于对古汉语的分析。中国古代没有专门的语法学和语用学,不代表古汉语没有语法和语用的规律。当然,古汉语在语法和语用上的规律不完全同于西方语言,在借鉴其方法的同时又要充分考虑古汉语自身的特质,比如前面讲到的互文即是一个例子。

总之,为把握观念的思想内涵,我们首先需要厘清它作为一个语词的语义;语义是语言层面上研究的中心或者说目的,但分析的方法不能局限于语义学本身,此外还要辅以语法学、语用学的方法。由此而论,作为观念史研究之基础方法的"哲学语义学",其实应当扩展为"哲学语文学",或者说"哲理语文学",亦即,通过对文本中语言的不同方面的分析,找寻出语词的确切所指,以此作为把握观念之内涵的基础。②

---

① 这里举个例子。比如对《老子》第五十一章"道生之,德畜之"中的"德",历来解释不一。通过分析此处语句之结构,可发现"道生之,德畜之"是一种互文表达(后面所言"物形之,势成之"也是互文),这句话是说"道"及其功德生、畜万物(后文是说,万物及其运动之势得以形成)。"道"既生又畜,此等功能即是"德"。"德"在这里指的是"道"之功能,不是万物所得于"道"的属性,也不是与"道"并立的另一生养者(如果忽视此处语句的互文性,那么就容易得出"道"负责"生"、"德"负责"畜"的看法)。这种理解可以在此章末句得到印证:"生而不有,为而不恃,长而不宰,是谓玄德。"在此"德"即是指"道"施与万物的玄妙作用。要之,这里同时运用了语法分析和语用分析,前者体现于互文性的发现,后者体现于语境方面的印证。

② 以上所述和语言学关系甚密,那么这种方法为何不称作"哲学语言学"或者"语言哲学"呢?这里涉及西方语文学(philology)和语言学(linguistics)的关系问题。某种意义上,语文学是语言学的前身,它通过研究古典文献中的语言来解释文献的意义和内容。这门学问和古典学紧密相关,在很大程度上它是服务于人们对古代经典文献的阐释。这与中国传统中小学和经学的关系颇为类似。大概在19世纪以后,语言学开始从语文学当中独立发展出来。传统语文学研究文献中的语言,为的是诠释文献之内容。而语言学则以语言本身为研究对象,不再被赋予作为古典学之基础研究的角色。自语言学兴起以后,语文学曾一度消沉,但在最近几十年,它又重新回到人们的视野,不少人文学者在倡导"回归语文学"。这时期的语文学吸收了语言学以及其他学科的方法和成果,转化成为一种"新语文学"。这也就是为什么可以将语用学纳入其中的原因。西方传统语文学无此领域,这是现代语言学发展的成果。本书所称"语文学"即是基于这种"新语文学"而言。采用"语文学"而不采"语言学",既考虑到二者的属性和功能不同,同时也考虑到"语文学"更便于和中国的传统进行沟通。关于西方语文学的传统和现状,可参阅沈卫荣《回归语文学》,上海古籍出版社2019年版;沈卫荣、姚霜编《何谓语文学——现代人文科学的方法和实践》,上海古籍出版社2021年版。

以上我们从洛夫乔伊提出的"哲学语义学"出发,提出观念史研究应当立足于一种更广义的"哲理语文学"。这是基于西方背景而论,若论至中国自身的传统,作为基础方法的"语文学"又将得到进一步的拓展,那些为中国传统语文学所独有的方法和知识也将被涵括进来。中国传统的语文学即是小学,它和经学的关系颇类似于西方语文学和古典学的关系。对照西方语文学来看,小学当中没有专门的语法学和语用学,其间的"训诂之属"和"音韵之属"大致类似于西方的语义学、语音学,此外还包括独特的"文字之属"。① 对于推求观念之内涵而言,传统小学的三个支系都能起到西方语文学所无法提供的作用。

　　从小学角度言,解释语义即是训诂的工作。在"德"的问题上,历代学者为我们积累了比较丰富的训诂成果,这是探析其义涵时需要参照的资源(比如《故训汇纂》就为我们汇集了大量的古训)。对于观念研究而言,训诂是语文层面上工作的中心,但文字之属和音韵之属也将起到重要的配合作用。② 训诂之法分为义训、形训和声训,形训、声训其实是训诂之属和文字之属、音韵之属的交集。从训诂作为中心来看,形训和声训就是文字之属和音韵之属起辅助作用的表现。

　　所谓形训,即是通过考察字形构造来推求字义,这在面对诸子以前"德"观念时尤为关键。比如,从殷商甲骨文的"𢔇"到西周早期金文的"𢛳",再到西周中期金文的"𢛳",字形的变化即折射出含义的演变。𢔇即直字,象目视悬锤以取直之形,从彳(彳是𢟠的简化

---

① 同样被称作"语文学",西方语文学可说是语言、文献之学,中国传统语文学可说是语言、文字之学。文字学是中国特有之学,这和我们汉字的特点直接相关。西方学界也有人研讨"文字学",如德里达著有《论文字学》一书(汪家堂译,上海译文出版社1999年版)。德里达所说文字,是针对口头的言语而论,言语和文字关系也即"说"和"写"的关系;他强调文字的功能,对西方传统的逻各斯中心主义、言语中心主义提出批判,认为"写"比"说"更为根本,"写"更能反映语言的差别性,这一点在"说"当中容易被消解。某种意义上,德里达所说的"文字"是一个接近书面语言的概念,他所说的"文字学"和中国传统中专研字形构造及其演变的学问大为不同。

② 文字、音韵对于训诂的配合作用,类似于前面所说的语法、语用对于语义分析的辅助性。

写法，𢓊指通衢）则有行为义，故自字形观之，"㣟"是指巡行视察的活动。① 后来添加心符而成"𢛳"字，意味着它在指涉某种行为的同时又关联内心的某种状态。至于"悳"的写法，它在西周中期已有出现，后来在战国时期比较流行，这是"德"义内在化在字形上的一个反映。

声训是指借助声音相同或相近的字词来解释语义，如"德者得也"即是此法之典型。具体到道家思想，我们会将"德者得也"和"道"的概念相结合，遂产生"德"即"得道"的理解方式。这其实是声训之法在哲理层面上的一种延伸。对于理解道家"德"观念而言，这是非常重要的一点。② 声训可以作为一种方法被运用，此外，了解声训的相关知识也将有助于对"德"的理解。"德者得也"是秦汉以降古字书一直沿承的训诂，它渊源于战国时期儒道两家的言论。③ 这里需注意的是，儒道以"得"训"德"，并不是在解释"德"在此前的含义，而是在表达自己对"德"的新理解。这种赋予新义而非解释旧义的声训即是所谓"义理声训"。④ 注意到此点，对于理解儒道思想的"德"和诸子以前的"德"，都具有非常关键的作用。⑤

此外，同音通假现象也是我们研究"德"观念时需要注意的情况。古书中"德""得"二字每每互通使用，那么，哪些"得"通假为"德"、传达着"德"的观念，而哪些"德"通假为"得"、并非传达"德"的观念，就是我们研究当中应该注意的地方。比如《管子·内业》有"内得"和"中得"之言，此中之"得"通假为

---

① 徐中舒主编：《甲骨文字典》，四川辞书出版社2006年版，第168—169页。
② 当然，这不是说用"得道"即可涵括道家"德"义之全部。"得道"只能反映道家"德"义的一个方面，并且，在哲理层面上"得道"的内涵也颇为复杂。
③ 《礼记·乐记》："礼乐皆得，谓之有德。德者，得也。"《礼记·乡饮酒义》："德也者，得于身也。故曰古之学术道者，将以得身也。"《庄子·天地》："泰初有无，无有无名；一之所起，有一而未形；物得以生谓之德。"《管子·心术上》："德者道之舍，物得以生生，知得以职道之精。故德者，得也。"
④ 王力：《中国语言学史》，复旦大学出版社2014年版，第1—2页。
⑤ 这意味着，理解儒道所论之"德"时，"德者得也"的训诂一定程度上是可以运用的，这是两家本有之论，后世的声训即渊源于此。但论至诸子以前的"德"，则另当别论了。

"德",这里说的是"内德"与"中德",它们是稷下黄老学中非常重要的观念。如果不留意此处的通假现象,那么这一重要的观念符号将会被掩盖。又比如《老子》第四十九章的"善者吾善之,不善者吾亦善之,德善;信者吾信之,不信者吾亦信之,德信",此处之"德"通假为"得",并未直接传达"德"的观念,老子在此表达的是关于如何获得"善""信"的思想。

可以看到,对于观念研究而言,传统小学具有西方语文学所无法提供的功能。在借鉴西方语文学的同时,我们还要充分利用传统小学的方法和知识。相较而论,西方语文学以"语言分析"见长,而中国小学的特色则在于"文字训诂"。语言分析在西方传统语文学即有表现,当它历经语言学和语言哲学的影响以后,此特点变得更加突出。这种"分析"不是分割离析、将语词孤立起来看,它恰恰是将语词置放在语言的大环境中,以一种整体性的视域探求语词之意义。相对来说,这种立足于整体的"分析"是传统小学比较缺乏的,这也是中国古代没能发展出专门的语法学的一个重要原因。但正如前面已看到的,传统小学又具有西方语文学所不具备的价值。其间有些是古汉语所独有的现象和规律,西方语文学在此无法运用;有些则是小学所独有的方法,它发挥着西方语文学所不能替代的作用。

当前学界已有研究者在倡导研究中国哲学时应充分结合语文学的方法。① 在其所论基础上,笔者想强调的是,作为一种方法的语文学

---

① 郑开先生一直很重视语文学的方法。他在专著《德礼之间》即运用此法考察"德"的义涵,这给笔者很大的启发。这一方法也见于他在其他方面的研究:《〈老子〉第一章札记:两个语文学疏证及哲学阐释》,《清华大学学报》(哲学社会科学版) 2008 年第 1 期;《新考证方法发凡——交互于思想史与语文学之间的几个证例》,《同济大学学报》(社会科学版) 2020 年第 1 期;《试论〈逍遥游〉中的"卮言"——从语文学到哲学的分析进路》,收入杜晓勤主编:《中国古典学》第一卷,中华书局 2020 年版。匡钊先生也主张从语文学出发并结合现代语言学,对中国哲学"接着讲"。见《中国古典学与中国哲学"接着讲"》,《深圳大学学报》(人文社会科学版) 2018 年第 5 期;《字义与范畴——从语文学能抵达哲学语义分析吗》,《学衡》2021 年第 1 期。贾晋华等人曾编著《新语文学与早期中国研究》一书(上海人民出版社 2018 年版),基于更宏观的视域,倡导在早期中国思想文化研究中运用语文学的方法。

应当是兼融中西的"大语文学",这是一种在传统小学基础上充分借鉴西方语文学的综合之法。要言之即,西方所特有的"语言分析"和中国传统所独有的"文字训诂"可以且有必要结合起来。本书所称"语文学"正是此等意义上的"大语文学"。这种宽泛意义上的语言文字之学,服务于哲学义理之推求,此即前面冠以"哲理"二字之缘故。①

(三)"关系"的理路

"德"义的复杂性要求我们回归到更为原始的语文层面。通过语文解释,我们将会看到"德"包含丰富多样的义项。观念史的方法让我们从历时性角度关注义项之间的前后关联,那么如果从共时性角度看,诸种义项之间是否存在关联呢?或者说,仅就某一"子"来看,"德"的不同含义之间是否存在联系呢?这是我们把握此观念时需要关注的另一个重要问题。

从语文层面解释"德"、从观念史视野考察"德",尽管还存在有待推进的地方,但此前已有学者关注及此。而论至"德"义的内在联系问题,目前还没有引起足够的注意。②对于理解"德"观念、理解道家哲学而言,这是一个极为紧要的问题。它关乎"德"观念的内在机理以及它的思想角色,同时还涉及道家哲学体系的构造

---

① 就"训诂"和"分析"这两路传统来看,目前学界也有人各有侧重地进行倡导和运用。训诂方面,如陈少明先生主张要充分总结清代汉学的哲学遗产,强调这是展望中国哲学的发展前景时回望传统的一个必要环节(《由训诂通义理:以戴震、章太炎等人为线索论清代汉学的哲学方法》,《中国社会科学》2018年第7期);张丰乾先生继承和发展了饶宗颐先生所提出的"训诂哲学"(《训诂哲学——古典思想的辞理互证》,巴蜀书社2020年版),孟琢先生在研究章黄之学的同时也运用相关的方法以探讨中国哲学之问题(《〈庄子〉"吾丧我"思想新诠——以汉语词源学为方法》,《中国哲学史》2020年第5期)。分析方面,比如刘梁剑先生倡导借鉴西方的语法分析(《汉语言哲学发凡》,高等教育出版社2015年版),李巍先生强调语义分析的关键作用(《从语义分析到道理重构——早期中国哲学的新刻画》,商务印书馆2019年版)。通过前论可见,这两个方面的做法其实可以也有必要结合起来。

② 刘笑敢先生曾论述"德"作为心灵境界和作为自然本性的内在联系。此外,不乏学者将"道"之功能和物之属性看作同一个意义,某种程度上也反映着他们对义项关联性的看法。这些研究是就某个"子"的部分义项而论,如何系统解释"德"义的构造,仍然是一个有待处理的问题。

先秦道家"德"观念研究

问题。

笔者在研究中发现,道家论"德"总是把它放在某种"关系"中来讲。这里说的"关系"不是指"德"与其他概念的关系,而是指道家"德"观念中所蕴含的作为思想基底的某种框架。整体上来看,这种基底性的框架包括了道与万物的关系、道与人的关系、行动者与他者的关系以及君王与民众的关系。道家论"德"之时没有明确交代他们是基于这些"关系"来展开,但深入考察之下将会发现,不管"德"的意义如何复杂多样,道家关于它的论议始终不离这四组关系,这是内蕴于道家"德"观念之中的思想平台。①

比如"德"在有些语境是指"道"的功能,在有些语境是指万物的属性,这里就蕴含着"道"与万物的关系:"道"的功能必然是指它生养、成就万物的作用,离开了万物,其功能无以表现;万物的属性则是指万物由"道"而得的成其为自身的本质,倘若无"道",万物将失去存在的基础,自然也谈不上具有自身的属性。可以看到,以往学界由"道"解"德"和以"性"解"德"的两种进路,分别关注到了"德"在道物关系之中的两种表现。全面而论,"德"在此关系中其实包括两个向度的意义——或归属于"道"、指谓其功用("德"是"道"的"德"),或归属于万物、指称其属性("德"是万物的"德")。它具体属于哪个向度,则取决于所在的语境,亦即,要看言论者到底是在强调"道"之表现,还是在关注万物之属性。②从语文层面来看,前者是"德"之恩德义的延伸——"道"生养、成就万物是对万物的一种大功德;后者是"德"之获得义的深化——万物由"道"而获得成其为自身的本质。此外还可发现,"德"在道物之间承担着至关重要的角色,它是联结本根之"道"和现象万物

---

① 为了便于说明这里的问题和思路,也为了便于读者把握此书的内在结构,我们会把某些结论性的内容提到这里来讲。另外,从本书所要呈现的道家关系学说来看,"关系"属于内容的方面,但同时它又是本书开展研究的一个基本思路,在后一意义上它也具有方法的意义。

② 如前所述,不乏学者将这两个义项看成一义。此两义确实存在内在的联系,但它们首先是有所区别的,这里涉及道家哲学中道物关系的不同形态以及"德"观念的不同向度。

的一个枢纽:"道"以其"德"成就万物,万物以其"德"纳"道"于自身。经由"德"的联结,本根之"道"和现象万物组成一个相互交通的结构,这个结构正是道家宇宙论或世界观的核心所在。① 总之,道物关系是道家论"德"的一个基底。理解"德"义之时,它之所以会产生非常关键的影响,根源在于这本身就是隐含于道家"德"观念之中的一个思想平台。

进一步来看,道家"德"观念中还蕴含其他的平台。人是万物当中的一员,具体到人身上,道物关系也即转化成"道"和"人"的关系。类似于道物关系,在道人关系中"德"是指人由"道"而得的成其为自身的本性。不过,人又是万物当中特殊的一员,在道人关系中"德"又包含它在道物关系所不具备的意义,此即人心体道之境界。作为本性的"德"和作为心境的"德"具有内在的关联,二者都是"得道"之体现,所不同的是,前者是先天之"得道",后者是后天之"得道"。所谓先天之"得道",是指人先天所蕴含的体道、觉道的潜质;所谓后天之"得道",则是指这种潜质在现实生活中的释放和展现。根本上来说,"德"指的是人之所以能够体道、觉道的一种潜质,至于心灵的境界,其实是此潜质的一种实现状态,它是潜质之"德"的必然延伸。② "德"是指潜质本身,还是指作为潜质之

---

① 本书所称"宇宙论"是广义用法,包含了一般所说的宇宙论和本体论这两个论域。一般认为,中国哲学的宇宙论是讨论宇宙万物的起源和生成问题,而本体论则关注万物存在与活动的最高根据。在道家哲学中这两个论域是难以区分的,故本书用广义的宇宙论来统摄此二者。在此意义上,宇宙论和世界观这两个范畴是大致相当的,本书将同时使用二者。宇宙论的广义用法在冯友兰、张岱年两先生的著述中已有出现。在冯先生的论述中,广义宇宙论包含了狭义宇宙论和本体论(《中国哲学史》上册,第3—4页)。张先生将宇宙论区分为本根论和大化论,其中的本根论被后来一些学者看作等同于本体论的范畴,实不然。张先生所谓本根包含始义、究竟所待义和统摄义三种义涵,其所言本根论乃兼含一般所说的宇宙论和本体论的内容,而其所言大化论则是宇宙论的一个部分(此部分关涉宇宙演化之历程,而关于起源的部分则属于本根论)。张先生的相关论述见《中国哲学大纲》,第3—5页(序论)、第1—10页(正文)。

② 刘笑敢先生曾注意到本性义和心境义的联系,并认为二者是完全一致的。笔者赞同此见。在其基础上笔者想补充的是,在心性论域中"德"义之根本仍在于"性",但它不是指一般意义上的本性,而是指体道、觉道的一种潜质;它作为一种心境,其实是指潜质得到实现的一种状态,这是潜质义的必然延伸;并且,此两义都建立在"得道"义的基础上,"得道"有先天、后天之分,这是两义之联系的要害。

展放的境界，取决于它所在的语境，即言论者是在强调哪一层面的内容。① 由此亦见，"德"在道人关系之中同样扮演着枢纽性的角色，它是联结"人"与"道"的一个关键。"德"作为枢纽构造起道物之关系，这是道家宇宙论的核心；而它作为枢纽构造起道人之关系，此关系则成为道家心性论之基础。道家心性之论说到底就是处理"人"和"道"的关系问题。

就人所特有的后天之"德"来看，它作为一种境界不是指与外物相对的内心活动，也不是指和他者无涉的冥想状态，事实上，此境界之实现需要外物的存在、需要他者的参与。比如庄子所说的"德者，成和之修也。德不形者，物不能离也"（《庄子·德充符》），即提示了作为"德"之展放的"和"不仅指内心的平和，也关乎行动者和他者之间的和谐。其所言"乘物以游心"（《人间世》）、"游心乎德之和"（《德充符》），也提示着作为"德"之展放的"游"并非"绝物"之"游"，它始终是"乘物"之"游"。所谓"之人也，之德也，将旁礴万物以为一"（《逍遥游》），也应该在此意义上进行理解。在这些语境中，"德"是一个关乎行动者和他者的概念。这里出现了一个新的思想基底，此即己他之关系。在道人关系中，"德"指的是人对"道"的领会和体认，而在己他关系中，"德"则是指这种体认在交往活动中的表现。从语文层面看，"德"在己他之间可以被理解成美德或德行，它所关联的基础性义项是恩惠、恩德之义。在己他交往之中，一种行为之所以成为一种德行，根本上是因为它是行动者践行"道"（得道）的表现，而从他者角度来说，则是因为它是一种有利于他者的行为。进一步来看"德"的角色，在此场合之中它成为了构造己他之关系的一个枢纽，而这种关系所呈现的则是道家伦理学的内容。

从伦理角度看，有"德"者的身份是道德场合中的行动者。从政

---

① 比如《庄子·天地》的"物得以生谓之德"强调的是作为先天潜质的"德"（这里的"物"自然包括人，并且庄子立论的主要目的是在于确认人有此潜质），而《庄子·德充符》的"德者，成和之修也"，则强调作为潜质之实现状态的"德"。

治角度看，有"德"者的身份则是为政治国的君王。在政治领域，己他之关系也就转化成了王民之关系。"德"在此关系中成为一个表征君王治理民众之态度和方式的符号。这里的基础性义项是恩德之义。一种政治之所以成为德政，根本上是因为它是为政者践行"道"（得道）的表现，而从民众角度来说，则是因为它是一种有功于民众的政治。类似于伦理学中"德"是构造己他关系之枢纽，在政治哲学中"德"也是构造王民之关系的要害。如果说，道人关系中的"德"是一个关乎德性的概念，己他关系中的"德"是一个关乎德行的概念，那么王民关系中"德"所体现的则是德政的问题。老子奠定道家德政理念的基础，后来黄老学派作出新的发展。[①] 黄老德政思想不限于"德""刑"理论，源自老学的"玄德"以及源于更早传统的"明德"，是其德政思想的两个基本方面，至于"德""刑"之术，则是实现此等德政的两种具体方式。

至此我们可以看到，在道家关于"德"的种种复杂论议中，其实一直隐含着一种作为思想基底的"关系"的构造，它包括了道物关系、道人关系、己他关系以及王民关系这四种类型。不管"德"的语境多么复杂，也不管不同系统之间如何纷纭变化，它的意义始终是发生在这四组关系当中。这是内蕴于道家"德"观念之中的思想基底，有待我们去发掘、去揭示。为简明起见，我们可以用下图对此上所述之内容予以简示：

道家"德"观念的思想基底及其内在构造

[①] 庄子思想的"德"也具有政治义涵，但它的理路比较特别。不同于老子、黄老学派关注君王之"德"，庄子关注的是天下民众之"德"。从政治论域看，前者是一种"王德论"，后者是一种"民德论"。

此等结构是在统摄各种义涵的基础上所进行的共时性分析，若论至它在道家诸子的具体表现，则情况各有特色。这不仅是说"德"之义涵各有侧重，并且其间的某些"关系"也会出现一定的差异。①另外，要判断"德"属于哪组关系、体现哪个论域，则要看它具体所处的语境。② 由此也可见语境分析对于观念研究的重要性，就"德"而论，它是我们把握此观念所在论域和关系的基础。再者，"德"的义涵虽然复杂多样，但从语文层面来看，我们可以从中抽绎出两个基本的义项——恩德义与获得义，它的各种义涵和角色在不同程度上渊源于此。③

当这种基底性的构造被揭示出来时，不仅"德"义的内在机理可以得到反映，并且它在道家哲学中的地位或角色也能得到整体性的呈现：这四组关系是道家哲学的基本骨架，而诸种关系得以构造而成，其关键皆在于"德"；"德"是融合道物、通贯道人、塑造己他伦理和王民秩序的共同枢纽。相比于其他概念，我们可以说出"德"的很多特点，而在众多的特点之中，这应该是它最大的特点。从老学到庄学和黄老学，"德"的义涵发生了很多的变化，但它一直承担着作为关系之枢纽的角色，它的具体义涵的变化其实反映着关系构造的

---

① 比如在《管子》四篇中宇宙论的架构除了道物关系，还有气物之关系（精气与万物的关系）；《黄帝四经》中宇宙论的架构则包括了道物关系和天物关系（天地与万物的关系）。

② 比如老子说："道生之，德畜之，物形之，势成之。是以万物莫不尊道而贵德。"（《老子》第五十一章）这是基于宇宙论的论域、在道物关系中讲论"德"。老子又说"孔德之容，惟道是从"（第二十一章）、"常德乃足，复归于朴"（第二十八章），这是基于心性论的论域、在道人关系中讲论"德"。此外老子亦有言："爱民治国，能无知乎？天门开阖，能无雌乎？明白四达，能无为乎？生之，畜之，生而不有，为而不恃，长而不宰，是谓玄德。"（第十章）这是基于政治哲学的论域、在王民关系中讲论"德"。至于伦理学之论域和己他之关系，主要见于庄子思想。前面论述此项时已提到了庄子言论中的例子。

③ 在宇宙论中，"道"之"德"是基于恩德义（"道"生养、成就万物即是对万物的一种大功德），万物之"德"则基于获得义（万物由"道"而得成其为自身的本质）。在心性论中"德"的基础性义项是为获得义，进一步来说，则是得道义，此又包括先天、后天两个层面。先天之"得道"即是作为潜质的"德"，后天之"得道"即是作为心灵境界的"德"。伦理论域中，"德"作为一种美德或德行，体现着有利于他者的意味，这和它的恩德义有关。政治论域中"德"的基础性义项也是恩德义。不管它是表征一种基本原则，还是指向一种具体措施，其义涵都和有功于民众有关（这类似于"道"成就万物的功德）。

变化。

进一步来说,当我们把握到这种基底性的框架时,道家哲学体系的内在结构也能够随之得到呈现:道家哲学在很大程度上是一门关于"关系"的学说,它以四组关系为基本骨架,贡献出世界观、心性论、伦理学、政治哲学几个方面的理论。因此,"德"义的内在联系问题就不仅是此观念本身的构造问题,在更大的范围上,它关乎的是道家哲学的构造问题。"德"义的变化也不仅是"德"本身的观念史问题,从更大的视域来看,它涉及的是道家哲学诸种理论形态的演化问题。

在本书的研究中,"德"与"关系"是互相阐释的。可以说,我们要做的工作是将道家"德"观念中所蕴含的思想基底揭示出来,进而将此观念放回到诸种关系之中考察它的义涵及演变。换个角度来说,我们要做的工作其实也是通过对"德"的研究,呈现道家哲学作为一种关系学说的性格。前者是以"关系"诠释"德",后者是以"德"诠释"关系"。就后者而论,关于"德"的探讨就不仅是一项观念研究。我们要做的是通过这一思想线索,揭示道家哲学的内在构造及其思想性格。

就道家哲学的关系构造而论,过去已有学者从不同的方面关注到。尤其是在道物关系上,研究者已有比较多的探讨。此外,也有学者注意到道物关系和王民关系的关联性,基于此点探讨道家宇宙论和政治哲学的内在机理。[①] 在这方面,王中江先生的研究极具代表性。他在解释"道法自然"时提炼出老子哲学的这两组关系,并明确揭示了二者的关联性:在宇宙体系中,"无为"的"道"遵循"万物的自然";在人间社会中,"无为"的"圣人"则遵循"百姓的自然";

[①] 王中江:《"道"何以要"法""自然"》,《光明日报》2004年8月31日;王中江:《道与事物的自然:老子"道法自然"实义考论》,《哲学研究》2010年第8期;[日]池田知久:《道家思想的新研究——以〈庄子〉为中心》,第547—561页;王博:《权力的自我节制:对老子哲学的一种解读》,《哲学研究》2010年第6期;曹峰:《〈老子〉的幸福观与"玄德"思想之间的关系》,《中原文化研究》2014年第4期。

这是老子宇宙观在他的政治哲学中的延伸，两者之间具有高度的同构性。① 笔者对"德"之基底的发现直接源于王先生此论的启发。其论述中已隐含"人"与"道"关系，现今我们将其明确提炼出来，并强调这是组成道家哲学体系的第三种关系。此外，道家哲学中还存在行动者和他者的关系，这是道家论"德"的又一个基底，同时也是道家呈现其伦理思想的基本骨架。②

（四）其他的思路与方法

在语文解释的基础上考察观念的演化历程，同时也探寻其内在的义理构造，这是本书开展研究的基本思路。前面所论三种方法是这一思路中的不同环节。如果说语文解释是微观的、基础的工作，那么观念的历程和它的构造将是我们在宏观层面上同时关注的两个向度。

在此之外，本书还有其他方面的思路和方法，在此一并加以概述。一是我们将会在"德"与其他概念的关系互动中考察它的表现。这里说的关系不同于前面所论，为了区分，我们可将此处所言称为第二层关系。前面所论之关系是隐性的，它是蕴含于道家"德"观念之中的思想基底。此所言之关系是显性的，它指的是"德"与其他符号的思想关联，比如"德"与"道"的关系、"德"与"性"的

---

① 王中江：《道与事物的自然：老子"道法自然"实义考论》，《哲学研究》2010年第10期。
② 就作为哲学问题的"关系"而论，王中江先生近年也有深入的探讨。这些探讨不是从哲学史角度研究过去的某一种学说，而是基于"关系"对世界的存在作出解释，是一种以"关系"为基础的哲学创构（或可称之为"关系形上学"）。王先生在这方面的研究有助于深化对道家关系学说的理解。笔者在提炼、阐释道家关系学说的过程中也离不开此种理论的启发。参见王中江《个体：从类、性到关系和普遍相关性》，《哲学分析》2016年第5期；《关系空间、共生和空间解放》，《中国高校社会科学》2017年第2期；《关系的类型和事态：对偶性、相互关联和交往世界》，《社会科学战线》2017年第6期；《"关系时间"语言：个体的过程、同一和流逝》，《社会科学战线》2019年第4期；《关系世界、相互性和伦理的实态》，《武汉大学学报》（哲学社会科学版）2020年第3期；《强弱相关性与因果确定性和机遇》，《清华大学学报》（哲学社会科学版）2020年第3期。

关系、"德"与"心"的关系等等。①

在以往研究中，人们对这一层关系已有关注。尤其是针对上述三组关系，学界已有比较多的讨论；此外，关于黄老学的"德"与"刑"，人们也展开了比较多的探讨。但如同在含义问题上，"德"的复杂性让我们难以用某一种进路进行概括，"德"与其他概念之关系的丰富性也让我们很难用某一种模式做到全面的覆盖。比如"德"与"道"的关系，这是大家在这方面最为关注的一个问题。目前总共有四种看法——道体德用、内在超越、总分关系以及并列关系。我们会发现，此数种理解方式在道家文本中都存在相应的依据。论至"德"与"性""心"，情况类似于此。总之，怎么来处理这纷纭复杂的文本，以深入揭示"德"与这几个概念的关系，仍是一个有待探讨的问题。

此外需指出的是，除了"道""性""心""刑"等概念，道家哲学中"德"也经常与其他概念处于紧密联系之中，比如老子思想中"德"与"朴""自然""无为"，庄子思想中"德"与"天""真""游""和""自然""无为"，《管子》四篇中"德"与"精气"，《黄帝四经》中"德"与"法""术"，等等。这方面的情况目前还没有引起充分的关注。探讨这些关系，不仅可以深化对"德"义的理解，同时也可以从一个侧面了解到道家诸子的思想特色。

一个思想体系总是由诸多紧密相关的观念所构造。观念符号和思想体系的关系就好比细胞和生命体的关系那样。观念和观念之间总是以某一种联结方式得到组合，唯其如此，一个思想体系方得以构造而成。洛夫乔伊用"单元观念"（unit-idea）和"观念群"（the group of ideas）来说明这一情况，并强调，任何哲学家和哲学学派的学说，在

---

① 本书所说的道家关系学说，是就前文所述的四组关系而论。另外，两个层次的关系会出现一定的交合。我们在理解过程中应先确立作为思想基底的第一层关系，然后再关注"德"与其他概念的关系。比如在宇宙论中，我们先确立道物关系这一基底，进而再看"德"与"道""性"的关系。

总体上几乎都是一个复杂的和不同来源的聚集体，并且常常是以哲学家自己并未意识到的各种方式聚集在一起。① 无论是就某一观念之研究而言，还是就某一思想体系之探讨而言，观念的关系或者说观念群都是绕不开的问题。我们可以说是意义的多样性导致了结合方式的复杂性，也可以说意义的多样性正是由结合方式的复杂性所造成。事实上，观念的意义总是发生在它和其他观念的互动之中，意义的多样性和它们结合方式的复杂性是相互影响的。

本书研究的另一个思路是，我们将会在道家和其他学派的思想互照之中考察"德"的表现。当前研究中已有学者关注到这方面的情况，我们将以此为基础展开进一步的探讨。"德"是前诸子时代的思想主角，到了诸子时代，它继续活跃于各个学派的思想舞台。各家在延续殷周传统某些因素的同时，又赋予"德"新的内涵，以不同的方式改造着这一曾经的思想主角。因此，基于诸子学的大背景来探讨道家的"德"，不仅可以深化对此观念的理解，同时也能够以此为线索，考察道家和他家的学说同异及其思想互动。在当时的大环境中，除道家以外，论"德"最为显著者当数儒家，故而我们的考察也主要基于道、儒之间来展开。

四 文本概述

这里对先秦道家文本的情况作一简要说明。暂不考虑成书年代及学派属性方面的问题，在比较宽泛的意义上，先秦道家包含了《老子》《庄子》《列子》《文子》《鹖冠子》《管子》等一些传世典籍，以及马王堆汉帛、郭店楚简、上博楚简、北大汉简、清华简等出土文献中具有道家性质的篇章。

老子其人、《老子》其书是千古聚讼的问题。近年来陆续出现的

---

① ［美］洛夫乔伊：《存在巨链——对一个观念的历史的研究》，第5页；《观念史论文集》，第7—9页。

简帛《老子》①虽然没有为此提供明确的答案，但提示了许多重要的新线索，对我们的研究起到了很大的推动作用。综合这些新材料来看，《老子》文本在战国秦汉年间发生了一定的演变，②但其主要内容应该在春秋末期或至迟在战国早期就已经形成。就考察老子思想而论，诸种简帛本是研究当中需要重视的材料，它们可以提供许多有助于理解的新信息。当然，这不意味着简帛本可以取代通行本，也不意味着四种简帛本中某个本子具有必然的优先性。《老子》文本的形成过程很复杂，诸种古本可能传自不同的版本系统，目前很难说哪个本子必然反映原貌。因此，我们对老子思想的考察将仍以王弼本为基础，过程中综合考虑简帛本的相关信息。

《庄子》的作者也是一个长期有争议的问题。目前学界主要有两种看法，一是把内七篇看作庄子的作品、把外杂篇归为庄子后学的作品，一是不区分内、外、杂，把《庄子》整体上看作庄子或庄子学派的作品。③笔者依从后一种。《庄子》一书原本未必有内、外、杂之分（此种分类很可能是始于郭象之删定），以这种划分作为基础的

---

① 包括马王堆帛书甲本和乙本、郭店楚简本、北大汉简本四种。

② 关于《老子》文本演变的研究，可参丁四新《早期〈老子〉文本的演变、成型与定型——以出土简帛本为依据》，《中州学刊》2014年第10期；丁四新《论刘向本（通行本）〈老子〉篇章数的裁划依据》，《哲学研究》2014年第12期；王博《思想史视野中的〈老子〉文本变迁》，《中国哲学史》2015年第4期；尹志华《〈老子〉通行本分章问题再探讨》，《哲学研究》2017年第7期；丁四新《"数"的哲学观念与早期〈老子〉文本的经典化——兼论通行本〈老子〉分章的来源》，《中山大学学报》（社会科学版）2019年第3期；李若晖《〈老子〉八十一章本早期形态探索》，《浙江大学学报》（人文社会科学版）2021年第6期。

③ 除此以外，学界还有其他观点。比如任继愈先生认为外杂篇代表庄子思想，而内篇则是庄子后学的作品（《中国哲学发展史》先秦卷，人民出版社1983年版，第385—386页），这与上述第一种观点恰好倒了过来。另外，冯友兰先生、许抗生先生则主张打破内篇与外杂篇的界限，重新确定辨别庄子作品和后学作品的标准。冯先生以《逍遥游》《齐物论》为标准，许先生以《天下篇》所述庄周思想为标准。见冯友兰《中国哲学史新编》，人民出版社1998年版，第397—402页；许抗生《老子与道家》，新华出版社1993年版，第50页。

考证都难以做到完全牢靠。① 在成书年代上，虽然有少数学者认为其间某些篇章系出自秦汉年间，但主流看法是将此书归为战国中后期的典籍。② 本书依从主流看法。总言之，本书把《庄子》整体上归为战国中后期庄子学派的作品，对其间的材料予以统一使用。庄子是这一集体作者的代表，是《庄子》思想的主要创作者，行文中也将直接称此书之作者为庄子。

《管子》一般被视为法家典籍，但书中包含不少具有道家性质的篇章，尤其是《心术上》《心术下》《白心》《内业》四篇，目前学界一般把它们看作稷下黄老道家的作品。自从刘节和郭沫若提出此数篇是《管子》中相对独立的一组文献以来，③ 它们作为一个学理体系得到了越来越多的关注。在四篇的作者问题上学界一度有争议，后来随着帛书《黄帝四经》的出土以及黄老学研究的兴起，越来越多的学者注意到此四篇的黄老学性质，将其归为黄老道家之作。因《管子》一书为稷下学宫的作品汇编，故又称四篇之作者为稷下黄老道家。稷下学宫与田齐政权相始终，故知此四篇当为战国中后期的作品。

马王堆帛书《黄帝四经》是直接引发黄老学研究热潮的动因。它指的是帛书《老子》乙本卷前的四篇古佚书（《经法》《十六经》《道原》《称》）。④ 关于它的成书年代，学者们意见不一，大致有以下

---

① 正如丁四新先生曾指出的：以郭象本所定的内、外、杂为考据的前提，其基础是筑在流沙之上的；我们不能笼而统之地说内篇早于外杂篇，好像编者已经窥见了作品的时间链条，而将它们捆成三束似的（《郭店楚墓竹简思想研究》，东方出版社2000年版，第26页）。此外，张松辉先生的看法也颇具启发性：对于《庄子》一书，如果没有新的资料出土，仅凭现存材料，想要指实哪一篇、哪一段为庄子所亲作，几乎是不可能的；倒不如把《庄子》作为一个整体，视为庄子师生的共同的思想材料来研究，这样可能更可靠一些；当然，庄子是老师，无论他亲自写作的有多少，都应视为《庄子》一书的主要作者（《庄子研究》，人民出版社2009年版，第40页）。

② 前面所述的关于作者的两种主要看法虽然在是否区分内篇和外杂篇这一点上有分歧，但在成书年代上一般都将此书归为战国作品。

③ 刘节：《古史考存》，人民出版社1958年版，第238—258页；郭沫若：《青铜时代》，《郭沫若全集》历史编第二卷，人民出版社1982年版，第547—572页。

④ 多数学者将此四篇合称为《黄帝四经》，此外也有称之为《黄老帛书》《黄帝书》等。本书依从多数说。

几种观点：战国早中期、战国后期、秦汉之际、西汉初年。笔者比较赞同战国后期说。① 在成书地域上，学者们也有不同看法，大概有楚国、齐国、郑国、越国等几种观点。笔者不打算对此给出结论，而是把此书看作战国时期和《管子》四篇相并列的另一部黄老学代表作。另外，关于此"四经"之作者究竟是一人还是多人，研究者的观点也不一致。笔者倾向于将它看作由一人完成的作品。

在出土简帛文献中，除《黄帝四经》外，道家类作品还包括郭店楚简的《太一生水》和《语丛四》、上博楚简的《恒先》和《凡物流形》。在这些作品中"德"的观念并无显见，故本书不把它们当作研究的主要对象。但其思想内容和本书所要探讨的问题存在一定的联系，过程中也会涉及此数种。

接下来简要说明下《列子》《文子》《鹖冠子》这几部传世典籍。关于《列子》一书，古代即不乏疑其为伪书者，近代以来经诸多学者之考辨，今本《列子》成于魏晋年间，已成为主流看法。当然，其间也不乏学者主张此书为先秦之典籍。② 不管持何种意见，人们一般都承认先秦时期存在《列子》一书，只是在今本《列子》可以多大程度上反映先秦此书之面貌上，大家的看法不相一致。③ 在此问题上，笔者赞同学界的主流看法，不将《列子》纳入考察的范围。

关于《文子》一书，在定州汉简《文子》出土以前，人们一般是把它看作摘抄《淮南子》、拼凑而成的书籍。汉简《文子》出土以

---

① 关于学界对《黄帝四经》成书年代的不同看法以及战国中期说的论证，参见袁青：《〈黄帝四经〉成书年代辨析》，载陈鼓应主编：《道家文化研究》第三十辑，中华书局2016年版，第570—588页。

② 严灵峰：《列子辩诬及其中心思想》，台北：时报文化出版事业有限公司，1983年，第12—110页；陈鼓应：《老庄新论》，第69—71页；许抗生：《〈列子〉考辨》，载陈鼓应主编《道家文化研究》第一辑，上海古籍出版社1992年版，第344—358页；陈广中：《为张湛辨诬——〈列子〉非伪书考之一》，《〈列子〉三辨——〈列子〉非伪书考之二》，《从古语词看〈列子〉非伪——〈列子〉非伪书考之三》，载陈鼓应主编《道家文化研究》第十辑，上海古籍出版社1996年版，第267—299页。

③ 主张今本《列子》成于魏晋的学者一般也承认其间存在一些反映先秦思想的内容，但他们认为这些内容是少量的，其主要内容是反映魏晋时期的思想。持后一种观点的学者也不否认书中确实杂入了秦汉以后的文字，但他们认为其主要内容属于先秦之思想。

后，人们对《文子》的看法发生了一些变化。不乏学者以汉简本为据，将它归为先秦典籍，① 也有学者认为它是汉初道家的作品。② 在此问题上，笔者赞同曹峰先生的看法：《文子》的情况非常复杂，仅仅因为简本出土，就说今本不伪，或者仅仅比对语言文字就判断谁先谁后，有不够科学之处；简本《文子》的出土至少证明《文子》确实有其先秦思想源头，这开启了重新研究《文子》的先声，但更为深入的研究有待今后。③ 因此，本书不将《文子》纳入先秦道家的范围。不过，此书论"德"较丰富，且多与老子有关。我们在研究中会把它作为解释性文献进行使用。

至于《鹖冠子》，在成书年代和学派属性这两方面均不乏争议。对其成书时间，主要有以下几种看法：战国末期、焚书之前、西汉初年、西汉武昭之间。在学派归属上，目前主要有以下几种观点：道家说、兵家说、杂家说。对于此书，我们的使用方法类似于《文子》。

另外，《尹文子》《慎子》《韩非子》《吕氏春秋》等文献和道家思想存在一定的联系。《尹文子》一般被视作名家作品，《慎子》则多被视作法家作品，但此二者都具有一定的黄老学性质。④《韩非子》作为法家的集大成之作已是我们的通识，但其间的某些篇章和道家思想存在密切的联系。⑤《吕氏春秋》一般被视为杂家作品，但其中也

---

① 李定生、徐慧君校释：《文子校释》，上海古籍出版社2004年版，第1—14页。

② 张丰乾：《出土文献与文子公案》，社会科学文献出版社2007年版，第154—174页。

③ 曹峰：《〈文子·自然〉研究——兼论对"道法自然"的理解》，《现代哲学》2018年第5期。

④ 不乏研究者把它们归为黄老作品。参见蒙文通《先秦诸子与理学》，广西师范大学出版社2006年版，第195—200页；陈鼓应《黄帝四经今注今译——马王堆汉墓出土帛书》，商务印书馆2007年版，第26页；胡家聪《稷下争鸣与黄老新学》，中国社会科学出版社1998年版，第258—302页；白奚《稷下学研究——中国古代的思想自由与百家争鸣》，生活·读书·新知三联书店1998年版，第138—153页、第202—215页等。

⑤ 尤其是其间的《解老》《喻老》《主道》《扬权》四篇，道家色彩比较浓厚。已经有学者注意到此四篇的特殊性，比如容肇祖先生视其为"黄老或道家言混入于韩非子书中者"（《韩非子考证》，商务印书馆1936年版，第39—44页），曹峰先生把它们称为"《韩非子》四篇"，并强调这四篇最大的特征是道家色彩浓厚，它们的关注点是道家思想和法家思想的结合（《中国古代"名"的政治思想研究》，上海古籍出版社2017年版，第137页）。

有比较明显的黄老学色彩。① 对于这些典籍的学派归属，笔者依从传统之见，但它们与道家思想的联系也是需要注意的。研究当中将同时考虑它们，把它们视作理解道家思想的辅助性文献。

综言之，本书对先秦道家思想的考论将以《老子》、《庄子》、《管子》四篇以及《黄帝四经》这四部文献为主，同时旁涉其他的相关文献。在成书年代上，我们将《老子》定为春秋末期或至迟是战国前期的作品，将《庄子》、《管子》四篇、《黄帝四经》一并看作战国中后期的作品。关于后三者的具体时间，目前条件下我们难以明分先后。② 某种程度上，可以将此三者看作平行或并列之关系，即它们分别体现了老子之后道家学说所出现的不同方向的发展。我们关心的是，在老子之后道家"德"观念出现了哪些方向的演化，至于这些方向之间的先后次序，则是我们当前所难以明确界定的。另外，从道家思想的"子系统"来看，《管子》四篇和《黄帝四经》代表的是同一个系统（黄老学），它和《庄子》所代表的庄学，是道家在老学之后所出现的两个子系统。

在以下的五章内容中，我们先考察"德"在诸子以前的思想面貌，以充分了解道家"德"观念得以产生的背景；进而将围绕四部文献，分别考论它在老学、庄学和黄老学当中的表现。我们将回归到原始层面的语文解释，在此基础上关注"德"在四部文献的不同面貌，同时也留意其间一以贯之的内容，以尽可能呈现它在道家学说中的演变情况以及那些不变的基本性格。

---

① 不乏学者将其纳入黄老系统进行研究。参见蒙文通《先秦诸子与理学》，第208—210页；吴光《黄老之学通论》，第166页；余明光《黄帝四经与黄老思想》，黑龙江人民出版社1989年版，第197页；匡钊《先秦道家的心论与心术》，中国社会科学出版社2021年版，第153—165页。

② 大致来说，《庄子》一书的部分内容当成于战国中期，此外也有成于战国后期的篇章；《黄帝四经》成于战国后期的可能性更大；至于《管子》四篇，从稷下学宫的存续时间来看，则应属战国中后期之作品。

第一章 思想渊源:"德"观念的前诸子形态

在近年的先秦哲学史、思想史研究中,雅思贝尔斯(K. T. Jaspers)的轴心时代理论①对我们产生了较大的影响。参照这一理论,先秦思想以孔、老为界,被分别看作前轴心时代和轴心时代。一般认为,孔、老所开始的诸子学实现了中国思想的哲学突破,这种突破主要表现为从宗教到哲学的转变,或者说从神本到人文的转变。此等区分能够在大局上呈现先秦思想的发展趋势,尤其是,它能鲜明地反映出诸子学的经典地位。但与此同时我们也要看到,诸子学的兴起不是一种断裂式的跃进,而是一种立足于以往文化传统而实现的思想超越,它和早初②思想文化有着千丝万缕的紧密关系。总的来看,从早初到诸子的思想变化是一种"连续中有突破、突破中有连续"的复杂发展过程。

此等情况具体到"德"观念,亦是如此。这一符号的意义在道家、儒家思想中都发生了很大的变化,但这不是断裂式的变迁,而是在思想延续的基础上所发生的意义更新。因此,若要更深入地把握道家之"德",我们就需要在从早初到诸子的思想大势中,觅寻这一符号和此前文化的种种复杂关联。这不仅关乎如何理解"德"的义涵,也关乎如何看待道家哲学和此前思想传统的关系。就后者而言,以往

---

① [德]雅斯贝尔斯:《论历史的起源与目标》,李雪涛译,华东师范大学出版社2018年版,第7—29页。
② 本书所称"早初"是指殷商至春秋(以孔、老为界)这一段时期,相当于一般所说的前诸子时期。

第一章 思想渊源:"德"观念的前诸子形态

主要是从"道"的意义脉络来把握道家哲学在思想连续中的突破性。事实上,这种突破性在道家哲学里还有其他方面的表现,除了已受关注的"道","德"的观念上也有集中的反映。

当我们将视野投放到殷周文化,可以看到"德"乃是当时思想舞台的主角。在通常印象中,"道""德""天""理""气""心""性"等都是贯穿中国思想之发展的重要观念。其中最早在中国思想舞台上扮演主角的乃是"德"的观念(从目前已知文献来看)。郑开先生曾言道,"德"是诸子以前思想史的主题词,以至于可以用"德的时代"来概括这一时期的思想文化。① 李若晖先生也曾指出,"德"是华夏早期文明中最为重要的范畴,这一观念奠定了华夏德性政制的基础。② 郭沂先生则强调,中国哲学大厦奠基于殷周之际,而"德"则是这座大厦的第一块基石。③ 这几位学者从不同的角度提示了"德"在殷周文化中的核心地位。职是之故,探讨"德"在早初的情况,不仅是为了在语义上觅寻它的渊源,更是为了在思想的层面上探寻它的来龙去脉。只有对这一思想主角具有了比较充分的理解之后,才能够深入地把握道家是如何对待这一曾经之主角的,他们在此观念上又开展了哪些独特的思考。

第一节 "德"在殷商时期

无论是作为文字符号,还是作为思想符号,"德"在西周已然出现并流行,这一点是非常明确的。但论至"德"在殷商的情况,问题则复杂一些。对于甲骨文有无"德"字,或者说其间的"徝"是不是"德"字初文,学界长存争议。与之相关的思想史问题是,殷商时期究竟有没有"德"的观念,它是不是周人的"发明"。对此,研究者的看法也不尽一致。以下我们将围绕这两个问题展开讨论。

---

① 郑开:《德礼之间——前诸子时期的思想史》,第 21 页。
② 李若晖:《以"天"代"帝"——周人对于君权正当性之反思及"德"之初步独立》,收入周强、陈望衡主编:《儒源新探——周先祖与中国文化》,第 86 页。
③ 郭沂:《"德"义探本》,《周易研究》2019 年第 3 期。

一 作为文字的"德"

甲骨卜辞中，被一些学者视作"德"之初文的该字有三种写法：

🔸。如《甲骨文合集》（以下简称《合集》）7255 写为"🔸"，7268 写为"🔸"。

🔸。如《合集》6391 写为"🔸"，6396 写为"🔸"。

🔸。如《殷墟文字·甲编》2304 写为"🔸"。这种写法比较少见。①

关于此字之释读，学者们意见纷纭。于省吾主编的《甲骨文字诂林》收录了多家看法，据其所录，并结合笔者留意到的其他研究，可总结出以下四类看法：

（1）释为"德"。孙诒让较早提出此论："🔸字古从彳，左亦从🔸，当即德之省文"。罗振玉亦主张释"德"，并以得失之得训其义："德，得也，故卜辞中皆借为得失字，视而有所得也，故从🔸。"②刘恒也释为"德"，但认为应读为"陟"，卜辞所见"德方"即"陟方"，意指巡视方国。③

（2）释为"徝"或"直"。商承祚认为："徝，从彳行而正之，义当为征伐之徝之专用字。"郭沫若认为："徝与直古乃一字矣。……'徝伐'殆犹言征伐。又直音古与特同，则由双声读为'挞伐'，亦可通。"④刘翔赞同郭论，并强调此字非是"德"字初文，而是"直"字初文，所谓"德伐"即"挞伐"，意为征伐。⑤徐中舒亦主张释为"徝"，然其训义不同："🔸即直字，象目视悬（悬锤）以取直之形；从彳，有行义。故自字形观之，此字当会循行察视之义，可隶定为

---

① 关于甲骨文中此字的写法，可参中国科学院考古研究所编辑：《甲骨文编》，香港：中华书局香港分局 1978 年版，第 74 页；古文字诂林编纂委员会编纂：《古文字诂林》第二册，上海世纪出版集团、上海教育出版社 1999 年版，第 470 页。
② 孙、罗之说见于省吾主编：《甲骨文字诂林》第三册，中华书局 1996 年版，第 2250 页。
③ 刘恒：《殷代"德方"说》，《中国史研究》1995 年第 4 期。
④ 商、郭之说见于省吾主编：《甲骨文字诂林》第三册，第 2251—2252 页。
⑤ 刘翔：《中国传统价值观诠释学》，第 93 页。

第一章 思想渊源:"德"观念的前诸子形态

値。"此外,徐先生认为此字应为"德"之初文。①

(3) 释为"循"。叶玉森对孙、罗之说提出商榷:"㞢如释德似不可通,训得亦未安,当即循字。……循、巡古通。"李孝定赞同叶论:"契文㞢字无虑数十百见,无一从心者,可证二者实非一字,且释德于卜辞之例亦不可通。……卜辞言循伐者,言以兵威抚循之。……单言循或言循某方者,则行巡视之义也。"于省吾采此说:"字当释'循',读作'巡',李孝定已详加论证,唯不必以兵盾为言。"② 不同于此上两说在训义上未能统一,此说皆主张"循"读为"巡",意指巡视。

(4) 释为"徝"或"省"。王襄认为:"㞢,古省字。……疑省、眚古本一字。……省方即《尚书·舜典》巡守之礼。"③ 闻一多有进一步解释:"卜辞凡言省似皆谓周行而省视之(观诸辞言'往省''出省'之多可知),故字又作㞢,从彳,示行而视之之意。此字以今隶定之,当书作徝,若嫌今无此字,则如王氏迳书作省,亦无不可(徝,后变作巡)。"④ 饶宗颐亦主张释为"徝",并言及:"徝方语习见。……徝有巡视义。"⑤ 此说在训义上基本同于第三说(皆解为巡视),但它更强调"㞢"与传世文献所见"省方"的联系。⑥

近年来,学者们围绕此字陆续提出新的看法。郑开先生留意到其间的"两难"之境:释作"徝",可从文字层面解释此字即

---

① 徐中舒主编:《甲骨文字典》,四川辞书出版社1989年版,第168—169页。
② 叶、李、于之说见省吾主编:《甲骨文字诂林》第三册,第2251、2252、2256页。
③ 于省吾主编:《甲骨文字诂林》第三册,第2251页。
④ 孙党伯、袁謇正主编:《闻一多全集》第10册,湖北人民出版社1993年版,第507页。
⑤ 于省吾主编:《甲骨文字诂林》第三册,第2252页。
⑥ 国外汉学界对此字也有不同的释读,如倪德卫(David Nivision)、小南一郎认为此字是"德"字初文,而刘华夏(Vassili Kryukov)持反对意见。见 David S. Nivision. "Royal 'Virtue' in Shang Oracle Inscriptions," *Early China*, Vol. 4, 1979, pp. 52-55;[日]小南一郎:《天命と德》,《東方學報》1992年第64辑;Vassili Kryukov. "Symbols of Power and Communication in Pre-Confucian China (On the Anthropology of "De"): Preliminary Assumptions." *Bulletin of the School of Oriental and African Studies*, *University of London*, Vol. 58, No. 2, 1995, pp. 314-333.

"德"之初形，但把它解释为道德之"德"却不符合卜辞中的用法；而释作"徇"或"循"能契合卜辞语境，但从字形与字音上说，却难以对它与"德"字的联系作出说明。①郑先生倾向于将此字释作"徇"，而对于"徇""德"之间的关联，则通过省方制度进行弥合。晁福林先生认为：卜辞中的"德"或用如"循"，指行走、出行，所谓"德方"，即是指巡行方国；或用作得失之"得"，"德"是指神意指点迷津而有所得。②晁先生有作两路释读的倾向，此倾向后来在郭沂先生的研究中更为鲜明。郭先生认为，既然"𢔌"为"直"已成定论，那么"𢔌"应隶定为"値"；结合卜辞来看，宜作一字两读：一是读为"巡"，意指巡视；一是读为"德"，指通过占卜对帝令有所得。③

总要来看，围绕"𢔌"字的问题可析分为三：一是字形如何隶定，二是字义如何训释，三是它是否为"德"字初文。就字形隶定言，笔者赞同郭沂先生的看法，即此字应隶定为"値"。但在字义解释上，笔者认为不必作一字两读。对字义的解释应综合考虑字形和语境两个方面。前者关注的是"値"作为一个文字的造字本义，而后者关注的则是"値"作为一个语词的语义或词义。以此来看，徐中舒的解释可从。

徐先生只从字形对"値"给出解释，尚未论及卜辞的用法，我们来看看以下用例：

1 戊寅卜，亘，贞：王値方。（《合集》10104）

2 ……午卜，㱿，贞：今𡆥王値方，帝受我……（《合集》6737）

3 壬辰卜，㱿，贞：今𡆥王値土方，受有（祐）……（《合集》6354 正）

---

① 郑开：《德礼之间——前诸子时期的思想史》，第 51 页。
② 晁福林：《先秦时期"德"观念的起源及其发展》，《中国社会科学》2005 年第 4 期。
③ 郭沂：《"德"义探本》，《周易研究》2019 年第 3 期。

第一章 思想渊源:"德"观念的前诸子形态

4 贞:王勿徝土方。(《合集》6393)

5……卜,㱿,贞:今㞢王徝󰀀方,受有(祐)……(《合集》6534)

6……亥卜,争,贞:王徝伐方……(《合集》6733 正)

7 庚申卜,㱿,贞:今㞢王徝伐土方。(《合集》6399)

8 王惟出徝。(《合集》32 正)

9 贞:庚申勿徝出。(《合集》7241)

10 庚戌卜,……无其……徝于南。(《合集》7227)①

"方"指方国,"徝方"指巡视方国(句1、2);有些地方则说出了方国之名,如"徝土方""徝󰀀方"(句3、4、5);此外,"徝"可与"伐"连用,指巡视时兼行征伐(句6、7);至于"出徝""徝出"(句8、9),则是说出巡,而"徝于"(句10)即谓巡视于某地。

可见,解"徝"为巡视符合卜辞之语境。事实上,透过纷纭复杂的释读意见可发现,其间多数意见都认为此字是表示和巡行视察有关的行为,只是大家在字形隶定上以及如何释出此义上看法不一。总的来看,徐中舒的观点是可从的,它不仅在字形隶定上符合"󰀁"即"直"的定论,且能将字义和语义统一起来。②

---

① 关于"󰀂"在甲骨卜辞中的用例,可参姚孝遂主编《殷墟甲骨刻辞类纂》,中华书局1989年版,第864—866页;胡厚宣主编《甲骨文合集释文》第一册,中国社会科学出版社1999年版,第350页、第400—403页。
② 《说文》未收"徝"字。《玉篇·彳部》曰:"徝,施也。"此或是巡视义的引申。此外,基于字形和语境的双重标准来看,郑开先生所指出的两难即意味着,一类释读较符合字形(包括较容易解释和后世"德"字的关联),一类释读较符合语境。郑先生将释"徝"方案的训义限为道德之"德",故言难以符合卜辞语境。若依徐先生训释,则不存在这个问题。郭沂先生主张一字两读,第一种(读为"巡",解为巡视)在语义上和笔者所论相同,但笔者认为不必破读为"巡",读为本字即可。至于第二种(读为"德"、解为对帝令有所得),郭先生所举诸例其实仍适于解为巡视。比如,郭先生对"徝土方"和"徝伐土方"作了区分,认为前者是指巡视土方(徝读为巡),而后者则是指经过占问得到了"伐土方"的神启(徝读为德,指获得神启)。其理由是,"伐土方"是一个动宾结构,若"徝"读为"巡"则"徝伐土方"不成文义。实际上,"徝伐"是一个连动用法,类似于"出徝"。郭论辟出"有所得"的一路解释,或有和"德"的后世之义进行衔接的考虑。"德"的有所得之义,或者说"德"与"得"的关联,是理解"德"观念的一个重要问题,后文将有论及。

第三个问题是，"㣣"是否为"德"字初文。对此，笔者持肯定意见。在字形关联上，徐中舒先生已有指出："甲骨文徝字又应为德之初文。金文德作㣣（辛鼎），与甲骨文徝同，后增心作德（毛公鼎），即为《说文》德字篆文所本。"①后来郭沂先生有进一步考论：十分凑巧的是，辛鼎中的"雍㣣"在同属西周早期的大盂鼎中作"雍徝"，这可以证明金文中的"㣣"也是"德"，且此字形和甲骨文的"㣣"是一脉相承的。②郭先生指出的情况对于处理这一问题十分关键。

就字义的关联来说，郑开先生已有深入论析。郑先生很重视王襄等人所注意到的卜辞中"㣣方"和传世文献"省方"的联系，在对二者进行精细考证的基础上，郑先生提出省方制度是触发"德"之思想的关键环节和重要步骤，省方所包含的政治理念恰恰就是周初德政的基本意涵。③此论为理解殷周之"德"的连续性提供了非常重要的路径。这意味着，甲骨文的"㣣"关联着省方的行为及其制度，而西周金文中添加心符的"德"则在关联上述者的同时又指向行为背后的某种心态，从更大范围来看，则指向制度当中所蕴含的某种政治理念。

二 作为观念的"德"

以上考述甲骨文中㣣字的情况。接下来要探讨的是，"德"作为一种观念在殷商的情况究竟如何。此间关乎更大范围上的殷周之变的问题。学界一直流行一种观点，即殷周之际中国的思想文化发生了重大转变，其突出表现即在于周人提出了"德"的思想。依此而论，则殷人并无"德"的观念，此思想符号乃是周人的新发明、新制作。

以"德"为周人新发明的观点始于郭沫若先生："（周人的）

---

① 徐中舒主编：《甲骨文字典》，第168—169页。
② 郭沂：《"德"义探本》，《周易研究》2019年第3期。
③ 郑开：《德礼之间——前诸子时期的思想史》，第132—145页。

第一章 思想渊源:"德"观念的前诸子形态

这一套思想,以天的存在为可疑,然而在客观方面要利用它来做统治的工具,而在主观方面却强调着人力,以天道为愚民政策、以德政为操持这政策的机柄,这的确是周人所发明出来的新的思想。"① 郭先生认定"德"的观念是周人的发明,并以之为殷周之变在思想文化上的核心表现。这一立论和他对于"德"字在殷周之际的看法直接相关。郭先生否认甲骨文的"徝"为"德"字初文,对此前文已述。在其他地方他亦曾有言:"德字始见于周文。……殷彝无德字,卜辞亦无之";②"(德)这的确是周人所独有的思想。在《商书》的《高宗肜日》中虽然也有这种同样的意思,但那篇文章在上面说过是很可疑的。还有一个主要的旁证,便是在卜辞和殷人的彝铭中没有德字,而在周代的彝铭中如成王时的《班簋》和康王时的《大盂鼎》都明白地有德字表现着。"③依其论而言,"德"(包括文字和思想)乃是周人的新发明,殷商时期既无此字,亦无此等观念。郭先生此论对后来学界影响很大,不仅在王国维所论基础上进一步突显了殷周之变的问题,并且还促使研究者每每将关注点投放在"德"的观念上。

在近年研究中,不乏学者对此提出商榷。如李若晖先生曾言道:郭氏宏论的一个重要证据就在于"德"的观念与"德"这个文字都是周人的发明,但由于我们所见到的殷商史料有限,不能仅仅根据甲骨文中是否出现作为某一事物、观念在殷代有无的唯一根据。④ 此论一针见血,指出了郭沫若立论的一大问题。我们可以据之再细化,以呈现郭先生立论之不足。据郭先生所论,可抽绎其逻辑如下:A

---

① 郭沫若:《青铜时代》,《郭沫若全集》历史编第一卷,第337页。王国维率先提出殷周变革论,其论主要就制度变化言,郭沫若则进一步关注思想之转变。王国维之论见氏著《殷周制度论》,收入周锡山编《王国维集》第四册,中国社会科学出版社2008年版,第124—137页。

② 郭沫若:《金文丛考》,《郭沫若全集》考古编第五卷,科学出版社2002年版,第67页。

③ 郭沫若:《青铜时代》,《郭沫若全集》历史编第一卷,第335—336页。

④ 李若晖:《以"天"代"帝"——周人对于君权正当性之反思及"德"之初步独立》,收入周强、陈望衡主编《儒源新探——周先祖与中国文化》,第86—95页。

"🀆"非"德"—B 商代没有"德"字—C 商代没有"德"思想。在此之中，从 A 到 B、从 B 到 C 这两处推导都是无法成立的。一则，即便认为"🀆"不是"德"字初文，也不能得出商代没有"德"字的结论。目前所见的甲骨文字只是商代文字的一部分，且在已知的 4500 多个甲骨文字中，目前只识别了 2500 个左右。也即，认为"德"字是周人的新发明只是就商代文字很小的一部分立论，其立论之依据是相当有限的。二则，即便认为商代没有"德"字，也不能据此认为商代没有"德"的思想。不排除这样的一种可能，商人已经有了和周人之"德"相类似的观念，他们用了其他的字词进行表达。

郭沂先生在其新近发表的论文中也对郭沫若之论提出了不同看法。郭沂也认为"德"在殷周之变中扮演着核心的角色，但他对于这一变化的判断不同于郭沫若。在郭沂看来，"德"在殷周之际所历经的不是从无到有的过程，而是意义发生变化的过程：殷商时期的"德"多是获得神启之义，人间对"命"的承受，尚未被称为"德"，故"德"尚未成为一个重要的观念史概念；西周时期，"德"的内涵和外延都极大地扩充了，几乎所有的天之所"命"，都可以被作为人之所"德（得）"。在此基础上，郭沂对殷周之变的性质的判断也有所不同。他认为，殷周之际确实发生了新旧文化的更替，但这种更替不像王国维、郭沫若说的那么剧烈，而是新旧文化之间既有明显的延续，又有重大的变革。① 总的来看，郭沂强调"德"作为有得于"帝""天"的意义，并视此为沟通殷周之"德"的基本线索。但如同前述，其所主张的以"得"解"德"的做法并不符合"🀆"在甲骨卜辞的语境。至于西周之"德"，虽然它和"得天命"有关，但能否将"德"直接理解为得自天命者仍有待商榷（详见后论）。

笔者亦认为甲骨文中的"🀆"承载了殷人关于"德"的思想意识，并且这种思想意识在一定程度上也影响着西周"德"观念的形

---

① 郭沂：《从西周德论系统看殷周之变》，《中国社会科学》2020 年第 12 期。

第一章　思想渊源："德"观念的前诸子形态

成。至于如何看待殷周之"德"的连续性，郑开先生的见解颇具启发性："㣎"及其关联的省方制度包含着一种政治理念，而这种理念后来成为了西周德政的基本意涵（见前引郑著）。笔者想进一步指出的是，从"㣎"字所在的甲骨卜辞来看，殷人乃经常占卜关于巡察和征伐的活动，这既体现了他们对神意的仰赖，也透露出他们对政治活动之正当性的关注。这也是"德"之连续性的一个重要方面。到了周代，"德"与政治正当性的联系显得更为突出。

在此上讨论中我们一直没有涉及《尚书·商书》。郭沫若已注意到《商书》的《高宗肜日》也有"德"的思想，但他认为这些材料很可疑。《商书》包括古文和今文两个部分：古文部分乃汉以后的伪托之作，这自然不能用于考察殷代文化；至于今文部分，① 一般都认为其由周代史官整理而成。就后者来说，周人在整理编述时应有一定依据，这意味着今文《商书》在一定程度上仍能够反映商人的思想意识。在今文《商书》中"德"的话语时有出现，不仅见于《高宗肜日》而已。如《汤誓》有"夏德若兹，今朕必往"，《盘庚上》有"非予自荒兹德，惟汝含德，不惕予一人""汝克黜乃心，施实德于民，至于婚友，丕乃敢大言，汝有积德""作福作灾，予亦不敢动用非德""无有远迩，用罪伐厥死，用德彰厥善"，《盘庚中》有"故有爽德，自上其罚汝，汝罔能迪"，《盘庚下》有"用降我凶德，嘉绩于朕邦""肆上帝将复我高祖之德，乱越我家""无总于货宝，生生自庸。式敷民德，永肩一心"，《高宗肜日》有"民有不若德，不听罪，天既孚命正厥德"，《微子》有"我用沈酗于酒，用乱败厥德于下"。对于这些材料，我们尚不能直接以之论定商代已有明确的德政观念，但它们在某种程度上也提示着，商人在"德"的思想上应该不是一片虚无。

总之，殷周之际的中国思想确实发生了一定的转变，但这是连续中的变革，并不是断裂式的变异。具体到"德"的观念上，郭

---

① 今文《商书》包括《汤誓》、《盘庚》（上、中、下）、《高宗肜日》、《西伯戡黎》《微子》诸篇。

◇◆◇ 先秦道家"德"观念研究

沫若先生将其视作周人的新发明，以之为殷周之变的核心证据，这等于默认了殷代并不存在关于"德"的思想。依据相关材料，我们认为"德"在殷商并非一片虚无，它和西周之"德"的连续性很可能就像郑开先生所描述的那样。对此王中江先生也曾指出，殷商时期的人不会没有"德"的观念，只是这种意识还比较弱，处于萌芽状态，到了西周"德"的观念则达到了高度的自觉，并且成为当时政治生活的根本因素。① 一种思想观念的兴起往往要经历一个长期酝酿和逐渐积累的过程，"德"的观念在其盛行之前实有一个长远的文化积淀。

第二节 西周的"德"观念

不同于商代，"德"在西周的兴盛是显而易见的。不论是在西周金文文献中，还是在《诗》《书》《易》等传世典籍中（这里是就三书的西周篇章而言），"德"都是一个频繁出现的符号。整体上来看，"德"主要是出现在那些和政权正当性之解释有关的言论。尤其是在何以出现"革命"②的问题上，"德"发挥了至关重要的解释功能，也正是在此功能中它拥有了无与伦比的显赫地位。

学界常将"德"看作殷周之变的一个标志。据现有材料来看，"德"在殷周之际的变化确实能集中反映殷周之际的思想变革，只是这种变化并不是断裂式的突变，而是一种从弱到强的转变。在反思并解释政权正当性的过程中，周人将"德"的地位突显了出来，以至于使它成为那个时代思想文化的核心符号。接下来，我们将从西周金文中的"德"字切入，逐次探讨这一符号所承载的思想内涵。

---

① 王中江：《视域变化中的中国人文与思想世界》，中州古籍出版社2005年版，第263页。
② 本书所言"革命"是用其古义。此语出自《易·革卦·彖》："天地革而四时成，汤武革命，顺乎天而应乎人，革之时大矣哉！"所谓"革命"，意即变革天命。

第一章 思想渊源:"德"观念的前诸子形态

一 "德"的字形

"德"是西周金文中频繁出现的一个字。连同春秋战国金文来看,其字形主要包括以下四类。①

一是"从彳从直",近似于甲骨文㣥的写法,如㣥②、㣥③、㣥④、㣥⑤。此形集中见于西周早期。

二是"从彳从悳",即在㣥上添加心符,如㥁⑥、㥁⑦、德⑧、德⑨。此形始见于西周早期,为西周"德"字的主要写法,也是后来"德"字的主要写法。春秋战国金文中有德⑩、德⑪等形。

三是"从直从心",即在德的基础上省彳。此形出现于西周中期(写作悳⑫),在西周金文中不常见,后来在战国时期比较流行,不仅多见于战国金文(如悳⑬、悳⑭),也多见于战国竹简文字(如悳⑮、悳⑯)。

四是"从辵从悳",即在德的基础上添加止符。此形见于西周晚

---

① 关于金文"德"的字形,参见容庚:《金文编》,中华书局1985年版,第110—111页;陈初生:《金文常用字典》,陕西人民出版社1987年版,第194、944页;戴家祥主编的《金文大字典》,学林出版社1995年版,第1245—1255页。总的来看,其字形可分作四类。
② 德方鼎,西周早期,《殷周金文集成释文》,器号2661(中国社会科学院考古研究所编,香港:香港中文大学中国文化研究所,2001年)。以下简称《集成》。
③ 德鼎,西周早期,《集成》2405。
④ 辛鼎,西周早期,《集成》2660。
⑤ 叔德簋,西周早期,《集成》3942。
⑥ 何尊,西周早期,《集成》6014。
⑦ 大盂鼎,西周早期,《集成》2837。
⑧ 师𩛥鼎,西周中期,《集成》2830。
⑨ 史墙盘,西周中期,《集成》10175。
⑩ 秦公簋,春秋早期,《集成》4315。
⑪ 齐陈曼簠,战国早期,集成4596。
⑫ 季嬴霝德盘,西周中期,《集成》10076。
⑬ 陈侯因𬁞敦,战国晚期,《集成》4649。
⑭ 中山王䜈鼎,战国晚期,《集成》2840。
⑮ 郭店楚简《老子》乙组11.5,战国中期。
⑯ 上博楚简《缁衣》13.7,战国中期。

期（写作 ⚬①），在春秋金文中屡有出现（写作 ⚬②、⚬③）。

历时性考察其字形，大致可有如下之认识：西周早期延续了商代甲骨文 ⚬ 的写法，同时也添加心符而成 ⚬ 字，后来前一写法逐渐消失，而后一种则成为"德"的主要写法；在 ⚬ 的基础上，又出现添加止符的复杂写法以及省彳的简化写法，前一写法集中见于西周晚期和春秋时期，后一写法出现于西周中期，后来在战国时期比较流行。《说文》对"德""悳"两字都有收录，反映了"德"在西周以降的两种写法。对于上述情况，可用下图简示之：

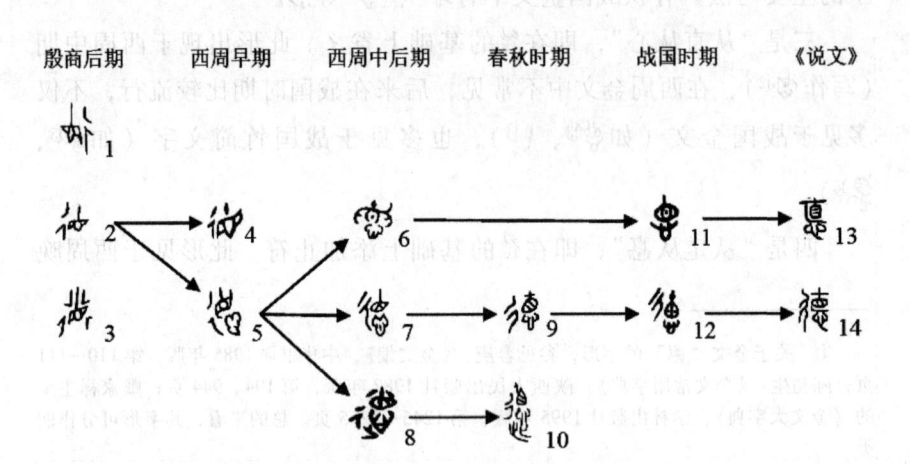

图1.1 "德"的字形演变 ④

1：《合集》6389。
2：《合集》7268。
3：《合集》20547。
4：德方鼎，西周早期，《集成》2661。
5：何尊，西周早期，《集成》6014。

---

① 散氏盘，西周晚期，《集成》10176。
② 叔家父簠，春秋早期，《集成》4615。
③ 王孙遗者钟，春秋晚期，《集成》261。
④ 此图是笔者据前述诸种资料梳理而成。《字源》（李学勤主编，天津古籍出版社2012年版，第136页）对"德"的字形曾有梳理，然未反映"悳"的字形脉络。

6：季嬴霝德盘，西周中期，《集成》10076。
7：师酉鼎，西周中期，《集成》2830。
8：散氏盘，西周晚期，《集成》10176。
9：秦公簋，春秋早期，《集成》4315。
10：王孙遗者钟，春秋晚期，《集成》261。
11：陈侯因𬣳敦，战国晚期，《集成》4649。
12：齐陈曼簠，战国早期，《集成》4596。

在此过程中甲金之间的联系是一个关键。不乏观点否认二者之联系，即否认甲骨文中的"𢛳"是"德"字初文。在此问题上笔者持肯定的意见（见第一节第一小节所述）。梳理"德"的字形能够为把握其思想内涵提供一个文字学基础，接下来我们将进入有关"德"之义涵的讨论。

二 "德"的含义

作为西周思想的核心符号，"德"一直是学界非常关注的问题。综观目前研究来看，有两种解释思路是比较流行的：一是沿着"德者得也"的传统训诂，将"德"解释为人得自于天的某种品质；一是将"德"视作周人所主张的受天命之依据，并把周人的这种思想概括为"以德受命"。这两种思路都很流行，人们在理解西周"德"观念时可能会同时接受二者。但细察之可知，这两种解释其实存在一定的张力。在前一种解释中，"德"是天之所命、人之所得的某种结果，逻辑上来说是先有"得天命"再有"德"；后一种解释虽然没有强调从"得"的角度理解"德"，但其间也隐含了"德"与"得"的某种联系（以"德"获得天的任命），其内在的逻辑是先有"德"再有"得天命"。如果说这两种情形在西周同时存在，那意味着周人对政权正当性的论说存在循环解释的问题。

从西周文献整体来看，周人对政权正当性的论说并不存在循环解释的问题，上述两种思路中后一种较能反映"德"在当时的思想样态。但作为政权正当性之依据的"德"又具体指涉什么，另一种解释何以不符合西周文献语境，既然不符合又为何这么流行，凡此等

◇◆◇ 先秦道家"德"观念研究

等，都还有待详细探讨。

（一）以往解释的两种思路

在具体论述以上问题之前，我们先来看看目前流行的两种解释。

以"得"解"德"是古字书常见的训诂方式。《说文》兼收"德""悳"二字，并给出不同的训释："德，升也。从彳悳声"（彳部）；"悳，外得于人，内得于己也。从直心"（心部）。许慎将"德""悳"析为两字，并非视作一字之两形。①后世字书训"德"主要继承了《说文》对"悳"的解释。如《释名·释言语》曰："德，得也，得事宜也。"《广雅·释诂》云："德，得也。"《玉篇》亦兼收"德""悳"："德，惠也，福，升也"（彳部）；"悳，外得于人，内得于己。今通用为德"（心部）。在保留《说文》所释以外，《玉篇》还释及恩惠、福分义，同时指出"德""悳"为一字两形。

在现代学界有不少研究者是沿着"德者得也"的训诂，从有所得的角度理解"德"。如晁福林以此为线索考察"德"义之演化，认为

---

① 按此，"德""悳"含义不同，字形构造也不同，"德"是形声字，而"悳"是会意字。也有学者认为"德"是会意字，参见吕大澂《说文古籀补》（中华书局1988年版，第7页）、孙诒让《名原》（齐鲁书社1986年版，第24页）。

关于《说文》的两处训释，刘翔认为"德""悳"为同字异构，而许慎乃析作两字，其训"德"非而说"悳"是（《中国传统价值观诠释学》，第92页）。何发甦则认为，"悳"是"德"的异字，许慎对"悳"的训释符合"德"在春秋以来的情况，而其所训"德"则可能是"登"的假借字，"德"本无此义，许慎不了解字形演变故有此训（《〈说文解字〉"悳""德"辨析》，《北京师范大学学报》（社会科学版）2008年第3期）。孟旦的见解有所不同，他认为《说文》所收"德"字保留了"德"的宗教内容，其义与祭祀有关，而所收"悳"字则保留了"德"的政治内容，表示"德"的引申义，即施恩于人从而得人心（《早期中国"人"的观念》，第215页）。笔者认为，《说文》对"悳"的训释能反映春秋以后"德"义的一个方面，但其所释"德"让人费解。刘认为许慎训"德"非，何、孟则尝试寻找许慎作此释的缘由。孟旦注意到"德"与祭祀的关系，不无启发，然从祭祀语境看，"德"一般是名词，非作动词（关于"德"与祭祀，后文将有述及）。何论可备一说，除其所列证据，"德"之"登"义还见于《易·剥》上九爻辞："硕果不食，君子得舆，小人剥庐。""得舆"在他本作"德舆"或"德车"（参见李学勤主编：《十三经注疏·周易正义》，北京大学出版社1999年版，第110页），"德舆""德车"即谓登车。又，笔者推测，"德"有"登"义或非由假借，乃与甲骨文𢔛（值）有关，即本指巡视的"德（值）"引申指登高。

· 64 ·

第一章 思想渊源:"德"观念的前诸子形态

殷商的"德"是指有得于天、祖,西周时则意味着有得于分封与宗法制度,春秋以后则出现自得于心的"德"。① 李平更关注其间的不变之义,认为早期中国的"德"意即得之于帝、天或道的一种属性,故可说"德者得也"。② 孙熙国从字形出发,认为"德"可解析为目视于途、择路而行,合起来即是说"得正视乃从而行之"。③ 郭沂也以"德者得也"为线索考察"德"义演变,但其所论不同于晁福林。郭论认为"德"在殷商意谓获得神启,尚未成为重要概念;到了西周,"德"的内涵和外延都极大地扩充了,但凡天之所"命",都可被作为人之所"德(得)"。④

以"得"解"德"的思路也常见于国外汉学研究。如倪德卫(David S. Nivison)强调"德"是指国王身上的从神灵那里得来的某种品质;⑤ 艾兰(Sarah Allan)的看法与之类似,认为"德"乃意谓个人或某家族所具有的一种特质,这种特质得自于上帝并且可以在家族内世代传递。⑥ 安靖如(Stephen C. Angle)认为,"德"的最初意思和后来意思都与同源词"得"密切相关,起初它是指从上天获得德,后来重点集中在从内心获得德。⑦ 小南一郎强调,"德"是指一种源于上天的活力,天子将上天所授的"德"作为源泉,普及万民,以维持地上世界的和谐;他还指出,战国时期出现的"德者得也"的训诂保留了初始的意义。⑧

总而观之,"德者得也"是国内外学界理解西周"德"义的一个流行思路,在此思路下"德"被理解成得自上天的某种东西。这种思路也见于对儒道"德"观念的解释,只是在此情形中"德"的根

---

① 晁福林:《先秦时期"德"观念的起源及其发展》,《中国社会科学》2005年第4期。
② 李平:《先秦法思想史论》,光明日报出版社2013年版,第264—265页。
③ 孙熙国:《先秦哲学的意蕴——中国哲学早期重要概念研究》,第94页。
④ 郭沂:《从西周德论系统看殷周之变》,《中国社会科学》2020年第12期。
⑤ [美]倪德卫:《儒家之道——中国哲学之探讨》,第29—35页。
⑥ [美]艾兰:《水之道与德之端——中国早期哲学思想的本喻》,第123—126页。
⑦ [美]安靖如:《圣境——宋明理学的当代意义》,第64页。
⑧ [日]小南一郎:《天命と德》,《東方學報》1992年第64辑。

◇◆◇ 先秦道家"德"观念研究

源被看成义理性的"天"或者形而上的"道"。

在此之外，也有学者从其他角度作出研究。这类观点不是从得自上天之某物进行理解，而是关注"德"作为受天命之依据的意义，但在此依据所指为何这一点上大家的看法不相一致。郭沫若、刘翔从字形出发，认为"德"的意思即是端正心思。① 小野泽精一也强调"德"作为心志的意义，他认为，对于王和贵族等统治者来说，"德"存在于其虔敬的心中，向上关联着天的授命，向下关联着对民众的统治。② 徐复观、李泽厚则强调"德"的行为之义。徐先生认为，周初的"德"是指具体的行为，其原义亦仅能是直心而行的负责任的行为。③ 李先生则认为"德"起初是指氏族的习惯法规，后来又转化成君王行为、品格的含义，最终才变为个体心性道德的含义；周初的"德"处在第二个阶段上，"德"指的是君王所做的祭祀、出征等方面的重大政治行为。④

前面诸解或重心志，或重行为，也有学者在贯通内外的意义上作出解释。陈来认为，"德"原与行为有关，而从"心"则意味着多与心意有关，行为与心意密切联系，故"德"的这两个意义是自然而有的。⑤ 王中江指出，"德"的原义与人内心的意识活动相关，但由于当时"天"的力量过于强大，人们要通过各种方式来获得"天"的支持，故其外在行为义得以彰显，而原本的内心之义是到了后来才出现充分的发展。⑥ 孟旦（Donald J. Munro）也主张从"德""天"关系进行理解，但具体看法不同，他认为西周的"德"应被定义为对

---

① 郭沫若：《青铜时代》，《郭沫若全集》历史编第一卷，第336页；刘翔：《中国传统价值观诠释学》，第95页。
② [日]小野澤精一：《德論》，收入赤塚忠、金谷治等主编：《中國文化叢書·第2卷 思想概論》，東京：大修館書店，1968年，第151—184页。
③ 徐复观：《中国人性论史》，第16页。
④ 李泽厚：《中国古代思想史论》，生活·读书·新知三联书店2008年版，第86—87页；《历史本体论·己卯五说》（增订本），生活·读书·新知三联书店2008年版，第172—173页。
⑤ 陈来：《古代宗教与伦理——儒家思想的根源》，第317页。
⑥ 王中江：《简帛文明与古代思想世界》，第272页。

第一章 思想渊源："德"观念的前诸子形态

待上天法则的恒常态度，而这种态度通过遵从或违反准则的惯常行为来体现。①

此外，小仓芳彦主张结合省方制度进行理解。他将王襄、闻一多对甲骨文𢛳的解释思路（见前节所述）延续到西周金文，视"德"为执行省之心或热中省事之心。② 郑开基本赞同此等思路，并进一步提炼出"德—礼"互动的思想架构。他认为省方所包含的政治理念恰恰就是周初德政的基本意涵，③ 此外也指出"德"既是氏族的本质属性（血统），同时也意味着种族绵延、宗庙不绝和民族认同。④ 匡钊有类似看法，此外又将"德"在殷周之际的变化提炼为从行为到品质的转变，认为其重心乃从巡狩相关的活动转移到一种与天进行交流的特殊能力。⑤ 李若晖很重视郑先生指出的氏族特性之义，并由此认为，"德"在殷商作为氏族之特性乃与血统合一，及至西周则具有敬天保民之伦理内涵，初步剥离于血统。⑥

综合来看，第二类观点虽然侧重点各有不同，但诸种解释都没有强调从"得"的角度解释"德"，⑦ 并且，"以德受天命"是此间诸论所共同承认的，只是在此受命之依据具体指什么这一点上大家的看法有所不同。

（二）基本义：据以受天命的一种综合状态

就西周文献整体来看，"以德受天命"是周人言"德"的基本语境。"德"会产生"得天命"的效果，但它本身不是指得自天命者。因此，在基本的思路上笔者赞同后一类解释。那么，作为"得

---

① ［美］孟旦：《早期中国"人"的观念》，第106页。
② ［日］小仓芳彦：《〈左传〉中的霸与德——"德"概念的形成与发展》，收入《日本学者研究中国史论著选译·第七卷 思想宗教》，第10—15页。
③ 郑开：《德礼之间——前诸子时期思想史》，第144—145页。
④ 同上书，第227页。
⑤ 匡钊：《先秦"心"的思想研究——以修身工夫为视角》，第22页。
⑥ 李若晖：《以"天"代"帝"——周人对于君权正当性之反思及"德"之初步独立》，收入周强、陈望衡主编：《儒源新探——周先祖与中国文化》，第86—95页。
⑦ 从"以德受命"来看，"德"将会产生"得天命"的效果，因此"德"与"得"具有间接的联系。但此类解释并不强调从"得"的角度理解"德"，即便此二者具有上述的联系。

◆◆ 先秦道家"德"观念研究

天命"之条件的"德"究竟是指什么呢？在后一类解释中大家的关注点不尽一致。笔者的基本理解是："德"是一个彰显行为义，同时兼含品质与心志之义的政治—宗教观念；在不同的语境中它侧重的方面会有所不同，而总的来看，它是指周人所认为的据以受天命的一种综合状态。接下来，我们将结合字形和语言使用作出具体解释。

从字形来看，甲骨文中德的写法主要体现行为之义，西周金文中德的写法延续了此等意味，但添加心符以后，德的字形即意味着它的含义出现了某种重要的变化。ㄔ（彳）从ㄔ（通衢）演变而来，其义与行走有关；直（直）指目视悬锤以取直（见前引徐中舒所论）；添加心符以后，惪（惪）之构件乃谓端正其心，即郭沫若、刘翔所说的端正心思。① 合而观之，德的字形反映的是心意和行为的统一，这是德添加心符以后在含义上的一大变化。② 至于西周中期出现的德的字形，则提示着"德"之内心义变得更加浓厚。从殷商时期的德到西周早期出现的德，再到西周中期出现的德，我们可大致看到"德"之心思义逐渐增强的过程，这也反映出周人对"心"的问题越发地重视。

字形分析只是理解其义的一个方面，此外还需关注语言中的使用，后者更直接展现周人所谓"德"的所指。其使用复杂多样，此选取三种较有代表性的话语（"德"与"革命"、"德"与祭祀、"德"与"心"），以作讨论。

"德"在西周最紧要的功能在于解释"革命"的正当性。政权之

---

① 从"直心"来看，"德"的意义应该是正面的，它只表示好的状态。但在西周文献里"德"用作中性词的情形也常有出现，并不像后来那样基本上都用作褒义词（美德之德）。关于这点，后文将有专论。

② "从辵从惪"的字形与此类似。"辵"指时行时止，其义仍在行为，与"彳"之义相当。

· 68 ·

第一章 思想渊源:"德"观念的前诸子形态

所以从殷人转移到周人,是因为天帝①作出了新的任命;而天帝之所以作出新的任命,乃源于殷人无"德"而周人有"德",或者说殷人的"德"出现亏败,不再符合天帝的意志。②如《书·周书·立政》有以下言论:

> 桀德惟乃弗作往任,是惟暴德,罔后。亦越成汤陟,丕釐上帝之耿命。乃用三有宅,克即宅。曰三有俊,克即俊。严惟丕式,克用三宅三俊。其在商邑,用协于厥邑。其在四方,用丕式见德。呜呼!
>
> 其在受德暋,惟羞刑暴德之人,同于厥邦,乃惟庶习逸德之人,同于厥政。帝钦罚之,乃伻我有夏,式商受命,奄甸万姓。亦越文王、武王,克知三有宅心,灼见三有俊心,以敬事上帝,立民长伯。

为了解释"革命"的正当性,周人还将其叙事追溯到了夏代。夏桀之德不以先王为法,其德残暴,故绝世无后;而商汤则以大法昭显其德,故能荣膺上帝之命。与之类似地,商纣之德③强横顽悍,与"暴德""逸德"之人同于其政;④于是上帝使周人王有华夏,代替商

---

① 一般认为,殷人的至高神是"帝",而周人的至高神是"天"。周人思想中"帝"尚未退出,西周文献里此符号仍频繁出现。因而,对周人之至高神,本书概称为"天帝",对"天"和"帝"不作细分。

② 前一语境中"德"是一个没有价值规定的中性词,后一语境中它具有正面的价值。这里涉及"德"的价值意涵问题,后文将有专论,这里着重关注它何以是一个兼含内外而表示综合状态的概念。

③ "受德"一语有歧义。或以"受德"为纣王之字(孔安国传曰:"受德,纣字。帝乙爱焉,为作善字。"见《尚书正义》,北京大学出版社1999年版,第470页),或以"受"为纣王之字,解"受德"为纣王之德(孙星衍曰:"上文言'桀德',则此'受德',亦可言受之德也。"见《尚书今古文注疏》,中华书局1986年版,第472页)。《书·周书·牧誓》有言"今商王受惟妇言是用"。据此并结合"桀德""受德"之言,宜从孙说。

④ "羞"指进用(《尔雅·释诂》:"羞、饯、迪、烝,进也"),"刑暴德之人"指以暴德为法的人,"羞刑暴德之人,同于厥邦"意谓进用那些行为残暴的人,和他们一同统治邦国。"庶"义为众,"习逸德之人"指狎习逸德的人,"庶习逸德之人,同于厥政"意谓和众多狎习逸德之人一同为政。

人承受任命。就此间"德"字来看，它主要体现行为活动之义，同时也和人的性情有关。比如"暴德""逸德"是指残暴的行为、骄纵的行为，同时也在说这些人的性情残暴而骄纵，后一层意味是隐含其间的。①

在更多的言论中，周人则是专就自己一方解释天命何以归于自身：

> 维此文王，小心翼翼。昭事上帝，聿怀多福。厥德不回，以受方国。（《诗·大雅·大明》）
>
> 维天之命，于穆不已。于乎不显，文王之德之纯。（《诗·周颂·维天之命》）
>
> 惟乃丕显考文王，克明德慎罚，不敢侮鳏寡，庸庸，祗祗，威威，显民。用肇造我区夏，越我一二邦，以修我西土。惟时怙冒闻于上帝，帝休，天乃大命文王殪戎殷，诞受厥命，越厥邦厥民。（《书·周书·康诰》）
>
> 丕显文武，皇天引（弘）厌厥德，配我有周，膺受大命。（《毛公鼎》，《集成》2841）
>
> 朕之皇祖周文王、烈祖武王，宅下国，作陈周邦。惟时皇上帝宅其心，享其明德，付畀四方，用膺受天之命，敷闻在下。（清华简《祭公之顾命》）②

在"以德受命"的话语中文王是周人叙事的中心，而有些地方也将武王放在一起来说。这些言论都强调了这样的一种观念——周人的"德"得到了天帝的嘉许，所以天帝任命他们来统治天下方

---

① 此处之"德"并无价值规定，是一个中性语词，所以前面可加"暴""逸"等词以作修饰。

② 清华简的书写年代属战国时期，但其篇章的形成年代未必属此。《祭公之顾命》是《逸周书》所收《祭公》的祖本。据李学勤、黄怀信等人考证，《祭公》篇乃成于西周时期。见李学勤：《祭公谋父及其德论》，《齐鲁学刊》1988年第3期；《清华简〈祭公〉与师询簋铭》，收入《夏商周文明研究》，商务印书馆2015年版，第106—109页；黄怀信：《〈逸周书〉源流考辨》，西安：西北大学出版社，1992年，第120页。

第一章 思想渊源:"德"观念的前诸子形态

国。在含义上,为天帝所嘉许的"德"既包括周人的治国之举(如"享其明德""明德慎罚"),也包括他们的心志或态度(如"厥德不回"呼应"小心翼翼",重在言恭敬之态度;"回",违也),①此外也可以指某种内在的品质(如"文王之德之纯"是赞叹文王品质之纯正)。

接下来看与祭祀有关的语境。如徐复观、李泽厚所注意到的,西周文献中"德"与祭祀存在密切的关系:

> 用厥绍好,益求懿德,康亡不懋,孝友,訏明经齐,好祀无废。(《豳公盨》)②
> 自成汤至于帝乙,罔不明德恤祀。亦惟天丕建,保乂有殷。(《书·周书·多士》)
> (纣)惟荒腆于酒,不惟自息乃逸,厥心疾很,不克畏死。辜在商邑,越殷国灭无罹。弗惟德馨香,祀登闻于天,诞惟民怨。(《书·周书·酒诰》)
> 黍稷非馨,明德惟馨。(《左传》僖公五年引《周书》)

凡此等等,都说明"德"是一个和祭祀紧密相关的语词。但此间的"德"却不宜直解为祭祀行为,而应该理解为君王治理天下的一种状态。如《豳公盨》中"懿德"主要是指"康亡不懋,孝友,訏明经齐"的一种态度。③又如第 3 段说到商纣王只有民众的

---

① "小心翼翼"也体现"德""心"之联系。此词亦见于《诗·大雅·烝民》:"仲山甫之德,柔嘉维则。令仪令色,小心翼翼。"后三句叙说仲山甫之"德"有何表现,与《大明》篇类似,此间亦以"小心翼翼"叙述有"德"者的表现。

② 豳公盨是西周中期的一件铜器,其铭文是西周德论的一篇重要文献。本书所引豳公盨铭文主要依据李学勤先生的释文(《论豳公盨及其重要意义》,《中国历史文物》2002 年第 6 期),如据其他学者的释读,将随文说明。"豳"字,李先生释"遂",裘锡圭先生释"豳"(《豳公盨铭文考释》,《中国历史文物》2002 年第 6 期),此从裘说。"求"字,李学勤疑读为"干",解作追求;朱凤瀚先生读作"求",解为追求(《豳公盨铭文初释》,《中国历史文物》2002 年第 6 期),此从朱说。

③ 此铭文内容是周人追述大禹的功绩。康亡不懋,谓广大,无所不勉。訏,意为大。经齐,指端庄。

怨恨，并无"德"之馨香以升闻于天。这是对商纣王失"德"的描述，而失"德"的相应表现是"惟荒腆于酒，不惟自息乃逸，厥心疾很，不克畏死"，①可见"德"也和人的性情有关。第四段亦见于《周书·君陈》："至治馨香，感于神明。黍稷非馨，明德惟馨尔。"《君陈》属古文《尚书》，但从《左传》所引来看，此语当为《尚书》原有。结合《君陈》所述，更容易判断"德"之意义："明德"和"至治"相呼应，这句话是说感动神明的不是黍稷之类的祭品，而是君王"明德"之下的"至治"。总的来看，在此类话语中可大致抽绎出如下逻辑：明德—至治—祀登闻于天（通过祭祀向上天汇报）—获得天的认可。在此"德"是指君王所表现的一种状态，亦可直接理解为君王治理天下的功德。在周人讲"德"的地方祭祀之所以显得紧要，原因即在于周人认为这是其功德升闻于天的关键渠道，《多士》篇的"明德恤祀"可说是对这种观念意识的一种概括。②

"德"在西周的一个显著变化即在于它和"心"出现密切的联系，这不仅见于字形构造，也常常表现在语言使用中：

　　丕显皇考宄公，穆穆克明厥心，哲厥德。(《师望鼎》，《集成》2812)
　　丕则敏德，用康乃心，顾乃德。(《书·周书·康诰》)
　　朕心朕德，惟乃知。(《书·周书·康诰》)
　　纣有亿兆夷人，亦有离德；余有乱臣十人，同心同德。(《左传》昭公二十四年引《大誓》)③
　　济济多士，克广德心。(《诗·鲁颂·泮水》)

---

① 惟荒腆于酒，谓只是沉湎于酒（惟，只；荒，大；腆，厚）。不惟自息乃逸，谓不思停止骄逸的生活（惟，思）。厥心疾很，谓其心乖戾狠毒。
② 此"明德"是动宾结构，与"恤祀"相对成文。"明德恤祀"是说推明其德、顾念祭祀。第4段中"明德惟馨"的"明德"是偏正结构，是指光明的品德。
③ 此语亦见于古文《周书·泰誓中》："受有亿兆夷人，离心离德；予有乱臣十人，同心同德。"

第一章 思想渊源:"德"观念的前诸子形态

已有论者留意到"心""德"并言的情形。刘华夏(Vassili Kryukov)将"心"比作"德"的容器,视后者为心灵的一种品质或能力。① 郭沂先生则认为,与"心"对举的"德"皆指行为,而美善的行为经过积累将会凝结为品行,故"德"又衍生出品行之义。② 就对举情形来看,宜从郭解。需进一步指出的是,"德"在指涉行为的同时也关联着心志和态度,全面来说,它是指基于某种心志的行为,③ 这也是"德"之所以产生品行义的一个重要原因。刘的观点不适于理解"心""德"对举之情形,但适于理解《诗经》的"克广德心"。所谓"德心",是指有德之心,在此"德"作为"心"之所载者,指涉一种品质或能力。总要而言,在与"心"有关的语境中,"德"或指与某种态度相应的行为,或指心灵的某种品质和能力,其义尚不能一概而论。

综合以上诸种语境可知,"德"在不同场合中所侧重的方面可能会有所不同,而总的来看,它指的是周人所认为的据以膺受天命的一种综合状态,这种状态源于内在的品性和心志,表现在诸种政治行为和宗教行为上。"德"在西周是一个兼含内外义的观念,但也正如王中江先生所指出的,"天"的力量使得"德"的外在义得以彰显,而其本来含有的内在义是到了后来才得到充分的发展(见前引王著)。进一步联系殷商情况来看,可知这一观念大致经历了这样的过程:在殷商时期"徝"是一个指涉行为的符号(具体指王的巡视);到了西周,添加心符以后的"德"在继续彰显行为义的同时,其内在之义逐渐增强;而到了诸子时期,其内在义进一步突显,成为一个主要表

---

① Vassili Kryukov. "Symbols of Power and Communication in Pre-Confucian China (On the Anthropology of "De"): Preliminary Assumptions." *Bulletin of the School of Oriental and African Studies*, University of London, Vol. 58, No. 2, 1995, pp. 314–333.
② 郭沂:《从西周德论系统看殷周之变》,《中国社会科学》2020年第12期。
③ "康乃心,顾乃德"是说安定你的心志,省察你的行为;"明厥心,哲厥德"意谓使其心光明,使其行明智;"朕心朕德"是指我的心意、我的行为;"同心同德"是说志向相同、行动一致。

示品性或心境的观念。可以说,从殷商到战国,"德"走过了一个意义不断内在化的思想历程。

"德"的品性、心志之义不仅是此观念在西周的基本义项,同时也是后世心性思想的重要渊源。郑开先生洞察到,作为氏族、种族的本质属性,"德"可以说是诸子哲学中"性"概念的雏形。① 匡钊先生则从"德"的角度说明"心"思想兴起的原因:"心"的哲学出场可被视为来自对"德"的进一步反思,相对于"德","心"是个次级的观念。② 连劭名先生曾专论西周金文中"德"的内涵,并注意到它所含的心性与伦理方面的意义。③ 这些学者的洞见都提示了西周之"德"作为后世心性思想之渊源的重要角色。可以说,"德"原本身兼数职,后来随着"心""性"概念的兴起,"德"在部分卸任的同时,又以新的面貌和"心""性"发生着错综复杂的关系。这一点在儒道两家的"德"观念中表现得尤为显著。

此上所论是针对"德"的基本义,在此之外,它在西周还包含其他的义项。一是恩惠之义,如《诗经》的"既醉以酒,既饱以德"(《大雅·既醉》)④、"浩浩昊天,不骏其德"(《小雅·雨无正》)。⑤ 其次是用作动词,意指感激、回报,如《诗·魏风·硕鼠》的"三

---

① 郑开:《德礼之间——前诸子时期的思想史》,第220页。需指出的是,在西周文献中"德"与"心"经常一起出现,但"德""性"并言的现象很少见,《尚书·召诰》的"节性惟日其迈,王敬作所,不可不敬德"是一例("节性"是说节制性情)。这里需区分两种情况,一是"德"具有心志、品性之义,一是"德"与"心"或"性"并言。后者可助于理解"德"义,但并不能以"德""性"并言现象少见而否认"德"具有品质义。

② 匡钊:《心由德生——早期中国"心"观念的起源及其地位》,《中国哲学史》2020年第6期。

③ 连劭名:《金文所见周代思想中的德与心性学说》,《文物春秋》2009年第2期。

④ 此"德"所指的恩惠是一种具体的物质性恩惠,不妨理解为与"酒"相对的佳肴。后面说"既醉以酒,尔殽既将。君子万年,介尔昭明",合读之,此"德"的菜肴之义更加明显。

⑤ 《书·周书·盘庚上》有"汝克黜乃心,施实德于民"之言,"德"亦指恩惠。但此篇属古文《尚书》。

第一章 思想渊源:"德"观念的前诸子形态

岁贯女,莫我肯德"。此外,它还可以与"刑"相对、表示统治者对民众的教化,如《尚书》的"以至于帝乙,罔不明德慎罚"(《周书·多方》)、"惟乃丕显考文王,克明德慎罚"(《周书·康诰》)、"肆王惟德用,和怿先后迷民"(《周书·梓材》)、"罔不惟德之勤,故乃明于刑之中"(《周书·吕刑》)。总而观之,这些义项乃是基本义在不同方面的延伸。与"刑"相对、表示教化者是君王行为之"德"的一种具体表现。对于民众来说,君王良善的品质或行为将会产生一种利益,故"德"亦可指恩惠、恩德。至于感激、回报之义,则属恩惠之"德"的一种意动用法(以之为恩惠,遂生感激之心、回报之行)。

(三)"德"的价值意涵

在今天的使用中,"德"显然是一个具有正面价值的语词。当我们用"德"称述一个人时,它已被预设了道德上的正面意义。但"德"在早初并非如此,它既可表示良善的状态,也可表示不良善者。在此问题上,陈来先生曾指出,西周文献中"德"的基本含义有二,一是指一般意义的行为、心意,二是指具有道德意义的行为、心意。[1] 所谓一般意义,即是说此情形下的"德"并无价值上的规定。

我们可以从语词使用的角度对此问题展开说明。整体上来看,"德"在西周包括了两种用法:

1. 用作褒义词,表示好的状态,此时"德"被规定了正面价值。如《幽公盨》的"厥贵唯德""心好德"、《毛公鼎》的"弘厌厥德"、《诗·周颂·维天之命》的"文王之德之纯"、《诗·鲁颂·泮水》的"济济多士,克广德心"等,皆属此类。

2. 用作中性词,本身并未蕴含特定之价值,需结合语境方可断定其所指状态的好坏。比如周人常说"明德""懿德""嘉德"等,[2]

---

[1] 陈来:《古代宗教与伦理——儒家思想的根源》,第317页。
[2] 此三词常见于《诗》《书》和金文文献,兹不引述。

◇◇◇ 先秦道家"德"观念研究

同时也说"暴德""逸德""凶德""慆德""媚德"等,① 这里的"德"是一个中性词,而前面的修饰词则进一步说明状态的好坏。此外,在"受(纣)德暋""仲山甫之德,柔嘉维则"之类的表述中,②"德"也用作中性词,其后的文辞则对其所指状态的好坏给出进一步的界定。需注意的是,此情形下的"德"虽未蕴含正面的价值,但它的使用仍然和道德评价有关,只是这一评价需通过前面的修饰词或其后之文辞来给出说明。

就"德"的内在一面言,这两种情形可分别概括为美德之"德"和性情之"德"。当然,在西周时期所谓美德乃主要是指政治领域的美德。③ 即此也可知,当我们用"以德受命"来概括周人思想时,这里边其实预设了一个前提,即此语只是就美德之"德"以及那些连同语境一起表示美德的性情之"德"而言。

三 "德"与"得"的关系问题

前面总结了学界对西周之"德"的两种解释,并指出第二种思路才符合当时的情况。"以德受命"是周人言"德"的思想基调,这应成为理解此观念的前提,而第一种也即"德者得也"的思路其实是转换了"德"与"得"的逻辑关系。

既然以"得"解"德"的思路并不能确切反映西周"德"义,那为何学界会出现这种解释,并且还如此流行呢?这是一个殊值探讨的问题。这不仅关乎此等解释的成因,更为关键的是,通过分析

---

① "暴德""逸德"见于《书·周书·立政》:"桀德惟乃弗作往任,是惟暴德,罔后。……呜呼!其在受德暋,惟羞刑暴德之人,同于厥邦,乃惟庶习逸德之人,同于厥政。""凶德"见于《书·周书·多方》:"尔尚不忌于凶德,亦则以穆穆在乃位,克阅于乃邑,谋介尔乃自时洛邑,尚永力畋尔田。"《诗·大雅·荡》有"慆德"之说:"曾是在位,曾是在服。天降滔(慆)德,女兴是力。"清华简《皇门》篇有"媚德"之言:"弗恤王邦王家,维媚德用,以昏守于王臣,弗畏不祥,不肯惠听无皋之辞,乃惟不顺是治。"
② "受(纣)德暋"出自《书·周书·立政》,见上条注释。"仲山甫之德"句见于《诗·大雅·烝民》:"仲山甫之德,柔嘉维则。令仪令色,小心翼翼。古训是式,威仪是力,天子是若,明命使赋。"
③ "德"在后来还可以表示事物的自然属性,此时的"德"则可概括为性能之"德"或属性之"德"。

第一章　思想渊源："德"观念的前诸子形态

"德"与"得"的关系，能够对早初的"德"观念形成更深入的认识。①

整体上来看，这种解释之所以形成，主要源于两个方面的原因：一是"德者得也"这一训诂传统的影响，二是西周文献中本也不乏导致这种理解的因素。这两个方面相互配合，一起推动了这种思路的流行。② 就西周文献本身的因素言，其中又可分作三种情形来看。一是，"德"作为周人据以受命的条件，本来就和"得"关系密切，这容易让人直接用上"德者得也"的训诂，而忽视"德"与"得"的真实逻辑。二是，在"帝迁明德""予怀明德"之类的表述中，对"迁""怀"等动词的理解不同也会导致对"德"的解释出现差异。三是，除了"以德受命"的语境，西周文献中确实出现过一些带有"德"即得自天命者此等倾向的语句。第一种因素不必展开，我们主要看后两种。

西周文献中经常出现一些关于天帝认可周人之"德"的说法，如前文已述的《书·周书·康诰》的"帝休"、《毛公鼎》的"皇天弘厌厥德"、清华简《祭公之顾命》的"享其明德"等。这些说法是想表明天帝对周人之"德"感到满意，遂任命其治理天下。在此，

---

① 在前述的解释"德"的第二类观点中，多数研究者是直接提出己见，未涉及对另一类观点的回应，不过也有论者关注及此。如徐复观就曾明言，许氏《说文解字》对"悳"的解释是后起之义，周初文献的"德"都指的是具体的行为（《中国人性论史》，第15—16页）。刘翔曾指出，金文里未见"德""得"互通之例，两者的通假互训乃属较晚之情事（《中国传统价值观诠释学》，第93页）。郑开进而论述，"德者得也"的训诂传统起于战国时期，但也折射了某些更早时期的端绪（《德礼之间——前诸子时期的思想史》，第58—59页）。此外，小仓芳彦和孟旦都认为"德""得"之关联主要发生在春秋时期，并给出了具体的考论（小仓芳彦：《〈左传〉中的霸与德——"德"概念的形成与发展》，收入《日本学者研究中国史论著选译·第七卷 思想宗教》，第16—18页；孟旦：《早期中国"人"的观念》，第108—117页）。两位之论虽然不是直接回应另一类观点，但也有助于考察"德""得"的关系问题。在诸学者所论基础上，本书将对这一问题作出系统的考察。另需指出的是，"德"与"得"的义理关联与两字通假使用属两种情况。通假无须在含义上有关联，基于二者音近或形近即可。这里只关注义理关联，不涉及通假情形。

② 关于第一项因素即"德者得也"的训诂传统，后面讲到春秋之"德"再作展开。

"德"是"得天命"的条件，而不是反过来。

但在其他地方则有让人往另一方向进行解释的可能，如《诗·大雅·皇矣》有言：

> 帝迁明德，串夷载路。天立厥配，受命既固。……维此王季，帝度其心，貊其德音。其德克明，克明克类，克长克君。……比于文王，其德靡悔。既受帝祉，施于孙子。……帝谓文王，予怀明德。不大声以色，不长夏以革。不识不知，顺帝之则。

《皇矣》将"革命"的依据追溯到太王之"德"，[①] 进而言及王季、文王如何承继其"德"。[②] 此间接连出现的"帝迁明德""貊其德音""予怀明德"等说法，可能会让人认为这是说天帝"降""德"于周人。倘若如此，则意味着"德"即得自天命者的解释在西周文献上具有直接的依据。

要理解此间所言"德"，首先要弄清楚"迁""貊""怀"诸动词的意义。"迁"是指迁移，表示天帝的任命从殷人转移到太王身上。毛传曰："徙就文王之德也。"郑玄笺云："天意去殷之恶，就周之德。"[③] 正是就此意而言。至于"怀"字，毛传中解之为"归"，此所言"归"是指归就、眷顾。郑玄解"予怀明德"为"我归人君有光明之德"，朱子解"怀"为"眷念"（《诗·大雅·皇矣》），均是就"归"的归就之义而言。关于"度其心，貊其德音"，联系清华简《祭公之顾命》的"宅其心，享其明德"来看，"貊"应与"享"义

[①] "串夷"即昆夷，亦称犬戎。"串夷载路"是说太王击退犬戎之事。

[②] 此亦可见"德"具有可传承性，这是周人续保天命的要害所在。但这种传承性并不限于前引诸学者所强调的血统，如《皇矣》"其德靡悔"和《大明》"厥德不回"也在强调文王的后天努力。"悔""回"皆通"违"，"其德靡悔""厥德不回"是说文王不违其祖、其父之"德"。

[③] 本书所引《诗》之毛传、郑笺、孔疏，均据《十三经注疏》整理委员会整理、李学勤主编：《毛诗正义》，北京大学出版社1999年版。

第一章 思想渊源:"德"观念的前诸子形态

近,表示天帝对周王之"德"的认可和肯定。① 另外,此诗前面还有"乃眷西顾"(乃眷顾西方的周国)之言,"迁""貊""怀"诸词正是天帝"乃眷西顾"的具体表现。总之,这三个动词皆表示天帝对周人之"德"的认可,并非表示天帝"降""德"于周人,其义和"皇天弘厌厥德"的"厌"、"帝休"的"休"(皆谓满意)相当。换言之,在这些表述中"德"依然是作为"得天命"之条件出现,而不是作为"得天命"之结果存在。

接下来看西周文献中的第三种因素。不同于前者,此情况下关于天帝"降""德"的意思似乎更加明显:

> 曰古文王,初龢(和)于政,上帝降懿德大(屏),匍

---

① "貊其德音"之义有待细论。毛传曰:"心能制义曰度。貊,静也。"郑笺云:"德正应和曰貊。"又云:"德音,先王道德之教也。"孔疏曰:"言维此王季之身,为天帝所祜,天帝开度其心,令之有揆度之惠也。又安静其德,教之善音,施之于人,则皆应和其德。……《左传》《乐记》《韩诗》貊皆作莫。《释诂》云:'貊、莫,定也。'郭璞曰:'皆静定也。'义俱为定,声义相近,读非一师,故字异也。"朱子解曰:"度,能度物制义也。貊,《春秋传》《乐记》皆作'莫',谓其莫然清静也。……言上帝制王季之心,使有尺寸,能度义;又清静其德音,使无非间之言。"(《诗集传·大雅·皇矣》)依此上注解,"度""貊"皆为使动用法,意谓上帝使其心能度,使其德音静定。然此解与语境并不相合。

"度""貊"义相关,先看"度"字。《逸周书·祭公》亦有"度其心"之说,此在清华简《祭公之顾命》作"宅其心"。《书·周书·康诰》有"宅心知训"之言,金兆梓曰:"'宅',古通'度','宅心',揣度其心。"(《尚书诠译》,中华书局2010年版,第75页)故知"度""宅"义通,皆谓审度。"度(宅)其心"谓天帝审度考察王季之心,而"貊"之义应与之相应。再看"貊"字。"貊其德音"在《左传》昭公二十八年、《礼记·乐记》皆作"莫其德音",疑此"莫"同于《皇矣》第一章"求民之莫"的"莫"。"求民之莫",毛传曰:"莫,定也。"郑笺云:"求民之定,谓所归就也。"依此,"民之莫"乃谓民之归就,而"貊(莫)其德音"乃谓天帝归就王季之德音。故知"貊(莫)"之义与"迁""怀"相近。又,清华简《祭公之顾命》"宅其心"后有"享其明德",结合而观,"貊其德音"与"享其明德"义近,皆表示天帝歆享周王之德。

清人方玉润解"貊其德音"为"跟定明德"(《诗经原始》下,中华书局1986年版,第489页)。言简意赅,点出"貊"之义。郑开先生论及此语时有类似之见,认为此句是说上帝享歆文王之德音而降命(《德礼之间——前诸子时期的思想史》,第119页)。此解亦颇得其意。方、郑二人在"貊"义上未有详论,这是此上进行考论的缘故。此外,"德音"一词频见于《诗经》,郑先生论之甚精。他认为郑玄之解("道德之教")虽不中亦不远,并指出,一切诉诸语言、声音的制度化表达都属"德音"的范畴,这是礼仪过程中折射政治结构、表达制度语境和意识形态内容的话语(出处见前引)。

(抚)有上下,(会)受万邦。(《史墙盘》,《集成》10175)

文王曰咨,咨女殷商。曾是强御,曾是掊克。曾是在位,曾是在服。天降慆德,女兴是力。(《诗·大雅·荡》)

天生烝民,有物有则;民之秉彝,好是懿德。(《诗·大雅·烝民》)

前两段用"上帝降……""天降……"来解释"德"的来源,并且是将良善者和不良善者的来源都追溯到天帝。① 第三段没有用"降"字,但也带有"懿德"来源于天的意思。不过,这里的"德"很可能是指具备某种"德"的人,而不是指作为人之状态的"德"本身。关于"好是懿德",郑玄笺云:"民所执持有常道,莫不好有美德之人。"郑玄解"懿德"为"有美德之人",并将"好有美德之人"看作民所秉之"彝"的内容。联系此诗内容(颂扬仲山甫之德)看,郑玄之解可从。至于"上帝降懿德大屏",若仅就前五字看,则容易得出"懿德"源于上帝的看法;但从"大屏"(可作大屏藩以护卫周王朝的人)来看,"懿德"也应是指具有美德的人。由此再来看"天降慆德,女兴是力"("慆"通"慆",指慆慢),这应该是说天降慆德之人,而这些人加重了商纣王的暴戾之政。

在西周时期,人们往往是将世间事物的起源追溯到天帝,当问题具体到"德",也可能产生"德"自天降的想法。但需注意的是,此类话语中的"德"更有可能是指具备某"德"的人,而不是作为人之状态的"德"。即便退一步言,认为此间的"德"乃指人的状态,也需要看到这一类话语在西周文献中是甚为少见的。

以上分析了西周文献中所含的可能导致以"得"解"德"的因素。可以看到,第一种因素是让我们乐于接受传统的训诂而忽视了内在的逻辑,而第二种因素实际上仍是在表达"德"为受命之依据,至于第三种因素,虽有"德"为天之所命的思想倾向,但这类话语

---

① 在西周文献中,"德"不是必然指涉好的状态。此涉及"德"的道德意义问题,详见后文讨论。

甚为少见，且其关注者应在于"德"所归属之人，而非"德"本身。总之，就西周"德"的基本形态看，"德"与"得"虽有一定联系，但其内在逻辑是先有"德"再有"得"。"德"是"得天命"的条件，而不是得自天之所命的某种结果。

四 "德"的主体、面向及其关系性

此上解释了"德"的含义，并分析了以"得"解"德"此做法的成因。此外还有一些重要情况有待探讨。一是"德"的主体也即其归属者的问题；二是"德"的面向，即"德"作为一种态度或行为究竟向谁而发；三是主体和面向之中所含的"德"的关系性之特点。这三个情况是紧密相关的。它们在体现西周"德"观念之特点的同时，也包含着后世"德"观念之性格的思想渊源。

（一）"德"的主体

作为品质、心意和行为所构成的综合状态，"德"必将归属于某一主体（拥有此状态的人或事物）。也即，不管"德"所指的是哪方面的情况，它都不可能指称某个实体性的事物，而只能表示为某实体所拥有的状态。在这一点上，"德"与西方思想上的德性概念（$\alpha\rho\varepsilon\tau\acute{\eta}$/virtue）是类似的。[①] 亚里士多德就曾言及，德性是属于和实体范畴相对的性质范畴。[②] 中国思想上的"德"也是如此，作为一个功能性概念，它

[①] "德性"一词的希腊文是$\alpha\rho\varepsilon\tau\acute{\eta}$（拉丁写法是 aretē），拉丁文是 virtū，对应的英文即 virtue。关于西方"德性"的词源考述，可参汪子嵩等《希腊哲学史》（第二卷），人民出版社1993年版，第166—171页；李义天《美德伦理学与道德多样性》，中央编译出版社2012年版，第111—114页。

[②] ［古希腊］亚里士多德：《尼各马可伦理学》，廖申白译注，商务印书馆2003年版，第14页。亚氏将事物的范畴分作十类，实体以外的九类（包括性质、状态等）和实体构成谓述关系。关于亚氏的范畴分类，见氏著《范畴篇》，秦典华译，苗力田主编：《亚里士多德全集》（第一卷），中国人民大学出版社2016年版，第5页。有学者强调，西方古代的德性主要和人或物的功能卓越发挥有关，离开功能这个观念将无法理解德性的概念。参见李义天《美德伦理学与道德多样性》，第114页。就中国思想上的"德"而言，李先生指出的这一点亦然。当然，这里说的功能是广义的，它既包括表现出来的功效，也包括内在的属性。

只表示某实体所具有的性能和状态。①

关于早期中国"德"的主体问题,研究者已有关注。一般认为,从西周到战国,"德"的主体范围表现出不断扩展的趋势,在西周时期"德"仅仅归于君王,但到了战国时期,"德"已成为一个和士人君子有关的概念。大局上来看,"德"在先秦确实走过了这样的历程,但这样的看法容易产生片面的印象,仿佛西周之"德"和君王以外的人没有任何关系。"德"在西周时期的主要主体固然是君王,②但也包括了其他情形。

如《诗·大雅·烝民》所言"仲山甫之德",指的是贤臣之"德";《史墙盘》有言"上帝降懿德大屏",在此"德"也是和贤臣有关。此外,"德"也可以表示普通民众的品性或行为。如《书·周书·洪范》有"凡厥庶民,无有淫朋,人无有比德,惟皇作极",《书·周书·君奭》有"惟乃知民德,亦罔不能厥初,惟其终",《豳公盨》有"民惟克用兹德,无悔",在这些话语中"德"都是归属于普通民众。再者,"德"还可以归属于"天"。如《书·周书·吕刑》曰:"惟克天德,自作元命,配享在下。"此"天德"是指上天的美德,这句话是说唯有能效法上天之德,自为长久大命,才可配当天意而享有天下。《诗·小雅·雨无正》有"浩浩昊天,不骏其德"的说法,这里的"德"(恩德)也是归于上天。总的来看,在君王之"德"这一主要形态以外,还存在"天德""民德"以及贤臣之"德"等形态。如同王中江先生曾指出的,早期的"德"观念应该也和普通大众相关,并不限于政治领域,但由于政治人格在当时社会生活中的至关重要性,所以早期文献所记载的"德"往往是体现政治人格的内容。③

---

① "实体"和"主体"是两个不同的概念,这里是在"德"之归属者这一点上同时使用二者。"德"作为一种性能或状态,它必将归属于某个实体,这一实体也即"德"的主体。本书一般情况下都称"德"之归属者为主体,以体现有"德"者的主体地位和能动性。此处是从实体和属性的范畴分类来说明"德"的特点,故用及"实体"一词。

② 确切言,此所谓"君王"乃是指潜在的王者。他们以"德"获得天帝的认可而成为王者。

③ 王中江:《视域变化中的中国人文与思想世界》,第263—264页。

第一章 思想渊源:"德"观念的前诸子形态

(二)"德"的面向

就其主要形态言,君王之"德"还有一个非常重要的情况有待关注。一旦言及态度和行为,便涉及面向的问题,亦即,此态度和行为具体是向"谁"而发(作为品质的"德"也如此,但没有态度和行为那么直接)。孟旦认为"德"是指周王对待上天法则的一种态度及行为。① 按此,"德"面向的对象是上天,但这只是它诸种面向当中的一种。在此之外,它还面向先祖和民众。

天帝作为"德"的一个面向已为我们所熟知。周人强调"以德配天""以德受命"的观念,为获得上天的欣赏与任命,君王之"德"首先即意味着王者对天帝的恭敬与顺从。如《诗·大雅·大明》的"小心翼翼,昭事上帝",《何尊》(《集成》6014)的"王恭德裕天",《班簋》(《集成》4341)的"仰天威,畀屯陟。公告厥事于上,唯民亡拙在彝,昧天令,故亡。显哉!唯敬德,亡攸违",在此"德"便是指君王对上天的恭敬顺从的态度。这种意味在清华简的西周篇章中亦有所见,如《皇门》的"天用弗保,……夫明尔德,以助余一人忧,毋惟尔身之懔,皆恤尔邦,假余宪",《祭公之顾命》的"余畏天之作威,公其告我懿德"。《尚书》中也有此类记载,如《康诰》有"弘于天,若德裕乃身"之言,"德"在此是指"弘于天"即"顺天"的态度。

接下来看面向先祖的情况。与前者无异,在面向先祖时"德"也意味着一种恭敬的态度,但在此之外它还含有继承、发扬之义。如《师訇鼎》(《集成》2830)的"唯余小子肇淑先王德",《叔向父禹簋》(《集成》4242)的"余小子嗣朕皇考,肇帅型先文祖,恭明德",清华简《祭公之顾命》的"敷求先王之恭明德",《诗·大雅·文王》的"无念尔祖,聿修厥德",都是在强调恭敬地继承先王之"德"的意思。这也意味着"德"是一种具有可传递性的品质。刘华

---

① 孟旦此论主要是基于他对"彝"的理解。他认为,在西周时期表示恒常法则的惯用术语是"彝","德"便是指王对"彝"这种恒常法则的态度。见氏著《早期中国"人"的观念》,第106页。在笔者看来,作为恒常法则的"彝"根源于"天",因此王对待"彝"的态度终究还是指王对待"天"的态度。

夏曾指出，早期的"德"是政治权力传递的一个标志；① 艾兰也有类似看法，认为"德"作为氏族的一种特质在氏族内部将会世代相袭。② 这些看法关注到了"德"的可传递性，但需进一步指出的是，这种可传递性的实现主要依赖于后世王者的后天努力，而不是仅仅作为一种先天品质被传递。"德"是"革命"之正当性的核心依据，具体到每一代周王来看，他们对先王之"德"的继承与发扬便成为他们之所以为"王"的依据所在，而这种依据并不能单纯指望血缘上的延续。

在周人的信仰体系中，先祖也是一种神（祖先神），祂和天帝（至高神）以及地上的神（地祇）一起，共同组成周代的神灵世界。因此，在某种意义上，敬祖与恭天是一致的，均是周人神灵崇拜意识的一种表现。但较之此前有所不同的是，周人在关注神意的同时又强调人事作为。③ 这种意识反映在"德"观念上，则主要表现为"德"不仅意味着王如何对待天、祖，而且还承载着王如何对待民众的内容。④ 从西周文献来看，"德"的意义往往是在王民之间展开，如《幽公盨》有"民好明德，顾在天下"，《诗·小雅·南山有台》有"乐只君子，民之父母；乐只君子，德音不已"，《书·周书·康诰》有"用康保民，弘于天，若德裕乃身，不废在王命"，《书·周书·梓材》有"王惟德用，和怿先后迷民，用怿先王受命"，等等。在此等语境中，"德"作为王者的一种状态，和他如何对待民众密切相关。

---

① Vassili Kryukov. "Symbols of Power and Communication in Pre-Confucian China (On the Anthropology of "De"): Preliminary Assumptions." *Bulletin of the School of Oriental and African Studies*, University of London, Vol. 58, No. 2, 1995, pp. 314-333.

② [美]艾兰：《水之道与德之端——中国早期哲学思想的本喻》，第123页。

③ 《礼记·表记》曰："殷人尊神，率民以事神，先鬼而后礼，先罚而后赏，尊而不亲。……周人尊礼尚施，事鬼敬神而远之，近人而忠焉，其赏罚用爵列，亲而不尊。"这是一个很好的说明。

④ 如果我们承认前节的观点，即且不论商代甲骨文中是否出现"德"字，"德"观念在商代已有萌芽，那么，西周之"德"较之此前也出现了"人文的转向"或"人事的转向"，即"德"所含的人事意识获得了提高。

第一章 思想渊源:"德"观念的前诸子形态

君王善待臣民的态度,将会表现为一种施恩于民的政治活动。前文已述"德"的恩德义,此义的出现应该和君王待民的行为有关。在周人看来,施恩于民这种做法是天帝所嘉许的,正所谓"天视自我民视,天听自我民听"(《孟子·万章上》引《太誓》),"民之所欲,天必从之"(《左传》襄公三十一年引《大誓》)。所谓以德受命,更具体来说便是,周人以其善待民众的态度和行为得到了天帝的嘉许和任命。因此,"保民"与"敬天"在本质上就是同一件事,善待民众即是敬奉上天的表现,也是敬从先祖的表现。这是西周思想文化里非常关键的一处。正如陈来先生所指出的,天意在民,民意即天意,这种"天民合一"的思想在世界文化史上是十分独特的。[1]后世常说"天下之大,有德者居之",又言"得民心者得天下",这样的观念便是渊源于西周的"天民合一"思想。

善待天下民众,则上天将眷顾于他,也正因如此,他才不负先王受命之功。周王通过"德"的策略,同时获得了上天、先祖和民众此三者的肯定。可见,君王之"德"所包含的三个面向——天帝、先祖、民众——在根本上是统一的。对至高神及祖先神的恭敬及其具体展开的祭祀行为,实际上是周人对此前宗教意识的继承;但较之殷人,周人的不同之处在于后者更关注人事作为,更强调"德"观念当中的待民向度,而且,周人很巧妙地将"德"的这种面向融合到原有的恭天、敬祖思想中,使前者成为后者的必然内容。《书·周书·酒诰》有言"迪畏天,显小民,经德秉哲",可谓是"德"之三种面向的高度概括。

(三)"德"的关系性

通过以上之论析,可发现"德"的一个重要特点:君王的政治生活一直处于三种关系当中——天帝和君王、先王和后王、君王和民众,而这些关系得以构成,都是依赖于"德"。起初是文王以"德"获得上天的嘉许和任命(此所言起初是相对的),后继者则通过承继先祖之"德"以保证这种任命不被转移,而"德"作为

---

[1] 陈来:《古代宗教与伦理——儒家思想的根源》,第201页。

受天命之依据，则具体表现为周人善待民众的态度和行为。在周人的思想世界里，"德"成为了天和王、先王和后王、王和民这些关系得以构成的共同的枢纽，离开了"德"，这些关系将无法得到充分的建立。

如上所述，"德"是一个功能性概念，它不表示实体，只表示实体所具有的性能和状态。这样的定位似乎会消解"德"的"实质性"。事实上，这恰恰是"德"的独特之处：它不表征实体，但诸实体的关系（天和王、先王和后王、王和民）却正是依赖它得以建立。由此可知，在认识到"德"是功能性概念的基础上，我们还需进一步看到它作为关系组建之枢纽的特质。在前一点上，中国思想里的"德"和西方的德性概念（virtue）是类似的，而在后一点上，中国思想里的"德"具有更典型的表现。[①]

总之，对于"德"在西周的表现，既要看到它作为政治解释之工具的作用，也要注意到它作为关系组建之枢纽的角色。就西周之"德"对后世的影响而言，这两点都是非常关键的因素。前者是后世德政思想的重要渊源，而后者的影响更加广泛，但也更为内在，它不像前者那样容易被察觉。后来的"德"观念其实都蕴含着作为关系之枢纽的特点，但其所涉之关系将变得更加复杂多样。

第三节 "德"在春秋时期的发展

接下来，我们将依据《左传》、《国语》以及《逸周书》的春秋篇章，[②] 考察"德"观念在春秋时期的情况。如同它在西周文化中的表现，这一符号在春秋时期的发展也比较复杂。我们主要关注的是，比起西周时期，这一时期的"德"有哪些一脉相承的地方，又出现

[①] 西方的德性概念也和"关系"有关，此关系主要是人和人的关系。但德性还不完全是组建此关系的必需的枢纽。并且，中国思想上的"德"将涉及更多关系类型。这里谈到了三种关系，后边讲到道家时还将看到更丰富的情况。

[②] 关于《逸周书》各篇的年代，本书主要参照黄怀信先生的考证。见氏著《〈逸周书〉源流考辨》，第91—126页。

第一章 思想渊源:"德"观念的前诸子形态

了哪些变化,它和后来的道家"德"观念具有何种联系。

一 "德"的含义

关于"德"在春秋的字形,前节已一并梳理。这里将集中关注"德"在春秋的含义。如上所述,"德"在西周的基本义是指周人据以受天命的一种状态,这种状态源于内在的品质和心意,表现在诸种政治行为和宗教行为上。从文义看,"德"在此时还具有恩惠、感激和教化等义,这些义项都是基本义在不同方面的延伸。到了春秋时期,"德"作为受命之依据的意义得到延续,并且,"德"依然是一个内外之义兼而有之、价值属性并未完全统一的思想符号;而在另一方面,恩惠义及其引申的施恩义、感激义等一些义项则变得更加明显,并且,在"德""刑"对立的思想观念下,"德"也表现出治术化、工具化的趋势。以下,我们将从不同的方面对这一时期"德"的含义展开叙述。

(一)"以德受命"思想的延续

在春秋时期,人们继承了西周"以德受命"的思想,这不仅见于周王之言,也常常见于诸侯或卿大夫之语。所谓"皇天无亲,惟德是辅"(《左传》僖公五年)、"天道无亲,惟德是授"(《国语·晋语六》),[①] 即是对这种观念的精辟概括。在周朝大夫王孙满对楚庄王问鼎的回应中,"德"的这种意义同样十分鲜明:

> 楚子伐陆浑之戎,遂至于雒,观兵于周疆。定王使王孙满劳楚子,楚子问鼎之大小轻重焉。对曰:"在德不在鼎。昔夏之方有德也,远方图物,贡金九牧,铸鼎象物,百物而为之备,使民知神奸,故民入川泽山林,不逢不若,螭魅罔两,莫能逢之,用

[①] "皇天无亲,惟德是辅"是宫之奇引《周书》之语,某种意义上也可视作春秋时期人们对西周以来思想观念的一种概括。"天道无亲"中,"天道"之义与"天命"相当。陈来先生曾将"天道"观念分作三类,分别是宗教和命式的理解、道德之天的用法、自然主义的理解。见氏著《古代思想文化的世界——春秋时代的宗教、伦理与社会思想》,生活·读书·新知三联书店2009年版,第80—84页。"天道无亲"之"天道"属第一类。

能协于上下，以承天休。桀有昏德，鼎迁于商，载祀六百。商纣暴虐，鼎迁于周。德之休明，虽小，重也；其奸回昏乱，虽大，轻也。天祚明德，有所厎止。成王定鼎于郏鄏，卜世三十，卜年七百，天所命也。周德虽衰，天命未改。鼎之轻重，未可问也。"（《左传》宣公三年）

楚庄王问鼎中原是春秋史上非常著名的事件。对此，王孙满回应道，天命变革的根据"在德不在鼎"。所谓"天祚明德，有所厎止"（厎，定也），其义和"皇天无亲，惟德是辅"如出一辙。照王孙满的回应看，即便楚庄王取得了"鼎"也是徒劳，因为天命转移的依据只在于"德"，至于"鼎"只是一个象征物而已。

（二）"德"的内外之义

在西周时期，"德"作为一种综合状态，兼含内外两方面的意义（内在义指品质义和心志义，外在义指行为义）。那么到了春秋时期"德"在内外之义上有没有发生变化呢？小仓芳彦通过研究《左传》的"德"，提出"德"在春秋时期发生了比较明显的内面化的转向，亦即从君王的省方之举逐渐被抽象为与行动相分离、表示内在德性的一个概念。① 与此不同的是，陈来先生则认为"德"在西周早期便具有心意与行为两个方面的意义，此后"德"的内在义不断得到加强，但是其内在义压倒外在义是在春秋时期之后，在西周及春秋时期"德"的行为意义依然很流行，是以用"德行"一词来表述这个时期的"德"观念会更加适宜。② 郑开先生有相近看法，他认为"德"在早初与省方制度有关，而后随着"德""礼"分化，"德"的内在义不断加强，但"德"的内面化是一个漫长的过程，这个过程在整个先秦时期都在持续着。③

据现有文献来看，陈、郑两位的观点更能反映当时的情况。"德"

---

① ［日］小仓芳彦：《〈左传〉中的霸与德——"德"概念的形成与发展》，收入《日本学者研究中国史论著选译·第七卷 思想宗教》，第16—17页。
② 陈来：《古代思想文化的世界——春秋时代的宗教、伦理与社会思想》，第361页。
③ 郑开：《德礼之间——前诸子时期的思想史》，第183—185页。

第一章 思想渊源:"德"观念的前诸子形态

在春秋尚未发生明显的内在化,其典型情况乃发生在孔、老以后。当然,"德"在此时虽然整体上仍是一个兼含内外的观念,但在不同的语境中它的意义会表现出不同的侧重。比如《左传》有"以德和民"(隐公四年)、"以德抚民"(僖公二十四年)、"德以治民"(僖公三十三年)、"务德而安民"(哀公十年)等诸种说法,在此"德"作为一种治国方式,具有明显的行为义。至于像《左传》桓公二年所载的"夫德,俭而有度,登降有数",此间的"德"乃指礼仪行为,可视为"礼"的同义词。而在另一方面,某些情境中的"德"则更偏向内在义。比如《国语·晋语四》有言:"异姓则异德,异德则异类。……同姓则同德,同德则同心,同心则同志。""德"在此是指一个家族所具有的某种属性或特质。

此外,春秋文献中经常出现关于德目的叙述,① 由此也可解读到"德"在这个时候仍是一个兼含内外的观念:

> 置善则固,事长则顺,立爱则孝,结旧则安。为难故,故欲立长君,有此四德者,难必抒矣。(《左传》文公六年)
>
> 尊贵、明贤、庸勋、长老、爱亲、礼新、亲旧。……若七德离判,民乃携贰,各以利退,上求不暨,是其外利也。(《国语·周语中》)
>
> 九德:一忠,二慈,三禄,四赏,五民之利,六商工受资,七祗民之死,八无夺农,九足民之财。(《逸周书·文政解》)

德目之言在三部典籍中经常出现,此处各择一言以作讨论。从这些德目来看,"德"含有心意及行为的双重意义。如"四德""七德"所包含的诸项,都是指具体的行动,同时也关乎行为者的某种态度;"九德"之中,除了"忠""慈"是偏重于品质或心态,余者皆主要

---

① 西周时期已有德目之言,如《书·周书·洪范》有"三德"之说("一曰正直,二曰刚克,三曰柔克")。到了春秋时期,德目之言显得更加丰富。关于春秋时期的德目思想,陈来先生已有深入探讨,可参氏著《古代思想文化的世界——春秋时代的宗教、伦理与社会思想》,第324—360页。

指政事举措。

总之，在"德"的内外义问题上，我们不宜作出单线的理解，即认为此前的"德"都是指行为，而春秋时期的"德"则转向内在义。材料反映的情况是，无论是在西周还是在春秋，"德"都是一个兼含内外义的观念，只是在不同的语境中它所侧重的方面会有所不同。正如王中江先生所考察到的，针对"德"的演化，我们不能简单地认为它是从行为之德演变为内心之德，由于人们需要通过各种行为获得"天"的认可，所以"德"的行为意义也比较流行，而随着"天"的作用的逐渐减弱，"德"原本具有的内心意识的意义得以强化。[①] 王先生所言的"德"之内在义被强化，主要发生在儒道两家思想中。道家自老子起便赋予"德"以内面性的意义，而在庄子、《管子》四篇中"德"与"心"的关联大大加强，在这些场合中"德"的内在义都有集中呈现。而儒家则将"德"逐渐抽象为一个表示个人品性及相关修养的概念，这种情况在孔子思想中便有体现，而在后学思想中其内在义则不断加强，比如郭店楚简《五行》篇关于"德"的叙述，即是一个典型表现。[②] 由此可见，在"德"义的内在化方面，后来的道、儒两家乃表现出共同的趋向，虽然两家在"德"的具体所指上存在不同的理解。

（三）"德"的恩惠义、感激义及其所蕴的恩惠施受关系

如前所述，"德"在西周除了表示统治者据以受天命的一种状态，在词义上还包括恩惠、感激等义项。到了春秋时期，这些义项变得更加常见，并且伴随恩惠义和感激义的流行，"德"所含蕴的恩惠施受关系也逐渐形成。

就古汉语整体看，恩惠、恩德乃是"德"的一大义项。此义在春秋时期颇为流行。诸如"以德抚民"（《左传》僖公二十四年）、"布

[①] 王中江：《简帛文明与古代思想世界》，第271—273页。
[②] 郭店楚简《五行》篇有言，"仁""义""礼""智""圣""形于内"谓之"德之行"，此五者"不形于内"谓之"行"。此间有意区分内、外，并强调"德"的内在之义。此外，《五行》篇中"德"写为"惪"，其论与"心""性""情"联系密切，这些情况都反映出《五行》篇对"德"之内在义的强调。

第一章 思想渊源："德"观念的前诸子形态

德于民"（《国语·鲁语上》）、"德在利民"（《逸周书·王佩解》）等言论，其间的"德"均指恩惠、恩德。再如：

必报德，有死无二。（《左传》僖公十五年）
大德灭小怨，道也。（《左传》定公五年）
此先王所以不用财贿，而广施德于天下者也。（《国语·周语中》）
德莫厚焉，惠莫大焉。（《国语·晋语三》）
民畏其威，而怀其德，莫能勿从。（《国语·晋语八》）

在这些语句中，"德"的恩惠之义也是相当明显的。此外，表恩惠的"德"还可以动词化，表示施与恩惠这种行为，如"薄其要结而厚德之，以示之信"（《国语·晋语二》）中的"德"。

除恩惠和施恩义，"德"还有感激之义，这在春秋时期也经常出现，如：

王德狄人，将以其女为后。（《左传》僖公二十四年）
然则德我乎？（《左传》成公三年）
臣不任受怨，君亦不任受德，无怨无德，不知所报。（《左传》成公三年）
吾怨其弃吾言，而德其治楚国。（《国语·楚语下》）
杀其弟而立其兄，兄德我而忘其亲，不可谓仁。（《国语·晋语三》）
人治百物，物德其德，是谓信极。（《逸周书·宝典解》）

表示感激的"德"多与"怨"相对。"物德其德"中两处"德"分别表示感激和恩德。总的来看，不同于恩惠义以及施恩义，此间"德"之主体乃是受惠的一方。

"德"的恩惠义（包括动词化的施恩之义）和感激义虽关涉不同的主体，但其间存在密切的关联。此二义之中乃潜藏着一种有关恩惠

· 91 ·

的施受关系：自施与方而言，"德"是指他施与另一方的恩惠；自接受方而言，他觉得对方所施与的是一种恩惠，由此产生感激的态度，而"德"所指向的正是这一种心意（也可将感激义视作恩惠义的意动用法，即"以之为恩惠"）。所以，不管是恩惠义，还是感激义，其实都处于恩惠的施受关系中，二者分别是就施与方和接受方而言。

增渊龙夫很关注"德"观念所含的恩惠施受关系，认为在具体的人与人之间恩惠授受关系中，"德"既可以表示具体恩惠，也可以表示赐给恩惠这种行为。[①] 增渊龙夫在施受关系中解释"德"义，这是一种颇具启发性的思路，但他认为此等关系是在战国到汉初这一阶段形成，这又是需要商榷的。通过前述可知，此等关系其实在春秋时期已然形成。对于理解"德"义而言，这种恩惠施受关系颇为关键，它不仅关乎春秋时期的情况，也影响到对后来儒道两家所论"德"的理解。

（四）"德""刑"并立与"德"的治术化

"德"在春秋时期的另一变化是，作为与"刑"相对的一个范畴，表示为政者的一种治理方式。"德""刑"对言之情形屡屡见于《左传》《国语》：

德以柔中国，刑以威四夷。（《左传》僖公二十五年）

楚军讨郑，怒其贰而哀其卑，叛而伐之，服而舍之，德、刑成矣。伐叛，刑也；柔服，德也。二者立矣。（《左传》宣公十二年）

德、刑、详、义、礼、信，战之器也。德以施惠，刑以正邪，详以事神，义以建利，礼以顺时，信以守物。民生厚而德正，用利而事节，时顺而物成。上下和睦，周旋不逆，求无不具，各知其极。（《左传》成公十六年）

有不祭则修意，有不祀则修言，有不享则修文，有不贡则修名，有不王则修德，序成而有不至则修刑。（《国语·周语上》）

[①] [日]增渊龙夫：《中国古代的社会与国家》，吕静译，第191—192页。

第一章 思想渊源："德"观念的前诸子形态

> 乱在内为宄，在外为奸。御宄以德，御奸以刑。今治政而内乱，不可谓德。除鲠而避强，不可谓刑。德刑不立，奸宄并至。(《国语·晋语六》)①

在这些话语中，"德"与"刑"一并成为为政理民的两种方式。② 需注意的是，"刑"不仅指对个人的刑罚，也包括对他国的武力征讨。比如第一段的"刑以威四夷"、第二段的"伐叛，刑也"即属后者。"德"的含义亦非单一。比如第三段中它指的是施惠之举，③ 而第五段中它表示教化措施，④ 至于其他三段中，"德"应偏重教化义，但也含有施惠义，这是一种综合性的"柔服"的治理方式。可以这么来理解，在"德""刑"并立的场合中二者分别指恩典性措施和惩罚性措施；⑤ 作为惩罚性措施，"刑"既针对国内臣民，也针对其他国家，在前者它是面向个体的各类惩罚，在后者它是面向他国的军事行动；至于"德"，其中之恩典也是广义的，物质性的施惠措施固然是一种表现，而精神层面的教化同样可以体现君王之恩典。

在西周时期"德"是一个事关政权合法性的原则层面的观念，作为一种治术（治理方式）的"刑"并没有与之形成两相对立的结构。虽然在"明德慎罚"之类的言论中，"德""罚"之间表现出一定的

---

① 宄（guǐ），指奸邪之人。《左传》成公十七年有载："乱在外为奸，在内为轨。御奸以德，御轨以刑。不施而杀，不可谓德。臣逼而不讨，不可谓刑。德刑不立，奸轨并至。""轨"当为"宄"之借字。《左传》此语主张对外施德、对内用刑，其意与《国语》所载相反。

② 有些话语只言及"德""刑"二者，有些话语则将"德""刑"与其他方式并而言之。

③ 这不仅可以从"施惠"一语看出，后面所言"民生厚而德正"也是一个体现。"民生厚"是说民众的生活拥有了优厚的条件。"德正"之"德"非同于"德以施惠"之"德"，"德正"是说民众的品性得以端正。"民生厚而德正"之义类似于《管子·牧民》的"仓廪实则知礼节，衣食足则知荣辱"。

④ 结合《左传》的"不施而杀，不可谓德"来看，这一点更加明显。所谓"不施而杀"，即是说不教而诛。

⑤ 借用郑开先生的概括，即是"德"表示"软的一手"，"刑"表示"硬的一手"。见氏著《德礼之间——前诸子时期的思想史》，第165页。

并立趋势（"德"谓德教，"罚"指刑罚），但这种情形在当时是比较少见的，并且，即便在此类思想中，"德"其实仍然拥有着比"罚"层次更高的统摄性地位。到了春秋时期，这种情况发生了改变。一方面，"德"依然是支撑政权合法性的主角，拥有着比作为一种治术的"刑"更高的地位；但在另一方面，它又开始往治术的方向发展，成为一个与"刑"并立、表征治国之方式的观念。[①]

"德""刑"相结合的思想后来在诸子学中得到了继承和发展。儒家、道家（主要是黄老学）以及法家都延续了这种思想，但各家对"德""刑"之性质及其关系的看法各有不同。儒家延续的是教化之"德"，在二者之关系上乃主张"德"主"刑"辅。黄老和法家关注的是奖赏之"德"，在二者之关系上，黄老有尚"德"之倾向，而法家则主张二者并重（韩非子）或重"刑"轻"德"（商鞅）。

（五）"德"的价值意涵

如上所述，"德"在西周并未完全成为一个表征美德的观念，此时用作中性词的"德"常有出现。那么，到了春秋时期，"德"在这方面表现如何呢？通过考察，我们发现它在此时依然经常出现中性用法，并且常常是美德与恶德相对出现：

> 孝敬忠信为吉德，盗贼藏奸为凶德。（《左传》文公十八年）
> 桀有昏德，鼎迁于商，载祀六百。商纣暴虐，鼎迁于周。德

[①] 关于这种变化趋势，小仓芳彦、郑开、孟旦等学者已有指出。小仓芳彦认为，西周的"德"是一个兼含"德""刑"的广泛概念，但在《左传》中"德"与"刑"慢慢分化，前者逐渐成为与后者相对立的一种手段（《〈左传〉中的霸与德——"德"概念的形成与发展》，收入《日本学者研究中国史论著选译·第七卷 思想宗教》，第16页）。郑开也强调，出现于《左传》中的、寄托于"德""刑"话语的政治理念或政治权力运作的原则其实就是"狩(狩)"方"制度的"绪余"，或者说隐含于"巡狩"制度之中的两个主要方面（《德礼之间——前诸子时期的思想史》，第167页）。孟旦指出，"德"所含的"施恩"的引申义到了东周逐渐占支配地位，导致"德"变成了御民良方，与"刑"一起组成政治控制的双重手段（《早期中国"人"的观念》，第112页）。这三位学者都指出"德"在西周是一个层次更高的、能够统摄"刑"的概念，到了后来则出现分化，"德"变成了与"刑"相对的一种治国方式。在春秋文献中，与"德"相对者除了"刑"，还有"法""力""兵"等，其间所见"德"的治术化趋势与"德""刑"对举之情形是一致的。

第一章 思想渊源："德"观念的前诸子形态

之休明，虽小，重也；其奸回昏乱，虽大，轻也。天祚明德，有所厎止。（《左传》宣公三年）

上下有礼，而谗慝黜远，由不争也，谓之懿德。及其乱也，君子称其功以加小人，小人伐其技以冯君子，是以上下无礼，乱虐并生，由争善也，谓之昏德。（《左传》襄公十三年）

这里的"德"并没有被设定正面的价值，但它的出现仍和道德评价有关，只是所指状态的好坏需结合语境进行断定。

如此看来，"德"在春秋时期仍不是一个鲜明表征美德的语词。后来在儒家思想中，"德"作为美德的意义得到了突显，而道家方面，就其大多数情形来看，"德"作为美德的意义也比以前更加鲜明（具体内涵和儒家不同），只是道家在某些地方又保留了中性用法，如老子所说的"上德"与"下德"、庄子所言的"真德"与"欺德"、《黄帝四经》的"正德"与"逆德"，等等。道家保留"德"的中性用法，和他们"德"思想中所蕴含的批判意识直接相关。

可以说，"德"在先秦乃经历了一个道德意义逐渐突显的过程，在此过程中它作为美德的意义越发地鲜明。这一过程和西方德性概念在古希腊时期走过的历程不无相似。[1] "ἀρετή"最初是指武士的英勇，也涉及男子的俊美和高贵，后来逐渐演变成一个表征优良道德品质的概念。"ἀρετή"在起初虽然也指向人的优长和卓越之处，但这些优长和卓越并不全是道德方面的。[2] 当然，在"ἀρετή"之道德意义得到突显的同时，非道德性的用法并没有消失。比如在亚里士多德那里

---

[1] 关于"德"与"ἀρετή"在道德意义之形成上的相似性，郑开先生已有留意。郑先生强调，此二者在思想史中的命运如出一辙，都经历了一个从天然本性到社会本性的转变过程。见氏著《道家形而上学研究》（增订版），中国人民大学出版社2018年版，第217页。笔者关注到这一问题是受启发于郑论，以下将在其论基础上作进一步讨论。

[2] 关于这方面的情况，可参阅麦金泰尔《追寻美德：道德理论研究》，宋继杰译，凤凰出版传媒集团、译林出版社2011年版，第152—164页；汪子嵩等《希腊哲学史》（第二卷），第166—171页；赵永刚《美德的实在性研究》，武汉大学出版社2017年版，第16—20页。

"άρετή" 一般是指优良的道德品质，但同时亚氏也用它来指称眼睛的性能（看得清楚）和马的性能（爬得快）。① 在此点上，先秦思想中的"德"有类似表现，比如道家仍保留了"德"的中性用法，甚至还用"德"来表示鸡、狸等物的自然属性。② 可见，无论是"德"还是"άρετή"，其道德意义的突显均不是从此到彼的单线演进，在美德之义越发鲜明的同时，其他的用法仍有体现。

"德"在先秦和"άρετή"在古希腊都经历了道德意义逐渐突显的过程，但其间也有不同之处。"άρετή"在比较早的时候道德意义虽不明显，但所指的仍是人的优长一面，只是这优长之处可以是多方面的，不限于道德（如可以指人的才能或体力的优越）。也就是说，"άρετή"基本上都是指"好"的情况（excellence），只是这"好"起初比较宽泛，不限于道德上的"好"，而在后来则逐渐集中到道德上的"好"。相比而言，西周春秋的"德"则基本上都和道德评价有关（即便是用作中性词的时候），很少涉及道德以外的人的才干或体力方面。此时的"德"或是直接体现道德评价，或是连同前后文一起体现道德评价，而到了诸子时代，"德"的功能则越发集中到前一种情形。认识到这一点，不仅有助于理解"德"在早初的特点，也便于把握"德"在诸子时代的面貌。比如在道家话语中，"德"的中性用法虽然在某些语境中被保留，但这些情形仍关乎人的道德评价，并非对人的其他方面进行判断。

二 "德""得"之关联

"德"与"得"的关系不仅影响到对"德"义的把握，在更深层面上还关联着"德"的思维特点。前节曾就此专论，现今结合春秋

---

① ［古希腊］亚里士多德：《尼各马可伦理学》，廖申白译注，第45页。
② 《庄子·庚桑楚》有言："鸡之与鸡，其德非不同也，有能有不能者，其才固有巨小也。"《庄子·徐无鬼》曰："下之质，执饱而止，是狸德也。"需指出的是，此所谓"非道德性"和"中性"义有不同。所谓"中性"，是指"德"虽未蕴含有特定的价值，但仍和道德评价有关，如"吉德""凶德""明德""昏德""上德""下德""真德""欺德"等，在此"德"的价值是待定的，需结合语境一起判断。非道德性的用法则是和道德评价完全无关，所指者乃事物的自然属性，如"鸡德""狸德"之说。

第一章 思想渊源:"德"观念的前诸子形态

时期的情况作进一步考察。如上所述,"德"在西周虽然和"得天命"有关,但我们仍不能将"德"解作得自天命者。原因在于这里隐含着两种不同的逻辑。如果说"德"是指得自天命者,那么就意味着"得天命"是前提、"德"是所得之结果。但就西周思想来看,二者的逻辑关系是倒过来的。由此意味着,"德者得也"的训诂传统以及现代学界以"得"解"德"的做法并不能确切反映"德"在西周的意义。

在西周的"以德受命"的思想基调中,"德"与"得"毕竟发生了某种关联,这是后世"德"观念之所以产生获得义的一个渊源。到了春秋时期,"德"与"得"的联系显得更加密切。伴随着恩惠义、感激义的流行,尤其是其间的恩惠施受关系的形成,"德"与"得"的关联变得更加直接。具体来说,处于恩惠施受关系的"德"表示施与方给予另一方的恩惠,并由此"获得"对方的感激。比如《国语·周语下》有此等说法:

> 以言德于民,民歆而德之,则归心焉。上得民心,以殖义方,是以作无不济,求无不获,然则能乐。(《国语·周语下》)

"德于民"的"德"是指教化,"德之"的"德"是指感激。君王以言令教化民众,是以民众信服且感激君王,其心一齐归聚于君王,由此,君王也就获得了民心。[①]

此间出现了两个值得注意的变化。一则,"德"与"得"出现了直接联系。在西周语境中,"德"作为受命之依据,和"得"的联系只是隐含的,而在此处,"德"与"得"的联系被明确表述出来。二则,此处乃将"德"的效果落在"得民心"上。在西周思想中,有德者所将获得的东西是来自天帝的任命。虽然在"天视自我民视,天听自我民听"(《孟子·万章上》引《太誓》)、"民之所欲,天必从

---

① 韦昭注曰:"歆,犹嘉服也。言德,以言发德教也。"按韦注,这里的第一个"德"偏重于言令教化之义,宽泛来说,言令教化也是君王的一项政治功德。

之"(《左传》襄公三十一年引《大誓》)的观念中,"得天命"与"得民心"具有某种相通性,但二者的面向毕竟不一样,前者更关注如何敬奉上天的问题,而后者则更加重视如何善待民众的问题(关于面向的问题,后文将有进一步讨论)。

关于春秋时期"德""得"联系之加强,已有论者注意到。如小仓芳彦将此点看作春秋"德"义的一个重要演变。① 孟旦(Donald J. Munro)则提供了更加具体的论述。他认为,作为一种态度和行为的"德"既可以是遵守法则的也可以是违反法则的,遵守法则的行为可以是施恩惠于民众而使之幸福,这种好的行为便能从关爱的对象那里得到感情和顺从的回报,并由此获得上天的恩赐。② 孟旦关注"得人心"和"得天命"的统一性,其所言的"德""得"之关联在西周时期其实已经存在,只不过当时还没有明确表现出来,到了春秋时期,随着"德"所关联的恩惠施受关系的明朗化,"德"与"得"的联系也就变得更为直接了。

需进一步注意的是,即便"德"与"得"出现了更紧密的联系,但这里仍是将"德"视作获得某种效果的条件,只是其间更强调的是"得民心"而不是"得天命"。这意味着,对于春秋时期的"德",仍不能以"德者得也"的训诂将其解为"得自……者"。"德"会产生"得民心"的效果,但它本身不是指得自民心者,正如同在此前,它本身不是指得自天命者。

那为何后来会形成"德者得也"的训诂呢?《说文》等古字书以"得"训"德"的做法其实有更早的渊源。在战国时期,以"得"释"德"是常见之情形:

> 礼乐皆得,谓之有德。德者,得也。(《礼记·乐记》)
> 德也者,得于身也。故曰古之学术道者,将以得身也。(《礼

---

① 小仓芳彦认为,《左传》所见的"德"主要有两个变化趋向,一是内面化,二是"德""得"联系的加强。见氏著《〈左传〉中的霸与德——"德"概念的形成与发展》,收入《日本学者研究中国史论著选译·第七卷 思想宗教》,第16—18页。

② [美]孟旦:《早期中国"人"的观念》,第108—117页。

第一章 思想渊源:"德"观念的前诸子形态

记·乡饮酒义》)

> 德者道之舍,物得以生生,知得以职道之精。故德者,得也。(《管子·心术上》)

> 泰初有无,无有无名;一之所起,有一而未形;物得以生谓之德。(《庄子·天地》)

儒道两家都是从"得"的角度理解"德",只是他们所强调的所得的来源和途径并不一样。需注意的是,诸子以"得"言"德"并不是为了解释"德"原来的意思,而是在表达自己对"德"的理解。这种做法也就是所谓"义理声训",① 通过这种方式,诸子为"德"赋予了新的意义。

在孔、老二子那里,虽然没有出现以"得"言"德"的话语,但已经有了"德"即得自天/道者的思想,这是儒道后学以"得"释"德"的渊源。孔子所说的"天生德于予"(《论语·述而》),即是将"德"之来源追溯至天,后来《中庸》所言的"天命之谓性"即是孔子这一思想的发展。而老子关注的则是"德"作为得自于道者的意义,《老子》一书的架构(含《道》《德》两篇)已提示了"德"与"道"的密切联系,而"孔德之容,惟道是从"(《老子》第21章)、"修之于身,其德乃真"(同书第54章)等说法,则具体表述了这一层意思。可以看到,儒道后学正是沿着孔、老的方向,通过"德者得也"的义理声训对这种思想加以明确表达。

通过前文考论,可大致看到"德者得也"这一训诂传统是如何形成的。在孔、老以前"德"是"得天命""得民心"的条件,它将产生有得于天、有得于民的效果,但它本身不是指得自天命者或得自民心者。孔、老二子改造了"德"的性格,其改造的一个重要表现即"德""得"之关系发生了转变,"德"不再是有所得的条件,乃成为

---

① 参见王力《中国语言学史》,复旦大学出版社2014年版,第1—2页。

◇◆◇ 先秦道家"德"观念研究

有所得的结果。① 儒道后学延续并强化了孔、老的思路,通过"德者得也"的义理声训使得这种思路有了集约而稳定的表达。秦汉以降的古字书延续了这一训诂,以"得"解"德"遂逐渐成为一种流行思路。就古字书的训诂言,它们确实可以反映孔、老以后"德"的含义,但孔、老以前则需另作看待。

进而也可看到,后世诸子尤其是孔老二子在"德"观念上的思想贡献。就"德"与"得"的关系而言,这在二子思想中发生了非常重要的转变:西周以来"先德后得"("德"为得天命之条件)的关系,被转变成"先得后德"("德"为得自天/道者)的关系。这种转变带来的影响决不限于语义上的变化,在深层之处这是对"德"之性格的根本改造:在"以德受命"的思想中,有所得是目的,"德"只是一个工具,体现的是周人的功利诉求;而在孔老思想中,"德"本身就是价值,有所得乃是修"德"、成"德"的基本途径。②

自此中国思想上的"德"乃能超越工具性思维,成为一纯粹的道德概念。③ 这里说的纯粹是就"德"本身成为价值而言,并不意味着"德"在此后即脱离了政治语境。在孔、老以后,"德"依然活跃于诸思想家的政治话语中,只是此时的"德"不再作为"得天命"之工具出现,而是作为政治的向导和目标,指引治理者恰当

---

① 孔、老二子的改造或重塑并非毫无渊源。如前节所指出的,西周已有"德"自天降的思想,只是这种情形较为少见,且其间的"德"是指有德之人,非谓"德"本身。某种意义上可以说,孔、老的重塑工作是将这种思想倾向进行强化,并将关注点直接放在"德"本身。另外,春秋时期所出现的"德""得"联系之强化(如前引《国语·周语下》的"以言德于民……上得民心"),也是二子重塑工作的一个渊源。

② 具体来说,儒家认为"德"得自于天,主张通过"得礼乐""得术道"来修"德"(见前引《礼记》文);道家则认为"德"得自于道,成德之途径即在于修道。儒家所谓"术道"之"道"和道家所谓"道"义有不同。

③ 全面来说,在诸子以前"德"作为道德概念的不纯粹性主要表现在以下几点。一则,美德之义并不十分鲜明,用作中性词、并无道德价值之蕴含的性情之"德"还比较多见;二则,主要归属于统治者,即便是指美德,那也是特定领域(政治场合)的美德;三则,体现的是周人的功利诉求和工具性思维。第三点最为紧要。在后来儒道两家思想中,"德"虽然推扩到一般的伦理场合,但其政治意义仍非常显要,且中性用法在道家思想中还有延续,但由于其功利性格被消除,它的思想质地即发生了根本的转变。

· 100 ·

第一章　思想渊源："德"观念的前诸子形态

开展政治活动，这也正是儒道两家德政思想有别于早初德政思想的实质所在。①

考察"德""得"之关系，不仅事关早初"德"观念，同时也影响着如何看待"德"在后世（尤其在孔老思想中）的变化。在后一问题上，"德""得"之关系为我们提供了一条非常重要的线索。通过这一线索，我们可以深入地看到孔、老二子如何改造"德"之性格。在传统训诂和早初文献某些因素的相互配合之下，我们容易得出"德"即得自天命者的理解。这种理解不仅不合乎早初"德"观念的性格，同时也容易遮盖后世诸子在此上的思想贡献。

总而言之，通过第二节和此处的考论，本书主要想说明以下情况：在西周春秋时期"德"是"得天命"的条件，非指得自天命者，"德"的"得自……"的意思是在老、孔以后逐渐形成的；现代学界常常基于"德者得也"的训诂传统，将"德"理解成"得自……"，就老、孔以后情形言，这可以反映其义，但不宜以此理解早初之情形；对"德""得"关系的考辨不仅关乎语义问题，在更深的层面上还关乎"德"的思想性格；通过这一线索，我们可以深入地看到中国思想上的"德"是如何从功利性观念转变为道德性观念的。

三　"德"的主体、面向及其变化趋势

接下来讨论春秋时期"德"的主体、面向及其出现的某些变化。由第二节可知，"德"在西周主要是归属于君王，虽然此外也有归属于卿大夫或民众的情形，但这类情况是很少见的。到了春秋时期，"德"仍是一个和周王密切相关的观念，但比起此前有所不同的是，它归属于诸侯、卿大夫的情形显然变得更多了。

---

① 李巍先生曾关注"德"从西周到孔子的这种变化。其论指出，孔子思想中的"德"和周人不同，他完全没有"德之用"的功利考虑，而是把"德"本身当作非常重要的东西来看待。见氏著《从语义分析到道理重构——早期中国哲学的新刻画》，商务印书馆2019年版，第106—110页。李先生通过"德"和"义"的关系来呈现这一变化。笔者想强调的是，"德"与"得"的关联也是一个非常重要的线索。

这类"德"多是出现在诸侯国的君臣言谈之间。如《左传》的"光昭先君之令德"（隐公三年）、"有德之君"（昭公二十年）、"今君德无乃犹有所阙"（僖公十九年）、"范武子之德何如"（襄公二十七年），《国语》的"今晋侯不量齐德之丰否"（《晋语二》）、"称晋之德"（《晋语六》）、"（齐桓、晋文）心类德音，以德有国"（《楚语上》），等等。在这些记载中，"德"的归属者均非作为最高统治者的周王，而是周王以下的诸侯国君，或是更下位的卿大夫。当然，与此同时也需看到，"德"的主体范围虽然有所扩展，但其所涉人员仍不出统治阶层，所涉事务仍不离政治活动。此前主要是关联着作为最高统治者的周王，而此时的"德"则更多地涉及周王以外的其他统治者。

许倬云先生对春秋时期社会阶层的流动情况曾有精细考论。通过对春秋文献所见人物事迹的详细统计，他认为这一时期出现了一种周王地位逐渐下降，诸侯、大夫之地位逐渐上升的趋势，并且到了后期连代表公室的国君和公子阶层的政治地位也有所降低，而作为新兴势力的大夫和士人集团的地位则渐渐提高。① 许先生所总结的这一情况在很大程度上会影响到"德"观念的流传，也即，"德"不再是周王的"专利"，那些周王以外的统治者伴随着自身地位的上升，也可以成为"德"的拥有者，并参与到各种关于"德"的讨论当中。②

陈来先生曾指出，古代"德"观念的提出往往通过政治领域表达，但不表示"德"的意义仅限于政治领域，任何普遍性的东西总是要通过某种特殊的具体路径来表现，尤其在开始生长的阶段。③ 从大的趋势来看，"德"在先秦的发展确乎像陈先生所言，这是一个从

---

① 许倬云：《中国古代社会史论—春秋战国时期的社会流动》，邹水杰译，广西师范大学出版社2006年版，第27—62页。
② 当然，也不排除文献性质方面的影响。目前我们所据的春秋文献即《左传》《国语》等，多数是关于各诸侯国的记载，比起主要记载王室事迹的西周文献，其所载人员的范围本来就有扩大，故我们看到的"德"所涉的主体范围更为广泛。
③ 陈来：《古代宗教与伦理——儒家思想的根源》，第338—356页。

第一章 思想渊源："德"观念的前诸子形态

政治领域走向更加一般的伦理场合的过程。而仅就春秋文献来看，"德"的这种变化还不是非常明显，归属于普通人的"德"在这个时候仍不多见。

"德"明显成为一个事关人人的观念，是到了儒道两家才发生。儒家主张人人都可拥有"德"，皆能成为君子或圣人，由此"德"突破了政治领域，走向一般性的伦理场合。而道家的"德"比起儒家在主体范围上则显得更为广阔，他们不仅将"德"视作人人皆有之物事，并且还用"德"表示事物的性能，如此一来，人之"德"也只是物之"德"当中的一种（当然，是特殊的一种）。这种意义上的"德"，在前诸子时期以及同时代的他家思想中都是极为少见的。

不无相似，古希腊思想中的"$άρετή$"也经历了主体范围逐渐扩大的过程。此词起初只和男性武士有关，[1] 后来逐渐扩展成一个表征所有人之优良品质的概念，并且还被用于指称事物的自然属性。[2] 就主体范围的变化来看，"德"与"$άρετή$"表现出共同的趋向，但二者起初的归属及其所赖以生发的文化环境却大不一样。如同陈来先生所言，普遍性的东西在其开始阶段总是要通过某种特殊的具体路径来表现（见前文所引）。德性概念所赖以生发的"始点"在中西两处存在较大的差异，这可能和当时两地社会政治格局的不同有关。在城邦林立、纷争不断的古希腊社会中，武士的能力尤其是战争方面的能力是人们普遍关注的情况，"$άρετή$"集中代表了大家所希冀的成年男子所具有的保卫城邦的力量。"德"的兴发也和战争有一定关系，它的

---

[1] 这一点从 $άρετή$ 的构词法可得知。李义天先生曾结合 *Greek - English Lexicon* 对此作出专论：$άρετή$ 的词根为 $Αρης$，$Αρης$ 是希腊神话中战神阿瑞斯的名字，代表着男性武士的勇敢无畏，所以 $άρετή$ 的本义是男子汉气概（manhood）、威力（prowess）和英勇（valour），也包括男子汉式的俊美和高贵（manly beauty and dignity）；在拉丁语中，德性被写作 virtū，这个词与它的希腊语渊源有类似的构词法，vir 意为男子，所以 virtū 的本义也是男子汉气概。见氏著《美德伦理学与道德多样性》，第 111—112 页。

[2] 比如在亚里士多德那里，德性也可表示马的性能（跑得快）、眼睛的性能（看东西清楚）。见氏著《尼各马可伦理学》，廖申白译注，第 45 页。关于"$άρετή$"的主体变化，可参李义天《美德伦理学与道德多样性》（第 111—114 页）的讨论。

兴起和它在"革命"问题上的解释功效直接相关。但在天下共尊一主的格局里,"德"首先归属的是天下共主,其间蕴含的是周人在政权正当性问题上的自觉。

接下来考察"德"在春秋时期的另一个演变趋势。在主体范围有所扩展以外,春秋之"德"在其面向上也出现了一定的变化。西周之"德"作为统治者的一种态度及行为,是敬奉神灵(包括天帝和先祖)与善待百姓的统一。到了春秋时期,我们发现"德"的神灵面向有所减弱,而其民众面向则受到更多的关注。前文曾论及"得天命"和"得民心"的关系,春秋时期对"得民心"的强调在一定程度上已反映出"德"的民众面向变得更为显要。

这一点还可以从当时的其他话语得知。如《左传》有"以德和民"(隐公四年)、"以德抚民"(僖公二十四年)、"能敬必有德,德以治民"(僖公三十三年)、"甚德而度,德不失民,度不失事,民亲而事有序,其天所启也"(襄公三十一年)、"唯有德者能以宽服民"(昭公二十年)、"务德而安民"(哀公十年)等诸种说法;《国语》也有"布德于民而平均其政事"(《鲁语上》)、"修其德,镇抚其民"(《晋语四》)、"务用明德于民"(《楚语上》)等各种表述;《逸周书》亦有"德以抚众"(《成开解》)、"明德以师之则民让"(《本典解》)、"王者所佩在德,德在利民"(《王佩解》)等诸种言辞。凡此等等,均说明春秋时期的统治者更重视"德"的民众面向,这与西周"德"之语境频频出现天帝或先祖的情况有所不同。也即,"德"作为统治者的一种态度及相应的某些行动,在春秋时期更强调的是如何善待百姓,而不是如何敬对天帝。《左传》襄公七年所载的"恤民为德",可说是对这一时期"德"之民众面向的精辟概括。

从殷商到西周,"德"的观念折射出人文意识的逐渐提高,而到了春秋时期,这种意识则得到了进一步发扬。从神灵意识与人事意识的此消彼长中,我们可以看到,在前诸子时期"德"的发展乃集中反映了"神人之间的拉锯战",随着"神"之地位的逐渐减弱,"人"

第一章 思想渊源："德"观念的前诸子形态

的价值在逐渐加强。①

后来儒道两家的"德"正是沿着这一方向继续发展。儒家进一步强调"德"的人文意义，但并没有完全斩断和神灵之天的关联。相比而言，道家在这一方向上显得更为彻底。在道家思想中，我们几乎看不到"德"与神灵符号相关联的情形。在道家看来，宇宙世界之本根乃在于形而上的"道"，此"道"超越天帝，非有意志、人格，这一思想在很大程度上退除了"德"的神意色彩。

在春秋时期，"德"归属于君王以外之统治者的情形变得更加常见，同时其神灵面向也在逐渐减弱，这些都是此时较之西周出现的一些变化。而在此之中，"德"仍然保持着其枢纽性的特点。也即，它仍然是勾连统治者和神灵、统治者和民众的枢纽，只是它所关联的统治者在范围上更广泛了，并且统治者和民众的关系变得更加突显。枢纽性这一特点后来得到了延续，不仅是理解诸子以前"德"思想的关键，也是理解诸子"德"观念的重要途径。

四 "德"之困境及其思想转型

自西周以来，"德"之所以成为思想文化的核心符号，其首要原因即在于它是周人赖以解释其政权正当性的基本工具。在周人看来，"德"是膺受天命而治理天下的基本条件；殷人原本有"德"，故天帝任命他们来治理天下；但到了纣王，他们变得无"德"，所以天帝重新任命有"德"的周人。此等言论在《诗》《书》以及西周金文中

---

① 春秋时期的"德"并非和神灵毫无关系，如前文所述的"以德受命"思想的延续，其间仍可见"德"的神灵面向。此外又如《左传》隐公十一年有载："天而既厌周德矣，吾其能与许争乎？"《国语·晋语四》曰："晋仍无道，天祚有德。"这些话语都体现了神灵面向的留存。因此我们不宜片面地强调春秋时期的"理性"或人文主义，在当时的思想文化中"神"并没有完全退出思想舞台。关于此点，王中江先生曾有论及，一般认为中国思想从三代到东周的转变，是从天意论或神意论转变为注重人事的人文主义和自然主义，从大的趋势和局面来说，这种化约是可以成立的，但需要看到的是，三代的宗教信仰在东周时期并没有完全消解，它自身经过转化而在子学当中继续有所表现（《简帛文明与古代思想世界》，第26页）。鉴于此，笔者用"神人之间的拉锯战"来表示"德"观念所体现的神人关系在各个时期的不同表现。

频频可见。

在春秋时期这种思想得到了延续。这一延续既包括对"以德受天命"这一基调的肯定，同时也包括周人对自身有"德"因而拥有天命的信心。但是，随着社会政治情况的变迁，以及人们观念意识上的某些变化，这种思想在一定程度上又开始受到人们的质疑。

比如《左传》隐公十一年所载的郑庄公的一段言论，即是一个很好的说明。齐、鲁、郑三国合攻许国，得胜之后，齐、鲁两国让许地于郑庄公。郑庄公不敢灭许，乃立许庄公（城破以后逃亡至卫国）之弟许叔为君，并委派大夫公孙获处许西偏。事后郑庄公对公孙获言道：

> 凡而器用财贿，无置于许。我死，乃亟去之。吾先君新邑于此，王室而既卑矣。周之子孙，日失其序。夫许，大岳之胤也。天而既厌周德矣，吾其能与许争乎？

郑是姬姓诸侯国，许是姜姓诸侯国，一为同姓诸侯，一为异姓诸侯。郑庄公此语是在解释他为何如此对待许国，进一步来看，其实也透露了周人心中某种程度的自我怀疑。他看到"王室而既卑""日失其序"的现象，认为上天已厌弃周人之"德"（"既厌周德"的"厌"是指厌弃），因此也就不敢和许国相抗争。

发生在春秋后期的楚庄王问鼎中原的事件，也是一个比较明显的例子（《左传》宣公三年记录了这一事件，详见本节第一小节所引）。楚庄王之所以敢于问鼎，说明时人对周人"受命"这一点已经有所怀疑。此外更为关键的是，为周王室进行辩护的王孙满（周襄王之孙）对他们身上的"德"也显得不够自信。他一开始即对楚庄王强调"在德不在鼎"，意思是说，拥有天下共主之位不是依靠这些"鼎"，而是依靠自身的"德"，如果"德"上有亏缺，即便获得了"鼎"，也是徒劳。接下来他追述了夏商周三代的更迭，以具体说明"在德不在鼎"的道理。但是在最后，他又说了一句意味深长的话——"周德虽衰，天命未改"。也许，我们可以对王孙满此语

第一章 思想渊源:"德"观念的前诸子形态

作一补充:周人的"德"尚未衰败到要"革命"(变革天命)的地步,因而天命依然未改。但不管怎么说,楚庄王问鼎的举动以及王孙满有所保留的态度,都说明那种以"德"解释"革命"的做法到了春秋时期已经不像以前那样显得不可质疑了。

郑庄公和王孙满的言论反映出"德"的政治解释力已没有以前那么强大了。他们看到了一个共同的事实——王室东迁以后,礼坏乐崩,日失其序,周人的"德"已在逐渐衰败。"天而既厌周德矣"之论似未否定"以德受天命"的基调,但对周人是否具有良好之"德"却表现出否定的态度。其间的潜台词也许是比较悲观的,这似乎是说上天将要重新给出任命了。"周德虽衰,天命未改"不仅流露出对周"德"的否定,并且还暗示着"以德受天命"这种解释方案一定程度上的失效。在有"德"才有"命"的传统思维中,周人无法对"天命未改"给出进一步的解释。

总之,在礼坏乐崩、王纲解纽的社会政治大环境中,"以德受天命"的解释方案已不像以往那么奏效了。既然周"德"日衰,那为何"天命未改"呢?既然上天已厌弃"周德",那是不是即将改变其任命呢?对此,周人都没能给出进一步解说。延续了好几百年的"德"的思想传统,随着社会政治格局的变化,在政权正当性的解释上已无可避免地走入困境当中。[①]

郑开先生曾指出,周人通过"德"广泛地制造了"革命"合理性的舆论,以至于"德"成了该时代的思想主题;但是,春秋以来,随着以封建宗法制为核心的社会政治结构日渐解体,绵延了数百年的"德—礼"体系逐渐走向了宿命性的崩溃,继而为诸子时代的"道—

[①] 漥田忍曾探讨"德"与"圣"的关系。他认为,在周人看来"德"是成"圣"的标准、受"命"的前提,但是后来人们逐渐意识到周王缺"德"非"圣",而天命却没有因之发生转移,在这种情况下"德"的解释已不可避免地出现"破绽",这是诸子百家思想学说兴起的重要契机。见氏著《中国先秦儒家圣人观探讨——殷周时代的"圣"观念及其在先秦儒家思想中的演变和展开》,博士学位论文,北京大学,1989年,第142—145页。漥田忍此论颇具启发性。就"德"的问题看,它的解释效力出现问题未必和"圣"的观念有关。在解释政权正当性的时候,周人所倚重的主要是"德",并不是很强调"圣"的意义。

法"体系所取代。① 郑先生此论高屋建瓴，对先秦思想之流变给出了非常精辟的概括。这一概括是就两个时代各自的主流和特点而论，并不是说到了诸子时代"德"和"礼"完全消亡。事实上，在诸子时代"德"不仅没有消亡，反而是非常活跃。经过诸子（尤其是儒道两家）的重塑和改造，它以一种新的姿态继续活跃于诸子时代的思想大舞台。②

"德"在春秋时期之所以遭遇困境，有前面所说的社会政治形势变化的原因，但这不是根本的因素。根本上来说，这是源于它的功利性格，或者说是源于它所承载的周人的工具性思维。在周人看来，"德"是他们获得天命的核心依据。在"革命"之初"德"可以对政权的转移提供非常有说服力的解说，但它的功利性格也由此得以奠定。随着社会政治形势的变化，这一功利性的符号渐渐地也就难以继续承担它原来的政治任务了。

这一境况正好为儒道两家重塑"德"观念提供了重要契机。两家在此观念上首要的改造即在于消除其功利性格，赋予其纯粹的道德价值。也即，"德"不再是获得天命的工具，也不会是获得其他效果的手段；"德"之所以重要，只在于其自身。这样一来，它所遭遇的思想困境自然而然也就消失了。更为重要的是，在此等改造之中，这一符号获得了焕然一新的生命力，开始了迥异于以往的思想历程。正是在此意义上，从工具到价值的转变，成为了先秦"德"思想乃至中国传统"德"思想的重要分水岭。③

---

① 郑开：《德礼之间——前诸子时期的思想史》，第392—399页。
② 在儒道之外，墨家、法家、阴阳家等学派也论及"德"。墨家主要是延续了西周以来的"以德配天"的思想（墨家否定"命"，但延续了以"德"获得上天认可的思想），法家主要是延续春秋时期流行的"德""刑"二柄思想（其间可能有黄老学的中介作用），阴阳家提出"五德终始"之说，以"德"表示五行之性能。墨法两家主要是继承旧说，阴阳家虽有新论，然未见足够的系统性（或许和此学派资料缺乏有关）。
③ 此是就大趋势而言，不意味着诸子时代的"德"毫无功利性格。比如在道家的黄老学说中，"德"在一定程度上仍保留了工具性。

第一章 思想渊源:"德"观念的前诸子形态

第四节 综 论

"德"是诸子以前思想文化的核心符号。这种地位源于它在政治生活中所扮演的极为重要的角色。在殷商时期,它还没有明显形成类似于西周的思想性格,但作为一种思想意识,它已经显露在政治生活中。在甲骨卜辞里,"德"写作ᵜ、ᵜ、ᵜ等形。结合字形和语境来看,此字应隶定为"徝",意指巡行视察,在与"伐"字连用时意谓巡察之中兼行讨伐之事。殷人常常占卜有关巡察和征伐的活动,既体现了时人对神意的仰赖,也透露出他们对政治活动之正当性的关注。这种关注在后来的"德"观念中得到了延续和强化。

周人所言"德"和政治活动的正当性密切相关,尤其是在"革命"这一活动的正当性上,"德"拥有着无与伦比的解释力。通过这一符号,周人对天命之所以发生变革的问题,给出了极为简约同时又非常有力的解答。在周人的思想世界中,"德"所指涉的情况较之殷商时期更为丰富。周人所言"德"是一个表征周王之综合状态的观念,这种状态源于其内在的品质和心意,表现在诸种政治行为上。

"德"义的这一变化在其字形上即有体现。西周早期虽然一度延续了商代甲骨文ᵜ的写法,但这种写法存续不久,后来是添加心符而成的ᵜ成为了主要写法。并且,在ᵜ的基础上,又出现了省彳的写法(ᵜ),这一字形的出现提示着"德"之内心义变得更加浓厚。从殷商甲骨的ᵜ到西周金文的ᵜ、ᵜ,我们可看到"德"之心志义的逐渐增强,这也反映出周人对"心"之问题越发地重视。

"以德受命"是周人言"德"的基本背景,这应该成为理解此观念的一个前提。"德"是"得天命""得民心"的条件,这让它和"得"发生了内在关联,但这并不意味着可以沿着"德者得也"的故训、将诸子以前的"德"理解成得自天命者。这里隐含着两种不同的逻辑:"以德受命"思想所含蕴的逻辑是先有"德"再有"得";而得自天命者的解释在逻辑上来说是先有"得"再有"德"。以

"德"为得自天命者的解释之所以流行，既和早初文献中的因素有关，也离不开"德者得也"这一故训的影响。就后者看，它虽不能反映诸子以前的"德"义，却可以体现孔老以后的"德"义。儒道两家对"德"的重塑之中，一个重要方面即在于对"德""得"关系的改造。在儒道思想里，"德"是价值、是目的，有所"得"是修"德"、成"德"的途径。"德"在后来之所以能超越工具性思维，成为一纯粹的道德概念，和"德""得"关系的转变密切相关。

在通常印象中，"德"的意义即相当于我们今天所说的美德，也即，这一符号原本就蕴含正面的道德价值。"德"的此等意义是到了诸子时代才变得鲜明。在诸子以前，"德"既可表示美德，也可用作中性词，"暴德""逸德""昏德""凶德"等词常见于周人之语。"德"的这一历程和古希腊思想中的"$ἀρετή$"不无相似，后者也经历了道德意义逐渐突显的过程。所不同的是，"德"在诸子以前即便是用作中性词，也和道德评价有关，而"$ἀρετή$"在较早时候则经常关涉和道德无关的情况。

"德"与"$ἀρετή$"都是功能性概念，必有一所归属的主体。二者都经历了主体范围逐渐扩大的过程，但它们起初所归属的主体及其所赖以生发的文化环境大不一样。除了主体问题，"德"的面向也是有待注意的情况。在诸子以前，它是恭天、敬祖和惠民三个面向的统一。透过其主体和面向，可发现此符号的一个重要特点。也即，天帝和君王之间、先王和后王之间、君王和民众之间，皆是依赖"德"得以建立他们的关系。在周人的思想世界中，"德"成为了这些关系得以构成的共同的枢纽。离开了"德"，这些关系将无法得到充分的建立。

故知，"德"虽不表征实体，但诸实体的关系（天和王、先王和后王、王和民众）却正是依赖它得以建立。在功能性此点上，"德"与"$ἀρετή$"并无不同，但在枢纽性的特点上，前者的表现更为典型。在后来的发展中"德"一直都含具作为关系之枢纽的特点，只是所涉的关系变得更加复杂多样。这一特点不仅是理解早初"德"思想的关键，也是理解诸子"德"观念的重要渠道。

第一章　思想渊源："德"观念的前诸子形态

在前诸子时代，"德"是思想舞台上的无可争议的主角。它的显赫地位首先是源自它在"革命"正当性问题上所拥有的无与伦比的解释效力。到了春秋时期，伴随着社会政治格局的变迁，以及人们思想意识上的某些变化，它的政治解释力开始面临困境。在礼坏乐崩、周"德"日衰的社会情境中，它已经难以继续支撑以往由它为主力而得以证成的政权正当性。此等困境正好为后来诸子尤其是儒道两家改造这一符号提供了契机。根本上而言，"德"之所以遭遇困境乃是源于它所含蕴的工具性思维，后来在儒道两家的反思和重塑中，它褪去了原来的功利性格，以一种新的姿态继续活跃于中国思想的大舞台。也正是在此意义上，从工具到价值的转变也就成为了中国"德"思想的重要分水岭。

在消除"德"之工具性、突显其价值性这一基本方向上，儒道两家是一致的。但两家所推崇的"德"在具体内涵上各有不同，并且两家考虑问题的方式也存在较大的差异。因此作为"德"之改造中最为重要的两家，儒道正好代表了两种既相通又互异的转型思路，构成了"德"之观念史上相互辉映的两道思想风景。对于中国传统思想中的"德"，我们通常是立足于儒家思维进行理解，而事实上，道家所代表的另一种思维同样在影响着传统"德"观念的形成。它潜蕴在人们思想的深处，隐隐地塑造着人们对世界与人生的思考和看法。

第二章 新意域的开创：老子的"德"观念

古代中国的很多思想观念都是以社会政治作为诞生的原初场景，而后陆续延展到其他的方面，从而具有更广泛的意义。"德"观念走过的路程正是如此。在诸子以前，"德"的主要形态是"王德"，虽然到了春秋时期它也经常涉及包括国君、卿大夫在内的其他统治者，但总的来看，政治生活依然是前诸子时期此观念的基本场景。经由诸子的重塑，"德"开始以一副新的面貌出现在晚周的思想舞台。道儒两家是重塑"德"的主要代表，他们在此观念上的思考虽有很多差异，但其间也不乏共同处，其中一个显要的表现即在于，"德"突破了原来的政治藩篱，成为一个具有更广泛意义的道德概念。

两家对于"德"的重塑始于老、孔二子。对待传统孔子表现出更多的延续性，他的重塑和改造往往隐含在对传统的延续当中；而老子则主要是基于价值重估的立场，他是在反思、批判的基础上重建"德"的观念。① 这两种不同的思维方式深刻影响了两家后学关于"德"的思考。与此同时，老、孔的"德"思想也不无相同之处，除了前述的范域扩展这一点，其共同点还在于，他们都剔除了"德"

---

① 孔子对"德"也赋予了很多新内容，但相较而言，孔子所思的"德"和传统以来者表现出更多的连续性。正如王中江先生曾指出的，三代以来那种以宗法为核心、治国安民的"德"后来被孔子所继承，并且增加了新的内容，"德"遂成为世俗伦理的核心观念；对此，道家则是持批判态度，同时又确立起自己的"德"观念（《道家形而上学》，第172—173页）。

观念的工具性思维，明确"德"的价值仅在于其自身。"德"本来即蕴含以自身为价值的意义，但在传统语境中它主要以异化的形态出现；到了老、孔这里，它原本蕴含的价值性才得以充分释放出来。

老子的思想既宏阔深邃，又饱含现实关切。他关注人类自身的问题，但他的目光并没有局限于人类的当下，而是投向于更久远的历史传统、更宏大的宇宙场景。前者表现于他对"执古之道，以御今之有"（《老子》第十四章）的期待，后者则体现于他对世界本根的不断求索。这样的思想风格直接影响着他关于"德"的重塑。在其独特的思维方式中，"德"的观念焕然一新，不仅成为其哲学体系中的一大元素，同时也成为道家后学"德"思想的重要渊源。在本章的讨论中，我们先考察老子"德"观念和周代思想传统的关系，进而区分不同的语境，对"德"的义理构造展开逐层探析。[①]

第一节 "下德"与"上德"："德"的批判与重建

在近年的老学研究中，新出土简帛《老子》是众学者关注的一大热点。自1973年帛书《老子》出土以来，诸种简帛古本的陆续出现让学界获得了重新认识《老子》和老学的极为重要的材料。[②] 不论是在文本方面，还是在思想义理方面，新出土的简帛本都为我们提供了十分丰富的新信息。在此之中，一个备受人们关注的情况是，无论是在马王堆帛书甲本和乙本，还是在北大汉简本，《老子》书都是《德经》在前、《道经》在后的结构，这和通行本上下篇的顺序恰好倒了

[①] 本书关于《老子》的考察以王弼本（王弼注、楼宇烈校释：《老子道德经注校释》，中华书局2008年版）为基本依据。"德"字在王弼本共出现44次，相关言论在楚简本、帛书二本（甲本和乙本）以及汉简本中存在一定的异文。本书将结合这些异文进行研究。如无特别说明，本书所引《老子》文句皆出自王弼本，如据他本，将随文指出。行文中直接示以章数，不再言及书名，简帛诸本的章数从王弼本。

[②] 这些古本包括1973年长沙马王堆出土的帛书《老子》甲、乙本（大概抄写于西汉前期），1993年荆门郭店出土的楚简《老子》（大概抄写于战国中期以前），2009年前后北京大学入藏的汉简《老子》（大概抄写于西汉中期）。

过来。① 这些材料呈现了这样的一个事实：除开上下篇结构不明确的楚简本，目前所知的东汉以前的《老子》版本（包括韩非子所引本、帛书二本、汉简本以及严遵本）都是《德》前、《道》后的结构。虽然目前仍无法断言《老子》文本原先必是《德经》在前，但这些情况至少说明了《老子》原是"德道经"的可能性是相当高的。②

此等情况对于重新把握老子哲学的意义需要引起我们的重视。当我们将《德经》在前的这一可能性极高的情况置放在春秋末年的思想氛围中，尤其是将"上德""下德"之论置放在那一环境里，个中情况就显得颇耐人寻味了。如同前文所论，"德"是西周春秋时期思想文化的主题，以至于我们可以用"德的时代"（郑开先生所言，见前引）来概括这一时期的思想史。这是不是在提示着，老子的"上德不德"之论极有可能是针对思想传统的主题而发，他要在对传统之"德"的批判中重建自己心目中理想的"德"？

由此来看，对周代思想传统的反思和批判很可能是老子哲学的一个出发点，而这种反思和批判又是首先集中在当时思想界的主题上。虽然作为读者的我们已经习惯了以"道"为出发点的理解方式，但从老子哲学及其所处的时代背景来看，其思想的内在理路未必如此。传统以来被用以修饰政权的"德"被老子划归为"下德"，在对这一"下德"的批判中老子要重建他所期许的"上德"；在"以德受命"的主流思想中"德"的一个重要面向即是"天"，而老子以"道"代"天"，重新勘定"德"的来源；在此之中"德"与最高存在的关系也出现了变化，也即，"德"再不是"配天""受命"的工具，而是"得道""体道"的自然而然的结果。

老子对"德"的批判和重建集中见于《德经》首章。此章的相关问题在近年老学研究中受到越来越多的关注，这和简帛《老子》

---

① 楚简本《老子》未有明确的上下篇结构，故也谈不上何者在前。传世文献中，《韩非子·解老》所引以及严遵《老子指归》的篇序和帛书二本、汉简本相同。

② 这里说的是篇序问题，并非说《老子》一书在起初就被称为"德道经"。从目前所知情况来看，帛书《老子》尚未称"经"，汉简本则称"经"（上下两篇被称为"上经"和"下经"）。

第二章 新意域的开创：老子的"德"观念

的推动直接相关。目前来看，大家在此章问题上已作了比较丰富的探讨，提供了许多颇有启发性的思路。但由于此章异文纷纭、义理复杂，其间仍存在一些有待进一步讨论的问题。在何种版本更有可能反映旧貌的问题上，学界尚未取得一致意见；而就其义理内容看，关于"德"和其他概念的内涵，以及此章的思想主旨，仍是有待深入探讨的问题。这些问题不仅事关如何理解老子思想中的"德"，更深入来看，还关乎如何看待老子学说和时代思想环境的关系。在接下来的讨论中，我们先就文本问题作出考论，进而对此章的思想义理展开探讨。

一 《德经》首章的文本问题

在王弼本中此章语句存在一些让人费解之处，在帛书《老子》出土以前就曾引发诸多争议。后来出现的帛书、汉简提供了新的材料，[①] 但学者们在相关问题上仍没有取得一致的看法。在此，我们先回顾一下帛书出土前后学界的讨论情况，继而谈谈笔者在相关问题上的看法。

（一）帛书出土以前的讨论情况

此章在王弼本内容如下：

> 上德不德，是以有德；下德不失德，是以无德。
>
> 上德无为而无以为，下德为之而有以为，上仁为之而无以为，上义为之而有以为，上礼为之而莫之应，则攘臂而扔之。
>
> 故失道而后德，失德而后仁，失仁而后义，失义而后礼。夫礼者，忠信之薄而乱之首。
>
> 前识者，道之华而愚之始。是以大丈夫处其厚，不居其薄；处其实，不居其华。故去彼取此。

此章可分为四节。文本上的问题集中在第二节：一是首句的"无

[①] 此章见于帛书二本、汉简本，不见于楚简本。楚简本未出现，不代表《老子》原无此章。正如学者已指出的，楚简本很可能是一种摘抄本。

以为"在《韩非子·解老》、严遵本和傅弈本中皆作"无不为";二是"下德"句和"上义"句的内容有重复（严遵本、河上本亦然）。这两处问题十分关键，将直接影响到我们对此章思想的理解。

在帛书《老子》出土以前，已有不少研究者留意到这两个问题，并提出相应的处理意见。有的学者主张，"上德"句末三字应作"无不为"，"下德"句中"有以为"的"以"当作"不"字。此说较早由陶鸿庆提出①，后为部分学者所依从。② 以此而论，则此两句应作"上德无为而无不为，下德为之而有不为"，意思是，"上德"者"无为"，结果什么都做到了，而"下德"者虽有所作为，却有许多事做不成。就义理而言，此等处理方式并无明显违背老子思想。然改"以"为"不"的做法并无版本依据，陶先生纯是根据个人理解提出此等意见。

另有学者主张"上德"句末三字当从王弼本，"下德"句的"为之"当是"无为"。马其昶较早提出此说，其论曰："'无为'旧作'为之'，误同'上义'句，傅奕本又误同'上仁'句。注家皆强为之说，皆非是，今为正之。'德'有上下，其'无为'一也。以其'不失德'，故虽无为之中而仍'有以为'。"③ 朱谦之赞同此说，并言及唐代景龙碑本石刻文"下德"后阙文应补"无为"二字。④ 此说后来亦有部分学者依从。⑤ 相比于前者，此论在义理上更优。照此来看，

---

① 陶鸿庆：《读老子札记》，熊铁基、陈红星主编：《老子集成》第十二卷，宗教文化出版社2011年版，第248页。在陶先生之前，俞樾曾主张据《韩非子》和傅弈本将"无以为"改为"无不为"，陶先生立论亦以俞说为据，但俞氏没有提到"有以为"的情况。见俞樾：《诸子平议·老子平议》，中华书局1954年版，第152页。
② 参见马叙伦《老子校诂》，《老子集成》第十二卷，第792页；蒋锡昌《老子校诂》，《老子集成》第十四卷，第616—617页；高亨《老子注译》，清华大学出版社2010年版，第67页；严灵峰《老子达解》，台北：华正书局2008年版，第204页。
③ 马其昶：《老子故》，《老子集成》第十二卷，第443页。
④ 朱谦之：《老子校释》，中华书局1984年版，第150—151页。
⑤ 参见张松如《老子校读》，吉林人民出版社1981年版，第225页；方东美《中国哲学之精神及其发展》，匡钊译，中州古籍出版社2009年版，第93—97页；张岱年《中国哲学大纲》，中国社会科学出版社1982年版，第288页；孙以楷《老子通论》，安徽大学出版社2004年版，第420—421页。

第二章 新意域的开创：老子的"德"观念

第二节的内容依次是"无为而无以为""无为而有以为""为之而无以为""为之而有以为""为之而莫之应"，层次非常鲜明，并且也能够和第三节的"道""德""仁""义""礼"构成直接的对应。但这种观点同样找不到版本依据。朱谦之提到的唐代景龙碑本，"下德"后两字本是阙文，这无法成为依据。①

（二）帛书出土以后的讨论情况

帛书《老子》的出土为重审此章提供了新材料。此章在帛书甲本有部分残缺，兹引文字比较完整的帛书乙本：

> 上德不德，是以有德；下德不失德，是以无德。
> 上德无为而无以为也，上仁为之而无以为也，上德〈义〉②为之而有以为也，上礼为之而莫之应也，则攘臂而乃（扔）之。
> 故失道而后德，失德而句（后）仁，失仁而句（后）义，失义而句（后）礼。夫礼者，忠信之泊（薄）也，而乱之首也。
> 前识者，道之华也，而愚之首也。是以大丈夫居〔其厚而不〕③居其泊（薄），居其实而不居其华。故去罢（彼）而取此。④

据帛乙来看，第二节"上德"句末三字同王弼本，但王弼本的"下德"句在此处并无出现。在此两点上，帛甲亦然。就后一点来看，《韩非子·解老》对此章的解释中也没有出现"下德"句。

帛书《老子》出土以后，不少学者主张此两处当从帛书二本。其中，"下德"句的有无是大家关注的焦点。对此，高明先生曾言道：据帛书甲、乙本分析，德仁义礼四者的差别非常整齐，逻辑意义也很

---

① 奚侗还提出了另一种意见，他认为"无以为"和"有以为"应皆作"无不为"。见氏著《老子集解》，《老子集成》第十三卷，第16页。此说同样不见版本依据，且在义理上亦和老子思想不甚协调。
② 帛书乙本作"德"，应是抄写讹误，据帛书甲本改。
③ 帛书乙本缺此四字，据帛书甲本补。
④ 国家文物局古文献研究室：《马王堆汉墓帛书》（壹），文物出版社1980年版，第89页。

清楚。今本衍"下德"一句，不仅词义重叠，造成内容混乱，而且各本衍文不一，众议纷纭。① 陈鼓应先生赞同此说，在其《老子注译及评介》中乃主张据帛本删去此句。② 刘笑敢先生也认为帛书为优，并指出：帛书本作"上德""上仁""上义""上礼"，排列整齐有序，与下节"失道—失德—失仁—失义—后礼"的顺序若合符节，而传世本加入"下德"一句，与"上德"对偶，却使结构变得不合理，造成文义混乱。③

然而，汉简《老子》的出现让这一问题又变得复杂起来。汉简本此章第二节内容如下：

> 上德无为而无以为，下德□之而无以为，上仁为之而无以为，上义为之而有以为，上礼为之而莫之应，则攘臂而扔之。④

汉简本中"上德"句末三字同帛书二本。"下德"句的缺字，可推定当是"为"字。有别于帛书二本的是，汉简本第二节有"下德"句，但其内容又异于王弼本、河上本和严遵本，乃与傅弈本相同。在王、河、严诸本中"下德"句与"上义"句重复，而在汉简本、傅弈本中"下德"句乃与"上仁"句重复。

汉简《老子》公布以后，也有学者主张"下德"句当从此本。白奚先生为此提供了比较详细的考论。在语句重复的问题上，白先生结合王弼的注文（"凡不能无为而为之者，皆下德也，仁义礼节是也。……极下德之量，上仁是也"），认为"仁""义""礼"之中惟"上仁"能够"极下德之量"，"极下德之量"则与"下德"同"量"，故讨论具体的道德条目以"上仁"为先，这是展开论述的需

---

① 高明：《帛书老子校注》，中华书局1996年版，第3页。
② 陈鼓应：《老子注译及评介》（修订增补本），中华书局2009年版，第207页。
③ 刘笑敢：《老子古今——五种对勘与析评引论》（修订版 上卷），中国社会科学出版社2006年版，第423页。
④ 北京大学出土文献研究所编：《北京大学藏西汉竹书》（贰），上海古籍出版社2012年版，第123页。

第二章 新意域的开创：老子的"德"观念

要，不宜简单地视为重复。①

不过，即便是汉简本出现以后，主张依从帛书《老子》的观点仍有不少。② 此外，也有学者提出在理解此章时仍应从王弼本。③ 就目前研究整体来看，主张依从帛书《老子》的学者是为多数。

（三）笔者的看法

笔者认为，在这两处问题上帛书二本（尤其是文字比较完整的帛书乙本）反映《老子》原貌的可能性更高。在以往所论基础上，笔者打算提出以下说明。

先看第一处问题（第二节"上德"句末三字），作"无不为"的有《解老》、严遵本和傅奕本，而帛书二本、汉简本以及王弼本、河上本皆作"无以为"。"无为而无不为"虽是《老子》的固有说法，④但这无法证明此处必定也作"无不为"；并且，从"下德句"后面所言的"无以为""有以为"⑤来看，"无以为"本也是《老子》固有的一种说法。

第二处问题（第二节"下德"句）显得复杂些，但从中也可看出一条线索，也即，在年代更早的《韩非子·解老》以及帛书二本中，并未出现此句，此后诸本则有此句，其内容或与"上仁"句重复（汉简本、傅奕本），或与"上义"句重复（严遵本、河上本、王弼本）。《解老》未见此句，不排除韩非子进行选解的可能。那么，

---

① 白奚：《西汉竹简本〈老子〉首章"下德为之而无以为"考释》，《哲学研究》2015年第2期。

② 参见袁青《〈老子〉"德经"首章新解》，《学术探索》2014年第9期；王中江解读《老子》，国家图书馆出版社2017年版，第142页；李巍《德治悖论与功利思维——老子"无为"观念的新探讨》，《哲学研究》2018年第12期。

③ 参见周耿《〈老子·三十八章〉"上""上德"探微》，《哲学研究》2017年第5期。

④ 此语见于王弼本第三十七、四十八章。第三十七章的"道常无为而无不为"在帛书二本均作"道恒无名"，第四十八章的"以至于无为，无为而无不为"，不见于帛甲，在帛乙本有阙文。帛书《老子》出土后，一度有人主张《老子》本无"无为而无不为"之言。但后来出土的楚简本证明此语乃《老子》本有。在楚简本，第三十七章该句作"道恒无为也"，第四十八章该句作"以至无为也，无为而无不为"。

⑤ 此二语在上言诸本皆有，包括"上德"句末三字作"无不为"的《解老》、严遵本、傅奕本。

帛书有无漏抄的可能呢？这种几率是极低的。帛书甲本和乙本是抄写于不同时期的两个来源不同的本子，它们同时漏抄一句的可能微乎其微。由此来看，诸本所见"下德"句很可能是后来所增补。白奚先生认为汉简本此处更能反映原貌，并指出王弼本此处经文原本和汉简本相同。白先生指出的情况对于重新认识王弼本非常重要，但即便王弼本此处经文原是同于汉简本，也无法排除汉简本此处已是衍文的可能（当然，始增补者未必是汉简本）。

　　以上对两处异文作了说明，接下来还需考虑另一情况。《韩非子·解老》中不仅没有第二节的"下德"句，也没有第一节的"下德"句。那么会不会第一节本来也没有"下德"句呢？这不是没有可能。但我们认为此处原有"下德"句的可能性更大。一来，《韩非子·解老》对《老子》的解说多是选择性解释，相比于《解老》后面的内容，韩非子对《德经》首章的解释算是比较完整的，但也无法排除对此章仍为选解的可能。另外，此章第三节在《解老》作"失道而后失德，失德而后失仁，失仁而后失义，失义而后失礼。夫礼者，忠信之薄也，而乱之首乎"，一般不会将此看作《老子》之原貌。《解老》之言应有重新肯定"仁""义""礼"的考虑，这种处理或出自韩非，或出自前人（不排除韩非子所见的《老子》即为如此的可能）。以上两种情况都说明，《解老》所引的《老子》文句可作讨论问题之辅证，不宜视作严格意义上的《老子》版本。

二　概念关系和意义结构

　　老子在此章提出了一系列的概念，其哲学中重要的思想符号很多都在这里出现了。这些概念的内涵及其相互之间的关系是理解此章内容的关键。整体上来看，可将四节内容分作两个部分：第一部分即前三节围绕"德"以及"道""仁""义""礼"展开，第二部分即第四节则说到"前识"和取舍问题。接下来我们对这两个部分的概念及其意义结构依次展开解读。

第二章 新意域的开创：老子的"德"观念

（一）前三节的意义结构

若暂不考虑"下德"句的重复问题，那么可将汉简等版本的内容作如下呈现：

第1节	第2节	第3节
上德不德，是以有德	上德无为而无以/不为①	道
下德不失德，是以无德	下德为之而无以为	德
	上仁为之而无以为	仁
	上义为之而有以为	义
	上礼为之而莫之应	礼

图2.1 汉简本、傅弈本此章前三节的意义结构

第1节	第2节	第3节
上德不德，是以有德	上德无为而无以/不为②	道
下德不失德，是以无德	下德为之而有以为③	德
	上仁为之而无以为	仁
	上义为之而有以为	义
	上礼为之而莫之应	礼

图2.2 严遵本、河上本、王弼本此章前三节的意义结构

在这几种版本中诸种概念的对应关系在形式上是比较清楚的。由此来看，第二节若有"下德"句，不仅显得层次鲜明，并且它还可以和后一节形成比较明朗的对应。这可能就是后来增补此句的一个原

---

① 汉简本作"无以为"，傅弈本作"无不为"。
② 河上本、王弼本作"无以为"，严遵本作"无不为"。
③ 结合前引白奚先生的论证来看，王弼本此处旧貌应同汉简本。本文此处是用今传王弼本进行比对。

◇◆◇ 先秦道家"德"观念研究

因。但这样一来，就造成了语句上的重复，而且各本增补不一，导致众议纷纭。

帛书二本最大的不同在于第二节没有"下德"句。关于帛书此章中诸概念的关系，已有学者作出论述。高明先生曾指出，德、仁、义、礼四者的差别非常整齐，逻辑意义也很清楚（见前引高著）。高先生尚未明确论及第二节和前后文的关系，对此刘笑敢先生则指出："上德""上仁""上义""上礼"的排列整齐有序，与下节"失道—失德—失仁—失义—后礼"的顺序若合符节（见前引刘著）。刘先生似是认为"上德""上仁""上义""上礼"对应第三节的"德""仁""义""礼"。后三者的对应当是无碍，但"上德"对应"失道而后德"的"德"却有待商榷。"上德"是老子所推崇的"德"，其地位当对应第三节的"道"；"失道而后德"的"德"则是指第一节出现的"下德"。

要理解帛书此处之义，首先要突破王弼、河上诸本所造成的线性对应的印象，应注意到"下德"和"上仁""上义""上礼"，或者说"德"与"仁""义""礼"，并非构成并列之关系，而是表现为包含之关系。这样的理解更符合春秋时期人们以"仁""义""礼"为德目（"德"的条目，即"德"所包含的内容）的思想。[①] 在通常

[①] 如《左传》僖公十四年有："背施无亲，幸灾不仁，贪爱不祥，怒邻不义。四德皆失，何以守国？"此处将"亲""仁""祥""义"看作四德。又如在《左传》襄公九年的记载中，史官用"仁""礼""义""贞固"此四德来解释《周易·乾卦》的卦辞："体仁足以长人，嘉德足以合礼，利物足以和义，贞固足以干事。……有四德者，随而无咎。"（"嘉德"在《易传·文言》作"嘉会"，义更通）又，在《国语·周语上》的一段言论中，"忠""信""仁""义"被视作四德："德以导诸侯，诸侯必归之，且礼所以观忠、信、仁、义也。"在《国语·楚语下》的一段言论中，"仁""义""礼""孝"等十二者俱被看作德目："明施舍以导之忠，明久长以导之信，明度量以导之义，明等级以导之礼，明恭俭以导之孝，明敬戒以导之事，明慈爱以导之仁，明昭利以导之文，明除害以导之武，明精意以导之罚，明正德以导之赏，明齐肃以耀之临。"需指出的是，这里的"德"兼含德性、德行之义，有时候其德行义更为突出。此外，"礼"可以是与"德"相并列、表示制度规范体系（如前引《国语·周语上》一段），也可以是作为一种德目出现（如上引《左传》襄公九年、《国语·楚语下》两段）。关于春秋时期的德目思想，陈来先生已有深入探讨，可参氏著《古代思想文化的世界——春秋时代的宗教、伦理与社会思想》，第324—360页。

第二章 新意域的开创：老子的"德"观念

印象中，以"仁""义""礼"为德目是儒家提出来的学说。事实上，它在春秋时期已比较流行，儒家是对它有所继承。老子在此章所说的"下德"即是这种包含"仁""义""礼"诸条目的"德"。基于此，我们可对前三节作重新把握：

```
     第1节              第2节                第3节
上德不德，是以有德    上德无为而无以为也        道
                  ┌ 上仁为之而无以为也       ┌ 仁
下德不失德，是以无德─┤ 上义为之而有以为也    德─┤ 义
                  └ 上礼为之而莫之应也       └ 礼
```

图2.3 帛书乙本此章前三节的意义结构

结合此图，我们对前三节作一具体解读。第一节提出"上德"和"下德"的分判，这是全章的纲领。第一句是说，"上德"之人不会以"德"为念，[1]正因如此，所以才具有真正的"德"。第二句是说，"下德"之人总惦记着"不失德"，正是在这样的意念中失去了真正的"德"。一旦以"德"为念，执此动机去行动，最终只能是"无德"。

第二节进一步解说"上德"与"下德"。要理解此节，需注意两点，一是"上"的含义，二是独特的表达方式。首先，"上仁""上义""上礼"的"上"有别于"上德"之"上"，它是指世俗所谓的"上"，其义实为"下"。此三者的共同点在于"为之"——把"仁""义""礼"当对象去"为"，这是它们之所以成为"下德"的根本原因。其次，此间每一句都有一个"配对"（如首句是"无为"和"无以为"），这种表述方式可能会让人认为，"无为""为之"是说

---

[1] 王弼以"上德之人，唯道是用，不德其德"来解释"上德不德"（《老子道德经注校释》，第93页），颇得其义。所谓"不德其德"，也即不以"德"为念，不把"德"当回事。

123

◇◆◇ 先秦道家"德"观念研究

行动表现，而"无以为""有以为"则是说内心的动机。但这种理解既不合乎"无为"之义，① 也难以解释"上仁为之而无以为"的意思。② 关键在于，这几个语词都关乎行为的动机，但它们是就不同方面的动机而言。其中，"无为"和"为之"分别指向"不德"和"不失德"："无为"是指"不德"也即行动中不会以"德"为念，"为之"是指基于"不失德"的意念，把"仁""义""礼"当对象去"为"（总体而论，即是把"德"当对象去"为"）。此二者关涉的是是否把"德"当回事、是否有"为""德"的动机。至于"无以为""有以为"，则指向有没有其他方面的动机。人在行动中除了以"德"为目标，还会出现其他的意图，比如在以"德"为念的同时，又希望通过行"德"实现名利之类的目的。

明乎此，我们可对第二节展开如下解读：第一句是说"上德"之人不会以"德"为念，也没有别的意图；第二句是说"上仁"之人把"仁"当目标去实现，但他还没有产生别的意图；第三句是说，"上义"之人在把"义"当目标以外，还有别的企图；第四句是说，"上礼"之人在其企图无法达成时还通过强硬手段逼迫别人就范（"攘臂而扔之"是说伸出胳膊，强迫别人就范）。

可以看到，此节的义理非常严谨，也非常深刻。老子在此将世人行"德"可能存在的情况总结为四个层次——毫不着意、以"德"为念、别有所图、强迫就范。这不仅是对"德"之问题的深入考察，同时也是对行为动机问题的细致分析。过去研究中（包括帛书出土以后的研究）已有论及这方面的情况，但此间所含的几个层次尚未得到清楚的揭示。关注到这一点，对于理解老子在行动问题上的思想颇为关键。由此也可发现，这一节实际上是对前节的补充和解说。关于"上德"，老子指出它不仅"不德"，而且也没有别的意图，此等"上

---

① 作为一种不妄为、不造作的行动状态，"无为"已包含动机情况，甚至在很大程度上是指向这一点。"无为"不可能是说毫无作为，它所"无"掉的只是那些动机不良的行为。

② 如果说这句是指虽有行为但没有不良动机，那么这恰是"无为"的意思，这样一来此句和前句也就显得没有实质性的差异。

· 124 ·

第二章 新意域的开创：老子的"德"观念

德"纯顺乎本性，毫无做作；关于"下德"，老子按其条目展开解说，将那些"不失德"意念下的"为之"区分为三种情况，这也是"德"的三种异化形态。需继续指出的是，老子在此强调正是"为之"造成了"德"的异化，此等道理在其他地方则被概括成"为者败之，执者失之"（见于第二十九章、第六十四章）。此句在某些简帛本中写作"为之者败之，执之者失之"①，联系本章内容来看，这种表述比通行本更加确切。

接下来看第三节。在此老子以一组价值链对第二节的内容进行概括。"道"与"德"（此谓"下德"）在此构成基本的对立，"德"是"失道"以后的整体状态，此等状态又包含了"仁""义""礼"这三种依次衰退的情形。②老子对"仁""义""礼"显然是持批评态度，其中对"礼"的批评尤为严厉，认为到了"礼"的环节，忠信之德已非常薄弱，这是造成祸乱的罪魁祸首。③

总之，理解前三节的关键在于，要注意到老子在此处对行为动机问题的系统分析，同时也要看到"德"与"仁""义""礼"的包含关系，这更符合春秋时期人们对这些物事及其关系的理解。由此也反映出，老子这里的看法和他对当时的思想形势和社会现象的观察直接相关。当然，要充分把握以上内容，也离不开对此章最后一节的理解。

---

① 第二十九章该句在帛乙、汉简作"为之者败之，执之者失之"，在帛甲作"为者败之，执者失之"，楚简不见此章；第六十四章该句在楚简、帛乙作"为之者败之，执之者失之"，在汉简作"为者败之，执者失之"，帛甲此处有残缺。

② 第三节的叙述容易给人"道""德""仁""义""礼"为五个并列物事的印象。事实上，"仁""义""礼"是"德"的条目，它们是"德"所包含的内容。《老子》的韵文风格容易给某些文句带来理解上的分歧。这里是一处，再比如第五十一章的"道生之，德畜之，物形之，势成之"，也容易让人以为"德"是与"道"并立的另一位生养者。事实上，"德"在此只是表示"道"的一种功能。由于韵文故，"德"也具有了类似于"道"的地位。关于此点，后文将有论及。

③ 这里的"首"不宜解作开始、开端。"德"在"仁"的环节已开始衰败，"礼"乃是最糟糕的环节。

(二) 第四节"前识"的总结

我们来看最后一节在帛书乙本的文句：

前识者，道之华也，而愚之首也。是以大丈夫居〔其厚而不〕居其泊（薄），居其实而不居其华。故去罢（彼）而取此。

所谓"前识"，是指事先预设的某种识见。《韩非子·解老》曰："先物行、先理动之谓前识，前识者，无缘而妄意度也。"这是比较确切的解释。所谓"前"，是指先物而行、先理而动。在事物发生之前即已固存某种意念，并非顺乎事物本身开展行动，这种事先设定的意念也就是"前识"。老子认为，"前识"是偏离"道"的虚华表现，是愚蠢的开始（"首"指始端）。因此，大丈夫要懂得取舍，要处于"厚""实"，去其"薄""华"。所谓"去彼而取此"，其实质也就是提醒人们要去除"前识"，回归"厚""实"的状态。

表面上看，老子在最后一节似乎有点"跑题"，从"德"之上下跑到"前识"问题来了。实质上，这仍然是对"德"之上下的论述。"下德"之所以为"下"，根本原因就在于行动者产生了"不失德"的意念，在此意念下表现出"为之"的做法。这种事先预设的"不失德"的意念正是所谓"前识"。进而言之，在"不失德"意念基础上继续产生的"有以为"（别有所图）则属于另一层次的"前识"。可见，"前识"正是对前文所暗含的动机问题的揭示，同时也是对其间所涉诸种不良动机的一种概括。

老子强调"前识者，道之华也，而愚之首也"，这里的"道之华"呼应第三节的"失道"。"道"之所以失落，其根源正在于"前识"，"失道"以后所出现的每况愈下的异化现象，也都是"前识"所推动，故说"前识"是愚蠢的开始。在其他地方老子还讲过"大道废，有仁义"（第十八章），这可说是对此章内容的一个概括。老子在该章没有对"大道"何以"废"给出说明，联系此章来看，则可知其根源所在。总之，"道"之所以失落，"德"之所以异化，

"仁""义""礼"之所以纷纭出现,在老子看来,这一切皆因"前识"。①

通过上论,可对此章之思想作一整体把握。"上德""下德"之分判是这一章的思想纲领,老子在第一节提出此纲领,随后两节展开层层递进的解说,最后则以"前识"进行总结,指示前述不良物事之根源。整体上来看,此章四节之言说是一个总分总的架构,其内在的理路十分严谨。

三 《德经》首章的思想史意义

老子在此章给出"上德"与"下德"的分判,并基于"道"的原则,对"下德"及其包括的"仁""义""礼"诸物事提出批评。此章的重要性不仅关乎如何理解老子学说本身,同时也涉及如何看待老子学说和时代环境的关系。并且,其间还连带着《老子》文本的篇序问题,这对理解老子学说将会带来怎样的影响,也是一个需要讨论的问题。

(一)对周代思想传统的反思和批判

此章对"德"之上下的区分,对"仁""义""礼"的批评,都容易让人认为这是针对儒家思想提出的主张。如白奚先生曾有言道,此章揭示了道家式的德和儒家式的德的差异,"上德"是道家式的德,"下德"是儒家式的德,以"自然""自发"为特征的道家式的德在价值上要高于以"自觉"为特征的儒家式的德(见前引白文)。袁青也从儒道关系看待这一章,并且将此和篇序问题联系起来。他认为,从目前出土材料来看,《德经》在前的结构更为古老;到了汉代,某些易学家乃将具有反对儒家色彩的《德经》放在《道经》之后(见前引袁文)。

如果我们同意老子是春秋末期和孔子同时代的人物,而《老子》

---

① 老子并非否定"仁""义""礼"本身,而是否定"前识"驱动下的把"仁""义""礼"当对象去"为之"的行为。作为"仁""义""礼"的综合体,"德"之所以会成为"下德",其根源即在于"前识"。

一书的主体内容在春秋战国之际已经形成，那么与其说老子此处是针对儒家思想提出批评，倒不如说这是面向当时的文化环境，尤其是面向西周以来的思想传统进行反思和批判。这里首先要注意一个思想史现象，也即，自西周以来"以德受命"是周人解释"革命"正当性的基本思想，正是在这样的政治意识形态中，"德"拥有着无与伦比的显赫地位，以至于我们可以用"德的时代"来概括西周春秋的思想史。① 其次，还需注意的是，"仁""义""礼"不是儒家所独有的思想，在孔子以前"仁""义""礼"的观念已比较流行，并且它们常常是作为"德"的条目出现。

当我们注意到以上情况，并将此章放回当时的思想环境时将会发现，这里的言论更有可能是面向以"德"为核心的思想传统所提出的新主张。自西周以来，"德"一直是周王室用以解释"革命"正当性的思想工具；随着春秋时期诸侯以及卿大夫地位的上升，"德"也逐渐成为他们用以论证行动合法性的一个依据。② 可以说，在这一传统中"德"主要是一个工具性的存在。老子对"德"给出上下之判，正是要揭露其间的异化现象，以提示它的真实质地。并且，他对"德"之异化的观察还不限于工具化这一层，他还察觉到即便没有把"德"当工具（"无以为"），但只要有了"不失德"的意念（"为之"），那么这也将成为一种异化。由此来看，老子此论的一大宗旨即在于面向传统以来的"德"提出批判，在批判中标示真实的"上德"。如同江山先生曾指出的，老子所做的工作其实是"为德正名"，此前的"德"服务于周人"革命"，老子出来正名、反正。③ 由此也可进一步说老子所做的乃是"为德正实"，他通过对诸种异化的批判揭示出"德"的真实质地。

真实的"德"是合乎"道"的"上德"。当人们在"前识"的

---

① 此语是郑开先生的概括。见氏著《德礼之间——前诸子时期的思想史》，第21页。
② 从老子角度看，如果说周王室以"德"作为"天命所归"的条件是"为之而有以为"的表现，那么诸侯打着"德"的旗号去行攻占侵伐之事则属于"为之而莫之应，则攘臂而扔之"。
③ 江山：《自然神论》，世界宗教博物馆基金会2013年版，第444—445页。

第二章 新意域的开创：老子的"德"观念

驱动下出现各种"为之"现象，这既是"德"的异化，也是"道"的失落。于此之中"道"的意义也显豁出来了。老子要在"德"的异化中向人们指示真朴之状，并告示此等"上德"的根源。此根此源不在"天""帝"，乃在于"周行而不殆"、作为"万物之奥"的"道"。在老子以前，"道"的概念已经出现，但它不具备"万物之奥"的意义；此外，"道"与"德"虽然各自常见，但二者并未发生紧密的关联。在老子哲学中，"道"的意义实现了形上化的突破；[①]并且，在"德"之重造和"道"之突破的双重思考中，这两个思想符号也开始"走"到了一起。虽然《老子》书中尚未出现"道德"一词，但后来此词的出现在很大程度上乃是以老子思想中的"道""德"关系为渊源。[②] 由此而观，"德"之上下的学说不仅事关老子哲学和时代环境的关系，也关乎老子哲学中一种可能的内在理路。在我们习以为常的由"道"而"德"的进路以外，还要看到由"德"而"道"作为另一种进路的可能性。[③]

在儒家方面，其创始人孔子建立自己的学说也离不开当时的思想环境。作为诸子学的两位先导者，老子和孔子有着承上启下的重要地位。西周以来的思想传统是二子共同的文化资源，但他们采用了甚为不同的转化方式。如果说孔子主要是延续传统并加以深化、拓展，进而开辟出新的思想天地，那么老子则是一种价值重估的姿态，他是在对传统的批判和解构中重新建构自己所期许的价值世界。

二子转化方式的差异在"德"的问题上有典型的表现。老子察觉

[①] 关于老子哲学中"道"的突破，参阅王中江《道家形而上学》，第29—36页。

[②] 我们习惯所称的"道德经"是后来对《老子》书的一种称谓。"道德"一词较早见于《庄子》《荀子》等书。此词的出现除了有老子思想这一渊源，也和孔子关于"道""德"的学说有关。在"志于道，据于德，依于仁，游于艺"（《论语·述而》）的言论中，"道"与"德"也"走"到了一起。我们很难说二子在这方面的思想究竟是谁影响了谁，可以确定的是，到了春秋末期，在老、孔思想中"道"与"德"开始结合在一起了。

[③] 关于老子哲学的理解方式，我们已习惯于从"道"到"德"的进路。但从上文的论述中，我们也可看到另一种可能。整体上来看，"德"的重建和"道"的突破可以说是构成老子哲学思想的两大基石。就老子哲学本身言，两种进路的可能性都有。而就研究者来说，则是一个视域选择的问题。相比而言，从"德"到"道"的进路更能反映老子哲学和时代思想环境的关系，也更能彰显老子哲学的现实精神和批判意识。

◇◆◇ 先秦道家"德"观念研究

到"德"的诸种异化,遂以上下之分判,揭示"德"的真朴性,并在"天"之外觅得新的根源。他对传统主要是持着一种重估和批判的立场。但孔子的思考方向大不一样。孔子同样反对"德"的异化,但他没有明判上下,而是在继承传统的同时默默地剔除掉其间的工具性思维。他延续了以"仁""智""勇"等品质为"德"之内容的思想,① 同时又突显"仁"的根本地位。他倡言"崇德""怀德",② 肯定"德"本身的价值,不再把它当作获取某种效益的一种工具。他认定"天生德于予"(《论语·述而》),在此思想中"天"的传统被延续,但具体到"德"与"天"的关系,他的看法较之此前其实大有不同。③ 相比于老子,孔子对传统表现出更多的延续性,即便他又作出了许许多多的改造。在对待传统的态度上,如果说老子走的是"在批判中重建"的路径,那么孔子走的乃是"在延续中改造"的路径。④

当然,老、孔二子的思想在差异性的背后也不无相同之处。就"德"的思想言,二子的一个基本共同点即在于,他们都剔除了此观念的工具性思维,明确"德"的价值只在于其自身。前面我们将老

---

① 《论语·子罕》载:"子曰:'知者不惑,仁者不忧,勇者不惧。'"此处尤能反映孔子对"德目"("德"之内容)的理解。春秋时期人们经常讨论"德目"问题,比如前一小节所述的"德"包含"仁""义""礼"即是一征。"德"包含"仁""智""勇"之品质这种思想在春秋时期也有出现。比如《国语·晋语二》把"仁""智""勇"视作三德,同书《晋语七》把"智""仁""勇""学"看作四德,同书《楚语下》把"信""仁""智""勇""衷""淑"视为六德。关于春秋时期的德目思想,可参阅陈来:《古代思想文化的世界——春秋时代的宗教、伦理与社会思想》,第324—360页。
② 《论语·颜渊》篇记载了孔子和弟子子张、樊迟关于"崇德"的问答。《论语·里仁》载:"子曰:'君子怀德,小人怀土;君子怀刑,小人怀惠。'"《论语·述而》载:"子曰:'德之不修,学之不讲,闻义不能徙,不善不能改,是吾忧也。'"孔子担心人们不修"德",遂倡言"崇德""怀德"。相比而言,老子则多考虑了一层,在他看来,心心念念要修"德"也是"德"的一种异化形式(属"为之而无以为")。在此意义上也可说,老子此论对孔子思想客观上构成一种"补充"。
③ 此前是以"德"求取"天"的认可和任命,而孔子这里则强调"天"是"德"的根源,"德"本身不是求取其他目的的工具。另需指出的是,孔子这里"德"与"道"虽出现联系,但二者是并列的,"道"并没有被视作"德"的根源。
④ 这是就二子的整体风格而言,不意味着孔子没有批判意识,也不代表老子对传统没有延续。

第二章 新意域的开创：老子的"德"观念

子在"德"观念上的重建看作"为德正实"，实际上孔子以不同的方式也参与了这项工作。"德"本来即蕴含以自身为价值的意义，但在传统语境中它主要以异化的形态出现；到了老、孔这里，它原本蕴含的价值性才得以充分释放出来。

总言之，在此章的思想主旨上，我们更倾向于认为它是面向周代思想传统的一种反思和批判。西周以来的思想传统是孔老二子所共同依赖的文化资源，但他们采用了甚为不同的转化方式，甚至在某些问题上还表现出相反的倾向，所以客观上也就造成了孔老对立或儒道对立的结果。正因如此，大家才会常说某某问题上老子是针对孔子或儒家的思想提出批评。老子确实深有批判意识，但确切而言，他所面向的却不是儒家学说。

（二）篇序问题

关于《老子》的篇序问题，就目前所知材料来看，除开上下篇结构不明确的楚简本[1]，东汉以前的《老子》书都是《德》前、《道》后的结构[2]，这说明《老子》一书原为"德道经"的可能性是相当高的。但在目前条件下，我们还无法断言《老子》原先必是《德经》在前，也难以断定"道德经"的成型必出自儒者之手。

进而言之，不管《老子》篇序如何，其实都无改于此上所论的老子学说和思想传统的关系，只是《德经》在前的结构更能够提醒我

---

[1] 抄写于战国前期的楚简《老子》没有出现明确的分篇。有学者据其文段顺序认为楚简本似有"道"先"德"后的雏形（参见李零《郭店楚简校读记》增订本，第3—4页）。不过也有学者认为，上篇讲治国之方而下篇讲道论，似有"德"先"道"后的次序（参见刘黛《郭店楚简、马王堆帛书、王弼本〈老子〉版本比较与分析》，硕士学位论文，北京大学，2008年，第50—54页）。

[2] 目前已知的东汉以前的《老子》版本，包括韩非子所见、帛书二本、汉简本以及严遵本，都是《德》先、《道》后的结构。《韩非子》中《解老》《喻老》两篇皆体现《德》先、《道》后的顺序。现存最早的《老子》注本——严遵的《老子指归》——和帛书、汉简一样，也是《德经》在前。关于这方面的研究，可参韩巍《北京大学藏西汉竹书本〈老子〉的文献学价值》，《中国哲学史》2010年第4期；丁四新《早期〈老子〉文本的演变、成型与定型——以出土简帛本为依据》，《中州学刊》2014年第10期；丁四新《论刘向本（通行本）〈老子〉篇章数的裁划依据》，《哲学研究》2014年第12期；王博《思想史视野中的〈老子〉文本变迁》，《中国哲学史》2015年第4期。

们注意到这一点。具体到《德经》首章来看，不管它出现在哪一章，其实都可以提示我们发现老子对传统的反思和批判，但当它作为首章出现时，它的提示力将显得更大。此外，就老子哲学的内在理路言，篇章的次序也无改于前面所说的两种可能。《道经》在前不能说明老子的思考必是从"道"出发，而《德经》在前也不能说明其思考必是由"德"开展。篇章的次序和思想的逻辑没有必然关系。但也类似前项情况，"上德不德"作为开篇的文本更能够提示我们发现老子哲学中可能存在的另一种理路。①

　　关于老子思想的渊源，一直是老学研究中比较缺乏的环节。曹峰先生曾指出，《老子》书中似乎是有意避免那些可能泄露时代信息的语词，这给我们对其时代背景和思想渊源的研究带来了困难。②曹先生此论有两个关键处有待注意。其一，《老子》中确实罕见带有时代信息的语词，这一现象似乎在透露其学说的一个旨趣——其间的批判也好，重建也好，都不单单是针对他所处的时代。"下德"在任何时代、任何地方都有可能出现，而"上德"也适用于任一时空。老子的反思和批判首先是针对当时的问题，但个中意义又不限于那个时代。

　　其二，关于老子思想渊源的研究虽有难度，但也不是无法开展。正如曹先生在提出此问题以后，乃从周代的政治体制中探寻到影响老子思想的各种因素。此前也有学者论及这方面的情况，比如王博先生从老子的史官身份考察其学说和周代思想的关系，③王中江先生通过《老子》和《金人铭》、黄帝言的关系来探寻老子思想

---

① 篇章的次序和思想的逻辑虽无必然关系，但不同的文本结构会给读者带来不同的印象。当我们打开《老子》这本书，首先映入眼帘的不是"道可道，非常道；名可名，非常名"这一玄奥之语句，而是"上德不德，是以有德；下德不失德，是以无德"这一饶有现实感的文辞，感觉确实不一样。

② 曹峰先生的观点尚未正式发表，可参李秀伟《"老子思想与周王朝政体"学术座谈会在京举行》，《中国社会科学网》2021年4月25日。

③ 王博：《老子思想的史官特色》，台北：文津出版社1993年版，第1—188页。

第二章 新意域的开创：老子的"德"观念

的某些来源,[①] 而在此之外，比较多见的是围绕"道"义演变来考察老子学说的部分渊源。在此问题上笔者想指出的是，我们应重视老子学说和周代以"德"为核心的思想传统的关系，老子的现实精神和批判意识在此可得到集中的体现。这种判断和《老子》篇序没有必然关系，但"上德不德"作为开篇让人更容易联想到老子所处的乃是一个"德的时代"。

就《老子》的单章研究而言，通行本第一章无疑是最受关注的。这其实在暗示着我们理解老子哲学的某种进路。随着帛书和汉简《老子》的出现，《德经》首章也得到了越来越多的关注，它在老子哲学中的重要性也越发彰显出来。围绕此章的文本和义理问题，本文结合新近研究展开了进一步的探讨。总的来看，可得出以下一些认识。其一，综考简帛本和传世主要版本可知，帛书此章（尤其是文字比较完整的帛书乙本）反映《老子》旧貌的可能性更大。其二，此章内容整体上是一个总分总的架构，层次比较分明，思路比较严谨：先提出"上德"与"下德"这一纲领，随后两节展开层层递进的解说，最后则以"前识"作结，指示诸种不良物事之根源。其三，此章备受争议的一个问题是第二节有无"下德"句，不少学者主张宜从帛书，但如何理解此节之义，还是一个有待再探讨的问题。对此笔者提出，老子这里是将世人行"德"可能存在的情况提炼为四个层次——毫不着意、以"德"为念、别有所图、强迫就范。最后，此章在深层处还关乎老子哲学和周代思想传统的关系。老子言论富含批判意识，但其所面向的应该不是儒家学说，而是西周以来以"德"为核心的思想传统。当我们将此章内容放回当时的思想环境，老子哲学的现实精神和批判意识将会更加强烈地展现在我们面前。他的反思和批判虽是源于当时的环境，但其意义绝不限于那个时代。

到此为止，我们对老子"德"观念的性格及其和传统的关系已有了基本印象。接下来，我们将考察"德"的各种具体面相。老子在

[①] 王中江：《老子的学说与〈金人铭〉和黄帝记忆》，收入《根源、制度和秩序——从老子到黄老》，中国人民大学出版社2018年版，第54—100页。

《德经》首章开宗明义地提出"上德",某种意义上,其他关于"德"的言说都是这一"上德"思想的展开。在老子看来,代表"德"之真实质地的"上德"不仅体现于人世社会,还表现于更加宏大的宇宙自然场景。可以说,后者是前者的宇宙论依据,而前者则是后者在人世间的一个具体表现。

这里涉及不同语境间"德"的内在联系。综合考察其语境可知主要包括三种类型,分别是宇宙场景中道、物之间的"德",心性维度中道、人之间的"德",政治领域中王、民之间的"德"。如果说第一和第三种体现着老子宇宙论和政治哲学的内在关系,那么第二种则关乎人如何成德觉道的问题。接下来,我们将围绕这三种语境对"德"的义涵和角色展开具体讨论。

第二节 思域的扩展:道、物之间的"德"

就"德"的思想场景言,老子这里的一个重要变化是它出现在"道"与万物的宇宙论中。在老子以前虽然人们有时也将"德"归为"天"的表现,[①] 但这些言论并没有明确表现为一种宇宙论。在老子思想中,"德"的一个紧要意义即发生在宇宙论当中,也正因"德"的加入,其宇宙论兼具了双重义涵,也即,其论不仅关乎宇宙万物何以来、何以在的问题,同时也体现着老子对社会人文问题的关切。

一 道之"玄德":道生养万物的大功德

道、物之间的"德"集中见于《老子》第五十一章:

> 道生之,德畜之,物形之,势成之。是以万物莫不尊道而贵德。道之尊,德之贵,夫莫之命而常自然。故道生之,德畜之:

[①] 如《书·周书·吕刑》的"惟克天德,自作元命"、《诗·小雅·雨无正》的"浩浩昊天,不骏其德"等说法。详见前诸子一章第二节。

第二章　新意域的开创：老子的"德"观念

长之，育之，亭之，毒之，养之，覆之。生而不有，为而不恃，长而不宰，是谓玄德。

此章主要讲"道""德"与万物的关系。"德"在此间指涉什么、扮演怎样的角色，是我们需要探讨的主要问题。从表述上看，此章末句以前都是"道""德"并列出现，而末句只是提到了"德"。如果说末句隐含的主语是"道"，那么也就意味着此章所见"道""德"之关系并非完全一致。并且，末句还有一特别处，前面的"德"都是单独出现，而此处则用"玄"加以形容。这对于理解老子的"德"思想殊为关键。因此我们将从"玄德"切入，对"德"的义涵和角色作出考察。

(一) 后半章的文本问题

就此章末句看，其间应隐含了"道"这一主语。但再往前看，"长之，育之，亭之，毒之，养之，覆之"的主语却不甚明朗。研究史上对此有不同的看法：或以主语为"道""德"，将这些行为看作"道""德"的共同作用；[1] 或以主语为"道"，将这些行为仅视为"道"的作用。[2]

在帛书二本以及汉简本中，此处"畜之"前并无"德"字（楚简本不见此章），此情况有助于明确"长之"等动作的主语。我们看帛书甲本后半章：

---

[1] 如释德清解此句为"道""德"成始成终，万物皆赖之以生长（《道德经解》，华东师范大学出版社2009年版，第105—106页）。现代学者中也不乏注家按此作解，可参蒋锡昌《老子校诂》，商务印书馆1937年版，第319页；张默生《老子章句新释》，济东印书社1948年版，第66—67页；严灵峰《老子达解》，台北：华正书局2008年版，第263—264页。

[2] 如严遵解为"天地人物，含心包核，有类之属，得道以生而道不有其德"（《老子指归》，中华书局1994年版，第46页），河上公解为"道之于万物，非但生之而已，乃复长养、成孰、覆育，全其性命。……道之所行恩德，玄阂不可得见"（《老子道德经河上公章句》，中华书局1993年版，第197页），王弼解作"有阂德而不知其主也，出乎幽冥，是以谓之玄德也"（《老子道德经注校释》，第137页）。

道生之，畜之，长之，遂之，亭之，〔毒〕之，〔养之，覆之。生而〕①弗有也，为而弗寺（恃）也，长而弗宰也，此之谓玄德。

据帛甲来看，后半章主语皆为"道"，语句表述一气呵成。此外，帛甲还提供了一个重要信息——"道生之"前有一分章点（帛书乙本和汉简本均无），说明第五十一章起初可能是作为两章出现，后来由于内容相近被合为一章。②

帛书和汉简在此处的情况引起了大家的重视。已有学者指出，通行本"畜之"前的"德"字应是后来增补，此举是为了和本章首句的"德畜之"相呼应，但由此却带来文义的歧变。③笔者赞成这一看法。除了帛书、汉简所见，我们还可提供两个证据。一则，严遵、河上公和王弼等注家对后半章的注解（见前引），在主语的理解上虽不合乎诸本之经文，但显然符合简帛诸本，说明这些注家当初所见文本应无此"德"字。二则，传世本中亦有"畜之"前无"德"字的版本。④因为几种常见的传世本皆有此"德"字，所以我们往往会认为那些版本乃漏抄一字。而今结合简帛诸本可知，恰恰是那些无此"德"字的版本保留了《老子》古貌。

（二）"德"的含义

明确文本以后，我们接着考察此处的义理。依帛甲来看，此部分

---

① 帛甲有部分残缺，据帛乙补。

② 据此，我们不妨对第五十一章前后两部分作适当分开的讨论。这不仅考虑到此章的现今可见最早本有一个分章点，同时也考虑到后半章的文义相对更明确些，由此切入更便于讨论。

③ 相关讨论可参见刘笑敢《老子古今——五种对勘与析评引论（修订版）》，第530—531页；郑良树《老子新论》，上海古籍出版社2011年版，第194—196页；何晋《读北大简〈老子〉札记一则》，《简帛〈老子〉与道家思想"国际学术研讨会论文集》2013年10月，第15页。

④ 如成玄英的《道德经义疏》、苏辙的《老子解》、范应元的《老子道德经古本集注》、焦竑的《老子翼》、释德清的《道德经解》、王夫之的《老子衍》等。据朱谦之《老子校释》（中华书局1984年版，第204页），武内义雄所见敦煌本"畜之"前亦无"德"字。

第二章 新意域的开创：老子的"德"观念

先是用一连串的动词陈述"道"生养万物的作用，[①] 进而又指出"道"在生养万物的同时又不会占有或控制万物（"弗有""弗宰"），也不会自恃有功（"弗寺"，"寺"通"恃"）。也即，"道"之于万物的生养长成乃是一种具有两面性的作用：一方面，"生之，畜之……"意味着"道"持续不断地为万物提供各种养源和条件，使之发展成长；另一方面，"道"不会干涉万物，而是以"无为"的态度顺任万物，让其自发活动、自主发展。将这两方面的作用结合起来，便是末句所说的"生而弗有也，为而弗恃也，长而弗宰也"。

关于"道"的这种作用，老子在其他地方有类似表述。如第三十四章有言：

> 大道氾兮，其可左右。万物恃之而生而不辞，功成不名有，衣养万物而不为主。常无欲，可名于小；万物归焉而不为主，可名为大。以其终不自为大，故能成其大。

所谓"万物恃之而生而不辞""功成不名有"，是说"道"生养万物却不会以此居功炫耀（辞指言辞），这正与第五十一章的"为而弗恃"相呼应；而后文的"衣养万物而不为主""万物归焉而不为主"则与"生而弗有""长而弗宰"相通。

如此说来，所谓"德"，其实是指"道"的一种功能，具体来说便是"道"之于万物的具有两面性的作用。老子在他处也有阐述"道"的此等作用，但在此章中则将这种作用概称为"玄德"。进而言之，老子以"德"称谓"道"之功能也和前者的恩惠之义有关。在这一点上，河上公对"德"的解释（"道之所行恩德"，见前文所引）殊值注意。孟旦则从观念史角度指出老子所言"德"和恩惠之"德"的关系。他认为"德"在道家思想中的意义与早期"德"义是分不开的，"德"表示"道"生成万物与"德"在早期表示恩惠行为

[①] 其中的"亭"指调节，"毒"通"督"，指安定。"亭""毒"之解多有分歧，笔者赞同王中江先生的解释。见王中江解读《老子》，第181页。

有关。①

如上所述，"德"在早初即有恩惠、恩德之义。此义在《老子》中多有表现，如第六十章的"夫两不相伤，故德交归焉"、第六十三章的"报怨以德"等。不过，老子对"德"之恩惠义的使用并没有停留在人与人之间的关系或神与人的关系上，而是将恩惠的施受双方加以转化，从人伦语境或宗教语境转移到宇宙自然之场景，用以表示"道"之于万物的恩惠。对于万物而言，"道"的这些作用乃是一种决定其存在并促成其发展的根本性恩惠。在"道"之于万物的两面性功能中，无论从哪一方面来看，都是对万物的一种恩德："生""为""长"固然是一种恩泽，而"弗有""弗恃""弗宰"也是一种恩德。第四十一章有言："夫唯道，善贷且成。""贷"是指施与，"善贷且成"是说道施恩惠于万物而成就了万物。正是在"道"的恩泽之中，万物才具有了养源富足而又充分自由的存在与发展。在此意义上，我们可将"德"概括为"道"之于万物的生养功德。

（三）"玄"之三义

从词源上看，"玄德"一词似乎并不是老子的"发明"，它在《书·虞书·舜典》已有出现："曰若稽古，帝舜，曰重华，协于帝。濬哲文明，温恭允塞，玄德升闻，乃命以位。"不过，这段话的可靠性是值得怀疑的。据孔颖达所言，《舜典》是从原来的《尧典》析分而来，而后又据姚方兴于大航头所得孔氏传古文，增补"曰若"等二十八字。②此廿八字所源的孔氏传古文是否为真古文，已难以确知；且中间又有波折，至隋开皇年间重新购求而得。由此来看，"玄德"一词出自《舜典》殊为可疑，我们认为"玄德"作为一个义理术语

---

① [美]孟旦：《早期中国"人"的观念》，丁栋、张兴东译，第138页。
② 孔颖达曰："昔东晋之初，豫章内史梅赜上孔氏传，犹阙《舜典》。自此'乃命以位'已上二十八字，世所不传。多用王、范之注补之，而皆以'慎徽'已下为《舜典》之初。至齐萧鸾建武四年，吴兴姚方兴于大航头得孔氏传古文《舜典》，亦类太康中书，乃表上之。事未施行，方兴以罪致戮。至隋开皇初购求遗典，始得之。"见孔安国传、孔颖达疏《尚书正义》，北京大学出版社1999年版，第51页。

第二章 新意域的开创：老子的"德"观念

应是老子之首创。①

那么，老子在言说"道"之"德"时，为何要以"玄"来描述它呢？这是把握"玄德"深意的另一重要问题。"玄"是老子言论中经常出现且颇具"老子特色"的语词。它的本义是黑而有赤色，②引申指深奥、玄妙等。在老子的使用中"玄"具有玄妙、深奥之义，已为我们所共知。③它之所以玄妙、深奥，乃在于它所指向的情况往往是人沉迷世俗之时所难以发现的。由此而观，老子所说的"玄"也带有黑或黑暗之义。这里的黑暗不是负面的，而是"正言若反"（第七十八章）。世人沉迷于欲望和俗智，往往颠倒是非黑白，表面上指涉黑暗的"玄"其实正指向光明，所谓"明道若昧"（第四十一章），其义正在于此。郑开先生洞察到，儒家继承了早初的"明德"观念，而道家从老子起则提出与之针锋相对的"玄德"。④"玄"的黑暗之义在"玄"与"明"的相对中尤为明显。除玄妙义、黑暗义以外，"玄"也和"损"密切相关。在这一点上曹峰先生曾指出，"玄之又玄"和"损之又损"是两个意义相近的表述，"玄"其实也含有减损、否定之义。⑤

如此说来，"玄"在老子思想中含摄幽暗、减损和玄妙这三层意味，在不同的语境中此三义显现的程度有所不同，但不影响"玄"在整体上的意义构造。具体到"玄德"来看，"玄"之三义有不同程度的体现。"玄"之减损义体现在"弗有""弗恃""弗宰"上。对

---

① 关于此上情况，郑开先生已有考述，参见《玄德论——关于老子政治哲学和伦理学的解读与阐释》，《商丘师范学院学报》2013年第1期。
② 《说文·玄部》云："幽远也，黑而有赤色者为玄，象幽而入覆之也。"
③ "玄"在老子言论中一般用作形容词，用以描述事物的玄妙、深奥。除"玄德"外，还用以描述其他，如第一章"玄之又玄，众妙之门"、第六章"玄牝"、第十章"玄览"、第十五章"微妙玄通，深不可识"、第五十六章"玄同"等。
④ 郑开：《玄德论——关于老子政治哲学和伦理学的解读与阐释》，《商丘师范学院学报》2013年第1期。
⑤ 第一章的"玄之又玄"在汉简本作"玄之又玄之"，曹峰先生认为这里的"玄"应解为动词，"玄之又玄之"和"损之又损之"相类似，均谓一种否定式的工夫（《"玄之又玄之"和"损之又损之"——北大汉简〈老子〉研究的一个问题》，《中国哲学史》2013年第3期）。从《老子》书中"玄"的用法来看，"玄"一般用作形容词。不过，曹先生的发现仍给我们重要的启发，"玄"字确有减损和否定义。若结合形容词的用法来说，那么，"玄"的这一层意义是指减损过的或否定过的。

此，王邦雄先生已有论及："玄德"的"玄"与前面的"不"字很相关，"不有""不恃""不宰"才能真正地完成"生""为""长"。①因其"弗有""弗恃""弗宰"，所以"道"生养万物之功能也就变得深微难见、幽暗不明。王弼注"玄"为"出乎幽冥"，河上公则解为"玄阖不可得见"，葛瑞汉（Angus C. Graham）将"玄德"译作"dark potency"，②均可揭示"玄"的黑暗之义。然则，此黑暗并非真黑暗，而是"明道若昧"（第四十一章）。正是此等"玄妙"之大用，为世间万物的存在与发展提供了根本性的力量。

以上是基于老子哲学内部而言，如果联系当时的思想环境来看，之所以用"玄"描述"德"，也和老子对思想传统的批判直接相关。郑开先生洞察到儒道两家言"德"之特色：前者倡言"明德"，但绝口不言"玄德"，似乎是针锋相对，老庄倡言"玄德"，却只字不提"明德"（出处见前引）。郑先生此见殊为紧要，"玄""明"之对照颇能反映老子以"玄"描述"德"的一个深意。不过，老子此论所面向的应该不是儒家，而是西周以来"德"的思想传统。正如第一节所论述的，老、孔二子对待传统的态度甚有不同，相比于老子以批判和重建为基调，孔子则表现出更多的延续性。在这一点上，"玄德"类似于"上德"，同样是老子面向周代思想传统展开批判和重建的产物。只不过，他的批判意识在"玄德"这里变得更加隐晦了。

二 "德畜之"与"德"义再论

前面探讨了"玄德"的义涵，接下来考察前半章"德"的意味。从叙述上看，"德"在此间的表现和后半章有所不同，它一直和"道"相并立，作为"生""畜"万物的根源，"道"与"德"受到了万物的普遍尊崇。那么，"德"在此间究竟意谓什么呢？它和"玄

---

① 王先生此论是就通行本而言。见氏著《老子〈道德经〉的现代解读》，第191—192页。

② Angus C. Graham, *Disputers of the Tao: Philosophical Argument in Ancient China*. La Salle: Open Court Publishing Company, 1989, p. 232.

第二章 新意域的开创：老子的"德"观念

德"到底有什么关系呢？这是接下来需要探讨的问题。

（一）关于"德"的几种解释

相比于"玄德"，前半章的"德"更有歧义性，老学史上有几种不同的解释。

一是从"道"的角度解释"德"，将"德"视作"道"之功能。如《韩非子·解老》曰："道有积而积有功，德者道之功。"[①] 苏辙注曰："道者，万物之母。故生万物者，道也。及其运而为德，牧养群众而不辞。故畜养万物者，德也。"[②]"及其运而为德"意谓"德"是"道"运行的表现。现代研究中有不少学者作此解释[③]，英语世界的一些学者将这里的"德"译为"the power of Tao""the potency of Tao"或"the efficacy of Dao"，[④] 也是基于此等理解。这种观点更关注此章前后之间的关联，所解"德"义能够和"玄德"保持一致。

---

① 王先慎集解本"积有功"作"德有功"。顾广圻曰："德当作积。"据改。见王先慎：《韩非子集解》，中华书局1998年版，第133页。
② 苏辙：《道德真经注》，《老子集成》第三卷，第21页。
③ 高亨解此"德"为"道的性能"（《老子注译》，清华大学出版社2010年版，第84页）。严灵峰颇为关注老子思想中"德"作为"道之用"的意义，针对这里的"德畜之"，严先生指出：德何以能畜，因为德是道之用（《老庄研究》，第88页）。刘笑敢解此"德"为道之功能的体现与保证，认为"道生之，德畜之"都是指"道"生成万物的功能与作用（《老子古今》上册，第533—535页）。牟复礼（Frederick W. Mote）则指出，这里的"德"意味着"道"养育万物的一种活动（《中国思想之渊源》，第75页）。池田知久依据帛书本的"道生之而德畜之"做出这样的诠释：根源性、本体性的"道"使万物得以存在，而机能性的"德"使万物得以生长（《池田知久简帛研究论集》，曹峰译，中华书局2006年版，第16—17页）。在后来的著作中，池田先生更直接地指出：终极根源之本体"道"使万物得以存在，而其机能"德"则使万物得以生长（《道家思想的新研究——以〈庄子〉为中心》，第244—245页）。在别的地方，他也强调"道"是世界的终极性本源，而"德"则是"道"之作用的表现（《郭店楚简老子的新研究》，东京：汲古書院，2011年，第391页）。
④ 如韦利（Arthur Waley）、巴姆（Archie J. Bahm）等人将"德"译为"the power of Tao"，意即"道"表现出来的一种力量。详见 Arthur Waley. *The Way and Its Power: A Study of the Tao tê Ching and Its Place in Chinese Thought*. New York: Grove Press, 1958, p. 205; Archie J. Bahm. *Tao teh king*. Albuquerque: World Books, 1986, pp. 86-89。此外，葛瑞汉（Angus C. Graham）把"德"译作"the potency of Tao"，意指"道"的一种效能。详见 Angus C. Graham. *Disputers of the Tao: Philosophical Argument in Ancient China*. La Salle: Open Court Publishing Company, 1989, p. 218。梅勒（Hans-Georg Moeller）则将这里的"德"译为"the efficacy of Dao"，意即"道"所具有的一种功效。详见 Hans-Georg Moeller. *The Philosophy of the Daodejing*. New York: Columbia University Press, 2006, pp. 49-50。总的来看，这三种译语虽然有别，但在词义上相差不远。

二是从万物的角度解释"德",将其看作万物内在的属性。如王弼注即作此解:"道者,物之所由也;德者,物之所得也。由之乃得,故曰不得不失,尊之则害,不得不贵也。"① 王弼虽未言"德"即属性,但其解释方向和前述者甚为不同。简要来说,前一类是将"德"的主体归为"道",而王弼则将其主体归为"物"。现代研究中,依从此解的学者较之前类显得更多。② 此解从"物"的角度展开,同时

---

① 王弼撰、楼宇烈校释:《老子道德经注校释》,第137页。
② 冯友兰在《中国哲学史》(华东师范大学出版社2000年版,第137页)指出,道是指万物所以生之总原理,德是指一物所以生之原理;在《中国哲学史新编试稿》(河南人民出版2001年版,第254页)冯先生则明确言道这里的"德"是指事物的本性,他对"德畜之"的解释是,万物被生出来以后,各自得到了自己的本性,依靠自己的本性以维持自己的存在。张岱年认为,德是分,道是全,一物所得于道以成其体者为德,德实即一物之本性(《中国哲学大纲》,第23—24页)。徐复观的解释是,道内在于各物之中而为各物之德,亦等于各物之性;此外徐先生还指出,《老子》书中无"性"字,然其所谓"德",实即"性"(《中国人性论史》,第205、253页)。汤一介认为,这里的"道"是指天地万物存在的原则,它是超越于天地万物的,而"德"则是指天地万物存在的根基,它是天地万物的内在本质(《儒道释与内在超越问题》,第15—16页)。陈鼓应认为,这里的"德"意味着"道"生成万物之后又内在于万物,成为万物各自的本性(《老子注译及评介》修订增补本,中华书局2009年版,第357—358页)。杨国荣认为,所谓"德"意味着有得于道,由道而得到了具体规定,所谓"德畜之",意即得之于道的具体规定构成了事物生成的潜能(《庄子的思想世界》,第179页)。王博的看法是,"德"不同于"道",它是一个表示"属性"的范畴(《老子思想的史官特色》,第228—229页);在其他论著中王先生又指出,《老子》书中未见"性"字,但所言的"德"在一定程度上承当了"性"的意义(《老子"自然"观念的初步形成》,《中国哲学史》1995年第3—4期合刊)。郑开指出,老子在此处提供了道物关系的另一种模式,也即,第四十二章的"道生一"之论是宇宙论的模式,而第五十一章的"道生之,德畜之"之论乃是心性论的模式,这里的"德"是指含摄"道"之本质的"性之性"(《试论老庄哲学中的"德":几个问题的新思考》,《湖南大学学报》(社会科学版)2016年第4期;《道家形而上学研究》增订版,第377—383页)。张松辉认为,"道"是使万物得以产生的规律,"德"是使万物得以畜养的本性(《老子研究》,人民出版社2009年版,第79页)。白奚认为,这个"德"就是存在于万物之中的"道",它是万物存在的内在根据(《从"辅万物之自然"到"无以人灭天"——道家对人类中心观念的反思》,《诸子学刊》2012年总第七辑)。安乐哲将这里的"德"解释为事物独特性的展露 ("when disclosing its uniqueness and difference, it is apprehended as a particular te")、作为事物当中道之一方面的个体性原理 ("in discriminating one aspect and constituting one perspective on tao, te can be understood as a principium")。见 Roger T. Ames. "Putting the Te back into Taoism." in J. Baird Callicott, and Roger T. Ames, eds. *Nature in Asian Traditions of Thought: Essays in Environmental Philosophy*. Albany: State University of New York Press, 1989, pp. 113 - 143。在安乐哲与郝大维 (David L. Hall) 合作的专著中,这里的"德"被译为事物的特殊性能 (their particular efficacy)。详见 Roger T. Ames, and David L. Hall. *Dao de Jing: Making This Life Significant: A Philosophical Translation*, New York: The Ballantine Publishing Group, 2003, p. 156。韩国学者李顺连针对"道生之,德畜之"指出,"道"是天地万物的本原,而"德"则是天地万物禀自于"道"的自然之性(《道论》,华中师范大学出版社2003年版,第15页)。

第二章　新意域的开创：老子的"德"观念

基于"德者得也"这一点，将"德"看作"物"得自于"道"的属性。

第三种解释更关注"德"的独立地位，它没有把"德"归为"道"的功能，也没有把"德"视作万物的属性。如《文子·道德》曰："物生者道也，长者德也。"这是对老子"道生之，德畜之"思想的一个延续，我们也可将其视作对老子此论的一种解释。又如在《老子河上公注》中，"道生之，德畜之"被解释为"道生万物；德，一也，一主布气而畜养"。① 这里解"德"为"一"，应是结合了《老子》第四十二章的"道生一"之论，从而将"德"看作万物生成过程中后于"道"的"一"。现代研究中也有学者持类似之见，虽然其解释与上述者并非完全一样。②

（二）文本考论与"德"义再释

以上诸解是基于通行本立论。③ 我们在阐释"德"义之前，先结合简帛本看看此处的文本情况。前面考论后半章时用的是帛书甲本，这里也先来看帛甲：

> 道生之而德畜之，物刑（形）之而器成之。是以万物莫（尊）道而贵〔德，道〕④之莫（尊），德之贵也，夫莫之叶（爵）而恒自然也。

---

① 王卡点校：《老子道德经河上公章句》，第196页。
② 王中江提出，这里的"德"具有"形上化"的特点："德"畜养、滋养、养育万物，参与到万物的生命中，为万物提供了条件和活力，成就事物（《道家形而上学》，第175页）。在后来的研究中王先生延续了这种思路，认为"德畜之"具有养育万物之外的意思，体现了"德"对于万物的重要作用（《早期道家的"德性论"和"人情论"——从老子到庄子和黄老》，《江南大学学报》（人文社会科学版）2012年第4期）；此外还论及，如果说"道"是最高的养护者，那么"德"就是具有辅助角色的养育者（《出土文献与先秦自然宇宙观重审》，《中国社会科学》2013年第5期）。不过，在最近的研究中王先生则直接将"德"看作"道"的美德（王中江解读：《老子》，第180页）。曹峰提出，老子生成论包括生和成两个序列，一个是"道生之"，一个是"德畜之"；"道"和"德"在生成论中分别担当着不同的角色，发挥着不同的功能（《〈老子〉生成论的两条序列》，《文史哲》2017年第6期）。
③ 虽有一些观点是在帛书《老子》出土以后提出，但其论述是基于通行本的。
④ 帛甲此二字残缺，据帛乙补。

先秦道家"德"观念研究

首需注意的是,开头第二小句有一"德"字,这有别于后半章的"道生之,畜之"。帛乙和汉简在此处亦然。再结合诸传世本来看,可断定此处应有一"德"字。

开头四小句中,还有两处需注意。一是,"势成之"的"势"在帛书二本作"器",在汉简本写为"热"(一般认为此字通"势";又,楚简本不见此章,传世本一般作"势")。汉简本和帛书二本可能传自不同的版本系统,目前难以确定何者为是。从《老子》全书用词来看,作"器"的可能性应更高些。《老子》中"器"字多见,而"势"字唯此一见,有可能是后世传抄者受黄老或法家影响、改"器"为"势"。当然,也不排除《老子》此处原作"势"的可能,唯此一见还不能必然得出此处不作"势"的结论。

二是,开头四小句在帛甲的句式有点不同:"道生之而德畜之,物刑(形)之而器成之"(帛书乙本无第一个"而"字)。汉简本和通行本均无"而"字,或是后世传抄者为求句式简洁而有此调整。①无"而"字的版本容易让人以为开头四小句讲了"道""德""物""器/势"四个层次,"而"字的存在可以杜绝这一种歧义。也即,此处其实只是讲了"道""德"和"物""器/势"两个层次,这一点正好和后文说的"万物尊道而贵德……"相一致。

除开头四小句外,其余部分还有几处异文。一是通行本"尊道而贵德"前多"莫不"二字,二是通行本"道之尊"和"德之贵"后无"也"字,三是"寽(爵)"在通行本作"命"。前两处主要影响语气,第三处"爵""命"义可通。

前面对文本作了考论,接下来需考察某些字词的含义。一是"之"字,二是"器/势",这些都会影响到对"德"义的理解。"之"是此章频频出现的一字,就开头四小句来看,一般是将其视作意指万物的指示代词;郑开先生则认为这里的"之"是语助词,去

---

① 参见刘笑敢《老子古今》(上),第530页。

第二章 新意域的开创：老子的"德"观念

掉这几个"之"并不妨碍整句的语义。① 笔者认为对于此处的"之"宜区别对待，"道生之而德畜之"的"之"指代万物，"物形之而器势成之"的"之"则是补足音节的助词（"势成之"的"之"亦然）。②《老子》言辞多有诗韵风格，为求对仗、押韵而调整表述的地方比较多见。

关于"势"，以往学界主要有趋势、环境和力量等几种解释。对于"器"，一般解作器物。笔者认为，此处若从"势"，则宜解作万物的运动趋势；若从"器"，则应解作器用，也即物的功用。换言之，不管作"势"还是作"器"，此词所指的都是"物"的某方面情况，而不是"物"以外的某种东西。

基于以上信息，我们认为这里的"德"是指"道"生养万物的功能。"道"与"德"的关系正如同"物"和"器/势"的关系。这部分的文义是："道"化生万物，它的"德"养育万物，③ 在"道"的化育之下，万物得以成形，其器用也得以实现（若从"势"，则此处是说其活动之势得以成就）；因此万物都尊崇"道"以及它的"德"；"道"及其"德"受到万物的尊崇，是因为它不会命令、控制万物，常顺万物之"自然"。④

---

① 郑开：《试论老庄哲学中的"德"：几个问题的新思考》，《湖南大学学报》（社会科学版）2016年第4期。

② 此章"之"字多见，共有三种用法：一为代词，指代万物；二为连词，表示之所以，见于"道之尊，德之贵"；三为补足音节的助词，见于"物形之而器成之"。第三种多见于古书，如《左传》昭公二十五年有"鸲之鹆之，公出辱之"，《孟子·梁惠王上》有"苗勃然兴之矣"，《礼记·乐记》有"不知手之舞之，足之蹈之也"。此用法在《老子》他处亦有出现，如第1章的"玄之又玄，众妙之门"（前一个"之"）、第20章的"唯之与阿，相去几何？善之与恶，相去若何"。

③ 关于这里的"畜"字，徐复观解为"蓄积"，认为此处用以形容"道"开始凝结的情形（《中国人性论史》，第205—206页）。王中江指出，解作"蓄积"是不确切的，这里的"畜"是指畜养、养育，类似于《诗·小雅·我行其野》中"尔不我畜，复我邦家"的"畜"。参见《早期道家的"德性论"和"人情论"——从老子到庄子和黄老》，《江南大学学报》（人文社会科学版）2012年第4期。笔者赞同后说。

④ 关于此处"自然"的主语也即归属者，学界不无争议。不乏观点认为其归属者乃是"道""德"，也即，"夫莫之命而常自然"是说没有谁赐命于"道""德"，"道""德"的尊贵是自己如此。笔者认为此"自然"的归属者应是"万物"。在此点上王中江先生有详细的论证，见《道与事物的自然：老子"道法自然"实义考论》，《哲学研究》2010年第8期。

◇◇◇ 先秦道家"德"观念研究

　　由此再来看后半章，可知此处其实是对"道""德"的进一步解说。所谓"道生之，畜之，长之，遂之，亭之，毒之，养之，覆之"，是对"道生之而德畜之"的具体展开；至于"生而弗有也，为而弗恃也，长而弗宰也"，则是对"夫莫之爵而恒自然"的进一步解说；而在最后，老子则将"道"的这种表现概括为"玄德"。如此来看，此章两部分所言"德"的意义是一致的。

　　这里还有一个情况有待注意。在此等解释中"德"作为"道"的功能，并非指向另一个实体，这一点在后半章可得到直接反映，但在前半章中"德"与"道"却分别作为"畜"和"生"的主语，表现出各为一实体的倾向，这该如何解释呢？笔者认为，首先应明确的是，"道生之而德畜之"不是说"道"和"德"作为两个实体各自负责"生"和"畜"；"生"也好，"畜"也罢，它们都是"道"的功能表现，都是"道"之"德"。也即，"道生之而德畜之"是一种互文表述，其意实是说"道"以其"德"化生、养育万物。既如此，那老子直接说"道生之，畜之"便可以了（后半章正是如此为言），那为何又添入一"德"字呢？这应该是为了突显"德"的地位，同时也有句式方面的考虑。在后半章老子将"生""畜"及其具体表现的各种作用一并概括为"玄德"，但在前半章却让"德"成为一主语而与"道"相并立，这样一来"德"的意义就变得更加突出。此外，"XV之"（V表动词）的句式也影响着老子对"道"以其"德"化育万物这一意思的表达。老子如此为言，不代表"德"是"道"以外的另一实体，正如同后两个小句中"器/势"也不是指"物"以外的另一个东西。《老子》整体上是一部诗韵体作品，这样的风格可能使得某些语句的文义和它的实际义理不尽一致，我们在理解时需要透过其诗韵形式关注到背后的义理。这里讨论的语句是一处，前面曾论及的"失道而后德"诸句也是一个比较典型的情况（参见第一节第二小节）。

　　归总第五十一章所言"道""德"来看，这里的"道"是指世界万物之本根，而"德"则是指此本根生养万物的功能。所谓生养，所谓"生之""畜之"，乃是一种隐喻，指的是"道"以其"德"促

第二章 新意域的开创：老子的"德"观念 ◇◈◇

成万物的发生，维系万物的存在与发展。万物之所以生成，之所以存在和发展，一切皆有赖于"道"的作用，此作用于万物而言实为莫大之恩惠、莫大之功德。老子以"德"指谓"道"的作用，和"德"原有的恩惠、恩德义密切相关。即便我们可以抽象地将"道"之"德"理解为"道"的品性、"道"的美德，也需知道此品性、此美德对于万物而言终将表现为一种恩惠、恩德。这意味着，不管老子所言"德"如何地抽象化，其意义仍和这一语词原来的含义具有一定的关联。

道家哲学中"道"与"德"的关系包含不同的类型，以"德"指谓"道"之功能是其中的一种重要情形。《老子》第五十一章是体现此关系的一处典型言论。此情形也屡屡见于《老子》以后的道家文献：

> 虚无无形谓之道，化育万物谓之德。（《管子·心术上》）
>
> 道也者，动不见其形，施不见其德，万物皆以得，然莫知其极。（《管子·心术上》）
>
> 夫道者，德之元，大之根，福之门，万物待之而生，待之而成，待之而宁。……畜之养之，遂之长之，兼利无择，与天地合，此之谓德。……故物生者道也，长者德也，爱者仁也，正者义也，敬者礼也。（《文子·道德》）
>
> 天常之道，生物而不有，成化而不宰，万物恃之而生，莫知其德。（《文子·道原》）
>
> 道有积而积有功，德者道之功。功有实而实有光，仁者德之光。光有泽而泽有事，义者仁之事也。事有礼而礼有文，礼者义之文也。故曰："失道而后失德，失德而后失仁，失仁而后失义，失义而后失礼。"（《韩非子·解老》）

这些话语都能体现道体德用的关系。韩非子所说的"德者道之功"是此种关系的一种概括性表述。另外，《管子》和《文子》所说的"其德"也明确表示出"德"只是"道"之"德"。《文子》另一

◇◆◇ 先秦道家"德"观念研究

处又说"物生者道也,长者德也",这延续了《老子》"道生之,德畜之"的说法。《文子》此论同样表现出"道""德"各为一实体的倾向,但正如在该文段所看到的,"德"在根本上仍然是指"道"的一种功能。"道"与"德"之所以并立出现,其原因和《老子》该处是类似的。

(三) 对前述三种观点的评析:兼论道物关系问题

围绕"德畜之"的问题,此上综述了既有的几种解释并提出了笔者的浅见。我们打算回过头来对这几种解释再作一论析。此中的角度差异不仅关乎"德"义的理解,同时也涉及道家哲学中道物关系这一重要问题。

上述三种解释虽观点不一,但其间也不乏相通之处。就第一、二种来看,二者都默认了"德"是"道""物"之间的一个概念,只是前者基于"道"进行解释,而后者则立足于万物。在部分研究者看来,这两个角度是可以兼容的,甚至是统一的。比如严灵峰、陈鼓应、孙以楷等人就曾指出,"道"必须通过"物"来显现其功能,此即"物"之所得。[①] 照此来看,所谓"道"的功能、所谓"物"的属性,在根本上是统一的,只是言说的角度有所不同。照此来看,《老子》第五十一章所言的"德"既是指"道"的功能,也是指内在于万物的属性。

笔者认为,"德"作为"道"之功能和它作为"物"之属性,确实存在紧密的联系,但这是两种不同的义项。区分此二者,不仅是因为"德"的归属者有所不同(各属于"道"和"物"),在更深的层面上还因为这牵涉到道家诸子对道物关系不同方面的强调。

整体上看,道家哲学中的"道"与"物"既有相分的一面,又有融合的一面。用庄子的话来说,一方面是"物物者非物",另一方面是"物物者与物无际"(两语均出自《庄子·知北游》)。可以说,"分"而"不分"是道家道物关系思想的两个基本方面,这是内在超

---

① 严灵峰:《老庄研究》,第88页;陈鼓应:《老庄新论》,第148—149页;孙以楷:《老子通论》,第473页。诸学者的具体论述详见本书导论第二节所引。

第二章 新意域的开创：老子的"德"观念

越之义理在道家思想的一种体现。这两个方面是共存的，它们不能单独存在，但不同的思想家对两个方面的强调程度会有所不同。老子强调的是道物相分的一面，在其哲学中"道"的超越性更为突出；而庄子则更关注道物融合的一面，在其哲学中"道"的超越性被淡化，其内在性变得更加显要。①

对道物关系两个方面的不同侧重，将影响到道家诸子论"德"的向度。老子侧重于相分的一面，其所谓"德"乃是从"道"的向度来讲，被用来表征"道"运行于万物的功能。而在庄子思想中，道物融合的一面得到了更多的强调，其所言"德"则是从万物的向度来说，被用来指称万物由"道"而得之属性。② 我们在后一章将会谈到，庄子言"德"较之老子的一个重要变化即在于前者出现了"下落"的趋势，这包括宇宙论中"德"从"道""下落"到万物，也包括人事学说中"德"从君王"下落"到天下民众。这里说的"下落"其实是指"德"的普遍化，宇宙论中和人事学说中的两种普遍化是相互契应的，而它们得以出现，都和庄子对道物融合的强调密切相关。

如此说来，"道"的功能和"物"的属性不仅是解释角度的问题，其背后关涉的是道家诸子对道物关系两个方面的不同侧重。老子由"道"言"德"，以"德"表征"道"化育万物之功能，这是基于道物相分的一面来讲；而庄子就"物"言"德"，以"德"指称万物由"道"而得之属性，这是基于道物融合的一面来讲。如同前面已指出的，道物关系的两个方面不可独存，"德"义的两个向度其实隐含着对另一面的肯定。就"物"言"德"也肯定道物相分的一面，故而万物之"德"虽然得自于"道"，但它终究不是

---

① 诸如"道通为一"（《庄子·齐物论》）、"（道）无所不在""道在屎溺中""物物者与物无际"（《庄子·知北游》），等等，都是对道物融合一面的强调。当然，这不是说庄子只关注融合的一面，比如"物物者非物"（《庄子·知北游》），即是体现相分的一面。

② 《庄子》一书容量较大，其中关于"德"的论议相当丰富。但综观其所有"德"论，并不见以"德"表示"道"之功能的情形。即便认为《老子》所论"德"在"道"之功能和"物"之属性之间存在歧义，但《庄子》书中没有以"德"表示"道"之功能这一点是明确的。

"道"。由"道"言"德"同样也肯定道物融合的一面，所以"德"作为"道"的功能不可能凭空运行，必然是运行于万物当中。可见，"德"的这两种意义确实存在非常紧密的关联，这也是它们容易被混为一谈的原因。但如果将它们看作毫无区分的一种意义，那么不仅"德"的向度之别将被消解，并且道家哲学中道物关系的两个方面也将被掩盖。

以上情况是笔者主张区分两义的根本原因。在此之外，两义之所以有别还存在一个语义上的因素。"德"作为"道"之功能和它的恩德义有关，而它作为"物"之属性则与其获得义有关。就《老子》第五十一章来看，"德"的语义基础恩德义，至于获得义，它在此章并无显见。在前一章我们曾论述，从老、孔开始，"德"与"得"的关系发生了转变，"德"具有了"有得于……"的意思。需要再指出的是，老子之"德"所具的"有得于道"的意思是表现在人事论域（详见后节论述），而在道物语境中它的情形与此不同。当然，我们可能会以第三十九章的"万物得一以生"来说明老子也肯定万物"有得于道"这一点（暂不论"道""一"之关系），但问题是，老子此处并没有将万物之所得界定为"德"。后来庄子有言："一之所起，有一而未形，物得以生谓之德。"（《庄子·天地》）《管子·心术上》亦曰："德者，道之舍，物得以生生。"这是道家后学对老子"万物得一"思想的发展，在此"德"也就成为了指称万物所得于本根者的概念。[①]

接下来考察第三种解释。深入来看，这里仍牵涉到道物关系的问题。持此解释的王中江和曹峰两位先生，都是从道物相分的一面来理解"德"。王先生强调"德"具有"形上化"和"养育万物之外"

[①] 不乏学者将老子所言"万物得一"看作"德"。如严复对"万物得一"诠释如下："是各得之一，即道之散见也，即德也"（《老子评语》，收入严复撰、王栻主编《严复集》第四册，中华书局1986年版，第1092页）。李顺连亦持此见：天之清、地之宁、谷之盈、万物之生，都是它们得道的结果，从而内化为事物的"德"（《道论》，第15—16页）。这其实是用了后学的观念来理解老子思想。

第二章　新意域的开创：老子的"德"观念

的特点，在笔者看来，这是对"德"之超越性的一种揭示。① 如上所述，老子更强调道物相分的一面，更突显"道"的超越性，因而"德"作为"道"的功能，也随之具有了一定的超越性。值得注意的是，王先生在其新近研究中把"德"解释成"道"的美德。在他以往的解释中"德"与"道"有并立为生养者的倾向，而在此解中，"德"是一个归属于"道"而表征其性能的概念。王先生没有以"道"的功能或作用进行解释，但以"德"为"道"之美德的观点和道体德用之论其实是相通的。

曹峰先生所论也暗含着对道物相分此方面的侧重。他所指出的"生"和"成"的两个序列，对于理解老子宇宙论的构造殊为关键。以往对老子宇宙论的理解偏重于"生"的方面，曹先生为我们揭示了"成"论这一重要维度。但在两个序列能否各归"道""德"这一点上，笔者的看法有所不同。从"道生之，德畜之"的语句看，似乎可以认为老子思想中的"道"与"德"各有分工，各自负责"生"和"畜"。但这样的理解可能会导致老子认为万物有两个本原的解释结果。事实上，"生"和"畜"都是"道"的作用，都是"道"之"德"，所谓"道生之，德畜之"（帛甲作"道生之而德畜之"）其实是一种互文表达。

在前述的第二种解释中，郑开先生的见解显得比较特别。在解释类型上我们将其归到以物性解"德"的一种，但在其理解中"德"不同于一般所说的"性"，它是指"性之性"，即使"性"成为"性"的更高层次的"性"。郑先生的解释同样涉及道物关系的问题，对此他有明确论述。他认为，第四十一章"道生一，一生二，二生三，三生万物"代表的是道物关系的宇宙论模式，而第五十一章"道生之，德畜之"则关乎道物关系的心性论模式；在其他地方，这

---

① 王先生所言"形上化"，是一处值得玩味的说法。"形上"意指"无形"，"德畜之"出现在"物形之"之前，就此而言，也可说"德"是一个形而上的存在。此外，所谓"养育万物之外"，应是就"德"的超越性而言，并不是说"德"完全外在于万物。如前所述，"内在"与"超越"不是相互割裂的，而是彼此共在的，只是在不同的场合中这两个方面的显示程度有所不同。

两种模式又被郑先生称为宇宙创化论和形而上学，并被作出如下界定：一种是近乎"科学理性"的物理学进路，而另一种则提示了"道德"赋予"万物"以"内在属性"的方式。① 从笔者的视角来看，郑先生所说的两种模式大概相当于道物相分和道物融合的两个方面。至于如何定位"道生之，德畜之"，笔者的看法有所不同。郑先生把它放在道物融合关系来理解，笔者则认为它所体现的应该是道物相分的一面。在内在与超越之间，老子哲学中的"道"更具超越性，"道生一"和"道生之，德畜之"之论都属于此等情形。

总之，"德"义解释的不同角度不仅关乎"德"的所指，在更深的层面上还牵涉到道物关系的问题。老学史上的三种解释，虽然不无相通，但其角度差异不宜忽视。在道物关系上，老子更强调的是道物相分的一面，在此格局中"道"表现出比较浓厚的超越性。这种品格后来为黄老学所沿承，但庄子更关注道物融合的一面，在此背景下"道"的内在性则变得更加突出。

在老子宇宙论中，"德"表征的是"道"之功能，并没有"下降"而为表征"物"之属性的概念。这一点和"德"在人事领域的表现是一致的，在后面的讨论中我们将会看到，在人事领域"德"只和圣人的表现有关，并没有成为一个表征所有人品性的概念。在后来的道家思想中，黄老学延续了"德"的这种特点，而庄子则在很大程度上改变了这一点。在后者思想中，"德"既可以普遍指涉万物之性能，也可以广泛指称人之品性。无论是宇宙论场景，还是人事哲学中，"德"都"下降"而为一个具有普遍意义的概念。

三 道体德用之关系及其成立依据

"道""物"之间的"德"是一个颇为复杂的问题。从关系的视域看，这里既涉及"道"与"物"的关系，又牵连"道"与"德"的关系。前面两个小节中我们先铺定道物关系的基底，以此考察"德"的表现。但对于理解老子哲学或道家哲学言，"道"与"德"

---

① 郑开：《道家形而上学研究》（增订版），第212页。

第二章 新意域的开创：老子的"德"观念

的关系同样非常重要。某种意义上它的重要性还要超过道物关系，毕竟《老子》一书被称为"道德经"，而不是被称为"道物经"。

就道家哲学中"道"与"德"的关系言，学界比较常见的观点有"道体德用"、"道德并立"、"道总德分"以及"内在超越"此四种。"道体德用"说认为，"道"是本体、"德"是"道"之功用；"道德并立"说强调"道"与"德"同为万物之生养者；"道总德分"说认为，"道"是万物的总根源、总依据，"德"是"道"分化到各物的结果；"内在超越"说则强调，"道"与"德"分别代表本根的超越性和内在性。[1] 通过以上之论析，笔者认为学者们所理解的"道德并立"的情形，实质上仍属于"道体德用"。不过，"道"与"德"也存在并列之情况，比如《庄子》以及《黄帝四经》所见的"天地之道"和"天地之德"。在此"道""德"不是指形上化的生养者，而是指内在于事物当中的理则（道）和性能（德），它们表现出两相并列的关系。至于其他三种类型，在道家哲学中都有一定体现。因此，关于道家哲学中"道"与"德"的关系，可将其归纳为体用、并列、总分以及内在超越此四种情形。

就老子哲学来看，"道"与"德"主要表现为体用关系和内在超越这两种：在道物基底中，"道""德"关系属于前一种；而就道、人之间来看，"道""德"关系则属于后一种。关于后者，我们在第三节展开讨论，这里关注"道体德用"之类型。通过前两个小节的讨论，我们已知"德"在"道""物"之间乃指涉"道"生养万物的大功德。这在某种程度上已经论证了"道体德用"之关系在老子哲学中的成立。但这不代表问题的结束。在今天，"道德"是大家耳熟能详的一个语词；但在老子思想中，这是"道"与"德"两个概念首次发生联结，个中意味尤其是二者联结之依据，是殊值探讨的问题。这不仅关乎"德""道"的深层义涵，也涉及老子宇宙论的思想特质。

就"德"的方面来看，它是一个功能性概念，表示实体的性能和

---

[1] 关于这四种观点，详见本书导论所述。

状态。而在此前,"德"作为一种状态主要归属于君王,此外也有归属于"天"的情形。老子以"道"代"天",为万物的存在与发展重新觅得根源。如此一来,"德"作为"天"的表现也就转变为"道"的表现。换言之,以往的"天德"观念一定程度上为老子以"德"指涉"道"的表现提供了渊源。其次,老子以"德"指称"道"的表现还与"德"的恩惠义有关(见"玄德"部分讨论)。老子用含具恩泽、恩德之义的"德"指谓"道"的活动,可以揭示"道"之于万物的生养作用实为一种关乎万物生存与发展的根本大功德。

除上述以外,在宇宙论语境中加入"德"的符号,也可以彰显此等宇宙论的人文向度。"德"本是一个具有浓厚评价色彩的概念,这在早初的"以德受命"的思想中即已奠定基调。在此思想中"德"成为了判定政权是否正当的核心标准,它的评价功能是其他任何概念都难以比拟的。老子用"德"谓"道"之用,其间仍带着评价的功能。但这种评价并非仅针对人事领域,同时还适用到宇宙万物的场景,对自然世界的相关情况作出评判,以此作为人事行动的一个依据。如此一来,老子的宇宙论就不仅仅在于追寻万物生成的起源,也关乎为人事活动确立正当性的依据。

将此章和其他话语进行比较,这一情况将更容易被反映出来。《老子》第四十二章有:"道生一,一生二,二生三,三生万物。"第二十五章有:"有物混成,先天地生。寂兮寥兮,独立而不改,周行而不殆。"这些话语是在描述万物从何而来,作为根源的"道"表现如何。在这些话语中,"道"的价值维度并没有得到明确的揭示。但是,当具有鲜明评价功能的"德"置入其间,情况就发生了很大的改变。这种语境下的生成论已经不纯是对万物所由来的追溯,与此同时还带有了价值评判的味道。比如《老子》第五十一章的"道生之而德畜之,物形之而器成之"(帛书甲本),若纯就万物生成言,这句话也可说成"道生之,畜之;物形之,成之";但当"德"和"器"被置入以后,情况就显得很不同了:"物"主要表明事物的自然属性,而"器"则强调事物的功用性;相类似地,此间的"道"偏重于本根的自然性方面,而"德"则强调本根化育万物实为一项

第二章 新意域的开创：老子的"德"观念

大功德。

在老子哲学中，"道"是存在维度和价值维度的统一，但它的价值维度往往是隐含的，需要评价意味十分鲜明的"德"来加以揭示和突显。由此而言，"德"在宇宙论中的意义就不仅在于概括"道"的表现，同时也在于通过它的评价功能揭示和突显"道"的价值维度。由此也可知，老子的宇宙论不仅是对自然事物的穷根究底，同时也是对人文价值的追根溯源。"德"的加入突显了万物之源的价值维度，使道家宇宙论与古希腊关注物理性本原的自然哲学表现出根本的差异。

以上讨论的是"德"方面的因素，接下来看"道"的方面。前面我们说，"德"作为一个功能性概念，表示某实体的性能或状态，这意味着，当我们说"德"是"道"之功能的时候，其实已经预设了"道"为实体的前提。但问题是，正如一些学者已一再强调的，我们不能从实体的角度理解"道"，尤其是不能将它理解为外在于人、有待认知的对象。[1] 就"道"在老子哲学中的基本性格看，确实不宜将其视作某种外在的实体或对象。但这样一来，又当如何理解"道体德用"呢？对此，我们可能会说，"道体德用"中所谓"体"是就中国传统哲学语境而言，不能以夹带西方哲学意味的实体概念去类比。这可以在一定程度上给出解释。但在研究者的"道体德用"的话语中，"道"确实有作为一个"东西"的意味；并且，就老子言论看，"道"也确实有这样的表现。此间情况有些复杂，需结合"道"在老子哲学中的诸种意味进行讨论。

作为老子哲学的一个核心概念，"道"一直是老学研究者关注的重点。在当前研究中，比较常见的解释是借鉴西方的宇宙论、本体论视域，将"道"理解成宇宙万物的总根源、总根据。相比于此，笔者更倾向于从"道"自身的意义脉络展开理解。关于"道"义从早

---

[1] 参见郑开《中国哲学语境中的本体论与形而上学》，《哲学研究》2018年第1期；林光华《〈老子〉之道及其当代诠释》，中国人民大学出版社2015年版，第148—253页。

初到老子的演变，已有学者作出详察，① 在此基础上可提炼出以下的脉络：(1) "道"的本义指人行走的道路；(2) 后来也表示天体运行的轨道（见于史官所观天道）；(3) 随着意义的抽象化，它又可表示自然和人事的活动规则（见于天道、人道观念，此天道不同于上述天道）；(4) 进而它的意义走向普遍，表示一切事物活动所遵循的最高理则。最后一种是"道"的哲学突破，此突破是由老子完成。此外，"道"的第三种意义在老子思想中也有保留，"天道""人道"之说在其言论中仍时有出现。

这一脉络提示我们，哲学突破以后的"道"仍和它的本义具有关联。天道、人道是"道路"抽象化的开始，而普遍之"道"则是"道路"的进一步抽象化和广普化。在老子看来，世间万物皆是依此"道路"活动，同时也应当依此"道路"活动，具体到人事活动，自然也要依循这一"道路"。换言之，"道"既是描述性的概念，又是规范性的概念，它是存在和价值两个维度的统一。关注"道"的"道路"之义并非新解，只是在当前常见的宇宙论、本体论的解释视域中此等意义容易被淡化，我们需要重新加以重视。

"道"的本义在隐喻或类比的意义上提示着，老子哲学上的"道"是指世间万物普遍遵循的"道路"，而具体到人事场合则是指一条具有指示性的"道路"。② 无论是普遍的"道"，还是有所分殊的"天道""人道"，"道"在其间都是作为一种理则。这意味着，"道"不是外在于万物的实体，它只是诸实体（万物，包括人）活动所遵循的"道路"。但综观老子言论，"道"有时却表现出一定的实体化倾向，尤其是在宇宙生成论中，比如前引第三十四、五十一章所言，即是两处表现。

---

① 参见王博《老子思想的史官特色》，台北：文津出版社1993年版，第41—55页；王中江《道家形而上学》，上海文化出版社2001年版，第29—35页；罗安宪《虚静与逍遥——道家心性论研究》，人民出版社2005年版，第25—27页。

② "道"的道路之义不仅是隐含的，在老子的某些言论中还有显现。如第53章有言"大道甚夷而民好径"，"道""径"对言即可反映此点。关于"道"之为"道路"的类比之义，李巍先生已有详论。参见《道家之道：基于类比的概念研究》，《深圳大学学报》（人文社会科学版）2020年第5期。

第二章 新意域的开创：老子的"德"观念

之所以出现这种倾向，其实是隐喻手法带来的影响。为了说明此等理则之于万物的根本意义，老子采用了母生养子的隐喻，在此隐喻中"道"作为万物的生养者，表现出一定的实体意味。此外还需注意的是，在此等隐喻中"道"又每每化身为行动者，会表现出一系列的动作行为。这应该是为了呈现"道"作为人事指南的意义，以便于人的效法和遵循。① 归总来看，"道"在老子哲学中是指一种理则（或谓普遍之理则，或谓分殊之理则），但由于老子对此等理则之根本性的强调，同时也由于他对此等理则之行动意义的突显，"道"在某些语境里又表现出一定的实体化倾向。②

由此我们再回视"道体德用"的问题。可以说，无论是作为理则的"道"，还是表现出实体化倾向的"道"，"道"都是"德"作为一种性能或功用的归属者。就作为理则的"道"而言，"德"是指此等理则之于万物（包括人）的根本功用；而在实体化的语境中，"德"不仅指涉这种作用，还可以表示"道"这一"行动者"的品性及其所开展的诸种行为。

至此，我们就"道体德用"此关系的成立依据作出了论述。我们常常是将老子哲学中的"道""德"关系概括为"道体德用"，这可以反映老子某个方面的思想，但老子所论"道""德"作为中国哲学史上"道""德"联合的首次出现，内中意味尤其是二者联结之依据，还需引起进一步的注意。总结来看，如果说"德"作为功能性概念的特征，以及"道"的意义表现，为这种关系的成立提供了可行性的依据，那么，"德"的恩惠之义以及鲜明的评价色彩在某种程度上则属于必要性方面的因素。后者意味着，老子需要借助其恩惠之

---

① 比如第五十一章讲"道"之于万物会表现出"生之、畜之，……生而弗有也，为而弗寺也，长而弗宰也"，而第十章则讲到圣人之于他人会表现出"生之畜之，生而弗有，长而弗宰也"（帛书乙本）。结合来看，"道"的行动指引性鲜明可见。此外又如第三十四章讲"道""以其终不自为大，故能成其大"，而第六十三章则说"圣人终不为大，故能成其大"，前者也是为了给人的行为提供指引。

② "道"的实体化倾向可说是老子强调"道"之超越性的进一步结果。由此来看，后来庄子强调"道通为一"（《庄子·齐物论》）、"道在屎溺中""物物者与物无际"（《庄子·知北游》），既和淡化"道"的超越性有关，也和化除"道"的实体化倾向有关。

义以揭示"道"之于万物的生养大功德,通过其评价功能以突显"道"的价值维度。

四 "万物得一"与物德论的渊源

在道家宇宙论中"德"的意义包括了两个向度:一是由"道"言"德",以之表示"道"化育万物的功能;一是以"物"言"德",以之表示万物所得于"道"的属性。这两个向度存在密切的关联,但正如前面已指出的,由于"德"的主体不同,加之其间道物关系所侧重的方面也有所不同,我们不宜将二者作合并的理解。关于后一向度的思想言论可以概括为物德论,这也是道家"德"观念的一种特殊形态。①

就老子哲学来看,"德"在道物之间是表示"道"的功能,这里尚未出现物德之论。不过,老子的某些思想为后来物德论的形成提供了渊源。其中,比较典型的便是第三十九章的"万物得一"之言。对此,前面已说明,我们不宜用"万物得一"的思想来理解第五十一章的"德"。但就"万物得一"这一思想本身言,它却是道家系统中一个颇为重要的环节。老子在此通过"得一"来解释事物何以生成,其实也是通过"得一"来解释事物属性的来源。后来的庄学和黄老学延续了这一思路,并且进一步用"德"来指称万物所得于本根者。

我们来看老子关于"万物得一"的具体说法:

---

① 许抗生、王中江曾用"物性论"指称道家关于万物性能的学说。许抗生先生将老子的"德"解释为事物本性,继而将老子的"德"思想概括为"物性论"(《老子与道家》,第21—24页)。王中江先生基于儒道比较的立场提出"物性论"的说法,他认为,与儒家主要关注人的心性明显不同,道家关注的首先是万物的本性和多样性,建立了一种广义的物性论(《出土文献与先秦自然宇宙观重审》,《中国社会科学》2013年第5期)。两位学者的研究为笔者关注道家物德论的论域提供了重要启发。但相比于"物性论",笔者更倾向于用"物德论"来概括道家在这方面的思想。这里将涉及"德"与"性"的复杂关系,我们在后文作出论述。此外,笔者认为"德"的这种意域是出现在庄学和黄老学中,《老子》这里并无明显表现,但其间的相关学说为此提供了思想渊源。

第二章　新意域的开创：老子的"德"观念 ◇◈◇

  昔之得一者：天得一以清，地得一以宁，神得一以灵，谷得一以盈，万物得一以生，侯王得一以为天下贞。其致之。天无以清将恐裂，地无以宁将恐发，神无以灵将恐歇，谷无以盈将恐竭，万物无以生将恐灭，侯王无以贵高将恐蹶。（第三十九章）

  这里的"一"相当于"道"，二者同指万物生成与存在之本根。①在老子看来，"天""地""神""谷"（山谷）、"侯王"等，都是通过"得一"而具有了自身的属性；若没有"一"，这些物事将无法拥有各自的属性，无法成其为自身。所谓"万物得一以生"，乃是对这种思想的一种概括，意味着世间万事万物皆是从"一"那里获得了存在与活动的依据。②并且，值得注意的是，这种"得"是一种"分有性"的获得，各物所得于"一"者乃是它们各自的特性，其结果已非"一"矣。

  在老子思想中万物何以存在、其属性何以形成等问题已浮现了出来，并且老子用"得一"之论给出了统一的回答。后来的庄学和黄老学接过了这些问题，同时也延续了解答的思路，所不同的是，他们又将万物所得于本根者直接称作"德"。如《庄子·天地》有言："泰初有无，无有无名，一之所起，有一而未形，物得以生谓之德。"《管子·心术上》亦曰："德者，道之舍，物得以生生，知得以职道之精。故德者得也，得也者，谓得其所以然也。"此等思想是老子相关学说的一种发展，在此"德"的指涉对象发生了改变，而作为义理声训的"德者得也"则提供了关于事物属性之来源的说明。

---

  ① 老子哲学中"道"和"一"可能存在两种关系，第四十二章的"道生一"强调"道""一"之别，而在"万物得一以生"以及"圣人抱一"（第二十二章）等言论中，"道"和"一"的意义并没有实质区别。当然，老子在后一种言论中并没有直接说"一"就是"道"，而在后来的《黄帝四经·道原》中，作者则明确指出"一"就是"道"的名号："一者，其号也；虚，其舍也；无为，其素也；和，其用也。是故上道高而不可察也，深而不可测也。"
  ② 帛书二本和汉简本中，"万物得一以生"一句并无出现（楚简本未见此章），但这不影响老子此等思想的存在。帛书二本和汉简本此章同样叙述了诸种物事由"得一"而拥有自身属性的思想，所不同的是，此三种版本没有出现"万物得一以生"这一概括性的表达。

◇▩◇ 先秦道家"德"观念研究

　　以"得一"来解释事物属性之来源是道家普遍存在的观念，这在简帛道家文献中也每每可见。如上博楚简《凡物流形》有言："一生两，两生叁，叁生母，母成结。是故有一，天下无不有；无一，天下亦无一有。无目而知名，无耳而闻声；草木得之以生，禽兽得之以鸣。"①《黄帝四经·道原》亦曰："一度不变，能适蚑蛲。鸟得而飞，鱼得而游，兽得而走。万物得之以生，百事得之以成。人皆以之，莫知其名。人皆用之，莫见其形。一者，其号也；虚，其舍也；无为，其素也；和，其用也。是故上道高而不可察也，深而不可测也。"在这些文献中，作者虽没有用"德"来指称万物的属性，但都反映了老子的"万物得一"思想在后来道家学说中的流传。

　　综合第二节可知，在老子哲学中"德"突破了西周以来的政治—宗教的主流语境，走向了更加宏阔的宇宙论场景。老子是通过道物关系这一基本结构，来阐述他关于世界万物之起源及其存在依据的思想，而道物关系得以构成，其关键或枢纽即在于"德"。老子用"德"表征"道"的活动，尤其是它生养万物的功能，让"道""物"之间具有了联结的枢纽；同时也沿用了"德"的评价功能，以反映其宇宙论的价值维度。在其宇宙论中"德"之所以不可或缺，其原因要之在此。

　　就学说宗旨来看，老子宇宙论的提出不仅仅是要解释世界万物从何而来、因何而在，同时也是为了觅寻解决人事问题的根本方案。正如同徐复观先生曾指出的，老子面对当时的社会政治危机，从现象界逐步向上推求至宇宙的根源处，转而将其延展至人生论和政治论，希望可以去除社会中不安全的因素乃至于有毒害的东西。② 老子同样深深关切于人的生存境域，但他的思考并没有限于人世，而是延展到世界万物的大场景，尝试在更宏阔的视野中觅寻根本的解决之道。这也就决定了"德"在其思想中不仅仅是充当道物关系的枢纽，同时也

---

① 从《凡物流形》全文来看，"得一"而存的事物并不限于草木、禽兽。《凡物流形》包括两部分，上篇提出世间事物从何而来、因何而在的问题，下篇用"一"给出根本的回答。有关于此，可参王中江《〈凡物流形〉的宇宙观、自然观和政治哲学———围绕"一"而展开的探究并兼及学派归属》，《哲学研究》2009年第6期；曹峰《上博楚简〈凡物流形〉的文本结构与思想特征》，《清华大学学报》（哲学社会科学版）2010年第1期；叶树勋《上博楚简〈凡物流形〉鬼神观探究》，《周易研究》2011年第3期。

② 徐复观：《中国人性论史》，第200页。

是人事生活中的一个紧要环节。那么，当问题延至人事生活，"德"又将表现出哪些意义、充当何种角色呢？这便是接下来需要继续探讨的情况。

第三节　人、道之间"德"的心性意义

当思维延至人事领域，"德"的意义主要发生在心性论和政治哲学两个论域，前一论域中"德"反映的是人、道之间的关系，而后者则主要体现王、民之间的关系。我们在此节探析前一论域。

在此论域中"德"的意义亦非单一，或与人性有关，或与心境有关。如前章所述，"德"在早初是一个兼含品性义、心志义和行为义的概念，在老子思想中它的行为义仍有体现，但内在义显得更为突出。在"德"义内在化这一点上，老子和孔子都是比较关键的一环。

比起以前，老子所论"德"一处重要变化是，无论是本性义，还是心境义，其意义之形成都建立在"得道"义的基础上。前面曾指出，老子和孔子改变了"德"与"得"的义理关系，将以"德""得天命"的功利性思维（先"德"后"得"），转变为"德"即所得于本根者的道德性思维（先"得"后"德"）。这也就是儒道后学以"得"言"德"的思想渊源。相比于孔子，老子对"德""得"之义理联系更为强调，其所思也更为丰富。

这也意味着，当出现在心性语境时"德"的内涵不再像宇宙场景那样，是基于恩惠、功德之义，在这里获得义将成为理解其思想内涵的语义基础。并且，此获得义又包含两层：一种是先天之"得"，此指向人的本性；一种是后天之"得"，此关乎人心的觉悟。这是"德"之心性内涵得以形成的内在机理。接下来，我们将从"德"的获得义切入，进而分析它在老子心性论中的诸种义涵。

一　"德"之"得道"义再考

关于中国思想上的"德"，人们通常是基于"德者得也"的训诂

进行理解。具体到老子思想也是如此，并且大家还进一步强调"德"即是"得道"。此等解释在现存最早的解《老》作品（《韩非子》的《解老》《喻老》）中即已出现，① 而在影响最为广泛的两大古注（王弼注和河上公注）中它也是重要的解释思路。② 就现代老学研究来看，"德"即"得道"已成为通行的理解。

对此通解，近来郑开先生提出了批评意见，认为这是一个积非成是的"教条"，应该摒弃，以释放更多的思想解释空间。③ 这提醒笔者要审慎地对待这一通解。经过重新考梳，笔者得出的基本看法是：此等训诂不宜用来解释早初的"德"；至于老、孔及其以后的"德"，此等训诂可反映其部分意义。这里说的"部分"有两个意思：一是就语境言，它只能反映某些言论中"德"的意义；二是就"德"义本身言，"德者得也"只是词义上的解释，在哲理上如何理解此所谓"得"，还是一个有待深入探讨的问题。

就老子思想来看，在宇宙论和政治哲学中"德"的语义基础是恩德或功德，此两处不宜用"德者得也"理解。"德"的获得义发生在心性论域，这是人、道关系得以构成的语义基础。老子没有像后来的庄子和黄老学派那样，直接以"得"言"德"，④ 但根据其某些言论，我们仍可得出如上认识。这些言论包括两类：一是言"德"未及"得"，但老子使用了一些含义上相当于"得"的语词；二是言"得"未及"德"，但老子默认了人之所得者即为"德"的意思。

第一类的一个典型即是第二十一章的"孔德之容，惟道是从"。此未见"得道"之言，但"惟道是从"已含此意，或者说，"从"字

---

① 《韩非子·解老》释第三十八章"上德不德"曰："德者，内也；得者，外也。上德不德，言其神不淫于外也。神不淫于外则身全，身全之谓得。德者，得身也。"

② 王弼注"上德不德"句曰："德者，得也。常得而无丧，利而无害，故以德为名焉。何以得德？由乎道也。何以尽德？以无为用。"（《老子道德经注校释》，第93页）河上公注第五十九章"夫唯啬，是谓早服；早服谓之重积德"曰："夫独爱民财，爱精气，则能先得天道也；先得天道是谓重积德于己也。"（《老子道德经河上公章句》，第231页）

③ 郑开：《道家形而上学研究》（增订版），第374页。

④ 《庄子·天地》有"物得以生谓之德"之言，《管子·心术上》有"德者得也"之论。

第二章 新意域的开创：老子的"德"观念

起到了类似于"得"的表意功能。① 此外，第六十五章在讲论"玄德"之时是以"古之善为道者"称呼具备此"德"之人。所谓"为道"，意即循道而为。此"为"不同于"无为"之"为"，后者是一个指负面行为的语词，但前者是正面的使用。② "为"与"从"意义相当，作为"为道""从道"的"德"都含有"得道"的意思。

有些地方老子用其他语词代指"道"，表达了类似于"从道""为道"的意思：

> 常德不离，复归于婴儿。……常德不忒，复归于无极。……常德乃足，复归于朴。（第二十八章）
>
> 修之于身，其德乃真。（第五十四章）
>
> 含德之厚，比于赤子。（第五十五章）
>
> 夫唯啬，是谓早服③；早服谓之重积德；重积德则无不克。

---

① 河上公注曰："孔，大也。有大德之人，无所不容，能受垢浊，处谦卑也。唯，独也。大德之人不随世俗所行，独从于道也。"（《老子道德经河上公章句》，第86页）另外，"孔德"的说法在西周时期已经出现，如《师訇鼎》有"用乃孔德，逊纯乃用心"，老子可能是沿用了以前的说法，但赋予其不同内涵。

② "为道"之言亦见于第四十八章的"为学日益，为道日损"，此处未有论"德"，但"为道"之义和第六十五章是一致的。

③ 此处"服"字有歧义。俞樾等人认为此字通"复"，意指复归。见俞樾《诸子平议》，上海书店出版社1988年版，第156页；马叙伦《老子校诂》，中华书局1974年版，第516—517页；蒋锡昌《老子校诂》，第364页。高亨等人认为"服"后当有"道"字，"服道"意即服从于道。见高亨《老子正诂》，第89页；朱谦之《老子校释》，中华书局1984年版，第241页；古棣、周英《老子通·上部 老子校诂》，吉林人民出版社1991年版，第419—420页。就简帛诸本来看，帛乙和汉简中此字作"服"（帛甲此处有残缺），楚简本中此字作"备"。丁原植等人主张此处宜从楚简本，并解"早备"为早作准备。见丁原植《郭店竹简〈老子〉释析与研究》，台北：万卷楼图书股份有限公司1999年版，第251页；刘信芳《荆门郭店竹简老子解诂》，台北：艺文印书馆1999年版，第47—48页；陈鼓应《老子注译及评介》，第284页。廖名春等人则以"服"为本字，认为楚简本中"备"字应读作"服"。见廖名春《郭店楚简老子校释》，清华大学出版社2003年版，第379页；李零《郭店楚简校读记》（增订本），中国人民大学出版社2007年版，第26页；刘笑敢《老子古今》（上册），第601页；丁四新《郭店楚竹书〈老子〉校注》，武汉大学出版社2010年版，第262页。笔者赞同廖名春等人的看法。"服"之义同于"惟道是从"的"从"。《韩非子·解老》亦解"服"为服从："圣人虽未见祸患之形，虚无服从于道理，以称蚤服。故曰：'夫谓啬，是以蚤服。'"韩非子认为服从的对象是"道理"，这和他强调"理"的概念有关。河上公解"服"为"得"、解"早服"为"先得天道"（《老子道德经河上公章句》，第231页）。王弼则解"早服"为"早服其常"（《老子道德经注校释》，第155页）。从这些注解来看，"服"皆谓服从，"早服"是指先服从于道。

(第五十九章)

这些言论都隐含了"道"的存在，对此老子或用"朴""无极"等词指示之，或用"婴儿""赤子"隐喻之，或用"之"字指代之（"修之"一句），或隐而不言（"早服"一句）。在"德""道"关系上，此处也未用"得"进行界定，但"复归""修""含""服"等语词都起到了类似的功能。

以上是第一类情形，接下来看第二类。在这些言论中老子直接用"得"说明人和道的关系，虽然未见"德"的字眼，但其间默认了人所得于道者即为"德"的意思。此类话语包括第二十三章的"得失"之论和第五十二章的"得其母"之言。先看后一言论：

> 天下有始，以为天下母。既得其母，以知其子；既知其子，复守其母，没身不殆。塞其兑，闭其门，终身不勤。开其兑，济其事，终身不救。见小曰明，守柔曰强。用其光，复归其明，无遗身殃：是为习常。（第五十二章）

天下之"始"、天下之"母"即是"道"，"子"喻指由"道"所生成的万事万物。所谓"得其母"，即是"得道"。此章最后有"习常"之言，这是对全章内容的概括。"习常"指因循常道（"习"通"袭"，指因循），其义同于"得其母"。对于人的所得，老子没有直接称为"德"，但结合前类话语来看，"习常""得其母"正是"从道"之"孔德"的表现。[①]

接下来看第二十三章的"得失"之论：

> 故从事于道者，道者同于道，德者同于德，失者同于失。同

[①] "得其母"含有所得者即为"德"的意思，是结合前一类言论得出的结论。前面曾言，从第三十九章的"万物得一以生"还不能推出老子有万物之"德"的思想，是因为在《老子》书中并未出现类似的佐证。

第二章 新意域的开创：老子的"德"观念

于道者，道亦乐得之；同于德者，德亦乐得之；同于失者，失亦乐得之。

此文段迂绕难解，历来注说纷纭。帛书二本此处文义更明朗，兹引帛乙文句：

故从事而道者同于道，德者同于德，失者同于失。同于德者，道亦德之；同于失者，道亦失之。①

刘笑敢先生曾指出：帛书本的含义十分清楚，而传世本衍出赘句；"得"字在帛书本作"德"，但根据上下文义，这里的"德"应读作"得"，全段皆在讨论"得""失"问题，与道德之德无关。② 笔者赞成此处当从帛书作解，在"德""得"互通上也同意刘先生的判断，③ 不过，笔者认为此所言"得"与道德之德有关。

要说明这一点，需对帛书此段之理路作一分析。刘黛曾论析其结构，并以下图进行呈现，这有助于理解这一问题：④

道：从事而道者同于道 { 得：得者同于得　　同于得者，道亦得之
　　　　　　　　　　　 失：失者同于失　　同于失者，道亦失之

---

① 帛甲此处文句和帛乙基本相同，但有两字残缺（分别是"同于德者"的"者"和"同于失者"的"失"）。又，"失者同于失"在帛甲作"者者同于失"，第一个"者"当为误写。汉简本此处文句和帛书二本较接近，所不同的是，"德者同于德"在汉简作"得者同于德"，"同于德者，道亦德之"在汉简作"同于道者，道亦得之"。相比而言，帛书二本的文句更为通畅。
② 刘笑敢：《老子古今》（上册），第299页。
③ 王弼本存在"德""道"相对和"得""失"相对两种可能，这给理解带来了困难。但在帛书二本中"得""失"相对显得更为明确，可避免不必要的干扰。"德""得"互通是古书常见的情形，这在《老子》也有出现，如第四十九章的"德善""德信"，其间的"德"即通假为"得"。
④ 刘黛：《从事而道者的得失之路——以帛书为基础的〈老子〉第23章新诠》，《马克思主义与中华文化研究》2019年第2期。

165

参此可知，这段话大致是说：从事于道者将同于道，得道者将同于得，失道者将同于失；之所以说同于得，是因为道也将得其人；之所以说同于失，是因为道也将失其人。①此段所见"德"字均通假为"得"，其中，"得者同于得"的第一个"得"是指人得道，其义仍与道德之"德"有关。这类似于前述的"得其母"之论，虽然其间未见"德"字，但老子乃默认了所得于道者即为"德"的意思。

通过上论可知，老子思想中的"德"具有"得道"义，虽然他对此未有明言，但结合上述两类话语来看，其间所言"德"实包含此义。那么，接下来的问题是，所谓"得道"，究竟又是指什么呢？文义上说，这是指获得了"道"，那么，这种获得又是何种意义的获得呢？进一步考察上引言论可知，所谓"得道"其实包含着先天和后天两层意涵。在先天层面上，所谓"得"是指潜蕴，所谓"得道"是指人潜蕴着"道"，或者说"道"以潜质形态存于己身，此等潜质即为"德"。比如第二十八章的"常德"之论即是一个体现：这里提示了"德"是人的先天固有之物，人所要做的不是赋予自己某种"德"，而是让自己的本有之物"不离""不忒"（不离失、不出现差错），让它充分实现（"乃足"）；所谓"复归"，其义亦在于此，这是对"德"为己身固有之潜质的再提示，意味着人的"得道"不是向外逐求某种东西，而是返归于己身本有之物。

就后天层面来看，所谓"得"则是指觉悟，"德"作为"得道"

---

① 笔者参照了刘黛对内在结构的分析，但在文义的理解上有所不同。刘黛对此段的解释是：从事于道者将会同在道上；会同到"得"那里，是因为所行的道是一条获得之路；会同到"失"那里，是因为所行的道是一条失去之路；走到"得"那里去，是因为所行之道也是"得"之道；走到"失"那里去，是因为所行之道也是"失"之道。其解释有两个关键处，一是认为"得""失"是指两种"道"——获得之道和失去之道，二是认为两个"亦"字是表示判断的系动词。笔者认为这两处是有待商榷的。"道"在此间不存在两种意义，所谓"得"是指"得道"，而与之相对的"失"则是指"失道"。至于"亦"，相当于今天所说的"也"，所谓"道亦得之""道亦失之"，是对"同于得""同于失"的解释：之所以说"同于得""同于失"，是因为"道"也将"得"其人或"失"其人。可见，"同于得""同于失"是指"同于道之得""同于道之失"，此二者都是"同于道"的表现。开头提出的"从事而道者同于道"是一种宽泛的说法，"从事而道者"既可能"得道"，也可能"失道"，但不管是"得"还是"失"，其结果都是"同于道"。

第二章 新意域的开创：老子的"德"观念

指的是人觉悟"道"的状态。在前面考察的诸种话语中，"从""为""服""修"等语词都是指后天意义上的"得"。这不是从外界获得，其实质是己身所蕴之潜质的焕发和实现。它是"得"的现实化形态。①"德"作为"得道"的先天义是其根本义，而其后天义则是先天义的延伸。此二义并无截然界线，在不同的语境中有不同方面的侧重。并且，这两层意味分别关乎"德"作为本性和心境的内涵："道"以潜质之"德"的形态存于己身，这关乎人的本性；此潜质之焕发和展放则关乎人的精神境界。可以说，"德"之所以具有心性方面的内涵，正是基于"得道"的两层意味。②

总之，关于"德"的含义，我们一定程度上回到了"德"即"得道"的通解。之所以说是一定程度上，是因为通过以上之论析我们可发现一些以往未曾充分留意的信息。一是，老子对此未有直接之界定，只是在相关言论中"德"含有此义，其明确之言是出现在后来的庄学和黄老学中。二是，老子思想中"德"之此义只发生在人、道关系之中，而道物关系、王民关系中的"德"则另当别论。三是，所谓"得道"，是指内在性的获得，不是指从外界获得，并且它包含着先天和后天两层意味，这是"德"之心性内涵得以形成的内在基础。后两个信息直接关系到"德"义的内在构造，它们不仅是理解老子思想时需注意的地方，也是把握庄子以及黄老所论"德"的关键。

在同时代的孔子思想中，"德"也具有"得自……"的意思。孔

---

① "得其母""得者同于得"的"得"也是后天之义。另外还有"含德"之"含"，此处情况较复杂，留待下节讨论。

② 关于这两层意味，后面第二小节和第四小节会有进一步展开。前面曾指出，老子改造"德"之思维的一个要害在于转变了"德""得"之关系：在以前"德"是"得"（具体是"得天命"）的条件，在老子思想中"得"（具体是"得道"）是"德"的基础。老子思想中的"得""德"之关系可见于此间所言的两层意味，并且主要是体现在后天之义："得道"以后才有所谓"德"。另外，"德"的这两层意味后来在庄学和黄老学中更为明朗。庄子对"德"曾有两个界定，一是《天地》的"物得以生谓之德"，一是《德充符》的"德者成和之修也"，这分别是就先天之"德"和后天之"德"进行言说。《管子·心术上》曰："德者，道之舍，物得以生生，知（智）得以职（识）道之精。"此间同时考虑了先天（"物得以生生"）和后天（"智得以识道之精"）这两层情况。后两章对此将有细论。

167

子强调"天生德于予"(《论语·述而》),这里暗含"德"即得自于天者的意思。在和弟子讨论"德"的时候,孔子曾用"得"进行解释:

> 樊迟从游于舞雩之下,曰:"敢问崇德、修慝、辨惑。"子曰:"善哉问!先事后得,非崇德与?攻其恶,无攻人之恶,非修慝与?一朝之忿,忘其身,以及其亲,非惑与?"(《论语·颜渊》)

在此孔子提出"崇德"的表现是"先事后得",至于"得"什么,孔子未有明言。

后世儒家延续了孔子思路。一方面,在"天命之谓性"(《礼记·中庸》)的观念中,后学以"性"的概念代替孔子所言"德",明确此间的"德"实为先天之"性"。另一方面,则通过以下言论明确"先事后得"的意义:

> 礼乐皆得,谓之有德。德者,得也。(《礼记·乐记》)
> 德也者,得于身也。故曰古之学术道者,将以得身也。(《礼记·乡饮酒义》)

在此,"德"是指所得于"礼乐""术道"者。这里的"术道"和道家所谓"道"义有不同,其内容也即以礼乐之类为核心的修德之方式。

综合孔子及其后学言论来看,儒家思想中作为"得"的"德"也包括先天和后天两层,在先天层面上儒家认为"德"是所得于天者,自后天而言,儒家认为"德"是"先事后得",具体来说,是指所得于"礼乐""术道"者。道家思想中作为"得"的"德"虽有先天、后天两层,但在所得的内容上道家并未作出区分。此外,相比于道家,儒家更关注"德"的后天之义。孔子所言"天生德于予"虽然暗含"德"即所得于天者的意思,但在后来"德"的此等意味

第二章 新意域的开创：老子的"德"观念

为"性"所取代，而"德"则主要表征先天之"性"在后天所获培养之状态。

如同前面指出的，老子思想中的"德"作为"得道"包含了潜在之质和觉悟之境两层意思，这是"德"之心性内涵得以形成的内在机理。接下来，我们将围绕这两层意味对"德"的心性内涵展开具体的论述。

二 作为觉道之潜质的"德"

"德"在早初即有品性、品质之义。作为周人荣膺天命的一种综合状态，"德"涵盖了品质、心态以及行为等多个方面的内容，这使得它在一定程度上承担了"性""心"概念的功能。后来随着"性""心"概念的兴起，"德"的表意功能出现一定的"卸任"，但它仍与"性""心"具有千丝万缕的联系。老子思想可说是这一过程的过渡环节。一方面，此间未有"性"的概念，"德"承载着老子关于人性的思想；另一方面，"心"的概念已出现，"德""心"之间存在着比较微妙的联系。

此小节讨论前一情况。学界很早有人关注及此，如徐复观先生曾言道，《老子》一书无"性"字，然其所谓"德"实即"性"。[①] 在后来的研究中不少学者都强调"德"的人性内涵。老子"德"论确实有表达人性思想的功能，问题是，人性是一个内容复杂的范畴，老子以"德"所传达的人性究竟是何种意义的人性呢？这个问题不仅影响到对老子人性思想的理解，也关乎对"德"之角色的基本定位。

第二十八章的"常德"之论是理解此问题的一个关键。前面对此已作简论，现今进一步考察其义：

> 知其雄，守其雌，为天下谿。为天下谿，常德不离，复归于婴儿。
> 知其白，守其黑，为天下式。为天下式，常德不忒，复归于

[①] 徐复观：《中国人性论史》，第253页。

无极。

　　知其荣，守其辱，为天下谷。为天下谷，常德乃足，复归于朴。

　　此三处"常德"在帛书二本和汉简本均作"恒德"。"恒""常"义近，均强调"德"在己身的恒常性与固有性。[①] 正因如此，人在后天所需做的不是由外而内获得某种"德"，而是让己身的本有之物如其所是地展放出来。所谓"不离"（不离失）、"不忒"（不出现差错）、"乃足"（乃能充分实现），从不同角度描述固有之"德"的展放之状。三处"复归"之言则再次说明"德"为己身固有之物。这里分别用"婴儿""无极""朴"来描述"复归"的状态，这既是"德"的实现，也是"道"的开展——"道"以"德"的形态在人这里得到了呈现。要之，此章提示着"道"以潜质的形态也即"德"的形态蕴含于己身，这是人之所以能够"复归"、之所以能够觉"道"的依据所在。

　　可见，"德"之为"性"是指人性当中关乎觉"道"之可能的那种潜质。它恒常存于己身，只要"不离""不忒"，人自然就能够"复归于朴"。第五十五章的"含德"之论也能体现"德"的此等意味：

　　含德之厚，比于赤子。蜂虿虺蛇不螫，猛兽不据，攫鸟不搏。骨弱筋柔而握固，未知牝牡之合而全作，精之至也。终日号而不嗄，和之至也。知和曰常，知常曰明。益生曰祥，心使气曰强。物壮则老，谓之不道，不道早已。

　　"含德之厚，比于赤子"和"恒德不离，复归婴儿"（帛甲本）意义相仿。"含"指含持、保持，也即"不离"。"厚"指深厚，这是

[①] 第一章"道可道，非常道。名可名，非常名"的"常"在帛书二本和汉简本亦作"恒"。以下述及第二十八章的"德"，皆以"恒德"为论。

第二章 新意域的开创：老子的"德"观念

对"德"之保持状的描述。直接来说，"含"指的是人在后天生活中对"德"的保持；① 但这里又存在一个前提——"德"是人的固有之物，唯有如此，才有所谓"含"、所谓保持。此点正类似于"恒德"之论，只有当"德"为本有之物时，才有所谓"不离""不忒"。②

进一步可看到，此两章都用婴儿或赤子来比喻有德者的状态。老子好用此喻，除此以外，还有第十章的"专气致柔，能婴儿乎"、第二十章的"我独泊兮其未兆，如婴儿之未孩"（"孩"借为"咳"，指嬉笑）。这种比喻当然不是劝人们要回归到婴儿的懵懂状态，而是在提示"德"的展放应该如同婴儿一般，自然流露，无有刻意和矫饰。此外还需注意的是，这种比喻也暗示了"德"的先天性，它是与生俱来的一种本性，所谓"复归于婴儿"，其实是指复归于原本所有之物。

对于这种本有之物，老子在第四十一章也将它称为"质"：

> 上德若谷，大白若辱，广德若不足，建德若偷，质真若渝。③

这里的"质"即相当于"德"，"质真"即谓"德真"。孔子有"文质彬彬"之言，"质"作为与外在之"文"相对的概念是指人的内在品质。④ 老子所言"质"有相似之处。"上""广""建"（"建"

---

① 既然有"含德之厚者"，那么也就有"含德之薄者"，后者代表着"德"在现实当中的离失。

② 第五十五章首句之后的文句都是在描述"含德之厚"的表现。先是讲这种人不会被外物所伤害。为何如此？王弼对此有精到之解："赤子无求无欲，不犯众物，故毒螫之物无犯于人也。含德之厚者，不犯于物，故无物以损其全也。"（《老子道德经注校释》，第145页）接下来说"骨弱筋柔……和之至也"，此是对初生婴儿的描述。"握固"指握紧拳头，"全作"指生殖器完全勃起，"号而不嗄"指哭喊而不嘶哑。这不是说有德者的表现也是这般，而是指有德者将如同赤子一样，身上的"德"会自然流露出来。再接下来，老子则从正反两个方面说明此上的道理。

③ 此句在楚简本作："上德如谷，大白如辱，广德如不足，建德如□，□真如愉。""质"字残缺。帛书乙本作："上德如浴，大白如辱，广德如不足，建德如□，质□□□。"（帛甲此章残缺较多）汉简本作："上德如谷，大白如辱，广德如不足，建德如榆，桎真如。""桎"通"质"。

④ 《论语·雍也》载："子曰：'质胜文则野，文胜质则史。文质彬彬，然后君子。'"

◇◆◇ 先秦道家"德"观念研究

通"健")诸词提示着,此所言"德"乃老子所推崇者。然而,此等"德"所表现出来的状态却似乎是负面的:上等之德好像卑下低微,纯白之中好像有黑垢,① 广大之德好像有所不足,刚健之德好像有些怠惰,质地纯真却好像变得污浊。② 实际上,上德者貌似卑下,实为高尚,这种人看起来污浊,其实他的质地十分纯真(余三句类此),这正是"大巧若拙""大成若缺"(第四十五章)的道理所在。

对于这种"质",老子用"真"进行描述,这是强调"德"作为一种内质确然存在于己的真实性。在第五十四章老子亦以"真"论"德":"修之于身,其德乃真。"此处则主要指示其后天之状。类似于"真",老子也用"朴"描摹"德"之状。第二十八章的"恒德乃足,复归于朴"(帛乙本)即是一例。此外,所谓"敦兮其若朴"(第十五章)、"见素抱朴"(第十九章),也是对有德者的一种描述。"真"指真实,"朴"谓朴素。此二者既是对后天之"德"的规定("德"的开展应当真实而朴素),同时也是对"德"的先天之状的描述,意味着这是一种确然存在于己的纯朴之质。③

通过以上论析可知,老子所言"德"确实可反映人性方面的思想,但人性是一个复杂的范畴,老子关注的是人性当中关乎觉"道"之可能的潜质,这才是其所论"德"的要点所在。"道"以"德"的形态也即潜质的形态蕴于己身,这是人之所以能够觉悟和运用"道"的内在依据。如果说在老子以前"德"之为"性"是指那种可以获得上天之认可的政治品质,那么在老子思想中"德"之为"性"则是指那种让人之觉"道"成为可能的潜质。

宽泛而论,"德"作为觉"道"之潜质可以包含两种情况。一是,"道"原即蕴于己身,此潜质是指"道"在人的潜蕴之状,所谓

---

① "辱",通"黥",指黑垢。
② "渝",本义是水变污浊,引申指改变。《说文·水部》:"渝,变污也。"老子此处所用与其本义有关。
③ 除了此情形,老子言"德"还每每在其前冠以某个形容词,比如前论一章所见的"上德""广德""建德",再如"孔德""恒德""玄德"之类。这些形容词既表明其所言"德"是为上等者,同时也是对"德"的不同角度的描述。

第二章 新意域的开创：老子的"德"观念

觉"道"其实是指内在之物的觉醒与焕发。① 二是，"道"是有待认知的一个对象，此潜质是指人所固有的认知此对象的一种能力，所谓觉"道"即是指认识到、把握到这一对象。就老子哲学乃至道家哲学而论，所谓潜质都是指第一种情形。不过，在老子的某些言论中似乎又出现了第二种情形。比如在"孔德之容，惟道是从"（第二十一章）此言里，"道"就带有点作为对象而外在于人的意味，而"孔德"的表现即是跟从这一对象。根本上而言，"道"并不是外在于人的对象，但在此等言论中它又出现一定的外在化倾向，这和它在宇宙论中所表现的实体化倾向是相类似的。后来在庄子思想中，"道"的实体化倾向或外在化倾向都被淡化乃至于消除，"道"内在于人（甚至是内在于万物）的性格得到了明确的揭示。

以上探讨了"德"之为"性"的确切所指，接下来还有一个问题需要讨论，此即老子关于人性的学说是不是一种性善论。以往研究中不乏论者认为老子主张性善之论。② 就传达人性思想的"德"观念来看，它作为"道"在人的潜蕴状态，自然是正面的，这种观点并非毫无依据。但老子人性思想之要点并不在人性之善恶，而在于人性当中是否存在让觉"道"成为可能的依据。在更早的时候，张岱年先生曾提出老子的人性思想是一种性超善恶论。③ 这更能反映其真实面貌。当然，老子的"超善恶"并非有意为之，而是他的关注点本不在人性之善恶。④

老子并不是要考察人性是什么，也不是要为人性下一个价值判

---

① 此觉"道"也可说是"道"觉，这是内蕴之"道"的觉醒，也是"德"的焕发与实现。
② 如张松辉和周耿等人即作此解。见张松辉《老子研究》，第104—109页；周耿：《先秦道家人性论研究》，巴蜀书社2019年版，第96—102页。
③ 张岱年：《中国哲学大纲》，第194—196页。
④ 在宽泛的意义上，"性超善恶论"可作两解：一是说人性的善恶已成为人们关注的问题，但思想家对此采超越立场，不从善恶论人性；二是人性的善恶尚未成为被关注的问题，故不从善恶论人性。就此来看，庄子的人性思想可归为前一种，而老子的人性思想则属后一种。在老子的时代，人性的善恶问题还没有引起普遍关注，不仅老子未从善恶论人性，孔子在讲到人性时也未关注及此。到了战国时期，尤其是庄、孟所处的战国中期，人性的善恶才引起大家的关注，而庄子讨论人性则表现出对善恶之维的超越立场。

断，他关注的是人性当中关乎觉"道"之可能的依据，这也正是"德"在其思想中的一个紧要意义。他主张"恒德不离，复归婴儿"（第二十八章帛甲本），希望人们实现自身的潜质，让"道"以"德"的形态在生命中自然开展。作为一种结果，"不离"是指向"德"的焕发和实现；而作为一种过程，"不离"将涉及非常复杂的现实因素。换言之，作为潜质的"德"在后天生活中并非必然能实现，它时刻面临着异化或变质的危险。只有察觉到这样的危险，避免异化和变质，才有可能让自身所潜含的"德"如其所是地焕发出来。

三 "德"的异化及其成因

"恒德不离"之论其实已暗示了"德"在后天生活中并非必然实现，而是存在着"离"的风险，正因如此，人才需要做到"不离"。① 如果说"恒德"的"足"代表着潜质的实现之状，那么"忒"（差错）与"离"（离失）则指向"德"的异化之态，② 后者正是人们需要"复归"的原因所在。

老子很关注"德"的异化问题，除了"恒德"一章，第三十八章中"德"的上下之论也是一个典型表现。在此，"下德"及其所含摄的"仁""义""礼"正是"德"的异化表现。"德"之所以异化，关键在于人们出现了"不失德"的意念，把"德"（具体来说也就是把"仁""义""礼"）当对象去"为之"。老子在该章还将导致"为之"的这种意念称为"前识"，这是他对异化原因的一种概括。

---

① 所谓"恒"是就潜质的恒有性而言，不是说后天生活中"德"必然恒常实现。
② "离"的词义指离失，其实质是说"德"的被遮蔽。"忒"谓差错，它表示"德"在开展过程中偏离了自身，以一种假态形式出现，比如把"德"当作一种对象或工具去"为之"（参见第一节所论），即是"忒"的一种表现。"德"出现了差错，其实也意味着它的本质被遮蔽。因此"忒"与"离"的所指在根本上是统一的。就异化概念而论，它的直接意义是事物以假态形式出现，同时这也包含着事物本质被遮蔽的意思。比如说人异化为工具，这是指人以工具的假态出现，它的另一层意思是人的本质未有显豁。所以，无论是"德"之"忒"，还是"德"之"离"，都属于"德"的异化形态。可以说，"德"之"忒"直接反映"德"之异化，而"德"之"离"则是异化形态所必有的结果。

第二章 新意域的开创：老子的"德"观念 ◇◆◇

从"道"的方面来看，"德"的异化也即"道"的失落，所以老子在该章曾用"失道而后德"来概括这一点。第二十三章有类似之论：

> 故从事而道者同于道，德（得）者同于德（得），失者同于失。同于德（得）者，道亦德（得）之；同于失者，道亦失之。（帛书乙本）

前面已对此间文本问题作出考论，可知这里的"德"通假为"得"，然其实质仍与"德"有关。进一步可看到，此间的"失"作为"失道"的状态，指向的正是"德"的异化形态。所谓"失者同于失"，是说在"失道"者那里，"道"也将失去他。老子之所以用这种看起来有点重复的话，应该是为了强调人和"道"的背离之状，这也正是"恒德不离"之"离"所指的情况。

老子屡屡言及异化现象，那么，又是什么原因导致了此等现象呢？就第三十八章来看，老子给出的解释是"前识"，更直接来说，则是"为之"（参见第一节所论）。除此以外，老子在他处还提供了不同角度的解释，与"前识"和"为之"之论相结合，对此问题将能获得更加系统的把握。

池田知久和王中江先生曾深入讨论老子思想中的异化问题。池田先生将异化之因归于"自然"的过度，认为"自然"并非完全正面，有时也伴随着危险性和消极的一面；对于过度的"自然"，《老子》主张将其纳入到中央集权式的统治范围之中。[①] 王先生对此持不同看法。他认为，在老子思想中圣人的"无为"和"柔弱"不是民众出

---

① 池田先生认为《老子》文本经历了逐渐累加的过程，其哲学思想存在一定的矛盾：《老子》早期的思想强调一君万民式的中央集权，后来登场的"自然"思想则强调以帝王"无为"和百姓"自然"为架构的民主主义或无政府主义。在此基础上池田先生提出，在后一种架构中"自然"存在过度的危险，故需以前一种模式进行抑制，这是《老子》试图统一两种模式的表现。见池田知久《〈老子〉的形而上学与"自然"思想——以北大简为中心》，曹峰译，《文史哲》2014年第3期。

现异化的原因,异化的原因乃在于人的"欲作"(第三十七章)和"妄作"(第十六章)。①

笔者赞同王先生的思路,并尝试以此为基础作进一步探讨。王先生之论提示了老子思想中异化的一个重要因素——"欲"的发作。②在此之外老子还讲过另一方面的因素,即所谓"慧智出":

> 大道废,有仁义;慧智出,有大伪;六亲不和,有孝慈;国家昏乱,有忠臣。(第十八章)

"大道废,有仁义"是对第三十八章"失道而后德,失德而后仁,失仁而后义,失义而后礼"的一个概括。它是说,"大道"废弃了,才有所谓的"仁义","仁义"之举本质上是"道"之失落、"德"之异化的表现。③接下来的"慧智出,有大伪",则是对"大道废,有仁义"的原因进行解释。这里的"伪"呼应第三十八章的"为之"。再接下来的"六亲不和,有孝慈;国家昏乱,有忠臣"是说,在六亲不和与国家昏乱的情况下倡导孝慈、忠臣,其实是把孝慈忠义当对象去"为之",这是"慧智出,有大伪"在家、国两种场合

---

① 王中江:《根源、制度和秩序——从老子到黄老》,第39—48页。

② 王先生还提到"妄作"。关于此"作"的主语(类似于"欲作"的"欲"),老子未有明言。就此来看,"妄作"是对异化现象的一种描述,尚未涉及异化的原因。

③ "大道废,有仁义"在楚简、帛乙、汉简皆作"大道废,安有仁义",在帛甲作"大道废,案有仁义",在傅奕本作"大道废,焉有仁义"。"安""案""焉"互通,其义可有两解,或为"于是",或为"哪里"。若依前解,简帛诸本、傅奕本中文义和王弼本无异;若从后解,则文义有别,"大道废,安有仁义"是说大道都废弃了、哪里还有仁义。不乏研究者据后解认为老子对仁义并无批评之意。在笔者看来,无论"安"作何解,其实都无改于老子在仁义问题上的态度。老子并没有否认仁义之德在人性中的存在,也没有否定仁义之行在生活中的价值,他只是反对以"为之"的方式去倡言或施行仁义。若解"安"为"于是",那么"大道废,安有仁义"意思是说大道废弃了,于是就有了各种仁义之举(这是异化的仁义);若解"安"为"哪里",那么这句话是说大道都废弃了、哪里还有真实的仁义。相对来说,笔者更倾向于解"安"为"于是",这是老子对仁义之举何以出现的一种解释。此章后面有言"六亲不和,安有孝孳;邦家混乱,安有正(贞)臣"(楚简本),这也是就"孝慈"和"贞臣"出现的原因进行解释。

第二章 新意域的开创：老子的"德"观念

的具体表现。可见，老子在此处乃将异化的原因（也即"大伪"的原因）归为"慧智出"。正因如此，他才会强调"弃智"（第十九章）、"使夫智者不敢为"（第三章）。

由此来看，老子所思的异化之因乃包括两个方面，一是"欲作"，二是"慧智出"（也可简称为"智出"）。第三章有言"无知（智）无欲"，这是对异化之两因的一并否定。具体到两种因素的关系上，老子并无明言。就"欲""智"的特点而论，它们既可能各自导致异化，也可能两相配合，一同促成异化。① 并且，此二者促成异化都有一个中介，也即第一节曾讨论过的"前识"。欲望和智巧促使人在行动中产生"前识"，从而让"德"异化为"下德"。

老子强调"无智无欲"，并不意味着"欲"和"智"在其思想中完全是负面的存在。在"欲"的问题上，如同王博先生曾指出的，老子对"欲"不是简单的否定或肯定，而是辩证地思考了欲和不欲、有欲和无欲的关系。② 在此基础上，笔者想指出的是，老子所言"欲"宜分作"物"和"道"两个层次来看。就物欲而言，其所谓"无欲"是指消除身体的嗜欲或功名的贪欲，③ 而对于超越"物"之层面的"惟道是从"的大欲，老子非但没有否定，反而是加以推崇。④ 至于"智"，老子亦未全然否定。虽然第十九章的"绝圣弃智"

---

① 李若晖先生曾关注"无知无欲"中"知"和"欲"的内在关系。他认为，"欲"对于"物"的区分，包括"我"与外物的区分，以及万物之间的区分，这便构成所谓"知"；这种基于"欲"的"知"也即"妄知"是导致不良之"作""为"的根源。见氏著《道论九章——新道家的"道德"与"行动"》，上海人民出版社2017年版，第182、第188—192页。李先生所论启发笔者重视"知"和"欲"的关系，但笔者认为此二者并非因果递进关系。关键在于，这里的"知"不是指认知或知识，而是通假为"智"，这一点从此语之后的"使夫智者不敢为也"亦可看出。

② 王博：《思想史视野中的〈老子〉文本变迁》，《中国哲学史》2015年第4期。

③ 如第十二章有"五色令人目盲；五音令人耳聋；五味令人口爽"，这是对感官嗜欲的否定。如第四十四章有"名与身孰亲？身与货孰多？得与亡孰病？是故甚爱必大费；多藏必厚亡"，这是对名利欲求的否定。

④ 在第一章中老子既讲"无欲"，也讲"有欲"："故常无欲，以观其妙；常有欲，以观其徼。"后一个"欲"是指"惟道是从"的大欲。这种欲望非但不用消除，反而需要培养。

之言有否定"智"的倾向，①但第三十三章的"知人者智，自知者明"又在另一层面上肯定了"智"。总起来看，"欲"和"智"在老子思想中都包含着两个层次，他在否定物欲、俗智的同时，又肯定了更高层面的道欲和真智。老子在表述时往往没有对这些语词作明确的限定，需要我们结合语境进行具体理解。

总之，在"德"的异化原因上，老子虽未有集中阐述，但结合诸种相关言论，可抽绎出他在此问题上的多层思考。如果说"为之"是导致异化的直接原因，那么"前识"即是催发"为之"的内在动机；而此间更深层的因素则在于贪欲和俗智，此二者相互配合，共同促成"前识"的出现。凡此种种，是导致潜质之"德"难以焕发的不同层次上的负面因素。

四 "德"的复归与"心"的作用

前面我们讨论了"德"的异化及其原因，接下来探讨老子提出的解决方案。这不仅关乎如何克服异化的问题，还涉及"心"的角色问题。"心"在老子哲学中尚未成为显要的概念，它的地位是到了庄子思想和黄老学说才变得突显，但老子关于"心"的思想为后学论"心"提供了很重要的渊源。接下来，我们先考论"德"的复归之论，进而论析"心"在此间的角色。

（一）"德"作为"复归"之旨向

在老子看来，"上德"之人顺乎天性，浑不知何谓"德"，惟其如此，故常葆上等之美德；而"下德"之人则与之相反，他们以"德"为念，着意为"德"，殊不知本有之美德恰恰是在这种"为之"之中悄然异化了。"上德"或"恒德"本具于己身，一旦有意"为之"，便事与愿违。"为之者败之，执之者失之"，②向我们提示了一

---

① "绝圣弃智"在楚简本作"绝智弃辩"。此虽有"圣""辩"之异文，但在否定"智"这一点上并无差异。

② 王弼本作"为者败之，执者失之"（见于第二十九章、第六十四章），此从楚简和帛书。详见第一节讨论。

第二章 新意域的开创：老子的"德"观念

个非常深刻的道理。

当我们注意到老子思想中的异化问题，即可知他何以重视"复归"。在《老子》书中有关"复归"之言共出现了6次，其中，有3次是集中出现在第二十八章。我们在第二小节曾以此讨论"德"的本性义，这里进一步关注"复归"的意味。老子在此接连讲到"恒德不离，复归婴儿""恒德乃足，复归于朴""恒德不忒，复归于无极"（帛甲本）。某种意义上，可将这里所说的"复归"视作一种过程，而"恒德"则是"复归"的旨向。所谓"复归"，实是说"恒德"的回归和焕发。

在第五十二章中"复归"也与"德"紧密相关：

> 既得其母，以知其子；既知其子，复守其母，没身不殆。……见小曰明，守柔曰强。用其光，复归其明，无遗身殃，是为习常。

在第一小节的讨论中我们指出，"得其母"意谓"得道"，所指向的正是人的"德"。"得其母"者能"见小""守柔"，这是"道"在他身上的体现。"用其光，复归其明"的"其"指代"德"，意谓返归于那种源自"道"的"光""明"。

前文已指出，老子曾用"妄作"描述异化现象。也正是在此处，他还提出了与之相对的"复归"之论：

> 致虚极，守静笃。万物并作，吾以观复。夫物芸芸，各复归其根。归根曰静，是谓复命。复命曰常，知常曰明。不知常，妄作凶。知常容，容乃公，公乃王，王乃天，天乃道，道乃久，没身不殆。（第十六章）

"各复归其根"是说万物复归于"根"，也即"朴"的状态。在此"复归"似乎并不是人的"特权"，人外之物仿佛也存在类似的过程。实际上，老子此所言"物"主要是就人来讲的。①

第十四章也有关于"复归"的讲论：

> 视之不见名曰夷，听之不闻名曰希，搏之不得名曰微。此三者不可致诘，故混而为一。其上不皦，其下不昧。绳绳不可名，复归于无物。是谓无状之状，无物之象，是谓惚恍。迎之不见其首，随之不见其后。执古之道，以御今之有。能知古始，是谓道纪。（第十四章）

这里主要是描述"道"的表现。"绳绳不可名，复归于无物"是说"道"绵绵不绝，不可名状，它的一切活动与作用都是处于"无物"也即无形的状态（此"物"指形象，参见前论）。第十六章的叙述似乎指向世间万物，而这里则仿佛是说"复归"的主体是"道"。

---

① "物"是老子言论中频繁出现而含义复杂的一个概念。后文还会有涉及"物"的地方，此处稍展开分析。整体上看，"物"在老子言论中包含以下诸义：（1）泛指一切事物。此时意域最广，"道"也在其可指范围内，如第二十一章的"道之为物，惟恍惟惚"、第二十五章的"有物混成，先天地生"（若结合简帛本来看，此情形另当别论）。（2）指与"道"相对的现象事物。（3）指与人相对的非人之物。如第二十七章的"常善救人，故无弃人；常善救物，故无弃物"，第七十六章的"人之生也柔弱……万物草木之生也柔脆"。（4）指与个人相对的外界事物。此"物"可泛指一切他者（包括他人和人外之物），但老子言论中此"物"往往是指他人，更具体来说，它是指圣人所面向的民众。如"行不言之教，万物作焉而不辞"（第二章）、"物或恶之，故有道者不处"（第二十四章）、"物或行或随"（第二十九章）、"侯王若能守之，万物将自化。化而欲作，吾将镇之以无名之朴"（第三十七章）、"复众人之所过，以辅万物之自然而不敢为"（第六十四章）、"与物反矣，然后乃至大顺"（第六十五章），表面上看，这里的"物"是指圣人以外的一切事物，但结合语境可知它主要指圣人所面向的民众：第二章"教"的对象是民众，第六十四章"万物"对应前文的"众人"，其余诸章中"恶""行""随""欲作""反（返）"的主体都是众人。"物"在此前即有指人之用法，如《左传》昭公十一年的"物以无亲，晋之不能，亦可知也"，同书昭公二十八年的"夫有尤物，足以移人"，《国语·郑语》的"能类善物，以混厚民人者，必有章誉蕃育之祚"。（5）指形象、形状。如第十四章的"绳绳不可名，复归于无物。是谓无状之状，无物之象，是谓惚恍"，第二十一章的"惚兮恍兮，其中有象；恍兮惚兮，其中有物"，此"物"指"道"之形象。这也是对早初用法的延续，如《诗·小雅·六月》有"比物四骊"，《左传》僖公五年有"必书云物，为备故也"，"物"皆谓形色。关于老子"物"义的详细讨论，可参拙文《老子"物"论探究——结合简帛〈老子〉的相关信息》，《中国哲学史》2021年第1期。

第二章　新意域的开创：老子的"德"观念

实际上，这是为了给人的"复归"提供一个可供效法的"榜样"，意味着有德者将会做到"其上不曒，其下不昧，绳绳不可名，复归于无物"。

综合"复归"之论来看，老子都很强调"知"在其间的作用。第二十八章言及"知其雄，守其雌""知其白，守其黑""知其荣，守其辱"，这是"复归"得以实现的前提；在第五十二章中"复归其明"与"既得其母，复知其子；既知其子，复守其母"紧密相关；第十四章所言"能知古始"是指体认"道"；第十六章强调"知常"的关键性，并且还从反面说明了"不知常"的后果。总的来看，复归之论中的"知"是人的真智慧的表现，它是指人对己身固有之"德"的察觉与体认，由乎此，人们才能够从各种私欲和小智中超拔出来，让本有的"恒德"充沛焕发。

需继续指出的是，老子的"复归"之论容易让人理解为它仅是指"德"发生异化以后重新返归的过程。这固然是老子所言"复归"的一个意义，但在此之外，"复归"还指向这样的情况：察觉私欲和小智的危险，一开始就杜绝异化的可能。这种意义上的"复归"并不是在发生异化以后才出现。归结而言，所谓"复归"其实是说"德"作为一种潜质的焕发与展放，它的实现方式既包括"失而复得"——异化以后通过"知常"而重新回归，[①] 也包括"自始不离"——通过"知常"而杜绝异化的可能。

此外，"恒德"的开发和实现离不开后天的努力，但这不意味着它完全是后天培养的成果。也即，"恒德"作为己身常存的潜质，指向的是内蕴于生命当中的"道"，它的开发和实现有待人的"知"，但它的存在并不以此为条件。所谓"恒德不离"，实已暗示此意。一则，"不离"意味着"德"是本来就有的潜质，人所需要做到的是让其自然焕发，而不是由外而内赋予自己德性。二则"恒德"之"恒"也指示着此"德"乃"常"存于己身，人能否"复归"，关键在于

[①] 所谓"失"，不是指彻底丧失，而是指暂时的异化或遮蔽。作为一种潜质，"恒德"常存己身。

"知"与"不知"。

(二)复归中"心"的角色

在老子的复归之论中并未出现"心"的语词,但其间对"知"的强调已提示了"心"的关键作用。作为正面智慧的体现,"知常"即是"心"觉悟到"道"之"常",这是复归于"德"的基本前提。在"心"与"德"的关系上,匡钊先生曾注意到"德"作为"心"之本质的意义,[①]笔者想继续指出的是,这是二者关系的一种形态,与此同时,"德"作为一种本质是潜在的,它的焕发与展放则有待"心"的觉悟与"知常"。

老子曾以镜子喻"心",并由此说明复归成德之路径:

> 载营魄抱一,能无离乎?专气致柔,能婴儿乎?涤除玄览,能无疵乎?爱民治国,能无知乎?天门开阖,能无〈为〉[②]雌乎?明白四达,能无为乎?生之,畜之,生而不有,为而不恃,长而不宰,是谓玄德。(第十章)

此章之叙述显示出由内而外的理路。后边主要讲述"玄德"在行动上的表现,[③]而前面则提示实现此等"玄德"的内在工夫。此工夫包括"载营魄抱一""专气致柔""涤除玄览"。"载"谓载负,此处指安持。[④]"营魄"指魂魄。[⑤]"抱一"即"同于道"。"载营魄抱一"是说安持其神而能同于道。"专"借为"抟",意指凝聚。"专气致柔"是说抟聚其气达到柔和。"涤除"指洗涤、清除。"玄览"指玄

---

① 匡钊:《先秦道家的心论与心术》,中国社会科学出版社2021年版,第27页。
② 王弼本作"无雌"。帛乙本、汉简本、想尔注本、傅奕本作"为雌"(楚简本不见此章;帛甲此处残缺)。王弼注曰:"言天门开阖能为雌乎?"可见原作"为雌"。
③ "生而不有,为而不恃,长而不宰,是谓玄德"一句和第五十一章末句重复,有学者怀疑此是错简多出。对此问题,我们将在后面作专门考论。
④ 刘师培曰:"载营魄者,即安持其神也。"见朱谦之《老子校释》(第38页)所引。
⑤ 古人以魂为阳神,以魄为阴神,魂与魄皆就人的精神言。《左传》昭公七年有载:"人生始化曰魄,既生魄,阳曰魂。"《楚辞·远游》曰:"载营魄而登霞兮,掩浮云而上征。"

第二章 新意域的开创：老子的"德"观念

妙的镜子，① 此是比喻心灵。"涤除玄览"是说洗涤心灵当中的瑕疵。

此三处皆是从"心"上说明成就"玄德"之工夫。其中，"涤除玄览"尤能反映老子的主张。如果说"抱一""致柔"之论是从正面言说，那么"涤除玄览"则是从反面给出提示。那么，需要涤除的人心当中的瑕疵是什么呢？老子在后文有提示。"爱民治国，能无知（智）乎"和"天门开阖，能为雌乎"即分别提示了所需涤除者即是人心当中不良的"智"和"欲"。② 如前所述，"欲""智"二者是导致"德"之异化的两个相互配合的因素。这里的"无智""为雌"之论正是强调要化除此等异化之因。要言之，所谓"涤除玄览"，即是说洗涤人心当中不良的欲望和智虑，排除掉那些可能导致异化的因素，让自身固有的"玄德"充分展放出来。所谓"生之，畜之……长而不宰"，正是此等"玄德"体现于行动的一种状态。

"涤除玄览"是老子提出的关于复归成德的基本路径，此路径之方向即是"无知（智）无欲"——消除人心当中存在的可能导致"德"之异化的因素，让自身固有之潜质充沛释放出来。需要注意的是，在老子思想中"欲"和"智"并不是完全负面的存在，关键是看"欲"的对象是什么、"智"用在什么地方。若是逐求过度的感官快乐或功名利禄之类，则为不正当的嗜欲、贪欲；倘若心智用在此欲的满足上，则成为为虎作伥的小智和智巧。③ 但在另一层面上，真正

---

① "览"在帛甲本作"蓝"，在帛乙本作"监"，在汉简本作"鉴"。高亨曰："览、蓝均当读为监。监是古鉴字，镜也。"（《老子注译》，第27页）《庄子·天道》有言："水静犹明，而况圣人之心静乎？天地之鉴也，万物之镜也。"此亦以镜喻心。

② "能无知乎"和后面的"能无为乎"在帛乙本皆作"能毋以知乎"，在汉简本皆作"能毋以智乎"，这不仅说明王弼本的"知"是假借为"智"，也说明王弼本的"能无为乎"一句原本应是就"智"而论。"天门开阖"的"门"指欲望的门户，也即身体感官，"天门"是说天然的感官。《老子》他处有言"闭其门"（见于第五十二章、第五十六章），"门"义相同。"为雌"义同第二十八章的"守其雌"，此就节制欲望而言。"闭其门"强调闭合，而此处言"开阖"（帛乙作"启阖"，汉简作"启闭"）。老子主张节欲，"闭"就嗜欲言，"开阖"就一般欲望言，"为雌"和"闭"在义旨上是一致的。

③ 这种负面的"智"在道家后学中也被称为"智巧"。如《文子》有言"机械智巧，不载于心，审于无假，不与物迁"（《九守》）、"离道以为伪，险德以为行，智巧萌生"（《上礼》）。

的智慧在面对私欲和小智时，则会表现为"知常"（第十六章），也即"知足""知止"（第四十四章）。此所谓"止"，即是指真正的智慧将会对私欲和小智进行约束。这有点类似于柏拉图所说的理智对欲望的管束。① 在欲望问题上老子主张节制，这和柏拉图之论没有根本区别，但在老子思想中"智"包含着两种不同的层次。

老子没有像柏拉图那样，直接关注心灵的构造问题，但"涤除玄览""无知（智）无欲"等言论也暗示了他对人心之构造有一基本理解。"欲"和"智"是"心"之内容，此二者都存在两种不同的形态或层次，意味着"心"也包含着两个层次。这两个层次在成德之路上扮演着不同的角色。由物欲和俗智所构造的"心"是导致"德"之异化的根源，而由道欲与真智所组成的"心"则是"知常"而"复归"的主体。"心"的两层构造在老子思想中还不是很明显，后来在庄子思想则有比较直接的反映。

"德"的实现有待后天的工夫，似乎在暗示"德"本身并不完满，故需通过修养以追求完满。如木村英一在把"德"理解成事物从"道"所获得之性质的同时，又强调事物只获得"道"的某个部分，而人通过体认"道"，可以达至与"道"趋近的"上德"。② 照此来看，人之所以要通过"心"的修养，乃因先天之"德"本有缺陷。对此笔者看法不同。老子的"恒德"与"复归"之论已提示了"德"在己身本为完满——它是"道"在人身上的全然性潜蕴，人所需要做到的是排除异化或遮蔽的因素，让己身所含之"德"如其所是展放出来。换言之，人需要涵养"德"，不是因为原初不完满，而是因为存在异化的危险，"心"在此间的作用即是"知常"——克服异化，复归于本然之"恒德"。

---

① ［古希腊］柏拉图：《理想国》，郭斌和、张竹明译，商务印书馆1986年版，第169—170页。

② ［日］木村英一：《老子の新研究》，第578—580页。木村先生所论带有比较明显的"分有"理论的色彩。论至人之体认"道"时，他不认为人可以达到和"道"完全同一的状态。在他看来，人是有限的，虽然达不到"道"的"无不为"的无限性，但可以达到"无以为"的状态，这也就是"上德不德，是以有德"的意味。

第二章　新意域的开创：老子的"德"观念

认为老子思想中的"德"只包含"道"的一个方面，可能是受到了柏拉图"分有"理论的影响。在柏拉图看来，事物"分有"理念，后者是完美的，而前者只得到了后者的一部分，是有缺陷的，所以理念与事物之间也就构成了真实和不真的对立。[1] 老子所言"德"有"得道"的意思，这容易让人联想到柏拉图的分有理论，但二者的区别不容忽视。首先，在老子思想中"德"并不明显具有万物属性之义，也谈不上万物"分有""道"。其次，就人这一存在而言，"道"也不是外在于人的、有待认知和追求的对象，[2] 换言之，"道"和"人"并不是两相对立的关系。此外，"德"之于"道"并非"分有"，而是"全有"，只是这种"全有"是潜在的，它需要人们在后天生活中通过"心"的"知常"去不断开发、实现。

总之，"德"在后天之所以需要修持，并非由于"德"本身不完满，而是因为"德"在现实中存在异化的风险；至于"心"的作用，则在于觉悟己身所固有的"德"，从异化的危险中抽离出来。如上所述，老子所言"复归"既是指失而复得，也是指自始不离。不管哪一种，"恒德"都不是从外部求得。老子关注的不是如何去得到，而是如何不失去。由此而言，第五十四章所讲的"修之于身，其德乃真"，实际上是指一种"不修之修"。"修"的意义不在于让"德"由外而内、进入己身，也不在于让"德"从不完满变得完满，而是在于察觉异化的危险，尤其是认识到异化的深层因素，以避免"德"的变质。

通过上论亦可看到，老子思想中的"德"在作为一种潜质的同时又兼涉心境之义。根本上来说，"德"是指"道"在人的潜蕴状态，而此潜质的开发和实现又离不开"心"的作用，经由"心"的觉悟，"德"得以焕发出来。在此意义上，我们又可将"德"理解为经由人心所开发的潜质的实现状态。

---

[1] ［古希腊］柏拉图：《理想国》，郭斌和、张竹明译，第266—271页。
[2] 虽然在老子的某些言论中"道"带有点外在化的倾向，但从根本上来说，"道"并非外在于人的对象。

◇◆◇ 先秦道家"德"观念研究

　　在老子以前,"德"即是一个和"心"有关的概念,而在老子思想中"德"的心境义又有新的进展。老子关注的不是对待上天或祖先神的态度,而是此"心"如何运用"知"的功能去觉悟"大道"的妙用。可以说,老子是一位现实主义者,他具有和孔子一样强烈的社会关怀,只不过他观察社会的角度和孔子有所不同,故而诊断的弊病和开出的药方也各有差异。孔子认为世人在"德"的方面做得还不够,是以"崇德"、倡导"修德",希望以"德"为准则为世人提供一套生活方式。与之不同的是,老子则认为人们关于"德"的作为未免过多,需要降低乃至打消人们对"德"的各种追求。在他看来,以"德"为念的"为之"恰恰会导致"德"发生异化。如果说孔子的诊断是世人修"德"不够,所以开了一服"补药"(加强"德"的引导与规范),那么老子的诊断则是世人务"德"过甚,因而开了一服"泻药"(消解"为之",杜绝异化)。

　　归总第三节可知,在老子思想中人之"德"首先是指"道"在人的潜蕴状态,这是人之觉"道"之所以可能的依据;此潜质之开发和实现离不开"心"的作用,在此情境下,"德"又指向经由人心所开发的潜质的实现状态。从"得道"来理解人、道之间的"德"并无不可,但需注意的是,此所谓"得"包含先天、后天两层:作为潜质的"德"是人的先天之"得",此所谓"得",实质上是指潜含;关乎心境的"德"则是人的后天之"得",此所谓"得"乃就人的觉悟而言。语义是我们理解哲理的基础。就道物语境来看,"德"的主体是"道",其语义基础是恩德,而不是获得。但在人、道关系中,"德"的表现有所不同,它的归属者是人,其语义基础是获得。不管是道物关系,还是道人关系,"德"都是此中关系得以构成的枢纽,只是其意义的具体发生机理并不一样。

　　就"道""德"关系言,由上论可知老子思想中的"道""德"关系乃表现为道体德用和内在超越两种类型,分别见于道物语境和道人语境。后者意味着,"道"标示本根的超越性一面,而"德"则强调本根内在于人的一面。此关系得以出现,和"德"的获得义有关。后来在庄子哲学中,道物之间的"德"也以获得义为基

· 186 ·

第二章 新意域的开创：老子的"德"观念

础（庄子是从"物"的向度讲"德"）。这样一来，道物和道人两种语境中的"德"都和"道"构成内在超越的关系。庄子思想中的"德"在内在理路上更加统一，这是道家思想发展的一个结果。就老子思想来看，其间的"德"及其和"道"的关系尚没有构成统一的理路。

关于"德""道"的内在超越之关系，以往已有学者从不同角度论及。汤一介先生是比较早提出此见的学者。他认为，"道"是天地万物存在的原则，因此它是超越于天地万物的；"德"是天地万物存在的根基，因此它是天地万物的内在本质。[①] 笔者的理解和汤先生的启发直接相关，但具体看法有所不同。汤先生是就道物语境来讲二者之关系。笔者认为，就老子哲学来看，此等关系乃出现在道人语境，道物语境中二者是表现为体用关系；就道家整体来看，道物语境中二者也存在此等关系，但它是出现在庄子思想。此外，蒙培元先生也曾指出：老子哲学中"德"是"道"的主体化，如果没有"德"，所谓"道"也就失去了意义，或者只是自然哲学的问题；老子提出道论的同时又提出德论，其意义即在于此。[②] 蒙先生关注的是"德"在人身上的情况，其论是就后天之"德"进行定位，但它还具有先天之义，此义关乎觉"道"的依据，这是"德"之所以能够成为"道"之主体化的前提。曹峰先生在论述"天之道"时也曾论及"德"的角色：老子思想中的"道"是无形无名的，它要落实于人世间则需要中间环节，而"德"便是打通"道之体"和"道之用"的关键渠道之一。[③] 曹先生强调"德"作为关键渠道的意义，这同样具有很大的启发性。从本书视角来看，其所言"道之用"实质上是指"人"对"道"的运用，因此"德"所贯通的不是"道"之体用，而是"道"和"人"。

[①] 汤一介：《儒道释与内在超越问题》，第15页。
[②] 蒙培元：《"道"的境界——老子哲学的深层意蕴》，《中国社会科学》1996年第1期。
[③] 曹峰：《论〈老子〉的"天之道"》，《哲学研究》2013年第9期。

第四节 王、民之间"德"的政治意涵

接下来,我们探讨在老子思想中人应当如何运用自身的"德"。这里将涉及"德"的主体问题。义理上来说,能够拥有"德"的应该是每一个人,但从老子言论来判断,他关注的有德者主要是作为最高统治者的圣王。① 如同王中江先生曾指出的,由于老子强烈的政治意识,他要求保持美德的人首先是圣人或侯王。② 王博先生也曾指出,老子的思维方式和他的史官身份密切相关,他明显遵循着"侯王中心"的思考方式。③ "德"主要运用于政治,正是此等思维的一个具体表现。

因此,所谓"德"的运用,在老子这里主要是一个如何指导政治行动的问题。如此一来,"德"在作为心性概念的同时也将具有政治之意义。接下来,我们先讨论"德"如何具有政治功效,进而考察它在政治活动上的具体表现。前者关乎老子哲学所含蕴的从修身到治天下的理路,后者则涉及老子德政思想的基本内涵。

一 心性之"德"的政治功效

"德"的归属者主要是治国领域的圣王,这意味着,前节所讨论的心性方面的内容在很大程度上是针对统治者提出的诉求。在老子看来,德性修养是圣人治国理民的内在基础,圣人之"德"一旦运用于治国场合,即产生政治上的功效。关于"德"的这种特点,第二十八章有直接的体现:

---

① 老子言论中"德"的主体或是圣人,或是侯王。侯王是指君王这一最高统治者,至于圣人,它在大多数语境中都是和侯王同指。就最高统治者这一身份来看,我们可将圣人和侯王统称为圣王。

② 王中江:《早期道家的"德性论"和"人情论"——从老子到庄子和黄老》,《江南大学学报》(人文社会科学版)2012 年第 4 期。

③ 王博:《老子思想的史官特色》,第 89 页。

第二章　新意域的开创：老子的"德"观念

　　知其雄，守其雌，为天下谿；为天下谿，常德不离，复归于婴儿。知其白，守其黑，为天下式；为天下式，常德不忒，复归于无极。知其荣，守其辱，为天下谷；为天下谷，常德乃足，复归于朴。朴散则为器，圣人用之则为官长，故大制不割。

　　此章用排比句接连描述"常德"（恒德）之状。最后一个小句说，作为"天下谷"的圣人是"常德乃足"的，他将"复归于朴"。紧接着，老子又用"朴散则为器，圣人用之则为官长，故大制不割"来说明"复归于朴"的政治意义。①

　　"朴散则为器"是老子思想中一个很著名的命题，意指统一的"道"演化为各种各样的器物，讲的是"一"和"多"的关系。"圣人用之"的"之"指代前面的"朴"，圣人用"朴"即可成为百官之长。何以如此？"朴""器"之间是"一"和"多"的结构，同样，圣人与百官也是"一"和"多"的关系。圣人明白"朴"是万器的"制高点"，遂将此理运用于处理君臣关系。要言之，圣人回归于"朴"，并把握到"朴散则为器"的道理，进而以此治理百官。这里的"用"字很能说明问题，一定程度上可以认为前面三个排比句都是为后文的"用"做准备。可见，"恒德"不仅是一个心性概念，在此之外它还具有明显的政治功效。

　　圣人的"恒德"一旦投放到政治领域即有治国之功效，这是老子思想所蕴含的从内圣到外王的理路。在第五十四章中我们可以发现类似的陈述：

　　善建者不拔，善抱者不脱，子孙以祭祀不辍。修之于身，其德乃真；修之于家，其德乃余；修之于乡，其德乃长；修之于国，其德乃丰；修之于天下，其德乃普。故以身观身，以家观家，以乡观乡，以国观国，以天下观天下。吾何以知天下然哉？以此。

---

① "故大制不割"在帛书二本均作"夫大制无割"，在汉简作"大制无眅"（楚简不见此章）。又，在三种简帛本中，此句皆属后一章。

◇◆◇ 先秦道家"德"观念研究

"善建者""善抱者"是"圣人"的另一称谓。圣人之"德"的价值并非限于圣人自身,而是会推展到家、乡、国、天下。某种意义上,圣人修身乃是为治理天下铺垫内在的基础,这和《大学》的修身、齐家、治国、平天下的说法很是相似。

与第二十八章相类似,如果第五十四章只说及"修之于身,其德乃真",那么这便是纯粹的修身之"德"或心性之"德",但家、乡、国、天下的出现让"德"的意义不限于个人修养。第二十八章涉及政治意义的只有后面"圣人用之则为官长",而在第五十四章中"其德乃真"以后的言论都是在讲外王方面的表现。总起来看,这两章有一共同倾向,都在说明圣人葆养其"德"在很大程度上是为了更好地治理天下。

关于这点,第五十九章也有同体现:

> 治人事天莫若啬。夫唯啬,是谓早服。早服谓之重积德,重积德则无不克,无不克则莫知其极。莫知其极,可以有国。有国之母,可以长久。是谓深根固柢,长生久视之道。

"早服"是指先服从于"道"之义(详见第三节中"德之得道义再考")。在老子看来,"早服"的圣人将有如下表现:早服—重积德—无不克—莫知其极—有国。"有"指拥有,引申指掌管,"有国"是说掌管国家。后文的"有国之母"是说圣人掌握了治国的根本原则,能做到此点便可以长保国家安宁。这么说来,圣人"重积德"的目的其实在于"有国",其"德"实具有政治上的意义。①

在老子言论中,圣人之"德"还会表现于战争领域:

> 善为士者不武,善战者不怒,善胜敌者不与,善用人者为之

---

① 此章开头所言的"事天"不是指事奉上天,而是指葆养天性。河上公解"事天"为"治身",与"治人"相对(《老子道德经河上公章句》,第230—231页)。严灵峰解"事天"为"葆养天赋"(《老子达解》,第305页),与河上公注大体无异。"治人事天"体现了"德"所兼含的修身与治国的两方面意义。

第二章 新意域的开创：老子的"德"观念

下。是谓不争之德，是谓用人之力，是谓配天，古之极。（第六十八章）

"不争之德"是指谦让、不争先的美德。老子屡言"不争"之美德，比如第六十七章的作为"三宝"之一的"不敢为天下"，又如第七章的"圣人后其身而身先"。在第八章中老子说："上善若水，水善利万物而不争。"这是以水比喻"不争"之美德。就此章来看，"不争之德"则表现在战争领域，这种品德的拥有者是战争中的圣人。① 圣人处于战争中，其"不争之德"将表现为"不武""不怒""不与""为之下"。前三者是对敌的态度，第四种是对己方的态度。在老子看来，圣人对待战争问题的基本态度是"不争"，因为"天之道，不争而善胜"（第七十三章），是以有德的统帅在处理战争问题时也应持守"不争"的态度，做到"夫唯不争，故天下莫能与之争"（第二十二章）。

综合来看，作为老子心目中理想的最高统治者，圣人的地位决定了他的"德"将主要运用于处理政治方面的问题，这是修身之"德"或心性之"德"具有政治功效的根本原因。圣人所面临的政治问题多种多样，因此"德"被推行于政治场合也就具有不同方面的功效。比如在第五十四章、第五十九章中"德"被运用于一般的政治场合，在第二十八章中"德"被运用于处理君臣关系，而在第六十八章，我们还看到"德"被运用到战争场合。事实上，在老子所思的政治运用中，还有一个更为重要的面向尚未展开讨论，老子对这个面向的关注超过了前述的几种情况，这便是接下来将要讨论的"德"所体现的圣人如何对待天下民众的问题。

---

① 关于"善为士者"，王弼解"士"为"卒之帅"（《老子道德经注校释》，第171—172页），陈鼓应解"士"为士卒，解"为"作"治理""统率"（《老子注译及评介》，第309页）。这两种解释都将"为士者"理解为统帅。"士"字在《老子》书中出现得不多，分别是第十五章的"古之善为士者"（帛书本作"古之善为道者"，楚简本作"古之善为士者"）、第四十一章的"上士""中士""下士"以及此章的"善为士者"。综合来看，"善为士者"和"上士"意思大致相同，都是指有德者。但此章的"善为士者"又有特殊之处，从语境来判断，这里的"善为士者"是指战争中有德的统帅。

二 "玄德"：老子政治思想的核心诉求

由于圣人地位特殊，他的"德"必将推行于政治，如此，"德"不再是纯粹的个人修身之事。老子所思政治生活中最紧要者当在于王民之关系，这里关乎的是圣人如何对待民众的问题。对此，他的基本主张是以"玄德"待民。接下来，我们先考论与之相关的文本问题，进而探讨"玄德"之义理。

（一）第十章的文本问题

关于圣人"玄德"，老子在第十章曾有言及：

> 载营魄抱一，能无离乎？专气致柔，能婴儿乎？涤除玄览，能无疵乎？爱民治国，能无知乎？天门开阖，能无〈为〉雌乎？明白四达，能无为乎？生之，畜之，生而不有，为而不恃，长而不宰，是谓玄德。

此章主要讲述"玄德"的表现以及所应具备的心性修养的基础。从全章语境来判断，此处"玄德"的归属者并非"道"，而是"涤除玄览""爱民治国"的圣人。从末句（自"生之，畜之"起）来看，此章"玄德"与第五十一章"玄德"表现出极大的相似性。尤其是"生而不有，为而不恃，长而不宰，是谓玄德"之言，与第五十一章末句完全重复。不少学者怀疑第十章此句是第五十一章错简重出，[①]或是后人摘录第五十一章作为注语而后杂入经文。[②]

不过，从简帛诸本来看，两章末句并非完全重复。今将三种简帛本中第十章末句引录如下：

[①] 马叙伦先生较早提出此说。马先生据谭献"五十一章亦有'生而不有'四句，必有一衍误"之论，进一步指出第十章末尾四个短句与前文义不相属，当为第五十一章错简重出（《老子校诂》，第151—152页）。后来不少学者皆从此论，认为此句当删。可参严灵峰《老子达解》，第50—51页；陈鼓应《老子注译及评介》，第97页；古棣、周英《老子通》，吉林人民出版社1991年版，第375页；孙以楷《老子解读》，第29页；李存山《老子》，中州古籍出版社2008年版，第60页。

[②] 高亨：《老子注译》，清华大学出版社2010年版，第28页。

第二章　新意域的开创：老子的"德"观念

　　生之，畜之，生而弗〔有，长而弗宰，是谓玄〕德。（帛书甲本）

　　生之，畜之，生而弗有，长而弗宰也，是胃（谓）玄德。（帛书乙本）

　　故生之，畜之，生而弗有，长而弗宰，是谓玄德。（汉简本）

三种简帛本皆不见"为而弗恃"一句。帛书出土以后，刘笑敢先生曾将第十章和第五十一章的相关文句进行比较，指出两章错简重出的可能性不大，应该是后人据第五十一章将第十章末句补齐。① 现今来看，汉简本情况可以为刘先生所论提供进一步的证据。

类似于"生而弗有"的话语还见于《老子》其他地方：

　　是以圣人居无为之事，行〔不言之教。万物作而弗始〕也，为而弗志（恃）也，成功而弗居也。夫唯居，是以弗去。（帛书甲本第二章）

　　是以圣人为而弗又（有），成功而弗居也，若此其不欲见贤也。（帛书乙本第七十七章）

第二章在王弼本、河上本多了"生而不有"一句，第七十七章的"有"在通行本作"恃"，说明此二章出现了与第十章类似的情况，皆有后人据第五十一章进行增补或改动的痕迹。并且，这里也说明《老子》书中关于"生而弗有""为而弗恃""长而弗宰"之类的话不仅出现在道论语境，同样见于政治言论，第十章末句与前文"爱民治国"的语境不会显得义不连属。② 最后需指出的是，高亨先生认为

---

① 刘笑敢：《老子古今——五种对勘与析评引论（修订版）》，第532页。
② 将政治和心性连在一起讲是《老子》书中常见的情况，我们不能因为前文讲心性、后文论政治便认为后者是义不相属。实际上，这一情况正好反映了老子思想的一个基本理路，即心性与政治密不可分，前者是后者的内在基础，而后者则是前者的外在推用。关于此点，我们在后文将有专论。

◇◆◇ 先秦道家"德"观念研究

第十章末句似为后人摘录第五十一章经文为第十章作注,今从简帛本来看,这种推测也是不成立的。①

(二)"生""长"与"弗有""弗宰":"玄德"的两个方面

接下来集中探讨圣人"玄德"的义理问题。首先需看到,第十章和第五十一章末句的相似性正好说明圣人之"玄德"和"道"之"玄德"乃有密切之关联。第五十一章"生之畜之"句的河上公注为理解此中联系提供了重要线索:

> 道之于万物,非但生之而已,乃复长养、成孰、覆育,全其性命。人君治国、治身,亦当如是也。②

就治国层面看,作为有德者的人君乃是本根之"道"在政治场域的化身,他会依照"道"的方式以治理民众百姓,具备如同"道"对待万物一般的"玄德"。这种关系也正如许抗生先生所指出的那样:老子思想中的"德"包括了道的性能、圣人的德性等一些含义,前者被称为"玄德",后者也被称为"玄德",而后者是前者在圣人身上的体现。③

依据第五十一章,"道"之"玄德"表现为"生之,畜之,……生而弗有也,为而弗恃也,长而弗宰也"(帛书甲本)。前面已指出,这里包括了"生""为""长"和"弗有""弗恃""弗宰"的两个方面。作为"道"之"玄德"在圣人身上的体现,圣人之"玄德"将表现出类似的两个方面。所谓"生而弗有,长而弗宰",即是说圣人既要起到"生""长"之功,为民众的生存与发展提供各种资源和条

---

① 第十章末句在帛书甲本中残损较多,然亦可见此句与前后经文乃以相同书体抄写。可参国家文物局古文献研究室《马王堆汉墓帛书(壹)》(文物出版社1980年版)中《老子》甲本图版一〇九、一一〇。此句在帛书乙本、汉简本则保存完好,与前后经文亦是以相同书体抄写。可参《马王堆汉墓帛书(壹)》中《老子》乙本图版二二五下;北京大学出土文献研究所《北京大学藏西汉竹书(贰)》(上海古籍出版社2012年版)《老子》图版简一四六、一四七。
② 王卡点校:《老子道德经河上公章句》,第197页。
③ 许抗生:《老子与道家》,新华出版社1993年版,第22页。

第二章 新意域的开创：老子的"德"观念

件，也要做到"弗有""弗宰"，不以个人之意志把控民众的生活。①

"弗有""弗宰"作为"玄德"的一个方面，体现的是"玄"的减损义（参见第二节中道之"玄德"部分）。第十章在讲"生之，畜之"以前，连续提到"无以知（智）"（帛甲有残缺，此从帛乙），可见"智"即是应当减损的关键之物。老子屡言去智，如第十八章有言"慧智出，有大伪"、第十九章有言"绝圣弃智，民利百倍"。②在他看来，"智"是导致君王占有、把控民众的关键因素，要做到"弗有""弗宰"，则首先要做到"无以智"。在第六十五章的"玄德"之论中，老子也强调了去智这一点：

> 故以智治国，国之贼；不以智治国，国之福。知此两者，亦稽式。常知稽式，是谓玄德。玄德深矣，远矣，与物反矣，然后乃至大顺。

在帛书二本和汉简本中，"不以智"皆作"以不智"。"不智"和"智"相对，对"智"的否定更加直接。"福"在帛书二本和汉简本皆作"德"。③"福""德"义近，均是指圣人"以不智治国"给国家带来的福惠与功德。"稽式"在河上本、严遵本、汉简本作"楷式"，

---

① 此处未见"为而弗恃"之言，但结合第二章和第七十七章来看，不居功也是圣人"玄德"的题中之义。相对来说，"生而弗有"和"长而弗宰"的意思比较接近，"生""长"代表了一个方面，"弗有""弗宰"则共同指向不控制这一点。我们此下的讨论围绕"生而弗有""长而弗宰"展开，以此展现老子所论"玄德"的两面内涵。

② "绝圣弃智"在楚简本作"绝智弃辩"。此虽有异文，但在去智之主张上并无差异。

③ "福"字在王弼本、河上本、严遵本、傅奕本等多数传世本皆同，但在敦煌辛本、遂州碑本、强思齐本作"德"，《文子·道原》引此句为"不以智治国，国之德"。易顺鼎认为"德"字乃后人不知"贼""福"为韵而改之，朱谦之从其说，认为敦煌辛本的"德"或为"福"之注文（《老子校释》，第265页）。但蒋锡昌据强思齐本认为此字当作"德"（《老子校诂》，第398页），王叔岷据《庄子·达生》"开天者德生，开人者贼生"亦认为此处当作"德"（《庄子诠诂》中册，台北："中央研究院"历史语言研究所，1999年，第676页）。今从帛书二本和汉简本来看，此字作"德"的可能性更大。"德"（端母职部）、"福"（帮母职部）、"贼"（从母职部）三字音近可通，易顺鼎以"贼""福"谐韵而不从"德"字这一看法值得商榷。"德""福"义近，皆谓福德、恩泽。由此处"德"字的使用可知"玄德"亦含有恩惠义。

两词义近，皆谓法式。"以智治国，国之贼也；以不智治国，国之德也"乃一事之两面，治国者若能洞悉此理，即是"常知稽式"，也即具备了"深矣""远矣"的"玄德"。

在第五十九章，老子用"啬"来指示"德"的此等表现：

> 治人事天莫若啬。夫唯啬，是谓早服；早服谓之重积德。

这里的"啬"是一种很巧妙的用法。此字一般指吝啬、爱惜，在老子此言中它也带有此义，但老子不是强调吝啬钱财，而是提示人君应吝啬自己的欲望和智虑，其实义是指节制。① 人君若能节制自己的欲望和智虑，便是所谓"早服""重积德"。此处一个"啬"字可集中反映"德"的政治内涵。

在第七十九章，老子又用债务作比喻，以说明有德者是"不责于人"的：

> 和大怨，必有余怨，安可以为善？是以圣人执左契，而不责于人。有德司契，无德司彻。天道无亲，常与善人。

"契"指契约、借据；"彻"是当时的一种税法。对待别人的欠债，圣人只是拿着借据的一半（古人为契，剖分左右，各存一半），

---

① "啬"是"穑"之古文，本义是收获谷物，亦泛指农耕，后又有爱惜、吝啬等义。王弼解"啬"为"农"，解"莫若啬"一句为"夫农人之治田务，去其殊类，归于齐一也"，此是以本义解"啬"。[楼宇烈校释本断句为："啬，农夫。农人之治田务，去其殊类，归于齐一也。"见《老子道德经注校释》，第155页。瓦格纳、尹志华主张从"农"字断开，"夫"字属下句（瓦氏在"农"字后补一"也"字）。见瓦格纳《王弼〈老子注〉研究》（下），杨立华译，江苏人民出版社2008年版，第638页；尹志华点校《道德真经注》，收入中国道教协会编纂：《中华道经精要》第十二卷，待出版。从"啬"之古义及注文语境看，宜从后一断句] 河上公解"啬"为爱惜，解"莫若啬"一句为"治国者当爱惜民财，不为奢泰，治身者当爱惜精气，不为放逸"（《老子道德经河上公章句》，第231页）。结合此章语境及老子思想特点来看，河上公注较为可从。但需指出的是，老子所关注者重在"精气"不在"民财"，且所谓"精气"属引申之解，具体到老子思想来看，其所主张应吝惜者当是人君的欲望和智虑。

第二章 新意域的开创：老子的"德"观念

不去讨债；而无德之人则像收税官那样，不停地催讨。"责"的本义是债，"不责于人"是说不向人讨债，老子以此比喻圣人不苛求百姓。这也就是第六十六章所说的"圣人处上而民不重，处前而民不害"的意义所在。圣人虽然处上位但民众不会有负重感，虽在民众前面但民众不会受到伤害；民众之所以不觉得负重、不会受到伤害，其原因即在于圣人不苛求，不会以个人的私欲或智虑去干涉民众的生活。

以上是对"弗有""弗宰"一面的解释。"玄德"的这一面要之即"无为"。"无为"之"为"义有专指，它是特指那些出于个人意志而不合乎事物"自然"的干涉性行为，"有"和"宰"即是此类"为"的典型。在老子的规定中，"玄德"还具有"生""长"的一面。这一面意味着圣人应为民众的生存和发展提供其所需的条件和资源。如果说"弗有""弗宰"指示着圣人的消极责任（不应当做什么），那么"生"与"长"则指向圣人的积极责任（应当做什么）。

关于圣人的积极责任，在其他地方又被老子称为"辅"：

> 圣人欲不欲，不贵难得之货；学不学，复众人之所过，以辅万物之自然而不敢为。

"辅"而"不敢为"的叙述结构正类似于"生而弗有，长而弗宰"。这里也提示了圣人责任的两个方面。此所言"为"是指不正当的行为，和"有""宰"属于同类。老子在否定"为"的同时又肯定了"辅"，那么，"辅"的行为具体是指什么呢？对此我们需从语境进行考察。

老子在前面提到"欲不欲""学不学"，这是说圣人所欲的是不欲，所学的是不学。[①] 作为目标的不欲、不学，其意义不限于圣人自

[①] 第四十八章有言："为学日益，为道日损。"第二十章又言："绝学无忧。""学"作为"智"的一种表现，在老子这里是负面之事。

身，也即圣人不仅要让自己做到不欲、不学，也要让民众做到不欲、不学。从"欲不欲"和"学不学"各自的后文来看，老子在此更强调的是后一种。所谓"不贵难得之货"，正是为了杜绝民众的贪欲；①而所谓"复众人之所过"，则主要指修复人们由于"学"也即"智"造成的过错。② 最后所言的"辅万物之自然而不敢为"，则是对这两个方面的总结。③ 可见，所谓"辅"，将具体表现为帮助民众化除他们的贪欲和智巧，辅助他们达成"自然"。"自然"的词义是自己如此、原本如此，根本上而言，它是指个体本真自我的实现。如果从词义来看，"辅"和"自然"会构成一定的张力。实际上，"自然"代表的是本真自我的实现，而老子认为民众在实现自身的过程中还离不开圣人的辅助。贪欲和智巧都是违背"自然"的存在，圣人的辅助也将具体表现为对这些负面因素的排除。

通过"辅""自然"之论，我们可更具体看到"生""长"之功的一个表现。在其他地方老子也讲到了圣人的积极责任：

> 侯王若能守之，万物将自化。化而欲作，吾将镇之以无名之朴。（第三十七章）
> 塞其兑，闭其门，挫其锐，解其分，和其光，同其尘，是谓玄同。（第五十六章）

第一段大致是说，侯王守"道"，让民众自行发展；在此过程中如果民众出现了"欲作"（贪欲发作），那么侯王应以"无名之朴"也即"道"，"镇"住他们的贪欲。第二段大致是讲，圣人帮助众人堵住嗜欲的窍穴，关闭嗜欲的门户，挫其智巧之锋芒，解除

---

① 第三章有言："不贵难得之货，使民不为盗；不见可欲，使心不乱。""可欲"是指那些会激发人之贪欲的事物，"难得之货"即其中之典型。"不见可欲"是说不让可欲之物出现，其目的即杜绝人们的贪欲。

② "复众人之所过"的"复"是指修复、补救，其义近于第二十七章"圣人常善救人"的"救"。

③ "辅万物之自然"的"物"主要指人，具体到政治角度来看，则主要指治国圣人所面向的民众。关于"物"之义，参见第三节中"德与复归"处的讨论。

第二章 新意域的开创：老子的"德"观念

其身上的纷扰，使之和光同尘，最终达到玄妙的齐同之境。① 在这里，"镇""塞""闭""挫"等语词的动作力度要比"生""长""辅"来得更为强烈，甚至还表现出一定的干涉意味。但究其实质而言，这些语词的所指和"辅"是一致的，它们在根本上仍是一种辅助行为，并且，此辅助也具体表现为圣人帮助民众化除贪欲和智巧。

老子在"玄德"之论中尚未具体指出如何"生""长"民众，通过对"辅""镇"之类言论的考察，我们可看到"生""长"的一个重要表现。所谓"生""长"，即是说为民众生存和发展提供各种资源和条件，这包括很多方面的内容，而在此之中老子尤为关心的是帮助民众化解其贪欲和俗智，辅助民众克服其异化。这种辅助作用统括起来看，也即第三章所说的"使民无知（智）无欲"。由此来看，"无智无欲"不仅是对君王治国行为的一个规定，同时也是对君王治理之下民众状态的一个期待。②

如第五十六章所见，在圣人的辅助之下民众将达至"玄同"之境。此所谓"同"自然不是指人人完全相同，而是说大家在"无智无欲"这一点上是相同的。在第六十五章的"玄德"之论中，老子最后总结道："玄德深矣，远矣，与物反（返）矣，然后乃至大顺。"这是说圣人以其深远之"玄德"和众人一起返归"大顺"

---

① 关于"玄同"，学界多解作圣人同于"道"，把语句中的"其"解成圣人自己。笔者认为这里的"其"是指圣人所面向的民众，此间诸句是圣人通过"塞""闭"等辅助行为和大家达到玄妙的齐同之境。第四章的"常使民无知（智）无欲"，第三十七章的"化而欲作，镇之以无名之朴"，第六十四章的"以辅万物之自然"，第六十五章的"与物反（返）矣，然后乃至大顺"，意义与之相通。关于此解，以往已有论者指出。可参吕惠卿《道德真经传》，《老子集成》第二卷，第656页；奚侗：《老子集解》，《老子集成》第十三卷，第21页；蒋锡昌：《老子校诂》，《老子集成》第十四卷，第530页；高亨《老子注译》，第91页。另外，庄子有"天下之德始玄同"（《庄子·胠箧》）之言，此"玄同"是基于天下人来讲，这可成为理解老子所言"玄同"的一个参照。关于庄子所言"玄同"，详见本书庄子章第三节的讨论。

② 第六十五章有言："古之善为道者，非以明民，将以愚之。"长期以来这被看作老子主张愚民的一个直接依据。实际上，此所谓"愚之"是就使民"无智"也即无有智诈这一点来说。

的境地。① 此处所言和"玄同"之论正可相互阐释。

老子在别的地方还用"德交归焉"来指示这种境地:

> 治大国,若烹小鲜。以道莅天下,其鬼不神。非其鬼不神,其神不伤人;非其神不伤人,圣人亦不伤人。夫两不相伤,故德交归焉。(第六十章)

老子认为,治理大国应当像煎小鱼一样,不能动辄翻腾,否则小鱼便会散烂。这是强调"弗有""弗宰"的道理。圣人以"道"临天下,鬼也就发挥不了作用("神"是指鬼的作用);后面继续说,不是鬼起不了作用,而是它的作用不会伤人;② 同样地,圣人也不会伤人。"夫两不相伤,故德交归焉"是说鬼和人、圣人和民众都不会互相伤害,德惠将互归于彼此。③

以上我们对"玄德"的两面意义分别作了阐释。这两个方面分别指示着圣人在治国过程中的两种责任:一是"弗有""弗宰"所代表的不控制民众的消极责任,其核心即在于"无为";一是"生""长"所代表的辅助民众的积极责任,在此之中老子尤为关注的是圣人帮助民众克服异化,化除其身上不合乎"自然"的贪欲和智巧。可见,老子在否定干涉性行为的同时又肯定了辅助性行为的意义,所谓"生而弗有,长而弗宰",其义要之在此。要实现"大顺""玄同"之境,圣人的这两种角色都是需要的,他既是一位无为者,又是一位辅助

---

① 此章的"与物反矣"有歧义。一是"反"。对此字历来有两解(相反或返归),王中江先生系统论证了此字当作返归解,笔者赞同之。见氏著《根源、制度和秩序——从老子到黄老》,第28—53页。二是"物"。它往往指万物,但此处主要指人(参见前文"德与复归"处的讨论)。

② "道"是"象帝之先"(第四章)、"先天地生"(第二十五章),当然也在"鬼"之先,是以"鬼"在"道"的统摄之下也不会伤害到人。

③ 关于此句,老学史上解释不一。陈鼓应先生将此句解释为:鬼神和有道者都不侵越人,所以德会归于民(《老庄注译及评介》,第287页)。陈先生的解释兼顾鬼和人、圣人和他人这两组关系,对此笔者赞同。但在"交"的解释上笔者看法不同。陈先生解之为"会"(一并),笔者认为"交"是指交相、互相。庄子有类似之言:"圣人处物不伤物,不伤物者,物亦不能伤也。"(《庄子·知北游》)可作理解之辅证。

第二章 新意域的开创：老子的"德"观念

者，前者决定他不能以个人意志去把控民众，而后者又要求他为民众"自然"之达成提供所需的条件。

此间所论不仅关乎如何理解"玄德"，同时也涉及如何看待老子的政治思想。老子主张"无为而治"，这是长期以来我们对其政治思想的一个通见。通过前面的讨论我们可看到，这其实只是老子思想的一个部分。"无为而治"指示着治国者的消极责任，而与此同时老子还规定了治国者的积极责任。

也许我们会说，"无为"作为一种治国原则，已经暗含着对辅助性行为的肯定，它否定的只是以个人意志干涉民众的行为，但不否定那些以"百姓心为心"也即顺应民众意志的辅助行为。这种理解让"无为"的范畴变得更广一些，但笔者认为仍有必要将辅助行为作为另一面单独提出来。"无为"的重点在于否定干涉行为，它对辅助行为虽然暗含肯定，但这种肯定只是意味着辅助是一种可以做的行为，并没有把辅助作为一种责任给突显出来。可以做的另一面是也可以不做，这样将有可能得出老子主张对民众可以不闻不问的结论（不闻不问也是不干涉），甚至也将可能得出老子倡导无政府主义的结论。总之，虽然被进行广义理解的"无为"也暗含着对辅助的肯定，但它的肯定只是肯定其可行性，并没有把辅助的应当性反映出来，因此我们依然有必要将辅助作为责任的另一面单独提出来，这样才能更确切地反映老子的思想。

辅助也即"生""长"包括了一切合乎民众之"自然"的帮助性行为，而在此之中老子尤为关注的是圣人帮助民众化除其贪欲和智巧，也即所谓"使民无智无欲"。那么，具体怎么化除呢？第三章有言："不尚贤，使民不争；不贵难得之货，使民不为盗；不见可欲，使心不乱。"由此来看，"使民无智无欲"的一个重要方法即是扫除那些可能激发民众之欲、智的因素。[1] 由此我们也可以说：治国者

---

[1] "可欲"是指那些可以激发人之贪欲的事物，进一步来说，其间也关联着"可智"的因素（会激发人之智诈的事物）。"贤"与"难得之货"即是"可欲""可智"的典型，它们不仅会激发人的贪欲，也会导致智诈的流行。

"见可欲"是"有为"之举，而与之相对的"不见可欲"则是"无为"之表现。如此一来，所谓辅助，所谓帮助民众化除欲智，最终还是指向了"无为"。这样的理解并无不可，然需注意的是，此时之"无为"并非消极不做事，它带有积极作为的意义，对"可欲"之物的扫除本身就是一种作为。也即，这里的"无为"和通常理解的强调消极责任的"无为"已然不同，它其实是指经历了对"有为"（见可欲）之排除的新层次的"无为"。①

在辅助和不干涉的两面责任中，显而易见的是，老子讲得更多的是后一种。面对晚周乱世，他更关注的是如何减少控制和干涉，让民众具有"自然"的生活空间。强调"无为"、倡导不干涉，是老子乃至道家政治言论的重点，也是其思想之一大特色。所以，我们在理解其政治思想时往往会更关注这方面的言论。这对于突显道家政治思想之特质并无不可，甚至也是需要的。但我们不能为了强调这一点而忽视另一面的存在，这样反而会偏离其思想之实质，引起诸多的误解。朱子以"全不事事"看待老子所言之"无为"，② 这样的极端理解我们自然容易避免。但在通常的不妄为、不干涉的理解中，依然无法排除某些误解的可能——只要不干涉就行，那么不闻不问也是可以的，更进一步来说，无政府状态即是最好的，它是最彻底的无干涉。

通过上论可知，我们有必要将"玄德"之"生""长"所代表的辅助责任作为与"无为"共在的另一面单独提出来，这样才能更全面、更确切地反映老子对治国圣人的角色规定。我们固然可以对"无为"作广义的理解，认为它暗含对辅助的肯定，但即便这样，它依然没有把辅助作为一种责任的应然性反映出来。并且，正如第二层面所论析的那样，作为辅助民众之重要途径的"不见可欲"虽然最终也和"无为"有关，但它也不是通常理解的强调消极责任的"无为"所能完全涵盖的，更何况辅助行为的内涵并不限于"不见可欲"。再

---

① 辅助行为其实不限于"不见可欲"，这里只是就老子比较关注的一点而言。如果就辅助行为本身而言，它的内涵更是无法被"无为"所涵盖。

② 朱子曾言："老子所谓无为，便是全不事事。圣人所谓无为者，未尝不为，依旧是'恭己正南面而已矣'。"见黎靖德编：《朱子语类》（二），中华书局1986年版，第537页。

第二章 新意域的开创：老子的"德"观念

者，虽然"无为"是老子乃至道家政治主张的重点，但不能因此而忽视另一面的存在。更全面来说，道家政治主张的特色不仅在于"无为"，而是在于"无为"之同时加以适当的辅助。

总之，老子心目中理想的君王既是一位无为者，也是一位辅助者，他在不控制、不干涉的同时又将起到必要的辅助作用。[①] 至于如何判断辅助和干涉的界线，"以百姓心为心"是其中之关键。这意味着，那些违背"百姓心"也即民众心愿和意志的行为将成为干涉之举，而合乎民众之意愿的行为则是正当的辅助行为。所谓"生而弗有，长而弗宰"，所谓"辅万物之自然而不敢为"，"生""长""辅"与"有""宰""为"的界线即在此间。

三 老子德政理念的层次及其特点

"德"是一个兼含德性与德行两方面意义的概念。我们一般所说的诸子"德"论的内在化趋势，是指此概念之德性义在诸子时期变得更为显要，而相对来说，它在此前更彰显德行之义。此等趋势在老子思想中即已出现，但不意味着老子所论"德"并无行动之义。我们在第三节所论的潜质之"德"即是内在义的体现，而本节前面所论的辅助和不干涉的两个方面则是"德"之行动义的反映。

就政治论域来看，"德"的内外义亦同时存在，为政者之德性表现于治国活动即是政治上的德行。只是在不同的语境中，"德"所侧重的方面有所不同。就老子政治论域中的核心概念也即"玄德"而言，第十章的"生之，畜之，生而弗有，长而弗宰，是谓玄德"，主要反映德行之义，但其间也关涉内在之义，此章前面所说的"涤除玄览"，作为复归成德之工夫即是此义的一个反映。而在第六十五章中，所谓"常知稽式，是谓玄德。玄德深矣，远矣，与物反矣，然后乃至大顺"，存在类似的情况。就"深矣，远矣"来看，此是强调德性之

[①] 某种意义上，我们可以说辅助者是对老子所思为政者角色的更全面的定位。这里所说的辅助并非就它作为积极责任的一面而言，它在包含对积极责任的同时又涵括了的"无为"的诉求。

义,作为一种深远的德性,"玄德"是"常知稽式"即体认大道的结果;而后面所言的"与物反矣",则又关及"玄德"在行动上的表现。

"德"还有恩惠、功德之义,这与它的德行义密切关联。从效果来看,一种行为之所以成为德行,是因为这是一种利他的行为。在政治上而论,则是因为这是一种善待民众的行为。比如第六十章的"两不相伤,德交归焉",即体现了"德"的恩惠之义。这也意味着,圣人"玄德"之为"德",亦在于它是一种有恩于民众的政治功德,正如同"道"之"玄德"也是一种有利于万物的生养功德。作为一种功德,"玄德"的意义即在于让万物或民众拥有一个"自然"的场域。

在老子思想中"玄德"是一个比"无为"更能代表其政治主张的核心符号。后者反映着不干涉、不掌控的消极责任,而前者在包含此等诉求的同时又指示着辅助民众的积极责任。也正是在此意义上,我们认为老子政治思想的核心其实是一种德政理念。这一理念既关乎君王之德性("涤除玄览"以成德觉道),也指示着君王的行动("生而弗有,长而弗宰"),而在最终的意义上,君王之"德"的价值即在于成就一项功德、一项"政治恩惠"——让民众拥有"自然"的生活空间。可以说,老子的德政理念包含着德性、德行以及功德三个层次,这是"德"作为一个概念所含几层意义在政治思想上的体现。

老子德政理念的不同层次在第五十四章也有体现:

> 善建者不拔,善抱者不脱,子孙以祭祀不辍。修之于身,其德乃真;修之于家,其德乃余;修之于乡,其德乃长;修之于国,其德乃丰;修之于天下,其德乃普。故以身观身,以家观家,以乡观乡,以国观国,以天下观天下。吾何以知天下然哉?以此。

前面通过此章说明心性之"德"何以具有政治价值,现今再细察其间的"德"义发生了何种变化。就"修之于身……其德乃普"这

第二章 新意域的开创：老子的"德"观念

一长句来看，"德"在圣人的行动中被层层推扩（"其"皆指圣人）。"修之于身，其德乃真"的"德"指德性，此句是说修道于己身则德性纯真。关于后面几处"德"，若仍解之为德性，则未免不畅，宜将其理解为德行或功德。其意是说，圣人修"道"于家、乡、国、天下，他的功德事业便会富余、丰长乃至普遍。圣人的内在之"德"（德性）被运用到家国天下，即转化成外在之"德"（德行、功德）。这里不仅反映了"德"义的不同层次，同时也体现了老子思想中所存在的从修身到治天下的理路。

不管"德"是强调为政者的德性，还是强调他们的德行，它最终都指向一种政治功德。不过，在不同的思想系统中所谓功德有不同的表现。在前一章我们已知西周以来的"王德"在面向百姓时将表现为保民、恤民的政治活动。老子思想中的"王德"同样关乎施惠于民，但他所期待的政治恩惠较之此前有着根本的区别。此前所讲的施惠于民主要是就物质层面而言，[①] 而老子所期待的政治恩惠虽然不排除施财利于民（生养百姓自然包含此类恩惠），但其间更重要的是，民众能够在为政者的"生而弗有，长而弗宰"的两面作用之中获得"自然"的生活空间。

同时代的孔子同样重视德政的恩惠之效。在其思想中，"德"作为一项功德主要指向精神上的教化。孔子说过："道之以政，齐之以刑，民免而无耻；道之以德，齐之以礼，有耻且格。"（《论语·为政》）"德"的政治价值主要在于导人向善。他还认为："君子之德风，小人之德草，草上之风，必偃。"（《论语·颜渊》）为政者应以身作则，树立道德的楷模让民众学习。是以季康子问政时，他回答道："政者，正也。子帅以正，孰敢不正？"（《论语·颜渊》）对于这种以教化为核心的德政，老子是心存质疑的，他担心此间所存在的"以智治国"而"伤人"的隐患。所以，他推崇的是"无为而民自

[①] 如《左传》有载"正德，利用，厚生"（文公七年）、"德以施惠，……民生厚而德正"（成公十六年），《国语》有载"先王之于民也，懋正其德而厚其性，阜其财求而利其器用，明利害之乡，以文修之，使务利而避害，怀德而畏威，故能保世以滋大"（《周语上》），这都体现了"德"作为一种物质恩惠的意思。

化"（第五十七章）的"不言之教"（第二章）。相对来说，老子更推崇"自然"的价值，更加信任世人实现自身的能力，所以他主张为政者首先要节制自己，对民众不作干涉，而当众人出现异化时才给予适当的辅助。

如同郑开先生所洞察到的，儒家继承了早初的"明德"观念，而道家从老子起则提出与之针锋相对的"玄德"。①"玄"和"明"的对照也提示了老子德政理念与此前以及孔子的差异。我们在第二节分析了"玄"的三层含义（黑暗、减损、玄妙），其中的减损义是理解"玄"的一个关键。"玄"的减损义体现于政治领域，即是前面所论的"弗有""弗宰"，这意味着统治者应该节制自己，去除那些具有干涉性的智虑和作为。

某种意义上，对于早初以及老、孔的德政主张，我们可以将其诉求都理解为一种"政治恩惠"。老、孔二子所期待的恩惠与此前统治者所自许的恩惠存在很大的区别。简要来说，此前关注的是物质上的恩惠，而孔子强调的是精神上的恩惠，至于老子，他期待的则是让民众"自然"的恩惠。在老子看来，给民众"自然"的生活空间，便是最大的政治恩惠。

综合第四节可知，"玄德"是老子德政理念的核心符号，它指向的是治理者对民众"生而弗有，长而弗宰"，给民众"自然"的生活空间。不同于周王室以"德"解释自身的合法性，老子则是以"德"引导治理者的行为。在"玄德"的意义上，王博先生曾有指出，这是一种和权力有关的道德，施与和节制原则的结合就是老子所谓的"玄德"。② 王先生提示了"玄德"所含的双重意味。这是老子基于史官立场对统治者提出的核心诉求，也是其对周代"王德"观念所予改造的要害之处。此等思想也在很大程度上奠定了道家德政理念的性格，在后面的讨论中我们将会看到后学如何在老子"玄德"之思的

---

① 郑开：《玄德论——关于老子政治哲学和伦理学的解读与阐释》，《商丘师范学院学报》2013年第1期。

② 王博：《权力的自我节制：对老子哲学的一种解读》，《哲学研究》2010年第6期。

第二章 新意域的开创：老子的"德"观念

基础上，进一步丰富道家德政理念的内涵。

在老子思想中，"玄德"不仅归属于圣人，在此之外它还归属于"道"。两种"玄德"的关联性正好反映了老子宇宙论为其政治哲学张本的思想特色。由此来看，"玄德"不仅是理解老子政治思想的关键，同时也是把握老子哲学之内在构造的重要线索。王中江先生曾对"道法自然"提出一种新的解释：这一命题是说"道"以"无为"的方式遵循万物"自然"，具体到政治领域，则意味着圣人效法"道"，以"无为"的方式遵循百姓"自然"。[①] 王先生此论对于理解"道法自然"以及老子哲学之整体都具有重大的意义，它不仅对"道法自然"的内涵给出了精辟的阐发，同时也发掘出老子哲学的一个内在构造。在此基础上，笔者尝试进一步指出的是，"玄德"是贯通道物和王民这两组关系的重要线索：它既是道物关系得以构造的枢纽，也是理想的王民关系得以组成的关键；而在整体上，它是道物、王民这两组关系存在"关系"的重要标志。在两组关系存在"关系"这一点上，"道"的"无为"和圣人的"无为"已提供了证明，而"玄德"则提供了进一步的证据。可以说，"玄德"和"无为"互为内外（"玄德"是内在的德性，"无为"是此德性在行动上的表现），共同成为勾连道物和王民这两组关系的关键。

此外，我们不能将圣人的"效法"理解为简单的学习或模仿，实际上这是说圣人的体认与觉悟，效法只是这种觉悟在行为上的一种表现。具体到"德"来看，圣人"玄德"是效法道之"玄德"的结果，但此间隐含着一个基本前提——圣人觉悟"道"而葆养自身的"德"。这层意味也正是第三节所着重探讨的内容。逻辑上来说，只有开发了自身的"德"，才有接下来的以"德"待民的举动。此时内在的德性也就外化为政治上的德行，成就善待民众的大功德。

[①] 王中江：《道与事物的自然：老子"道法自然"实义考论》，《哲学研究》2010年第8期。

第五节 综 论

老子哲学深含批判意识，也洋溢着现实关怀，这种特点在"德"的观念上有集中的体现。老子哲学的批判性不仅表现在他对现实社会的观察和批评，也见于他对思想传统的反思和检讨。自西周以来，"德"是统治者用以解释自身合法性的核心工具。在此等功利性思维中"德"一直以异化形态出现，它所潜含的以自身为价值的意义一直没有得到彰显。老子对此观念的一大改造即在于转变了它的思维方式，让它从一个功利性概念转变为纯粹的道德性概念。在这一点上孔子作出了同样的贡献，虽然二子思想中"德"的具体内涵存在很多的差异。从工具到价值的转变，是中国传统"德"思想的一大分水岭。

改造"德"的思维是老子重塑此观念的一个表现，此外，他的重塑还表现在拓展"德"的论域、强化其枢纽性特点以及建立"道""德"之联系。就"德"的论域来看，它在老子哲学中主要包括了如下情况。

（1）"德"的意义突破了人事范围，成为宇宙论的一个重要符号。老子以"德"指涉"道"生养万物的功能，并以"玄"字提示此"德"之特性。道物关系是老子宇宙论的基本骨架，也是其全部哲学思想的基础。这一具有根源性地位的关系得以构成，关键在于"德"。通过"德"这一枢纽，"道"和万物得以联结起来，成为呈现宇宙论的基本架构。就道家思想整体来看，"德"在道物之间的意义包含两个向度：自"道"而言，它是指"道"生养万物的玄妙功德；自万物而言，它意谓万物得自于"道"的潜在性能。后义在庄子思想中出现，老子虽讲过"万物得一以生"，但尚未明确以"德"指涉物性。老子宇宙论中的"德"是从"道"的向度来讲，指涉"道"的"生而弗有，为而弗恃，长而弗宰"的作用。

（2）当思维延至人的领域时，作为道物关系在人身上的具现，道人关系乃是老子思考人事问题的基本骨架。在道人关系上老子的思考

第二章 新意域的开创：老子的"德"观念

更为丰富，也更加复杂。这一关系得以塑成的关键同样在于"德"。老子以"道"指示世界的本根，以"德"标示本根在人的潜蕴状态。他以"德"传达了他关于人性的思考，但其关注点不在人性的善恶之维，而在于人性当中是否存在让人觉"道"成为可能的依据。成"德"觉"道"的过程其实是人的潜质被不断开发、实现的过程。学界流行的以"得道"理解"德"的方式在此场合中大体是成立的，然需注意的是，"德"作为"得道"包含着先天和后天两层意味：在先天层面上，所谓"得"是指潜蕴，"德"指的是"道"蕴于己身的潜质状态；就后天而论，所谓"得"则是指觉悟，"德"指的是人觉悟"道"的状态，这是潜质的焕发和实现。[①] 人的潜质在后天生活中不一定完全实现，时刻面临异化的危险，因此"恒德乃足，复归于朴"成为必要。"复归"并非全指异化以后的回归，也包括意识到异化的危险，杜绝异化的可能。不管哪一种，它都以"心"的觉悟为基础。也正是在此意义上，"德"在指涉"性"的同时又和"心"密切相联。

（3）人事之"德"不仅关乎内在维度（德性），也涉及行动上的表现（德行）。就"德"在生活的运用而言，它将被运用到行动者的各种行为。在老子的以侯王为中心的思维里，"德"的行动者主要是治国圣人，因此它的运用也主要表现在政治领域。老子以"玄德"提示他所推崇的政治原则。作为"道"之"玄德"在圣人身上的体现，圣人之"玄德"将表现为"生而弗有，长而弗宰"，给民众"自然"的生活空间。"弗有""弗宰"是"无为"的体现，这是"玄德"的一个方面，与此同时为政者还有"生""长"也即辅助民众达成"自然"的责任。在为政者的角色上，老子不惟规定其消极责任，也提示了积极责任。自西周以来，王室是以"德"解

[①] "德"在不同语境中强调的方面会有所不同。比如第二十八章的"恒德不离，复归于婴儿"之论，主要反映"德"的先天义。无论是"恒"的意味，还是"婴儿"的隐喻，都提示着"德"为先天所固有之潜质，吾人所需做的只是"不离"而已。又如第五十四章的"修之于身，其德乃真"之言，则侧重于"德"的后天之义。根本上来说，"德"指的是人所固有的觉"道"、行"道"的一种潜质，它的后天义是其潜质义的必然延伸。

◇◆◇ 先秦道家"德"观念研究

释自身地位的合法性，到了老子这里，则是以"德"引导治理者的行为。统治者的德行以其德性为基础，并最终表现为善待民众的政治功德，这是老子德政理念的三个层次，也是其从修身到治天下之理路的一个体现。

老子思想中"德"的几层意义大致如上所述。在不同的语境下它的意义有不同的侧重，我们是综合了各种相关言论，抽绎出它在老子哲学中的内在构造。有关于此，可用下图作一呈现：

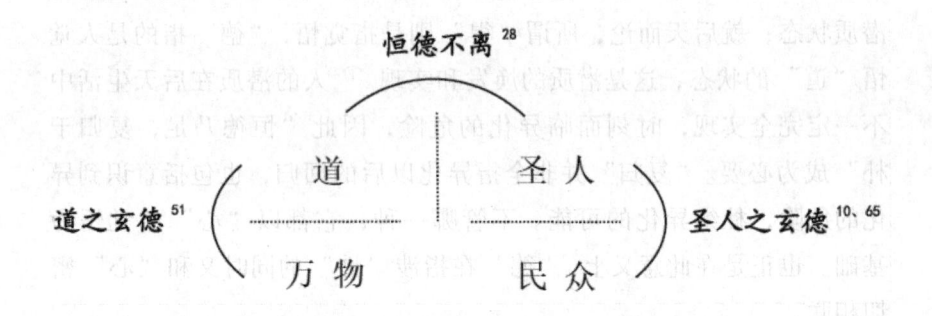

恒德不离[28]

道之玄德[51]　　道　｜　圣人　　圣人之玄德[10、65]

　　　　　　　万物　｜　民众

图2.4　老子"德"观念的内在构造①

这种理解方式主要受启发于王中江先生在解释"道法自然"时所发掘的老子哲学的内在构造（参阅导论所述）。王先生所论已隐含"人"和"道"的关系，现今我们将其明确提炼出来，作为组成老子哲学体系的第三种关系。关于道物关系和王民关系，王先生均以"无为"和"自然"进行关联。在其论基础上我们发现，"德"是"无为"的内在依据，"无为"是"德"的外在表现，而"自然"则是"德"产生的效果。进而可知，这两组关系以及上言第三组关系得以构成的关键皆在于"德"。可以说，老子哲学在很大程度上是围绕这几组关系展开的，而其所论"德"乃是诸种关系得以

---

① 图中数字表示词句所在章节。围绕每一组关系，各选取较有代表性的一个词句，并不意味着各组关系所见"德"论只有这一种。

210

第二章 新意域的开创：老子的"德"观念

构造的共同的枢纽。[①]

"德"作为关系得以构造的枢纽，在此前思想中已有体现。传统之"德"是一个政治—宗教概念，它既是联结统治者和民众的枢纽，也是沟通统治者和神灵的关键。到了老子思想，随着论域的拓展，它的这一特点在变得更为广泛的同时也显得更为强化。在老子这里，它是融合道物、通贯道人、塑造王民关系的共同枢纽；以这些关系为骨架，老子贡献出宇宙论、心性论、政治哲学等方面的理论学说。其中，人和道的关系是老子哲学的核心，道物关系为之提供宇宙论的基础，而王民关系则是人、道关系在政治行动上的落实。在此三种关系中"德"都是联结双方的关键，这种角色的形成既和它作为功能性概念的特点有关，也和它的语义有关。就后者来看，道物关系、王民关系中的"德"体现恩惠、功德之义，而道人关系中的"德"则含有获得之义。而归总起来看，"德"的根本义即在于性能。"道"之于万物的恩德、圣王之于民众的恩德，乃"道"与圣王之性能的体现，而道人之间的"德"则指向人的觉"道"之潜能。

在此等构造中，"道"和"德"的关系是一个十分紧要的问题。《老子》又被称为《道德经》，其书名和文本结构已提示"道"和"德"各占思想的"半壁江山"。在今天，"道德"已是我们耳熟能详的一个语词。但在老子以前，此二者还未出现明显关联，是到了老子思想，"道"和"德"这两个符号才"走"到了一起。这不是说老子言论中已出现"道德"这一复合词（作为书名的"道德经"是后来才有），而是说此二者在老子思想中开始发生紧密的关联，这为后来"道德"概念的出现和流行提供了义理基础。"道""德"之关系在老子思想中主要表现为两种情形，一是道物之间的体用关系，二是道人之间的内在超越关系。前者意味着，"道"指万物之本根，"德"指"道"生养万物的功能；而在后一情形中，"道"标示本根的超越性

[①] 王先生所论中还有两个情况需作出说明。一是，所言"效法"并非指简单的学习或模仿，而是建立在深刻的觉悟的基础上。有关于此，第四节总论部分有述及。二是，这种理解带有将"道"视为行动者的倾向，但它并不违背老子哲学中"道"的意义，并且还更能展示老子言"道"的潜在关怀。有关于此，可参第二节第三小节的论述。

一面，而"德"则强调本根内在于人的一面。如上所述，在老子哲学的诸种关系中道人关系是其核心，由此也决定了后一类型才是"道""德"关系之要害。① 这里也能看到"德"的一个紧要意义，它关乎的是觉"道"何以可能的依据。人如果无"德"，也就丧失了觉"道"的可能；老子哲学如果无"德"，那么所谓"道"，哪怕再精妙，也只能是一个孤悬的形上符号。

要言之，"德"与"道"在老子思想中是两个互相需要、两相配合的基本概念，它们是构造老子哲学体系的两大支柱。从思想史角度看，老子哲学的开创性既表现于"道"的突破，也体现于"德"的重造。如同郑开先生所洞察到的，"道"的概念及其理论的创构和"德"的概念化及其转折深化是古代中国"哲学突破"的重要标尺。② "道"的突破和"德"的重造是老子哲学体系的两个基本维度，这是《老子》又被称为《道德经》的根本原因。

长期以来，我们一直偏重于关注老子学说中的"道"，对"德"的问题往往是附带于关于"道"的研究中，这对老子哲学的把握难免有偏颇。我们当然不否认"道"在老子哲学中的核心地位，然而，作为一个寻索世界本源的天才思想家，作为一个具有强烈现实关怀的王室史官，老子在言"道"之外何以又频频讲"德"，这是需要高度重视的问题。通过前文的讨论，我们不仅看到"德"的重要意义，同时也由此发现老子哲学的以"关系"为思想基底的重要特点。

老子在批判中重建理想的"上德"，由此奠定了道家"德"观念的基本性格。后来的庄子和黄老学派在延续其思想的基础上，从不同的向度对这一观念作出发展。老子思想中"德"的归属者主要是治国领域的圣人，这决定了"德"在行动上的运用主要发生在政治领域。到了庄子思想，"德"的主体被普及到每一个体，并且它的心性内涵也得到了进一步的开展；黄老学则延续并强化了以圣王为中心的

---

① 由后一视域来看，宇宙论当中的道体德用乃是为人觉悟"道"提供一个行动化的样例。

② 郑开：《德与 Virtue——跨语际、跨文化的伦理学范式比较研究》，《伦理学术》2020 年总第 9 卷。

第二章　新意域的开创：老子的"德"观念

思路，一方面关注"德"从修身到治天下何以实现，另一方面则思考"德"在治术和制度上如何得到落实。

在老子的人事思想中，圣人几乎承载了所有的关于"德"的诉求。① 如此一来，普通民众的德性问题在其视域中也就隐而未发了。在圣人的治理之下民众会不会和圣人一样，也具备"恒德""玄德"呢？从义理上推导，或可得出肯定的结论。圣人会带领天下人一同"复归于朴"，使每一个人都成为有德者；这种做法就好比柏拉图所期待的"哲学王"那样，他发现了洞外的世界，然后带领洞内的人一起走出去。② 不过，就老子言论直接来看，"德"的主体基本上是限于圣人，民众是否有"德"、如何成"德"的问题并没有得到明确的开展。③ 这些问题后来在庄子思想中得到了关注。接下来，我们将进入庄子哲学中"德"的论域，考察庄子在这些问题上具体是如何思考的。

---

① 这和宇宙论中"德"归属于"道"、还没有成为表征万物属性之概念的情况是两相契应的。
② ［古希腊］柏拉图：《理想国》，第272—281页。
③ 这不是说老子不关心民众，此点恰恰体现了他对天下民众的关切。"德"在其思想中是指向一种道德化的政治责任，这种责任被落实以后，所带来的正是民众的"自然"的生活空间。

第三章　个人德性的彰显：庄学的"德"观念

老子的"德"观念具有承前启后的关键地位。他改造了"德"的思维，拓展了"德"的论域，由此奠定道家"德"观念的基本性格。自此而后，庄子和黄老学派从不同的向度作出发展和推进，不断丰富"德"的思想内涵。

不管是作为始创者的老子，还是作为后学的庄子和黄老学派，道家始终保持着一个核心的关切——让"道"以"德"的形态在人这里得到开展。这是道家思想一以贯之的目标，而各个子系统之所以显得各有特色，在很大程度上是由于它们考虑的开展之途径存在一定的差异。就老子来看，他将开展的责任诉之于治国圣人，希望圣人以其"玄德"辅助民众一同奔向"大顺"之境。在圣人辅助之下达成"自然"的众人也应具备"德"，但老子没有明确论及此点。他关于"德"的期待主要针对治国圣人而发，普通个体的德性问题在其思想中是隐而未发的。

进至庄子，普通个体的德性问题得到了集中关注。[①] 个人德性如何实现是庄子哲学的基源问题，[②] 也是道家核心关切的庄子式表达。

[①] 此所言"德性"主要是基于"德"的意义，同时也涵括"性"的概念。后文将会谈到，庄子思想中"德"与"性"是两个不同的概念，"性"是"德"的现实化，也是返"德"觉"道"的起点。庄子的"德性论"在以"德"为核心的同时也离不开"性"的角色。

[②] 劳思光先生倡导基源问题研究法，认为一切个人或学派的思想理论，在根本上必是对某一问题的答复或解答；我们如果找到了这个问题，即可以掌握这一部分的总脉络（《新编中国哲学史》一卷，第10页）。关于庄子哲学，劳先生认为其要旨在于显现"情意我"之境界（同上书，第190页）。劳先生倡导的基源问题研究法是一种颇具启发性的研究思路。但具体到庄子哲学的基源问题，笔者浅见与之不同。劳先生作此定位，和他对庄子自我概念的分析有关，我们在后文将有具体论及。

第三章 个人德性的彰显：庄学的"德"观念

围绕于此，庄子既从宇宙论层面探寻个人成德之所以可能的根基，又从生命个体和政治场域这两个不同的角度思考个人成德的路径。这是其"德"思想的一个基本理路。

老子所铺设的关系架构在庄子这里得到了延续。在其"德"思想中同样存在作为基底的道物关系、道人关系和王民关系，而在此之外，这里还出现了老子"德"思想中尚未显见的己他关系（行动者和他者的伦理关系）。① 庄子关于成德之根基的宇宙论思考是在道物关系中展开，而生命个体角度的成德之思则关乎个体和道的关系、个体和他者的关系，至于政治场域中的成德之思则涉及王和民众的关系。接下来，我们将依照成德之根基及其两种路径的顺序，逐步展现"德"在庄子哲学中的丰富内涵，并由此探讨老、庄思想之间的连续和演变。②

第一节 物德论的呈现："德"在道、物之间

道物关系是老子哲学的基础，也是其言"德"的内在骨架，这在庄子哲学中亦然。在上一章我们已看到，老子有"万物得一以生"的思想，但他并未以"德"来指示万物所得于道者。庄子延续了老子的"万物得一"思想，并进一步将此所得者明确界定为"德"。如此，"德"也就有了指涉万物属性的功能。相比于老子，庄子这里出现了比较明朗的物德观念。这种观念是发生在"德"与"得""道""性"的义理关联中，以下我们作逐层的探讨。

---

① 这不是说老子对己他关系没有思考，此处是就"德"思想而言。老子所论"德"在涉外之时主要关乎治国圣人和天下民众的关系，也即这里的己他关系是一种政治化的王民关系，尚未具有一般的伦理意义。

② 在本章各节标题上，除了第一节，我们没有去体现"德"所处的基底关系。这样做主要是为了反映庄子关于个人成德之两种路径的思考。另外，本书所引《庄子》文句皆出自郭庆藩《庄子集释》（中华书局2004年版），如据他本，将随文说明。所引文句直接示以篇名，不再言及书名。

一 "德""得"关联与"德"义转向

整体上来看,庄子思想中的万物之"德"是指万物所得于"道"的属性,此义在有些地方是隐含的,在有些地方则被明说,后者之典型可见于《天地》篇的"物得以生谓之德":

> 泰初有无,无有无名;① 一之所起,有一而未形;物得以生谓之德;未形者有分,且然无间,谓之命;留动而生物,物成生理,谓之形;形体保神,各有仪则,谓之性。

世界"泰初"(最初)的状态是"无"。此"无"非谓一无所有,因其"无有无名"(无形、无名),故而谓之"无"。此"无"乃"一"之所起。作为"无"的下一状态,"一"已经有名,但它仍是无形。万物有得于"一"以开始生成,此所得者便是事物的"德"。"德"是万物生成的关键,没有此"得",便没有接下来的"命""形""性",也就谈不上事物的出现。

在所"得"的内容上,直接来说便是"一",而其最终来源则是"无"。此所谓"无"也即作为世界本根的"道"。成玄英疏曰:"'一'者,道也,有一之名而无万物之状。"② "道""无有无名",故亦谓之"无"。后起的"一"是"道"在演化过程中无形而有名的阶段。万物得"一"以生,说到底就是得"道"以生。

在《天地》篇另一处,庄子则言及"道"是事物属性的来源:

---

① 关于此句,历代注家均断为"泰初有无,无有无名"。王先谦断为"泰初有无无,有无名",注曰"并不得谓之无""可谓之无而不能名"(《庄子集解》,中华书局1987年版,第103页)。本书遵从通行断句。宇宙在"泰初"的状态之所以称为"无",是因为此时的状态是"无有无名"的。如同任继愈先生所指出的,庄子把宇宙的原始叫作"无",是因为它"无形"(《中国哲学发展史》先秦卷,人民出版社1983年版,第399页)。陈鼓应先生也认为,"有无"的"无"是指"道",即最原始的"道",这时候的"道"还不能称为"有",它全然是无形、无名的(《老庄新论》,第285页)。"无有"的"有"是指后文"有物之形"的"有",而"无有"则是说"无形","无有无名"意即"无形无名"。

② 郭庆藩撰、王孝鱼点校:《庄子集释》,第425页。

第三章 个人德性的彰显：庄学的"德"观念

> 夫道，渊乎其居也，漻乎其清也。金石不得无以鸣。故金石有声，不考不鸣。

庄子先说"道"的相状（渊深而清澈），进而说到金石（钟磬）如果不"得""道"，则无以鸣响。钟磬能发出声音是经过人的敲打，但它之所以鸣响的根源乃在于"道"。"不考不鸣"说的是外因，而"金石不得无以鸣"则是说内部的根本因素。

非仅金石之类得"道"方能"鸣"，日月、星辰、鬼神之类也是得"道"之后方能存有。《大宗师》有言：

> 夫道，有情有信，无为无形；可传而不可受，可得而不可见；自本自根，未有天地，自古以固存；神鬼神帝，生天生地；在太极之先而不为高，在六极之下而不为深；先天地生而不为久；长于上古而不为老。狶韦氏得之，以挈天地；伏戏氏得之，以袭气母；维斗得之，终古不忒；日月得之，终古不息；堪坏得之，以袭昆仑；冯夷得之，以游大川；肩吾得之，以处大山；黄帝得之，以登云天；颛顼得之，以处玄宫；禺强得之，立乎北极；西王母得之，坐乎少广，莫知其始，莫知其终；彭祖得之，上及有虞，下及五伯；傅说得之，以相武丁，奄有天下，乘东维，骑箕尾，而比于列星。

围绕这一段话，王中江先生曾指出："对《庄子》的这段话，通常我们注意的主要是它描述'道'的超越性方面，但是，'道'的根本性作用恰恰又是通过它为各种事物赋予不同的特性和能力来体现的。《大宗师》列举的是众多事物中对人类来说显要的部分，这些事物之所以能够如此，都是由于它们从'道'那里得到了各自的能力（'得之'）。"[①] 在关注"道"作为本源的意义之外，王先生还提示我们应重视此间所见的万物何以具有自身属性的问题。尤其是自"狶韦氏得之"以下的文句，都是在说明天地间万事万物，包括日月、星辰

---

① 王中江：《出土文献与先秦自然宇宙观重审》，《中国社会科学》2013年第5期。

("维斗"即北斗)、鬼神、帝王等，都是有"得"于"道"方能具有它们各自的性能。这里还提到了诸多传说中的神仙，如"堪坏"(昆仑山之神)、"冯夷"(河神)、"肩吾"(泰山之神)、"禺强"(北海神)等。庄子认为诸神仙也是基于得"道"方能具有神力，这是对前文"神鬼神帝"的说明（此"神"字是使动用法，意即使鬼、帝具有神力）。在道家思想中，鬼神也是处于"道"之"下"、得"道"而存有的一种"物"。鬼神基于得"道"方为鬼神，广义上来说这也是"物德论"的一种体现。①

就万物基于"得道"而具有自身属性这一点来说，"物得以生谓之德"是总的论说，后两段话语则是具体的说明。此外，《骈拇》篇也有相关的说法：

> 且夫待钩绳规矩而正者，是削其性者也；待绳约胶漆而固者，是侵其德者也；屈折礼乐，呴俞仁义，以慰天下之心者，此失其常然也。天下有常然。常然者，曲者不以钩，直者不以绳，圆者不以规，方者不以矩，附离不以胶漆，约束不以纆索。故天下诱然皆生，而不知其所以生；同焉皆得，而不知其所以得。故古今不二，不可亏也。则仁义又奚连连如胶漆纆索，而游乎道德之间为哉，使天下惑也。

"所以生""所以得"对应文段开头的"性"和"德"。类似于前述诸种言论，此处的"德"作为事物的属性也和"得"直接相关。此间还涉及"德"与"性"的关系问题，我们在后面进行专论。

---

① 鬼神也是处于"道"之"下"、为"道"统摄的一种"物"，这是道家对此前鬼神崇拜意识的一种超越。《老子》有言"象帝之先"（第四章）、"神得一以灵"（第三十九章）。庄子的这段话，尤其是"神鬼神帝、生天生地"的说法，是对老子学说的一种延续和发挥。这种思想也见于上博楚简《凡物流形》。《凡物流形》上篇提出一系列的问题，包括"鬼生于人，奚故神明"的疑问；下篇用"一"（"道"的异名）作统一的回答（"是故有一，天下无不有；无一，天下亦无一有"）。在作者看来，鬼神作为万物之一，之所以具有"神明"，也是基于得"一"的缘故。有关于此，可参拙文《上博楚简〈凡物流形〉鬼神观探究》，《周易研究》2011年第3期。

第三章 个人德性的彰显：庄学的"德"观念

以"得"言"德"是道家思想史上的一个重要事件，其意义绝不限于"德者得也"这一训诂现象的出现。我们可以从以下几点来说明此事件的意义。一则，老子思想中的"德"虽含有"得道"义，但他尚未给出明确界定，这种界定是到了庄子思想才出现。类似的现象也出现于战国儒家，他们在孔子思想的基础上明确提出"德者得也"（详见老子章第三节中"德之得道义再考"）。这是儒道两家在战国时期的一个共同发展趋势。此外，庄子不仅将"德"的此义进行揭示，并且还是从宇宙论层面给出界定，使之具有更加普遍的意义。在老子那里，"德"隐含"得道"之义是发生在人、道之间，而儒家所说的"德者得也"也是就人有得于礼乐、术道而言，这些思想都不具有宇宙论的意义。

二则，以"得"言"德"是"德"义发生转向的一个关键。就道物关系这一场景来看，庄子言"德"的向度不同于老子："德"不再是归属于"道"以表征"道"的功能，而是归属于万物以指涉万物的属性。这种转向之所以发生的语义基础即在于"德""得"之关联。关于这一点，王中江先生已有关注到：在《老子》中"德"的基本意义之一是万物的畜养者，老子并没有直接地用"得"去界定"德"；但在《庄子》这里，"德"作为"道"之辅助者的意义被淡化了，一个新的事实是，"德"明确具有了事物有所得而获以产生的含义。[①] 王先生敏锐察觉到"得"在"德"义转变上的关键性。在老子思想中"德"作为"道"之功能是基于它的恩惠、功德义；而在庄子这里，"德"之所以能够转而指涉万物的属性，则是基于它和"得"的关联，或者说是基于它的获得义。

三则，以"得"言"德"也是道物关系发生转型的一个表现。在道物关系上，不同于老子侧重于道物相分，庄子则更加强调道物融合。这种转变既体现于庄子关于"道"的言说，[②] 也体现于他关于

[①] 王中江：《早期道家的"德性论"和"人情论"——从老子到庄子和黄老》，《江南大学学报》（人文社会科学版）2012 年第 4 期。

[②] 诸如《齐物论》的"道通为一"、《知北游》的"（道）无所不在""道在屎溺中""物物者与物无际"。

"德"的论议。"物得以生谓之德"是后一情形的一个典型。此论不仅体现了"德"义的转向，同时也反映了道物关系的转型，它使"道"内在于万物这一情况在"德"的概念上得到凝练。在"德"义的解释上，不乏研究者乃综合"道""物"两个向度，把"道"之功能和"物"之属性看作一义（参见老子章第二节中"德畜之"部分所引）。这种看法能够体现道家哲学整体上的通融性，但容易忽视"德"在老庄之间的区别，也容易模糊道物关系在老庄之间的变化。

二 "道"与"德"的关系

从事物所"得"的内容来看，《骈拇》篇的"同焉皆得而不知其所以得"并没有明说万物的"得"之所由，但在《天地》篇的"夫道，渊乎其居也，漻乎其清也，金石不得无以鸣"以及《大宗师》的"夫道，有情有信，无为无形；可传而不可受，可得而不可见"这两段话语中，我们可看到作为万物之"德"乃得自"道"。在《天地》篇的"物得以生谓之德"中，可知万物所得者直接来说便是"一"，而其最终来源则是作为"无"的"道"。万物得"道"以生，意味着"道"内化于万物中而成为万物维系自身存在的本质，这一本质也就是万物的"德"。

此间关乎"道"与"德"的微妙关系。这两个概念的关系一直是道家哲学研究中的重点问题。就庄子哲学而言，学界主要有两种看法。一是认为此二者是总分或一多关系，强调"德"是事物对"道"的分有。[①] 一是认为此二者是超越和内在的关系，相比于前者，此类观点并不强调"德"作为分有的意义，而是关注"德"与"道"的

[①] 如冯友兰先生认为："天地万物所以生之总原理，即名曰道；各物个体所以生之原理，即名曰德。"（《中国哲学史》上册，第172页）张岱年先生指出："德是一物所得于道者，德是分，道是全。"（《中国哲学大纲》，第24页）刘笑敢先生有类似看法："德是道之分，道是德之本。……道为主，德为从，道决定了德的特点，德体现了道的性质。"（《庄子哲学及其演变》，第135页）杨国荣先生认为，普遍之道体现于具体事物便表现为个体的"德"，"德"作为特定的规定，可以泛指事物的不同属性（《庄子的思想世界》，第180—182页）这类理解侧重于"德"作为个体属性或原理"分有""道"的意义。

第三章　个人德性的彰显：庄学的"德"观念

同质性。① 那么，庄子思想中的"道"与"德"究竟是怎样的关系呢？接下来，我们基于《庄子》文本对此问题作一综合考察。

（一）总分关系：统一的"道"与分化的"德"

这两种观点对"道"的理解没有分歧，所不同处在于"德"是不是对"道"的分有。就《庄子》文本来看，某些地方的"德"确实表现出分有"道"的意思，此时的"德"指向事物各自的特性。前引的"金石"文段以及"有情有信"文段已带有这样的意思。此两处虽然没有出现"德"，但它们关注的是金石以及日月、星辰、鬼神等事物各自的特性，其中的"得"便可理解为"分有"。

关于"德"是"道"的分化，《庄子》书中也有明言：

> 夫道未始有封，言未始有常，为是而有畛也。请言其畛：有左，有右，有伦，有义，有分，有辩，有竞，有争，此之谓八德。（《齐物论》）

针对这里的"八德"，王中江先生曾指出，"德"是"道"分化的结果，"道"分别赋予了各种事物的不同形态，事物有多少种类，就有多少不同的"德"。② 杨国荣先生有类似看法，认为这里首先对

---

① 如徐复观先生认为："《庄子》书中对'德'字界定得最清楚的，莫如'物得以生谓之德'，所谓'物得以生'，即是物得道以生。……道由分化、凝聚而为物，此时超越之道的一部分，即内在于物之中，此内在于物中的道，庄子即称之为德。……德是道由分化而内在于人与物之中，所以德实际上还是道。"（《中国人性论史》，第225页）虽然徐先生也用到"分化"一词，但他更关注的是"德实际上还是道"。在此点上汤一介先生有类似看法，认为道是天地万物的原则，因此它是超越天地万物的，德是天地万物存在的根基，因此它是天地万物的内在本质。（《儒道释与内在超越问题》，第13—23页；所引者是汤先生对老子思想中"道""德"的判断，他在论述庄子时亦是此意）此外，安乐哲（Roger T. Ames）从点域论解释"德"和"道"的关系，认为"德"作为焦点蕴含着场域之"道"的全部信息（"Putting the Te back into Taoism." in J. Baird Callicott, and Roger T. Ames, eds. *Nature in Asian Traditions of Thought*: *Essays in Environmental Philosophy*. Albany: State University of New York Press, 1989, p. 129）。安先生没有直接从内在超越来论述二者关系，但在"德"并非分有"道"这一点上，其论和徐、汤有类似之处。

② 王中江：《早期道家的"德性论"和"人情论"——从老子到庄子和黄老》，《江南大学学报》（人文社会科学版）2012年第4期。

· 221 ·

"道""德"作了区分,"道"以统一而未分化为特点,而"德"则与界限相联系,所谓"八德",便涉及存在事物的不同规定。① 确如两位先生所指出的,"道"以"未始有封"(本无界限)为特征,而"德"则是"有畛"(出现界限)的结果,它是统一之"道"分化到不同事物的具体表现。

"道"与"德"的此等关系也见于《徐无鬼》的以下文段:

> 故德总乎道之所一,而言休乎知之所不知,至矣。道之所一者,德不能同也;知之所不能知者,辩不能举也;名若儒墨而凶矣。

"德"来源于统一的"道",所以说"德总乎道之所一"。此时的"德"已然出现分化,已和根源性的"道"有所不同,故说"道之所一者,德不能同也"。

我们可以从"一"和"多"的关系去理解这里的"道"与"德"。作为"道"在具体事物中的分化,"德"还有很多的种类,其数量远不止于"八"。而不管"德"有多少种类,都是来源于统一的"道","道"统摄各种局部性的"德"("德总乎道之所一")。由此来看,以总分关系理解"道""德"的观点并非没有依据。

(二)内在超越:"德"作为"道"在事物中的全蕴

以上所述是庄子思想中"道""德"关系的一种类型,在另一些言论中"德"并无分化或分有之义,它和"道"表现出另一种关系类型。一个典型的例子就是《天地》篇的"物得以生谓之德"一段。在此,用以表征事物特性的概念是"性"("形体保神,各有仪则谓之性")。至于"德",则指向另一情形。结合"物得以生谓之德"的前后文来看,这里的"德"可理解为事物得以生成的潜质。作为潜质的"德"并未出现分化,后面所说的"未形者有分,且然无间,谓之命",则是物性分化的开始,至于所谓"性",则是物性分化的

---

① 杨国荣:《庄子的思想世界》,第178—179页。

第三章 个人德性的彰显：庄学的"德"观念

结果。①

在同篇的其他地方也可看到类似的说法："形非道不生，生非德不明。"此句可视作"物得以生谓之德"一段的补充说明。"物得"句后面有言"留动而生物，物成生理，谓之形"，逻辑上"德"在"形"之前。在"物得"段中万物的根源是"无"，也即"道"；在"形非"句中，使万物生成而具备形体的是"道"。"形"的"生"不仅依赖"道"，也依赖"德"。"形非"句没有强调"德"即"物得以生"，但它同样强调"德"对于事物生成的关键作用。

"道""德"的这种关系还见于以下地方：

> 故通于天地者，德也；行于万物者，道也；上治人者，事也；能有所艺者，技也。技兼于事，事兼于义，义兼于德，德兼于道，道兼于天。(《天地》)

开头两个分句是一种互文表达，意思是说"道""德"通行于天地万物。在此，"道""德"有趋同倾向。在庄子看来，"道""无所不在"(《知北游》)、"于大不终，于小不遗，故万物备"(《天道》)，它流行遍布于天地万物之中；自万物而言，作为"道"在万物中的整体性潜蕴，"德"同样通行于天地万物之间。

对于后面所说的"技兼于事，事兼于义，义兼于德，德兼于道，道兼于天"，徐复观先生认为，"技""事""义""德""道""天"只是一种形式上的排列，在庄子思想中并无意义。② 笔者看法有所不同。这样的排列应有特殊考虑，并非形式上的排列而已。"兼"指统摄，这句话是说，技艺统摄于事务，事务统摄于"义"，"义"统摄

---

① 吕思勉先生对《庄子·天地》"物得以生谓之德"这一段话比较关注，认为这是庄子推原万物之所自始的综括性说法，并指出"物得以生谓之德"是说万物之生皆系分得大自然之一部分(《先秦学术概论》，云南人民出版社2005年版，第37页)。我们认为，从语境来看，这里的"德"并没有"分得"的意思，事物的分化出现在后面的阶段——"留动而生物，物成生理，谓之形；形体保神，各有仪则，谓之性"。这方面的内容还涉及"德"与"性"的关系，我们将在后文予以专门探讨。

② 徐复观：《中国人性论史》，第226页。

◇◆◇ 先秦道家"德"观念研究

于"德","德"统摄于"道","道"统摄于"天"。这里的"天"非谓实体,而是指状态性的"自然",这是庄子对"天"的特殊使用。"道兼于天"并不是认为在"道"之外还有一个更高的存在,而是说"道"统摄于"自然"。在此"道"的本源性并没有被否定。[①]进而再看"德兼于道",它和前述《徐无鬼》的"德总乎道之所一"有类似之处("总乎"和"兼于"均谓统摄于)。但"德总乎道之所一"后面的"道之所一者,德不能同也"乃强调"道"的统一性和"德"的多样性(二者是总分关系);至于"德兼于道",其前面的"通""行"之言则表明此处并未强调"道""德"的总分关系。作为事物得自于"道"的潜质,"德"是尚未分化的整体化潜能,因此能"通于天地";根本上而言它是"道"在事物当中的潜蕴,仍是来源于"道",故说"德兼于道"。

综合来看,"物得以生谓之德""形非道不生,生非德不明""通于天地者,德也;行于万物者,道也……德兼于道"等一些言论,向我们呈现了"道"与"德"的另一种关系。在这里,"德"是指事物得以生成的一种潜质,此潜质是"道"在事物当中的全蕴,不同于已然分化的各物特性。事物的生成既依赖于根源性的"道",也依赖于内在于万物的"德",此二者的"通行"使万物的生成和存在成为可能。

(三)并列关系:分化于各物的"道"与"德"

在前面的讨论中,我们基于"道"意谓世界之本根这一点来探讨"道""德"之关系。需进一步看到的是,"道"在庄学中的意义还不限于此。如同"道"在老子思想中的表现,庄子所言"道"除了有形上义,还可表示形下之理则。在后一种含义中,它与"德"构成了不同于前二者的关系类型。比如,在"天地之道"和"天地之德"的说法中,"道""德"二者即表现出并列而趋同的关系:

若夫不刻意而高,无仁义而修,无功名而治,无江海而闲,

---

① 有关于此,后文论及"德"与"天"的关系时将有进一步论述。

第三章　个人德性的彰显：庄学的"德"观念

不道引而寿，无不忘也，无不有也，澹然无极而众美从之。此天地之道，圣人之德也。(《刻意》)

夫明白于天地之德者，此之谓大本大宗，与天和者也；所以均调天下，与人和者也。与人和者，谓之人乐；与天和者，谓之天乐。(《天道》)

某种程度上，"道""德"在此语境中是可以互换的。比如"此天地之道，圣人之德也"一句，也可说成"此天地之德，圣人之道也"①；"夫明白于天地之德者"，也可说成"夫明白于天地之道者"。当然，若细究起来，"道"与"德"在含义上仍有一定的差别，"道"体现理则义，"德"体现性能义。只是在这些语境中，理则和性能的区别显得并不重要，故而"道""德"表现出意义趋同的倾向。另需指出的是，这样的言论和《天地》篇的"故通于天地者，德也；行于万物者，道也"很相似。由此来看，《天地》篇此论似乎也可归为"道""德"并列之情形。但有所不同的是，《天地》篇此论后面所说的"德兼于道"决定了"道""德"二者非属并列之关系。

通过以上梳理，我们可看到"道"与"德"在庄子思想中包含了三种关系。《庄子》书中有关"道""德"的语境颇为复杂，我们无法以一种类型进行定位。语境的复杂性和《庄子》的成书有关。以上我们从共时性角度对其关系给出梳理，不去分辨这些类型的时间先后（实际上也难以断定）。"道""德"关系的复杂性源于语境的多样性，更具体来说，则源于不同语境下"道""德"的多义性。

现在我们关心的是，在上述诸种关系中哪一种是"道""德"二者的根本关系。所谓根本关系，是指二者基于它们各自所特有的、其他概念无法取代（也包括无法相互取代）的意义所组成的关系。在

---

① "此天地之道，圣人之德也"是一种互文。它的意思是：此是天地之"道""德"，也是圣人之"道""德"。

◆◆◆ 先秦道家"德"观念研究

二者的诸种含义中,"道"作为世界本根和"德"作为本根在物之潜蕴,是它们各自所特有的意义。① 就此来看,内在超越乃是"德""道"之间的根本关系。这意味着,"道"与"德"本质上并无差异,它们都指向世界万物之本根,只是一个标示本根超越于万物的一面,一个标示本根内在于万物的一面。

宋人江袤曾有以下比喻,对理解二者之关系颇有启发性:

> 无乎不在之谓道,自其所得之谓德。道者,人之所共由;德者,人之所自得也。试以水为喻。夫湖海之涵浸,与坳堂之所畜,固不同也,其为水有异乎?江河之倾注,与沟浍之湍激,固不同也,其为水有异乎?水犹道也,无乎不之,而湖海、坳堂、江河、沟浍,自其所得如是也。谓之实同名异,讵不信然。……由是观之,道非有余于德也,道散而德彰;德非不足于道也,德成而道隐。②

江袤将"道"类比于无所不在的水,将"德"比喻为各处的水。"道"与"德"均是水,所不同在于前者就水本身而言,后者就某地的水而言。各地的水虽然所处的位置不同,但其为水也并无差异,实乃潜含水的全部属性,所以说"道非有余于德也""德非不足于道也"。在此也可说"道"与"德"构成一多关系,但这里的"多"是个体数量上的"多",而不是个体属性上的"多"。数量上的"多"不影响"道"在事物中的整体性潜蕴。江袤之论中实有内在超越之意。此关系和总分或一多的关键区别在于,"德"并不是"分有"本根,而是整体上"全有"本根,这也正是江袤所谓"道非有余""德非不足"的旨趣所在。

江袤此语是针对老庄思想一并为论。就本书的考察来看,老子所

---

① 总分关系和并列关系中的"德"皆与"性"相当。
② 焦竑《老子翼》卷之五《附录》引江袤语。见熊铁基、陈红星主编《老子集成》第六卷,第685页。

第三章　个人德性的彰显：庄学的"德"观念

思人事领域的"德"乃和"道"构成此关系，至于其宇宙论中"道"与"德"则表现为另一关系（道体德用）。宇宙论中"德"与"道"的内在超越之关系是出现在庄子思想，而庄子人事学说中此二者的关系也是此种类型。可见，此等关系在庄子思想中获得了更加普遍的意义，这是道家思想发展的一个结果。

《庄子》的另一不同处则在于"道德"概念的出现（共出现16次）。在老子思想中"道"与"德"发生密切联系，庄子延续并强化了这一点，"道德"概念的出现即是二者关系被强化的一个结果。对此，徐复观先生曾有论曰：老子将"道""德"分述，而庄子则常将二者连在一起，称为"道德"，实际上却偏重在"德"的意义方面。[①] 依此来看，"道德"即是一个偏义复词。在某些言论中"道德"一词确实有此倾向，但总的来看，"道德"中的"道"仍有独立之义。"道德"语词中的"道"与"德"在根本上是基于超越与内在的关系（现今使用中其实仍含有此义）。某种程度上，我们可说"道德"是一个同义复词。当然，这里所说的同义是就"道""德"同指世界之本根而言，而如果深究起来，它们仍有一定区别，"道"侧重于本根的超越性一面，而"德"则主要指示本根的内在性一面。

在战国中后期，"道德"成为一个被广泛使用的语词。除了《庄子》，还见于《管子》《韩非子》《鹖冠子》《文子》（暂不考虑关于二书年代的争议）以及儒家的《礼记》《易传》《荀子》（《荀子》出现最多，共12次）。就儒家方面来看，此词的出现同样和儒家前辈将"道""德"进行联系的思想有关。孔子所说的"志于道，据于德"（《论语·述而》）、子张所说的"执德不弘，信道不笃"（《论语·子张》），以及《中庸》所言的"苟不至德，至道不凝焉"，皆反映了"道德"概念得以出现的思想渊源。并且，在儒家思想中"道"和"德"也带有点超越和内在的意思，虽然在二者内涵上儒家的理解甚不同于道家。尤其是在"苟不至德，至道不凝焉"，"凝"的意味和

[①] 徐复观：《中国人性论史》，第224页。

道家所说的"得"不无类似。讨论"道德"概念的出现，不仅是为了说明这一现代常用语的词源，更主要的是想揭示其背后的思想史脉络。就儒道之间来看，我们很难说谁影响了谁。整体上来看，在老、孔思想中"道""德"出现联系，后学延续、强化之，从而促成了此概念的出现。

"内在超越"之论是儒学研究中比较流行的一种理论框架。自此论被提出以来，它在得到很多学者肯定的同时，也陆续受到一些学者的质疑。就新近讨论来看，有的学者认为此论是不可成立的，它不但误用了"超越"的概念，而且本身根本讲不通；① 有的学者则肯定此论，但认为"内在超越"不是中国哲学的特点，它是中西哲学共有的性质②；有的学者则肯定此论，并肯定"内在超越"是为中国哲学的特质，同时也指出其中仍存在一些有待推进和开发的问题。③ 在基本立场上，笔者肯定此论的成立，至于"内在超越"是否为中国哲学之特质的问题，则在此存而不论。学界一般是将此论归为牟宗三、唐君毅先生提出的用以解释儒家哲学的理论框架，实际上，在同一时期里（20世纪60年代）徐复观先生基于道家哲学也提出了此论。④ 后来汤一介先生对道家哲学的内在超越问题有进一步论述。⑤ 道家哲学中的内在超越之义理有待我们重视。徐、汤两位先生主要基于老庄哲学中的"德"与"道"论述此理，在笔者看来，在老子哲学中此理并不明朗，是到了庄子这里它才变得显豁。当然，更为典型的言论是出现在《管子》四篇中，对此我们在后一章将有讨论。

---

① 张汝伦：《论"内在超越"》，《哲学研究》2018年第3期。
② 黄玉顺：《中国哲学"内在超越"的两个教条——关于人本主义的反思》，《学术界》2020年第2期；任剑涛：《内外在超越之外：儒家内在超越论及其诱发结果》，《上海大学学报》（社会科学版）2021年第1期。
③ 韩振华：《突破，抑或迷思？——儒学"内在超越说"的跨文化考察与批判重构》，《复旦学报》（社会科学版）2019年第2期。
④ 徐复观：《中国人性论史》，第205—206、第225—226页。徐先生的论说详见本书导论所引。
⑤ 汤一介：《儒道释与内在超越问题》，第14—37页。

三 "德"与"性"的区别与联系

"德"的问题不仅涉及它和"道"的关系,也牵连到它和"性"的关系。类似于"道德","德性"也是我们今天常用的一个语词。从"德"的角度看,它在西周时期就带有表达"性"的功能,这种功能在老子思想中得到了延续,但老子更关注的是那种人性当中让觉"道"成为可能的潜质。老子言论中尚未出现"性"的概念,故而对"德""性"关系问题也只是就"德"含有"性"义这一点来谈。但到了庄子这里,情况则有所不同。庄子言论中"性"的概念已然出现,我们对"德""性"关系的讨论也就不只是探讨"德"所含的"性"之义,同时也是就两个概念的关系进行直接考察。

"德性"一词在今天常被用作同义复词,我们容易受此影响,认为所谓"德"也即"性",指的是事物由"道"所得的具体属性。就《庄子》来看,某些言论中的"德"确实具有此等义涵,比如前面所论的"道""德"的总分关系和并列关系,其间的"德"可归为此等情形。庄子不仅在抽象的意义上用"德"指涉事物的特性,还曾用"鸡德""狸德"对"德"之此义进行具体运用:

> 鸡之与鸡,其德非不同也,有能与不能者,其才固有巨小也。(《庚桑楚》)
> 尝语君,吾相狗也。下之质,执饱而止,是狸德也。(《徐无鬼》)

第一段意为,鸡的本性没什么不同,但它们的才能却有大小之分。第二段是说,下等品质的狗只知填饱肚子,这类似于狸(野猫)的禀性。这里的"德"都是指事物各自的特性。

耐人寻味的是,在"德""性"二字一并出现的地方,庄子则强调二者的区别。一个典型的例子就是《天地》篇的"物得以生谓之德"一段:

◇◆◇ 先秦道家"德"观念研究

  泰初有无，无有无名；一之所起，有一而未形；物得以生谓之德；未形者有分，且然无间，谓之命；留动而生物，物成生理，谓之形；形体保神，各有仪则，谓之性。性修反（返）德，德至同于初。同乃虚，虚乃大，合喙鸣，喙鸣合，与天地为合。其合缗缗，若愚若昏，是谓玄德，同乎大顺。

  显然，"德"和"性"在此是两个不同的概念："德"与"得"相关，谓万物有所得；"性"与"生"相关，[①]谓万物与生俱来的各种"仪则"。这段话包括了事物生成和人之复归（"性修返德"是就人而言）的两个向度。就前者而言，"德"是万物得以生成的潜质，而"性"则是指万物形成之后各自所有的特性；自后者来说：现实之"性"则是人修养的起点，通过修"性"而返归于"德"（实是说潜质之"德"得以焕发），由此同乎"大顺"，也即同乎"道"。[②] 要言之，"德"是本根之"道"落实为万物之"性"的必要中介，同时也是"性"返归于"道"的必经途径。

  庄子对"德"与"性"的区分还见于《庚桑楚》的一段话：

  道者，德之钦也；生者，德之光也；性者，生之质也。

  "道者，德之钦也"，义近于《天地》篇的"德兼于道"。第二分句是说，"生"是"德"的光辉，亦即，事物的生成乃以"德"为直接依据。此"德"类似于"物得以生"的"德"。《天地》篇亦言："形非道不生，生非德不明。"其义正和这里的前两个分句相呼应。最后一分句则表明，所谓"性"乃是指万物与生俱来的特指，义同

[①] "性"在古义上与"生"的紧密联系已为大家所熟知，告子说的"生之谓性"（《孟子·告子上》）虽为孟子所诟病，但确实是代表了古人关于"性"的比较流行的一种理解。对此，可参见傅斯年《性命古训辩证》（广西师范大学出版社 2006 年版，第 49—53 页）的相关讨论。

[②] 笔者此解是受叶海烟先生所论的启发。参见叶海烟：《老庄哲学新论》，台北：文津出版社 1997 年版，第 229 页。

· 230 ·

第三章 个人德性的彰显：庄学的"德"观念

于"形体保神，各有仪则"的"性"。

在《骈拇》篇庄子也通过"得"和"生"来分别反映"德""性"二者：

> 且夫待钩绳规矩而正者，是削其性者也；待绳约胶漆而固者，是侵其德者也。……故天下诱然皆生，而不知其所以生；同焉皆得，而不知其所以得。

从语句表述来看，这里没有强调"德"与"性"的逻辑先后关系。但结合前面材料来看，这里的"德""性"也是有别。此篇另一处有言：

> 骈拇、枝指，出乎性哉，而侈于德；附赘、县疣，出乎形哉，而侈于性；多方乎仁义而用之者，列于五藏哉，而非道德之正也。

以往经常是将这里的"德""性"看作同等概念，这给解释带了麻烦。如果留意到"德""性"的区别，理解起来就容易得多。[1]

综合上论来看，关于庄子思想中的"德""性"之别，可用下页图（图3.1）作一呈现。

"德"与"得"相关，"性"与"生"相联，所"得"之"德"是所"生"之"性"的前提，这是"德""性"之别的关键所在。《淮南子·缪称训》有言："道者，物之所导也；德者，性之所扶也。"此论可用以辅助理解庄子所言"德""性"。在庄子思想中"生"是事物现实存在的开始，同时也是人之生命的开端。万物所得于"道"的"德"乃存在于此阶段之前，指涉的是万物得以生成的、尚未具体分化的一种潜质；而"性"则是指事物与生俱来的一种属性，它是潜质之"德"在事物当中的分化和落实。

---

[1] 后面讨论人事之"德"时，将对此文段作详细讨论。

◇◆◇ 先秦道家"德"观念研究

生成与复归的阶段	"物得"段的描述	备注
无←→一←→德←→命←→形←→性	泰初有无，无有无名	无形、无名，故谓之"无"。
	有一而未形	有一之名，无物之形。
	物得以生	万物得"一"，此为生成的直接依据。
	未形者有分，且然无间	未成形，然分阴阳，阴阳流行无间。
	留动而生物，物成生理	阴阳有留、有动，万物生成，各具形态。
	形体保神，各有仪则	形体保有精神，各有法则。

（左侧注：道者，德之钦也，生者，德之光也，性者，生之质也。《庚桑楚》；德至同于初，形非道不生，生非德不明《天地》；性修反德）

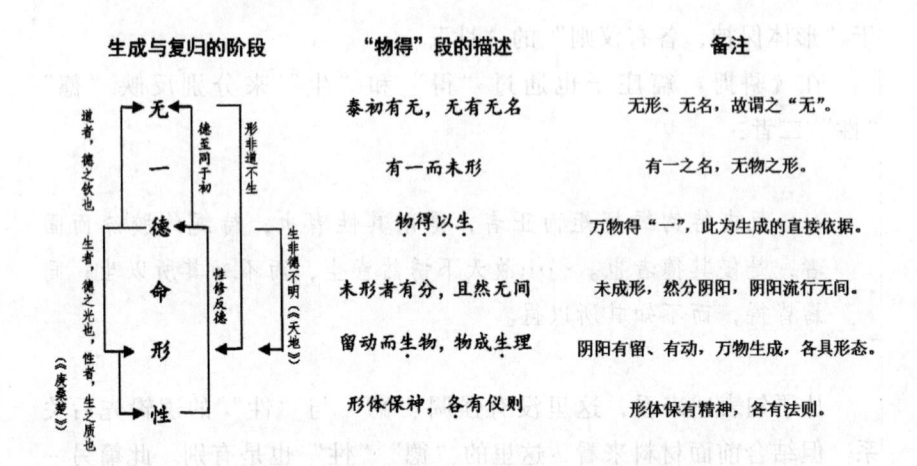

图 3.1 庄子思想中"德"与"性"的关系

某种程度上，"德"和"性"的这种关系类似于亚里士多德所说的"潜在"（potentiality）与"现实"（actuality）。亚氏将事物的运动定义为"潜在的现实化"，其中，"潜在"表示事物应该具有而尚未实现的"形式"（form），"现实"则是指事物已经具有的"形式"，从"潜在"到"现实"的转化也就是有待实现的"形式"转变为实际具有的"形式"。①在此理论中，"形式"（form）意指事物的本质，"潜在的现实化"即意味着事物待实现的本质转化为现有属性。我们不宜将庄子所讲的万物生成过程完全等同于亚里士多德讲的运动观，并且，亚氏所说的从"潜在"到"现实"也没有强调从潜质到特性是一个从统一性到多样性的分化过程。

通过上论可知，虽然在某些语境中"德"具有事物特性的意思，但在"德""性"二字同时出现的地方，庄子更强调二者的区别。在以往研究中，虽然主流意见是将庄子所言"德"等同于"性"，但也有部分学者留意到二者的微妙区别。如张岱年先生曾用"实际非异而各有界说""虽有别却是二而一"来概括《庄子》

---

① ［古希腊］亚里士多德：《形而上学》，吴寿彭译，商务印书馆 1959 年版，第 192—210 页。

第三章 个人德性的彰显：庄学的"德"观念

所见的"德""性"关系，并将二者之别概括为"未生无形"与"既生有形"。① 这种区分对笔者的启发很大。万物"未生无形"时，所谓"德"只是一种待形成的"潜在"，于此之际万物所得于道者，乃是万物终而生成所凭依的全能型潜质；及至万物"既生有形"，此前的所"得"便分化到各物当中而成为各物的现实特性，维系现实万物的存在与发展。在此问题上，王中江先生也曾指出，《庄子》的"德"已比较清楚地与"性"联系起来，"性"来源于事物得"道"而产生的"德"，"性"得以修养也就返回到"德"之初。② 王先生很关注"德"在《庄子》中不同于《老子》的新情况，所概括的"性"来源于"德"这一点颇能反映二者关系之要害。

郑开先生认为"德"包含着同一和分殊的两个层面：一个意味着"道之所一"，一个接近牛有牛性、马有马性的"性"。郑先生更关注的是代表同一的那个层面，并指出此义上的"德"超越于物类、种属诸范畴而成为最根本的"性"，可称为"性之性"。③ "性之性"是一个很精辟的概括，它指明了"德"义的一个关键——它是"性"之成为"性"的深层依据。结合本书前面对"道""德"关系的讨论来看，可知庄子思想中隐含着一种由"道"而"德"、由"德"而"性"的理路。借助"一"和"多"的义理模式来说，"道"指向的是纯粹的统一性，"德"则指向内蕴于事物的统一性，至于"性"，则是关乎事物实际表现的多样性（此暂不论诸概念的多义性，就它们各自所特有的意义来看）。

王玉彬先生提出，《庄子》内篇言"德"不言"性"，是因为"德"与"性"是泾渭分明的两个概念："性"关乎善恶，指向对群体道德的肯认，同然之"性"构成仁政或礼治的现实基础；"德"则试图超越善恶之论，呈现为对个体之殊异存在方式的追求，多元之

---

① 张岱年：《中国哲学大纲》，第196页。
② 王中江：《道家形而上学》，第175—176页。
③ 郑开：《道家形而上学研究》（增订版），第376—377页。

◇◆◇ 先秦道家"德"观念研究

"德"是统治者应尊重的生命本质。① 王先生是基于内篇和外杂篇有别的角度提出此见。若就《庄子》书整体来看,"德""性"之别却不在王先生所论上。通过前面的材料可看到,"德"是"性"之为"性"的前提,一个指向事物内蕴的统一性、一个关乎事物现实的多样性。这种区别的背后,不仅是在寻求万物之性的直接来源,同时也是在确立人之觉"道"成为可能的内在依据。《天地》篇"物得以生"一段讲完事物生成以后,紧接着讲"性修返德"的问题,其背后的义理正在于后一点。②

前文讨论"德""道"关系时,曾指出二者关系的被强化促成了"道德"概念的出现。"德"与"性"的问题有类似表现,但《庄子》中没有出现"德性"一词。在先秦典籍中,据笔者目前所查,"德性"一词仅见于《礼记·中庸》的"尊德性而道问学",此词的流行应是秦代以后的事情。

正如同儒家"道德"语词的渊源未必和道家有关,儒家"德性"语词的出现也不一定是受道家的影响。儒家思想中"德"与"性"本存在关联,这不仅表现于其所言"德"常含有"性"义,也表现于其言论曾涉及"德""性"之联系,如:

> 成己,仁也;成物,知也。性之德也,合外内之道也,故时措之宜也。(《礼记·中庸》)
>
> 德者,性之端也;乐者,德之华也;金石丝竹,乐之器也。(《礼记·乐记》)

---

① 王玉彬:《"德""性"之辨——〈庄子〉内篇不言"性"释义》,《哲学研究》2017年第12期。

② 另外,若仅就内篇来看,庄子是否不言"性"也有待商榷。《德充符》有言"受命于地,唯松柏独也,在冬夏青青。受命于天,唯舜独也正,幸能正生,以正众生"。此"生"字应为"性"之借字。林希逸曰:"此生字只是性字。"(《庄子鬳斋口义校注》,中华书局1997年版,第86页)焦竑引陆西星《南华真经副墨》曰:"正如各正性命之正,正生即正性也。"(《庄子翼》,蒋氏慎修书屋校印1914年版)现代研究中亦不乏学人作此解。参见张默生《庄子新释》,第114页;陈鼓应《庄子今注今译》,第162页;晁福林《试析庄子的"情性"观》,《中州学刊》2002年第3期。

第三章 个人德性的彰显：庄学的"德"观念

所谓"性之德"，是说"性"之为"德"。① 此语表露出，作者关注的是作为一种"德"的"性"（道德本性），而不是人的自然属性。这里隐含着"性"的范畴比"德"更大的前提。第二段的"德者，性之端也"是说"德"是"性"的端绪、"性"的表现。② 这里的"德"和"性"互有区别，但其区别不同于上者，也不同于庄子所思者。庄子认为"德"是"性"的前提，而《乐记》作者则认为"德"是"性"的发显。二者的逻辑先后恰好倒了过来。庄子是在先天层面上讲论"德""性"，而《乐记》一段的"性"与"德"则分别指向先天本性和后天表现。③

四 物德思想合论

（一）物德的基本内涵

以上从不同的层面逐步探讨了庄学中物德思想的内涵。归总而言，所谓物德是指万物由"道"而得的使其成为自身的一种潜质；随着万物的逐渐形成，这种潜质将分化到各物当中成为它们各自所有的"性"。这种观念在老子思想中已有隐含（第三十九章"万物得一以生"），庄子在其所论基础上将万物之所"得"明确界定为"德"。由此，道物之间的"德"在意义的向度上发生了转变，它

---

① 关于"性之德也"及其前后文，郑玄注曰："以至诚成己，则仁道立；以至诚成物，则知弥博。此五性之所以为德也，外内所须而合也，外内犹上下。"见郑玄注、孔颖达疏：《礼记正义》，北京大学出版社1999年版，第1450页。朱熹解曰："仁者体之存，知者用之发，是皆吾性之固有，而无内外之殊。既得于己，则见于事者，以时措之，而皆得其宜也。"见朱熹《四书章句集注》，中华书局1983年版，第34页。察朱子之意，乃以"德"为"得"之借字，故云"吾性之固有""既得于己"。笔者从郑玄之解。但这里的"性"是否定然指"五性"，则有待商榷。从前文看，此所谓"性"是一抽象语词，它是指含"仁""智"在内的作为一个整体的人之本性。

② 关于"德者，性之端也"，孔颖达疏曰："德行者，是性之端正也。"见郑玄注、孔颖达疏《礼记正义》，第1112页。孙希旦解曰："端，犹《孟子》言'四端'之'端'。性在于中，而发而为德。德者，性之端绪也。"见孙希旦《礼记集解》，中华书局1989年版，第1006页。结合"性之端"的后文来看，宜从孙注。"华""端"义通，皆谓发显、表现。

③ 庄子所言"德"也有后天义，就此来看，"德"也有"性之端"的意思。有关于此，后文将有论及。

不再是表征"道"生养万物的功能，转而成为归属于万物的一个概念。

就道家思想整体来看，"德"在道物之间的意义包含着两个向度：自"道"而言，它是指"道"生养万物的功能；自万物而言，它意谓万物由"道"而得的潜质。老子所思属于前义，后义则见于庄子学说。这是"德"之意义在向度上的一个变化，此等变化也反映出道物关系类型的转变。在道物关系上，不同于老子主要彰显道物相分，庄子则更强调道物融合。在后一类型中，"德"是"道"内在于万物此情况在概念上的凝练。学界关于道家之"德"的解释中，不乏观点把"道"之功能和"物"之属性看作一义。此等看法能体现作为整体的道家哲义的内在融通性，但容易忽视"德"义以及道物关系在老庄之间的变化。

不同于儒家着重关注人事领域的"德"，道家则将"德"放在宇宙论进行思考，呈现出一种独特的物德学说。安乐哲先生曾指出，道家传统中挑战儒家人类中心主义的是，道家的视域超越了人类世界，而遍及所有的存在物（all of existence），在理论上汇成了具有独特意义的"德"与"道"。[1] 认为儒家是人类中心主义这一点或可商榷，但就两家的"德"的论域而言，笔者对其所论深表赞同。物德之思想在儒家学说并无显见。儒家有言"天地之大德曰生"（《易传·系辞下》），也曾言及骥之"德"、玉之"德"。[2] 前者基于天地对万物之功德而论，它在地位上类似于道家所言的"道"之"德"，并不属于物德之思想。后者是一种类比，它的关注点仍在于人的品德，不像庄子所言"鸡德""狸德"那样，着意于事物本身的属性。

---

[1] Roger T. Ames, "Putting the Te back into Taoism." in J. Baird Callicott, and Roger T. Ames, eds. *Nature in Asian Traditions of Thought: Essays in Environmental Philosophy*. Albany: State University of New York Press, 1989, p. 129.

[2] 《论语·宪问》："子曰：'骥不称其力，称其德也。'"《礼记·聘义》："夫昔者君子比德于玉焉：温润而泽，仁也；缜密以栗，知也；廉而不刿，义也；垂之如队，礼也；叩之其声清越以长，其终诎然，乐也；瑕不掩瑜、瑜不掩瑕，忠也；孚尹旁达，信也；气如白虹，天也；精神见于山川，地也；圭璋特达，德也。天下莫不贵者，道也。"

第三章　个人德性的彰显：庄学的"德"观念

以"德"指涉物之性能，意味着"德"不仅是一个人事范围内的道德概念，同时也是一个描述自然事物之属性的符号。我们可将此二者概括为品德之"德"和属性之"德"。后者不仅在主体范围上更大，并且也没有道德方面的意涵（比如庄子所说的"鸡德""狸德"）。就此来看，"德"与古希腊思想上的德性概念（άρετή）不无类似。"άρετή"不仅可表示人的道德品质，也被用于指称事物的自然属性。从发生过程来看，"德"与"άρετή"指涉自然属性的情形都属晚起，并且都没有成为主流用法。[①] 需指出的是，庄子以"德"涉"物"不仅是出于对物性问题的关注，同时也关乎人的德性问题。属性之"德"和品德之"德"在其思想中似无清楚之界限，甚至某种程度上前者还是后者在宇宙论层面上的一个依据（后文详述）。

古罗马哲学家卢克莱修有《物性论》一书，此书以诗歌的形式讲述原子与虚空作为宇宙构成基素的思想。在第一卷的《序诗》中卢克莱修歌颂了维纳斯（Venus）生养、滋育万物的创造力，有些地方和庄子的物德思想不乏相似。如说"维娜斯，生命的给予者，在悄然运行的群星底下，你使生命充满航道纵横的海洋和果实累累的土地，因为一切生物只由于你才不断地被孕育"[②]。这里也带有事物属性有"得"于本根的意思（Venus 是一种比喻，意谓自然的创造力）。不过，卢克莱修是依据德谟克利特的原子论将物质视为原子与虚空的组成，其所谓"物性"（the nature of things）在很大程度上是指自然物质的属性。这是一种自然哲学的思维。但庄子的物德思想不仅关乎自然哲学，同时也和人事问题存在密切的联系。其所谓"物"不限于自然事物，大凡人事，无论是个人之生活，抑或是邦国天下之政事，皆在"物"的范围之内。

---

① 关于"德"与"άρετή"的两种意义，郑开先生已有论述。见氏著《道家形而上学研究》（增订版），第216—217页。笔者关注及此是受郑先生之启发。其论认为属性之"德"出现在前，笔者看法有所不同。关于"άρετή"两种用法的发生过程，参见本书前诸子一章第三节的论述。

② ［古罗马］卢克莱修：《物性论》，方书春译，商务印书馆1981年版，第1页。

(二)"道—德—性"的义理模式

在庄子的物德思想中,"德"与"道""性"的关系是一个重要而复杂的问题。前面我们作了分别探讨,综合起来看,此三者整体上显示了世界从形上到形下不断落实的路径。关于这一点,罗安宪先生已有关注到:"道—德—性,在道家是一以贯之的。天道、人道、某物之为某物之道之总体是道;天、人、物自道而得而成为天、成为人、成为物,此自道之所得者,即是德;天、人、物自道而得而落实于天、于人、于物,此之落实使天方为之天、人方为之人、物方为之物,此之落实者,即是性。……由道而德而性,就是由一般而具体。性不是别的,正是道在具体物上之现实显现,由此,性亦可谓之曰道性"①。罗先生基于道家思想而为此论,在笔者看来,"道—德—性"的义理模式在老子哲学中并不显见,它的成型是在庄子哲学。在大概明了三者之关系的基础上,笔者更关心的是,这一义理模式究竟蕴含着庄子关于什么问题的思考。概要而言,笔者认为这里既关乎庄子对万物生成以及物性来源的探索,同时也涉及庄子对人之觉"道"何以可能的思考。

先看第一方面。"道—德—性"的义理模式首先是一个关于事物生成的描述,更具体来说,则是一个关于物性所由来的说明。围绕物性如何可能的问题,庄子有一动态的考虑:从世界纯粹的"一"到事物内蕴的"一",再到事物实际表现的"多",丰富多彩的形下世界得以逐渐开展出来。在这一图式中,"德"作为万物所潜蕴的尚未分化的潜质,既不同于现实多样化的"性",也不同于形上超越的"道",成为"道"分化为"性"的必要中介。

对于此等义理,可借助江衮的水喻(见第二小节所引)进行说明。江衮之水喻仅关乎"道""德"二者,如果将"性"的话题也考虑进来,那么可将"道"类比于水的全部属性,"德"可比于各地之水所蕴含的水的全部属性,至于"性"则可比于各地之水实际表现的特质。"道"与"德"均指水的全部属性,所不同者在于前者就无

---

① 罗安宪:《虚静与逍遥——道家心性论研究》,第91—92页。

第三章 个人德性的彰显:庄学的"德"观念

所不在的水而言,后者就某地的水而言,但就水的属性来说二者并无差异,所以说"道非有余于德也""德非不足于道也"。从"德"到"性"是潜质的现实化过程。各地之水由于诸种因素的限制,其潜质未能全然彰显,因而表现出不同的特性。比如,因地形所限,湖水的流动没有河水那么强,但就水潜在的流动性而言,湖水与河水并无不同。

"德"在此间的独特意义决定了我们不能用柏拉图的"分有"思想来理解它。如果说庄子这里也有"分有"思想,那么它是通过"性"之观念来体现的;而"德"的存在,恰好使庄子的"分有"思想和柏拉图拉开了距离:事物不仅分有"道"而具备"性",并且还潜蕴一种"全有"的"德",它是"道"在事物当中的全然性潜蕴。不同于柏拉图的理念与事物相分离的思维,道家哲学中的"道"和万物虽然有别,但二者并非完全对立,"道"乃内在于万物当中,通过万物获以表现。此等义理在庄子思想中有典型的表现,而其所谓"德",则是本根内在于万物这一情况在概念上的凝练,这是庄子世界观中通贯形而上下的代表性符号。

"德"作为"得道"的意思可能让我们联系到柏拉图学说。在这种联系当中,"得"也就被对应于"分有",所谓"得道"也即"分有""道"。问题在于,道家所谓"得",非指现实的"分得",乃谓潜在的"全得"。就庄子思想来看,"德"与"得"相关,"性"与"生"相联,所谓"分有"是出现在"生"的阶段。可以说,"性"和"德"的交织让庄子在本根和事物关系上的思想既有"分有"的一面,又有"全蕴"的一面。在道物关系的问题上,孟旦认为此间存在一个基本的矛盾:基于"道"是统一的这一事实,"道"不能在此物多而在彼物少;但将"道"说成存在于无穷事物之中,它就不再是统一的,而是被切分了。[①] 孟旦的这一发现深有启发性,但它并不能说明道家的道物关系思想存在矛盾,相反,这恰恰是道家思想的特色所在。以庄子为代表,道家通过"德"与"性"分别陈述了潜

---

① 孟旦:《早期中国"人"的观念》,第143页。

在的"全有"和现实的"分有"。

第二方面的问题涉及物之德和人之德的内在联系。庄子讲物德，不仅是为了对物性所由来进行说明，也是为了对人之觉"道"何以可能给出回答。人何以能觉"道"是道家哲学的一个紧要问题。老子用潜质之"德"作解答，但他的解答是比较间接的，尚未给出明确之论，并且他的思考只是就人、道之关系展开，还没有延及宇宙论层面。庄子则将思路延伸到世界万物的场景，在更加普遍的意义上对此问题给出了明确的回答。

"物得"文段的后面讲到"性修反（返）德，德至同于初"，当言论至此，庄子的关注点开始转向人的问题。所谓"性修返德"，不是主张消除人们的个性和多样性、实现一种人人皆同的"德"，而是说要从"性"的隔阂之中超越出来，在"德"的层面上达至"旁礴万物以为一"（《逍遥游》）的和融一体之境。固守"性"的界域，偏执物我之隔阂，将会使人陷入"自然而相非""自贵而相贱"①的境地。"德"作为内蕴之"一"的存在，让化解物我隔阂、进至"道通为一"（《齐物论》）成为可能。"德至同于初"指向对"泰初有无"的回归（此"有无"是动宾结构），这也是对"一"的回归。此回归正是"德"作为潜质的焕发与展放，所谓"至"，即强调潜质得以焕发、己他相融一体的通彻状态。②总之，在"性"的层面上，物是不齐的；但在"德"的层面上，物是可齐的。"性"所代表的物之不齐应给予尊重和成全（包括对自己和他者），但同时又要破除此等不齐可能造成的界域和隔阂。所谓"齐物"，即是后一方面的集中反映，而"德"作为内蕴之"一"则为"齐

---

① 此二语均出自《秋水》篇。此"自然"不同于道家通常所言"自然"，它是指以己为然、以己为是，也即所谓"自是"。

② 庄子在"物得"文段的最后还说道："其合缗缗，若愚若昏，是谓玄德，同乎大顺。"此言应是沿自《老子》第六十五章的"玄德深矣，远矣，与物反（返）矣，然后乃至大顺"。老子强调圣人以"玄德"辅助民众一同返归于"无知（智）无欲"的"大顺"之境。庄子所言之重点有所不同，他关注的是超越事物之间的界域和隔阂，返归于"道通为一"的和融一体之境。其所谓"大顺"，是就"道通为一"此点而言。

第三章 个人德性的彰显：庄学的"德"观念

物"提供了内在的依据。[1]

"德"是"道"全蕴于己此情况在概念上的凝练。正因有这一潜质，人才有可能即此开发释放，进至"天地与我并生，万物与我为一"（《庄子·齐物论》）的齐通和融之境。以潜蕴之"德"确认人之觉"道"的可能，此等理路和佛家用"如来藏"说明众生悉有成佛之可能不无相似。众生皆内藏真如，然因执迷尘世假相，故真如本性不得其然，若得破除执迷，其内蕴之如来自可显豁。相类似地，庄子认为"性"虽各有不同，但这并不影响"德"的浑然全有，生命的意义即在于破除各种限制，开发原即内蕴的潜质。不过，庄子并不否认现象的真实性，虽然世间存在对内蕴之"德"的诸般限制，但庄子并不以此为虚幻，而是在承认其真实性的前提下，指明这些牵绊与拘囿都是可以超越的。

基于万物同源的认识，庄子以物德之观念在宇宙论上确认了人之觉"道"之所以可能的根基。这是就人、物之同进行立论，而在人、物之异上庄子则没有给出明确的界定。基于庄学的理路，或可作如下之推导：就"德"的潜在而言，人和他物没有区别；但就"德"的焕发来说，人和他物则出现了差异——"德"的焕发需经"心"的作用，唯有人方具此等条件。这里的情况涉及成圣的资格问题（此所谓成圣是广义的）。在此问题上，佛家确认的范围是有情众生，儒道两家只承认人有此可能。以孟子为代表，儒家是通过人禽之辨或人、物之异来确立人的成圣资格，[2] 但庄子所代表的道家则是通过人、物之同确立之。道家很强调人和他物的同源性，在此思维之中人的潜能

---

[1] 所谓"齐物"，其间还隐含着对物之不齐的肯定。或者说，"齐物"只是庄子思想的一个方面，在此之外其思想还存在尊重和成全物之不齐的一面。关于后一方面，王中江和曹峰先生从不同角度作了深入论析，笔者上论与两位先生的启发有关。参见曹峰《思想史脉络下的〈齐物论〉——以统一性与差异性关系为重点》，《中国人民大学学报》2020年第6期；王中江：《"差异性"和"多样性"的世界：庄子的"物之不齐论"》，《社会科学战线》2021年第4期。

[2] 孟子认为"人之所以异于禽兽者"（《孟子·离娄下》）在于人人皆有"四端"之"心"，人得以成圣，是因为他能够将自身固有的"四端""扩而充之"（《孟子·公孙丑上》）。孟子是通过人人皆有而物所不具的"四端"去确立成圣的资格。

可以在宇宙论上得到普遍的确认，但人的特殊性却被隐含起来了。道家哲学有时会给人一种人、物界线不鲜明的印象，这和它的上述性格有关。①

第二节 生命之"德"的多重思域：
从天真之质到游和之境

庄子言物德，一大关切即在于为人之所以能够觉"道"在宇宙论上寻求根基。作为万物所蕴的"道"之全体，"德"是吾人得以觉"道"、用"道"的一种潜质。"道"之全体遍存于一切事物，但唯有人方具备开发此等潜质的条件——"心"的觉悟和运用。如此一来，当思维延至人事时"德"的意义就不仅和"性"相关，同时也和"心"具有非常紧密的联系。

在目前关于庄子所思"德"的研究中，以"性"解"德"和以"心"解"德"是比较常见的两种路径。前者将"德"释作人的本性，后者则解为心灵的境界。研究者的诠释往往各重一端，事实上，"德"和这两层意域都密切相关。并且，作为人性的"德"主要是指本性当中使觉"道"成为可能的潜质，而与"德"有关的心境实是说此等潜质充沛焕发的一种状态。由此也可看到，本性和心境这两层

---

① 后来在宋明理学中，儒家关于成圣之可能性的思考则综合了人、物之同异这两个方面。如朱子一方面以皆具"理"之全体来说明人、物之同："人人有一太极，物物有一太极。"（《朱子语类》第六册，中华书局1986年版，第2371页）另一方面又以气禀之正偏来说明人、物之异："自一气而言之，则人物皆受是气而生；自精粗而言，则人得其气之正且通者，物得其气之偏且塞者。惟人得其正，故是理通而无所塞；物得其偏，故是理塞而无所知。"（《朱子语类》第一册，第65页）。这样，朱子不仅确认了人人皆有成圣的可能，同时也排除了人外之物得以成圣的可能。如果暂不考虑具体内涵，就概念的层次来看，朱子所讲的"理"或接近于庄子所言的"道"，而"天命本然之性"与"气质之性"或类似于庄子所言的"德"与"性"。但有所不同的是，朱子通过"理""气"两个层面对人、物之同异给出了系统的说明，尤其是在气禀正偏之论中，人、物"气质之性"的差异可得到根本的解释。庄子虽也言及"性"是"各有仪则"的表现，但对人、物之"性"有何不同、为何不同等问题还没有给出系统的解答。其思想也有关于"气"的内容，但"气"和"道""德""性"之间尚没有构成一个成熟的思想体系。

第三章　个人德性的彰显：庄学的"德"观念

意域之间在根本上是统一的。

在此点上，庄子延续了老子的思路，但同时又展开了更丰富的思考。一方面，作为本性或潜质的"德"在它和"道""性""天""真"等概念的复杂关联中展现出更多维的性格。另一方面，心境之"德"又和庄子哲学中所特有的"游""和""全"等意境密切相关。此外，也正如老子所关切的，"德"作为一种潜质在现实生活中存在异化的危险，因此如何避免异化是"德"得以实现的关键。在异化的因素上，庄子的思考比老子更加深入，而在如何避免异化的问题上庄子也提示了更多样的途径。以上种种情况，不仅影响到"德"义的变化，也使得心性问题在庄子思想中得到了更丰富的开展。

一　作为生命本质的天真之"德"

庄子在宇宙论上确认了人之觉"道"之所以可能的依据。"德"是"道"在人身上的全然性潜蕴，自然也是人性当中的内容，但它又区别于表征现实特质的"性"。在庄子思想中，"道""德""性"各自承载不同的内涵，它们构成的义理模式不仅在宇宙论上成立，同样也体现于人的身上。不过，当思维延至人事之"德"，它的意义不仅和"道""性"相关，同时也和"天""真"紧密互动。老子以"真""朴"论"德"。"真""朴"的使用在庄子这里得到了延续，但后者不如前者突显。此外，庄子还在"德"与"天"的交织中开展新的思考，伴随于此"德"和"自然""无为"的关系也变得有所不同。接下来，我们先考察人事论域中"德"和"道""性"的关系，进而论述"德"在"天""真"论域中的诸种表现。

（一）"德"与"得道"

前节所考察的以"物得以生谓之德"为代表的诸种宇宙论言辞已表明"德"即所得于道者的意思。"德"之此义在人事场合之中自然也成立。不惟如此，后一场合中还经常出现"得道"一词：

> 壶子曰:"吾与汝既其文,未既其实,而固得道与?"(《应帝王》)
>
> 老聃曰:"子来乎?吾闻子,北方之贤者也,子亦得道乎?"(《天运》)
>
> 知谓无为谓曰:"予欲有问乎若:何思何虑则知道?何处何服则安道?何从何道则得道?"三问而无为谓不答也。非不答,不知答也。……知不得问,反于帝宫,见黄帝而问焉。黄帝曰:"无思无虑始知道,无处无服始安道,无从无道始得道。"(《知北游》)
>
> 鲁君闻颜阖得道之人也,使人以币先焉。(《让王》)
>
> 古之得道者,穷亦乐,通亦乐。所乐非穷通也,道德于此,则穷通为寒暑风雨之序矣。(《让王》)

"德"作为"得道"在其宇宙论中是比较明显的,但其间并未出现"得道"一词。另外,此间所谓"得道"之"得"主要是指后天的获得,也即觉悟、把握。而"物得以生谓之德"的"得"则是指先天的获得,也即潜蕴、潜含。二者实有内在的关联,"物得以生"的"德"正是后天之"得道"之所以可能的依据。

老子有不少言论可反映"德"即"得道"义,但其间尚未出现"得道"一词。至庄子,此等义理被予以直接而精练的阐述。《孟子》中有"得道者多助,失道者寡助"之言(《公孙丑下》),这里的"道"与庄子所言"道"存在很大的区别。后者表示包括人的在内的世间万物得以生成和存在的本根,而前者则是指人伦意义上的道德准则。

在上述者以外,庄子还曾有以下言论:

> 道人不闻,至德不得,大人无己。(《秋水》)
> 道不可闻,闻不若塞。此之谓大得。(《知北游》)

以往多是认为这里的"得"通为"德"。笔者认为不宜作通假处

第三章 个人德性的彰显：庄学的"德"观念

理。"至德不得"是说至德者不会自以为有得（实际上是有所得的），其义同于《老子》第三十八章的"上德不德"。第二段的"大得"是指大有所得，所得者也即前面所说的"道"。庄子指出，"道"是不可听闻的，与其听闻，不如塞耳不听，这才是真正的大有所得。这里的"得"和《老子》第二十三章"得者同于得"的"得"类似，它表示获得，但这不是具体的或外在的获得，而是指抽象的、内在的获得。这种"得"实质上也就是"德"。如果作了通假处理，那么"得""德"只是音同而通假的关系，反而遮盖了二者在义理上的关联。[①]

如前节所见，庄子宇宙论中"道""德"曾一并出现，此外还出现了"道德"这一复合词。这两种现象也见于人事语境。如《天道》篇有"放德而行，循道而趋"，"通乎道，合乎德，退仁义，宾礼乐"，《缮性》篇有"离道以善，险德以行"，《知北游》有"德将为汝美，道将为汝居"，《让王》篇有"内省而不穷于道，临难而不失其德"，《天下》篇有"以德为本，以道为门"。在此，"道"与"德"对举出现，其义互明。论至"道德"一词，也多见于人事论域。如《骈拇》篇有"多方乎仁义而用之者，列于五藏哉，而非道德之正也""则仁义又奚连连如胶漆、纆索，而游乎道德之间为哉""余愧乎道德，是以上不敢为仁义之操，而下不敢为淫僻之行也"，《马蹄》篇有"道德不废，安取仁义""毁道德以为仁义，圣人之过也"，《天道》篇有"是故古之明大道者，先明天，而道德次之；道德已明，而仁义次之"，《山木》篇有"乘道德而浮游""其唯道德之乡乎""士有道德不能行，惫也"，《庚桑楚》有"外内韄者，道德不能持，而况放道而行者乎"，《让王》篇有"道德于此，则穷通为寒暑风雨之序矣"，《天下》篇有"天下大乱，贤圣不明，道德不一，

[①] 此间引文出自郭庆藩《庄子集释》。不排除传抄过程中由于"得""德"音同互通而被改动的可能。我们的讨论只是就目前所知的材料展开。另外，"得""德"通假在《庄子》中也有出现。如《山木》的"道流而不明居，得行而不名处"、《秋水》的"天在内，人在外，德在乎天。知天人之行，本乎天，位乎得；蹢躅而屈伸，反要而语极。……无以人灭天，无以故灭命，无以得殉名"。这里是比较明显的通假现象。

天下多得一察焉以自好"。总而观之，不管是二者对举，还是组成一个复合词，这些情形都是"道""德"关系得到强化的表现。前一节我们分析了庄子思想中"道""德"关系的三种类型，此间所见者主要是基于超越和内在的关系。这意味着"道""德"在此虽然相互趋近，但其意义仍是各有侧重。这种特点在今天所称"道德"一词中仍有体现。

（二）"德"与"性"

如第一节所述，虽然"德"有属性义，但在"德""性"并见的言论中庄子每每强调二者之区别，将二者看作两种不同层次的属性。在人事论域里，庄子所言"德""性"也是两个不同的概念。

《骈拇》篇有以下言论：

> 骈拇、枝指，出乎性哉，而侈于德；附赘、县疣，出乎形哉，而侈于性。

不少论者以"德""性"为同义，为求文义通顺，或以"哉"句为疑问句，[①] 或解"出乎"为超出。[②] 实则，此所言"德""性"是两个不同的概念。[③] "性"指与生俱来的禀性，"德"谓人所共得的潜质。"骈拇"（连生的足趾）、"枝指"（枝生的手指）是出自与生俱

[①] 如陈鼓应先生将这段话理解为：并生的足趾和歧生的手指，是出于本性么？却超过了应得。附生的肉瘤，是出于形体么？却超过了本性。见氏著《庄子今注今译》（最新修订重排本），中华书局2009年版，第256页。

[②] 如张松辉先生解这段话为：连在一起的足趾和多出的手指，都超出了人的本来模样，多于应有的形体；附悬于人体的肉瘤，不同于人的正常形态，多于人的本来面目。见氏著《庄子译注与解析》，中华书局2011年版，第164页。

[③] 以往已有论者指出此点。林希逸曰："与生俱来曰性，人所同得曰德。骈拇枝指皆病也，本出于自然，比人所同得者则为侈矣。"（《庄子鬳斋口义校注》，中华书局1997年版，第138页）严复按语曰："与生俱生，曰性；群生同然，曰'德'。……德者，群生之大同。"（《庄子评语》，收入《严复集》第四册，第1119—1120页）张默生有类似解释，认为"性"之为言"生"也，"德"之为言"得"也，这段话是说，骈拇、枝指都是生理的表现，但所得的比一般人为多，附赘、悬疣是成形后的表现，但比初生时为多。（《庄子新释》，新世界出版社2007年版，第162—163页）

第三章 个人德性的彰显：庄学的"德"观念

来的"性"，但比起人所共有的"德"，它们是过度的表现（"侈"谓过度）；"附赘"（多余的肉块）、"县疣"（悬挂的肉瘤；"县"通"悬"）是形体后天所生，但比起先天而然的"性"，它们也是过度的表现。上引文段后面还言及："多方乎仁义而用之者，列于五藏哉，而非道德之正也。"这可以辅助理解"德""性"之别："骈拇""枝指"虽出于"性"却终究不是"德"，"附赘""县疣"虽出于"形"却终究不是"性"，类似于此，"仁义"之类虽"列于五藏（脏）"，但终究不是"道德之正"。[①]

如此可看到这里所存在的"德—性—形"的次第。结合前节所论"德""性"之别可知，所谓"出乎性哉，而侈于德"是指潜质在其现实化的过程中出现了歧变。[②] 至于"出乎形哉，而侈于性"一句，其中的"形"是指后天有所改变的形体，与《天地》篇的"留动而生物，物成生理，谓之形"的先天之"形"有所不同。

以上关注"德""性"之差异，但在另一些言论中二者又显得无甚区别：

> 彼民有常性，织而衣，耕而食，是谓同德。……同乎无知，其德不离；同乎无欲，是谓素朴；素朴而民性得矣。（《马蹄》）
>
> 在之也者，恐天下之淫其性也；宥之也者，恐天下之迁其德也。天下不淫其性，不迁其德，有治天下者哉？（《在宥》）
>
> 德又下衰，及唐虞始为天下，兴治化之流，浇淳散朴，离道以善，险德以行，然后去性而从于心。（《缮性》）

[①] 此句可理解为：多方造作仁义者，虽然他们也在身体力行，但这终究不是真正的"道德"。真正的"道德"高于"列于五脏"的"仁义"，正如前文当中"德"高于"性"、"性"高于"形"。庄子此言的重点其实是在"仁义""道德"之论，前面所讲的骈拇、枝指之类，是为此做铺垫。我们在此主要是关注"德""性"的关系，故处理上是以"仁义""道德"之论作理解之辅助。

[②] 现实属性比起潜质有可能是少了，如骈拇；也有可能是多了，如枝指。《骈拇》篇另有："且夫骈于拇者，决之则泣；枝于手者，龁之则啼。二者，或有余于数，或不足于数，其于忧一也。"可证此解。

· 247 ·

◇◆◇ 先秦道家"德"观念研究

根本上来说,"德""性"仍各有所指,只是它们的差异在此等语境中没有必要被强调。尤其是在对举使用中,二者的含义相互趋近,此情形正类似于前文所论的"道""德"关系。

《庄子》中没有出现"德性"一词,但有"性情""情性""性命之情"等词:

> 故纯朴不残,孰为牺尊!白玉不毁,孰为珪璋!道德不废,安取仁义!性情不离,安用礼乐!(《马蹄》)

> 汝欲反汝情性而无由入,可怜哉!……外内韄者,道德不能持,而况放道而行者乎!(《庚桑楚》)①

> 下有桀、跖,上有曾、史,而儒、墨毕起。于是乎喜怒相疑,愚知相欺,善否相非,诞信相讥,而天下衰矣。大德不同,而性命烂漫矣;天下好知,而百姓求竭矣。(《在宥》)

> 吾所谓臧者,非仁义之谓也,臧于其德而已矣;吾所谓臧者,非所谓仁义之谓也,任其性命之情而已矣;吾所谓聪者,非谓其闻彼也,自闻而已矣;吾所谓明者,非谓其见彼也,自见而已矣。(《骈拇》)

这些语词都是"性"的衍化,并且都出现了"情"。总结来看,它们的含义和前面引文所见"德""性"大致相同,皆就人的天性而为言。

以上考察了人事语境中"德"与"道""性"的关系。其情形和第一节所论者基本相同。某些言论中"道"与"德"、"德"与"性"均表现出相互趋近的倾向,这不意味着我们可以忽视两两之间的差异。对于理解它们的复杂关系而言,关注其间的差异是首要的工作。

(三)"天"作为"德"的描述和规定

"天"是庄子言论中频频出现的一个重要概念,包括在关于

---

① "反"通"返"。"反汝情性",意谓返归你的本性。

第三章 个人德性的彰显：庄学的"德"观念

"德"的阐述中。关于庄子所言"天"之义，以往已有研究者关注到。如刘笑敢先生曾指出，庄子所谓"天"有两个新意：一是指包括地在内的大自然，即自然界，这是"实有之天"；二是自然而然，即今日所说的天然，这是"性状之天"。[①] 王中江先生曾提到，庄子在把"天"看成自然世界中最大的有形之物的同时，更主要地是把"天"看成没有任何"有为性"的"自然而然"的存在及活动的典型。[②] 两位学者的分析均指出了庄子言论中的"天"包含实体义（自然界）和状态义（自然的）两种意涵，为我们理解"德"与"天"的关系提供了重要启发。[③] 综合考察可知，在庄子"德"论中"天"的实体义并无出现，但其意义也不是状态义可完全概括，个中情况还有待细致的考察。并且，庄子为何频频以"天"论"德"，也是一个有待关注的问题。

从"天"作为一个语词的用法出发，可将"德"论中的"天"分作几种情形。首先是"天"用作形容词，描述"德"之状，此情形显见于"天德"之说。此词在《庄子》中共出现4次：

> 天地虽大，其化均也；万物虽多，其治一也；人卒虽众，其主君也。君原于德而成于天，故曰玄古之君天下，无为也，天德而已矣。（《天地》）
>
> 圣人之生也天行，其死也物化；静而与阴同德，动而与阳同波；不为福先，不为祸始；感而后应，迫而后动，不得已而后

[①] 刘笑敢：《庄子哲学及其演变》，第126—127页。

[②] 王中江：《早期道家的"德性论"和"人情论"——从老子到庄子和黄老》，《江南大学学报》（人文社会科学版）2012年第4期。

[③] 关于"天"在中国古代哲学中的意义，冯友兰先生和熊十力先生有简要的分析，可助于理解。冯先生析为五义：物质之天、主宰之天、运命之天、自然之天、义理之天（《中国哲学史》上册，第35页）。熊先生分为四义：以形气言；以主宰言；以虚无言；以自然言（《新唯识论》，中华书局1985年版，第6页）。"以虚无言"和"义理之天"大概同指。冯先生的分析比熊先生多出"运命之天"一项（此以《孟子·梁惠王下》"若夫成功则天也"为代表）。前引刘、王两先生所分的两个义项大致对应冯、熊所说的物质之天（以形气言）和自然之天。

起。去知与故，循天之理，故无天灾，无物累，无人非，无鬼责。其生若浮，其死若休；不思虑，不豫谋；光矣而不耀，信矣而不期；其寝不梦，其觉无忧；其神纯粹，其魂不罢。虚无恬惔，乃合天德。（《刻意》）

形劳而不休则弊，精用而不已则劳，劳则竭。水之性，不杂则清，莫动则平，郁闭而不流，亦不能清，天德之象也。（《刻意》）

天德而出宁，日月照而四时行，若昼夜之有经，云行而雨施矣。（《天道》）

在此，"天"是"德"的描述词。所谓"天德"，是指自然的德性。简单点来说，"天德"也即天性、本性。《天地》篇的"玄古之君天下，无为也，天德而已矣"是说，君天下者以无为的态度顺任民众的天性。《刻意》篇的"虚无恬淡，乃合天德"是说，虚无恬淡是合乎人之天性的表现。这一段还有"天行""天之理"之说，此间的"天"也是指"自然的"。《刻意》篇另一段的"天德"是指水的天性。此处是以物德喻示人德。《天道》篇的"天德"似有歧义。从后文的日月、云雨来看，"天"似可理解为实体义，如此"天德而出宁"意即效法天的美德，在治理百姓时保持宁静。但结合他处"天德"来看，此"天德"也应该是指自然的德性。这句话是说顺乎天性而保持内心的宁静，就好像日月照、四时行那样，自然而然。①

统归来看，"天德"中的"天"用作形容词，意谓"自然的"，以描述"德"的本然之状，说明此"德"乃先天所固有，非人力之所致。②属于此等用法的"天"在庄子言论中经常出现，除"天德"

---

① "天德"一词早有出现。《书·周书·吕刑》有言："惟克天德，自作元命，配享在下。"这里的"天德"是指上天的美德，此"天"是指神灵之天（即前引冯、熊所说的主宰之天）。在庄子思想中"天"的意义发生改变，故"天德"的内涵也不同于此前。

② 上引几段也反映出庄子的一个基本主张，即不管是政治场合还是个人修身情境，吾人都应该顺任天德。由此来看，这些话语也有价值规定的意味。此所谓"描述"是就"天"和"德"的关系而言。在"天德"语词中，"天"是对"德"的一种本然性描述，并无价值规定之意。后面要讲到的第二种情形则可体现"天"是对"德"的一种规定。

第三章　个人德性的彰显：庄学的"德"观念

外，还见于《齐物论》的"天籁"（自然的声音）、"天钧"（意谓自然的均衡；此词在《寓言》作"天均"）和"天倪"（自然的分际；此词又见于《寓言》），《大宗师》的"天机"（自然的生机），《马蹄》的"天放"（自然的放任），《天道》的"天乐"（自然的快乐），《外物》的"天游"（自然的遨游），等等。由此来看，以"天"指示事物或行为的"自然"之状是庄子的惯常用法，而"天德"之"天"只是此用法的一个体现。

第二种情形中，"天"用作名词，意指"自然"的状态。其义虽亦在"自然"，然其用法已然名词化，伴随于此，其意味也显得更加抽象：

> 北海若曰："知道者必达于理，达于理者必明于权，明于权者不以物害己。至德者，火弗能热，水弗能溺，寒暑弗能害，禽兽弗能贼。非谓其薄之也，言察乎安危，宁于祸福，谨于去就，莫之能害也。故曰，天在内，人在外，德在乎天。知天人之行，本乎天，位乎得（德）；蹢躅而屈伸，反要而语极。"曰："何谓天？何谓人？"北海若曰："牛马四足，是谓天；落马首，穿牛鼻，是谓人。故曰，无以人灭天，无以故灭命，无以得（德）殉名。谨守而勿失，是谓反其真。"（《秋水》）
>
> 不开人之天，而开天之天，开天者德生，开人者贼生。不厌其天，不忽于人，民几乎以其真！（《达生》）

此中所见"天""德"之关系，显然不同于前者。在此"天"是用作名词，作为相对独立的一个概念和"德"一起出现。先看《秋水》篇一段。在此，庄子借北海若之口对"天""人"作出界定："牛马四足，是谓天；落（络）马首，穿牛鼻，是谓人。"所谓"天"，是指"自然"的状态，正如同牛马本有四足一般；而所谓"人"，则是指"人为"的状态，就好像马被络首、牛被穿鼻。所谓"德在乎天"，是说"德"在于"自然"，也即，"德"的培养和实现应顺乎"自然"，而不能掺杂人为性的因素。

先秦道家"德"观念研究

再看《达生》一段。在此，所谓"天"被分成两种，分别是"人之天"和"天之天"。"天之天"是指真正的"天"，而"人之天"是指人所自以为的"天"。换言之，所谓"天之天""人之天"，和后文出现的"天""人"在意义上是一致的，也和前一段所见"天""人"一致。庄子认为，只有开发真正的"天"才能产生真实的"德"，否则便是对"德"的贼害。根本上来说，"德"作为一种潜质本就蕴含于己，所谓"德生"，乃是就"德"在后天的生成而言。综合两段来看，"天"均是指"自然"，但不同于前一种情形的是，这里的"天"用作名词，其意义更为抽象。并且它也不是对"德"的本然之状进行描述，而是对"德"在行动上进行规定：只有顺乎"自然"，不杂人为，才能培养真实的"德"。①

作为"德"的一种规定，"天"在逻辑上先于"德"，也即，只有符合了"天"，才有所谓的"德"。对于"天""德"的这种关系，庄子曾有更明确的揭示：

> 是故古之明大道者，先明天，而道德次之。（《天道》）
> 不明于天者，不纯于德；不通于道者，无自而可；不明于道者，悲夫！（《在宥》）

这里强调"德"的成就需以"明天"（知晓"天"的道理）为前提。前一段话从正面立论（此所言"道德"偏重于"德"义），后一段话乃从反面去讲。

前两段话中也出现了"道"，并且还流露出以"天"为"道"之前提的倾向。这种意思在以下文段中更为明显：

> 故通于天地者，德也；行于万物者，道也；上治人者，事

---

① 就文义来看，"德在乎天"和"开天者德生"的"天"或也可解为"天性"。"德在乎天"是说"德"在于天性，"开天者德生"是说开发天性才能产生"德"。但不管是将"天"解为抽象的"自然"的状态，还是解为"天性"，都无改于"天"作为一种规定的意义。

第三章　个人德性的彰显：庄学的"德"观念

也；能有所艺者，技也。技兼于事，事兼于义，义兼于德，德兼于道，道兼于天。(《天地》)

第一节曾围绕此段讨论"道""德"关系，现今我们进一步考察"天"的角色。很明显，庄子在这里作了一个排序：技—事—义—德—道—天。"兼于"是指统摄于，可知这几个概念是有高下之别的。从"技"到"德"较容易理解，关键是从"德"到"天"这一次第。结合上论"德"与"天"的情形来看，这里其实是在强调"天"是"道""德"的前提，并不是说在"道""德"之上还存在一个实体性的东西。换言之，这种排序是为了给人的行动建立一个价值准则：技艺要服务于人事，人事需符合"义"，"义"要合乎"德"，"德"的培养需遵循"道"，而"道"的实质即在于"自然"。① 此等思想和前面引文所强调的"天"是"德"之前提是一致的，只不过这里又补入了"道"的概念。②

至此所论皆属第二种类型。前引诸文段中二者的关系显得有点复杂纷纭，但这种复杂纷纭只是言辞上的，就其间义理来看，"天"都是作为"德"的前提出现。这里的"德"侧重于后天开发的方面，而"天"作为前提则意味着，"德"的培养需合乎"天"的原则，也即需合乎"自然"的原则。如果说第一种情形中的"天"侧重于描述"德"的本然之状，那么这里的"天"则是对"德"的行动表现作出价值规定。两处的"天"虽然在语义上都指涉"自然"，但所关切者有所不同。

在庄子言论中，"德"与"天"的关系还存在第三种情形：

---

① 不乏研究者将这里的"道兼于天"理解为老子所说的"道法自然"（参见冯友兰：《中国哲学史》上册，第 171 页；张世英：《新哲学演讲录》，广西师范大学出版社 2004 年版，第 524 页）。这里的"天"确是指"自然"，但不宜将"道兼于天"等同于"道法自然"。一个重要的原因是老庄所言"自然"之义并不完全一样。关于此点，后文将有述及。

② 《天下》篇的"以天为宗，以德为本，以道为门，兆于变化，谓之圣人"，应该和"德兼于道，道兼于道"存在一定的关联。从后者来看，前者所言"天""德""道"应该也有先后之分。

· 253 ·

◆◆◆ 先秦道家"德"观念研究

  彼将处乎不淫之度，而藏乎无端之纪，游乎万物之所终始，壹其性，养其气，合其德，以通乎万物之所造。夫若是者，其天守全，其神无郤，物奚自入焉？夫醉者之坠车，虽疾不死。骨节与人同而犯害与人异，其神全也。乘亦不知也，坠亦不知也，死生惊惧不入乎其胸中，是故遌物而不慴。彼得全于酒而犹若是，而况得全于天乎？圣人藏于天，故莫之能伤也。(《达生》)

  今人之治其形，理其心，多有似封人之所谓，遁其天，离其性，灭其情，亡其神，以众为。(《则阳》)

  若弃名利，反之于心，则夫士之为行，抱其天乎！(《盗跖》)

  第一段中"天"既不是描述"德"，也不是规定"德"，而是作为"德"的近义词出现，含义上可解为天性。① 后两段虽未见"德"，但"天"的含义和第一段是一致的（此所见"性""情"和"天"的意味也大致相当）。前面曾指出，第二种情形中"德在乎天""开天者德生"的"天"若解为天性在文义上亦通。但关键在于，第二种情形中"天"是对"德"的一种规定，而在这里庄子并无此意。在分析"天"之词义的基础上，我们更关注的是它在思想上的角色和功能。

  综上可知，在庄子"德"论中"天"的含义都和"自然"有关，但其具体意味又需结合语境作进一步分析。概而观之，"德"论中的"天"包括了三种情形：（1）用作形容词，意谓"自然的"，这用以描述"德"的先天本然之状，其义也可解作"先天的"；（2）用作名词，意指"自然"，这用以规定"德"在后天的修养原则，意味着"德"的培养应顺乎"自然"；（3）用作名词，意指"天性"，是"德"的近义词。

  以上所分用法和语义是就语词而言，这和它的思想功能没有必然

---

① 二者虽然含义相趋近，但也潜在不同的侧重点。"德"暗示着此性乃由道而得，"天"则含有此性为先天、自然而有的意思。

第三章 个人德性的彰显：庄学的"德"观念

关系。也即，用作形容词，也可以是规定，用作名词，也可以是描述。但就庄子所用的实际情况来看，"天"用作形容词时基本上被用于描述，用作名词、指涉"自然"时基本上被用于规定。再者，用作名词时，意指"自然"或意指"天性"并无截然之界限。"自然"和"天性"本是密切相关，只不过一个重言其状，一个重言内在之依据。此外，通过此等分析，我们更关心的是"天"的思想功能，也即它对"德"的或描述或规定的作用。由此来看，前两种情形是二者的根本关系。也即，在二者发生密切关联的基础上，它们才会出现含义趋近的现象，究其实质而言，第三种情形中的"天"只不过是直接指称那个本来被它描述或规定的对象。

最后所言一点并非纯为逻辑之推导，在前面引文中实可看到其迹象。比如《天地》篇的"君原于德而成于天，故曰玄古之君天下，无为也，天德而已矣"，就"天德"来看，"天"是对"德"的一种本然性描述，但在"原于德而成于天"一句中"天"与"德"却表现出含义趋近的倾向（此句是说依据"德"，成全天性），这里的"天"其实是直接指称那个本被它描述的对象。再如《秋水》篇的"德在乎天……无以人灭天，无以故灭命，无以德殉名"，"德在乎天"中"天"是对"德"的一种应然性规定，但在后面"天"却成为了"德"的近义词（包括"命"，也是近义词），此所谓"天"其实是直接指称那个本被它规定的对象。"德"与"天"的这种情形，有点类似于前文讨论过的"德"与"道""性"的关系。"德""道"之间、"德""性"之间都有含义趋近的表现，但这不代表它们是相同的概念，我们需要透过文本现象找寻出它们各自内有的独特意义。

总之，我们之所以作出以上分析，不仅是为了理清"德"与"天"的含义，更是为了穿越言辞的纷杂表象，把握其背后的思想义理。通过这种分析，我们可看到"天"在庄子思想中的两种重要角色，它既被用于说明"德"的本然之状（"德"是先天固有的），也被用于指示"德"的实现原则（"德"的培养应顺乎"自然"）。前者是对"德"之在己的确认，后者则在传达关于如何行动的主张。

◇◆◇ 先秦道家"德"观念研究

这不仅是"德"论中"天"的意义所在,事实上也是庄子整体思想中"天"的要害所在。

意指"自然"的"天"在庄子以前并非毫无出现,但此时的"自然"之"天"尚未独立为一个哲学概念,作为一个独立概念的"自然"之"天"是始自庄子。① 在"天"的观念史上,庄子对它的意义构造起到了一定的形塑作用,对后来"天"之"自然"义的流行应有比较大的影响。在此意义上我们可说,作为一个概念的"自然"之"天"是庄子的一个新发明,而这种新发明所承载的不仅是庄子对生命本质的基本理解,也包括他对人生价值的期待和向往。

(四)"德"与"自然""无为"

"自然""无为"是庄子"德"论中的另两个重要概念,它们在"德"论中的意义和"天"密切相关。在上述情形中庄子通过"天"来传达"自然"的意义,除此以外,庄子也曾直接以"自然"论"德":

> 孔子曰:"夫子德配天地,而犹假至言以修心,古之君子,孰能脱焉?"老聃曰:"不然。夫水之于汋也,无为而才自然矣。至人之于德也,不修而物不能离焉,若天之自高,地之自厚,日月之自明,夫何修焉!"(《田子方》)

庄子在此设计了孔、老的一段对话,借以表达自己的思想。孔子称赞老子"德配天地",并认为老子需借"至言"以修其心,历来之君子谁又能脱免于此呢?老子回答的焦点即在孔子所关心的"修",

---

① 这里仅就作为"自然"的"天"而言。在庄子以前此义的"天"可见于"天道"观念。在不同的语境下"天道"中的"天"或是主宰之天,或是义理之天,或是自然之天。比如老子所言"天道""天之道"中,"天"有第三义。在"天道"观念中"天"虽有"自然"义,但这里的"天"尚未独立为一个哲学概念。"自然"之"天"独立为一个概念应该是始自庄子。刘笑敢先生认为"自然"是庄子所言"天"的一个新意(《庄子哲学及其演变》,第126—127页)。此论固可成立,但需要明确所谓新意是就何种情况来说。如果是就"天"作为语词的意义来说,则"自然"并非庄子所言"天"的新意。

第三章 个人德性的彰显：庄学的"德"观念

认为至人之"德"是无须刻意修养的。为了说明此理，老子用水做比喻：水的涌动并非有意为之，其才质本就如此；"至人之于德也"正也如此，他不会刻意修养，万物自然追随他。接下来老子还用天地日月继续做比喻。所谓"自高""自厚""自明"，其义和"自然"相近。[①] 这句话是说，天之高、地之厚、日月之明都是自然而然的，并非有意修养而来。综要来看，庄子借老子之口表达了他关于"德"的一个基本主张——无心于修，自然而然。这种主张在性质上同于前面所说的"天"的第二种情形，也即对"德"在行动上进行规定。在此规定中，"天"或"自然"指示着固有之"德"自发而行、充分实现的应然样态。[②]

上一段话中庄子不仅用"自然"规定"德"，同时也用"无为"提示此理。就"无为"的规定性来看，还可见于以下言论：

> 君子不可以不刳心焉。无为为之之谓天，无为言之之谓德。（《天地》）

此处"无为"义同于前段所见者，也是指无心而为。所谓"刳心"，其义亦在此。"无为为之之谓天"是庄子对"天"的一个界定，此处的"天"含义上近似于"德"，指谓人的天性。"无为言之之谓德"是对"德"的一个界定。这里所界定的"德"和《天地》篇"物得以生谓之德"的"德"并非同指。"物得以生"是就"德"之为先天潜质而言，而此处所言则关乎"德"在后天的行动表现。[③] 综

---

① "自然"当中的"然"作为一个指示代词，正是对诸种"自×"的"×"的抽象概括。"自然"是一个抽象概念，而"自×"则指涉"自然"在诸种场合中的具体表现。关于"自然"和"自×"的关系，可参见萧平《老庄自然观念新探》，台北：花木兰文化出版2015年版，第68—78页；叶树勋：《早期道家"自然"观念的两种形态》，《哲学研究》2017年第8期。

② 在"才自然"的表述中，"自然"也带有描述的意味，即确认"才"或者"德"乃先天本有。"自"有原初、本来的意思，后文将会论及此义。

③ "言之"和"为之"是互文表述，并非意味着"天"和"德"各自指向"为之"与"言之"两种情况。

言之，这句话是说君子应当去其成心，以此方式说话、做事，即是顺乎天性的表现。

由上可见，"自然"和"无为"都成为了对"德"在行动上的一种规定，在此场合之中二者的含义也显得相互靠拢。"德"与"自然""无为"的这种关系甚不同于老子思想所见者。如同前一章所考察的，在老子思想中"德"是"无为"的内在依据，"无为"是"德"在行动上的表现，此二者均是对治国圣人所提的诉求；至于民众的"德"，在老子视域中是隐而未发的，因此"自然"作为民众的状态，是指向圣人之"德"在他们身上产生的一种效果。但在庄子思想中，我们看到了"自然"和"无为"的融合倾向。发生这种变化，既和"德"之主体的扩展有关，也和"自然""无为"意义的演变有关。

在后一层因素上，王中江先生曾有指出，在《老子》那里"无为"与"自然"分别表示"道"与"万物"的活动方式，但《庄子》中的"自然"与"无为"却通过"天"这个桥梁变成了类似的东西。[①] 王先生敏锐察觉到"天"在"自然""无为"意义变化中的关键性。如上所言，作为一个概念的"自然"之"天"是庄子的一个新发明，同时，在"无为为之之谓天"的表述中"天"的意义又和"无为"相靠拢。"天"作为桥梁的角色正体现于此间。在王先生所论基础上，笔者尝试从"自然""无为"之语义构造的角度对此问题作进一步探讨。

这两个概念的语义都比较复杂，不宜作单一理解。先看"无为"。这里的"为"是特指那些带有刻意和机心的行为。"无为"作为一种否定性表述，在不同的语境中所否定的重点会有所不同，或否定该行为本身，或否定行为背后的机心。根本上而言，这两种意义是统一的，但在不同的场合中言论者往往会有不同的关注点。比如，在《老子》第五十七章的"我无为而民自化"、《庄子·天地》的"无为而

[①] 王中江：《早期道家的"德性论"和"人情论"——从老子到庄子和黄老》，《江南大学学报》（人文社会科学版）2012年第4期。

第三章 个人德性的彰显：庄学的"德"观念

万物化，渊静而百姓定"中，老、庄所否定的主要是行为本身。虽然此"无为"也包含没有刻意的意思，但它所否定的重点不在于内部的机心。再如前引的作为"德"之表现的"无为"："夫水之于汋也，无为而才自然矣"；"无为为之之谓天，无为言之之谓德"。此处"无为"的重点不同于前者，它所否定的主要是内部的机心。其间的"为"也可理解为表示主观意图的"为"（wèi），"无为"的意思是不为了什么，没有机心故意。

再看"自然"。此中的"自"包含自己和原本两层意味。[①] 类似于"无为"，"自然"之义在不同的语境中也会出现不同的侧重：或强调没有他者干涉，"自"主要体现自己、自发之义；或强调不受自我机心的驱动，"自"侧重于本来、原初之义。我们可将这两个方面概括为非他然的"自然"和非我然的"自然"。[②] 根本上来说，"自"所兼含的两层意涵也是统一的，它是指原本的自己、真实的自我。对这一本真自我的破坏可能是来自他者，也可能是源于自我的机心或刻意，因此，"自然"作为本真自我的实现，乃同时涵括对两个方面的否定。不过，在具体的话语场合中言论者往往是只关注其中的一个方面。比如《老子》第十七章有"悠兮其贵言，

[①] "自"是象形字，本义指鼻子。此字在甲骨文中写为"𦣹"，在金文中写为"𦣹"，均取象人鼻。《说文·自部》："𦣹，鼻也。象鼻形。""自"后来引申出"自己""亲自""原初""从……"等义。由于引申义越发流行，遂另造"鼻"字以表鼻子。"自"之所以引申出自己义，很可能就像卡拉汉（W. A. Callahan）所说的，在称呼自己的时候中国人往往用手指鼻子，而不像西方人那样指心口（W. A. Callahan, "Discourse and perspective in Daoism: A Linguistic Interpretation of Ziran", *Philosophy East and West*, 1989, Vol. 39, No. 2, p. 173）。"自"得以表示原初、用为介词"从……"，则与"鼻"的初始义有关（如"鼻祖"一词，"鼻"字即用此义）。在"自然"语词中，"自"兼含自己和原本两义，在不同的语境中其义侧重于不同的方面。

[②] 在道家语境中，"自"和"我"意趣有别。"我"更强调自我的意志性，也更体现己他之间的对立性（如《庄子·齐物论》有"非彼无我，非我无所取"，这是说没有他，就没有我，没有我，他也无从显现）。"自"由于兼含本始义，更体现自我的本真性一面。相比于体现本真之自我的"自"，由机心或成心所构造的"我"相当于自我当中超出本然的另一层内容，可谓是异化的自我。道家崇尚"自然"、主张"丧我"（《庄子·齐物论》），是二者异趣的典型体现。

功成事遂,百姓皆谓我自然",①《庄子·应帝王》有"顺物自然而无容私焉",在此老、庄关注的是百姓或万物的活动不受他者干涉。再比如,在前面所引的"无为而才自然"中,庄子关注的是水的涌动非由机心所致。②

由此可见,"自然""无为"所含的意义正好构成两两相应的关系。否定行为的"无为"对应非他然的"自然",这用来说明行动者和他者的双方关系,比如老子思想中的圣人"无为"和民众"自然"。此时"无为"强调不干涉,而"自然"则指向另一方得以自发活动的状态。此外,否定机心的"无为"则对应非我然的"自然",这用来说明同一主体的行动表现,比如庄子所说的"水无为而才自然"。此时"无为"是指非由刻意,而"自然"则是指本来如此,二者两相配合,表达同一个情况的两个方面。

可以说,"自然""无为"语义构造的复杂性为二者关系的演变提供了可能。"自然""无为"在老子思想中各自强调一个方面的意义,③它们所含摄的两个方面是到了庄子思想才得到充分的释放。因此在老子那里二者的关系只有双方相对这一类型,而到了庄子思想,相对和融合这两种关系类型都有出现。④

与此同时,庄子思想中"德"的主体也不再限于治国圣人,在庄

---

① "其"指圣人,"言"指政令言辞。这句话是说,圣人少发政令,少做干涉,便能功成事遂,而百姓都说这是他们自己造就的。

② 关于"自然"义,详细讨论可参拙文《早期道家"自然"观念的两种形态》,《哲学研究》2017年第8期;《从"自""然"到"自然"——语文学视野下"自然"意义和特性的来源探寻》,《人文杂志》2020年第2期。

③ 这是就"自然""无为"的关系类型来说,并不意味着老子思想中没有关于去除机心的内容。老子主张的化除"前识"实亦去除机心。

④ 自此而后,"自然"和"无为"的两种关系都被传承了下来。道家运用不同的关系以反映不同方面的思想主张。概要来说,分立类型主要反映道家在社会政治领域的"反干涉"的主张,而融合类型则传达着道家在个人修身场合的"去机心"的理念。由于道家思想在汉代以后更多地是以个人修身之学的面相出现,因此融合类型的"自然无为"相对来说更加流行。这也影响到当前学界对道家"自然""无为"的研究,以至于我们往往只将二者的关系看成融合类型,这样也就模糊甚至遮盖了道家"自然""无为"思想中另一个非常重要的方面。关于二者关系的详细讨论,可参见拙文《道家"自然"观念的演变——从老子的非他然到王充的无意志》,《南开学报》(哲学社会科学版)2017年第3期。

第三章 个人德性的彰显：庄学的"德"观念

子的直面众生的视域中，其主体被扩展到了天下间所有人。在这多种变化之中，"自然""无为"也就演变成了一并表示"德"之表现的概念。就庄子"德"论来看，此二者不仅在含义上和"天"非常接近，在角色和功能上也和"天"颇为类似，它们都表达了庄子对潜质之"德"应该如何开展的一种期待和向往。

（五）"真"作为"德"的描述和规定

在庄子"德"论中"真"也是一个经常出现的概念。就含义而言，"真"是指真实、真确，和"天"的所指各有不同。但在功能上，"真"和"天"不无相似。通观庄子关于"真"的使用，也可抽绎出类似于"天"的三种情形。

首先是以"真"描述"德"的表现，如：

> 蒲衣子曰："而乃今知之乎？有虞氏不及泰氏。有虞氏，其犹藏仁以要人；亦得人矣，而未始出于非人。泰氏，其卧徐徐，其觉于于；一以己为马，一以己为牛；其知情信，其德甚真，而未始入于非人。"（《应帝王》）

"其知情信"是说他的智慧真实可信，[①]"其德甚真"是说他的"德"甚是真实。在此"真"是对"德"之状态的一种说明。耐人寻味的是，就在同篇后一章又有"欺德"之说：

> 肩吾见狂接舆。狂接舆曰："日中始何以语女？"
>
> 肩吾曰："告我：'君人者以己出经式义度，人孰敢不听而化诸？'"
>
> 狂接舆曰："是欺德也。其于治天下也，犹涉海凿河、而使

[①] "知"通"智"。"情"有情实之义。如《韩非子·二柄》有"今人主不掩其情"，此"情"谓情实。又如《周礼·天官》有"六曰以叙听其情"，孔颖达疏曰："情，谓情实。""其知情信"的"情"亦指情实，用作形容词。

先秦道家"德"观念研究

蚊负山也。夫圣人之治也,治外乎?正而后行,确乎能其事者而已矣。且鸟高飞以避矰弋之害,鼷鼠深穴乎神丘之下,以避熏凿之患,而曾二虫之无知!"

庄子似有意接续前论,进而言及"德"的不真之状。"欺德"之"欺"用作形容词,意指虚伪不真;① "德"是中性用法,类似于老子所言"上德""下德"中的"德"。所谓"欺德",是指虚伪不真的德行。

此两章有相互阐发之妙。在庄子看来,"以己出经式义度"(据己意制定各种法度)是一种虚伪的"德",而真实的"德"则像泰氏那样,睡时安闲,醒时自适,任由别人"以己为马"或"以己为牛",一切顺乎"自然"。结合此章"应帝王"的背景以及这两章的语境来看,这两处"德"均关乎政治。所谓"欺德",乃是以一己之私意制定法度以操控民众,而"真德"则是随顺民众,不作干预。关于后一点,此篇的第三、四章有进一步阐述:

汝游心于淡,合气于漠,顺物自然而无容私焉,而天下治矣。

明王之治,功盖天下,而似不自己;化贷万物,而民弗恃;有莫举名,使物自喜;立乎不测,而游于无有者也。

可见,《应帝王》的前四章是通过不同的寓言故事来说明同一个道理。就"真"的意味而言,它是对"德"之表现的一种描述。这种功能类似于"天",不过"天"的描述侧重于先天本然之状,而"真"更多地是指向后天的行动表现。

---

① 成玄英解"欺德"为"欺诳之德",陈鼓应据之进而解作"虚伪不实的言行",颇得其义。见郭庆藩《庄子集释》(上),第291页;陈鼓应《庄子今注今译》(上),第234页。

第三章 个人德性的彰显：庄学的"德"观念 ◇◈◇

"其德甚真"的人也即所谓"真人"。"真人"是庄子思想中的理想人格，对此他曾有言道：

> 古之真人，其状义而不朋，若不足而不承；与乎其觚而不坚也，张乎其虚而不华也；邴邴乎其似喜乎，崔崔乎其不得已乎；滀乎进我色也，与乎止我德也；厉乎其似世乎，謷乎其未可制也；连乎其似好闭也，悗乎忘其言也。（《大宗师》）
>
> 是以神人恶众至，众至则不比，不比则不利也。故无所甚亲，无所甚疏，抱德炀和，以顺天下，此谓真人。于蚁弃知，于鱼得计，于羊弃意；以目视目，以耳听耳，以心复心。若然者，其平也绳，其变也循。古之真人，以天待人，不以人入天。（《徐无鬼》）

在此，"真"所描述的直接对象是有德者。第一段中，真人的一个表现是"与乎止我德也"，这是说真人宽舒厚道，其"德"令我归依。① 此情形正类似于《田子方》篇所说的"至人之于德也，不修而物不能离焉"。第二段中，真人的一个表现是"抱德炀和，以顺天下"，这是说真人抱德养和（炀，即养），顺任天下。此等态度也就是后文所说的"以天待人，不以人入天"，即以"自然"的方式顺任他人，而不是以自己意志去改造他人。

"真人"以外，庄子又有"真宰""真君"之言，其义更为抽象，但也体现了"真"的类似意味：

> 非彼无我，非我无所取。是亦近矣，而不知其所为使。若有真宰，而特不得其眹。可行已信，而不见其形，有情而无形。百

---

① "与"通"豫"，指宽舒。"止"，义为归止、归依，此处是使动用法。"与乎止我德也"是说真人宽舒厚道，以其"德"令我归依；正如"滀乎其进我色也"是说真人内心充实而神色可亲，以其"色"勉励我。

骸、九窍、六藏，赅而存焉，吾谁与为亲？汝皆说之乎？其有私焉？如是皆有为臣妾乎？其臣妾不足以相治乎？其递相为君臣乎？其有真君存焉？如求得其情与不得，无益损乎其真。(《齐物论》)①

所谓"真宰""真君"，文义上是指真实的主宰、真实的君主，其实质则是指那个超越彼我相对而成为主宰的东西。所谓"非彼无我，非我无所取"，和此篇首章的"吾丧我"有密切联系，这是在解释"我"是如何产生的。此间的"我"是指物我对立之中异化的自我。"丧我"是说消解异化之自我，由此回归本真之自我。② 所谓"真宰""真君"，所指的正是这一真我。如果进一步结合《德充符》的德形之辨来看，那么也可将"真宰""真君"理解成以"德"为本质的真实自我。③

就其中的"真"而言，它的功能即在于指示此"君"此"宰"于己身存在的真实性。庄子强调，此"君"此"宰"确然存在于己，

---

① 这段话文义大致如下。没有"他"，就没有"我"，没有"我"，"他"也无从呈现。"我"和"他"是近似的（在相对中出现），但不知道这是什么东西指使的。仿佛有个"真宰"，却又寻不着它的端倪。可通过自己的实践来验证，却看不到它的形体。它是真实存在于己的（"情"谓情实），只是没有具体的形象而已。百骸、九窍、六脏都完备地存在于我的身上，我和哪一部分最为亲近呢？你都喜欢它们吗？还是有所偏爱呢？若是同等看待，那么都把它们当作臣妾吗？难道仆从就不会相互支配吗？难道它们是轮流做主仆吗？恐怕还有个"真君"存在其间吧？不管是否得知"真君"的情况，都不会影响到它本身的真实存在。

② "吾丧我"的"吾"是宽泛意义上的自我，而"我"则特指异化的自我。"丧我"所剩余者即是"自然"之"自"或"见独"之"独"。"独""自"的所指和"真君""真宰"是一致的。杨立华先生曾辨析郭象哲学中"自"与"我"的差异，这启发笔者注意到庄子所论"自""我"之别。见氏著《郭象〈庄子注〉研究》，北京大学出版社 2010 年版，第 103—105 页。杨先生近著《一本与生生——理一元论纲要》（生活·读书·新知三联书店 2018 年版，第 72—73、第 97—98 页）对"自""我"的理论内涵有进一步论述。关于"吾丧我"之义，后文在论述如何避免"德"之异化时将有继续讨论。

③ 这段话从"百骸"起，更强调"真君"对于形体的超越。超越形体和超越彼我相对其实是相通的，后者是根本，前者是后者的一个具体表现。结合德形之辨来看，"真君"之义与"德"密切相关。德形之辨是庄子思想的一个重要内容，后文对此将有专论。

第三章　个人德性的彰显：庄学的"德"观念

只是没有具体的形象而已（"有情而无形"）；不管人们是否认识到它，都无改于它于己身存在的真实性（"如求得其情与不得，无益损乎其真"）。就描述其状这一点来看，此"真"和前文所论"真"是一致的，但其中又有不同的是，此"真"所陈述者乃是"德"（或曰真我）的先天本然之状，而非其后天行为表现。就此而言，"真宰""真君"的"真"和"天德"的"天"不无类似。二者都关乎"德"的先天状况，"天"是确认"德"在己身的固有性，而"真"则是强调"德"在己身的真实性。①

以上所论皆属描述其状的情形，接下来看第二种情形，也即带有规定性的"真"。前一种也间接含有价值判断，比如"其德甚真"和"是欺德也"的比照便暗示着庄子的一项主张。但"真"的直接功能乃在描摹"德"之状，其规定意味还不是特别明显。在以下文段中，"真"的规定性即有直接体现：

> 不离于宗，谓之天人；不离于精，谓之神人；不离于真，谓之至人。以天为宗，以德为本，以道为门，兆于变化，谓之圣人。（《天下》）

前面曾讨论此处"德"与"天"的关系，这里继续看"真"的问题。所谓"天人""神人""至人""圣人"是指同一种人格形象，此形象也即"真人"。这段话连续出现"宗""精""真""天""德""道"几个概念，它们看起来是并列的关系，实际上并非如此。此处的核心是"德"，"不离于×"以及"以天为宗""以道为门"都是在提示应该如何养"德"。"不离于宗"实即"不离于天"（结合"以天为宗"可知），"不离于精"和"不离于真"意思接近（后面将论及"真"的精诚义）。此"不离"之义类似于老子所言"恒德不

---

① 庄子在言及"真宰""真君"时，语气不是很肯定。但在"有情而无形"和"如求得其情与不得，无益损乎其真"的表述中，它的真实性其实获得了确认。

离"的"不离"。老子所言"不离"的内容是"恒德",而庄子这里"不离"的内容则是"德"的一种状态。后面的"以天为宗"和"以道为门"则是说"道"是养"德"的路径,而此路径之实质即是"天"("自然")。这也正是《天地》篇所说"德兼于道,道兼于天"的意思。总要可见,"天"和"真"在此都是对"德"之表现的一种规定。具体来说,"不离于宗""以天为宗"意味着"德"的开展应当自然、不刻意,而"不离于精""不离于真"则提示"德"之表现应当真诚、不虚伪。

这也反映出"天""真"之间实有密切联系。"德"在行动上一旦刻意造作,也就虚伪不真,成为所谓"欺德"。《渔父》篇有"法天贵真"之言,表达了类似的意思:

孔子愀然曰:"请问何谓真?"

客曰:"真者,精诚之至也。不精不诚,不能动人。故强哭者虽悲不哀,强怒者虽严不威,强亲者虽笑不和。真悲无声而哀,真怒未发而威,真亲未笑而和。真在内者,神动于外,是所以贵真也。其用于人理也,事亲则慈孝,事君则忠贞,饮酒则欢乐,处丧则悲哀。忠贞以功为主,饮酒以乐为主,处丧以哀为主,事亲以适为主,功成之美,无一其迹矣。事亲以适,不论所以矣;饮酒以乐,不选其具矣;处丧以哀,无问其礼矣。礼者,世俗之所为也;真者,所以受于天也,自然不可易也。故圣人法天贵真,不拘于俗。愚者反此。不能法天而恤于人,不知贵真,禄禄而受变于俗,故不足。惜哉,子之蚤湛于人伪而晚闻大道也!"

在庄子"真"论中,这是比较集中的一处。庄子借"客"(渔父)之口阐述了自己关于"真"的看法。他先对"真"作了一个界定("真者,精诚之至也"),接下来则以"强""真"相对的形式进一步解释什么是"真"。这里隐含的一个意思是,强者不真,真者不强(强是指勉强)。换言之,唯有合乎"自然"者方是真实。就

第三章 个人德性的彰显：庄学的"德"观念

"真"的直接义来说，它是指真实；此处又以"自然"阐论"真"，实是揭示"真"作为一种状态所依赖的前提。这样一来，"真"也就和"天"发生了密切关联。正如我们在后面所看到的，庄子提出了"法天贵真"的主张。这句话看起来是一个并列结构，实际上隐含着"天"为"真"之前提的意思。

以上所论属以"真"规定"德"的情形，接下来看第三种情形。在此"真"的功能不是描述或规定，而是直接指称"德"本身，在含义上和"德"相互趋近。此等情况在前引《渔父》篇文段已有体现。如"真在内者，神动于外"，此"真"是指真本性，也就是"德"，这句话是说真性存在于内、神色表现于外。又如"真者，所以受于天也"，此"真"之义同前者，所谓"受于天"，是说自然而有，义与《德充符》的"道与之貌，天与之形"相同（并不是说有个外在实体的"天"或"道"赋予人以本性）。

"真"的此等意味也见于以下言论：

> 故曰，天在内，人在外，德在乎天。……无以人灭天，无以故灭命，无以得（德）殉名。谨守而勿失，是谓反其真。（《秋水》）

> 不开人之天，而开天之天，开天者德生，开人者贼生。不厌其天，不忽于人，民几乎以其真！（《达生》）

> 庄周曰："此何鸟哉，翼殷不逝，目大不睹？"蹇裳躩步，执弹而留之。睹一蝉，方得美荫而忘其身；螳螂执翳而搏之，见得而忘其形；异鹊从而利之，见利而忘其真。（《山木》）

> 世之所高，莫若黄帝，黄帝尚不能全德，而战涿鹿之野，流血百里。尧不慈，舜不孝，禹偏枯，汤放其主，武王伐纣，文王拘羑里。此六子者，世之所高也。孰论之，皆以利惑其真而强反其情性，其行乃甚可羞也。（《盗跖》）

这四段话从正反两面体现了同一个道理。所谓"反其真""以其真"，是说返归、运用其真实本性，①"忘其真""惑其真"则是说忘却了、迷失了他的真实本性。② 在此，"真"的所指实际上就是"德"。

前面在论析"天"义时曾指出，在"天""德"发生紧密关联的基础上二者又出现含义相趋近的现象，也即，"天"可以直接指称那个原本被它描述或规定的对象。这里所讲"真"的情形正类似于此。这意味着，"天""真""德"都可以指向同一个东西，只不过它们在所指为一的同时又连带着不同的色彩："天"暗示着吾人生命之质素乃先天所固有；"真"乃强调此质素确然在己，真实不虚；"德"则意味着此质素是吾人由"道"而"得"。

在先秦诸子中，庄子是最重视"真"的一位思想家。老子虽有言"真"，但对于这一概念的运用不如庄子丰富。③ "真"的基本意义即

---

① "反其真"的"反"通假为"返"。关于"以其真"的"以"，一般解作可以，认为此句是说民众差不多就可以保持真实。笔者认为，此"以"当是指"用"（"以"的本义即是"用"）。《左传》僖公二十六年有"凡师能左右之曰以"，同书定公十年有"封疆社稷是以"，《论语·先进》有"如或知尔，则何以哉"，此间的"以"皆谓"用"。另外，关于"不厌其天，不忽于人"，多数解成不厌弃自然、不忽视人的作用。庄子并未完全否定人事价值，"开天之天""开天者德生"实已肯定人事（"开"）的价值。由此来看，此解并无不当。但从全段语境来看，"天""人"相对中的"人"是特指那些违背"天"的人事。"不厌其天，不忽于人"实是说不厌弃"天"，不因"人"而忽视"天"。"忽"后隐含一"天"字。"于"是指"在"，带有因为之义。"忽于人"是说在对"人"的推崇中遗忘了"天"，也即因"人"忘"天"。《缮性》篇有"缮性于俗……滑欲于俗"的说法，"于"的用法类似。此句之所以被解成不厌弃自然、不忽视人事，也和解释者没有留意到"其""于"二字之别有关，从而将这两个小句看成完全对仗的说法。

② 所引《山木》篇一段是"螳螂捕蝉，黄雀在后"这一典故的渊源。《盗跖》篇一段中"强反其情性"的"反"是指违背，"强"是指强迫。

③ 徐克谦先生认为，"真"字是到了《庄子》这里才突然开始大量地使用起来，作为一个哲学概念也是《庄子》这里首先提出来的（《庄子哲学新探——道·言·自由与美》，第64—65页）。"真"确实是到了庄子哲学才开始突显出来，但它作为一个概念并非始自庄子。"真"在老子思想已有出现，如第二十一章的"其精甚真，其中有信"，第四十一章的"建德若偷，质真若渝"，第五十四章的"修之于身，其德乃真"。徐先生认为《老子》中的这些"真"论乃晚出版本才有，这是有待商榷的。第二十一章不见于楚简本，第四十一、五十四章的"真"在楚简本均作"贞"，此字通"真"。在此问题上，陈静曾有指出，"真"是老子首先提出来的，从《老子》到《庄子》再到《淮南子》，经由真到显真，再到保真和返真，道家完成了以"真"规定人性的逻辑建构（《"真"与道家的人性思想》，《道家文化研究》第十四辑，三联书店1998年版，第78—88页）。林明照有类似看法，认为庄子关于"真"的思想是在老子之"真"的原型上加以发挥（《庄子"真"的思想析探》，台北：台湾大学哲学研究所硕士学位论文，2000年，第15—21页）。总之，我们认为"真"作为一个哲学概念始于老子，进而由庄子发扬之。

第三章 个人德性的彰显：庄学的"德"观念

是真实，在不同的语境中它的功能有不同的侧重，因而"德"与"真"的关系也就展现出多样的形态。

老子曾以"真""朴"论"德"。庄子言"真"之外，亦有言"朴"：

> 同乎无知，其德不离；同乎无欲，是谓素朴；素朴而民性得矣。（《马蹄》）
>
> 及唐虞始为天下，兴治化之流，浇淳散朴，离道以善，险德以行，然后去性而从于心。（《缮性》）
>
> 南越有邑焉，名为建德之国。其民愚而朴，少私而寡欲。（《山木》）

"朴"是指朴素，此朴素在很大程度上是就"无欲"或"寡欲"而言。在庄子看来，"无欲"或"寡欲"是素朴之"德"的一个基本表现。相比于"真"，庄子"德"论中"朴"的言辞显得少很多，并且其思想角色也没有那么重要。

关于老庄的"真""朴"之言，钱穆先生很早就有留意。钱先生提出，从"真""朴"之别即可看出庄、老"德"观念的不同旨趣：庄子主"真"，其所论"德"是就修行而言；老子主"朴"，其所论"德"是就人的禀赋来讲。① 钱先生目光敏锐，本书对"真""朴"的关注即源于其论之启发。相对来说，确实有老子主"朴"而庄子主"真"的现象。② 但老、庄所论"德"并非各就禀赋或修行而言，二者之思考均含摄先天禀赋和后天修行两个维度。③ 另外，比起老子"德"思想，庄子不仅突显了"真"，还补充了"天"的维度。在老

---

① 钱穆：《庄老通辨》，第178—183页。
② 在老子言论中，"朴"出现了8次，"真"出现了3次。
③ 钱先生还认为，庄子所言"德"和孔门儒家比较接近，而老子所言"德"实为"性"，属后起情形，这是庄在老前的一个证据。在笔者看来，即便是老、庄所论"德"乃各就禀赋和修行而言，也无法得出此等结论。一则，孔门儒家所言"德"非无禀赋义，如孔子所说的"天生德于予"（《论语·述而》）；二则，设若孔门儒家所言"德"只是就修行言，也无法排除老子以"性"言"德"而庄子受儒家影响的可能。

子思想中"天"主要和"道"相关联("天道""天之道"),还没有和"德"发生直接联系。到了庄子这里,"天"成为"德"论之中的重要概念。

综合此上有关生命本质之"德"的讨论可知,当"德"从万物场景具体到人的领域,庄子的思考既有相延续的一面,也包含着二者有别的一面。在人的身上"德"同样是"道"分化为"性"的一个中介:它是"道"在人身上的全然性潜蕴,是人人之殊"性"的直接来源。但人有所不同的是,可以经由"心"的觉悟,化解"性"的畛域,让身上所潜在的"德"焕发出来。"物得以生谓之德"是人、物所共有的情况,而"性修返德"则是人所特有的行动。

作为"道"在人身上的潜蕴,"德"是人的本质所在。对此质素,庄子惯以"天""真"进行言说。此二者的要义分别在于"自然"和"真实"。随着语境改变,它们的角色或功能会有不同表现:或描述"德"的本然之状,以说明"德"在己身是先天而有、真实确凿的;或规定"德"的应然表现,以指示"德"之开展应顺乎自然、真实呈现;或指称"德"本身,亦即直接称谓那个原本被它们描述或规定的对象。出现这样的情况,和语词使用的灵活性有关,但在根本上则是因为庄子"天""真"思想的丰富性。当然,这不是说三种情形之间是泾渭分明的,此上是就概念意义的侧重之处进行分析。这样的论析能够帮助我们透过纷杂的文本现象,发掘出内蕴其间的思想义理。

在与"德"发生关联的同时,"天""真"之间也存在密切的联系。贯穿于庄子"天""真"之论的一个基本意思是:只有顺乎"自然",方能"真实"呈现。这不纯是逻辑上的抽绎,庄子言论中已有暗示。比如《渔父》篇中"强""真"之对言暗示着勉强者不真实、自然者方真实的意思;又如在《秋水》篇,"德在乎天"确立了行"德"的准则,而所谓"反其真"则告示此等准则的意义所在;《达生》篇的"开天者德生"和"以其真"之间也体现了

第三章　个人德性的彰显：庄学的"德"观念

类似的意味。①

总之，庄子所思之"德"是既"天"又"真"的。"天"和"真"相互交织，相互配合，作为"德"思想的两个重要维度，共同反映着庄子对生命存在的根本看法。它们既是对"德"的实然性描述，也是对"德"的应然性规定。前者意味着作为潜质的"德"在己身是先天而有、真实确凿的，后者则指示"德"之开展的基本准则——顺乎自然、真实呈现。这既是庄子对生命本质的基本理解，也是庄子对人生价值的核心规设。

二　天真之"德"在俗世生活之异化

"德"的真实呈现是庄子思想的核心目标，而顺乎自然则为此提供了基本的向导。这是一个总的纲领，围绕于此庄子还开展了丰富多样的思考，给出了林林总总的具体提示。他在思考如何实现"德"的问题时，将很多的注意力都放在了异化问题上。在这一点上，庄子延续了老子的思想风格。不同于儒家一般倾向于从事情的正面切入，以追求美好事物的扩充和实现，道家则往往更关注事情的反面，希望通过对负面事物的化除来实现正面的价值。在老子看来，察觉到异化并找出其中的原因，这就为"德"的实现提供了切实可行的路径。庄子不仅继承了这种思维，并且在此基础上开展了更深入、更丰富的探寻。在接下来的两个小节中，我们将分别探讨庄子对异化的认识以及关于如何避免异化的主张。

（一）异化的内在之源："德有心"

我们在前一章已知，在老子看来人的固有之"德"之所以发生异化，一个重要原因是人们在"前识"的推动下产生"为之"的行为。一旦把"德"当对象去"为"，人的德性非但没有增益，反而随之悄然败失。这种思想在庄子这里同样可见，而且更为其所强调。在庄子

---

① 庄子言论中虽未出现"天真"一词，但此词的出现和流行和庄子密切相关。正如王中江先生曾指出的，《庄子》中关于"天"和"真"的观念是中国"天真"概念的主要思想来源。见《早期道家的"德性论"和"人情论"——从老子到庄子和黄老》，《江南大学学报》（人文社会科学版）2012年第4期。

看来,吾人身上本就潜蕴美德,顺乎自然便是;然而世间之人大多不明此理,难免于刻意修德之俗念,殊不知己身本真之"德"恰恰在此般修行之中悄然败失:

  贼莫大乎德有心而心有睫,及其有睫也而内视,内视而败矣。(《列御寇》)

这里的"贼"与《达生》篇"开人者贼生"的"贼"一样,都是指对"德"的贼害。在庄子看来,对"德"的贼害莫过于有心为"德"。"心有睫"的比喻颇为生动,意即行"德"之时长了"心眼"。《淮南子·主术训》有"德有心则险,心有目则眩",可说是对此句的一个训释。庄子在后面还讲到"内视",这也是一个很巧妙的说法。《史记·商君列传》有"反听之谓聪,内视之谓明",这里的"内视"是指返心内观、自我省察。但庄子所说的"内视"义不在此。正如郑开先生曾指出的,庄子所言"内视"与《史记》"内视之谓明"的"内视"恰好相反,前者是"以心乱官"的意思。[①] 在庄子言论中此词紧承前文,是指"心"中的"眼"视察其"德",这是自以为有德、自我欣赏的表现。庄子推崇的"德"是自然而然的,一旦以之为念,即是"德"的异化,故曰"内视,而败矣"。

  总要来看,庄子此论之核心在于"德有心",后文是对此点的继续展开。"德有心"的"心"指向心灵的消极一面,[②] 用庄子他处的

[①] 郑开:《道家形而上学研究》(增订版),第 187—188 页。
[②] "心"在《庄子》中具有多种用法。陈鼓应先生曾作大概的分类,匡钊先生有进一步论析(陈鼓应:《老庄新论》,第 421 页;匡钊:《先秦道家的心论与心术》,第 84—90 页)。参照其论可知,庄子言论中"心"包括了以下三种情形:一是就心灵的积极一面来说,如"心斋"(《人间世》)、"游心"(《德充符》);二是就其心灵的消极一面来说,如"成心"(《齐物论》)、"师心"(《人间世》)、"机心"(《天地》)、"蓬之心"(《逍遥游》)等;三是客观描述,并无褒贬之意,如"人心排下而进上"(《在宥》)、"凡人心险于山川,难于知天"(《列御寇》)。所谓"德有心"的"心"属第二种情形。另外,第三种情形并非庄子心"论"之重点,就其主要内容看,庄子思想中的"心"包括"成心"和"游心"两个基本的层次。

第三章 个人德性的彰显：庄学的"德"观念

语词来说，此"心"是为"成心"、"机心"或"蓬之心"。① 人一旦以"德"为念，便似有一"蓬"蒙住本心，使"德"之流发不得自然。有心为德却败德，换言之，无意行德方能葆德。正因如此，庄子才频频以"天"论"德"，正如我们在前一小节所看到的那样。

在此上言论中，庄子以"心"论说异化之源，而在《庚桑楚》的一段话语中，庄子则以"我"论议此中道理：

> 动以不得已之谓德，动无非我之谓治，名相反而实相顺也。

第一个小句是说，行动出于不得已，非有意造作，此即"德"的表现。"动无非我"的"无"应是"而"字之误，② 此句是说行动非由于"我"。此"我"与"吾丧我"之"我"义同，"动而非我"可说是"吾丧我"此主张在德行问题上的具体表达。"治"意谓合理，"动而非我之谓治"是说行动非由于"我"即为合理之表现。前两个小句其实是相互阐释，其义在于表明合理的德行非由"我"而生，它是顺乎"德"之自然的"不得已"的结果。后面说"名相反而实

---

① "成心"之说出自《齐物论》："夫随其成心而师之，谁独且无师乎？"所谓"成心"，是指为某种既成之物所蒙蔽的"心"，类似于《逍遥游》所说的"蓬之心"（"今子有五石之瓠，何不虑以为大樽而浮乎江湖，而忧其瓠落无所容？则夫子犹有蓬之心也夫"）。蒙蔽"心"之本然的因素有很多，欲望、情感、智识等都有可能成为"心"中之"蓬"。一般是将"成心"解为有成见的心，这会让它的意义变得狭小（"成见"属智识层面）。"机心"之说出自《天地》："有机械者，必有机事；有机事者，必有机心。机心存于胸中，则纯白不备。"文义上来说，"机心"指有机巧之心。此"机巧"也应从广义理解。"德有心"的"心"是"成心"或"机心"的一种表现，所谓既成之物（蓬）、所谓机巧，是指把"德"当对象去逐求的欲念，而"成心"之"成"、"机心"之"机"的所指还不限于此。

② 马叙伦疑"无"字为"而"字之误，陈鼓应、张默生等人从之。见马叙伦：《庄子义证 庄子天下篇述义》（下），许嘉璐主编、李林点校，浙江古籍出版社2019年版，第524页；陈鼓应《庄子今注今译》（下），第661页；张默生：《庄子新释》，第351页。如从原文，此句也可解作行动无不出自我的天性。如此也可和前句在义理上保持一致。然则此两解对"我"的理解各有不同。笔者更倾向于前解。一则，解"我"为我的天性，和庄子在"吾丧我"中对"我"的使用相悖；二则，"动而非我"和"动以不得已"构成对文形式，"非我"和"不得已"正可相互阐释。

相顺也",这是对前两个小句的综合。所谓"名相反",是就"德"之为内在本质和"治"之为外在表现而言。"德"与"治"虽各为内外,然个中道理其实是统一的。①

这里没有直说异化问题,但"动而非我之谓治"暗示着事情的另一面——"动而由我之谓乱"。"德有心"一段是以"心"论说异化之源,这里则将问题点放在"我"。此"我"是指异化的自我,和"自然"之"自"所指的自我恰好相反。"自"兼含自己和原本之义,是指原本的自己、真实的自我("自然"是指本真自我的实现状态);而所谓"我",更强调自我的意志性一面,是指那个由成心或机心所构造的异化的自我。可见,"动而非我"的意义恰好落在了"自然",而它的反面——"动而由我"——则指向违背"自然"的情况。②

关于"德"之异化,庄子不仅有抽象的论述,也有具体的示例。庄子曾以孔子为例说明何为"德之衰":

> 孔子适楚,楚狂接舆游其门曰:"凤兮凤兮,何如德之衰也!来世不可待,往世不可追也。天下有道,圣人成焉;天下无道,圣人生焉。方今之时,仅免刑焉。福轻乎羽,莫之知载;祸重乎地,莫之知避。已乎已乎,临人以德!殆乎殆乎,画地而趋!迷阳迷阳,无伤吾行!吾行卻曲,无伤吾足!"(《人间世》)

在此庄子借楚狂接舆之口批评孔子"临人以德"。所谓"临人以德",是说在别人面前摆出一副有德者的姿态,这正是"德有心"或"动而由我"的表现。在庄子看来,孔子四处周游,"临人以德",试图以此化导世人,殊不知本有的天真之"德"反而在这种"临人"

---

① 关于此句,多解为求名则相反、求实则相顺。张松辉先生认为,"德"是指内在的天性,而"治"是指外在的表现,故曰"名相反"。笔者从张解。见张松辉:《庄子译注与解析》,第474页。

② 关于"自""我"之别,参见前文对"德"与"自然""无为"的论述。

第三章 个人德性的彰显：庄学的"德"观念

之举中悄然衰败了。①

（二）异化的外在之因："强于物"

在以"心"论说异化以外，庄子还从"物"的角度讲述此事。相比于前者，这一角度更关注异化的外在之因。庄子有关这方面的思想是借助其笔下的另一个著名角色——惠施——来呈现。《天下》篇对惠施有如下评述：

> 惠施多方，其书五车，其道舛驳，其言也不中。历物之意，曰："至大无外，谓之大一；至小无内，谓之小一……"
>
> ……
>
> 惠施不辞而应，不虑而对，遍为万物说，说而不休，多而无已，犹以为寡，益之以怪。以反人为实而欲以胜人为名，是以与众不适也。弱于德，强于物，其涂隩矣。由天地之道观惠施之能，其犹一蚊一虻之劳者也。其于物也何庸！夫充一尚可，曰愈贵道，几矣！惠施不能以此自宁，散于万物而不厌，卒以善辩为名。惜乎！惠施之才，骀荡而不得，逐万物而不反，是穷响以声，形与影竞走也。悲夫！

在前一则故事中，庄子是借接舆之口批评孔子的"临人以德"。这里庄子则对惠施给予直接批评。他认为惠施醉心于口谈而自以为最贤，沉迷于"历物"② 而不知"反（返）"，在此过程中其"德"也就越发衰弱了。不同于此上的"德有心"导致了"德之衰"，这里强

---

① 庄子经常围绕孔子设计一些寓言故事来表达自己的主张。在《庄子》书中，孔子是出场最多的一个人物形象。需注意的是，庄子笔下的孔子形象并不单一。此处是被批评的世俗者形象，在其他地方还有被推崇的化者形象和得道者形象。其中，化者形象出现最多。庄子设计孔子形象，寄寓着他的一个基本考虑，即借助孔子的名师效应以传达自己的思想主张。此做法和柏拉图借重于苏格拉底不无相似，只是柏拉图笔下的苏格拉底都是正面形象。关于《庄子》中的孔子形象，可参拙文《从〈庄子〉的潜语境解读知礼意的进程》，《道家文化研究》总第28辑，生活·读书·新知三联书店2014年版，第373—398页。

② 关于"历物"，成玄英解为"心游万物，历览辩之"，陆德明解为"分别历说之"。见郭庆藩：《庄子集释》（下），第1103页。此二解均揭示了"历"的分辨义。"历物"是指分析事物，"意"是指由此所得的意见和知识。

·275·

调的是"强于物"带来"弱于德"的结果。

关于这里的"物",不乏学者从自然科学的角度解为自然界事物,认为惠施"强于物"的学问是追求关于自然界的科学知识。① 也有学者从道德修养的角度将其理解为对德性造成破坏的物累。如唐君毅先生认为,诸家于其"道术"之所得,即所成之"德"者也,此中惟不言惠施之所承于古之"道术"与其"德"之所在者,无"道术"而只知"历物",亦无真实之"德",故谓其"弱于德,强于物"也。② 张松辉先生曾解释道,惠施在品德修养方面十分薄弱,追逐名利等外物的欲望却非常强烈。③

"物"是道家哲学中一个重要而复杂的概念。就《庄子》来看,其间的"物"大体可分作四义:与"道"相对的现象事物;与人相对的非人之物;与个人相对的外界事物;用作动词。④ 所谓"强于

---

① 参见熊十力《体用论》,中华书局1994年版,第224—226页;冯友兰《中国哲学史新编》(上卷),第452—453页;庞朴《中国的名家》,中国国际广播出版社2010年版,第31—33页;陈鼓应《庄子今注今译》,第962页;李存山《中国传统哲学纲要》,中国社会科学出版社2008年版,第25—26页。
② 唐君毅:《中国哲学原论·原道篇》,中国社会科学出版社2006年版,第352页。
③ 张松辉:《庄子译注与解析》,第696—698页。
④ 由于后面还将涉及"物"的问题,此处稍展开分析。第一种情形频见于《庄子》,也是我们比较熟悉的用法。第二种见于"爱人利物之谓仁"(《天地》),"似遗物离人而立于独也"(《田子方》),"阴阳不和,寒暑不时,以伤庶物;诸侯暴乱,擅相攘伐,以残民人"(《渔父》)。第三种包括两个子类型。(a) 一是指个人以外的一切事物,范围上比第二种更广,见于"之人也,之德也,将旁礴万物以为一"(《逍遥游》),"天地与我并生,而万物与我为一"(《齐物论》),"汝游心于淡,合气于漠,顺物自然而无容私焉"(《应帝王》)。(b) 其二是指个人所面向的他人,见于"德不形者,物不能离也"(《德充符》),"至人之于德也,不修而物不能离焉"(《田子方》);"化贷万物而民弗恃,有莫举名,使物自喜"(《应帝王》)。第四种即用作动词,如"物物而不物于物"(《山木》),第一、三处"物"是指驾驭,又如"物物者非物""物物者与物无际"(《知北游》),"物物"是说使物成为物。前面解释了《老子》"物"义(老子章第四节),相较而言,《庄子》有承继之处,也有不同的地方:一是含"道"在内的泛指用法以及意指形象的用法在《庄子》中没有出现(若就简帛本来看,《老子》中亦无泛指用法);二是《庄子》有动词用法;三是《庄子》中与个人相对的"物"存在指一切他者的情形(《老子》中主要指他人)。另需指出的是,《庄子》的第二、三种存有关联,也即,第二种情形中"人"和"物"有时候都作为他者出现(不是全部,如《渔父》的"阴阳不和"一段即非如此)。由此又可将第二种的某些情形和第三种的两个情形归并为"己物关系"(个人和他者的关系)的三个子类型,在此关系中"物"可以泛指一切他者,也可以特指他人或非人之物。

第三章 个人德性的彰显：庄学的"德"观念

物"的"物"属第三种。在此情形中，"物"并非必然构成"物累"，①关键在于行动者对待"物"的态度。若以"心斋"（《人间世》）对待之，做到"顺物自然而无容私焉"（《应帝王》），那么此"心"便在与"物"的交融中相互成就，此即庄子所说的"齐物"（《齐物论》）②、"与物有宜"（《大宗师》；意谓与物各得其宜）的理想境地。此等情境下，"物"不但不会成为牵累，反而是成就自身的必要条件，正所谓"乘物以游心"（《人间世》），此"心"得以优游，需赖其所"乘"。然而，如果是以"成心"（《齐物论》）或"机心"（《天地》）对待之，未能随顺"自然"，那么此时的"物"就会成为对个人造成束缚的"物累"。这不仅让自身成为"丧己于物"的"倒置之民"（《缮性》），同时也伤害了"物"，所谓"与物相刃相靡"（《齐物论》）、"与物皆殉"（《则阳》），说的正是此情况。

在评述惠施之言中，"物"是指与个人相对的外界事物，进一步来说，也是指"物累"之"物"。它之所以成为"物累"，乃因惠施走的是"历物"之路（把"物"当作求知、论辩的对象），而不是"齐物"之境（以"物"为养"德"之基础）。这里涉及"道术"和"方术"的区别。《天下》篇开头就说："天下之治方术者多矣，皆以其有为不可加矣。古之所谓道术者，果恶乎在？"在庄子看来，惠施是"历物"的高手，"方术"中的佼佼者（所以评述时一上来就说"惠施多方"），但他在"齐物"的"道术"方面很是欠缺。"道术"是关于"道"的学问，也是关于"德"的学问，不求"道术"，实即遗忘了"德"。③

如此看来，前述两种理解实可结合起来。如第二种理解所说，

---

① "物累"一词见于《天道》《刻意》，意谓外物对个人的牵累。
② 关于"齐物"，陈少明先生有精到之解。他阐释了"齐物"所包含的三层含义：齐万物、齐物论和齐物我。见氏著《〈齐物论〉及其影响》，北京大学出版社2004年版，第15—31页。笔者此所言"齐物"，正是就"齐物我"而言，此等"齐物"也即"万物与我为一"（《齐物论》）之境地。
③ 《德充符》中庄子对惠施有以下评述，可助于理解："今子外乎子之神，劳乎子之精，倚树而吟，据槁梧而瞑。天选子之形，子以坚白鸣！"

这里的"物"是指一种"物累";但它之所以成为一种"物累",乃因惠施是以"历"的方式对待之,而这种方式在性质上也有点类似于自然科学的思维。由后一点来看,前一种理解也不无道理。当然,从惠施的"历物十事"来看,他所"历"到的知识未必全属自然科学。此外,此处之"物"作为一种"物累"并非指向名利之物,虽然后者也是"物累"的一种形式,但庄子这里所关注者非在于此。

总之,在庄子对惠施的评述中,"物"与"德"构成一种对立,前者并非必然牵绊"德",关键在于人对待"物"的态度和方式。惠施沉迷于"历物"之"方术",遗忘了内在于自身的"德"。根本上来说,这也是"德"的一种异化形式。如果说在孔子所代表的"德有心"之举中,"德"是异化为被逐求的对象甚至是求取功名的工具,那么在惠施所代表的"强于物"的"方术"之中,本应"齐物"的"德"则是沦为了"历物"之俗智。"强于物"是忘本逐末,"德有心"则是求之过甚,一个是没把"德"当回事,一个是太把"德"当回事。

(三)"外内韄者":内外受困的异化者

作为庄子笔下的两个著名角色,孔子和惠施各自承担了"德"之异化的两个向度。所谓"德有心"是指受困于内,而所谓"强于物"则是指受缚于外。在《庚桑楚》篇庄子借老子之口统说了两个方面的束缚:

> 老子曰:"汝自洒濯,熟哉郁郁乎!然而其中津津乎犹有恶也。夫外韄者不可繁而捉,将内揵;内韄者不可缪而捉,将外揵。外内韄者,道德不能持,而况放道而行者乎!"

"韄"原指缚在刀上的绳子,在此意谓牵绊、束缚。"揵"指关闭。按庄子之意,若受缚于外,则需收敛内心;若受困于内,则需杜绝外物。末句总说"外内韄者"的表现,所言"放"字是指放任,"放道而行"是说由乎道德放任而行,这是比"持"更高的一

第三章 个人德性的彰显：庄学的"德"观念

种境界。[1] 统归来看，这段话大致是说，你自当洗涤你的心灵（义近《老子》第十章"涤除玄览"），为何还郁郁不乐呢（"孰"通"孰"，指为何）？可见你的心中还存有杂念（津津，意谓不自觉流露出来）。受缚于外，而外物纷繁不可捉摸，故当收敛内心；受困于内，而心中缪乱不可把握，故当杜绝外物。内外均受束缚的人，连持守道德都做不到，更何况是由乎道德放任而行呢？

"外韄"将"内捷"、"内韄"将"外捷"是非常微妙的一种说法。一般来说，受缚于外，自当从外界找寻缘由，而受困于内，则应该从内心寻求突破。但庄子提供的路径恰恰是倒过来的。如此为言，正是要说明所谓内、外实是相通为一。"外韄"指向"物累"，而"内韄"所指的则是"成心"或"机心"。"物累"与"成心"实为一事之两面：凡蓬蔽之心，必有相应之物累；凡牵累之物，必生于蓬蔽之心。[2] 之所以显得有区分，只是言说时侧重于不同的方面而已。比如"德有心"之言是侧重于"成心"一面，但此间也存在相应的"物累"——被当成对象的"德"以及以"德"为工具所欲继续逐求的对象（就前者言，异化之"德"成为了危害"德"本身的物累）。又如"强于物"之论是强调"物累"的一面，但其中也有相应之"成心"——"逐万物而不知返"的世俗之智。无论是"成心"，还

---

[1] 关于"放"字，解释不一。（1）解为放弃。如成玄英疏曰："偏执滞边，已乖生分，况内外韄溺，为惑更深。纵有怀道抱德之士，尚不能扶持，况放散玄道而专行此惑，欲希禁止可得乎！"（郭庆藩：《庄子集释》下，第784页）又如张默生将末句解释为，体外和内心都受到束缚，依靠道德的力量尚且不能制止，更何况放弃道德而行事的做法（《庄子新释》，第342页）。（2）解为放任。如林希逸曰："放道而行，言循自然之理而行之也，能循自然而行，此至人之事也。"（《庄子鬳斋口义校注》，第355页）钟泰有相近解释："持守犹有待于用力，若放道而行，则一任自然，更不见着力之迹，故分两层言之。"（《庄子发微》，上海古籍出版社2002年版，第528页）（3）解为"仿"，以"放道"为学道。以此末句是说，内外都受到束缚，即使是有道德的人也不能自持，更何况是那些学道的人呢？（陈鼓应：《庄子今注今译》下，第646—647页；方勇、陆永品：《庄子诠评》，巴蜀书社2007年版，第751页）笔者赞同第二解。这里的"放"和《天道》篇"放德而行，循道而趋"、《马蹄》篇"一而不党，命曰天放"的"放"含义一致。此所言"放道"也即"放德"，前有言及"道德不能持"，故"放道"也是"放道德"，"道""德"在此义近。

[2] 在这两面中如果要追问何者更为根本，则应是"成心"。

是"物累",都包含着复杂多样的内容,而"德有心"和"强于物"都是就其中的某一种而言。就"成心"一面来说,它可以是刻意求"德"或以"德"求功名的欲望,也可以是"散于万物而不厌"的智识,还可以是"内伤其身"的"好恶"之情。① 而所谓"物累",则包括了"成心"所对应的种种对象。

在"德有心"和"强于物"的言论中,庄子分别从不同的方面讲述异化问题,此处则以"外内韇者"对异化之事进行总括。由此而观前二论,孔子形象代表的是"内韇者",他没有做到"外揵";惠施形象则代表着"外韇者",他没有做到"内揵"。在林林总总的内外之"韇"中,生命本有的天真之"德"也就悄然异化了。对于变质的"德",庄子在《应帝王》称为"欺德"。此外,在《逍遥游》的"故夫知效一官,行比一乡,德合一君,而征一国者,其自视也亦若此矣"、《德充符》的"故圣人有所游,而知为孽,约为胶,德为接,工为商"当中,"德"也是表示已然异化的"德"。②

庄子所思本无内、外之别,也不主张此等分判。此心倘得"朝彻""见独"(《大宗师》),自不会有所偏滞。然则,世人皆"定乎内外之分"(《逍遥游》),于是乎庄子"虚而委蛇"(《应帝王》),以权变之法示于世人。③ 故其所言异化之事遂有内、外之分,"内韇"

---

① 庄子有言:"吾所谓无情者,言人之不以好恶内伤其身,常因自然而不益生也。"世俗的"好恶"之情同样是"成心"的一种内容。
② 由此可见,《庄子》书中所见"德"字并非全部具有正面意义。在此点上,庄子所言"德"和老子相似,这是早初的"德"的中性用法的延续。这种用法在儒家言论中几乎不见,儒家所论"德"基本上都是正面意义的。当然,老庄虽然延续了这种用法,但在其言论中正面之"德"仍是多数情形。
③ 佛家有"开权显实"之说。《法华经·法师品第十》:"开方便门,示真实相。是法华经藏,深固幽远,无人能到,今佛教化成就菩萨而为开示。"众生根机不同,于真实了义未必能尽数体认,佛陀遂以权变之法门化导众生。佛陀根本了无分别,然众生具分别智,因而佛陀根本智乃作权变,随顺众生以说分别,是为"权智",以此"权智"化除众生之分别智,此之谓"以智去智"。庄子随顺于世人的"定乎内外之分",与佛家"开权显实""以智去智"有异曲同工之妙。这种"以智去智"的做法在化导世人去除智辩的情境中表现得更为直接,详见下一小节的讨论。

第三章 个人德性的彰显：庄学的"德"观念

"外镳"之言即由此而来。

三 "悬解"：化除物累而葆养天德

"外内镳者"逐求那些违背生命本态的俗世情事，原有的天真之"德"已然异化流失。这些人"诚忘"了生命的本质，以不良者为良，以良者为不良，他们是价值观上本末颠倒的"倒置之民"（《缮性》）。价值观的"倒置"又被庄子称作"悬"（倒悬），在他看来，这种人有待"解"之而成为端正之人。① 从这一角度来看，《庄子》一书可说是一部助人"悬解"的"心灵剧本"。② 正如爱莲心（Robert E. Allinson）曾指出的，庄子的主要目的即在于帮助读者实现心灵的转化，为此他提供了一套关于如何转化的方案。③ 庄子的核心关切即在于助人看清生命的本质，以达成价值观上的"悬解"。

这种关切在"德"的论题上有集中体现。"悬"的实质在于为物所累而"德"有异化，因此，所谓"悬解"，所谓"心灵转化"，说到底就是要化除"物累"而葆养"天德"，让生命固有之"德"从其困境中超拔而出、充沛焕发。化除"物累"，其实也就是去其"成心"，正如前面所说的，"物累"与"成心"实为一事之两面。在如何实现"悬解"的问题上，这已提供了一个总的方案，而在此之中庄子又有许多具体的策略。他从诸种现实因素入手，为世人提供更加直观、更具有可操作性的路径。现实生活中导致"德"之异化的因素是多方面的，因此"去德之累"（《庚桑楚》）以实现"悬解"也可以从多向度着手。

---

① "悬解"一词见于《养生主》和《大宗师》："安时而处顺，哀乐不能入也，古者谓是帝之县（悬）解"；"安时而处顺，哀乐不能入也。此古之所谓县（悬）解也，而不能自解者，物有结之。""悬"指倒悬，具体是说价值观的倒置；"悬解"指解倒悬，也即从价值观的倒悬中解脱出来，成为端正之人。"悬解"是理解庄子"德"观念乃至庄子整体思想的一个关键。

② 我们不妨将《庄子》书中的众多寓言故事看作敲打人心、启人开悟的系列短剧。

③ ［美］爱莲心：《向往心灵转化的庄子——内篇分析》，周炽成译，江苏人民出版社2010年版，第160—161页。

◇◇◇ 先秦道家"德"观念研究

(一) 弃名而抱德

如前所述,"德"之"贼"莫大于有心为"德"。世人有心为之,大多出于功名之念,把"德"当成了建功扬名之途径。在此意念之下,人们身上本来固有的德性则异化为名利之工具。在《人间世》中庄子借孔子之口叙说了此番道理:

> 且若亦知夫德之所荡,而知之所为出乎哉?德荡乎名,知出乎争。名也者,相轧也;知也者,争之器也。二者凶器,非所以尽行也。

孔子在庄学中的形象是"多面"的,有时是作为反面教材,有时是作为庄子的代言人,比如这里的孔子,便是以代言人的形象出现。在此,庄子想要表达的意思是,美德固存于吾人之身,顺乎自然、真实呈现便是;倘若为名为利而刻意表现,那么美德非但无以呈现,反而会因名而"荡"。"荡"是一种很巧妙的说法,它既表示向外荡漾,同时又含有流失的意思。《外物》篇有"德溢乎名"之说,"溢"的用法和"荡"一样,亦表示德性的外溢和流失。[①]

向外彰示其德不仅会造成自身美德的荡失,还会扰乱天下、危及他人:

> 彼曾、史、杨、墨、师旷、工倕、离朱,皆外立其德而以爚乱天下者也,法之所无用也。(《胠箧》)

爚,即照耀。曾、史之辈皆外露其德,让天下人眼花缭乱。庄子借楚狂接舆嘲讽孔子"临人以德"时,只是说孔子本人"何如德之

[①] 有所不同的是,《人间世》的"德荡乎名"后面是"知出乎争",而《外物》篇的"德溢乎名"后面是"名溢乎暴,谋稽乎誌,知出乎争",在表述上比前者更为完整。暴,同曝,意即外露;誌,指危急。"名溢乎暴,谋稽乎誌,知出乎争"大致是说名声出自于自我的宣扬,计谋出自于危急,智虑出自于争强好胜。这里的"知"是指俗智,《人间世》"德荡乎知"的"知"也是此意。

第三章 个人德性的彰显：庄学的"德"观念

衰"，尚未涉及对社会的危害。这里则指出外露其德之举的社会危害性，曾、史等人便是"爚乱天下"的典型。

"外立其德"何以会"爚乱天下"呢？《缮性》篇有以下说法，有助于理解此问题：

> 体乎情而制文，礼也；顺乎容而饰节，乐也；礼乐遍行，则天下乱矣。彼正而蒙己德，德则不冒，冒则物必失其性也。

"外立其德"将伴随礼乐教化之类，这是让天下变乱的直接原因。正确的做法是敛藏自身的"德"，让众人自行端正。"德"不应外立彰示（"冒"指显露），否则将会扰乱天下，使他人丧失其本性。[①] 与上类似，这里关心的也在于他人境域，并且点出了何以为"乱"的原因。

一旦出于功名之念，其所行者已非"德"之本然。然则，俗世之人大多不明此理，以至于纷纷外立其德，这样不仅让自己的德性荡失，还会损害他人的本性。职是之故，"德"的践行之中必当去除功名之欲念：

> 孰能去功与名而还与众人？道流而不明居，得行而不名处；纯纯常常，乃比于狂；削迹捐势，不为功名。是故无责于人，人亦无责焉。至人不闻，子何喜哉？（《山木》）

"得行"之"得"通"德"。"道流而不明居"与"德行而不名处"互文见义，这是说道德流行而韬光养晦、不求名声。《秋水》篇有言"道人不闻，至德不得，大人无己，约分之至也"，其意亦是在此：有道之人不求闻名于世，至德之人不会自以为有得，博大之人忘

[①] "物必失其性"的"物"对应前文"彼正而蒙己德"的"彼"，是指行动者所面向的他者。结合再前面的礼乐之论来看，此他者是指他人。关于庄子所言"物"之义，见前文关于"强于物"的讨论。

却了自我，如此便是内敛其德而恰如其分的境界。

这种去名利、葆真德的思想还可见于以下言论：

> 无耻者富，多信者显。夫名利之大者，几在无耻而信。故观之名，计之利，而信真是也。若弃名利，反之于心，则夫士之为行，抱其天乎！（《盗跖》）

弃除名利之贪念，而返之于本心，则士之行事即是"抱其天"。关于这里的"天"，前面已有解析，它是"德"的近义词，表示人的天性。"抱其天"是说抱守自身的天性，也即抱守其"德"。

人因功名而"外立其德"，故行"德"不以功名，也就意味着内敛、不张扬。"德"之为"德"，在于自然展放，而非故意外扬。《人间世》有"支离其德"之言，其意趣正在此：

> 夫支离其形者，犹足以养其身，终其天年，又况支离其德者乎！

"支离其形"是说身体有残缺，这种人看上去无所可用，但他"足以养其身，终其天年"。"支离其形"者尚能如此，更何况"支离其德"呢？后一"支离"并非指德性的破碎不全，而是指德性的内敛、不张扬，其义正同于"蒙己德"之"蒙"。此外，《德充符》有"才全而德不形"之说，表达了同样的道理：

> 形全犹足以为尔，而况全德之人乎！今哀骀它未言而信，无功而亲，使人授己国，唯恐其不受也，是必才全而德不形者也。

"形"是指形见、表现，义同于《缮性》"德则不冒"的"冒"。"德不形"是说不向外显露其"德"。正因如此，其"才"（也即"德"）便能葆全，成为"全德之人"。

《缮性》篇又有"其德隐矣"之论：

第三章　个人德性的彰显：庄学的"德"观念

> 由是观之，世丧道矣，道丧世矣。世与道交相丧也，道之人何由兴乎世，世亦何由兴乎道哉？道无以兴乎世，世无以兴乎道，虽圣人不在山林之中，其德隐矣。

王中江先生曾指出，庄子所说的"隐"并不是指远离人间社会、置身于山林岩穴之中，恰恰相反，它是指置身在人间，回归到自我的心灵，以德而隐（"德隐"）或以心而隐（"心隐"）。[①] 王先生所称"德隐""心隐"，是对庄子之"隐"的精辟概括。所谓"隐"，不是说绝迹人伦、深藏山林之中，而是说置身人间而能"支离其德"，做到"才全德不形"。正如同"斋"（斋戒）不是指"身斋"而是指"心斋"，"隐"同样不是指"身隐"而是指"心隐"或"德隐"。

综上可知，庄子揭示了导致"德"之异化的一个具体因素，由此也就指示了一条克服异化、回归本真的路径——"去功与名"而"支离其德"。这种观念既是对老子"上德"之论的继承，也是对其"玄德"之思的延续。[②] 老子之意点到即止，而庄子在其书中乃频频为论，以告诫世人莫因功名而荡失其"德"。老庄都反对以"德"为念，反对把"德"当作追名逐利之工具。康德认为，道德理性的一个基本原则即在于它对于一切欲求客体的独立性，若将欲求之客体作为善良意志的先决条件，则后者不可能充任普遍道德律令的基础。[③] 老庄所推崇的"德"与康德所说的道德理性就其内涵而言差殊甚大，但就其独立性或者去除功利性目的这一点来说，两

[①] 王中江：《视域变化中的中国人文与思想世界》，第229页。
[②] 老子倡言"上德不德"（上德者不以德为念），反对把"德"当作追名逐利之工具。其所言"上德"又被称为"玄德"。"玄"者为"上"，这提示着"德"以幽隐不明为"上"。《庄子·天地》篇的"其合缗缗，若愚若昏，是谓玄德，同乎大顺"直接延续了《老子》第六十五章"玄德深矣，远矣，与物反矣，然后乃至大顺"的相关思想；而此上所考察的"才全德不形""支离其德""其德隐矣"等诸种言论其实也延续着"玄德"的幽隐不明之义。
[③] ［德］康德：《实践理性批判》，韩水法译，商务印书馆1999年版，第35—36页。

者有类似的倾向。①

接下来讨论仁义问题。"仁"和"义"是"德"的重要内容("德"是总称,"仁""义"是条目),关注庄子对仁义问题的态度,可以更全面地把握他的德性思想。《庄子》中经常出现反对仁义的言论,对此研究者一般认为庄子并不反对仁义本身,他只是反对倡导仁义。这可以一定程度上反映庄子的看法,但有待继续指出的是,庄子不仅批评倡导仁义,他还批评出于某种目的而践行仁义的现象。说到底,他是基于对"德"之异化的担心而反对一切以"仁义"为工具的行为。

在《应帝王》中庄子有"藏仁以要人"之说:

> 啮缺问于王倪,四问而四不知。啮缺因跃而大喜,行以告蒲衣子。蒲衣子曰:"而乃今知之乎?有虞氏不及泰氏。有虞氏,其犹藏仁以要人,亦得人矣,而未始出于非人。泰氏,其卧徐徐,其觉于于;一以己为马,一以己为牛;其知情信,其德甚真,而未始入于非人。"

关于"其德甚真",前文已有论析。所谓"藏仁以要人",是指怀仁义以要结人心,此情形正是"其德甚真"的反面。这里的"藏"非指敛藏、不外扬,它带有以"仁"为工具的意思。这样的行为固然可以获得人心,但他本身的"德"却已发生异化。所谓"非人"正是就此异化而言。

要结人心是功名之念的一个表现。此等欲念会驱使人们刻意行"仁义",此时的"仁义"实已发生异化。在《骈拇》篇,庄子有言如下:

> 骈拇、枝指,出乎性哉,而侈于德;附赘、县疣,出乎形

---

① 儒家所言"德"亦如此。所谓孔子"临人以德",是庄子所设之寓言,不代表儒家的真实态度。

第三章 个人德性的彰显：庄学的"德"观念

哉，而侈于性；多方乎仁义而用之者，列于五藏哉，而非道德之正也。……枝于仁者，擢德塞性以收名声，使天下簧鼓以奉不及之法非乎？而曾、史是已。(《骈拇》)

"收名声"之说比"要人"更加具体。为了获得名声，曾（曾参）、史（史鰌）之辈不惜堵塞自己的本性而拔高自己的德行。他们多方造作而利用"仁义"，虽然也是身体力行的，[①] 但终究不是"道德之正"。这就好像人身上枝生出来的附赘、县（悬）疣一般，虽是"出乎形哉"，但已非人之本性，因此"多方乎仁义"也即"枝于仁"。此需注意的是，那些身体力行者也是被批评的对象，甚至被类比于"出乎形"的附赘、悬疣。之所以如此，关键在于"多方"和"用之"，也即这时候的"仁义"已然异化为"收名声"的一个工具。

"仁义"是"德"之内容。如同《骈拇》篇另一处所言："意仁义其非人情乎！彼仁人何其多忧也？""仁义"是人性所本有（此"情"相当于"性"），然则那些所谓仁人志士却总是多忧多虑，以至于多方造作，甚至是"用之""以收名声"。如此或可暂时成就功名，但自身的真实德性却在此中悄然变质，所谓"非人"，所谓"塞性"，正是就此而言。

在以上言论中庄子关注的是工具化之"仁义"对自身的危害，此外他还曾讲到此等"仁义"对他人的伤害：

仁义之端，是非之涂，樊然淆乱，吾恶能知其辩。(《齐物论》)

夫尧既已黥汝以仁义，而劓汝以是非矣，汝将何以游夫遥荡恣睢转徙之涂乎？(《大宗师》)

[①] "列于五藏（脏）"对应前文的"出乎形哉"，是说这些人虽身体力行，但不是出于"性"，更不是出于"德"。

这里还提到是非之辨，此属俗智之表现，也是破坏"德"的一种负面因素（后文将有专论）。前一段讲到"仁义""是非"使天下淆乱，后一段则用两种肉刑之名——"黥""劓"——表明二者的危害性。

"仁义"为何有如此之大的危害？以下两段话可提供具体的解释：

> 且夫待钩绳规矩而正者，是削其性者也；待绳约胶漆而固者，是侵其德者也；屈折礼乐，呴俞仁义，以慰天下之心者，此失其常然也。……自虞氏招仁义以挠天下也，天下莫不奔命于仁义。是非以仁义易其性与？（《骈拇》）

> 昔者黄帝始以仁义撄人之心，尧舜于是乎股无胈，胫无毛，以养天下之形，愁其五藏以为仁义，矜其血气以规法度。……是乎喜怒相疑，愚知相欺，善否相非，诞信相讥，而天下衰矣。大德不同，而性命烂漫矣；天下好知，而百姓求竭矣。（《在宥》）

此处的"性""性命"与"德"是近义词。第一段中，庄子借"钩绳规矩""绳约胶漆"对木头之性的损伤来比喻仁义、礼乐对人性的危害。第二段中，庄子通过"撄人之心""大德不同""性命烂漫"等言论来说明其危害性。

异化的"仁义"不仅让自身成为"非人"，还会侵削别人，淆乱天下。是以庄子明确主张攘弃"仁义"，回归真实自然的"道德"。在《大宗师》他借颜回之口提出"忘仁义"，而在以下言论中，此等态度更为果决：

> 夫适人之适而不自适其适，虽盗跖与伯夷，是同为淫僻也。余愧乎道德，是以上不敢为仁义之操，而下不敢为淫僻之行也。（《骈拇》）

> 削曾、史之行，钳杨、墨之口，攘弃仁义，而天下之德始玄同矣。（《胠箧》）

> 夫子亦放德而行，循道而趋，已至矣。又何偈偈乎揭仁义，

第三章 个人德性的彰显：庄学的"德"观念

若击鼓而求亡子焉？意！夫子乱人之性也！……通乎道，合乎德，退仁义，宾礼乐，至人之心有所定矣。（《天道》）

在此庄子对"仁义"之态度相当明朗。攘弃"仁义"，根本上是为了摆脱"适人之适"（迎合别人的要求），做到"自适其适"（安适于自家的真本性）。

归结来看，庄子在"仁义"上的看法和他对"德"的期待是相一致的，前者其实是后者在两个德目上的具体表现。当人们出于功名之念而"外立其德"时，"其德"已悄然变质。"多方乎仁义而用之者"是"外立其德"的主要类型，所谓"其德"，正是通过"仁义"之行表现出来。"仁义"的工具化不仅见于统治者，也见于普罗大众，只是他们所要因之逐求的目标并非完全一致。在庄子看来，前者是具有先导性的，故其批评常常是对此展开。

类似于老子，庄子并没有否认人性当中"仁义"的存在，也没有否定"仁义"的价值，他所反对的是"仁义"的异化，正如同他也反对异化的"欺德"。明乎此，便容易理解《庄子》中那些对"仁义"进行肯定的言论：

夫大道不称，大辩不言，大仁不仁，大廉不嗛，大勇不忮。（《齐物论》）

商大宰荡问仁于庄子。庄子曰："虎狼，仁也。"曰："何谓也？"庄子曰："父子相亲，何为不仁？"曰："请问至仁。"庄子曰："至仁无亲。"（《天运》）

端正而不知以为义，相爱而不知以为仁，实而不知以为忠，当而不知以为信，蠢动而相使，不以为赐。是故行而无迹，事而无传。（《天地》）

这些话语看起来和前面所引者存在矛盾。实则非也。所谓"大仁""至仁"，正是就"仁义"之本然而言。将两类言论综合起来，庄子在此问题上的思想便可完整呈现出来。细言之，第一段的"虎狼，仁也"是对"仁义"异化之危害性的一个概括。第一段"大仁不仁"和第二段"至仁无亲"延续了老子的"上德不德"思想。第三段的"不知"很关键，其义类似于老子所说的"上德无为而无以为"（《老子》第三十八章）。一旦有"知"，也即有了"前识"，所行即非"仁义"之本然。

最后，让我们以"相濡以沫"的典故来总结庄子在仁义问题上的看法。此典故在《庄子》中出现了两次，分别见于《大宗师》和《天运》。后一处更为详细，我们以此为论：

> 孔子见老聃而语仁义。老聃曰："夫播糠眯目，则天地四方易位矣；蚊虻噆肤，则通昔不寐矣。夫仁义，憯然乃愤吾心，乱莫大焉。吾子使天下无失其朴，吾子亦放风而动，总德而立矣，又奚杰然若负建鼓而求亡子者邪？夫鹄不日浴而白，乌不日黔而黑。黑白之朴，不足以为辩；名誉之观，不足以为广。泉涸，鱼相与处于陆，相呴以湿，相濡以沫，不若相忘于江湖！"

庄子在此借老子之口阐述己见，其实他的看法也正延续了老子思想。庄子认为，标举"仁义"去教导世人，无异于敲锣打鼓去找寻丢失的孩子，结果只能是适得其反；正确的做法应该是"放风而动，总德而立"，让大家顺乎其"德"自然而行（"总"谓依据；"放"指自然放任），这才能够"无失其朴"。在最后，他以"相呴以湿，相濡以沫，不若相忘于江湖"对这番道理进行总结。

庄子看出了"仁义"异化的危害，其理想也十分美好。能够"相忘于江湖"，不用"相呴以湿，相濡以沫"，自然是最好的。但问题是，世人是不是都具备"总德而立"的能力，也即是否都具备自行回归"江湖"的能力呢？这是一个前提性的问题，在此问题上庄子似乎比较乐观。由此来看，这里所体现的就不仅是儒道两家在仁义问题上的态度差异，也是两家对世人道德能力的信任度的差异。

第三章　个人德性的彰显：庄学的"德"观念

（二）忘形而葆德

在庄子思想中，造成"德"之"悬"的"外物"未必是指己身以外的事物。人一旦囿于形躯，也会导致对德性的疏忽。此时，自家的形躯也成了牵累"德"的一种"外物"。在《德充符》中，庄子设计了一系列的残疾人的故事，以此告示养"德"在忘"形"的道理。

先来看"形"何以会成为"德"之"物累"。在《德充符》中庄子以"诚忘"之说提示了此理：

> 闉跂支离无脤说卫灵公，灵公说之；而视全人，其脰肩肩。瓮㼜大瘿说齐桓公，桓公说之；而视全人，其脰肩肩。故德有所长而形有所忘，人不忘其所忘而忘其所不忘，此谓诚忘。

卫灵公、齐桓公很喜欢闉跂支离无脤和瓮㼜大瘿这两位残疾人，[①]在两位国君眼里那些形体正常的人反而显得有点不正常（其脰肩肩，意谓脖子又细又长）。两位国君只关注德性而不在意形貌。然而，世俗之人却往往相反，他们总惦记着不该惦记的形貌，却遗忘了不该遗忘的德性，这便是所谓"诚忘"（真的遗忘）。

同在《德充符》中，庄子还通过子产和申徒嘉的对话来说明此理：

> 子产曰："子既若是矣，犹与尧争善，计子之德不足以自反邪？"
> 申徒嘉曰："……吾与夫子游十九年矣，而未尝知吾兀者也。今子与我游于形骸之内，而子索我于形骸之外，不亦过乎？"

申徒嘉是一兀者（断足之人），与子产一同师从伯昏无人。申徒

[①] 闉，驼背。跂，跛脚。支离：形体残缺。无脤，没有嘴唇。瓮，坛子。大瘿，脖子上大瘤，形如坛子。

嘉与其师皆不看重人的形体，只关注人的德性。但子产却反其道而行之，着意于外表（"形骸之外"），而忽视了内在的德性（"形骸之内"），故为申徒嘉所批评。

在这两则故事中，"德"与"形"成为了一组相互对立的概念。形躯本身不会牵累德性，相反它是德性的载体。庄子当然不会不明此理。庄子所要否定的不是形躯本身，而是人们对形体的过于在意或者说执念。这种执念会导致人们对德性的"诚忘"，"形"之所以成为"德"的一种"物累"，正是在此意义上来说的。

惦记着不该惦记的形貌，遂遗忘了不该遗忘的德性，这是价值观倒置的表现。倘要"悬解"，需得破除对形躯的执念，不再为外在之形骸所牵系：

  颜回曰："堕肢体，黜聪明，离形去知，同于大通，此谓坐忘。"（《大宗师》）

  鸿蒙曰："意！心养！汝徒处无为，而物自化。堕尔形体，吐尔聪明，伦与物忘，大同乎涬溟。……"（《在宥》）

这里还讲到"聪明"的问题，我们将在后面专论。就形躯问题来看，所谓"堕肢体""堕尔形体"，正是说超脱对形体的执念，《天地》篇有言"堕汝形骸"，其义亦是在此。所谓"大通""涬溟"，则是指万物齐通的浑融之境，这是"德"之为内蕴统一性得以充分开发的一种表现。

在《德充符》中庄子还借孔子之口表明了此理：

  仲尼曰："自其异者视之，肝胆楚越也；自其同者视之，万物皆一也。夫若然者，且不知耳目之所宜，而游心乎德之和；物视其所一而不见其所丧，视丧其足犹遗土也。"

王骀是鲁国的一位残疾人，但"从之游者与仲尼相若"。常季不明所以，遂向孔子请教。上引文句是孔子对常季说的一段话。其

第三章 个人德性的彰显：庄学的"德"观念

意是说，倘要达成"德之和"，则需做到"不知耳目之所宜"，即超越耳目等器官对外界有所分辨的功能，如此方可做到"物视其所一而不见其所丧，视丧其足犹遗土也"。"足""土"之别，因"耳目之所宜"而有；倘能超越耳目之分辨，则"丧其足犹遗土"矣。在这里，"堕肢体"的主张被表达为"不知耳目之所宜"。"不知耳目之所宜"，也即忘却了"足""土"之区分，这是超越形体执念的一个具体表现。

在《德充符》中庄子设计了一系列的残疾人的故事，貌似要告诉读者，形残有助于养德，而形全却不利于养德。然细究之下可知此并非庄子之意。在庄子看来，不管是残疾人还是形全者，都应该超越形躯的拘囿，充分实现内在的德性。换言之，"德"得以开发培养，和形体残不残缺没有关系，关键在于能否从对形躯的执念之中超越出来。那为何庄子又设计出这么多的残疾人的形象呢？其寓意究竟何在呢？在关于叔山无趾的故事中，庄子对此已有暗示：

> 鲁有兀者叔山无趾，踵见仲尼。仲尼曰："子不谨，前既犯患若是矣。虽今来，何及矣！"
>
> 无趾曰："吾唯不知务而轻用吾身，吾是以亡足。今吾来也，犹有尊足者存，吾是以务全之也。夫天无不覆，地无不载，吾以夫子为天地，安知夫子之犹若是也！"
>
> 孔子曰："丘则陋矣。夫子胡不入乎？请讲以所闻！"
>
> 无趾出。孔子曰："弟子勉之！夫无趾，兀者也，犹务学以复补前行之恶，而况全德之人乎！"

孔子对叔山无趾起初有不满之意，后来听了对方的一段话，深感惭愧，并在他走后对弟子讲了一番道理。所谓"尊足者"，即比足更尊贵的东西，也即比形体更尊贵的德性。"全德之人"的"德"是一处特别用法。它所指的不是德性之"德"，恰恰是与"德"相对的"形"。形体之所以被称为"德"，乃基于"道与之貌，天与之形"

(《德充符》)来说。[①]

孔子最后所说的一段话,蕴含着庄子设计残疾人故事的用意——形残者尚且知道追求德性,更何况形体健全的人呢?在庄子所设计的剧本中这句话是孔子对其弟子说的,实际上这是庄子对世间众人说的。残疾人在形躯上出了问题,按说会更在意自己的形体,更容易为形所困,因此他们要从对形躯的执念中超越出来的阻力比形全者更大。但他们还是超越了出来。这暗示着,形全者更应该从中超越出来,否则其可谴责度将更大。"而况"一词所蕴含的鞭策之力不可不细察。

世人往往着意于身躯而遗忘了德性,庄子一再陈述忘形葆德之箴言,其用意正是希望人们能够从形骸的拘囿中超脱出来。为起到警醒之用,庄子突显了"德"与"形"的对立,使二者看起来更具张力性。在更广的意义上,"形"与"德"的相对也是有形之"物"与无形之"道"的相对,庄子主张忘形而葆德,实际上也是说超越"物"的层面而归向"道"的境地。《秋水》篇有言"以道观之,物无贵贱;以物观之,自贵而相贱"。"道"与"物"所指的正是两种不同的人生态度。在《德充符》中庄子讲到的"不知耳目之所宜"的"万物皆一"的状态,正是归向"道"的一个体现。

在"德""形"之辨中,"德"的实现有赖于对"形"的超越。超越不是否定,而是一种更高层次的包容。《天地》篇中为圃者和子贡的故事正可体现此理:

为圃者曰:"子非夫博学以拟圣,于于以盖众,独弦哀歌以

[①] 关于这里的"全德",释德清解为"全体"(《庄子内篇注·德充符第五》)。张默生解释为:"德者,得也。按此全德之人,犹言全形之人。"(《庄子新释》,第117页)另需指出的是,"全德之人"的说法在《庄子》中共出现3次,除了这里一处,还见于《德充符》的"形全犹足以为尔,而况全德之人乎"、《天地》篇的"天下之非誉,无益损焉,是谓全德之人哉"。从语境来判断,后两处"全德之人"说的是"德"而不是"形"。所以说,这一处"全德之人"是比较独特的用法,用"德"表示与"德"相对的"形"。

第三章 个人德性的彰显：庄学的"德"观念

卖名声于天下者乎？汝方将忘汝神气，堕汝形骸，而庶几乎！而身之不能治，何暇治天下乎？子往矣，无乏吾事！"

子贡卑陬失色，顼顼然不自得，行三十里而后愈。

其弟子曰："向之人何为者邪？夫子何故见之变容失色，终日不自反邪？"

曰："始吾以为天下一人耳，不知复有夫人也！吾闻之夫子，事求可，功求成，用力少，见功多者，圣人之道。今徒不然。执道者德全，德全者形全，形全者神全。神全者，圣人之道也。……"

为圃者对子贡说了一番关于"忘汝神气，堕汝形骸"的道理。子贡在其启发下，对其弟子讲到"执道者德全，德全者形全，形全者神全"。唯有忘掉"神气"[①]和"形骸"，才能把握更高层次的"道"、实现内在于己的"德"，进而也就在"执道""德全"之中实现"形全"和"神全"。"忘"是庄子哲学的一大要害，其义正在于超越。忘形、忘智不是要否定形、智，而是要在新的层次上成就形、智。

如此便容易理解为何在有些地方庄子会对人的身体形躯给予直接的肯定：

全汝形，抱汝生，无使汝思虑营营。若此三年，则可以及此言矣。（《庚桑楚》）

能尊生者，虽贵富，不以养伤身；虽贫贱，不以利累形。（《让王》）

表面上看，这些话语和《德充符》中对形体的态度是相互矛盾的。也许我们会认为这是由不同的作者所写，故而态度不一。且不论作者问题，就其思想义理而言，这些言论和《德充符》所

[①] "神气"之义类似于前引《大宗师》"堕肢体，黜聪明"的"聪明"，属智识一类。

见者其实并无矛盾。如前所说,"执道""德全"将在新的境地里成就"形",只是这里没有将"德全者形全"这层意思直接讲出来。①

至此,我们围绕"形"的问题考察了庄子的成"德"思想。结合前一项(弃名而抱德)可知,身外的功名和自身的形躯,都有可能成为造成"德"之异化的因素,明乎此就相当于找到了成"德"的两条路径。功名和形躯都是从"物累"一面来讲,若换作"成心"角度来看,贪图功名属欲望之表现,而执念于形躯既有欲望的成分(为物欲所驱),也有情感的存在(过度自爱)。

就二者之共性而言,所谓"去功与名",所谓"堕尔形体",都在指示化除人的不良之欲。在述及此二者时庄子没有明确点出其中的欲望之因,不过,他在其他地方曾直接论及欲望对于成"德"的负面性。正所谓"其耆(嗜)欲深者,其天机浅"(《大宗师》),在庄子看来,那些"滑欲于俗"的人实即"蔽蒙之民"(《缮性》),其本真德性已为俗欲所蒙蔽。《天地》篇还通过寿、富、多男子这些日常之欲来说明欲望的负面性:"多男子则多惧,富则多事,寿则多辱。是三者,非所以养德也。"因此,要实现"其德不离",就要做到"同乎无欲"(《马蹄》),"刻形去皮,洒心去欲"(《山木》)。

庄子并非要否定人的所有的欲望。功名之欲念、形躯之嗜欲自然是要否定的,但与此同时他也默认了另一种"欲"的正当性。在论及老子思想中的欲望问题时我们曾指出,其所言"欲"宜分作"物"和"道"两个层次来看,老子否定的是"物欲",而对于超越"物"之层面的体"道"之大欲,老子非但没有否定,反而加以推崇。庄子的态度与之类似,他虽没有像老子那样明言肯定,但也默认了此等

---

① 如同马思劢(Thomas Michael)曾论及的,在庄子看来人在"德"的境地中将会获得一种"转化的身体"(a transformed body)。See Thomas Michael, *The Pristine Dao: Metaphysics in Early Daoist Discourse*. Albany: State University of New York Press, 2005, p.118. "德全者形全"的"形"正是这样的一种身体。

第三章 个人德性的彰显：庄学的"德"观念

"道欲"或"德欲"的存在。①

（三）无情而养德

以上论述了成德的两条路径，并得知此两路都和人的欲望有关。在此之外，庄子的思考还深入到"情"的领域，从中探寻那些可能贼害"德"的因素，向人们提示关于成德的另一种路径。

在庄子哲学里"情"已经被明确作为哲学议题提出来。②《德充符》的"无情"之论是"情"进入哲学视域的一个典型标志。庄子还作了"六情"的区分，并且在对"人情"的否定中指示了更高的"天情"。凡此种种，都说明"情"的问题在庄子思想中已得到了比较深入的开展。然需注意的是，他对于"情"的诸般思考都离不开如何成德这一基本问题。怎样避免异化以养成天德是庄子思想的基源问题，关于"情"的种种思考和论述在很大程度上都是源于此。

"情"在"德"的论域中首先是作为异化之因出现。庄子将"情"分作六种，并明确指出诸"情"乃是对"德"的一种牵累：

---

① 如上所述，"成心"和"物累"是一事之两面，它们是对"德之累"的不同角度的言说。功名、形躯是从"物累"一面言，而欲望则是从"成心"角度就二者之共性来说。在接下来要讨论的"情""智"两项中，我们将从"成心"一面来说。之所以如此，是因为庄子在言及异化问题时主要是就着功名、形躯、情感和智识来讲，这样的处理更能直接展现他关于异化问题的具体考虑。当然，我们应该在此基础上察觉到庄子所言诸种因素的内在关系。另外，"情""智"作为"成心"之内容，必有对应之"物累"，故而此处乃统括以"化除物累而葆养天德"的标题。

② 在诸子以前"情"尚未成为哲学之议题。当然，这不意味着当时人们对情感现象没有留意，如《左传》昭公二十五年有载："民有好、恶、喜、怒、哀、乐，生于六气。是故审则宜类，以制六志。"此处以"志"指称情感。《老子》未见"情"字。《论语》出现两次（见于《子路》的"上好信，则民莫敢不用情"，《子张》的"如得其情，则哀矜而勿喜"），墨子十论（《墨子》中属墨子作品的部分）屡次言"情"（如《尚同下》有"上之为政，得下之情则治，不得下之情则乱"，《兼爱下》有"吾恶能为吾万民之身，若为吾身？此泰非天下之情也"，《非攻中》有"古者王公大人，情欲得而恶失，欲安而恶危"［此"情"谓确实］），但基本上都是指情实，非谓情感之"情"。另外，和庄子同时代的孟子也很重视情感问题，其所言"四端"中三者均属情感。但孟子是将其统属于"心"的概念，至于其所言"情"，均是情实之义："夫物之不齐，物之情也"（《滕文公上》）；"故声闻过情，君子耻之"（《离娄下》）；"乃若其情，则可以为善矣，乃所谓善也"（《告子上》）；"人见其禽兽也，而以为未尝有才焉者，是岂人之情也哉"（《尽心上》）。

先秦道家"德"观念研究

彻志之勃，解心之谬，去德之累，达道之塞。
贵、富、显、严、名、利六者，勃志也。
容、动、色、理、气、意六者，谬心也。
恶、欲、喜、怒、哀、乐六者，累德也。
去、就、取、与、知、能六者，塞道也。
此四六者不荡胸中则正，正则静，静则明，明则虚，虚则无为而无不为也。（《庚桑楚》）

这里讲到了"勃志"（勃谓乱）、"谬心"、"累德"、"塞道"四种现象，并指出各自所含的六个因素，最后则将此等内容概括为"四六者"。我们在此关注"累德"之说。在庄子所言六个因素中，"欲"以外的五个显然属于情感现象；至于"欲"，其义不在一般所说的欲望，而是指与"恶"相对的"爱"或"好"，这也是"情"的一种表现。这种理解可以在《刻意》篇的类似言论得到印证：

故曰，悲乐者，德之邪；喜怒者，道之过；好恶者，德之失。故心不忧乐，德之至也；一而不变，静之至也；无所于忤，虚之至也；不与物交，惔之至也；无所于逆，粹之至也。

在此"情"也是作为"德"的负面因素出现，并且也被作了六种区分。这里的"悲"相当于前文的"哀"，其所言"好"则相当于前文的"欲"。[①]

从"累德""德之邪""德之失"诸言论来看，庄子对"情"足以累"德"的判断是相当明朗的。但问题是，喜怒哀乐作为人之常情，乃是人性的自然表现，按说也是"天德"的内容，何以又成为

[①] 荀子亦有六情之说："好、恶、喜、怒、哀、乐臧（藏）焉，夫是之谓天情"（《荀子·天论》）；"性之好、恶、喜、怒、哀、乐，谓之情"（《荀子·正名》）。其论与庄子相同，二者都延续了《左传》的六分方式。此外，《礼记·礼运》有七情之说："何谓人情？喜、怒、哀、惧、爱、恶、欲七者，弗学而能。"此处未见"乐"，但多出"惧"一项，且其所言"欲"应和庄子不同，它更接近欲望的范畴。

第三章　个人德性的彰显：庄学的"德"观念

"累德"之因呢？对此《德充符》中庄子与惠施关于"情"的讨论可提供理解的线索：

> 有人之形，无人之情。有人之形，而群于人；无人之情，故是非不得于身。眇乎小哉，所以属于人也；謷乎大哉，独成其天！
>
> 惠子谓庄子曰："人故无情乎？"庄子曰："然！"惠子曰："人而无情，何以谓之人？"庄子曰："道与之貌，天与之形，恶得不谓之人？"惠子曰："既谓之人，恶得无情？"庄子曰："是非吾所谓情也。吾所谓无情者，言人之不以好恶内伤其身，常因自然而不益生也。"

庄子主"无情"之论，惠施很是诧异，遂问于庄子。庄子告诉他：所谓"无情"，是说不以好恶之情内伤其身，常因生命之自然而不增益什么。惠施之所以有异议，关键在于他对"情"的理解和庄子不同。惠施将"情"理解为好恶之情，这也正是世人一般的理解。但在庄子看来，这只是"人之情"，不是他所理解的"情"；这种"情"是对"其天"（"天"谓天性，"德"的近义词）的一种牵累，只有超越它，才能够"独成其天"，实现自身的"德"。[①]

庄子在此表明了他所讲的"无情"是指"不以好恶""无人之情"，同时也暗示了还存在另一层次的"天情"，"独成其天"所指的正在于此。《养生主》有讲到秦失去参加老聃的丧礼，并言道人死以后悲伤哭泣其实是"遁天倍（背）情"的表现。《则阳》篇也言及"遁其天，离其性，灭其情，亡其神"。此处的"情"便是庄子所理解的"天情"。而在《逍遥游》中，肩吾表示接舆关于藐姑射山神人的描述乃"大有径庭，不近人情"，此"人情"便是庄子所言"无情"的"情"。可见，在庄子思想中"情"包含着"天情"和"人

[①] 这段话未见关于"德"的讨论，但它出现在《德充符》这一专门言"德"的篇章里，实已暗示超越"情"以实现"德"的意思。

情"两个层次，所谓"无情"，所谓"独成其天"，正是说超越"人情"而成就"天情"。正如同王博先生曾指出的，所谓"无情"，只是要放弃那些超出"自然"的情感，可以很方便地理解为无"人情"，但是有"天情"。① 在论及庄子"情"论时，陈鼓应先生曾用"道似无情却有情"进行概括，此言甚得其间之意趣。②

一言以蔽之，庄子关于"情"的理解是"至情无情"。他没有一味否定情感，事实上这也不可能。他要否定的只是那些为物牵系而违背"天"的俗情，此等主张正是在倡导一种"顺物自然而无容私"的真情。基于此再来看前引《庚桑楚》和《刻意》的两段话，可知庄子所言"累德"之六情正是就"人情"也即俗情这一层面来讲。人对外境一旦有了"私"、有了执念，便会产生超乎"自然"的喜、怒、哀、乐、好、恶诸种情愫，从而干扰"德"的真实呈现。"情"之所以成为"德"的负面因素，正是在此意义上而言。

既然"人情"足以"累德"，那么超越"人情"即为成"德"之关键。由此而言，《德充符》的"无情"之论实是关于养"德"的一个基本指示。在前引《庚桑楚》《刻意》的两处文句中，庄子也明确提出"去德之累"和"心不忧乐，德之至也"。所谓"德之至"，正是说生命潜质之"德"得以充分开展的理想境地。在《人间世》中，庄子也用"德之至"来提示化除俗情的意义：

> 自事其心者，哀乐不易施乎前，知其不可奈何而安之若命，德之至也。

"哀乐不易施乎前"是说外境施乎前，哀乐不易也。③ 整句话大

---

① 王博：《庄子哲学》，第69—70页。
② 陈鼓应：《庄子论情：无情、任情与安情》，《哲学研究》2014年第4期。
③ 关于此句，前人解释有分歧，关键在于是否把"易施"看作一词。看作一词者，一般是认为"施"通假为"移"。如郭象注曰："无哀无乐，何易施之有哉!"成玄英疏云："涉哀乐之前境，不轻易施，知穷达之必然，岂人情之能制!"郭庆藩案语曰："施读为移，不易施，犹言不移易也。"（郭庆藩：《庄子集释》上，第156页）另一解则在"易"处断开，各以"不易""施乎前"为一词。如林希逸："此心才主于忠，则哀乐之境虽施于前而不能变易。"（《庄子鬳斋口义校注》，第68页）笔者从林说。

第三章 个人德性的彰显：庄学的"德"观念

致是说，从事修养其心的人不会让外物影响自己的心境，知道事情的发展是无可奈何的，遂安然处之，顺乎自然，① 此即"德"的至高境界。如同王楷先生曾指出的，有德者能体认事物的自然之理，对事物的变化流行采取一种随顺达观的态度，如此我们的心灵也就不至于为外在事物所牵引而生好恶之情，庄子讲的"哀乐不易施乎前"需置于此一理论背景下方能得其确解。② 庄子屡屡讲及"哀乐不易"的道理，所谓"安时而处顺，哀乐不能入也"（《德充符》）、"行小变而不失其大常也，喜怒哀乐不入于胸次"（《田子方》），其义皆亦在此。

成"德"在于"哀乐不易"，而"哀乐不易"又建立在"安之若命"的基础上。此即上段言论的一个内在理路。在《德充符》中，庄子同样以"安之若命"来说明"德"的表现："知不可奈何而安之若命，唯有德者能之。"如此一来，化"情"而成"德"便和"命"的问题密切相关。"德"本来就和"命"紧密缠绕，早初"德"的意义正在于它是受"天命"的基本条件。在庄子这里，"德"和"命"的关系大为不同，这不仅由于"德"义发生了改变，也在于"命"的所指已然不同。

研究者多数是从必然性理解庄子所言"命"。如刘笑敢先生认为"命"就是指人力无可奈何的必然趋势；③ 王玉彬先生也指出，"命"是指一种流行、生成的必然性，所谓"德"，则是说面对强势的"命之行"而采取无动于衷的态度。④ 不过，也有学者主张突破必然性的视角，从新的角度解释"命"。比如罗祥相先生认为，必然性不是庄子"命"论最基本的方面和特色，与其以"必然性"解说"命"，不如以"自然性"来解说。⑤ 笔者认为，庄子所言

---

① "若命"是指顺乎自然。"命"的自然义详见后文解释。"若"的本义即顺从。《尔雅·释名》："若，顺也。"《诗·大雅·烝民》有"天子是若"，《书·虞书·尧典》有"钦若昊天"，"若"皆此义。成玄英疏"安之若命"为"安心顺命，不乖天理"，即解"若"为"顺"。
② 王楷：《庄子德论发微》，《道德与文明》2013 年第 1 期。
③ 刘笑敢：《庄子哲学及其演变》，第 131 页。
④ 王玉彬：《庄子哲学之诠释与重建》，人民出版社 2015 年版，第 113—118 页。
⑤ 罗祥相：《庄子"命"与"逍遥"思想辩证》，《哲学研究》2016 年第 4 期。

"命"确实有必然义,① 但这不是它的特色,其特色正如罗先生所指出的那样。必然义是庄子对此前"命"义的留存,但他又补充了新的自然义,后者方是要害所在。所谓"安之若命",不是说如同对待命运那样安分顺从它,而是说安然处之、顺乎"自然"。如果将"安之若命"和以下言论结合起来,其义将更加明朗:

> 汝游心于淡,合气于漠,顺物自然而无容私焉,而天下治矣。(《应帝王》)
> 吾所谓无情者,言人之不以好恶内伤其身,常因自然而不益生也。(《德充符》)

"安之若命"之义正在于"顺物自然"或"常因自然"("若"即"因""顺")。"哀乐不易"则与"无容私""不益生"(不改变生命)有关,只是前者专就情感来讲,而后两者的所指更为宽泛。

作为不受人力影响而自发活动的一种状态,"物"的"自然"也带有着必然的意思,那么为何要在必然义之外强调"命"的自然义呢?如果只关注到"命"的必然义,那么就容易导向一种两分式的理解:存在可自主的"德"和不可自主的"命"这两个境域,而庄子乃主张我们对不可自主之域进行回避、隔绝。事实上,庄子是意识到了两个境域的存在,但他并非主张对此进行隔分,而是倡导在尊重和顺任之中让"德""命"两域融为一体。② 所谓"乘物以游心,托不得已以养中"(《人间世》),便是在此意义上而言。在讲到"命之

---

① 这在两处"不可奈何"的言语中有直接体现。在庄子的其他言论中此义同样可见,如"死生存亡,穷达贫富,贤与不肖毁誉,饥渴寒暑,是事之变,命之行也;日夜相代乎前,而知不能规乎其始者也"(《德充符》)。如果说"不可奈何"是强调人无法改变,那么"不能规乎其始"则重在说人无法预测。这些都体现了"命"的必然义。
② 这里说的"尊重"是一处要害。如果全以"必然性"对待之,是谈不上尊重的,这只是一种无可奈何的消极态度。而意识到"物"的"自然性",也即意识到他者的"自我"("自然"是指自我的实现状态,详见前文)、意识到他者本身的价值。所谓"顺任",其义是建立在"尊重"的基础上。也即,"顺任"并不是无可奈何的消极顺从,它是一种以"尊重"为基底的"与物为春"的态度。

第三章 个人德性的彰显：庄学的"德"观念

行"时，庄子既指出"知不能规乎其始者"（无法预测），同时也强调："使日夜无郤而与物为春，是接而生时于心者也。""与物为春"即是这种态度的集中体现。①

归总而言，所谓"安之若命"，说到底就是"顺物自然""常因自然"，这是"哀乐不易"的前提，而"哀乐不易"又为"德之至"提供了实现的路径。庄子希望吾人能够破除两个境域的界限，在一种尊重和顺任的态度当中"与物为春""乘物以游心"。这也正是所谓"齐物"或"万物与我为一"的要义所在。《逍遥游》有言："之人也，之德也，将旁礴万物以为一。"其义也正是在此。

在诸种"命之行"中，有一种"命"最能牵系人之情感，这便是人的生死。庄子应该是中国哲学史上第一个将人之生死明确作为哲学议题提出来的思想家。在其学说中情感是讨论生死问题的基本背景，诸种情愫之中恋生惧死可谓是情之大者，因此生死作为"命"之一种，也就成为了情感的对象，并且是最能牵系人之情感的一种外物。

前面曾引述《人间世》的"哀乐不易施乎前"一段，这段话后面紧接着出现的是："为人臣子者，固有所不得已。行事之情而忘其身，何暇至于悦生而恶死。"② 此语将前面所讲的情感问题进一步具

---

① 到了战国时期，儒道两家都很关注两个境域的问题。道家方面以庄子的"德""命"之辨为代表。儒家方面则以"天""人"之辨和"性""命"之辨来指示这一问题。前者如郭店楚简《穷达以时》的"察天人之分，而知所行矣""穷达以时，德行一也"，后者如《孟子·尽心下》的"性也，有命焉，君子不谓性也；……命也，有性焉，君子不谓命也"。相较而言，道家的态度倾向于"融合"，主张在尊重和顺任之中让"德""命"两域融为一体。儒家比较强调在"区分"的基础上尽力完善可自主之域，但他们也不是主张完全隔绝，比如孟子有"知命""立命"之说（《孟子·尽心上》），《中庸》亦言"君子居易以俟命"。另外，在论及庄子"命"义时罗祥相先生之所以强调其自然义，主要是为了避免将庄子思想中的"命"和"逍遥"比附于西方哲学的"必然"和"自由"。笔者认为这种"比附"并无不可，庄子思想中确实存在着类似的两个境域的问题，关键在于我们不能在这种"比附"中遮盖了庄子的真实想法。因此，我们强调庄子所言"命"的自然义，不是为了避免和西方的必然、自由之论发生关系，而是要以此呈现庄子在两域问题上的独特见解。

② 这里的背景是叶公子高将出使于齐国，临行前向孔子请教，所以孔子会讲到"为人臣子者，固有所不得已"之言。

体到"悦生而恶死",而所谓"哀乐不易施乎前",在此语境中也就意味着面对生死问题能够超越悦、恶之俗情("哀乐"是对情感的统称)。超越悦生而恶死的俗情,实即回归"顺物自然"的"天情"。这种"天情"不仅体现于对待自己的生死,也体现于对待他者的生死。在《养生主》中庄子设计了秦失参加老聃丧礼的故事,借此说明面对他人的死亡而悲痛哀伤其实是"遁天倍(背)情"的表现。在面对生死问题时,"天情"的表现是"以死生为一条"(《德充符》),而不是执着于生死之分,徒生或恋或惧的"人情"。若能如此,便能做到"死生不入于心"(《田子方》)、"死生惊惧不入乎其胸中"(《达生》),也就是在生死问题上做到了"无情"。

庄子还通过"气"的聚散来解释生死的本质,为"死生不入于心"进一步提供依据:

> 人之生,气之聚也,聚则为生,散则为死,若死生为徒,吾又何患?(《知北游》)

既如此,吾人又何苦执念于死生之别,"悦生而恶死"呢?在同一篇的其他地方,庄子还以"白驹过隙"来比喻此理:

> 人生天地之间,若白驹之过郤,忽然而已。注然,勃然,莫不出焉;油然,漻然,莫不入焉。已化而生,又化而死,生物哀之,人类悲之。解其天弢,堕其天袠,纷乎宛乎,魂魄将往,乃身从之,乃大归乎!不形之形,形之不形,是人之所同知也,非将至之所务也,此众人之所同论也。彼至则不论,论则不至。明见无值,辩不若默。道不可闻,闻不若塞。此之谓大得。(《知北游》)

能够看破生死,也就能够从"天弢""天袠"(弢、袠皆谓束缚)中解脱出来,从"命"的束缚中超越出来。所谓"大得(德)",正在于此。人们若知此般道理,也就可以"遗死生"(《庚桑楚》),

第三章 个人德性的彰显：庄学的"德"观念

"不知说生，不知恶死"（《大宗师》）。

庄子的"以死生为一条"的思想似乎在贬低生命的意义，实则非也。正如王中江先生所言，齐生死并不意味让人轻生，实际上在教导人们消除对死亡的恐惧感的同时，庄子也表现出了对个体生命的高度重视。[①] 庄子主张"遗死生"，绝非意味对生命的漠视，恰恰相反，正好反映了他对生命的尊重与爱护。庄子正是要劝勉世人摆脱对死生之事的俗情，转而追求生命之"德"的充分实现。

从庄子关于生死问题的言论来看，他多数是讲"死生"而不是"生死"，这是耐人寻味的现象。人之情，莫大于对生之眷恋、对死之恐惧。常言道，"贪生怕死"，话虽通俗，道理却一样。从情感的形式来看，眷恋与恐惧是两种不同的情愫，但在根本上它们是一事之两面。生是既定之事，所放不下的只是死亡而已。因此，惧死的一面也就显得更为突出。庄子频言"死生"而罕言"生死"，或与此相关。

（四）去智而涵德

如前所述，如果从"成心"角度看，功名作为"德之累"实是指人心的一种欲望，而形躯作为"德之累"既关乎欲望，也涉及情感。由此来看，前面所讨论的三项亦可归结为情和欲。庄子观察到世俗情欲对于天真之德的伤害，并由此提示了成德的不同路径。按一般的理解，既然情欲将会成为"德之累"，那么就应当以理智管束之，使自己不得放纵于情欲之中。柏拉图将人的灵魂区分为欲望、激情和理智三个层面，认为有节制的人应该是灵魂中的理智居主导地位，起到管束欲望与激情的作用。[②] 然而，在庄子看来"智"也是应当去除的，即便它较之情欲在某种角度会显得更高明些，但它仍然是一种"德之累"。[③]

在《缮性》篇中，庄子讲到了"智"和"德"的对立关系：

[①] 王中江：《道家形而上学》，第277页。
[②] ［古希腊］柏拉图：《理想国》，第165—170页。
[③] 当然，这不意味着庄子所主张去除的"智"和柏拉图所说的理智完全一样，也不是说庄子主张一概去除人心中的"智"。

> 古之行身者，不以辩饰知，不以知穷天下，不以知穷德，危然处其所而反其性已，又何为哉！道固不小行，德固不小识；小识伤德，小行伤道。

这里的"知"通假为"智"。① "智"本非不良，关键是"以辩饰智"之下"智"已流为俗智，此时的"智"将成为败坏德性（穷谓败坏）的一个诱因。后面讲到"道固不小行，德固不小识；小识伤德，小行伤道"，这是一种互文，并非说"小行"仅伤害"道"、"小识"仅伤害"德"。作为俗智在知识和行动上的两种表现，"小识""小行"同时伤害"道""德"。

人往往囿于"小识""小行"，不自觉间便成了本末颠倒的"倒置之民"。在《则阳》篇庄子借王果之口讲到这种倒置的危害：

> 夫夷节之为人也，无德而有知，不自许，以之神其交，固颠冥乎富贵之地；非相助以德，相助消也。

则阳游说于楚国，夷节将其举荐于楚王，但楚王并未接见，楚国贤人王果便向则阳说明夷节这个人是不堪用的。何以不堪用，王果认为夷节这个人"无德而有知（智）"，不能自我肯定，遂以其"智"神其交往（使其交往看起来很神妙），沉溺于荣华富贵之中；这种做法非仅无助于培养德性，反而毁损了原有的德性。"非相助以德，相助消也"的根源即在夷节的"智"。

庄子当然不可能否定人的所有的"智"，觉"道"成"德"本身也是"智"的表现。在《逍遥游》中，庄子通过大鹏和小鸟的寓言讲述了"小知（智）不及大知（智）"的道理，这说明在其所思中"智"是存在"小大之辩（辨）"的。"伤德""消德"的"智"正是

---

① 《庄子》中的"知"含义较复杂，或指知识，或指认知活动，或通假为"智"（此又有两义，或指智慧，或指明智的状态）。要判断某处"知"的意谓，需结合语境进行。

第三章 个人德性的彰显：庄学的"德"观念

就"小智"而言，它体现于知识便是"小识"，付诸行动则为"小行"，但凡这些都会成为"德之累"。前面讲到庄子认为惠施"弱于德，强于物"，从"心"的角度来看，惠施"强于物"便是此等"小智"的表现，所以在庄子看来，他的"历物之意"只能是"小识"而已。

倘要实现自身的"天德"，即需化除作为"小识""小行"之根源的"小智"。在前引《缮性》一段中庄子已提到"不以知（智）穷德"，而在《知北游》一段中，庄子借被衣之口更明确地提出了此等主张：

> 啮缺问道乎被衣，被衣曰："若正汝形，一汝视，天和将至；摄汝知，一汝度，神将来舍。德将为汝美，道将为汝居，汝瞳焉如新生之犊，而无求其故！"言未卒，啮缺睡寐。被衣大说，行歌而去之，曰："形若槁骸，心若死灰，真其实知，不以故自持。媒媒晦晦，无心而不可与谋。彼何人哉！"

此"知"通"智"，"摄"指收敛，"摄汝智"是说收敛你的俗智。这样的话，"道""德"将会成为你的完美居所（"德将为汝美，道将为汝居"是互文）。后面还讲到"形若槁骸，心若死灰，真其实知，不以故自持"，这是对"德将为汝美，道将为汝居"的进一步解释。此"知"指知识，"真其实知"是说使知识成为真知。人有真知便不会以"故"自持。"故"是庄子屡屡使用而未引起充分关注的一个语词。它的词义指故意，在庄子的使用中它已经概念化，指向心灵的一种刻意状态。这和"顺物自然无容私焉"（《德充符》）的"私"意义类似，但"私"更强调私心（心有私图），而"故"更突显机心（心有机巧）。庄子每每是将"故"与"知"或"智"一并为言，比如《刻意》篇还讲过"去知（智）与故，循天之理"。所谓"真其实知"，实亦"去智"（去除俗智）的表现。人无有"智""故"，于是就表现得"形若槁骸，心若死灰"，也即形貌如槁木般静定，心神如

· 307 ·

死灰般内敛。[1]

"摄汝智"将达成"道""德"之境，而此等境地又以"真其实知"为内容。不同于前面所讲的"小识"，这里展现了知识的另一种形态。此意义上的"知"和"德"并无对立，实为一体。《外物》篇的一段文字也体现了二者之间的统一性：

> 庄子曰："人有能游，且得不游乎？人而不能游，且得游乎？夫流遁之志，决绝之行，噫，其非至知厚德之任与！覆坠而不反，火驰而不顾，虽相与为君臣，时也，易世而无以相贱。故曰至人不留行焉。夫尊古而卑今，学者之流也。且以狶韦氏之流，观今之世，夫孰能不波？唯至人乃能游于世而不僻，顺人而不失己。彼教不学，承意不彼。目彻为明，耳彻为聪，鼻彻为颤，口彻为甘，心彻为知，知彻为德。凡道不欲壅，壅则哽，哽而不止，则跈，跈则众害生。……"

这里出现了几处"知"，其义各有不同。"至知厚德"的"知"是指知识，"至知"也即"实知"。"心彻为知"的"知"是"智"的通假字，但它不是指智慧，而是指明智的状态，这一点可从"明""聪"等词推断（"颤"通"膻"，指鼻子灵敏；"甘"是指善于识味）。"知彻为德"的"知"也是"智"的通假字，意指智慧，这一点可从"耳""目"等词推断（耳、目、鼻、口是感官，是感觉活动的"主体"；心、智是认知主体，智是心的具体化）。进而需注意这里的"彻"字。其义同于《大宗师》"朝彻"之"彻"，意即通彻。后面所言"壅"，正是"彻"的反面。"心彻""智彻"是说其心其智通彻无碍，此亦"唯道集虚"的"心斋"状态（《人间世》）。

在以上言论中，"智彻"是获得"至知"的前提，而"至知"则是"厚德"的内容所在。无论是作为认知主体的"智"，还是作为认知

---

[1] 《齐物论》有言："形固可使如槁木，而心固可使如死灰乎？"《知北游》此处所说"槁骸"之"骸"应是指木之骸。

第三章 个人德性的彰显：庄学的"德"观念

结果的"知"，都和"德"表现出明显的一致性。这里的"智"和"知"自然是指超越"小智"和"小识"的"大智"和"实知"。如此一来，庄子也就从知识的角度为我们展示了成"德"的一种路径。在现今思维中知识和道德是两个不同的领域，但在庄子那里此二者是统一的，并且知识是作为德性实现的一个路径出现。在论及"知"和"德"的问题时，吴怡先生曾有论道，在庄子思想中通往逍遥之境的路线有两条，分别是"知"与"德"，走"知"的路是破小知以求真知，走"德"的路便是舍小德以求至德。[①] 这是用了现今的知识和道德两分的观点去解释庄子思想。根据前面的讨论来看，"知"与"德"并非各为一途，它们其实是路径和目标的关系。也即，"逍遥"的本质即是"德"的实现，而所谓破小知以求真知乃是成"德"的路径之一；除此以外，庄子还从欲望和情感的角度提供了其他的路径。

（五）德之悬解合论

我们对庄子关于如何成德的思想作一小结。在此问题上庄子的主要论说不是从正面给出修养的工夫，而是从反面提示开展的路径。他深入探察造成"德"之异化的根源，以此提示人们如何克服异化而成就"天德"。"外鞿"（物累）和"内鞿"（成心）是他对异化之因的总说明，在此基础上他探察到功名、形躯、俗情以及小智等各种具体因素，并在对这些因素的巧妙论议中启发世人去发现、去超越。

如前所述，"成心"和"物累"是一事之两面，它们是对"德之累"的不同角度的言说。在诸种异化之因中，功名和形躯是从"物累"一面来说，若从"成心"来看，对功名的追求属欲望层面，而对形躯的执念既有欲望的成分（为物欲所驱），也有情感的存在（过度自爱）。至于俗情与小智，则是构造"成心"的内容，而与之相应的"物累"即是俗情或小智所胶着的对象。[②] 如果追问起"物累"和"成心"之间何者更为根本，那么答案应该是"成心"，物之成为牵累，必生于蓬蔽之心。因此对于诸种不良因素，我们可统摄于更为根本的"成心"

[①] 吴怡：《逍遥的庄子》，广西师范大学出版社2006年版，第37页。
[②] 如俗情之于"形"、之于"命"、之于生死，小智之于论辩、之于"历物"。

◆◆◆ 先秦道家"德"观念研究

之中。这意味着，造成"德"之异化的心灵之因乃包括了"欲""情""智"三种，所谓"成心"之"成"，其实质即在于此。①

庄子是一位成果丰硕的"心灵哲学"家，他的探察和反思已涉及心灵的主要层次，并且对每一层次的内容都给出了比较丰富的论述。而这些思考和论述都离不开如何化"累"成"德"这一基源问题。作出这一判断，并非因为本书的目的在于研究"德"观念。通过前面的考述，我们可以真切地感受到，在关乎"欲""情""智"的问题上庄子的关切点始终在于如何成"德"。成"德"的问题也即觉"道"、用"道"的问题。如前所述，让"道"以"德"的形态在人世间得到落实是道家的核心关切。在前面所考察的诸种言论中，"道"与"德"经常一起出现，它们的意义是相互趋近的，共同指向生命本质的释放和实现。

基于"去德之累"的宗旨，庄子对"欲""情""智"一一作了否定。然而，如同前面也曾看到的，他在否定的同时又肯定了另一层面的"欲""情""智"。另一层面上的此三者正是"德"的实质所在。换言之，"德"不是外在于"欲""情""智"的新内容，它恰恰存在于三者当中。至于两个层面的区分标志，则在于"道"或"自然"。前者谓其名，后者言其实。由此来看，"常因自然"或"顺物自然"的意义便不限于情感方面：它不只是区分"天情"和"人情"的标准，同时也是分判"道欲"和"物欲"、"大智"和"小智"的依据。

要达成"德之至"，需得消除"德之累"。从"物"的角度来说，即是要超越俗世间的种种"物累"；从"心"的角度看，即是要化除由不良之"欲""情""智"所构造的"成心"。后者也正是"吾丧我"的意义所在。"吾丧我"的"吾"是指宽泛意义上的自我，而"我"则指向异化的自我——由不良之"欲""情""智"所构造的

---

① 如前所述，不宜将"成心"简单理解为成见，这会限缩其义。"成心"是指为某种既成之物所蒙蔽的"心"。所谓"成"，即类似于《逍遥游》所言"蓬之心"的"蓬"。此"成"此"蓬"涵括"欲""情""智"三者。这不是说"成心"必得兼含三者方可构成，实际上单独一种即能构造之。

第三章 个人德性的彰显：庄学的"德"观念

自我、为"成心"所实的自我。"丧我"是指化除异化之自我，其结果也即回归本真之自我。关于此本真之自我，若要在庄子言论中找寻能够概括它的语词，那么此语词可以是"自"（"自然"之"自"），也可以是"独"（"见独"之"独"；"独成其天"之"独"）。①

因此，"吾丧我"的意义可以简便地用一个数学减式予以反映："吾－我＝自/独"。"吾"丧"我"所剩余者即是纯然的"自/独"——本真的自我，此一自我以"心斋"为其构造，以"德"为其实质。② 如此说来，所谓"吾丧我"，所谓"去德之累"，其实是等价的。庄子从不同的角度去言说同一个事情。它们的意义说到底即在

---

① 笔者认为，理解"吾丧我"的关键不在于"吾""我"之异，而在于隐含其间的"自""我"之别或"独""我"之别。"吾"义较宽泛，它指向整体上的自我，此包含自我的不同层面。关于此命题学界已有多论议，笔者的理解离不开诸论之启发。相关研究可参见陈静《"吾丧我"——〈庄子·齐物论〉解读》，《哲学研究》2001年第5期；罗安宪《庄子"吾丧我"义解》，《哲学研究》2013年第6期；陈少明《"吾丧我"：一种古典的自我观念》，《哲学研究》2014年第8期；杨立华《庄子哲学研究》，北京大学出版社2020年版，第33—57页；程乐松《物化与葆光——〈齐物论〉中所见的两种自我形态》，《中国哲学史》2020年第3期；孟琢《〈庄子〉"吾丧我"思想新诠——以汉语词源学为方法》，《中国哲学史》2020年第5期等。

② 劳思光先生认为，庄子之学的要旨在于显现"情意我"之境界，在展示情意我之境及破除形躯我、认知我之理论上，庄子皆远胜于老子，实为道家学说之完成者（《新编中国哲学史》一卷，第190页）。劳先生将自我分析为"形躯我""认知我""德性我""情意我"四个境界（同上书，第109页），并认为孔、孟推崇"德性我"，主张以此统率其余三者（同上书，第108—112页、第127页）；而老、庄则只肯定"情意我"，对于其余三者皆持否定态度（同上书，第185—187页、第190—215页）。劳先生以自我为线索论析早期儒道之学，提出了颇具启发性的洞见。孔、孟固然推崇德性我，而老、庄之情况或有待商榷。就形躯我、认知我而言，老、庄皆有否定之意，且庄子更为直接；但他们又肯定了另一层面的形躯我、认知我，尤其在庄子思想中此点更为显明（参见"忘形而葆德"和"去智而涵德"两处的论述）。至于德性我和情意我之间，劳先生认定老、庄肯定情意我而否定德性我的基本依据是，老、庄对仁义诸德性明显持否定态度，他们只肯定纯粹生命情趣上的自我。正如前文已作探析的，老、庄并没有否认仁义之德在人性当中的存在，也没有否定仁义之行在生活中的价值，他们反对的是以"为之"的方式去倡导或施行仁义（参见第三章中"德的异化及其成因"以及本章"弃名而抱德"的论述）。从老、庄对"德"的关切来看，他们所思的自我仍是一种德性我，只是这一德性我有别于孔、孟思想中的德性我。劳先生强调老、庄对情意我的推崇，这正好可反映老、庄所思德性我与孔、孟的一个区别。也即，老、庄所思的德性我同样是统率情意我的，但他们对生命情趣的重视要高于孔、孟。比如庄子在否定"人情"的同时又倡导"天情"，这正是对生命情趣或情意我的一种崇扬，但他所崇扬的生命情趣乃是作为"德"的一项内容存在。正如前面曾指出的，"德"不是独立于"欲""情""智"的新内容，它就存在于三者之中。由此而言，庄子在否定低级的形躯我（劳先生所言形躯我是就生理及心理欲求言）、情意我、认知我的同时，又肯定了高级的三层自我，而这三层自我也正是德性我的实质内容。

于消解成心，化除不良之欲、情、智，实现本真的自我。

不管是"吾丧我"，还是"去德之累"，都反映着庄子在成德问题上的基本思考。他不是从正面给出修养的工夫，而是从反面提示开展的路径。在此点上他延续了老子的思想风格，但在用以提示成德路径的"反面"上，庄子的思考显然更为丰富、更为深入细致。关于"德"的异化之因，老子的基本定位是人们受"前识"驱动而出现"为之"的举动，而构成"前识"的因素则主要在于"欲"和"智"（参见第三章中"德的异化及其成因"部分）。通过前面的论析，我们可以看到庄子对于老子思想的继承和发展。一则，庄子用"成心""机心"等概念取代了老子的"前识"概念，更强调以"心"指陈异化之源，这比老子思想来得更全面，也更加深入。二则，在"心"的构造上，庄子的思考已深及心灵的几个主要层面。老子那里被初步触及的欲望和智识问题在庄子这里得到了丰富的开展，并且庄子还关注到老子所不曾留意的情感问题。三则，在以"心"指称异化之因的同时，庄子又将诸种因素凝练到"我"的概念，使得自我问题在其思想中也得到了比较深入的开展。老子对自我问题已有留意，[①] 但这一问题在其思想中尚未突显。

从反面提示成德的路径，主张通过化除"德之累"来实现德性，庄子的这种思想和孟子所代表的儒家的扩充"德之端"的观念形成了鲜明的比照。庄子默认了"德"原本即有的"全"（它是"道"在人身上的全蕴），认为人们所需做的只是消除那些具有遮蔽性的物累，让本来完整的德性如实展放出来。而在孟子看来，人心当中的恻隐、羞恶、辞让、恭敬等活动只是四德之"端"，面对于此吾人所需做的是积极勤勉地"扩而充之"（《孟子·公孙丑上》），在行动当中让它得到扩展和充实。在庄子思想中，成德的关键不在于"扩充"，而在于"悬解"。二者所思有此不同，根本上是由于他们对"德"之原初

[①] 如"自知不自见，自爱不自贵"（《老子》第七十二章）的思想说明老子已注意到对待自我的重要性。此外，关于"自然"的学说一定程度上也提示着老子对自我问题的留意。"自然"在根本上是指本真自我的实现。关于此点，可参见本章第二节中关于"德与自然、无为"的论述。

态的定位并不一样。

当吾人实现"悬解"时,自我也即成为"游心乎德之和"的自我。此一自我中作为生命潜质的"德"得到了充分的释放,其"心"将畅游于万物和通的浑融之境。庄子在其言论中频频描述此状,意在通过一种作为结果的境地,继续引领人们化"累"成"德"。这是一种有别于察觉异化并克服之的"心灵方案",接下来我们将对此展开专门论述。

四 作为"德"之焕发的游和之境

如果说庄子关于化"累"成"德"的言说是提示人们应该怎么做,那么他关于"德"之境地的描述则是告诉大家做了以后会怎么样。基于《庄子》是一部"心灵剧本"来看,这两类言论其实都和助人"悬解"有关,只是后者主要是给出"结局",而前者更多地是贡献"情节"。当然,这不意味着两类言论有着清晰的界限。事实上,在同一个剧本中庄子往往既说"情节"也言"结局",只是作为观众的我们可以进行循序渐进的理解而已。

(一)"全""和""游":"德"之充沛实现

在庄子看来,只有天真之"德"得到充分开发,才是自我价值的真正实现。这种人不为俗物所累,不为成心所缚,得葆本真之自我。对于此等境地庄子常用"全""和""游"等语词进行描述。这些语词各有特色,从不同的角度展示出"德"在生命之中得以焕发的状态。

"德"的焕发意味着它排除了诸种异化的可能,在吾人生命得以充分展放。庄子常用"全"字对此进行描述:

> 为天子之诸御,不爪翦,不穿耳;取妻者,止于外,不得复使。形全犹足以为尔,而况全德之人乎!今哀骀它未言而信,无功而亲,使人授己国,唯恐其不受也,是必才全而德不形者也。(《德充符》)

> 平易恬惔,则忧患不能入,邪气不能袭,故其德全而神不

亏。(《刻意》)

> 执道者德全,德全者形全,形全者神全。神全者,圣人之道也。……天下之非誉,无益损焉,是谓全德之人哉!(《天地》)

所谓"全",是指"德"完全焕发的状态。作为"道"在生命当中的潜蕴,"德"本无不全,但人们往往舍本逐末而致其异化、残缺;倘能察觉生命之本,超越诸种之物累,即可让自身所蕴之"德"如其所是释放出来。

由此而言,成为"全德之人"实是一个返归的过程。《天地》篇说"性修反(返)德,德至同于初",亦言"明白入素,无为复朴,体性抱神",《缮性》篇也说"反(返)其性情而复其初",其义皆是在此。庄子讲的"返复"和老子讲的"复归"意义相通,同样包括了"失而复得"(异化以后重新回归)和"自始不离"(一开始就杜绝异化的可能)两种情形。不管哪一种,庄子关注的都是如何化除"德之累",而不是如何扩充"德之端"。如同前面已指出的,庄子默认了"德"原本即有的"全",认为人们所需做的只是消除那些具有遮蔽性的物累,让本来完整的德性如实展放出来。如此说来,所谓"德全",实是指原本即有的"全"在后天生活如其所是的一种状态。

《德充符》中曾讲到"才全德不形"的道理。在此庄子设计了孔子和鲁哀公就哀骀它此人进行讨论的一段对话,过程中孔子用"才全而德不形"概括哀骀它的品性,并对"才全"和"德不形"分别给出了解释:

> 哀公曰:"何谓才全?"
> 仲尼曰:"死生、存亡、穷达、贫富、贤与不肖、毁誉、饥渴、寒暑,是事之变,命之行也;日夜相代乎前,而知不能规乎其始者也。故不足以滑和,不可入于灵府;使之和豫,通而不失于兑(悦);使日夜无郤而与物为春,是接而生时于心者也。是之谓才全。"
> "何谓德不形?"

第三章　个人德性的彰显：庄学的"德"观念

曰："平者，水停之盛也。其可以为法也，内保之而外不荡也。德者，成和之修也。德不形者，物不能离也。"

前面论及"情"时曾讨论过这里有关"命"的问题，现今集中考察"才全德不形"的义理。严复先生曾指出，《德充符》全篇之主旨即在此语。① 这是非常到位的把握。《德充符》是庄子集中论"德"之处，"才全而德不形"则是此篇的主旨所在。要理解此语，首需明了"才""德"之义乃是近同。如同王博先生所言，"才"与"德"在此含义相当，"才全"也可称为"德全"。② 孔子对"才全"与"德不形"分别作解，原因不在于"才""德"有别，而在于这样可以各有侧重地说明"全"和"不形"的道理。

那么，什么是"才全"呢？孔子的回答是：死生存亡等变化是"命"之流行，它们像日夜一样交替出现，但我们又无法窥测它们的缘由，既如此，便不让这些物事干扰我们的心境，破坏我们的平和；此心平静愉悦，与他者融为一体而长葆春天般的生机，与外物相交接而能顺应时变。凡此种种，皆是"德全"之表现。接下来看"德不形"。孔子在此以水为喻。水的特点是"内保之而外不荡"，"德"的理想表现也是如此，所谓"不形"正类似于水的"不荡"（"形"指向外表现）。"德"一旦外荡，不仅己身受损，同时也伤害他者（参见"弃名而抱德"的论述）。倘若"不荡"，众人也自然愿意和他亲近而不肯离去，此即所谓"物不能离也"。③ 综而观之，庄子讲述了

---

① 严先生曰："此篇扼要在'才全德不形'一语，犹《逍遥游》之'无待'，《齐物论》之'和以天倪'，《养生主》之'依乎天理'，《人间世》之'乘物而游'。"（《庄子评语》，收入《严复集》第四册，第 1115 页）

② 王博：《庄子哲学》，第 158—159 页。《孟子·告子上》有"若夫为不善，非才之罪也"，这里的"才"便是指才性。《上海博物馆藏战国楚竹书（五）·三德》有"天共时，地共材，民共力，明王无思，是谓三德"，这里的"三德"便是指天、地、民三种材用，"三德"即"三才"，"才""德"亦可通。

③ 这里的"物"意指他者，且主要指他人。关于"物"的他者义，参见前文论析"强于物"处对"物"的解释。之所以认为此他者主要指他人，是基于故事开头的语境。鲁哀公问起，哀骀它是一个相貌丑陋的人，但奇怪的是，"丈夫"（男子）和"妇人"都很喜欢他，这是为什么呢？孔子最后说"物不能离也"，是对鲁哀公此问的一个回答。

这样的一个道理：正因"不形"，其"德"方"全"。"不形"与"全"其实是从不同的方面讲述同一个状态。

有待注意的是，庄子在此用"德者，成和之修也"对"德"进行界定，这和《天地》篇的"物得以生谓之德"的界定显然不同。此两处正好反映了"德"的两层基本意义。《天地》篇关注的是作为"物得以生"之潜质的"德"，此是先天之"德"；《德充符》针对的是作为"成和之修"的"德"，此是后天之"德"。"德"只一个，只是从不同的层面去言说而已。根本上来说，它是指"得以生"的潜质，而在很多时候庄子又就其开发实现之状来讲。

在言及"才全"和"德不形"时庄子都讲到了"和"，除了"德者，成和之修也"，还见于"不足以滑和""使之和豫"。这是他描述"德"之情状的又一关键词。我们一般是将它理解成内心的平和，事实上在此之外它还含有己他和谐的意思，后一层意思对于理解"德"之情状甚为关键。如果说"不可入于灵府"强调的是内心的平和，那么"通而不失于兑（悦）"则关涉己他的和谐，尤其是在"与物为春""物不能离"的表述中，这种意思更为明显。后一层意思的要害在于"无郤"——无有隔阂、相融无碍，这正是"与物为春""物不能离"的基础。作为"道"在己身的潜蕴，"德"代表着万物内含的统一性（详见第一节论述），当此等潜质得到释放时，物我之隔阂将自然消解，由此将达成"万物与我为一""乘物以游心"的融和境地。所谓"之人也，之德也，将旁礴万物以为一"（《逍遥游》），其义之关键也在于此。

庄子每每以"和"描述"德"之境，除上述者，还见于《缮性》的"夫德，和也"、《徐无鬼》的"抱德炀和，以顺天下"（炀谓养）、《庚桑楚》的"儿子终日嗥而嗌不嗄，和之至也；终日握而手不掜，共其德也"，等等。"德"作为"道"在己身的潜蕴，也即"和"的潜蕴。吾人身上本即含有与他者相和相融的潜能，而"德"作为"成和之修"正是说这种潜能得到了开发和实现。总言之，庄子以"和"言"德"既是为了表明这是一种平和的心境，也是为了说明有德者和他者之间将常处和谐无碍之地。此二义密切相

第三章　个人德性的彰显：庄学的"德"观念

关，心境之平和正是己他之和谐的内在基础。但这不意味着我们可以对后义忽略不计，对于全面理解"德"之情状而言，后一种意义殊为关键。

在《德充符》的另一则故事中，庄子同样强调了"德"之为"和"的意义，并且还用"游"进一步呈现此境：

> 自其异者视之，肝胆楚越也；自其同者视之，万物皆一也。夫若然者，且不知耳目之所宜，而游心乎德之和；物视其所一而不见其所丧，视丧其足犹遗土也。（《德充符》）

此语也是借孔子之口说出。"耳目之所宜"指耳目的听视功能。耳目所观察到的世界是一个万物各有分殊的世界。"不知耳目所宜"是说超越了耳目的区分功能，察觉到"万物皆一"的实质。万物既为一，则"足"与"土"又有何异？故曰"视丧其足犹遗土也"。

这里表面上是说兀者王骀不把"丧其足"当回事，实际上是借此说明何以是"游心乎德之和"。作为一种潜质的"德"本蕴含着与万物相和相融的潜能，这正是它作为"道"在己身之潜蕴的意义所在。当此等潜能在"心"中焕发出来，自可体察"万物皆一"之实质，达至"与物为春""乘物以游心"的境地。关于此处的"德之和"，安乐哲先生将其理解成一种潜在和谐的全息图（a holograph of this underlying harmony）。[①] 安先生指出的潜在和谐这一点非常关键。他以"焦点（focus）—场域（field）"理论解释"德""道"之关系，认为"德"作为焦点蕴含场域之全息。在笔者看来，"德"的意义不在于蕴含场域之全息，而在于能够化除场域中点点之间的隔阂。所谓"游"，说的便是隔阂被消解而与万物相融无碍的境地。

"游"是一个颇具庄学特色的术语，它指向的正是"德"充分展

[①] Roger T. Ames. "Putting the *Te* back into Taoism." in J. Baird Callicott, and Roger T. Ames, eds. *Nature in Asian Traditions of Thought*: *Essays in Environmental Philosophy*. Albany: State University of New York Press, 1989, p. 129.

放的状态。除以上所论者，这一点还可见于《山木》的"若夫乘道德而浮游则不然。无誉无訾，一龙一蛇，与时俱化，而无肯专为；一上一下，以和为量。浮游乎万物之祖，物物而不物于物，则胡可得而累邪"，《达生》的"彼将处乎不淫之度，而藏乎无端之纪，游乎万物之所终始，壹其性，养其气，合其德，以通乎万物之所造"、《外物》的"人有能游，且得不游乎？人而不能游，且得游乎？夫流遁之志，决绝之行，噫，其非至知厚德之任与"，等等。

王中江先生曾指出，庄子的"游"体现了精神领域的自由（相对于老子的政治上的自由），在心灵的"道游"之中实现，它是一种回归自我的"内游"。① 诚如斯言，庄子所讲的"游"既是一种"心游"，也是一种"道游"，其要害即在于回归本真之自我。需注意的是，王先生所说的"内游"是指不为外物所牵累，而不是指和外物相隔绝。如同郑开先生所言，"逍遥"和"游"都是指一种状态，如果要加以分别的话，只能说"逍遥"更偏向于精神境界的展现，"游"则主要描述行动的性质和状态。② "逍遥"主要指向"德全"的内在之质，而"游"作为行动之状则关乎"德全"在自我和他者之间的表现。作为己他之间畅游无碍的一种境地，"游"始终是"乘物"之"游"，而不是"绝物"之"游"。

至此，我们展现了庄子惯以言"德"的三个语词。它们指向同一个境地，但各自的侧重点不一样。"全"强调的是潜质之"德"得以完全焕发的状态，"和"关注的是己身和他者相和相融的关系，至于"游"则是指一种建立在"全""和"基础上的畅游无碍的境地。前文曾专论"天""真"，结合可知，庄子有意或无意间运用了诸种颇具特色的语词，从不同的角度去言说"德"之情状。相对来说，"天""真"更多地是描述先天之质，而"全""和""游"则主要关乎后天之境。当然，这里边并无截然之界线，正如前面已指出的，"天""真"也关乎后天，而此处三者也并非和先天之质毫无关系。

---

① 王中江：《视域变化中的中国人文与思想世界》，第250页。
② 郑开：《庄子哲学讲记》，广西人民出版社2016年版，第236页。

第三章 个人德性的彰显：庄学的"德"观念

总而观之，在"德"的论域中这些语词都得到了别具风格的运用，在被用于言述"德"的过程中，它们本身也成为了庄学所特有的几道风景线。

（二）"心"与"德"之实现

庄子用多种语词从不同的角度言说至人之境，此等境地实即"德"之为潜质得到开发与展放的和满状态。作为"道"在己身的潜蕴，"德"的开发需经由"心"的觉悟。所谓"游心乎德之和"，所谓"接而生时于心"，都点出了"心"在成"德"过程中的关键性。"心"之于"德"的意义尤其表现在它对于异化的察觉和克服。前面讲述了庄子所提示的克服异化的不同路径，凡此种种都离不开"心"的作用。

在《人间世》庄子提出了"心斋"之论，以此表达"心"在克服异化、回归本真之途上的关键意义。此处讲到颜回打算去卫国做官，孔子认为此事很危险；颜回说了一些办法，但被孔子一一否决；最后颜回表示自己没有更好的办法了，问孔子有没有更好的建议：

> 颜回曰："吾无以进矣，敢问其方。"
> 仲尼曰："斋，吾将语女！有心而为之，其易邪？易之者，暤天不宜。"
> 颜回曰："回之家贫，唯不饮酒、不茹荤者数月矣。如此，则可以为斋乎？"
> 曰："是祭祀之斋，非心斋也。"
> 回曰："敢问心斋。"
> 仲尼曰："若一志，无听之以耳而听之以心，无听之以心而听之以气。听止于耳，心止于符。气也者，虚而待物者也。唯道集虚。虚者，心斋也。"

这里说到了两种"斋"，一是"祭祀之斋"，一是"心斋"。前者指祭祀以前的诸种斋戒行为，如不饮酒、不茹荤、沐浴更衣之类，后者则是指心灵上的斋戒（相比于"心斋"，"祭祀之斋"也可说是"身斋"）。这两种"斋"虽层面不同，但有着共同的目标——保持洁净。"祭祀之斋"通过戒除那些可能染污身体的东西，来保证身体的洁净；"心斋"则通过戒除那些可能染污心灵的东西，来实现心灵的洁净。①"心斋"的最大特点是"虚"，此"虚"正是无有染污的洁净的表现。此对话的后面孔子还讲到了"虚室生白"，其义亦在此间。那么，哪些事物是可能染污心灵的东西呢？结合前文论述来看，这就是那些可能导致"德"之异化的种种"物累"。戒除此等物事，心灵便可达成"虚"的境地、"道"的境地，此等境地也正是"德"的焕发和实现。

造成异化的"物累"是多种多样的，"心斋"总的来说是要斋戒掉种种"物累"。进一步来看，在此对话中孔子更关注的应该是斋戒掉"有心而为之"此等情形。这里的"之"是指颜回打算用以感化卫国国君的"德"。② 前面讲过，庄子曾明言"贼莫大乎德有心"（《列御寇》）。"有心而为之"是造成"德"之异化的罪魁祸首，正是吾人首先需要斋戒的。之所以"有心而为之"，往往是出于功名之念。因而"心斋"在此更具体地是指斋戒掉建功扬名之欲念。正因如此，孔子才会向颜回强调"德荡乎名"的道理。

可以说，"心斋"和"丧我"都是庄子所指示的关于成"德"的总路线。后者提示了"我"作为异化之根源的角色，前者更关注"心"的能动性：对"成心"或者"我"的化解，对种种"物累"的超越，最终还是要依靠"心"的作用。当"心"实现了"斋"，从其所"成"中超拔出来，此"心"便得畅游于"德之和"的境地。庄子屡屡言及"游心"。③ 如前所述，所谓"游"，指的是"德"获

---

① 老子有言"涤除玄览，能无疵乎"（《老子》第十章）。庄子"心斋"之义与此一脉相承。

② 在此段对话的前面，颜回讲了自己打算前去卫国，希望能够感化其国君；后来孔子则说了"德荡乎名""名之曰日渐之德不成，而况大德乎"此类的言语。

③ 除了前面讲过的"游心乎德之和"（《德充符》）、"乘物以游心"（《人间世》），还见于以下："汝游心于淡，合气于漠，顺物自然而无容私焉"（《应帝王》）；"骈于辩者，累瓦结绳窜句，游心于坚白异同之间，而敝跬誉无用之言非乎？而杨墨是已"（《骈拇》）；"游心于物之初"（《田子方》）、"知游心于无穷，而反在通达之国，若存若亡乎"（《则阳》）。需注意的是，"游心"并非全指良性的状态，如《骈拇》所言"游心"，便是指不良者。

第三章 个人德性的彰显：庄学的"德"观念

以开发释放而与万物畅游无碍的境地。而诸种"游心"之论则指示了"游"的主体在心不在身，所谓"游心"，实亦"心游"。总而观之，在庄子思想中"斋"和"游"是"心"的两种重要力量，它们互相配合，共同促成生命本真之"德"的实现。

"德"在"心"中得到开发和展放，某种意义上，我们也可简便地将"德"理解成心灵的一种境界。在目前研究中以心境解庄子所论"德"是一种流行思路，此解可以简约地反映出"德"义所在，同时还能突显庄子比起老子的变化之处（老子所论"德"的心境义不如庄子浓厚）。但在作出此等简约处理时，我们还需注意以下一些重要情况。

其一，"德"在根本上是指"道"在己身的潜蕴，这是人所蕴含的一种潜质，当它在"心"中得到开发和释放，遂展现为"心"的一种境地。也即，我们所称的心灵境界其实是作为潜质的"德"在"心"中如实展放的一种状态。潜质也即"道"在己身之潜蕴是"德"的第一义，而心境作为潜质焕发的状态则是"德"的第二义，后者依赖于前者而有。如此说来，所谓"心"也就是"德"得以释放的一个平台。艾兰在解释"德不形"时已留意到这一点，她认为"心"是"德"的容器，它们的关系如同池塘和水的关系那样。[①] 不过，还需继续指出的是，"心"之于"德"不仅是一个容器而已，它也是"德"获以释放的动力所在。后者关乎"心"的能动性，此等能动性具体是由"斋"和"游"两种力量表现出来。

其二，庄子对"心"的探察是多层次、多维度的，在其思想中"心"是一个"可上可下"的复杂存在。它既可能为物所累，成为一颗"成心"；也可能从物累中超拔出来、畅游无碍。前者是遮蔽"德"的根源，而后者却是开发"德"的主体。庄子没有赋予"心"以完全正面的角色，相反，他非常重视"心"的危险的一面："凡人心，险于山川，难于知天。"（《列御寇》）可以说，在"德"的实现上，成也其心，败也其心。庄子思想中没有一个明确表征自由意志的

[①] ［美］艾兰：《水之道与德之端——中国早期哲学思想的本喻》，第123—124页。

概念，但他关于"心"的诸种思考反映出他对此问题已有留意。就此而言，成"德"觉"道"也是一个选择问题。庄子关于"德"及其异化的种种论说，其实都是在告示人们如何进行选择。①

前两章讨论过"德"与"心"的关系。在前诸子时期，"德"与"心"已有联系，这不仅表现于它的字形变化，也体现在诸种"德"之言论中。在老子思想里二者的关联更加紧密，尤其是在"复归"的问题上。到了庄子思想，二者的联系又加深了一层，并且还表现出错综复杂的样态。"心"可能成为"德之累"的根源，也可能成为化"累"成"德"的基本动力。"德"是异化变质，还是如实呈现，皆取决于"心"的选择。总的来看，在"心"与"德"的关系上庄子的思考较之老子显得更加丰富，也更加深入。② 德国哲学家卡西尔（Ernst Cassirer）曾指出人类文化发展的一种规律："从人类意识最初萌发之时起，我们就发现一种对生活的内向观察伴随着并补充着那种外向观察，人类的文化越往后发展，这种内向观察就变得越加显著。"③ 在"德"观念从早初到老子，再到庄子的脉络中，我们可以比较清楚地看到卡西尔所说的"内在观察"不断深化的过程。

（三）"德"在己他之间

以上叙述了以心境解"德"时需注意的两点，在此之外还有很重要的一点。由于这一点关乎庄子思想的他者问题，我们打算独立出来予以专论。

当我们把"德"理解成一种心灵境界时，不能将此境界看作与外

---

① 前面曾说庄子是一位成果丰硕的"心灵哲学"家，这一论断也涵括此间所说的情形。此外，以心境解"德"时应注意的情况还包括"德"在己他之间的意义，这一点留待后文专论。

② "德"与"心"的联系之所以被加强，与"心"在庄子哲学中的突显直接相关。如同陈鼓应先生曾指出的，老子以较为素朴的方式偶尔谈及"心"，未在哲学领域中形成一个显明的思想观念，但在庄子这里，"心"由隐含性的题材发展为受到热烈关切的哲学议题，庄子"心"的思想已发展成一种独特形态的心学。见《〈庄子〉内篇的心学——开放的心灵与审美的心境》，载陈鼓应主编：《道家文化研究》第二十五辑，生活·读书·新知三联书店2010年版，第2—4页。

③ ［德］卡西尔：《人论——人类文化哲学导引》，甘阳译，西苑版社版2003年版，第6页。

第三章　个人德性的彰显：庄学的"德"观念

物相隔分的纯粹的内心世界，事实上，此等境界的实现需要外物的存在、需要他者的参与。前面论析"和""游"时已指出：所谓"和"，不仅是指内心的平和，也关乎己他之间的和谐；而所谓"游"，不可能是"绝物"之"游"，恰恰相反，它始终是"乘物"之"游"。面对纷纭复杂的事变物化，庄子不止一次讲到"无可奈何"，这容易让人以为他主张对外物采取无奈接受或无动于衷的态度。但如果注意到"和""游"之深义，我们将会看到庄子所倡导的其实是在尊重和顺任之中自我与他者相和相融的理念。

关于这种理念，我们再来看以下言论：

> 故无所甚亲，无所甚疏，抱德炀和，以顺天下，此谓真人。……古之真人，以天待人，不以人入天。古之真人！(《徐无鬼》)

> 汝游心于淡，合气于漠，顺物自然而无容私焉，而天下治矣。(《应帝王》)

> 君子不可以不刳心焉。无为为之之谓天，无为言之之谓德，爱人利物之谓仁，不同同之之谓大，行不崖异之谓宽，有万不同之谓富。(《天地》)

> 彼正而蒙已德，德则不冒，冒则物必失其性也。(《缮性》)

> 彼曾、史、杨、墨、师旷、工倕、离朱，皆外立其德而以爚乱天下者也，法之所无用也。(《胠箧》)

> 德者，成和之修也。德不形者，物不能离也。(《德充符》)

> 夫水之于汋也，无为而才自然矣；至人之于德也，不修而物不能离焉。(《田子方》)

> 之人也，之德也，将旁礴万物以为一。世蕲乎乱，孰弊弊焉以天下为事！(《逍遥游》)

这些话语从不同的角度说明如何对待他者的道理。其中，"以天待人"(以顺任"自然"的态度对待他人)、"顺物自然"以及"爱人利物"是从正面来讲，"物必失其性"和"爚乱天下"则是从反面

先秦道家"德"观念研究

来说（这里的"德"是指异化之"德"），"物不能离""旁礴万物以为一"则是描述己他和融的结果。可见，庄子所言"德"并非仅仅关乎有德者自身，同时也和他者的境域直接相关。诸如此类的话语在《庄子》书中还有很多。我们的视角一旦从自我修养转向他者境域，就会发现这种言论在《庄子》中比比皆是。

耐人寻味的是，庄子言及他者问题时常是以"物"表示他者。除了前面所见，我们还可看以下言论：

> 是之谓不以心捐道，不以人助天。是之谓真人。若然者，其心志，其容寂，其颡頯，凄然似秋，暖然似春，喜怒通四时，与物有宜，而莫知其极。（《大宗师》）
> 圣人处物不伤物。不伤物者，物亦不能伤也。唯无所伤者，为能与人相将迎。（《知北游》）
> 其于物也，与之为娱矣；其于人也，乐物之通而保己焉。（《则阳》）
> 冉相氏得其环中以随成，与物无终无始，无几无时。日与物化者，一不化者也，阖尝舍之！夫师天而不得师天，与物皆殉，其以为事也若之何？（《则阳》）

在这些言论中（包括前面所引诸段），"物"的含义显得复杂多样，但根本上而言，它都是指向他者，只是所指他者之范围各有不同：有些指人外之物，[①] 有些恰恰指人，[②] 而有些则是指涵括人和他物的广义上的他者。[③]

如同前面已作分析的，道家言论中的"物"既可以在道物关系中表示与"道"相对的现象事物，也可以在己物关系中表示个人所面

---

① 如"爱人利物"中"物"与"人"相对，"其于物也"与"其于人也"相对。
② 如"物不能离"是说人们愿意亲近有德者；"处物不伤物"后有"与人相将迎"，"乐物之通"前有"其于人也"，可知此间的"物"乃主要指人。
③ 如"顺物自然""与物有宜""冒则物必失其性""旁礴万物以为一"等，皆可作广义上理解。

第三章 个人德性的彰显：庄学的"德"观念

向的外界事物（参见第二节中"强于物"部分）。后一情形中"物"具有他者的意义，但这一他者的具体所指并非确定为一，它可能指他人，也可能指人外之物，此外还可能指广义上的外界事物。道家经常用"物"来表示他者，应该和"物"义的灵活性有关。但这样一来，就容易产生人、物界线不明显的问题。也就是说，在如何对待他者的问题上，此等言说方式容易导致对待他人和对待人外之物采取同一方式的结论。"爱人利物"之论固然可体现两者有分，但在更多的言论中对待他人和对待人外之物的方式却显得无甚区别。前面论述物德问题时曾提到道家思想中人、物界线不明显的问题，这里所讲的以"物"指谓他者也是此问题的一个表现。

回到"德"在己他之间的问题，通过前论可知，"德"的意义不仅在于自我价值的实现，也关乎他者的境域，这两个方面是互动而一体的。"乘物以游心"最能体现庄子的深意——"心"之"游"有赖于"物"之"乘"。此"游"不是指隔绝外物的纯粹"内游"，而是指在尊重和顺任之中与物相融无碍的境地。在庄子看来，面对他者我们不是要无情地隔绝之，也不是要无奈地接受之，而是要看到他者的自我，看到他者本身的价值，从而以一种乐于尊重、欣然顺任的态度"顺物自然""与物为春"。

道家的思想主张每每给人一种不为外物所动、自求内心平和的印象，此等印象更多地是来自庄子学说。这和庄子的思维特点、言说风格不无关系。胡文英在评述庄学时曾有一段鞭辟入里的话语："庄子眼极冷，心肠极热。眼冷故是非不管，心肠热故感慨无端。虽知无用而未能忘情，到底是热肠挂住。虽不能忘情而终不下手，到底是冷眼看穿。"[①] 我们往往容易受庄子"眼极冷"的影响，而不甚留意他的"心肠极热"的内底。

最后需指出的是，"德"与他者境域的问题不仅关乎庄学的基本精神，也涉及庄子据以言"德"的思想基底，也即"德"所处的背景关系。就个人之"德"言，它所处的背景既包括人和道的关系，

---

① 胡文英：《庄子独见》，华东师范大学出版社2011年版，第6页。

也包括人和人的关系或者说自身和他者的关系。在人、道关系里，"德"简言之便是指"得道"，它包括先天和后天两个层面：在先天层面上所谓"得道"是指潜含"道"，就后天而言，所谓"得道"是指觉悟"道"。就两层大体而观，庄子延续了老子的思维，但具体来看，庄子这里又出现了不少变化。一是庄子明确地以"得"界定"德"，并且是在宇宙论层面以物德的概念对此作出确认。二是，在后天"得道"上庄子展开了更丰富、更深入的思考，这也就是前文所重点探讨的有关异化及其克服的问题。

如果说人、道之间的"德"侧重于德性之义，那么己、他之间的"德"则主要体现德行之义。在后一关系中，"德"指向的是对待他者的态度和方式。在老子"德"思想中广义上的己他关系并无明显出现，他关心的是王民关系，这是己他关系在政治领域的特殊化。庄子这里不但存在这一特殊类型，也存在一般意义上的己他关系。这意味着，在涉及对外行动时"德"既是一个政治概念，同时也是一个伦理概念。这是庄子所论"德"较之老子的又一处变化。

第三节 政治场域中"德"思想的展开

以上探讨了"德"在个体生命语境中的诸种表现，接下来我们将视域延伸到社会政治的场景。如本章开头处已指出的，这两种语境其实反映着庄子关于个人成德的不同角度的思考。个人德性的自由实现始终是庄子哲学的核心关切，在他看来，德性的衰落既有个人自身的原因，也有政治方面的因素，因此德性的回归也有两种相应的路径，一是人们依靠自身的觉悟以实现"悬解"，二是为政者转换治理之法，为人们自由实现其德提供一个理想的环境。

庄子的政治思考在很大程度上是围绕"德"展开的，正如同他关于生命个体的思考也离不开这一焦点。他通过"德"的符号标示理想的社会形态（"至德之世""建德之国"），以此为基准他对现实政治进行了深刻的批判，并提出独特的主张：社会败乱的实质是天下人

第三章 个人德性的彰显：庄学的"德"观念

的"德"发生了"下衰"（《缮性》），而造成此等情况的一个重要原因即在于统治者的"为天下"（《缮性》）；因此，为政者应当转换治理的方式，通过"在宥天下"（《在宥》），达成"天下之德始玄同"（《胠箧》）的理想境地。在其政治思想中，"德"始终是衡量政治之正当性的核心标准。

在此意义上可以说庄子政治思想的核心是一种德政理念。这是一种不同于老子和黄老，也有别于儒家的德政观。暂不论后面数者的诸种差异，贯穿其间的一个共同点是，"德"是面向为政者提出的诉求，为政者能否以"德"行政，是评价政治正当性的基本标准。但在庄子的思路中"德"归属于天下人，他以天下人之"德"能否实现作为评价政治的核心标准。如果说一般的德政思想整体上是一种"王德论"，那么庄子德政思想的重点即是一种"民德论"。[①]

在庄子的政治言论中"德"的符号与天下的问题一直相伴相随，以"德"论"天下"是其政治思想的一个特色。这不是说在其他的德政思想中天下的问题不重要。无论是在儒家学说中，还是在老子思想和黄老学中，天下都是一个重要概念，它是君王所面向的整体对象，也是其推行德政的基本平台。但庄子这里的情况有所不同。虽然"德"在其某些言论中也关乎为政者面向天下的方式，但这不是其思想的重点。"德"的主要意义在于，它是天下作为一个场域的实质之物，天下的价值体现于此，天下的秩序也根源于此。天下的形态是否正当，根本上是取决于此场域中的"德"能否自由实现。而天下的秩序之所以是一种自发秩序，其根源亦在于人们依据其"德"所具有的达成"自然"的能力。

总之，个体的存在境况是庄子政治思想的核心，围绕于此，他以"天下"标示个体所处的场域，以"德"指示个体存在的内在依据。

[①] 这里区分的"王德论"和"民德论"主要是从政治角度来说。儒家思想中的"德"也涵括天下人，成为有德之君子是儒家在个人修身上的基本主张；但就其政治言论来看，所谓"德"主要是针对为政者而言。在评价政治的时候，儒家以及老子、黄老关注的都是为政者是否有"德"，不像庄子那么强调以天下人之"德"作为评价的标准。

这是贯穿于庄子政治学说的一个基本思路。整体上来看，其政治学说包含着批判和主张两大方面，而这两个方面都是基于"至德之世"这一标准展开。接下来，我们先考察庄子所设的标准，进而再分别探讨其学说中的批判和主张。

一 作为理想天下的"至德之世"

"至德之世"代表着庄子对天下本质的理解，他的诸种批判和主张都是以此为基准展开。并且，在此之中"天下"与"德"的内在关系也有初步的体现。

庄子屡屡提到"至德之世"，并对此世之状态给出了比较具体的描述：

> 吾意善治天下者不然。彼民有常性，织而衣，耕而食，是谓同德；一而不党，命曰天放。故至德之世，其行填填，其视颠颠。当是时也，山无蹊隧，泽无舟梁；万物群生，连属其乡；禽兽成群，草木遂长。是故禽兽可系羁而游，鸟鹊之巢可攀援而窥。夫至德之世，同与禽兽居，族与万物并，恶乎知君子小人哉！同乎无知，其德不离；同乎无欲，是谓素朴；素朴而民性得矣。(《马蹄》)

> 子独不知至德之世乎？昔者容成氏、大庭氏、伯皇氏、中央氏、栗陆氏、骊畜氏、轩辕氏、赫胥氏、尊卢氏、祝融氏、伏牺氏、神农氏，当是时也，民结绳而用之，甘其食，美其服，乐其俗，安其居，邻国相望，鸡狗之音相闻，民至老死而不相往来。若此之时，则至治已。(《胠箧》)

> 至德之世，不尚贤，不使能；上如标枝，民如野鹿；端正而不知以为义，相爱而不知以为仁，实而不知以为忠，当而不知以为信，蠢动而相使，不以为赐。是故行而无迹，事而无传。(《天地》)

表面上看，"至德之世"是对远古时代的一种追述，实际上它是

第三章 个人德性的彰显：庄学的"德"观念

庄子理想的寄托。他以追述历史的方式来表达自己对天下本质的理解。这三段话描述的角度各有不同，但贯穿其间的一个共同点是，在此境地中人人皆能自由实现其本真之性，皆有可能成为"至德者"。此"世"之所以是"至德之世"，要之正在于此。

《马蹄》篇又用"同德""天放"等词来说明此等状态。所谓"同德"，不是说人人之德皆相同，而是说人人皆能同乎其德。① "一而不党"的"一"是就人人同乎其德而言，"不党"指不偏。后文有言"其德不离"，这是说不离其德，也即同乎其德。"天放"指自然放任，这是对"同德"的进一步阐述。在此"世"中，人们"同乎无知，其德不离；同乎无欲，是谓素朴""甘其食，美其服，乐其俗，安其居""端正而不知以为义，相爱而不知以为仁"。这些描述皆指向人的本真德性的自由展放，所谓"同德""天放"，其具体意味正在于此。②

在庄子言论中还有一些类似于"至德之世"的描述：

> 神农之世，卧则居居，起则于于，民知其母，不知其父，与麋鹿共处，耕而食，织而衣，无有相害之心，此至德之隆也。（《盗跖》）

> 南越有邑焉，名为建德之国。其民愚而朴，少私而寡欲；知作而不知藏，与而不求其报；不知义之所适，不知礼之所将；猖狂妄行，乃蹈乎大方；其生可乐，其死可葬。（《山木》）

《盗跖》篇的"至德"和"至德之世"的"至德"意义相当。《山木》篇"建德"一词亦见于《老子》第四十一章的"建德若

---

① 关于"同德"，郭象注曰："夫民之德，小异而大同。"成玄英疏云："率其真常之性，物各自足，故同德。"（郭庆藩：《庄子集释》中，第334—335页）二者义有不同。从前后文看，成疏更妥切。率性自足，即谓人人各适其性、同乎其德。

② 这里的"德"主要就广大民人而言，但也不排除君王。这两类人的德性是密切相关的，比如《天地》篇有言"上如标枝，民如野鹿"，这暗示着君王之德将能促成民众德性的实现。对此后文有进一步论析。

偷"。"建德"是指刚健的德性。老子所言是指个人德性,而《山木》所言则是指一种社会状态。不过,这种社会状态仍是以个人之德性为其实质:此"国"之所以是"建德之国",乃因此"国"之中人人都有成为"建德者"的可能。无论是"至德之世",还是"建德之国",它们的实质意义都是落在此"世"、此"国"的民人身上。

一般来说,"天下"是一个比"国"更大的场域。但庄子在此并没有区分二者,他关于"建德之国"的描述也是其天下观念的一种体现,这如同老子所说的"小国寡民"(《老子》第八十章)也是关于天下形态的一种设想。此外,"世"和"国"的意义各有侧重:"世"体现的是时间性("世"指时代),而"国"则主要关乎空间性。天下作为一个场域是一个兼含时空的概念,"至德之世"和"建德之国"是侧重于不同的维度,一并展现庄子的理想。还需注意的是,"至德之世"指向远古的时代,而"建德之国"则是一个偏远的国家。这里暗示着庄子对现实的一个批判——当前的天下离它的理想形态比较遥远。

"至德"或"建德"直接标示的是天下的形态,但实质上它们标示的是天下场域当中人的存在境况。一个时代之所以是"至德之世",一个国家之所以是"建德之国",说到底是因为此世、此国中人人皆有可能成为至德者、建德者。这是天下的理想形态,也是天下的本身形态。天下本质上是一个人人皆能成其所是的自由的场域,[①]而人人成其所是的内在依据即在于"德"。之所以用"德"来标示天下的形态,其根本原因即在于此。

以往研究中已有学者关注到"德"的这种表现。如王中江先生曾指出,道家的"德"不仅标示着人格境界的标准,同时也指示着社会理想的一个级别。[②] 王先生所言的后一情形在庄子思想中尤为典型。如果说《老子》第三十八章的"失道而后德,失德而后仁,失仁而

[①] 此所谓自由是指个体不受搅扰、其纯朴天性能够如其所是的状态,这和西方近代以来学说中以个人权利为基础的自由不能完全等同视之。

[②] 王中江:《道家形而上学》,第181页。

第三章　个人德性的彰显：庄学的"德"观念

后义，失义而后礼"是在陈述社会退化的过程，[①] 那么"德"在此处也具有标示天下形态的意义。但老子此所言"道""德"诸概念指的是治国者的活动，并无明显的标示天下之义（参见老子章第一节）。此外，张松辉先生也曾指出，就如评价一个人一样，庄子在评价一个社会时也紧紧抓住了最关键的问题——德。[②] 张先生洞察到"德"作为政治标准的意义，需进一步指出的是，这一标准的意义最终仍落在个人身上。所谓"至德"，直接来说是对天下形态的一个标示，而在实质上它标示的是天下场域中人的存在境况。

二　由"私"而"为"与"德"之"下衰"

基于"至德之世"的标准，庄子对现实政治展开了深刻的批判。对现实政治的观察，庄子不是平面化的展开，他的批判包括了不同层面之物事。我们可以将其批判思路分作两个层次，一是对"为天下"及其后果的揭示，一是对"为天下"之缘由的追寻。这两个层次反映着他对现实政治的基本看法，是其德政思想的重要构成部分。

（一）"为天下"及其后果

庄子在其言论中屡屡讲到天下从正常到衰落的历史过程，这种叙事方式似乎表明他是一位历史退化论者。事实上，他在此间并不是要传达自己对历史的认识，而是要借助历史退化论的形式来表达自己的理想以及对现实的批评。[③]

在前面所引的关于"至德之世"的三段话中，有两段紧接着就出现了关于天下衰退的描述：

[①] 参见冯友兰《中国哲学史新编》（上卷），人民出版社1998年版年，第345页。
[②] 张松辉：《庄子研究》，第142页。
[③] 儒道两家皆惯于借古讽今或托古改制，将自己的理想寄托于遥远的过去，继而以这个理想状态来批判现实、规范现实，这种学说中很容易会出现关于历史退化的描述。他们所陈述的社会退化的过程未必是他们关于人类历史的真实看法，在更大的意义上这些描述是表达理想的一种方式，也是批判现实的一种方式。

及至圣人，蹩躠为仁，踶跂为义，而天下始疑矣；澶漫为乐，摘僻为礼，而天下始分矣。(《马蹄》)

今遂至使民延颈举踵曰"某所有贤者"，赢粮而趣之，则内弃其亲而外去其主之事，足迹接乎诸侯之境，车轨结乎千里之外，则是上好知之过也。上诚好知而无道，则天下大乱矣。(《胠箧》)

第一段大致是说，圣人出现以后，仁、义、礼、乐各种治国之术随之产生，人们开始迷惑、其德性开始分离。"天下始分"的"分"值得注意。庄子曾用"一而不党"描述"至德之世"，这里的"分"正指向"一"的反面。第二段则提到"尚贤"的危害，并指出这是统治者"好知（智）"的结果。他们喜好智巧而偏离大道，所以造成"天下大乱"。这两段话对天下变乱的原因从不同角度给出了说明，前者强调圣人操作仁义、施为礼乐，后者则集中于"好知"而"尚贤"这一点。

表面上看，这些言论是在叙述天下如何衰落的历史，实际上政治是借此形式表达自己对现实的批判。《缮性》篇的一段言论同样体现了这一点：

古之人，在混芒之中，与一世而得澹漠焉。当是时也，阴阳和静，鬼神不扰，四时得节，万物不伤，群生不夭，人虽有知，无所用之，此之谓至一。当是时也，莫之为而常自然。

逮德下衰，及燧人、伏羲始为天下，是故顺而不一。

德又下衰，及神农、黄帝始为天下，是故安而不顺。

德又下衰，及唐、虞始为天下，兴治化之流，浇淳散朴，离道以善，险德以行，然后去性而从于心。心与心识知而不足以定天下，然后附之以文，益之以博；文灭质，博溺心，然后民始惑乱，无以反其性情而复其初。

开头所述之境况即相当于"至德之世"。"至一"呼应着"至德

第三章 个人德性的彰显：庄学的"德"观念

之世"的"同德"和"一而不党"。"莫之为而常自然"和《老子》第五十一章的"莫之命而常自然"意义相近，意谓没有谁进行干预、常处自然之状。老子是就宇宙论的道物关系来讲，而庄子关注的则是天下社会的形态。

接下来，庄子讲到了天下的衰退历程。燧人氏、伏羲氏"为天下"时，人们虽然顺从，但其"德"已然"不一"。到了神农、黄帝"为天下"时，大家虽然生活安定，但他们已不如此前那么顺从了。再到唐尧、虞舜"为天下"时，情况越发糟糕，人们都背离"道""德"去做各种所谓的善行，其淳朴德性早已离散不存。

从燧人氏起，天下开始走向了异化的历史。天下之所以异化，原因正在于统治者的"为天下"。老子曾强调"天下神器，不可为也"（《老子》第二十九章），庄子此论正是对老子这一思想的继承。"为"（包括前文"莫之为"的"为"）是特指那些违背世人"自然"的各种控制性行为。"为"的程度越高，天下就越乱，人们离原来的"至一"和"常自然"就越远。

天下异化的标志是"德"的"下衰"。此所言"德"是就天下人的德性而言，但首先发生"下衰"的人是统治者。统治者德性衰落从而出现"为天下"，在其"为天下"之中，民人的德性也随之衰落。前面曾提到，在"至德之世"中治理者德性的存在将促成民众德性的实现；此间看到的是，治理者德性的衰落将引发民众对德性的背离。此二者从正反两个方面体现了为政之"德"的影响。

类似的批判之言在《庄子》中屡屡可见，如《在宥》篇有言：

> 昔者黄帝始以仁义撄人之心，尧舜于是乎股无胈，胫无毛，以养天下之形，愁其五藏以为仁义，矜其血气以规法度。然犹有不胜也。尧于是放讙兜于崇山，投三苗于三峗，流共工于幽都，此不胜天下也。
>
> 夫施及三王而天下大骇矣。下有桀、跖，上有曾、史，而儒、墨毕起。于是乎喜怒相疑，愚知相欺，善否相非，诞信相

讥，而天下衰矣；大德不同，而性命烂漫矣；天下好知，而百姓求竭矣。于是乎斩锯制焉，绳墨杀焉，椎凿决焉。天下脊脊大乱，罪在撄人心。

这里也描述了天下衰乱的过程，但庄子的关切点依然在于批判当下，而不在于追述历史。所谓"以仁义撄人之心"（撄指扰乱），便是"为天下"的一种具体形式。此处以"撄人之心"开始，又以"撄人心"作结，反映出庄子对以"仁义""为天下"的强烈批判。"撄人心"的后果也即"大德不同而性命烂漫矣"，这是说人们无法"同"于自身的"大德"，其本真情性散乱不堪。在此，"性命"、"人心"与"大德"的含义大体一致，皆指向个人成其所是的内在依据。所谓"撄""不同""烂漫"，意义也相仿，说的是人们无法成其所是，无法实现自身的价值。前面已论及，"至德之世"的核心在于"同德"——人人皆能同乎其德；所谓"不同"，指的正是背离"至德之世"的状态。

庄子每每借助历史退化论的形式来表达自己对现实政治的批判。在他看来，现实的天下是一个"脊脊大乱"的局面，之所以如此，直接的原因即在于有人出来"为天下"。在不正当的操为之中天下变得衰乱，人们的"德"也使之"下衰"，变得"大德不同而性命烂漫"。天下是个场域，它的变质和衰乱，说到底就是此场域中的人发生了异化，无法成"德"之所是。

（二）由"私"而"为"与"以己出经式义度"

天下之所以变质，是因为有人出来"为天下"。那么，为何会出现"为天下"这种现象呢？从前面的材料来看，一个重要的原因是为政者德性的衰落。在其他地方庄子还讲到了更深层的原因。在他看来，之所以出现此等现象，根本上是由于有些人把天下当作私有物，以个人之意志制定各种制度规章，对天下加以操控。在此等操为之中天下的本质也就被掩盖，人们的德性也随之下衰，变得"大德不同而性命烂漫矣"。

统治者的私心己意是出现"为天下"的关键因素。在《应帝王》

第三章 个人德性的彰显：庄学的"德"观念

庄子设计了一段关于"为天下"的对话，其中就点出了"私"的要害性：

> 天根游于殷阳，至蓼水之上，适遭无名人而问焉，曰："请问为天下。"
>
> 无名人曰："去！汝鄙人也，何问之不豫也！……"又复问。
>
> 无名人曰："汝游心于淡，合气于漠，顺物自然而无容私焉，而天下治矣。"

此处提出了"顺物自然而无容私焉"的基本原则。此处的"物"，就其实质言，是指天下间的事物，而直接来看，它首先是指前面所说"为天下"的"天下"。[①]"顺物自然"即是强调对"天下"此"物"不要去"为"之，而是要顺乎其自然。"焉"是兼词，意指"于此"，"无容私焉"是说"无容私于天下"。这既在表明一个主张，同时也在暗示"为天下"之所以出现的原因——某些人有了私心，把天下当作自己的私有物，遂产生各种唯恐失去此物的掌控性行为。在此等行为之中天下也就异化为私天下，不得其"自然"。

要理解庄子对"为天下"的批判，"私"是关键的一处。在《应帝王》的另一段对话中庄子亦曾讲到此点：

> 肩吾见狂接舆。狂接舆曰："日中始何以语女？"
>
> 肩吾曰："告我君人者以己出经式义度，人孰敢不听而化诸！"
>
> 狂接舆曰："是欺德也。其于治天下也，犹涉海凿河而使蚊负山也。夫圣人之治也，治外乎？正而后行，确乎能其事者而已矣。且鸟高飞以避矰弋之害，鼷鼠深穴乎神丘之下，以避熏凿之

[①] "物"的用法很灵活，它可以根据说话者的需要指谓某个特定的事物。《逍遥游》有言："之人也，之德也，将旁礴万物，以为一世，蕲乎乱，孰弊弊焉以天下为事！……是其尘垢秕糠，将犹陶铸尧、舜者也，孰肯以物为事！"此处亦以"物"指"天下"。后面论及"藏天下于天下"时，也会看到"物"指天下的用法。另外，就其实质意义言，此处的"物"是指天下间的事物，而在此之中天下间的人才是庄子的核心关切。

患，而曾二虫之无知！"

第二节曾以真伪角度讨论此所谓"欺德"，现今再关注其政治意味。肩吾向狂接舆转述了日中始的一个主张——"君人者以己出经式义度"（统治者依据个人意志制定各种法度）。所谓"经式义度"，指的正是"为天下"的基本手段。而所谓"己"，即类似于前一段对话的"私"，这是"经式义度"之所以出现的根源。这意味着，统治者制定法度规章并不是依据天下本身的情况，而是基于其个人的立场和需要。对于此等做法，狂接舆以"欺德"进行定位，意在表明这种做法看起来是在施行德政，实际上是它一种具有欺骗性的德政。在此，庄子不仅否定了作为"为天下"之手段的"经式义度"，也否定了此手段所根由的"己"。庄子曾言"至人无己，神人无功，圣人无名"（《逍遥游》），所谓"无己"，即是对这一"私""己"的否定，而所谓"无功""无名"，则暗示着对"经式义度"和"为天下"的否定。①

庄子对现实政治的观察不是平面化的展开，他的批判思路其实包含着不同的层次。虽然他没有明确指出内中的逻辑，但当我们将此上诸种言论综合起来时，仍可察觉到其间的一个内在理路：天下之所以异化，是因为统治者的"为天下"；此等做法的出现，是由于他们把天下当作了私有物，凭着个人意志制定出各种法度，试图以此操控

---

① "无功""无名"的直接意思是没有功名之念，进一步而言，其间还包含比较深刻的政治意涵。曹峰先生在论析此语时曾言道：正因为"道"是"无名"的，所以得道之人也可以用"无名"来命名；只有进入道的境界和高度，才有可能摆脱有形世界的束缚，从而真正实现天下之治（《中国古代"名"的政治思想研究》，第272页）。陈赟先生也曾指出，"圣人无名"不仅指向主体性的自我完善，也包含建构自由秩序的意思，圣人的"无名"成就的是"万物并作"的自由秩序（《自由之思——〈庄子·逍遥游〉的阐释》，浙江大学出版社2020年版，第329—330页）。另外，陈先生还指出"至人无己，神人无功，圣人无名"是一种互文性表达，至人、神人、圣人指向同一主体，而无己、无功、无名乃是其共同规定，并且无己、无名、无功之间也存在紧密的关联（同上书，第292页）。两位之论对理解此言之政治意味颇具启发性。建"功"、立"名"往往是受"己"之驱使，过程中离不开"经式义度"的"为天下"。对"功""名"的否定，既是否定"己"的必然结果，也关联着对"为天下"诸种形式的否定。

之。在其操为之中，天下的本质被掩盖，异化而为一人一家的私天下。天下发生了异化，意味着人们丧失了"同德"而"天放"的自由场域，所谓"德"之"下衰"，所谓"大德不同而性命烂漫"，正是就此而言。①

三 "在宥""藏天下"与"德"的回归

通过前论，我们看到了庄子政治批判的一个内在理路，这将有助于理解他所提出的各种主张。前面曾讨论的"顺物自然而无容私焉，而天下治矣"，已提示了庄子的一个主张。但需要看到的是，这只是庄子思想的一个方面。"无容私"是对"无为"的深化表述（"私"是"为"之为"为"的原因），它指示着为政者的消极责任（不应当做什么），而在此之外庄子对为政者之积极责任（应当做什么）也有相关的考虑。

道家就为政者的角色不只考虑消极责任的方面，比如在老子那里，"辅万物之自然""化而欲作，镇之以无名之朴""塞其兑，闭其门""与物反（返）矣，然后乃至大顺"等思想，即指示着一种积极的辅助责任（参见老子章第四节中对"玄德"的解释）。庄子关于积极责任的思考和老子比较相似，但他强调的不在于直接地辅助民众，而在于维护好天下的本质，让民众拥有一个自行成其所是的场所。在这一方面，"在宥天下"和"藏天下"之论可以集中反映庄子的思想。

（一）"宥""藏"而"在"：让天下以其自身形态存在

《在宥》开篇即提出"在宥天下"的主张：

> 闻在宥天下，不闻治天下也。在之也者，恐天下之淫其性

---

① 暂不论复杂的《庄子》成书问题，在某些问题上外杂篇有延续内篇内容而进行具体论述的表现。内篇所言往往比较隐晦，而外杂篇则延续其思，所论更加直白。我们理解时不妨先从比较具体的外杂篇入手，这样可以对内篇的相关内容作出更清楚的把握。所以此节的讨论是先从《缮性》《在宥》等处对"为天下"的批判切入，进而延至《应帝王》中对"私""己"的批判。对于后节将要谈到的《大宗师》的"藏天下"和《在宥》的"在宥天下"，我们也采用这种方法。

也；宥之也者，恐天下之迁其德也。天下不淫其性，不迁其德，有治天下者哉？昔尧之治天下也，使天下欣欣焉人乐其性，是不恬也；桀之治天下也，使天下瘁瘁焉人苦其性，是不愉也。夫不恬不愉，非德也。非德也而可长久者，天下无之。

此所谓"治天下"是指不良之举，义同"为天下"。与之相对的是"在宥天下"。这包含"在天下"和"宥天下"两层意思，此即后文所说的"在之"和"宥之"。"在"和"宥"都是动词，"宥"指宽宥、包容，"在"是使动用法，意谓"使……在"。以往解释多是将"在"解作自在，此解甚当。所谓"在之"，是说让天下自在，也即让天下以其自身形态存在。要实现这样的"在"，基本的方法即是"宥"。"在"指结果，"宥"说方式。虽然"在之""宥之"之言是对文形式，但"在""宥"的侧重点有所不同。可以说，内在于"在宥"当中的一个逻辑是"宥而在之"——以宽容的方式让天下以其自身样态存在。①

陈赟先生在探讨"尧让天下于许由"的寓言时有一独到之解，他结合海德格尔（Martin Heidegger）的"让存在"（Seinlassen）之论，阐发"让天下"的寓意。② 此解深具启发性。在海氏学说中，"让存在——即让存在者成其所是——意味着：参与到敞开域及其敞开状态中，每个仿佛与之俱来的存在者就置身于这种敞开状态中"，"参与到存在者之被解蔽状态中，这并不是丧失于这一状态中，而是自行展开而成为一种在存在者面前的引退，以便使这个存在者以其所是和如何是的方式公开自身，并且使表象性适合从中取得标准"。③ 庄子所

---

① 关于"在宥天下"和"为天下"，郭象注曰："宥使自在则治，治之则乱也。"（郭庆藩：《庄子集释》中，第364页）其所言"宥使自在"即体现以"宥"的方式使天下自在的意思（"治之"一词对应原文"治天下"，和"则治"的"治"义有不同）。从"在宥天下"和"在之""宥之"来看，"在"和"宥"的主词都是为政者。其实，只有"宥"才是为政者之举，"在"是天下或天下民众的表现。只是"在"被用作了使动之词，故其发出者在表述上变成了为政者。

② 陈赟：《自由之思——〈庄子·逍遥游〉的阐释》，第318—319页。

③ ［德］海德格尔：《路标》，孙周兴译，商务印书馆2000年版，第217页。

第三章　个人德性的彰显：庄学的"德"观念

言"让天下"确实含有"让存在"的意思。如果将"让天下"和"在宥天下"（尤其是"在天下"）结合起来，这种意思将能得到更完整的呈现。此等结合自然不是基于"让"和"在"的字词上关联，而是基于二者内涵上的深层联系。海氏所言"自行展开而成为一种在存在者面前的引退"类似于庄子所说的"让"和"宥"，而其所言"以便使这个存在者以其所是和如何是的方式公开自身"，则类似于庄子所说的"在"。"在"指向成其所是的目标，而"让"和"宥"都是指"引退"的方式。"引退"不是说为政者完全撤离，它是指"为天下"所根由的"己"的撤离。在这种"引退"之中为政者又以宽容者的身份"参与"到天下场域中。

为政者的作用不在于创造天下的"在"，而在于维护它的"在"。这种思想也见于《大宗师》的"藏天下"之论：

> 夫藏舟于壑，藏山①于泽，谓之固矣。然而夜半有力者负之而走，昧者不知也。藏小大②有宜，犹有所遯。若夫藏天下于天下而不得所遯，是恒物之大情也。

此论颇为独特，在有关庄子天下观的研究中大家都比较关注它。[③]笔者关心的问题是，庄子为何要用"藏"来表示对待天下的方式，此字究竟蕴含着怎样的意味？

要理解这一点，需注意开头所讲的"藏舟于壑，藏山于泽"的寓意。它暗示着一种不正当的"藏天下"的方式，此即现实中对待天下的通常做法——为政者试图以由"己"所出的经式义度把天下掌控

---

① 王叔岷疑"山"或是"车"之误（《庄子校诠》上册，台北："中研院"历史语言研究所1999年版，第226—227页）。若从"车"解，文义更顺畅。

② "藏小大"是说藏小于大。林希逸曰："小大，舟壑、山泽也。壑之大可以藏舟，泽之大可以藏山，以大藏小，是有宜也。"见《庄子鬳斋口义校注》，第108页。

③ 参见陈赟《自由之思——〈庄子·逍遥游〉的阐释》，第292—331页；王玉彬《庄子哲学的"天下"观念》，载陈鼓应主编《道家文化研究》第二十九辑，生活·读书·新知三联书店2015年版，第214—230页；王威威《从"平等"到"一体"——论庄子的天下观》，《商丘师范学院学报》2019年第1期。

在自己手中。他们自以为这样很牢靠，殊不知最终仍是落于被"盗"的结局，① 其情形正类似于"藏舟于壑，藏山于泽"。进一步来看，"藏舟于壑，藏山于泽"不仅不能实现藏的目的，同时也让舟、山不得其本然。② 将天下藏于经式义度何尝不是这样？这种藏法非但无免于被盗，过程中也让天下的本质无从显现。就所藏地来看，"藏舟于壑，藏山于泽"是藏小于大，而藏天下于经式义度乃是藏大于小。藏小于大仍无免于亡失，更何况是藏大于小呢？在"藏小大有宜，犹有所遯"此句之后正隐含着这一层意思。

作为正当的方式，"藏天下于天下"意味着为政者把天下的所藏地从经式义度转移到天下本身，让天下恢复其本来面貌。所谓"藏"，在两种方式中的意味具有微妙的差异。把东西藏起来，可能是为了占据它，也可能是为了保护它。把天下藏于经式义度，为的是占据天下，而藏于天下本身，则事关保护天下。庄子之所以用"藏"来言说对待天下的方式，内中深意要之在此。藏天下于天下本身，正是要让天下在其自身本性当中得到保护。《达生》篇有言："圣人藏于天，故莫之能伤也。"圣人把自己藏于天性当中（此"天"指天性），没有谁可以伤害到他。这里也体现了"藏"的保护之义。根本上而言，正确的藏天下是一种"不藏之藏"，它的目的不是要让天下隐匿起来，恰恰相反，它是要让天下显豁自身，让它"在"。"恒物之大情"的"恒"便是对此"在"之恒常性的一种强调。③

归结来看，在为政者应如何对待天下的问题上，庄子的基本主张是以"宥""藏"之方式让天下场域显豁自身，让它"在"。"宥"是指对天下自行其是的宽容，"藏"提示的是对天下本质的保护。二者的意味在根本上是统一的，共同反映着帝王作为天下之维护者的责

---

① 《胠箧》篇以田氏代齐的故事，对国家何以被"盗"作了很生动的说明。其所言虽是"盗国"之事，但就"盗"的寓意来看，"盗国"和"盗天下"并无二致。

② 若从"藏舟于壑，藏车于泽"来理解，其意更明。

③ "恒物"之"物"指天下。"恒"与"遯"相对，意指恒常不失。"情"谓情实、真实。"恒物之大情"是说让天下此物恒常不失的正确做法。

第三章　个人德性的彰显：庄学的"德"观念

任。这种责任包含了"无容私"也即"无为"的诉求，同时也包含着积极行动的空间，后一方面意味着为政者应当为天下的"在"提供其所需的正面条件。此外需注意的是，"宥""藏"而"在"的逻辑不仅是说为政者的宽容与维护让浑沌场域得以敞开，同时也是说天下的本质在要求为政者应当配合以宽容与维护。①

在"无容私"之类的言论中为政者主要是作为无为者的形象出现，这也是我们对庄子思想中为政者角色的一般理解。事实上，这只是庄子思想的一个部分。庄子期待的为政者除了是无为者，同时也是天下本质的维护者。无为者强调的是不干涉的消极责任，而维护者在包含此等诉求的同时也包含着对积极责任的规定。后一种是对庄子所思为政者之角色的更为全面的定位。

庄子和老子都肯定天下自发秩序的存在，都非常关注人为制度对自发秩序的破坏性，因而他们把多数言论都放在了消极责任上。如果我们由此进行强化，那么就容易得出道家只主张消极不作为的看法，这反而又偏离了其思想之实质。全面来看，他们倡导的其实是一种辅助或维护的责任。② 这种责任即是要为天下人"自然"的实现或天下本质的显豁提供相关的条件，起到一种配合的作用。③ 这意味着为政者既要排除那些负面的条件，也需营造相关的正面条件。老、庄在前一方面讲得比较多，也讲得相对明确一些（比如不能"以己出经式义度"，不能施以仁义之教等）。而在后一方面他们虽有肯定，但所论比较抽象，对于所需提供的正面条件并没有给出明细的规定。

（二）"德"之"玄同"：天下成其所是的核心价值

为政者的维护让天下场域的本质得以显豁，那么进一步来说，其

---

① 我们容易将宽容与自由看成单线的因果关系，实际上二者互为因果，且后者更为根本：是自由的价值在要求治理者应当配合以宽容，宽容为自由而生。此道理正如同前文所论的"无为"与"自然"的关系。

② 老子倡导辅助，庄子主张维护，二者有一定差异，后节将有专论。此处就二者的共性来讲。

③ 为政者的辅助或维护其实是一种配合的作用，这一点比较关键。无论是消极责任，还是积极责任，说到底都是一种配合。

本质之显豁又将具有何种意义和价值呢？作为一种场域性的存在，天下的意义和价值将通过此中的实质之物得到体现。在以往研究中学者们已留意到这一点。如王玉彬先生认为天下是一个政治性存在境域，它能为万有敞开本朴的存在空间，让万物如其所是、自行其是的呈现（见前引王文）。李晓英教授也强调，《庄子》天下观的基调即在于天下是承载万物的载体，它是归属万物的和无须治理的。[1] 这些观点是就宽泛的万物来指陈天下的价值所在。陈赟先生则更关注天下之中人的境况。他认为，庄子所思的天下乃是天下人的天下，将天下让之于天下人，意味着使天下作为天下人的天下得以向天下人开放自身（见前引陈著）。在普遍的意义上，天下成其所是的价值将体现于世间万物的成其所是，而在此之中庄子的核心关切则在于人的如其所是。所谓天下"藏于天"，其实质乃是人人皆能"藏于天"，皆能"藏"于自身的所是中。

在"在宥"之论中庄子对天下之核心价值有具体的揭示。在他看来，天下自在的意义即在于人们能够拥有一个实现纯朴天性的自由环境。所谓"不淫其性，不迁其德"，其义正在于此。庄子还讲到了迁德淫性的两种表现，一是尧治天下，让世人熙熙攘攘，过于欢悦，一是桀治天下，让大家劳形伤神，痛苦不堪。[2] 一般印象中，尧和桀是两个相对立的形象，尤其是在儒家思想里。但在庄子看来，此二人都没有做到"在宥"，都造成了迁德淫性的不良后果。最后他总结道："夫不恬不愉，非德也。非德也而可长久者，天下无之。"所谓"非德"，是指违背了世人的本真德性。"治天下"之所以不正当，根本上就是因为此举"非德"，它没能实现天下本应有的价值。

"不淫其性，不迁其德"是从反面来说明天下作为一个场域的价

---

[1] 李晓英：《〈庄子〉天下观初探》，《郑州大学学报》（哲学社会科学版）2015年第2期。
[2] "乐其性""苦其性"都是"淫其性"的表现。有关于此，这段话的后文有进一步解释："人大喜邪？毗于阳；大怒邪？毗于阴。阴阳并毗，四时不至，寒暑之和不成，其反伤人之形乎！使人喜怒失位，居处无常，思虑不自得，中道不成章，于是乎天下始乔诘、卓鸷，而后有盗跖、曾、史之行。"

第三章 个人德性的彰显：庄学的"德"观念

值，在同一章的后文中庄子对此还有正面的阐述：

> 而且说明邪，是淫于色也；说聪邪，是淫于声也；说仁邪，是乱于德也；说义邪，是悖于理也；说礼邪，是相于技也；说乐邪，是相于淫也；说圣邪，是相于艺也；说知邪，是相于疵也。天下将安其性命之情，之八者，存可也，亡可也；天下将不安其性命之情，之八者，乃始脔卷獊囊而乱天下也；而天下乃始尊之、惜之。

此处提到明、聪、仁、义、礼、乐、圣、知（智）八样东西，这些都是可能成为"为天下"之方式的物事。但此后又指出，这些东西是良是恶，关键在于天下人能否"安其性命之情"。"情"谓情实，"性命之情"是指性命之真。在此"安其性命之情"成为了评价的标准，它的义旨和"不迁其德"之说是一致的。①

如前所述，"至德之世"的基本特点是"同德"——人人皆能"同"于自身之"德"。所谓"不淫其性，不迁其德"，所谓"安其性命之情"，都是指向此"同德"状态的回归。《胠箧》篇有"天下之德始玄同"之言，更加直接地指向这一点：

> 削曾、史之行，钳杨、墨之口，攘弃仁义，而天下之德始玄同矣。彼人含其明，则天下不铄矣；人含其聪，则天下不累矣；人含其知，则天下不惑矣；人含其德，则天下不僻矣。彼曾、史、杨、墨、师旷、工倕、离朱者，皆外立其德而以爚乱天下者也，法之所无用也。

---

① 《骈拇》篇又有"任其性命之情"之说，意义与之相仿。陈赟先生在论析庄子政治观时曾指出，庄子主张将治天下转换为安天下，进一步又将安天下提升到让天下自安的层次（《"尧让天下于许由"：政治根本原理的寓言表述——〈庄子·逍遥游〈的内在主题》，《社会科学》2009年第4期）。这是很精到的把握。所谓"安""任"正是指天下自安、自任，它是"在宥"的核心价值所在。

· 343 ·

◆◇◆ 先秦道家"德"观念研究

"外立其德"亦即"临人以德",这是一种异化表现,它不仅伤害自己,还会累及他人,以至于"爚乱天下"(参见第二节"弃名而抱德"处的论述)。"仁义"之举是"德"之异化的一个典型,"攘弃仁义"即是说杜绝异化,回归真实之"德"。只有这样,才能够让大家一并实现德性,所以说"天下之德始玄同"(始谓才)。

"玄同"一词沿自老子。在老子那里它是指在圣人辅助下民众所达成的玄妙的齐同之状。① 庄子延续了它的用法,并将人之所"同"者明确落实到"德"。此所谓"同"不是说人人之"德"皆相同,而是说在实现其"德"这一点上人人皆相同。"玄同"之状即是后文所说的"人含其德,则天下不僻"的状态,② 亦是"至德之世"的"同德"之境。有所区别的是,在言及"至德之世"时庄子是直接标示此境,而这里则讲到了"德"何以不"同",又当如何回归"同"。

由上可知,天下的价值是通过此场域中实质之物的如其所是得到呈现,此实质之物宽泛而言是指世间万物的本性,而其核心则在于天下人的纯朴天性。个人天性的自由实现是天下作为浑沌场域的核心价值所在。庄子在其天下之论中频频指出这一点,诸如"不淫其性,不迁其德""安其性命之情""天下之德始玄同""人含其德,天下不僻矣",等等,都是对天下核心价值的直接揭示。这一点在前两个小节所引述的材料中其实也可看到。比如,在标示"至德之世"时,庄子通过"同德""天放""其德不离""民性得矣"等言辞来体现天下的价值;而在关于天下衰退的描述中,则是通过"德又下衰""攘

---

① 《老子》第56章曰:"塞其兑,闭其门,挫其锐,解其分,和其光,同其尘,是谓玄同。"学界多是将"玄同"解作圣人同于"道",把"其"解成自己。高亨先生认为"其"是指圣人所面向的民众(《老子注译》,清华大学出版社2010年版,第91页)。笔者赞同此解。这段话是说圣人通过"塞""闭"等辅助行为,和大家一起达到玄妙的齐同之境。所谓"化而欲作,吾将镇之以无名之朴"(第37章)、"辅万物之自然而不敢为"(第64章)、"与物反(返)矣,然后乃至大顺"(第65章),其义与之相通。庄子讲"玄同"是基于天下人来讲,这也可成为理解老子此论的一个参照。

② 此处还提到"明""聪""知(智)"。从"天下之德始玄同"这一基本目标来看,"人含其德"对其余三种具有概括的作用。如前节所述,"德"不是外在于欲望、情感和智识的新内容,它恰恰存在于三者当中。"明""聪""知(智)"大致都属于智识层面。

第三章 个人德性的彰显：庄学的"德"观念

人心""大德不同而性命烂漫"等言辞，对天下的价值从反面进行说明。

在指谓个人天性时，庄子使用了多种符号，诸如"德""性""性命""人心"等。其中，"德"是使用最多、最有代表性的一个符号。相比于其他，"德"以其"得道"之义尤能代表庄子的关注点。如前所述，让"道"以"德"的形态在人这里得到开展，是道家一以贯之的核心关切。所谓天性实现，实际上就是"道"在生命中得以自由开展。在这一点上，"德"的指示性比其他符号更强。这是庄子的天下之论中此符号一直相伴相随的原因所在。若细究起来，其他几个符号的含义并非完全一样，它们和"德"也存在一定的区别，但在庄子的灵活运用中，它们又可以在向"德"义趋近的情形下指涉庄子的关切点。

有待继续指出的是，在指谓天性之实现时，庄子屡屡用到"同"这一语词。描述"至德之世"时他用"同德"表示此"世"的基本状况，在论及此"世"衰退时则用"大德不同"指示天下异化的实质，此外他还沿用了老子的"玄同"概念，用以说明天下回归本真时世人之"德"的实现状态。可以说，"德"是指谓个人天性的基本符号，而"同"则是表征其实现状态的关键词。所谓"同德"，主要就个体而言，它指的是人人皆能同乎其德；而"天下之德始玄同"则是从天下的整体状态来说，人人皆能同乎其德，此即玄妙的齐同之状。

总而言之，庄子思想中的天下本质上是天下人的天下，是一个"混芒"而"天放"的自由场域。所谓天下成其所是，其实质在于此场域中的个体能够成其所是。个体成其所是的内在依据即是自身之"德"。所谓个体如其所是，实质上就是如其"德"之所是。此即"同德"的要害所在，也是天下的核心价值所在。

（三）帝王之"德"的角色

以上关于天下之价值的讨论是就普遍的天下人来讲，其中还有一类特殊个体也即帝王需再加关注，这也是庄子德政思想的一个重要组成部分。"天下之德始玄同"之论已涉及这方面的情况。此所言"德"不仅是指天下场域中民人的德性，也包括治理者的德性；并且,之所以得以"玄同",治理者的德性还发挥了关键的作用:当其"德""外立"之时,民众的"德"会跟着异化、下衰;而当其"德"回归真实时("攘弃仁义"是回归的一个典型表现),大家的"德"也跟着"玄同"。

这一文段是针对曾、史、杨、墨之辈来讲,尚未明确指向君王之"德"。不过,在《天地》篇的一段对话中其地位可得到集中体现:

> 将(蒋)闾葂见季彻曰:"鲁君谓葂也曰:'请受教。'辞不获命,既已告矣,未知中否,请尝荐之。吾谓鲁君曰:'必服恭俭,拔出公忠之属而无阿私,民孰敢不辑!'"
>
> 季彻局局然笑曰:"若夫子之言,于帝王之德,犹螳蜋之怒臂以当车轶,则必不胜任矣。且若是,则其自为处危,其观台多物,将往投迹者众。"
>
> 蒋闾葂觑觑然惊曰:"葂也汒若于夫子之所言矣。虽然,愿先生之言其风也。"
>
> 季彻曰:"大圣之治天下也,摇荡民心,使之成教易俗,举灭其贼心,而皆进其独志,若性之自为,而民不知其所由然。若然者,岂兄尧舜之教民,溟涬然弟之哉?欲同乎德而心居矣。"

蒋闾葂认为为政应当"恭俭""无阿私"("拔出公忠之属"是说选拔公忠的人才),季彻表示这比起"帝王之德"就仿佛是螳臂当车,不值一提。接下来,季彻讲到"帝王之德"的具体表现。此处的"摇荡民心"是理解的关键。所谓"摇荡",也即《大宗师》所言"遥荡",[①]意指逍遥放荡。"摇荡民心"是说使人心逍遥自在,其义和前述《在宥》篇的"撄人心"恰恰相反。

季彻后来所讲的内容都是对"摇荡民心"的具体开展。其中,

[①] 《大宗师》有言:"许由曰:'而奚来为轵?夫尧既黥汝以仁义,而劓汝以是非矣,汝将何以游夫遥荡恣睢转徙之涂乎?'""遥荡"是指逍遥放荡;"恣睢"是指不受束缚、自在自得;"转徙"是指转化。参见陈鼓应《庄子今注今译》(中),第342页。

第三章　个人德性的彰显：庄学的"德"观念

"贼心"与"独志"相对：前者是指贼害自身的"心"，大致相当于前节所述的"成心""机心"（但"贼心"的否定意味更强烈）；后者指独立的志向，其义和"性之自为"相呼应。"自为"是强调不受干涉、自由作为，这是"自然"的一种表现。在最后季彻总结道，帝王治理天下说到底只是要"同乎德而心居"。所谓"同乎德"是指治理者和民众一并"同"于"德"，也即，治理者回归真实的"德"，从而让民众也能实现其"德"。而所谓"心居"，也即"心安"。"同乎德而心居"正指向"大德不同而性命烂漫"的反面，意味着人们在"帝王之德"下能够自由实现各自的德性。

前面论析"至德之世"以及"为天下"时，已涉及君王德性的地位问题。在"至德之世"中君王德性的存在将促成民众德性的实现；"为天下"代表着君王德性的衰落，此将引发民众对德性的背离。此二者正好从正反两个方面指示了治理者在民众德性实现上的作用。而此处所论则可以更直接看到帝王之"德"的重要角色。庄子德政思想的重点虽在于民人之"德"，但他并非置帝王之"德"于不顾。

在庄子看来，天下间人人如"德"所是是政治生活的最高目标，而在实现这一目标的过程中，帝王之"德"将起到比较关键的作用。世人成就自身的德性，有赖于一个自由的场域，而帝王之"德"正是他能够维护这一场域的前提。换言之，"宥"而"藏"之作为对待天下的正确方式，是帝王之"德"在行动上的一种表现。当然，不管帝王之"德"多么重要，相对于民人之"德"来说，它都是一种工具性的存在，后者才是政治世界的目的和价值所在。

四　庄子德政思想的构造及其特点

（一）庄子德政思想的内在构造

通过前面的讨论，我们可看到庄子德政思想整体上的一种理路。他以"至德之世"标示天下的理想形态，在此标准之下他对现实政治展开了深刻的批判，同时也提出自己的独特主张。在他看来，天下的不同形态意味着人们的"德"将处于不同的境域之中，而统治者的行为将直接影响到天下以何种形态呈现。由"己"而出经式义度，以此操控天下，将导致天下的异化；以宽容的方式，将天下"藏"于天下本身，则能够让天下的本质得以显豁。直接来说，"宥"而"在"的对象是天下，而其实质则是天下人是其所是的"德"。因此，为政者的角色只是天下本质的维护者，帝王之"德"之所以有意义，正在于它能够保证天下本质的"恒""在"，能够保证"玄同"境地的实现。

以"德"论"天下"是庄子政治思想的一个基本思路，潜含于二者之中的庄子的核心关切乃在于个体的自由。此所谓自由是指个体不受搅扰、其纯朴天性能够如其所是的状态，这和西方近代以来学说中以个人权利为基础的自由并非完全一样。围绕个体之自由，庄子以"天下"标示个体所处的政治场域，以"德"指示内在于个体的自由之依据。这两个符号在其思想中之所以"缠绕"一起，其深层原因要之在此。

就天下场域而言，"德"是用以指示天下之价值的主要概念。作为一个场域，天下是"虚"的存在，人的如"德"所是才是此场域中的"实"。就场域中的个体存在而言，"德"是用以指示个体自由之依据的基本符号。这意味着，"德"的一个重要功能即在于为人的自由立基。如果进一步追溯，人的自由最终是根源于"道"。"道"与"德"同谓世界之本根，前者主要彰显本根的超越性，而后者更强调本根于人的内在性。可以说，"道"与"德"的意义皆在于为人的自由立基，前者立的是自由的形上之基，而后者立的是自由的内在之基。

我们通常是以"得道"来理解道家思想中的"德"，大体上这是可以成立的。但需注意的是，作为"得道"的"德"包含着先天和后天两层意味：一个是说人先天地潜含"道"，此是作为潜质的"德"；一个是说人在生活中觉悟"道"、运用"道"，此是潜质之"德"在后天的实现状态。这两层意味在庄子思想中尤为明显。庄子在其言论中曾对"德"有过两个界定，一是《天地》篇的"物得以

第三章 个人德性的彰显：庄学的"德"观念

生谓之德",① 一是《德充符》的"德者成和之修也"，这分别是就"德"的先天义和后天义进行界定。"德"为人的自由立基，主要是就"德"的先天义来说。这意味着，人人皆固有其"德"，本有着是其所是的内在依据。

在庄子思想中"德"是自由的内在之基，而另一个概念也即"自然"则直接标示自由的状态。"顺物自然而无容私焉"即是说为政者消除个人私意，尊重和顺任天下人的"自然"，成就天下人的自由。如前所述，"顺物自然"的"物"首先是指天下此物，究其实质而言，则是指天下场域中的人。人何以能够"自然"，其内在的依据即在于自身本有之"德"。天下的"自然"、人的"自然"说到底就是人的固有之"德"的自由实现。在庄子思想中"德"与"自然"互为内外，共同指示政治生活的价值所在。

庄子不仅肯定人人皆固有其"德"，同时也肯定人人本有实现其"德"之能力。② 在他看来，人们所需的不是外界赋予他们德性，也不是外界对其道德实践的规训。人们自有潜质在身，自有开发、培养之能力。他们所需的是一个让他们自行其是的环境。"顺物自然"作为一种治理方式之所以可能，原因即在此间。任何"为天下"的举动都会对个体天性的自由实现形成阻碍，都会造成"德"的"下衰"，"顺物自然"之必要性即是在此意义上成立。因此，全面来说，人何以能够"自然"，其依据不仅在于人人自有其"德"，也在于人人自有实现其"德"之能力。

人身上的"德"本身就具有实现自身的能力，上述两个方面根

---

① 这里不仅确认了人先天地潜含"道"这一点，也确认了"道"普遍存于万物之中。参见第一节的讨论。

② 《胠箧》篇所言的"人含其德，则天下不僻矣"在提示"天下"与"德"之关系的同时，也在暗示这样的道理：人本身即含有德性，让它如其所是，天下自然不僻。《骈拇》篇有一段话则直接说到人自身就拥有实现德性的能力，那些以仁义"为天下"的仁人志士只是多忧："意仁义其非人情乎！彼仁人何其多忧也？且夫骈于拇者，决之则泣；枝于手者，龁之则啼。二者或有余于数，或不足于数，其于忧一也。今世之仁人，蒿目而忧世之患；不仁之人，决性命之情而饕富贵。故意仁义其非人情乎！自三代以下者，天下何其嚣嚣也？"

本上是统一的。我们可将这种能力称为"自然"的能力。作为状态的"自然"即是这种能力的开展和实现。庄子在政治问题上的一系列主张，说到底就是倡导为政者尊重和顺任人的"自然"的能力。对于这种能力，庄子表现出极大的肯定和信任，这是他之所以极力反对"以己出经式义度"的根本原因。为政者制定各种规章制度时所依的是其个人意志，而不是天下人的"自然"的能力，这是其制度规范之所以不正当的原因所在。为政者这样做的动机未必就是为了满足一己之私欲，不排除他们是抱着为了让天下太平、让民众生活幸福的目的。但其制度规范一旦是由"己"而出，即会出现事与愿违的结局。这就好像《至乐》篇所说的"以己养养鸟"，动机是为了养鸟，但其养是根据自身的需要，而不是依据鸟的需要，其结果只能是"三日而死"。[①] 为政者据己意制定经式义度，貌似在施行一种有利于民众的德政，但这种德政是虚假的，它并不符合天下人的真正需要。庄子之所以用"欺德"来定位这种做法，其深层意味正是在此。

就天下场域来看，其理想状态下的秩序即是一种自发秩序，此秩序之根源即在于人所固有的"自然"的能力。天下作为一个场域的秩序不待人君己意之安排，"在宥天下""藏天下于天下"之所以正当，根源在于这是对天下之自发秩序的尊重和顺任；而那种基于"经式义度"的"为天下"之所以不正当，原因则在于其制度规范乃是由"己"而出，违背了天下秩序的自发性。由此也可看到，庄子以"德"论"天下"，不仅关乎后者价值之标示，也涉及后者秩序根源之确立。如果说"德"的后天义关联着此场域的核心价值（天下的核心价值即在于人人皆能实现其"德"、如"德"所是），那么"德"的先天义则指向天下场域的秩序根源（人人皆固有其"德"，本有着实现其"德"的能力）。

[①] "以己出经式义度"的"己"和"以己养养鸟"的"己"密切相关，这体现着行动者之立场及其行为之依据。儒家倡导以己度人，但庄子显然反对这一点。

第三章 个人德性的彰显：庄学的"德"观念

（二）比较视域中庄子德政思想的特点

庄子德政学说的种种内在之思不仅使它和儒家德政观形成鲜明的比照，并且也在道家内部和老子的德政思想拉开了距离。以上所述已经在一定程度上反映了庄子德政观的独特性，接下来我们将通过集中的比较，进一步展现它的思想特质。

我们先来看老、庄之间。对于老、庄的政治思想，我们习惯于用"无为而治"一并统括之。这固然能反映二者的某些共性，却也容易忽视二者的差异性。庄子确实在很多地方延续了老子的思想，但其间的发展和变化也有待留意。其一，老子思想中"德"主要归于君王，而在庄子这里"德"的主体从君王身上扩展到普遍的天下人。关于帝王之"德"，庄子也有留意，此"德"是帝王"在宥天下"的内在基础，它的存在是为了配合天下人之"德"的普遍实现。可以说，老子的德政学说整体上是一种"王德论"，而庄子德政学说的重点乃是一种"民德论"。在二者思想中"德"都是评判政治的核心标准，但此标准的具体意味有所不同。老子考虑的是为政者的行动是否合乎"德"，而庄子则关注为政者的行动能否促成天下人之"德"的实现。

其二，对于天下人的理想境域，老子用"自然"标示之，而庄子在延续的同时又进一步以"德"标示"自然"的内在依据。作为个体本真自我的实现，"自然"实际上是指个体的自由。"道"与"德"的意义皆在于为人的自由立基，前者立的是自由的形上之基，而后者立的是自由的内在之基。此等理路在老子思想中是比较模糊的，或者说还不甚完整，到了庄子这里才有了比较完整的表现。老子思想中作为"道"之落实的"德"主要归属于君王，"德"表现于行动即是"无为"；"自然"作为天下人自由的表现，是决定统治者应该"无为"的深层原因。而在庄子思想中，作为"道"之落实的"德"普遍归于天下人，它是天下人"自然"的依据所在，这决定着统治者应当配合以"无为"。

其三，在二者的德政思想中"天下"扮演着不同的角色。老子思想中的天下是君王得以推行其"德"的平台，而庄子所思的天下则是一个人人得以实现其"德"的场域。前者意味着"德"是对待天下的方式，后者则意味着"德"是构成天下的实质之物。老子所思的天下本质上也是一个属于天下人的自由场域，但天下的这种性质在其学说中还没有得到充分的开展。在如何对待天下的问题上，"天下神器，不可为也"（《老子》第二十九章）指示了老子的基本主张。庄子延续了对"为天下"的批判，并进一步追寻"为"的属性及其根源。对由"私"而"为"和"以己出经式义度"的评判，尤能反映庄子在此问题上的看法。

最后，老、庄的德政学说都不是单纯主张消极责任，其间都有关于积极责任的规定。老子在否定干涉行为的同时又肯定了辅助行为的正当性，庄子在作出类似否定的同时还强调为政者对天下本质的维护责任。维护天下的本质，某种意义上也是辅助天下人的表现。不过，庄子的主张比起老子仍有一定区别。在老子的"辅万物之自然而不敢为"和庄子的"顺物自然而无容私"之论中，"辅"和"顺"具有微妙的差异。前者暗示着天下人"自然"的能力并不充分，还需圣人的辅助，其间不排除直接引导的作用。而在庄子思想中这种作用几乎是不存在的。在他看来，为政者只需做到"宥""藏"，只需维护好天下的本质；只要此场域的本质能持续显豁，那么天下人就有足够的能力自行如"德"所是。① 老、庄都肯定人的"自然"的能力，这是他们主张"辅"而"不敢为"、"顺"而"无容私"的共同依据。相较而言，庄子对人的这种能力给出了更多的肯定和信任，这是他主张"顺"而不是"辅"的深层原因。以往我们很少留意"辅""顺"之别，事实上这里蕴含着庄子思想的一个重要变化。

接下来看庄子德政观和儒家德政观之间的差异。首先可看到的是，儒家德政学说在构造上也是一种"王德论"。宽泛来讲，儒家所思之"德"自然也涵括天下人，成为有德之君子是儒家在个人

---

① 庄子所言"顺"不是指丝毫不为，这是以"在宥"和"藏"为基础的"顺"，它关乎为政者的积极责任。

第三章 个人德性的彰显：庄学的"德"观念

修身上的基本主张；但就德政学说来看，其所论"德"是针对为政者而言。"德"作为评价政治之标准具体指向的是为政者是否有"德"，而不是庄子"民德论"所强调的为政者能否促成天下人之"德"。

具体论至君王之德的作用，其中的差异则更为明显。儒家强调君王之德的典范性，推崇仁义之教化，但在庄子看来，这是不必且不宜的。君王虽有重要作用，但其作用只在于维护天下本质，不在于直接规训民众；天下人固有仁义美德，大家所需的是让他们成其所是的自由场域，人为的教化不仅不能助其成德，反而会导致德的异化。进一步来看，这里的区别其实关乎如何看待为政者的"己"在治理天下过程中的地位。儒家倡导君王之德的典范性，主张仁义之教化，对于"己"显示出更多的肯定。这和他们所推崇的"己欲立则立人"的原则有关。以君王之德为典范即是此原则在政治上的一种运用。但这一原则在庄子这里是受到批判的。在其思想中那些由"己"而出的经式义度是对天下自发秩序的破坏，而仁义之教作为经式义度的典型，其破坏性尤为显著。仁义之教之所以不正当，其根本原因要之在此。为政者的"己"未必就是个人私欲，他们也可能抱着为天下人谋福利的考虑。但在庄子看来，"以己出经式义度"仍有可能伤害到天下，这就好像倏、忽是为了报答浑沌的恩情，结果却让浑沌七日而死（《应帝王》），也好像"以己养养鸟"，初衷是为了养鸟，结果却事与愿违（《至乐》）。[1]

进一步来看，儒家思想中"德"作为政治评判之标准只是暂时的，其间还有一个更加内在的标准。这个标准在以往一般被称作"民本"，王中江先生则以"民意"定位之。"民本"之定位容易造成

---

[1] 从伦理角度看，"己欲立则立人"虽然存在消弭他异性的可能，但自己他之间并非完全异质，此原则仍有其合理性。儒家正是沿着后一方向，希望在其合理的范域内，尽可能发挥人为秩序的功效。而老、庄对"己"的危险性十分警惕，这导致他们在秩序建构上持一种相当保守的态度。前面提到，辅助或维护的责任包含着积极行动的空间，但老、庄在此中未有具体之规定。这种情况的出现应该和他们对"己"的警惕有关。"己欲立则立人"是一个存在两面性的伦理原则，上述的诸种差异在很大程度上是源于两家对它的不同方面的关注。

"工具化"的理解方向，王先生所论能够避免这一误解。① 由此来看，为政之"德"之所以有价值，关键在于它能够符合民意、实现民意。儒家的德政思想在根本上是一种"民意论"，而庄子德政思想的重点乃是一种"民德论"。他们评价政治正当性的眼光最终都落在民人身上，但具体的角度并不一样。庄子比较强调个体的生存境域，更关注环境的宽容与个体的自由；儒家强调民众的意向和意愿是政治正当性的基础，这种思想不排斥上述的价值，但相对来说，它们在庄子思想中显得更为突出。

在天下的形态上，儒家推崇"大同"，② 庄子延续老子的"玄同"之论，并进一步落实于"天下之德始玄同"。"同"是两家共同崇尚的价值，但其具体意味不一样。这里强调的不是"大"和"玄"的字义之别，关键在于这两种"同"的内涵并不相同。儒家所言"大同"是指"大道之行，天下为公"的状态，更具体来说，是指天下

---

① 王中江先生指出，人们通常所说的"民本论"往往是指在政治工具中何者重要的问题，而不是指政治和权力的目的为何的问题；政治和权力的目的在儒家那里是用合乎"民意"和"民心"来表达的。因此王先生主张用"民意论"对儒家这方面的学说进行概括（《权力的正当性基础：早期儒家"民意论"的形态和构成》，《学术月刊》2021年第3期）。确实像王先生指出的那样，"民本论"这一定位容易造成"工具化"的理解方向（所谓民本，即通过维护民之本，达到统治者长治久安的目的）。之所以如此，主要是因为人们往往把儒家的"民本论"和《尚书》的"民惟邦本，本固邦宁"（《夏书·五子之歌》）缠结一起，并以后者为儒家"民本论"之渊源。事实上，以孟子的"民为贵，社稷次之，君为轻"（《孟子·尽心下》）为代表的儒家"民本论"与《尚书》的"民本论"存在绝大之差异。后者是一种以"民本"为工具的思想，而儒家"民本论"并无此等取向，它是一种以民为本位、以民心或民意之实现为政治目的的学说。因此，如果注意到传统的"民本论"其实具有两种形态，而儒家此论实有别于"民为邦本"之论，那么儒家"民本论"这一定位也可以继续采用。

② 《礼记·礼运》有载："昔者仲尼与于蜡宾，事毕，出游于观之上，喟然而叹。仲尼之叹，盖叹鲁也。言偃在侧曰：'君子何叹？'孔子曰：'大道之行也，与三代之英，丘未之逮也，而有志焉。大道之行也，天下为公。选贤与能，讲信修睦，故人不独亲其亲，不独子其子，使老有所终，壮有所用，幼有所长，矜寡孤独废疾者，皆有所养。男有分，女有归。货恶其弃于地也，不必藏于己；力恶其不出于身也，不必为己。是故谋闭而不兴，盗窃乱贼而不作，故外户而不闭，是谓大同。'"

第三章 个人德性的彰显：庄学的"德"观念

各处皆能同于此。① 它着眼的是人与人之间的关系，人与人和谐共处是其题中之义。② 老子所论"同"是指天下人在圣王的辅助下一同回归"大顺"，庄子则将人之所"同"者进一步落实到"德"，所谓"天下之德始玄同"，即是说人人在如"德"所是这一点上是相同的。儒家"大同"世界中的人也是有"德"者，但二者所谓"德"的重点并不一样。儒家关心人际关系的和谐，而道家则强调个体自身的境域，这一点在庄子思想中尤为显著。在其学说中"德"是个体自身的内在化符号，所谓"同德"，说到底就是人人自由实现其自身。

天下是一个开放的属于天下人的公天下，这一点是儒道两家共同承认的。天下的这种性质在孔、老思想中已有浮现，③ 在后学之思想中得到了进一步的揭示。孟子和《礼记·礼运》的作者分别以"民贵"之论（也即民意论）和"大同"之论指陈天下的实质，而庄子则以"同德"之论呈现之。论及天下问题时江山先生曾指出，孔子在天下的观念史上地位关键，他是天下人之天下此等理念的缔造者。④ 李平先生有类似之见，并具体考察了此理念在孔子思想中的表现。⑤ 笔者认为，面对西周以来的家天下模式，不惟孔子提出新的理念，包括老子也以新的眼光看待天下；两家后学延续前辈之思，让天下的公的性质更加充分地显豁出来。在天下人之天下此等理念的缔造上，儒道两家都作出了重要的贡献。公天下是儒道两家对天下本质的共同理解，但两家在此之中的关注点又各有不

---

① 关于"大同"，郑玄注曰："同，犹和也，平也。"孔颖达疏曰："率土皆然，故曰'大同'。"见郑玄注、孔颖达疏：《礼记正义》，北京大学出版社1999年版，第659—660页。
② 这一点从"天下为公"以后的语句可以看出。
③ 孔子赞扬泰伯"三以天下让"的"至德"，又称赞舜禹以"不与"的方式"有天下"（均出自《论语·泰伯》）。老子强调"以天下观天下"的原则（第五十四章；庄子的"藏天下于天下"之论与此不无相关），认为天下是个"不可为"的"神器"，反对"欲取天下而为之"（《老子》第二十九章）。二子之论都显示出对天下为公的肯定。
④ 江山：《文化与宪政》，台北：元照出版有限公司2008年版，第138—139页。
⑤ 李平：《先秦法思想史论》，第72—90页。

同，儒家更关心天下间人与人关系的和谐性，道家则更强调天下之中个体存在的自由性。

接下来，我们联系西方相关学说，继续探讨庄子德政思想的特点。对于现实政治制度，庄子持比较强烈的批判态度，这容易让人以为他是在宣扬无政府主义。以往不乏论者即持此见，① 其间也有学者提出异议，认为庄子只是批判治理的方式，并不否认君主或政府组织的存在。② 总的来看，庄子倡导的其实是自由政治的理念，而不是无政府主义的思想。如同后一类观点已指出的，其学说中存在着理想君主的形象。③ 除了这一点，笔者想补充的是，在庄子思想中君王不仅被允许存在，而且还是天下所需要的角色，后一点是笔者作出以上定位的更为关键的原因。

如同前述，君王是天下本质的维护者，他通过"宥"和"藏"的方式，让天下自由场域的本质得以显豁。为政者的这种维护既包括不干涉的消极责任，也包括为天下成其所是提供正面条件的积极责任。

---

① 无政府主义是兴起于近代西方的一种社会政治思潮，其基本观点是否定一切政权组织和统治形式，希望建立一个没有国家政权的、完全平等自由的社会。这种思潮在晚清传入中国，当时不乏学人出于宣传考虑，将庄子学说视作古代中国无政府主义思想的一个代表。这种理解持续到后来的庄学研究，民国以后仍不乏学者主张庄子思想是一种无政府主义。这方面的研究可参见关锋《拙作〈庄子内篇译解和批判〉的修正与说明》，收入胡道静主编：《十家论庄》，上海人民出版社 2004 年版，第 381 页；葛瑞汉（Angus C. Graham）《论道者——中国古代哲学论辩》，张海晏译，第 350 页；崔大华《庄学研究》，人民出版社 1992 年版，第 233—237 页；刘笑敢《庄子哲学及其演变》，第 256—270 页。崔大华、刘笑敢两位先生将庄子的政治思想概括为"无君论"，这与视庄子为无政府主义者的持论大致接近。

② 如蔡明田先生曾言道：一旦主张政府尽量不干涉人民，遂即被误解为无政府的思想，然而依据《庄子》一书所载，事实并非如此；庄子从未攻击政治制度的本身，也未否定他们的价值，他只是抨击统治者的统治措施失当（《庄子的政治思想》，台北：牧童出版社 1976 年版，第 134—136 页）。王威威教授曾指出，庄子对有为之君的批判并不能得出他主张"无君"的结论，在相关言论中他其实塑造了理想君主的形象；对至德之世的描绘以"吾意善治天下者"引出，说明其中仍有治者存在（《治国与教民——先秦诸子的争鸣与共识》，中国社会科学出版社 2019 年版，第 50、第 64—65 页）。

③ 比如，在经常被看作无政府状态的"至德之世"中，其实存在着天下的治理者。《马蹄》篇所述以"善治天下者"开始，《胠箧》篇提到容成氏等人，而《天地》则讲到"上如标枝，民如野鹿"（治理者如树枝一般无心于上，民众如野鹿一般纯朴）。凡此种种，都表明庄子所思的天下是一个存在治者的场域。

第三章　个人德性的彰显：庄学的"德"观念

如果一味强调消极责任，那么就容易得出无政府主义的看法。因为最彻底的"无为"就是无政府状态，为政者的存在将使得"为天下"成为可能，倒不如取消政权，以杜绝这种可能。但事实上，庄子关于为政者的角色规定不仅关乎消极责任，他所倡导的"藏天下""在宥天下"都包含着对积极责任的肯定，只是在责任的具体形式上，或者说在天下成其所是所需的正面条件上，他没有给出很明细的规定。

某种意义上，庄子所设想的君王角色有点类似于亚当·斯密（Adam Smith）学说中的"守夜人"。只是亚当·斯密在反对不正当干预的同时，又明确指出了"守夜人"的积极作为的职责；[①] 而庄子虽然对积极责任有所肯定，但对于君王应承担哪些职责的他没有给出具体的说法。就庄子对自发秩序的肯定来看，其思想也和哈耶克（F. A. Hayek）的学说不无类似。哈耶克反对社会制度的人为性和计划性，庄子批评"以己出经式义度"，这都是基于对自发秩序的肯定。哈耶克在反对人为性制度以外，又非常强调自发性制度（源于自发秩序的法律制度）对其所源者的保障作用。这是他推崇法治的原因所在。在其学说中，法治"不仅是自由的保障，而且也是自由在法律上的体现"。[②] 法治源于自由，又保障着自由，二者是双向互动的关系。庄子并非反对所有制度，在其思想中所谓经式义度也包含着自发性和人为性两种形态。但他将重心放在了对人为性制度的批判上，对自发性制度不甚着意，更没有给出相应的设计。

总之，亚当·斯密和哈耶克的相关学说不仅指示了治理者的积极责任，同时也在制度上对此给出了建构。而庄子关于维护者的设想虽然包含积极行动的空间，但他在制度建构上的态度是比较保守的。这和

[①] 亚当·斯密认为，按照自然自由的制度，君主只有三个应尽的义务：第一，保护社会，使不受其他独立社会的侵犯；第二，尽可能保护社会上各个人，使不受社会上任何其他人的侵害或压迫，就是说，要设立严正的司法机关；第三，建设并维持某些公共事业及某些公共设施，这种事业与设施，在由社会经营时，其利润常能补偿所费而有余，但若由个人或少数人经营，就绝不能补偿所费。见亚当·斯密《国富论》，郭大力、王亚南译，商务印书馆2015年版，第657页。

[②] ［英］哈耶克：《通往奴役之路》，王明毅等译，中国社会科学出版社1997年版，第103页。

前文所说的他对"己"的警惕有关。从哈耶克学说的角度来看,通过正当的立法程序,那种违背天下人之所是的"己"是可以避免的,法律制度可以体现并保障自发秩序。庄子察觉到"己"的危险性,对制度的正当性基础进行了深入的审视,至于如何在立法上规避不正当的"己"以发挥经式义度的积极功效,则是另一层面的问题了。

关于为政者的角色,老、庄都考虑了消极责任和积极责任两个方面。相对来说,他们在积极责任上讲得少一些,也讲得比较笼统,所以我们往往会更加关注他们在消极责任上的言论。事实上,二者所倡导的辅助或维护的责任都包含着积极行动的空间,只是他们在此中未作具体的说明,更没有在制度上给出相应的建构。老、庄思想尚未充分展开的这一方面在黄老道家那里得到了重视,一个典型的表现是黄老学主张通过统一而普遍的"法"来维护天下的本质。它强调"道生法"(《黄帝四经·道法》),主张"法"的制定应以"人情"(人的情性)为基础。这种"法"并非由"己"而立,它根源于"人情",同时又能保障"人情";通过"法",君王的"无为"能得到贯彻,而民众的"自然"也将得以实现。[1]

除了将庄子政治学说看作无政府主义,也有论者将它和卢梭的政治理论进行联系。比如严复先生在其《庄子评语》中即屡屡提到庄子之论极似卢梭之学。[2] 庄子思想和卢梭学说确实具有某些相通性,

---

[1] 关于黄老学中"法"的这种意义,王中江先生已有深入探讨。参见氏著《简帛文明与古代思想世界》,北京大学出版社 2011 年版,第 427—470 页。

[2] 严先生对二人相关的学说整体上是持批判态度。针对《胠箧》篇的"子独不知至德之世乎"一段,严先生评曰:"此说与卢梭正同,然而大谬。所谓'至德之世',世间固无此物。而今日非、澳诸洲,内地未开化之民,其所当乃至苦。如是而曰至治,何足慕乎?"(《庄子评语》,收入《严复集》第四册,第 1123 页)针对《马蹄》篇,严先生总评曰:"此篇持论,极似法之卢梭,所著《民约》等书,即持此义,以初民为最乐,但以事实言之,乃最苦者,故其说尽破。醉心卢氏学说者,不可不知也。"(同上书,第 1121 页)针对《在宥》篇"故君子不得已而临莅天下"一段,严先生评曰:"法兰西革命之先,其中有数家学说正复如是。……不独卢梭之殚残法制,还复本初,以遂其自由平等之性者,与庄生之论为有合也。"(同上书,第 1124—1125 页)刘笑敢先生已注意到严先生此论,并就卢、庄思想之同异展开了深入论析(《庄子哲学及其演变》修订版,第 267—269 页)。笔者这里尝试在刘先生所论基础上继续谈点浅见。

第三章 个人德性的彰显：庄学的"德"观念

但其间也存在比较多的差异。卢梭认为，自然状态中人是自由、平等的，但随着私有制的出现，人们进入了社会状态，逐渐失去了自由、平等，因此需要订立契约，以重新实现人的自由和平等。① 卢、庄都是通过美化历史的方式来寄托理想、批判现实，并且二者思想中都包含着对自由和平等的肯定。研究者一般都承认庄子思想中存在对自由的肯定，但多数是以"逍遥游"为中心认为庄子追求的是一种精神自由。事实上，庄子思想中的自由包含着不同的形态，在精神自由之外还存在对政治自由的肯定。第二节所讨论的自我悬解是精神自由的一种体现，而本节所讨论的天下场域中的个体成其所是，即是政治自由的一个体现。② 此外，庄子思想中也包含着对平等的肯定。章太炎先生以"一往平等"解"齐物"，③ 其论固然有援佛解庄之意，但也揭示了庄子思想本有的一个重要面相。庄子认为在"德"的实现和"道"的开展上人们并无贵贱之分，正所谓"以道观之，物无贵贱"（《秋水》），即是其平等观的集中体现。④

不过，二人思想的差异处也有待注意。比如，在世态异化的原因上他们都看到了"私"的关键性，但所谓"私"的内涵并不一样。庄子所言"私"是指为政者把天下当作个人所有物的私心，而不是和财产经济有关的私有制。其次，卢梭为自由和平等的重新实现提供了社会契约这一基本途径，而庄子并没有给出制度上的设计。庄子主要是关注那些影响自由和平等之达成的消极因素，而在积极因素上则没有给予足够的注意。此外，就自由和平等的内涵而言，它们在卢梭思想中和个人权利密切相关，自由和平等是天赋人权的核心。庄子并无此等观念，在他的思想中自由是指个人不受搅扰、其纯朴天性能够如其所是的状态，而平等则主要是就人们在成德觉道上具有同等之地

---

① ［法］卢梭：《社会契约论》，何兆武译，商务印书馆2003年版，第5—30页。
② 关于庄子思想中自由的政治向度，陈赟先生在其近著《自由之思——〈庄子·逍遥游〉的阐释》中有深入论析（尤其在第292—331页），对理解庄子的自由观颇具启发性。
③ 章太炎：《齐物论释定本》，收入《章太炎全集》（六），上海人民出版社1986年版，第61—121页。
④ 关于庄子的平等观，新近研究可参阅王威威《从"平等"到"一体"——论庄子的天下观》，《商丘师范学院学报》2019年第1期。

位这一点而言。

五 "悬解"与"在宥":成德之两路及其内在联系

以上探讨了庄子德政思想的基本面貌。结合第二节来看,"德"在两种语境中的意义和角色既有不同之处,也存在着一致性。个体生命语境中庄子重视的是个体自身如何实现"悬解",社会政治语境中他关注的是如何拥有一个理想的场域。这两种路径和庄子对"德之累"的不同角度的思考有关。在庄子看来,德性衰落的一大根源即在于世人自身的"诚忘",这让他们的价值观处于倒悬之中;因此要实现自身的天真之"德",关键在于察觉到自己的"诚忘",从倒悬当中解脱出来。此外,政治世界里统治者的"为天下",会让天下发生了异化,导致人们失去一个可以如其所是的环境,这也是造成人们德性衰落的一个重要因素;因此需要统治者转换治理的方式,做到"藏"而"在"之,保证人们拥有一个自由的场域。

我们可以发现,自我悬解和政治在宥这两条路线其实是殊途共归的。个人德性的自由实现是它们的共同目标,这也是庄子哲学的基本旨趣。悬解路线作为主要的方案是一种纯粹的自我转化的路线,而在宥路线则结合了对现实政治的考虑,良好的政治对世人德性的实现将能起到配合的作用。第二种路径的关切点依然在于个体成就德性,只不过它考虑的角度有所不同。总言之,个人德性的自由实现始终是庄子的关切所在,围绕于此他有两个向度的思考,一是就着个体自身考虑问题,一是就着政治场域考虑问题。[①]

接下来我们进一步探讨庄子关于德性衰落之原因的思考。如前所

[①] 庄子并未明言两条路线的区分及联系,我们尝试在综合诸种言论的基础上,发掘其间可能存在的理路。另外,虽然这两条路线都通向个体成德,但其中被期待的主体以及"德"的实现程度应该是有所不同的。在政治在宥的路线里,被期待的主体是天下的普罗大众,"德"的实现是指民众的天性不受侵害。在自我悬解的路线里,被期待的主体主要是那些觉悟性比较高的人,"德"的实现实即"得道",有德者是那种"得道"的至人或真人。民众天性不受侵害的状态,就其整体而论,是一种合乎"道"的状态,但不代表此中每一人都能成为至人或真人。

第三章 个人德性的彰显：庄学的"德"观念

述，在第一路思考中德性衰落的原因是世人自身的"诚忘"，而在另一路思考中原因则在于统治者的"为天下"。然则，世人何以"诚忘"？统治者为何会"为天下"？对于这两个问题，我们在前面两节中分别有谈到，这里作一综论。

在论析自我悬解一路时我们曾指出，庄子关于如何成德的问题不是从正面给出修养的工夫，而是从反面提示开展的路径，因此化除物累也就成为个人成德的基本路径。物并非必然为累，它之所以成为累，根源在于"成心"，或者说在于"我"，这是导致世人"诚忘"而"倒悬"的深层原因。"我"指向的是由不良之"欲""情""智"所构造的异化的自我，它是吾人之所以"诚忘"的根由，也是物之所以为累的根源。正因如此，"去德之累"的诸种路径归结起来即在于所谓"吾丧我"。①

就另一路线来看，"为天下"作为导致世人德性衰落的直接原因，实是源于统治者的"私""己"：他们把天下当作自己的私有物，遂产生各种唯恐失去此物的掌控性行为，这样一来就掩盖了天下的本质，使其异化为属于一人或一家的私天下；当天下不能如其所是时，此场域中的人也就失去了如其所是的可能。因此，作为正确方式的"在宥天下""藏天下于天下"，说到底也只是"无己""无容私"而已。这里的"私"不仅是指某种私心，它所指向的实是那个代表异化之自我的"己"，所谓私心，乃是此"己"的一种具体表现而已。②

归结来看，世人何以"诚忘"的深层原因，统治者为何会"为天下"的底层根由，皆在于一"我"或一"己"。因此，作为成德之路径的"悬解"与"在宥"，其要害即在于"丧我"或"无己"。前面曾指出，庄子关于成德问题的思考和他的救弊意识密切相关。在他看来，时弊的本质即是世人德性的衰落，而挽救时弊的根本方案即在于让"德"回归。如何挽救时弊、改善社会秩序是先秦诸子共同的

---

① 本段内容可参阅第二节中"德之悬解合论"部分。
② 本段内容可参阅第三节中关于"为天下"的讨论。

◇◆◇ 先秦道家"德"观念研究

问题意识，但在时弊的性质及根源上大家的看法各有不同。庄子不甚关注社会秩序本身，而是深入到人的内在世界找寻失序的根由，这是德性、心灵以及自我诸问题在其思想得以突显的一个原因，同时也是其学说缺乏制度建构的一个原因。

庄子哲学往往给人一种注重心性而淡漠政治的印象。老子以后庄子重心性、黄老重政治，是目前对道家思想发展的常见描述。然而，从本书此上讨论的情况来看，庄子对政治问题非仅不冷漠，反而极为重视。个人德性的实现有赖于自身的觉悟和行动，同时也离不开良好的政治环境。政治在其思想中是一种工具性的存在，它服务于天下人生命境域的改善，但这不代表他不重视政治或者说其思想缺乏外王的维度。

然则，庄子在有些地方确实有贬低政治的倾向，这也是其思想给人淡漠政治之印象的重要原因。比如《逍遥游》在描述藐姑射山神人时曾有言及："之人也，之德也，将旁礴万物以为一，世蕲乎乱，孰弊弊焉以天下为事！"《人间世》中也讲到，颜回想去卫国从政，孔子表示这是"往而刑耳"（前去受刑）。《秋水》篇记载了楚王要请庄子去做官，庄子表示不想做庙堂上的神龟，宁愿做"曳尾于涂中"的小龟。凡此种种，都反映了庄子以政治为负累的态度。而在有些地方他的看法虽然没有这般消极，但也表示对于生命的完善而言政治乃是多余之事："道之真以治身，其绪余以为国家，其土苴以治天下。由此观之，帝王之功，圣人之余事也，非所以完身养生也。"（《让王》）"道"的意义、"德"的价值主要在于完善自我，所谓"帝王之功"，只是"余事"而已，它不是"完身养生"所必需。

以上两类言论都有贬低政治之意，虽然其程度不一。这就和此前之定位构成了一定的张力。对此，我们可以说《庄子》一书包括了不同的作者，其间对政治的态度未必统一。但笔者更倾向于寻求其间可能存在的统一性。需注意的是，此等言论中被关注的主体是那些有可能成为为政者的人，并且庄子是从个体的"悬解"路径思考问题。在此情境中政治将可能成为一种"德之累"，即便它不会

第三章 个人德性的彰显：庄学的"德"观念

成为负累，那它也是多余之事，不是完善自我所必需。至于政治成为一种需要的情形，乃是在第二种路径中就着天下广大民人来讲。在此情境下政治将起到配合的作用，它能够为世人德性的实现提供一个必要的场域。庄子在有些地方肯定政治的意义，而有些地方又有贬低它的表现，关键在于其间被关注的主体有所不同，而内中的思考路径也有所不同。

我们可进一步分析那些贬低政治的言论。在以之为负累的话语中，庄子谈到的具体问题是从政做官。在他看来，在不合适的环境中从政，将可能使自己处于危险之中。正所谓"天下有道，则与物皆昌；天下无道，则修德就闲"（《天地》），在乱世之中应先求得个人自身的安顿，否则的话，"而身之不能治，何暇治天下乎？"（《天地》）当然，即便环境适合，也不见得一定要从政，因为这对于个人修身来说并不是必要的，它只是"圣人之余事"而已。

耐人寻味的是，《在宥》篇还有"君子不得已而临莅天下"的说法。临莅天下对于个人修身而言并非必要，甚至还存在危害，因此只有在"不得已"的时候才会去临莅天下。那么，时什么情况导致"不得已"呢？庄子没有言及。推测之，可能是外界某种情势所迫，也可能是出于君子自身的考量——自己在其位则可以杜绝"为天下"的出现，为世人维持住天下的本质。从后者来看，临莅天下虽不是自身养德之必需，但它却可以为他人成德提供条件。这一句后面还说到"莫若无为，无为也，而后安其性命之情"，这便和为他人成德提供条件有关（"其"主要指民众，也包括君子）。

《天下》篇提到"内圣外王"的概念，[①] 作为一种思想模式，现今通常用它来定位儒家学说。其实道家思想也与此密切相关。道家系

[①] 《天下》篇有言："天下大乱，贤圣不明，道德不一，天下多得一察焉以自好。譬如耳目鼻口，皆有所明，不能相通。犹百家众技也，皆有所长，时有所用。虽然，不该不遍，一曲之士也。判天地之美，析万物之理，察古人之全，寡能备于天地之美，称神明之容。是故内圣外王之道，暗而不明，郁而不发，天下之人各为其所欲焉以自为方。悲夫，百家往而不反，必不合矣！后世之学者，不幸不见天地之纯，古人之大体，道术将为天下裂。"

统中的黄老学尤能彰显这一模式，而老子思想在很大程度上也能体现此点。不过，在庄子这里情况则要特别一些。虽然《天下》篇首次提出此语，但这不意味着我们可以简单地将庄子学说化约到这一模式。庄子并不反对从内圣走向外王，但问题是，"帝王之功"只是"圣人之余事"，君子"临莅天下"也只是"不得已"之举。所以，圣人"应帝王"也只是应之而已矣（"应"指因应、顺应，"应帝王"指因应帝王之事），其中未免有些无奈的成分。①《应帝王》被放在内篇之最后是蕴含深意的，而外杂篇的"圣人之余事"（《让王》）、"不得已而临莅天下"（《在宥》）等言论，则可以揭示这一深意。进一步来说，不惟圣人不得已而因应帝王之事，庄子本人也是不得已而回应帝王之事。前者的不得已如同上述，而庄子的不得已则在于：天下本是"至德"流行的天下，无奈现实当中却有"为天下"者让其异化，故不得已而回应帝王之事也。

第四节 综 论

西周以来作为政治解释工具的"德"在老子思想中得到了极大的改造，在工具性思维被剔除的同时它的论域也得到了拓展，成为了塑造道物关系、道人关系、王民关系的共同的关键。庄子承继老子之思并作出重要的发展和推进，其中一个紧要处即在于，"德"的主体在这里得到了扩展，老子思想中隐而未发的天下人的德性问题在庄子学

---

① 关于"应帝王"此篇名，郭象注曰："夫无心而任乎自化者，应为帝王也。"（郭庆藩：《庄子集释》，第287页）钟泰言道："《应帝王》，明外王也。'帝王之功，圣人之余事'，（语见《让王篇》）亦应之而已矣，故曰'应帝王'也。'应'读去声。……郭注：'夫无心而任乎自化者，应为帝王也。'曰'无心'，曰'任乎自化'，推其意，'应'亦当为因应之应，非谓如是当为帝王也。后之解者不察，或读'应'为平声，以为惟圣人当居帝王之位。（清宣颖《南华经解》说即如是）不独失本书之旨，亦违子玄注《庄》之意矣。"（《庄子发微》，第167页）笔者赞同钟泰的解释。但郭象所言"应为帝王"的"应"当读为平声（指应当），不必也不宜将其解亦看成此意。钟先生注意到"圣人之余事"此论对于理解"应帝王"之义的重要性，在此之外笔者认为还应进一步结合"不得已"之类的言论。

第三章　个人德性的彰显：庄学的"德"观念

说中得到了集中的关注。

个人德性的自由实现是庄子哲学的基源问题，也是道家核心关切的庄子式表达。在其学说中，"物德"之观念从宇宙论上确认个人成德之所以可能的根基，而"悬解"和"在宥"之论则分别从个体存在和政治场域这两个角度展现成德之路径。这是庄子"德"思想的基本理路，也是理解庄子哲学的一个重要线索。

庄子以"物得以生谓之德"诸论说明世间万物都具有由"道"而得的"德"，在此之中其主要关切在于人，其论的一个重要意义即是确认个人成德之所以可能的根基。"德"为己身所蕴含的觉"道"之潜质，所谓修德、成德，并非由外而内赋予自己某种德性，而是开发和释放自身的固有之物。然现实当中却存在诸多让己身之"德"不得其然的负面因素，因而成德之关键即在于排除诸种"德之累"，让固有之物如其所是展放出来。"德之累"要之有两类：一是世人由"我"而"诚忘"，成为舍本逐末的"倒置之民"；二是政治上统治者以"己""为天下"，使世人失去一个可以成其所是的场域。因此，成德之路径也相应有二：一是依靠个体自身的觉悟，从倒悬中解脱出来，此为"自我悬解"之路径；二是为政者转换治理之法，以"宥""藏"之方式维护好天下作为自由场域的本质，此为"政治在宥"之路径。此二者殊途共归，个人德性的自由实现是它们的共同目标。前者是主要的方案，这是纯粹的自我转化的路线，而后者则结合了对政治环境的考虑，良好的政治将对世人德性之实现起到配合的作用。

关于庄子"德"观念的内在构造，我们可用下图作一简示：

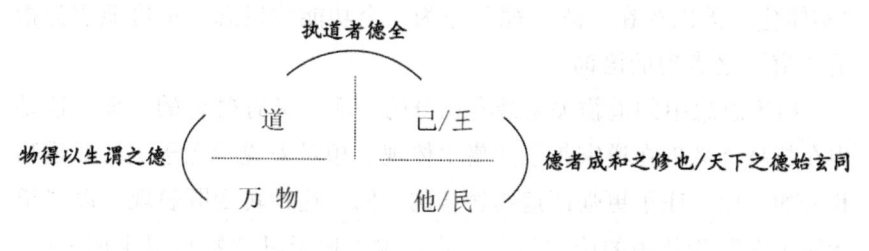

```
                        执道者德全
                      ⌒⌒⌒⌒⌒⌒
                     道    │   己/王
物得以生谓之德    (  ─────┼─────  ) 德者成和之修也/天下之德始玄同
                     万物   │   他/民
```

图3.2　庄子"德"观念的内在构造

这里包括了道物、道人、己他和王民四组关系。道物关系不仅是表达宇宙论的基本架构，同时也关乎个人德性之根基。自我悬解之路含摄道人关系和己他关系，"德"的主体是"己"所代表的行动者，其中，道人关系是"德"的内在背景（此侧重于德性之德），己他关系则关乎"德"的外在表现（此侧重于德行之德）。政治在宥之路主要基于王民之关系，同时也隐含着道人之关系，在此"德"的主体是全天下人，民众之"德"是目标所在，而帝王之"德"将起到配合的作用。

老子所奠定的在关系中言"德"的思想性格在庄子这里整体上得到了延续，但此中关系之构造又出现了一些变化。关系构造的变化和"德"义的变化是密切相关的。以下我们围绕几组关系将两种变化一并为论。

道家宇宙论里"德"的意义主要发生在道物关系之中。由"道"言"德"和由"物"言"德"是其间两个不同的向度，虽然它们也存在密切的联系。老子从"道"的向度言"德"，以之表示"道"生养万物的功德。庄子则是从"物"的向度言"德"，用它来指示万物由"道"而得的潜质。庄子只就"物"言"德"，而不由"道"论之，这是一个殊值注意的现象，它背后暗含的是庄子对"道"、对道物关系的不同理解。"德"之所以能够成为指谓"道"之功能的概念，前提是"道"在一定程度上的"实体化"，这一"实体化"其实是"道"之超越性的强化表现。老子强调"道"的超越性，并由此表现出以"道"为实体的倾向，故有以"德"指谓"道"之功能的言论。庄子则弱化乃至消解"道"的超越性。超越性既被消解，则"实体化"无以存在，故"德"作为一个功能性概念，不可能成为指谓"道"之表现的语词。

道家思想中的道物关系既有相分的一面，又有融合的一面，这是内在超越之义理在道家哲学的集中体现。相对来说，老子更彰显道物相分的一面，庄子更强调道物融合的一面。这种转变既表现于以"道无所不在"为代表的论"道"之言，也表现于以"物得以生谓之德"为典型的论"德"之言。庄子将"道无所不在"这一情况凝练到

第三章　个人德性的彰显：庄学的"德"观念

"德"的概念上，在肯定万物皆蕴本根的同时也确认了人之所以可能悟"道"的依据。进而需注意的是，老子关注超越的一面，不代表"道"完全是事物之外的实体，但这种以道物相分为主调的思想格局却可能造成这样的误解。东郭先生之所以会有"所谓道，恶乎在"的疑惑，或与此等情况有关。面对东郭之问，庄子强调"无所不在"，甚至不惜以"在稊稗""在瓦甓""在屎溺"等一些在对方看来越来越粗鄙的东西进行说明（《知北游》），说到底就是要告诉大家，"道"并不外在，它就在现实事物当中，就在我们自己身上。在其他地方，庄子还强调"道通为一"（《齐物论》）、"物物者与物无际"（《知北游》），也是在彰显本根的内在性一面。从诸子以前的超越的"天""帝"到老子哲学的兼含两面而主要显示超越性的"道"，再到庄子哲学的兼含两面而主要彰显内在性的"道"，我们可以看到先秦本根论不断深化的一个历程。将老、庄思想综合起来，可以对道家思想中本根之性征得到比较完整的把握。这是道家哲学得以构造的基础，也是理解其"德"思想的一个基本背景。[①]

接下来看第二组关系。道人关系是道物关系在人事领域的特殊形态。在这两组关系之间，老子所言"德"义尚未统一（道物之间"德"表示"道"之功德，道人之间"德"表示人之所得），到了庄子这里，"德"在两组关系中的意义得到了统一（均表示所得于道者）。此外，我们通常是以"得道"来理解道家思想的"德"，在这一场合中大体上是可以成立的，但需注意以下两点。一则，"德"的

[①] 在道物关系上老、庄强调不同的方面，不代表他们对另一面毫无考虑。比如老子说"万物得一以生"（《老子》第三十九章），这体现了道物融合的一面。又如庄子说"物物者非物"（《知北游》），这体现了道物有分的一面。《大宗师》有一段论"道"的经典之言："夫道，有情有信，无为无形；可传而不可受，可得而不可见；自本自根，未有天地，自古以固存；神鬼神帝，生天生地；在太极之上而不为高，在六极之下而不为深；先天地生而不为久；长于上古而不为老。"这也是道物有别的一个体现。研究界通常认为，老子重宇宙生成论，而庄子重本体论。这背后关乎的其实是老、庄对道物关系两个方面的不同侧重，或者说，是二子对本根性格之两面的不同侧重。宇宙论和本体论的划分，尤其是本体论这一范畴的使用，会带来一些问题（参见郑开《中国哲学语境中的本体论与形而上学》，《哲学研究》2018年第1期）。本书主张以世界观或广义的宇宙论统摄通常所说的宇宙论和本体论的范畴，进而通过道物关系这一架构来呈现老、庄之间的变化。

"得道"之义在老子思想中是隐含的,其明确之论始见于庄子。二则,作为"得道"的"德"包含先天和后天两层意味,前者指先天地潜含"道",后者指现实生活中觉悟"道"。庄子对"德"曾有两个界定,一是《天地》的"物得以生谓之德",一是《德充符》的"德者成和之修也",这分别是就先天之德和后天之德进行言说。[①]

人和道的关系是道家据以论"德"的核心结构,也是其心性论的基本骨架。根本上而言,"德"是指"道"在己身之潜蕴,这是人人所固有的一种潜质(此为先天之得);当它在"心"中得到开发和释放,遂展现为"心"的一种境地(此为后天之得)。学界多以本性或心境解释庄子所论"德",此两解都有一定的合理性,需进一步指出的是,所谓本性其实是指人先天所具的开展"道"的一种潜质,至于心灵的境界则是指作为潜质的"德"在"心"中如实展放的一种状态,后者是"德"的第二义,它依赖于第一义也即潜质之义而有。

人所固有的潜质之"德"在后天生活中并非必然能够实现,现实中存在林林总总的影响"德"之展放的负面因素。因此成德之关键即在于排除诸种负面因素,让固有之物如其所是展放出来。不同于孟子倡言扩充"德之端",庄子则强调化除"德之累",其中之差异即源于二者对"德"作为潜质在己身之状态的不同看法。庄子肯定"德"即为"道"在己身之全蕴,因而所谓成德并不是由外而内的赋予,也不是从小到大的培养。也正因如此,所以庄子一般不是从正面给出修养之工夫,而是从反面提示开展之路径——找出累德之因素,提示人们由此超越而成就天德。此等观念延续了老子所思,但在累德之因上庄子的思考显然更丰富,也更为深入。老子把累德之因归于"前识",并提示了人心当中"欲"和"智"对于形成"前识"的影响。庄子用"成心""机心"说明累德之根源,并且在"心"的构造上也展开了进一步的探索。老子已注意到的欲望和智识问题在庄子思

---

① 比起老子,庄子思想中不仅"德"的"得道"义更加明确,而且先天与后天这两个层面也更加清楚。老子所论的"恒德不离,复归于婴儿"以及"修之于身,其德乃真"分别关联着"德"义的两个层面,但这两层意味不如庄子所论那么鲜明。

第三章　个人德性的彰显：庄学的"德"观念

想中得到了更丰富的开展，此外，庄子还关注到老子所不曾留意的情感问题。庄子又将诸种累德之因归结于"我"，伴随于此，自我的问题在其思想中得到了比较深入的开展。总之，无论是在成德问题上，还是在心性论、自我观念上，庄子都作出了非常重要的深化和推进。道家在这些方面的思想于庄子这里有了比较成熟的形态。

第三组关系是伦理上的己他关系，这关乎"德"的外在表现，属于德行论的范畴。老子哲学也含有己他关系之内容，但它还不是很显著；尤其是具体到"德"的思想上，老子的关注点是在王民之关系，这是一种特殊的己他关系，尚不具备一般的伦理意义。进至庄子思想，"德"在己他之间的意义得到了体现，比较典型的情形见于"德"作为游和之境的言论。"德"作为一种境界不是指与外物相隔分的纯粹的内心世界，事实上，此境界之实现需要外物的存在、需要他者的参与。所谓"德者成和之修也"，指示了"德"的展放将是一种"和"的状态，此"和"不仅指内心的平和，也关乎己他之间的和谐。而所谓"乘物以游心""游心乎德之和"，则提示着此"游"并非"绝物"之"游"，恰恰相反，它始终是"乘物"之"游"，自身之"德"不可能在和他者相隔绝的状态中得到实现。

庄子的思想主张容易给人一种但求己心平和、对他者可以不管不顾的印象。他倡导人们面对外境应保持自身的独立性，不能在事变物化之中沦丧真实的自我，但这不意味着他主张人们对于他者可以不闻不问。事实上，他倡导的是在尊重和顺任之中自我与他者和融一体的理念。从"德"的角度看，它的意义不仅在于自我价值的实现，也关乎他者的境域，这两个方面是互动而一体的。作为一种境地，它指向的是在尊重和顺任之中与他者相和相融的状态。面对他者不是要无情地隔绝之，也不是要无奈地接受之，而是要看到他者的自我，看到他者本身的价值，从而以一种乐于尊重、欣然顺任的态度"顺物自然""与物为春"。

王民关系是己他关系的政治化形态。这意味着"德"在己他之间的意义一定程度上也适用于王民关系，但与此同时后者又有着别样的表现。就己他关系来看，己身之"德"是促成己他和融之境的关键，类似地，在王民关系中帝王之"德"也是促成良好社会秩序的重要角色。有所不同的是，庄子虽然关切他者之境域，但其所言"德"是就行动者来讲，而在王民关系中"德"不仅归于帝王，也属于天下人，并且后者才是目标和价值所在。后一关系的情形也让庄子的德政思想比起老子出现诸多不同。老子所思整体上是一种王德论，此中强调的是为政者的行动是否合乎"德"，而庄子所思主要是一种民德论，其间关切的是天下人之"德"能否得到实现。"德"从君王扩展到天下人，让它在庄子思想中具有了为人之自由立基的意义。"道"与"德"皆有此等意味，前者立的是自由的形上之基，而后者立的是自由的内在之基。此外，老、庄关于为政者的角色规定都包含消极责任和积极责任两个方面。老子主张"辅万物之自然而不敢为"，庄子倡导"顺物自然而无容私"，"辅""顺"之间具有微妙的差异。他们都肯定人的"自然"的能力，并倡导为政者尊重和因循之。相对来说，庄子对人的这种能力给出了更多的肯定和信任，这是他主张"顺"而不是"辅"的深层原因。

  在庄子思想中，"德"的归属者从帝王扩展到天下人，这和"德"在道物之间的意义转向是相互契应的。在老子那里，宇宙场景中的"德"归属于本根之"道"，而人事之"德"则归属于治国圣人。到了庄子思想，两种场景的"德"都出现了"降落"的趋势。并且，正如同老子思想中两种"德"存有内在之关联，庄子思想中的万物之"德"和个人之"德"也存在两相契合的关系，这里隐含着前者为后者张本的理路。

  以上围绕作为基底的关系进行总结，接下来叙述第二层关系，即"德"与其他概念的关系。"道""德"之关系是道家哲学的紧要问题。老子首度建立二者之联系，在其思想中二者存在体用和内在超越两种关系类型，前一种见于宇宙论的道物结构，后一种则蕴含于人事学说的道人结构。进至庄子思想，无论是在道物结构，还是在道人结构，"道"与"德"都表现出超越与内在的关系。此二者在同谓本根之同时又各自彰显本根性征的两个方面，这一义理在庄子思想中有了比较完整和成熟的表现。此外，庄子言论中出现了"道德"这一语

第三章　个人德性的彰显：庄学的"德"观念

词，这是"道""德"关系被强化的一个结果。

庄子言"德"以外亦言"性"。老子所论"德"与人性有关，但其间未见"性"的概念。庄子思想中"德"与"性"具有不同的内涵，但某些语境中他又不甚着意二者之区别。就其差异来看，可以借鉴亚里士多德所说的"潜在"（potentiality）与"现实"（actuality）进行理解。"德"与"得"相关，"性"与"生"相联，所"得"之"德"（未分化的潜质）是所"生"之"性"（已分化的现实特性）的前提。在有些语境中二者之义又有相互趋近的表现。如在"鸡德""狸德"等言论中，"德"的含义向"性"趋近；而在"不迁其德""不淫其性"等与政治有关的言论中，"性"也具有"德"的意味。《庄子》未见"德性"一词，但"德"与"性"的密切联系为此词之合成提供了思想基础。

庄子思想中"道""德""性"三者构成一个义理系统，这里既关乎事物属性从何而来的问题，也涉及人之觉"道"何以可能的问题。围绕物性问题，庄子有一动态的考虑：从世界纯粹的"一"到事物内蕴的"一"，再到事物实际表现的"多"，丰富多彩的形下世界得以逐渐开展出来。此间的"德"不宜用柏拉图的"分有"之论进行理解，如果说庄子也有"分有"的思想，那么它是通过"性"之观念来体现的，而"德"的存在恰使得其学说和柏拉图的二元对立思维拉开了距离。延至人事来看，所谓"性修反（返）德，德至同于初"，即说明"德"的存在让人从"性"返归"道"成为可能。这不是主张消除人们的个性和多样性、实现一种人人皆同的"德"，而是说要从"性"的隔阂之中超越出来，在"德"的层面上达至"旁礴万物以为一"的己他和融之境。在"性"的层面上，物是不齐的；但在"德"的层面上，物是可齐的。庄子主张尊重和成全事物的差异性，同时也强调不能因物之不齐而陷入物我隔阂之境地。所谓"齐物"即是后一方面的集中反映，而"德"作为内蕴之"一"则为"齐物"提供了内在的依据。

另一值得关注的情况是"德"与"天""真"的关系。老子以"真""朴"论"德"，庄子沿承之，二者之中其更着意者在于

"真"。此外，他还在"德"与"天"的交织中展开新的论议。"天""真"之义要之在"自然"和"真实"，但在不同的语境里它们的功能会有不同的侧重：或描述"德"的本然之状，以说明"德"在己身是先天而有、真实确凿的；或规定"德"的应然表现，以指示"德"之开展应顺乎自然、真实呈现；或指称"德"本身，亦即直接称谓那个原被它们描述或规定的对象。在第二种情形中"天""真"之论包含如此之逻辑：只有顺乎"自然"，才能"真实"呈现。这是庄子关于个体成德的一个基本规定。

"德"与"自然""无为"的关系也是比较重要的问题。我们经常把"自然无为"当作一个固定表述，在此之中"自然"与"无为"是一并指示有德者之表现的两个近义词。需注意的是，"自然无为"作为一个固定表述是始于汉代（较早见于王充《论衡》）。其次（也是更为重要的），作为近义词一并描述有德者只是二者关系之一种，并且这种关系是到了庄子思想才出现。在老子思想中，"无为"是治国圣人的表现，而"自然"则归于圣人所面向的天下民众，这里体现的是一方"无为"而另一方"自然"的相对关系。在庄子这里，这种关系也有出现，此外也出现了二者用为近义词的情形。"自然"与"无为"的关系之所以发生变化，既和二者意义的复杂性有关，也和"德"之主体的扩展有关。二者相对之关系反映着政治上的诉求，天下人的"自然"是要求为政者配合以"无为"的深层原因。至于二者融合之关系，则指示着个人成德的路径，二者一同强调无有机心、顺乎本然的实践原则，此原则和"天""真"之论所见者是相统一的。

庄子的"独与天地精神往来"的思想特质，"荒唐""无端崖"的语言风格，[1] 容易让人以为他于世事人伦并无多少关怀，就好像司马迁所评论的那样，其言论也只是"洸洋自恣以适己"而已（《史

---

[1] 此间数语皆出自《天下》篇："古之道术有在于是者，庄周闻其风而悦之。以谬悠之说，荒唐之言，无端崖之辞，时恣纵而不傥，不以觭见之也。以天下为沈浊，不可与庄语，以卮言为曼衍，以重言为真，以寓言为广。独与天地精神往来，而不敖倪于万物，不谴是非，以与世俗处。"

第三章 个人德性的彰显：庄学的"德"观念

记·老子韩非列传》）。事实上，庄子于世事人伦饱含关切，只是他选择了和大多数思想家不大一样的视角。我们要拨开庄子"荒唐"之言的"帐纱"，看到内中思想之实质。胡文英谓庄子"眼极冷，心肠极热"，一语道破庄学之真味。[1]

在礼坏乐崩的东周晚世，如何挽救时弊、重整秩序是诸子共同的问题意识。在时弊的性质及根源上大家的看法不相一致，因而提出的救弊之方案也各有特色。在庄子看来，时弊的本质即是"德"的衰落，造成此等现象既有个体自身的原因（因"我"而"诚忘"），也有政治上的因素（为政者由"己"而"为天下"）；因而挽救时弊的关键即在于让"德"回归，这有赖于个体自身的"悬解"，同时也需要政治场域的配合。"德"的回归也即"道"的开展，让代表存在与价值之本根的"道"以"德"的形态得到落实，这是庄子心目中挽救时弊的总方案。

让"道"以"德"的形态得到开展，同样是老子思想的旨趣所在。老子将希望集中在治国圣人身上，期待在圣人的"玄德"治天下之中"道"能够得以推展。此等诉求自然包含着对天下间个体生命的关切。但庄子对个体境域的关注更加直接，也更为深入。"德"之主体从君王扩展到天下人，即是此情况的一个集中反映。在其思想中，"德"是个体境域的内在化符号，对"德"的关切实际上即是对天下之中个体存在境域的关切。

个体生命本质上是自由的存在。"德"是"自然"的依据，是自由的根基（"道"立形上之基，"德"立内在之基）。可以说，庄子

---

[1] 老子强调"道可道，非常道"（《老子》第一章），庄子也认为"道不可言，言而非也"（《知北游》）。但他们偏偏言了许多（庄子所言更多），此等做法颇有佛家"开权显实"之意味。老子希望以诗韵之"权"显现"道"之"实"，而庄子则希望通过诸种"荒唐之言"显现其实。就庄子而论，我们可以像爱莲心（Robert E. Allinson）所理解的那样，认为庄子关切于人心的困顿，旨在提供一个可以实现心灵转化的方案（《向往心灵转化的庄子——内篇分析》，第160—161页）。也可以像叶海烟先生所指出的那样，认为庄子留给世人的不仅是一堆待解的符号或只供想象的寓言故事，而是以其巧妙的"文字般若"传达出难以传达的义谛，让吾人在生命的大爱之中冷静思索生命的向度（《庄子的生命哲学》，第3、124页）。

"德"论之要害即在于"自由"。此所谓自由是指个体自身如"德"所是的状态。这种状态既超越了个体因"诚忘"而有的诸种物累,也排除了政治上源于帝王之"己"的诸种干涉。庄子并非不重视政治问题,只是他看待政治的方式和当时的主流思路有所不同。面对礼坏乐崩的情势,主流的思路是将改善人世的希望集中在为政者身上,期待通过规范为政者的行为让社会秩序重新得到安顿。在此等视域之中为政者是作为主角出现。而庄子的目光始终聚焦于个体生命之存在,为政者于此是作为一个配角出现(当然,这是一个必要的配角)。

"德"的观念本就诞生于政治生活,到了老子思想,它的政治性依然显著。在庄子这里其政治性虽然被延续,但它的重点已非传统以来的王德论。老子以后,以王德论表达政治诉求的思路在黄老学说中得到了继承和发扬。老子所论者多是抽象之原则,后来的黄老学沿着这一方向,在王德的推行上提出了许多具体的方案。与此同时,围绕王德推行的问题,黄老道家在宇宙论、心性论等论域中也对"德"展开新的论议。黄老学是一个复杂的思想系统,在不同的文献里"德"既具有某些共同的旨趣,又表现出各自有别的面貌。接下来,我们将围绕《管子》四篇和《黄帝四经》这两部比较典型的黄老文献,展现"德"在其间既相通又各异的思想形态。

第四章　探寻德政的基础：《管子》四篇的"德"观念

从老子到庄子和黄老，道家的核心关切始终在于让"道"以"德"的形态在人世间得到落实，只是大家考虑的路径各有特色。老子将此责任诉诸为政之圣人，希望圣人以其"玄德"引领民众一起奔向"大顺"。天下人的德性问题在其思想中是隐而未发的。进至庄子，这一问题被突显出来。个人之"德"的自由实现作为庄子哲学的基源问题，是道家核心关切的庄子式表达。

不同于庄子关注个人德性如何实现的问题，黄老学更加重视君王德政如何推行的问题。就先秦黄老两部主要文献来看，"德"在其中的表现既有差异处，又有共同性。"德"的政治性格是二者共同关注的，可以说二者关于此概念的种种言论整体上呈现的即是一种关于德政的思想。此等思想包括两个基本的方面，一是作为德政之基础的为政者之德性（内德），二是作为德政之表现的为政者之德行（外德）。[①]《管子》四篇和《黄帝四经》各自关注不同的方面，前者着眼于内德如何养成的问题，而后者则将重点放在外德如何开展上。将两部文献结合起来，可以对黄老德政思想有一系统的把握。

黄老学是道家思想在战国时期的一种新形态。较之老子学说，它整体上表现出"术化"的转向。《管子》四篇代表的黄老学主要关注

[①] "内德"是《管子》四篇中出现的概念。"外德"是笔者参照"内德"所拟的一个语词，用以指称与之相对的政治德行。

先秦道家"德"观念研究

"心术",希望为政治活动的正当开展寻求内在的基础;《黄帝四经》代表的黄老学聚焦于"治术",[①] 直接关注政治活动如何开展的问题。"德"在两部文献中的意义之所以出现上述的同异,与二者整体上的思想特点直接相关。

黄老道家希望圣人以其德政构建一个合乎"道"的太平之世。比起老子学说,其所论"德"既有一脉相承处,也出现许多重要的变化。在宇宙论层面,"气"的观念以及天、地、人的三才结构在黄老学这里受到了更多的关注,前者让道物之间的"德"具有了新的内涵,后者则涉及"德"的关系基底的转换。在如何成德的问题上,黄老学提供了丰富多样的修养方法,在对老子理念给出具体路径的同时,也和庄子的成德思想表现出一定的差异。在德政开展方面,它延续了老子主张的"玄德"原则,此外又接引了早初流传下来的"明德"观念和"刑德"思想,希望从治术和制度上对德政给出更具体的设计。

此上是就黄老所论"德"进行概述。我们在本章将集中探讨《管子》四篇的情况。整体上来看,此文献关于"德"的言论包含着三个层面的内容,一是"德"在宇宙论上的表现,二是圣人"内德"之工夫与境地,三是"内德"的政治运用。第二层面是其中之关键,而第一层面的内容则关乎"内德"的宇宙论依据,至于第三层面则涉及个体德性何以能够成为德政之基础的问题。总的来看,探寻德政的内在基础,是此文献中"德"论之基调,也是其学说整体上的宗旨。它着重关心的不是德政以何种方式得到开展,而是德政之所以可能的内在之基。[②]

[①] 本书所言"治术"是指为政治国的各种方式。它不是法家学说中与"法""势"相关的"术"。在后者,"术"是指和法制、权势配合而行的权谋之术。此所言"治术"是一个广义的语词,它包括权术,但远不限于此。

[②] 本书对《管子》四篇的引用以黎翔凤《管子校注》(中华书局2004年版)为据,如据他本,将随文说明。另外,为行文便利计,也将《管子》四篇简称为"四篇"。

第四章　探寻德政的基础：《管子》四篇的"德"观念

第一节　"德"在道、物、气之间

我们先从第一层面的内容谈起。在宇宙论的场合中，道物关系是老、庄论"德"的一个基底，四篇言"德"也依托于此，但这里又出现了一些新情况。一则，老、庄之论各从"道""物"之向度展开，而在四篇中这两种向度都有出现。二则，四篇论"德"与其特有的精气论密切相关。"精气"是一个地位上类似于"道"的本根性概念。四篇的宇宙论在包含道物关系的同时，也存在气物关系这一架构。在后者之中"德"的意义发生了一定的变化。接下来，我们将围绕上述两点，对四篇所论"德"展开逐次探讨。

一　道的化育之"德"与物的所得之"德"

道家宇宙论中"德"的意义主要发生在"道"和万物的关系当中。就老、庄思想来看，"德"在此关系中的意义有不同的侧重，老子由"道"言"德"，庄子就"物"论"德"。值得注意的是，"德"义的这两个向度在四篇当中都有出现，并且是出现在同一篇《心术上》当中。

《心术上》包括经文和解文两个部分，后者是对前者的解释。[1]经文中有一处论及"道""德"，后面的解文则对此有进一步的阐释。这里不仅关乎"德"的两个向度，并且还出现了先秦道家典籍中不可多得的关于"道""德"关系的集中论述，为探讨此问题提供了殊为重要的文本资料。此部分某些字词存有歧义，并可能存在脱文或衍文的情况，这将影响到我们对问题的把握。因此我们先对相关言论的文义作一疏解，而后再探讨其间的义理问题。

---

[1] 郭沫若先生认为，《心术上》是宋钘遗书，经乃先生学案，解乃讲习录（《管子集校》第二册，第403页）。作者问题上，笔者从陈鼓应先生的判断，以之为稷下黄老道家的作品（《管子四篇诠释——稷下道家代表作解析》，第17页）。至于经和解的关系问题，后文将有述及。

◇◆◇ 先秦道家"德"观念研究

(一) 文义疏解

经文论"道""德"见于以下语句:

> 虚无无形谓之道;化育万物谓之德;君臣父子,人间之事谓之义;登降揖让,贵贱有等,亲疏之体谓之礼;简物小未一道,杀僇禁诛谓之法。

后边还出现了"义""礼""法"概念,这是就人事而论。不过,前面所说"道""德"却不限于人事。开头两个小句大概是说,虚无无形者叫作"道",它化育万物的功能叫作"德"。

解文部分对"道""德"两句有如下阐释:

> 天之道,虚其无形。虚则不屈,无形则无所位赶。无所位赶,故偏流万物而不变。
> 德者,道之舍,物得以生生,知(智)得以职(识)道之精。故德者,得也。得也者,其谓所得以然也。
> 以无为之谓道,舍之之谓德。故道之与德无间,故言之者不别也。间之理者,谓其所以舍也。

第一、二段分别解释"道""德"之义,第三段则专论"道""德"之关系。

先看第一段。经文以"道"言,解文释以"天之道",大概此"天"字是为了说明此"道"非仅就人事而论。"虚而不屈"本自《老子》第五章,意谓虚而不竭。[①]"位赶"二字,笔者从王引之之见:"'位赶'二字义不相属,'位'当为'低','低赶'即抵牾也。"[②]"偏流万物"的"偏"通"徧",义为遍。按此,第一段大致是说:天之道虚而无形;惟其虚也,故而不枯竭,惟其无形也,故能

---

① "屈"假借为"掘",意指竭尽。
② 黎翔凤:《管子校注》(中),第771页。

第四章 探寻德政的基础:《管子》四篇的"德"观念

无所抵牾;无所抵牾,故能遍流万物而自身不会改变。

接下来看第二段。"知得以职道之精"一句中,"知"通"智",指心智,"职"通"识"。"得也者,其谓所得以然也"一句,学者多据郭沫若之见,将其改为"得也者,谓得其所以然也"。① 笔者主张从原句作解。虽然改后之句读起来更通顺,但原句之义并非不可解。"然"指如此,在这里是指事物如其所是的依据。此句是说:所谓"得",它指的是事物所得的让事物成为自身的依据。

"道之舍"的"舍"有歧义,以往主要有两种解释:一是解作馆舍(读为 shè)或寓居,② 一是释为施舍(读为 shě)、施用。③ 笔者赞同前解。一则,"舍"是四篇中常见的语词,其用法和含义可为此提供辅证。四篇中的"舍"有些用作名词,表示馆舍,④ 有些用作动词,表示寓居。⑤ 此二义实为相通,后者是前者的动词化。"道之舍"的"舍"虽用作名词,但它带有动词性,它是表示"道"寓居于此、落实于此。二则,从"道之舍"的后文"物得以生生"来看,此"舍"字也应解作馆舍。"舍"与"得"两相呼应:自"道"而言,

---

① 参见郭沫若《管子集校》(二),《郭沫若全集》历史编第二卷,人民出版社 1984 年版,第 418 页;张秉楠:《稷下钩沉》,上海古籍出版社 1991 年版,第 47 页;陈鼓应:《管子四篇诠释——稷下道家代表作解析》,商务印书馆 2006 年版,第 148 页。

② 黎翔凤将"舍"解为馆舍,认为"道之舍"意即"道"寓于"德"中(《管子校注》,第 771—772 页)。冯友兰认为,"舍"作名词用时指馆舍,而作动词用时是指进入馆舍而停留下来,"道之舍"则是指道在某一点停留下来则成了"德"(《中国哲学史新编》上卷,第 509 页)。冯契解"舍"为寄寓,认为"道之舍"是指"道"寓于具体事物之中(《中国古代哲学的逻辑发展》上册,上海人民出版社 1983 年版,第 327—328 页)。李存山认为这里的"舍"是指"充形","道"与"德"的区别便在于,一个是无形之气而另一个是充形之气(《中国气论探源与发微》,中国社会科学出版社 1990 年版,第 161—162 页)。许建良认为,"舍"是指"道"的精神的驻留或凝固(《先秦法家的道德世界》,第 88 页)。

③ 参见郭沫若《管子集校》(二),《郭沫若全集》历史编第六卷,第 416—417 页;吴光:《黄老之学通论》,浙江人民出版社 1985 年版,第 96 页;赵守正:《管子通解》,北京经济学院出版社 1989 年版,第 7 页;张秉楠:《稷下钩沉》,第 48 页;陈鼓应:《管子四篇诠释——稷下道家代表作解析》,第 148 页;姜涛:《管子新注》,齐鲁书社 2006 年版,第 295 页。

④ 如《心术上》有"虚其欲,神将入舍,扫除不洁,神乃留处",《内业》有"定心在中,耳目聪明,四枝坚固,可以为精舍","敬除其舍,精将自来。精想思之,宁念治之"。

⑤ 如《心术上》有"神者至贵也,故馆不辟除,则贵人不舍焉"。

"德"是"道"在万物当中的驻留;自万物而言,"德"是万物所得于道者。有所"舍",方有所"得"。三则,《韩非子·解老》对"舍"有类似用法,亦可作为辅证:"凡德者,以无为集,以无欲成,以不思安,以不用固。为之欲之,则德无舍;德无舍则不全。"此所言"舍"乃就"德"而论,非即"道"而言,但在表示馆舍或驻留上其义和《心术上》是类似的。

基于此上论析,第二段可大致作解如下:"德"是"道"在万物中的驻留,万物得之以生生不息,人的心智得之以体认"道"的精妙;因此,"德"就是"得"的意思;所谓"得",它指的是事物所得的让事物成为自身的依据。

第三段中,"道之与德无间"的"间"是指间隔、区别。关于"间之理者",王引之曰:"'之理'二字因注而衍,'间者'上又脱'无'字。"① 郭沫若认为"间"上脱"人"字,② 陈鼓应、张秉楠从之。③ 张舜徽主张以原句作解,认为此句连同前文意思是说,若析言之则道与德有别,若浑言之则二者无分。④ 笔者赞同张论。这一段大概是讲:就其"无为"而言,可称之为"道";就其在事物中驻留来说,则可称之为"德";"道"与"德"并无根本差异,所以人们言及二者时往往不作区别;之所以又要分而言之,是就"德"是"道"在事物中的驻留这一点来讲。

(二)义理探讨

以上对文义作了疏解,接下来进一步探讨其间的义理问题。经文以"虚无无形"定位"道",又以"化育万物"指陈"道"的功能,并将此等功能概括为"德"。在此"道"与"德"乃构成体用之关系。如同王中江先生已注意到的,此论和《老子》第五十一章的

---

① 参见黎翔凤《管子校注》(中),第772页。
② 郭沫若:《管子集校》(第二册),第419页。
③ 陈鼓应:《管子四篇诠释——稷下道家代表作解析》,第148页;张秉楠:《稷下钩沉》,第47页。
④ 张舜徽:《周秦道论发微》,中华书局1982年版,第224页。

第四章 探寻德政的基础:《管子》四篇的"德"观念

"道生之,德畜之"比较接近,可结合起来理解。[①] "道生之,德畜之"是说"道"以其"德"化生、养育万物。"德"指"道"化育万物的功能,但由于老子有意强调"德"的地位,同时又受到此处句式的影响,遂在表述时使用了互文方式,让"德"具有了与"道"相并立的地位。《心术上》此处"德"的含义和老子是一致的,但它不存在互文的情况。这里的"化育"不限于养育,乃涵括了老子所说的"生"和"畜"。之所以用"德"指称"道"的"化育"作用,应该和"德"的恩惠、功德义有关——"道"之"化育"对于万物而言是为一种恩德。这和老子以"德"称说"道"之作用是相类似的。

综合解文三段来看,虽然它旨在阐释经文,但它的关注点已发生一定的变化。经文从"道"的向度以恩德言"德"——"德"的主体是"道",它是指"道"化育万物的功德,这类似于老子"玄德"之论;而解文则从"物"的向度以获得论"德"——"德"的主体是万物,它是指万物"得以生生"的依据,其论接近《庄子》的"物得以生谓之德"。虽然解文也说"德者,道之舍",但它关注的不是"道"如何生养万物,而是强调"道"驻留于万物,这一点正是为后边的"物得以生生"作铺垫。可以说,解文整体上是立足于万物讲"德",即便出现由"道"讲"德"之处,这也是服务于前者之论。

前面曾指出,之所以要区分"德"的向度,一个重要的原因是这里关涉到道物关系的问题(参见老子章第二节中"德畜之"部分)。由"道"言"德"是侧重于道物相分一面,强调"道"具有生养万物的功能;就"物"论"德"则侧重于道物融合一面,强调万物由"道"而获得成其为自身的依据。如此来看,解文意义转移的背后其实是此处对道物关系两个方面的侧重已发生了变化。

这种变化不仅表现于第二段,第一段其实已有流露。经文论"道"以"虚无无形",而解文则由此进而强调"道"的"遍流万

[①] 王中江:《道家形而上学》,第176页。

物"的性格。此"遍流万物"之言正可为后边的"道之舍"以及"物得以生生"提供铺垫。如前所述，庄子的物德之论和他关于"道通为一""（道）无所不在"的论议在义理上是一致的，这些言论都在强调道物融合的一面。解文所说的"遍流万物"和庄子的论"道"之言正相类似。

由于道物关系的侧重面已发生改变，解文所论"道""德"之关系也出现一定的变化。经文所论是体现道体德用之关系，而解文所论则关乎内在超越之关系。后一种关系在老子思想中是隐含的，到了庄子学说则显豁出来。而此处所论比庄子学说所见者更为明细，也更加系统，这是先秦道家文本中关于"德""道"之间内在超越之关系的最为典型的一处表述。

无间而有别是它对"道""德"关系的基本定位。在作者看来，"道"与"德"并无根本差异，"德"即是"道"，"道"即是"德"，所以人们言及二者时往往不作区别；之所以又要分而言之，原因在于"德"是就"道"在事物中的驻留这一点来讲。这意味着，"道"与"德"均指世界万物之本根，就其本身而言，是为"道"，就其"舍"于万物、为物所"得"而言，即是"德"。本根之于万物既超越又内在，"道"标示其超越的一面，"德"指示着内在的一面。

解文对"道""德"关系的定位不同于经文。经文强调的是"德"作为"道"之化育功能的意义，而不是作为"道之舍，物得以生生"的意义。也许我们会说："道"的化育万物的功能其实就是它在事物当中的表现，经、解之义在根本上是一致的；由此来看，道体德用的关系和内在超越的关系其实是统一的，或者说，前者是可以包含后者的——"道"内在于万物当中而成为万物的属性，此即"道"的功能表现。这就回到了我们在前面讨论过的为何要进行区分的问题。这里边不仅关乎"德"的向度以及"道""德"的关系，同时也涉及道物关系的问题。后者是道家世界观的基本结构，它在不同的思想家那里具有不同的特点。就老、庄来看，老子更关注本根的超越性一面，而庄子更强调它的内在性一面，这是道家世界观构造的一个变化，其间包含着庄子对本根外在于事物这一误解的杜绝（参见庄子章

第四章 探寻德政的基础:《管子》四篇的"德"观念

综论)。如果将"德"义的两种向度或者"道""德"的两种关系作"兼并"处理,那么,不仅会淡化道家诸子言"德"的不同特点,在更深层处还会忽视道家世界观的复杂构造及其变化趋势。

就《心术上》经、解之间来看,如果依郭沫若先生的观点(经是先生学案、解是讲习录),那么,经、解代表的是同一人的思想。笔者认为,不排除经、解为不同人所作的可能,倘如此,则此上所言之变化反映的是他们对道物关系不同方面的关注,这类似于从老子到庄子的变化。当然,经、解也可能为一人所作。道家哲学中道物关系本兼含两个方面,即便是同一人,也可以选择从不同的方面去言说。① 不管是何种情况,仅就文本本身来看,解文十分鲜明地将本根的内在性一面揭示了出来,而这一点在经文中并没有得到强调。

道、物之间的"德"是一个复杂而紧要的问题,这不仅关乎"德"本身的含义,也牵连到道家哲学殊为重要的"道—德"关系问题和"道—物"关系问题。归结而言,笔者认为对"德"在此间的意义宜分作两个方面来看:一是侧重于道物相分的一面,以"德"指称"道"化育万物的功能,此时"德"的主体是"道",它的语义基础是恩德义,"道"与"德"构成体用之关系;一是侧重于道物融合的一面,以"德"指称万物由"道"而得的成其为自身的依据,此时"德"的主体是万物,它的语义基础是获得义,至于"德""道"之间则构成内在超越之关系。作此区分的依据不仅在于"德"的主体确有不同,也在于"德"的语义基础各有所依,而更深入来看,则是源于道家哲学中道物关系包含着两个不同的方面。

以上探析了"德"的向度及其关联的深层问题,此外还有几处情况需加说明。一则,解文以"得"言"德"的思路和庄子类似,但

---

① 解文部分还有一处论及"道""德":"道也者,动不见其形,施不见其德,万物皆以得,然莫知其极,故曰'可以安而不可说也'。"这是对经文"大道可安而不可说"一句的阐释。此处是从"道"的向度言"德"。其间"德"的意义以及"道""德"之关系和经文所论"虚无无形谓之道,化育万物谓之德"比较类似。如果说解文是一人所作,那么可知他在解释"虚无无形"一句时选择了从道物融合一面来说,而在解释"大道可安而不可说"时则选择了另一方面。

其中也有一处重要差异。"物得以生生，智得以识道之精"之论，直接体现了"德"作为"得道"的两层意味，并且也点出了后天之"德"为何为人所独有的原因。如前所述，道家思想中"德"作为"得道"包含着先天和后天两层意味：前者是指潜蕴"道"——"道"遍在万物之中，后者表示觉悟"道"——体认内蕴之潜质，运用到现实生活之中。前一种"得道"为人与他物所共有，后一种"得道"唯人方有。这两层意思在老子思想中是隐含而零散的，在庄子思想中相对要明朗一些。庄子对"德"曾给出两个界定——"物得以生谓之德"和"德者成和之修也"，这分别就先天和后天两层而论。但庄子并未明确界分两层（只是在不同的语境中就不同的层面而论），也没有解释后天之"德"为人所独有的原因。稷下道家则以"物得"与"智得"之论对"得道"之两层给出明确的区分，而其间点出的"智"也提示了后天之"德"为人所特有的依据。"物得以生生"说明万物皆由"道"而得成其为自身的依据，同时也从先天层面上确认了人人皆有觉道之潜质。"智得以识道之精"则指出了人的特殊性——人能够以其特有之"智"在生活中体认"道之精"，让自身所得之"道"的精奥之性充分展放出来。[①]

二则，"道""德"之联系在庄子思想中得到了强化，"道德"一词的出现是关系被强化的一个结果。《心术上》论及"道""德"，但未见"道德"一词。此词在《内业》篇有出现：

> 凡道，必周必密，必宽必舒，必坚必固。守善勿舍，逐淫泽薄。既知其极，反于道德。

此所言"道德"亦为同义复词。我们既可说"既知其极"遂能"返于道"，也可说"既知其极"遂能"返于德"。当然，这里所说的同义是就"道""德"同指万物之本根而言，若深究起来，它们仍有

---

① 《管子》四篇的成书时间未必在《庄子》之后，此处主要是想指出二者所论的不同。

第四章 探寻德政的基础：《管子》四篇的"德"观念

一定区别，此即前文所论超越与内在之别。

此外，庄子思想中"德""性"二者复杂纠缠，虽然它们时而趋近，但根本上庄子更强调二者之差异。四篇宇宙论中未见"性"的概念，但它在人事语境中有出现。不同于庄子强调"德""性"之异，四篇所言"性"基本上与"德"同义。后文讨论"内德"问题时将会论及此点。

二　精气语境中"德"的表现

以上就道物关系探讨"德"义。此中两个方面各自类似于老、庄之论，这不是说它们分别等同于老、庄思想。尤其是比起庄子，它对"德"的获得义给出了更明确的区分，并对内在超越之义理作出了更加系统的说明。除此以外，四篇言"德"还有一个更显著的差异，此即以"精气"论"德"。"气"的观念在老子思想中已有出现，到了庄子思想变得更加显要，但在二子学说中"德"与"气"尚未紧密结合起来。① 四篇不惟言"气"，且以"精气"为论，此论与"德"具有密切之关联，这让后者获得了老、庄思想中所不曾有的内涵。

（一）几个前提性问题

在具体考察精气论域中"德"的意义之前，我们先大致探讨一下与此相关的几个前提性问题。首先是，四篇所谓"精气"究竟何指。学界对此主要有以下几种看法。一是以物质解之。这在20世纪六七十年代的中国哲学研究中尤为流行。受唯物、唯心此二分法的影响，论者一般是将精气看作物质性的存在，并以之认为《管子》具有唯物主义思想。第二种观点认为精气是一个兼含物质、精神两维度的概念，如李存山先生认为，精气首先是指一种精细、纯粹的气，但进入人体之后便会转化为精神。② 陈丽桂教授有类似看

---

① 老子在将如何成就"玄德"时曾言及"专（抟）气致柔"（《老子》第十章），其间"德"与"气"也有一定的关联。但整体上来看，老子（包括庄子）都不甚关注"气"在"德"论中的角色。

② 李存山：《〈内业〉等四篇的精气思想探微》，《管子学刊》1989年第2期。

◇◆◇ 先秦道家"德"观念研究

法，认为在《内业》等篇思想中形体与精神是合一的，精气是在这种形神合一的生命之中孕生出智慧。① 除上述两种以外，也有其他的理解，如裘锡圭先生认为它和文化人类学上所说的马那（mana；神秘的力量）相似，并指出由于这种观念的性质，稷下道家的精气说不可避免地带有神秘性。② 美国的罗浩（Harold D. Roth）也比较关注精气论的神秘性，他在把精气看作有活力之基质（vital essence）的同时，又强调《内业》篇所讲与精气有关的修养是一种带有神秘性的修炼和体验。③ 笔者赞同第二种理解。心与物或者说形与神在四篇思想中不是截然二分的存在，同时这里也不存在典型的神秘主义思想。总的来看，四篇所言"精气"指的是生成和构造万物的精粹细微的原质，这一原质不纯是物质性的，当它成为人的原质时将会表现出精神上的作用。

第二个问题是，四篇既讲"精气"，又讲"灵气"，此外还单讲"精"或"气"，这些概念的关系究竟如何。《内业》篇有言："精也者，气之精者也。"如此看来，"精"是对"精气"的简称，而"精气"则是"气"当中精粹细微的一类。但需注意的是，在很多地方四篇所言"气"又是在"精气"的意义上进行使用，作者应是默认了其所言"气"即为"精气"这一点。所谓"灵气"，见于《内业》"灵气在心"一处。不少论者认为它与"精气"同义，④ 陈鼓应先生则主张区分二者，认为"灵气"是指"精气"在心中已升为智慧者。⑤ 笔者赞同陈先生之见。"灵气"是"精气"当中的一

---

① 陈丽桂：《战国时期的黄老思想》，第123—125页。
② 裘锡圭：《稷下道家精气说的研究》，载陈鼓应主编：《道家文化研究》（第二辑），上海古籍出版社1992年版，第167页。
③ ［美］罗浩：《原道——〈内业〉与道家神秘主义基础》，第55、103—112页。
④ 参见郭沫若《青铜时代》，《郭沫若全集》历史编第一卷，第562—563页；冯友兰：《中国哲学史新编》（上卷），第509—510页；张岱年：《中国哲学大纲》，第159页；裘锡圭：《稷下道家精气说的研究》，载陈鼓应主编：《道家文化研究》（第二辑），第170—171页；张秉楠：《稷下钩沉》，第43页；陈丽桂：《战国时期的黄老思想》，第123页；姜涛：《管子新注》，第362页。
⑤ 陈鼓应：《管子四篇诠释——稷下道家代表作解析》，第129页。

第四章　探寻德政的基础：《管子》四篇的"德"观念

类，它是指那种能够运行而为精神的精气。"灵气"在四篇只出现一次，在论至和精神有关的问题时作者多是以"气"或"精气"进行言说，在此等语境中"气"或"精气"的意义即相当于"灵气"。

第三个问题是，四篇既讲"精气"又讲"道"，此二者究竟是何关系。在不少学者看来，此二者均表示万物生成的根源，是异名同义的关系。[①] 笔者认为，虽然二者在四篇思想中都指向天地万物之本根，但不代表它们的意义完全等同。中国哲学上的"本根"是一个"大观念"，它包含了诸种意义各有不同的概念。[②] 在"精气"和"道"之间，前者指万物得以生成与构造的原质，后者指万物得以生成与存在的原理。二者在四篇思想中具有一定的"交叉性"：所谓"道"即是指"精气"之"道"，它是精气此原质运行于万物的原理。[③] 这种"交叉性"并不彻底，"道"在有些地方仍保留着类似于老子所论"道"的意义，具有一定的超越性。[④]"精气"概念不带有超越性，它体现的是本根内在性的一面（更宽泛来讲，"气"的概念也如此），

[①] 郭沫若：《青铜时代》，第563页；陈鼓应：《管子四篇诠释——稷下道家代表作解析》，第51页；丁原明：《黄老学论纲》，山东大学出版社1997年版，第143页；白奚：《稷下学研究——中国古代的思想自由与百家争鸣》，生活·读书·新知三联书店1998年版，第222页；陈丽桂：《战国时期的黄老思想》，第121—122页；[美]罗浩（Harold D. Roth）：《原道——〈内业〉与道家神秘主义基础》，严明等译，第55页。

[②] 艾德勒（Mortimer J. Adler）认为哲学上存在一些具有普遍意义而可涵括诸种概念的"大观念"（great ideas），如真、善、美、自由、平等、公正，即是这样的"大观念"（《哲学是每个人的事——六大观念》，郗庆华、薛笙译，北方文艺出版社2014年版，第10—13页）。本书借鉴艾德勒此论，用以说明"本根"可涵括诸种概念的特征。另外，张岱年先生在疏论古代中国的本根论时，考察了道论、太极阴阳论、气论、理气论、唯心论等几种理论形态（《中国哲学大纲》，第6—91页）。可见"本根"可涵括"道""太极""气""理""心"诸概念。张先生在另一著作中将古代中国哲学的概念范畴作了不同层次的划分，其中的"最高范畴"包括"天""道""气""太极"等概念（《中国古典哲学概念范畴要论》，第463页）。此所言"最高范畴"即相当于作为大观念的"本根"。

[③] 这在《内业》篇尤为明显。在"夫道者，所以充形也""心静气理，道乃可止""灵气在心，一来一逝……心能执静，道将自定"等言论中，所谓"道"即是指精气运行之原理。

[④] 前一小节所论的《心术上》的"道"即是这方面的典型。又如《心术下》的"道，其本至也，至本至无"（通行本作"至不至无"，此从张舜徽说，见《周秦道论发微》，第242页），也是一个例子。

· 387 ·

而作为交叉表现的"精气"之"道"也不具有超越意味。总之，在四篇思想中"精气"和"道"是"本根"之大观念中两个意义不同的概念，"精气"作为万物之原质的意义是比较确定的，而"道"则表现出两种形态，一种是出现在气论之中作为"精气"之原理的"道"，一种是和"精气"并无直接关联的"道"。[①]

（二）"德"作为精气之性能

接下来具体讨论精气论域中"德"的意义及其相关问题。由于"精气"概念的加入，四篇的宇宙论中不仅存在"道"和万物这一关系，同时也包含"精气"和万物之关系（可简称为气物关系）。在后一关系中，"精气"是作为万物生成与构造之原质的角色出现。《内业》篇对此有如下论述：

> 凡物之精，此则为生。下生五谷，上为列星；流于天地之间，谓之鬼神；藏于胸中，谓之圣人。是故民〈此〉[②]气，杲乎如登于天，杳乎如入于渊，淖乎如在于海，卒乎如在于己。

"精"是对"精气"的简称。关于"此"字，论者看法不一。丁

[①] 陈鼓应先生认为四篇中"精气"与"道"是异文同义的关系，同时又指出稷下道家之于老子思想的继承可称之为"创造性的继承"，将原本抽象渺远的"道"具象化而为"精气"（见前引陈著）。这揭示了四篇本根论和老子思想的内在关系，至于四篇之中的"道"和"精气"，在看到二者之共性的同时还需注意二者的差异。笔者浅见和陈先生所论的一个区别在于：陈先生把四篇中的"精气"和"道"视作等同之概念，认为它们是对老子之"道"的具象化发展；在浅见看来，四篇所言"精气"和"道"是两个不同的概念，在二者"交叉"之处，"精气"之"道"是对老子思想的具象化发展，但在另一些语境中"道"仍然保留着类似于老子之"道"的形上性或超越之意味。另外，就《管子》一书来看，除了"精气"，"水"也被看作生成万物的根源。精气论和水本论都是本根论的具象化表现。水本论主要见于《水地》篇："地者，万物之本原，诸生之根菀也。美恶、贤不肖、愚俊之所生也。水者，地之血气，如筋脉之通流者也。故曰水具材也"；"是故具者何也，水是也，万物莫不以生。唯知其托者能为之正，具者，水是也。故曰：水者何也？万物之本原也，诸生之宗室也，美恶、贤不肖、愚俊之所产也"。

[②] 丁士涵曰："'民'乃'此'字误，'气'即精气也，下文云'是故此气也'是其证。"（参见黎翔凤《管子校注》，第932页）此从丁说。

第四章 探寻德政的基础：《管子》四篇的"德"观念

士涵等人认为"此"是"化"字之误，[1] 按此，首句是说精气变化，生成万物。石一参等人认为"此"是"比"字之误，"比"指结合，[2] 按此，该句是说精气结合而生成万物。也有学者认为这里的"此"字并无错讹，它代指"凡物之精"的"精"，[3] 按此，首句是说一切事物皆由精气构成，皆赖精气而生。笔者赞成最后一种观点。《内业》篇皆为韵文，为韵律故，作者在措辞方面会有一定处理。在作者看来，精气是天地万物生成之源，一切事物，包括人在内，皆赖此以生，依此而在。所谓"下生五谷，上为列星；流于天地之间，谓之鬼神；藏于胸中，谓之圣人"，即是对首句的具体展开。

既然精气是生成万物之根本，那么事物的存在与活动实质上也就是精气运行的表现。四篇用"德"表示精气在事物当中的运行功能：

> 彼心之情，利安以宁，勿烦勿乱，和乃自成。折折乎如在于侧，忽忽乎如将不得，渺渺乎如穷无极。此稽不远，日用其德。（《内业》）

"此"指精气，"此稽"是说精气的原理。"折折乎如在于侧，忽忽乎如将不得，渺渺乎如穷无极"的表述与前引"杲乎如登于天，杳乎如入于渊，淖乎如在于海，卒乎如在于己"相类似，旨在说明精气在事物当中的神妙功用。末句的"其德"是指精气之"德"，也即精气运行于事物的性能。从语境看，"日用其德"的主语应该是人。

---

[1] 丁士涵所论参见郭沫若《管子集校》（三），《郭沫若全集》历史编第七卷，第121页。杜国庠、李存山、胡家聪从之。见杜国庠《先秦诸子思想概要》，生活·读书·新知三联书店1955年版，第28页；李存山：《〈内业〉等四篇的精气思想探微》，《管子学刊》1989年第2期；胡家聪：《管子新探》，中国社会科学出版社2003年版，第97页。

[2] 石一参：《管子今诠》，中国书店1988年版，第141页。郭沫若、赵守正从之。见郭沫若：《管子集校》（三），《郭沫若全集》历史编第七卷，第121页；赵守正：《管子通解》，第121页。

[3] 黎翔凤：《管子校注》（中），第931—932页；张舜徽：《周秦道论发微》，第278页；陈鼓应：《管子四篇诠释——稷下道家代表作解析》，第90页；张秉楠：《稷下钩沉》，第37页；乐爱国：《〈管子〉的精气说辨正》，《管子学刊》1996年第1期。

·389·

宽泛而论之，天地万物皆赖精气以为生，皆在"日用其德"。当然，不管"用"的主体是什么，"德"的主体是明确的，它归属于精气，意指精气在事物当中的运行功能。

《内业》还有"日新其德"之论：

> 精存自生，其外安荣。内藏以为泉原，浩然和平以为气渊。……敬慎无忒，日新其德，徧知天下，穷于四极。（《内业》）①

此处"德"义同于上述。"新"在用法上和"用"类似，但具体含义有所不同。"用"指运用，"新"指更新。前者可含人外之事物，但后者是唯人方有的行动。人通过"智"的体认（即前一小节所言"智得"），每天都在更新、完善精气的性能，让体内精气和满充实，通畅无碍，由此便可以"徧知天下，穷于四极"。

（三）"德"作为事物之所得

如同前述，"德"在道物之间包括了两个向度，它既可表示"道"生养万物的功能，也可表示万物由"道"而得的潜质。与之类似地，在精气和万物的关系中，"德"也具有这两个向度的意义。前面讨论的情形即相当于以"德"指谓"道"之功能的向度，接下来考察另一向度：

> 是故此气也，不可止以力，而可安以德。不可呼以声，而可迎以音（意）②。敬守勿失，是谓成德。德成而智出，万物果得。（《内业》）

"德"在此间出现三次。先从第二处看。此句是说，人恭敬地持

---

① 末句在《心术下》作"正静不失，日新其德，昭知天下，通于四极"。
② 王念孙曰："'音'即'意'字也，言不可呼之以声，而可迎之以意也。"（参见黎翔凤《管子校注》，第933—934页）王说可从，"音"是"意"之借字。

第四章　探寻德政的基础:《管子》四篇的"德"观念

守精气,不让它丧失,如此便可"成德"。"德"指的是人涵守精气也即得精气的一种状态。进而看第一处。在此"德"表现为一种与"力"相对的对待精气的方式。这两种方式具体是指"呼以声"和"迎以意",所谓"安以德"即是"迎以意",也即后文所说的"敬守勿失"。第三处紧接第二处,其义一致,该句是说"德"成以后即生出智慧,如此便有"万物果得"之效。

"万物果得"的所指有两种可能:一是说在人的"德成而智出"之下万物各得其宜,一是说人通过"德成而智出"终能得万物。这两种理解中"得"的主词不同。《心术下》有"正形饰德,万物毕得"之言,[①] 其所指同样存在两种可能。《内业》篇另一处言论可为此提供理解的线索:

> 有神自在身,一往一来,莫之能思。失之必乱,得之必治。敬除其舍,精将自来。精想思之,宁念治之。严容畏敬,精将至定。得之而勿舍,耳目不淫,心无他图。正心在中,万物得度。

"神"指精气,"精想"以外的"精"字也是指精气。[②] 这里对"敬守勿失,是谓成德"的工夫展开了更具体的叙述。而最后所说的"正心在中,万物得度"则说到人之"成德"对于万物的意义。由此来看,所谓"万物果得""万物毕得",应是指万物各得其度、各得其宜。

结合上引两段来看,二者所述大体类似。在此,"得"作为事物对精气的获得,包含着先天和后天两层。自先天言,人与他物皆"得"精气以为生;自后天言,人通过"敬守""宁念"的工夫,做到"勿失""勿舍",并由此让万物也各"得"其度。这里似乎默认了后天之中人和他物都有丧失精气的可能,而人的修养不仅让自己守

---

① 《心术下》与《内业》内容上多有重复,一般认为前者是后者的别本。此两篇重复之处的文字有一定差异,正可两相结合进行理解。

② "精想"与"宁念"相应,这是说精粹其思想、安宁其意念。

住精气，同时也能让万物不失精气。某种程度上，这种思想和老子所说的"辅万物之自然而不敢为"是相通的。只是老子在言"辅"之外还强调"不敢为"，且其所言万物主要是指圣人所面向的民众。

在指谓人之"得"时作者用了"德"的概念（"敬守勿失，是谓成德"），但在万物之"得"上则没有用此进行概括。义理上说，"万物果得""万物毕得"即是万物之"德"的表现。当然，此间所强调的万物之所得并非指"道"在万物中的落实，而是指"精气"充实于万物的结果。

归结前面考察的两种情形可知，由于精气概念的出现，四篇的宇宙论在包含道物关系的同时也存在气物关系这一架构，在后一关系中"德"的表现可从两个方面进行把握，它或是指精气运行于事物的性能，或是表示事物所得于精气的属性。此二义正类似于"德"在道物关系中的两种表现，但内中有所不同的是，精气概念不带有超越性，或者说气物之间的相分性并不显著，二者基本上是表现为融合的关系。因此上述"德"之两面亦可归一来看：事物所得之"德"和精气运行之"德"指向同一物事，此即事物基于精气而具备的一种性能。[①]

另需指出的是，在精气论域中"德"的意义主要是就人而言。在直接表示精气之性能的语境中，虽然"日用其德"的主体也可涵括人外事物，但这里的语境是关注人对精气之"德"的运用。而在表示事物之所得的后一类语境中，"德"也主要指人对于精气性能的获得，虽然"万物果得""万物毕得"等言论暗示了万物有得于精气，但作者没有直接称之为"德"。由此来看，"德"在精气论域中的意义不如它在道物关系中那么普遍。进而言之，仅就与精气相对的事物这一向度来看，这里并没有明显出现广义上的物德思想。当然，如果我们将"精气"也视作一种"物"，那么表示精气之性能的"德"某

[①] 虽然气物关系中"德"之两面可合并来看，但严格说起来，"德"的主体仍有不同，只是此处区分两面的必要性不如道物关系中那么大。这里既关乎"精气"和"道"的不同性格，也涉及气物关系和道物关系的不同构造。

种意义上也可说是一种"物德"。但问题在于，在四篇的宇宙论架构中，"精气"是一个与"道"地位相当的概念，而以《庄子》和此处《心术上》所代表的物德观念中，所谓"物"乃是指与"道"相对的世间万物。因此表示精气之性能的"德"在类型上并非属于物德，它与《老子》的"道"之"玄德"、《心术上》的"（道）化育万物"的"德"属于同类。

"德"在精气语境中主要就人而言，这提示我们，伴随着精气论的出现，人的"德"将会出现新的内涵。在前面所考的两类情形中，我们对此已有初步印象："德"既是指精气运行于人体的一种性能，也是指人的得自于精气的成其为自身的品性；而这两个向度又是统一的，也即，人的成其为自身的品性正是精气在人的一种性能。但是，精气并不是毫无条件地常存于己身，正如前面已指出的，人虽然先天有得于精气，但在后天生活中又有丧失其气的可能。因此，"敬守勿失"的修养工夫就成为必要。如何"敬守勿失"，精气和人的身、心究竟存在何种关系，通过"敬守"之法人将能达至何等境地，凡此种种，便是接下来需要进一步探讨的问题。

第二节 "内德"的境地及其修养方式

精气论的存在让"德"具有了甚不同于老、庄的内涵，通过前面的考察，我们已有一个基本印象。当我们把视域集中到人事之"德"时，将会发现其内涵之不同更加突出。在个人成德问题上，四篇最大的特色在于涵养精气以成就"内德"这一点上。在本节中我们先探讨"内德"作为一种境地究竟意味着什么，进而再讨论达成此等境地需通过何种方式的修养。

一 作为精气和畅状态的"内德"

就人事论域来看，"内德"是四篇当中较有代表性的一个概念。所谓"内德"，是指内在的德性，这是针对行动上（尤其政治行动）

的"外德"而言。① 老、庄思想中的心性之"德"也可看成"内德",不过,四篇所强调的内之所得者不仅在于"道",同时也在于"精气",甚至后者的意义更为浓厚。在其特有的精气语境中,"内德"指的是精气在人充实而和畅的一种状态。

"内德"之论见于《内业》和《心术下》。先来看此二篇的以下文句:

> 形不正,德不来;中不静,心不治。正形摄德,天仁地义则淫然而自至。神明之极,照乎知万物,中义守不忒。不以物乱官,不以官乱心,是谓中得(德)。(《内业》)

> 形不正者德不来,中不精者心不治。正形饰德,万物毕得。翼然自来,神莫知其极。昭知天下,通于四极。是故曰:无以物乱官,毋以官乱心,此之谓内德。(《心术下》)

这两段话的意思大体一致,个别字词有异,正可互参理解。《心术下》言"内德",《内业》称为"中得"。"内"与"中"皆就"心"而言。"中得"之"得"通假为"德"。② 这两段话都没有直接出现精气的语词,③ 但从其间表述来看,可知两处言辞皆基于精气而论。《内业》中"形不正,德不来"的"德"是指精气之"德"(这句话是说,人的形体不正,则精气的效能就不会到来,也即人将无法获得精气之能),"神明之极"则是对精气之"德"的一种描述。《心术下》的"形不正者德不来"以及"神莫知其极"大致类似,除此以外,其所谓"翼然自来"也可提示此处是就精气而论。

就其主体来看,此所言"德"或归于精气,或归于人。在第一段

---

① 四篇没有出现"外德"一词,这是据其义理来说。
② 不乏观点将"中得"看作主谓结构,解作心中有所得。结合《心术下》"内德"来看,此处的"得"应是通假为"德"。"中得"与"内德"义同,皆谓内在之德。《内业》他处还有"内得"一词,此"得"亦通"德"。后一点将在后面讲到。
③ 《心术下》"中不精"的"精"是指人心的一种状态,非谓精气。《内业》作"中不静","精"或通假为"静",但也可能是指内心的精粹。《内业》有言"精想思之,宁念治之",此"精"亦谓内心之精粹。

第四章 探寻德政的基础:《管子》四篇的"德"观念

的"形不正,德不来""正形摄德",以及第二段的"形不正者德不来""正形饰德","德"都是指精气之效能。而所谓"中德""内德",则是指人的内在德性。但正如前一节已指出的,在气物关系中"德"的两个向度可归一来看。人的"德"和精气的"德"实为一物,这意味着,人的德性正是以精气之性能为基础,当精气充实于人时其性能也就转化成了人的德性。

《内业》篇另一处有言:

> 精存自生,其外安荣。内藏以为泉原,浩然和平,以为气渊。渊之不涸,四体乃固;泉之不竭,九窍遂通。乃能穷天地,被四海。中无惑意,外无邪菑。心全于中,形全于外。不逢天菑,不遇人害,谓之圣人。人能正静,皮肤裕宽,耳目聪明,筋信而骨强。乃能戴大圜,而履大方;鉴于大清,视于大明。敬慎无忒,日新其德;遍知天下,穷于四极。敬发其充,是谓内得(德);然而不反,此生之忒。

"内得"之"得"亦通"德"。此所谓"内德",和前述"中德"以及《心术下》的"内德"含义一致。这里关于精气的描述较之上述者更为明显。首句的"精"即指"精气"。"精存自生,其外安荣"是说精气存聚于人则自有生机,其光彩将焕发于外。后一句是说人蕴藏着精气而成为生命的源泉,此内蕴之精气浩大而和平,乃是气的渊池。这里用"浩然"描述精气的状态,与孟子所言"浩然之气"(《孟子·公孙丑上》)不无类似。但孟子此语并非建立在精气论的基础上,且其更强调的是精神上的气象,而《内业》所言还带有比较浓厚的形体意味。

关于后面说到的"敬慎无忒,日新其德;遍知天下,穷于四极",我们在前一节已讨论过,所谓"其德"是指精气的性能,当精气的效用得到充分的发挥,人便能"遍知天下,穷于四极"。随后,作者讲到"敬发其充,是谓内德",这句话大致是说恭敬地发挥人身上的精气的性能,让它充实于己,此即内在的德性。就

· 395 ·

◆◆◆ 先秦道家"德"观念研究

"德"的主体言，这里也出现了精气和人的区别。但正如前面已指出的，这两种"德"指向同一物事，当精气充实于人，它的性能也就转化成了人的德性。所谓人的德性，实际上就是精气在人"浩然和平"的一种状态。

所谓"敬发其充"的"充"是一个有待注意的语词。它指的是精气在人的充实状态。四篇把人看作涵养精气的"舍"（馆舍），所谓"敬除其舍，精将自来"即是一个体现。精气充实于"舍"，此即人之所得。《心术下》有言：

> 气者，身之充也；行者，正之义也。① 充不美，则心不得；行不正，则民不服。（《心术下》）

此所言"气"，亦即精气。精气是充实于己身的"材料"，所充者不美即心无所得。反过来说，唯所充者和美畅达，此心方是有所得，此即所谓"内德"。需注意的是，此所言"身"非单指身体，而是指身心一体的己身。② 因此，所谓"气"也不是纯为物质性的"气"。"气者，身之充也"是兼含形、神两维度而言，而后文即专注于精神的维度，故说"充不美，则心不得"。

概括而言，作为四篇当中代表人之德性的概念，"内德"指的是精气在人充实而和畅的一种状态。"内德"的这种特点决定了它的成就是建立在涵养精气的基础上。可以说，养气以成德是四篇德性思想的核心所在，也是其德性思想的特色所在，这使得它和老、庄的德性

---

① 郭沫若先生认为"行者，正之义也"当作"正者，行之义也"，"义"读为"仪"（《管子集校》二，第431页）。其校可从，然"义"或当如本字读。
② "身"既可指身体、形躯，也可指身心一体的己身。后义在先秦诸子言论中比较常见。如《老子》第十三章的"爱以身为天下，若可托天下"（"爱以身"即"以爱身"）、《庄子·德充符》的"不以好恶内伤其身"、《礼记·大学》的"修身"等，其间的"身"皆为此义。"身"之此义也多见于四篇，除此处外，又见于《内业》的"有神自在身，一往一来，莫之能思""见利不诱，见害不惧，宽舒而仁，独乐其身"，《白心》的"是以圣人之治也，静身以待之，物至而名自治之""德之来，从于身""名进而身退，天之道也"等处。

第四章 探寻德政的基础:《管子》四篇的"德"观念

思想在具有某些共通性的同时又出现许多的差异。围绕如何涵养精气以成就德性的问题,四篇又提出了许多具体的修养方式。这些方式有不同的关注点,或侧重于心之修养,或侧重于形之维护。这不是说此处有明显的身心二元的思想,只是在不同的地方它关注的方面有所不同而已。

此将涉及四篇之为四篇的主旨问题。四篇之所以被大家看作一个学理体系,基本的依据即在于它们具有一个共同主题——心灵的修养。作为篇名的"心术上""心术下""白心""内业"即可反映这一点。"心术"指心灵修养之术,①"白心"是说洁白其心,②"内业"则是指内心的修养事业。数者之中"心术"一名更具代表性,可用它来概括大家所公认的四篇之主题。

不过,需进一步指出的是,"心术"虽然能够集中反映四篇的思想重点,但它并没有指示出四篇所关心的目标,同时也容易造成人们对此中所言身体之术的忽视。就四篇整体内容来看,我们可说它所关心的目标是"道",但这样的定位尚未反映它的理论特色。此所论修养和精气密切相关,所谓"心术",实质上是养气之术,而养气之目标即在于成就人的"内德"。此外,四篇整体上更关注的是心灵修养之术,但它并不是单纯从心灵层面考虑问题。在如何成德的问题上,它颇重视身体的意义,也提供了诸种修养之术(可称为"身术")。接下来,我们将从身、心两个方面,分别探讨四篇关于养气成德的思想。

---

① "心术"一词也见于《庄子·天道》:"此五末者,须精神之运,心术之动,然后从之者也。"成玄英疏曰:"术,能也。心之所能,谓之心术也。"(郭庆藩:《庄子集释》中,第469页)研究者在解释四篇所言"心术"时多以成疏为据,将其解作心之功能。但也有学者提出不同的看法。如陈丽桂将其解作治心之术(《战国时期的黄老思想》,第117页),匡钊解之为精神修炼的技术(《先秦道家的心论与心术》,第62页)。不同于前解以"术"为功能,后解乃以"术"为方法、技术。就《心术上》"心术者,无为而制窍者也,故曰君"这一句来看,前解可从。但如果就四篇的整体思想来看,则后解为宜。

② 这里的"白"与《庄子·人间世》"虚室生白"的"白"在含义上近似,表示心灵上的洁白、虚明之境。只是"白心"之"白"是用作动词,而"生白"之"白"是用作名词。

二 "内德"修养中身体的角色

身体是成德过程中的一个重要问题。老子没有直接谈及身体对于成德的意义，在"五色令人目盲，五音令人耳聋，五味令人口爽"（《老子》第十二章）等表述中，他注意到了和身体有关的欲望对于成德的负面性，但对于身体本身的意义他尚未给出明确的论述。这一问题在庄子思想中得到了重视。庄子的态度比较微妙，一方面他主张忘形以葆德，显示出贬低身体的倾向，但另一方面他又表现出肯定的立场，强调在德性的笼罩下身体将以新的形态呈现出来。四篇很重视成德过程中身体的意义，它的态度不像庄子那么"模糊"，而是直截了当地肯定身体的正面意义——此是德性得以存在的基础。并且，在其言论中还可解读到身体之所以成为德性之基础的理由，由此可发现它和《庄子》出现差异的原因所在。

我们先来看四篇对身体作为德性之基础的肯定。《内业》和《心术下》有言：

> 形不正，德不来；中不静，心不治。正形摄德，天仁地义则淫然而自至。神明之极，照乎知万物，中义守不忒。不以物乱官，不以官乱心，是谓中得（德）。（《内业》）

> 形不正者德不来，中不精者心不治。正形饰德，万物毕得。翼然自来，神莫知其极。昭知天下，通于四极。是故曰：无以物乱官，毋以官乱心，此之谓内德。（《心术下》）

此所言"德"首先是指精气之"德"，其实质也即人的"内德"。当精气充实于人，其德性也就转化成了人的"内德"。"形不正，德不来"以及"正形摄德"之言直截了当地肯定了身体之为德性之基础的意义。所谓"正形摄德"是说，正其形体才能含摄精气之德。《心术下》所言"正形饰德"的"饰"通"饬"，意谓整饬，其义与

第四章 探寻德政的基础：《管子》四篇的"德"观念

"摄"相通。① 就后面所言"中德"或"内德"来看，它同样反映了身体之为基础的意思。比起《内业》另一处所言"敬发其充"的"内德"，此所言者有不同的关注点。前者强调"内德"是精气充实和平的状态，而此处则关注人的身体官能不能为外物所扰乱，由此才能保证内心的平静祥和。如果说"中德"或"内德"的直接意义在于心灵的平和与安定，那么这种心境的获有乃是以身体官能不为外物扰乱为前提。从这里我们也能看出形体对于德性的意义。

我们再来看其中所谓"正"的意思。罗浩（Harold D. Roth）对此曾提出一种很有意思的解释，他认为"正"是一个身体动作，指人以脊柱直立、肢体固定的平稳姿态坐着，是马王堆和张家山养生长寿文献中描绘的姿势。② 罗浩作此等理解，和他将《内业》篇看作神秘主义修炼的文献不无关系。③ 笔者认为，此所言"正"应该不是指身体姿势，它和四篇中其他"正"字的含义类似，意谓端正。具体到此处来看，则是指"不以物乱官"——身体的诸项官能不为外物所乱，都能得到正确的运用。唯有"不以物乱官"、身体保持其"正"，才能保证"心"的不乱，从而保证"内德"的实现。

四篇并非单方面强调身体对于德性的意义，在它看来，德性之修养也会影响到身体的表现。全面来说，身体与德性是双向互动的关系。正如《白心》所言：

> 和以反中，形性相葆；一以无贰，是谓知道。

这大致是说，内心和谐而返归中正，形体与德性两相养护，专心

---

① 关于"饰"字，李哲明认为当为"饬"字，"饰德"则虚伪，非其义也（参见黎翔凤《管子校注》中，第779页）。赵守正指出，"饰"通"饬"，意为整饬（《管子通解》下，第15页）。张舜徽认为，饰犹修也，治也，此言饰德，犹言修治其德（《周秦道论发微》，第235页）。陈鼓应亦解"饰德"为"修德"（《管子四篇诠释——稷下道家代表作解析》，第168页）。笔者从赵说。结合《内业》所言"摄"（含摄）来看，以"饰"为"饬"之假借更为妥当。
② ［美］罗浩：《原道——〈内业〉与道家神秘主义基础》，第72页。
③ 同上书，第7页。

·399·

一意，即可"知""道"。"和以反中，形性相葆"以及"一以无贰"是为"知""道"之门径。此所言"性"大致与"德"同义。四篇之中出现"性"的地方不多，① 它与"德"的关系也不像《庄子》中那么复杂。前引《内业》《心术下》之论重在说明形体对于德性的意义，而此处之论则关注二者双向互动的关系。

接下来探讨身体之所以成为德性之基的原因。在四篇看来，人之"内德"即是人所含精气的性能，而身体乃是精气存聚和运行的地方，"内德"之修养其实是在身体这一场所进行。四篇屡屡以精气之"舍"来表明身体的这一角色：

> 定心在中，耳目聪明，四枝坚固，可以为精舍。（《内业》）
> 凡食之道，大充，伤而形不臧；大摄，骨枯而血冱。充摄之间，此谓和成。精之所舍，而知（智）之所生。（《内业》）
> 不可常居也，不可废舍也，随变断事也，知时以为度。（《白心》）

"舍"指馆舍，此处具体是指涵容、存聚精气的场所。人的德性说到底就是精气在人之效能，身体之所以成为德性之基，正是源于它作为精气之"舍"的角色。②

既然形体是精气存聚的场所，那么为保证精气在人之效能的充分实现，则务须重视身体上的修养。《内业》篇用"敬除其舍，精将自来"来说明这方面的工夫。只有把馆舍打扫干净，精气才会到来、才会留存。言外之意是说，如果此馆舍没有打扫干净，那么精气将无法

---

① 除了这里的"形性相葆"，"性"在四篇中还见于以下文句："凡人之生（性）也，必以平正。所以失之，必以喜怒忧患。是故止怒莫若诗，去忧莫若乐，节乐莫若礼，守礼莫若敬，守敬莫若静。内静外敬，能反其性，性将大定"（《内业》）；"凡民之生（性）也，必以正乎。所以失之者，必以喜乐哀怒。节怒莫若乐，节乐莫若礼，守礼莫若敬。外敬而内静者，必反其性"（《心术下》）；"精也者，气之精者也。气道乃生，生乃思，思乃知，知乃止矣。凡心之形，过知失生（性）"（《内业》）；"凡心之刑（形），过知失生（性），是故内聚以为原。泉之不竭，表里遂通；泉之不涸，四支坚固"（《心术下》）。

② 此间还涉及"心"的地位和作用，我们在后文进行讨论。

第四章　探寻德政的基础：《管子》四篇的"德"观念

存聚。所谓"馆不辟除，则贵人不舍焉"（《心术上》），说的正是此意。那么具体来说，需要扫除的东西是什么呢？《心术上》的另一段话可给出部分回答："虚其欲，神将入舍。扫除不洁，神乃留处。""神"谓精气。从后面解文的引用来看，"神乃留处"的"乃"当为"不"字。① 这两句话提示着，应当扫除过度的欲望，若扫除得不洁净，则精气不会留处。《心术上》又言："嗜欲充益，目不见色，耳不闻声。"嗜欲的存在将会影响到身体功能的发挥，从而让它作为精气之"舍"的角色不得本然。

《内业》篇还从饮食方面提出具体的养身之法（见前引"凡食之道"一段）。节制饮食是这一段话的主题：吃得太饱将会损伤身体（"大充，伤而形不臧"），如果饥饿则会使得筋骨枯损、血液凝结（"大摄，骨枯而血冱"）；只有饥饱适度才能保证身体处于健康的状态（"和成"），这样精气才会入舍于此，而智慧也将由此而生。过度饮食会让精气之"舍"积存污秽，而饥饿状态即便不存在污秽，但"骨枯而血冱"之中也会使人体难以发挥"舍"的功能。

总之，为达成精气和畅之"内德"，首先要保证作为精气之"舍"的身体常处洁净之中，"敬除其舍""扫除不洁"乃是必要的修养之法。联系庄子思想来看，四篇对身体的看法大有不同。庄子认为身体是德性之负累，故而养德需得忘形；四篇则鲜明肯定身体作为德性之基的意义，认为"形不正，德不来"，"正形"是"摄德"的前

---

① 关于"扫除不洁，神乃留处"一句，研究者有不同看法。戴望、丁士涵、俞樾、吴汝纶等人据后面解文的"不洁则神不处"，认为经文"神乃留处"的"乃"字当作"不"字。参见郭沫若：《管子集校》（二），第406页。陈鼓应、赵守正、张秉楠等学者亦持此见。见陈鼓应：《管子四篇诠释——稷下道家代表作解析》，第138页；赵守正：《管子通解》下，第2页；张秉楠：《稷下钩沉》，第46页。按此，这句话是说若扫除得不洁净，则神不会留处。杜国庠、张舜徽、姜涛等人看法不同。他们认为"扫除不洁，神乃留处"的"不洁"是指前文"虚其欲"的"欲"，此句与前面的"虚其欲，神将入舍"可相互阐释。见杜国庠：《先秦诸子思想概要》，第35页；张舜徽：《周秦道论发微》，第206—207页；姜涛：《管子新注》，第290—291页。笔者赞同前一种看法。解文对经文"扫除不洁，神乃留处"句的解释是："神者至贵也，故馆不辟除，则贵人不舍焉，故曰：不洁则神不处。"从解文的引用来看，经文"乃"字当为"不"字。又，解文语句意义连贯，应不存在传抄讹误的可能性。

提。"正形摄德"和"忘形养德"这两种主张看起来有点针锋相对，其实它们是建立在各自不同的理论基础之上，并不存在谁针对谁的情况。庄子倡言"忘形"，并无否定身体之意，他只是担心人之于身体的执念会导致对德性的"诚忘"。成为德性之负累的不是身体本身，而是人对于身体的不正当的意念。所谓忘形，只是在去除执念这一点上来讲。在四篇这里，精气论的存在让它的成德思想出现不一样的理路：人的德性说到底就是精气在人之效能，而身体又是精气存聚的"舍"，如此一来，德性的养成自然就离不开身体这一场所了。

三 "心术"与"内德"之修养

身与心是养气成德大业中相互依赖的两个方面。分作两处进行探讨只是为了研究之方便，不代表二者各为一端，并无关涉。形体作为精气之"舍"，为"内德"之修养提供了必要的物质场所，而心的作用更为紧要，也更为复杂。我们先对四篇思想中"心"的构造作一基本考察，进而再探讨养气成德的各种"心术"。

（一）"心"的层次与角色

"心"是古代中国哲学里一个紧要而复杂的问题。就道家系统来看，"心"的问题在老子学说中已然浮现，但它还没有突显出来，其思想也未得到深入的开展；它的突显和深化是出现在庄子思想和黄老学说中。[①]《管子》四篇即是黄老论"心"比较集中也比较深入的文本。在其思想中，"心"是一个包含不同层次的复杂构造，而不同的层次在养气成德事业中将扮演不同的角色。这些情况都和精气之论密切相关，我们的讨论也先从这一点开始。

前面我们曾指出，人的身体之所以成为德性之基，关键在于它是存聚精气的"舍"。"心"也具有此等功能，并且它还是"舍"的中心和灵明处。整体上来说，身体是精气存聚和运行的场所，而就其要害言，此场所之关键处即在于"心"。这一点在前引材料中已有体

[①] 关于道家"心"观念的系统研究，参见匡钊先生的《先秦道家的心论与心术》一书。

第四章　探寻德政的基础:《管子》四篇的"德"观念

现。比如《内业》的"敬除其舍,精将自来"和《心术上》的"虚其欲,神将入舍",此所言"舍"整体上是就身体而言,但它主要指的是身体中的"心"。又如《内业》的"充摄之间,此谓和成。精之所舍,而知(智)之所生"一句,前面有调理身体此"舍"的意思,但"智之所生"又提示着作者在后面更关注的是"心"之为"舍"的功能。

在以下言论中,作者更加直接地关注"心"作为精气之"舍"的角色:

> 是故此气也,不可止以力,而可安以德。不可呼以声,而可迎以音(意)。敬守勿失,是谓成德。德成而智出,万物果得。凡心之刑(形),自充自盈,自生自成。(《内业》)
>
> 精存自生,其外安荣。内藏以为泉原,浩然和平以为气渊。渊之不涸,四体乃固;泉之不竭,九窍遂通。(《内业》)
>
> 凡心之刑(形),过知失生(性)①,是故内聚以为原。泉之不竭,表里遂通;泉之不涸,四支坚固。(《心术下》)

此两处"刑"均通"形"。陈鼓应先生解"形"为实体,以"心之形"为心之实体。② 匡钊先生认为这有过度诠释之嫌,主张将"心之形"解释为心的表现,并指出这是保有精气的"心"所表现出的"自充自盈,自生自成"的形态。③ 笔者赞同后解。综合三段来看,"心"都是作为精气运行之场所出现,其中第二段所说的"气渊"尤能代表"心"的这种角色。相对来说,"舍"的比喻更直观,也更具整体性,而"渊"字则提示着"心"是精气存聚的渊深之处。④

---

① "失生"在黎翔凤《管子校注》作"先王",此从郭沫若《管子集校》。《内业》有"凡心之形,过知失生"。《心术下》此处"先王"应是"失生"之讹误。
② 陈鼓应:《管子四篇诠释——稷下道家代表作解析》,第93、182页。
③ 匡钊:《先秦道家的心论与心术》,第60—61页。
④ 某种意义上,可以用"精舍"和"气渊"分别概括身、心的角色。"舍"和"渊"的使用并无截然界线,有些地方四篇也用"舍"喻指"心"。为便于叙述,可作相对的区分。

"心"作为"气渊",是身体此"精舍"的一个部分,但这一部分又是十分特别的一处。这不仅是说它是"精舍"的中心部位,同时也是指它是"精舍"的灵明之地。前者是就其位置言,后者是就其功能言。它之所以是"精舍"的灵明处,乃因此处是精气运行而为精神的场所。《内业》的"精之所舍,而知(智)之所生"已提示了这一点。《心术上》的一处言论也可体现"心"的这种作用:

宫者,谓心也,心也者,智之舍也,故曰"宫"。

精气充实于人体,只在"心"这个地方运行而为智思。"心"既是精气之"舍",也是"智之舍"。

前面曾指出,精气并非纯物质性的存在,它兼有形质和精神的双重属性。精气是生成和构造万物的原质,也是构成人体的材料;当它成为充盈"心"的内容时,其运行即表现为精神性的活动。这意味着,四篇思想中的"心"不纯是心灵、精神之义,它作为精气之"渊"兼含着物质和精神的双重属性。古人认为人体内的心脏是思维的器官,"心"这一语词既可以指作为器官的心脏,也可以指前者所生发的精神活动,也即心灵、心识。在先秦诸子关于"心"的学说中,所谓"心"一般是在后一种意义上使用。但四篇所论之"心"比较特别,它主要是就后一意义而言,同时又带有前一种意思。

要言之,作为"气渊"的"心"乃是一个形质和精神的统一体,这是四篇心学的一处特色。这种情况的出现和四篇以精气论"心"的特点有关。更具体来说,"心"的这一形态源于它作为"气渊"的角色:"心"首先是身体的一个部位,但这个部位比较特别,精气在此中将运行而为精神,人的心识和智思即由此而来,所以它在作为身体之部位的同时又表现出"超越"身体的功能。

需进一步看到的是,此气渊之心只是四篇所论"心"的一个面相,在此之外"心"还包含另一层次。《内业》篇有"心以藏心"之言,集中反映了这种思想:

第四章　探寻德政的基础:《管子》四篇的"德"观念

> 我心治，官乃治；我心安，官乃安。治之者，心也；安之者，心也。心以藏心，心之中又有心焉。彼心之心，音（意）以先言，音（意）①然后形，形然后言，言然后使，使然后治。不治必乱，乱乃死。

"心以藏心，心之中又有心焉"明确告示人身上存在着两种"心"。那么这两种"心"具体指什么呢？以往研究中学者们提出了不同的理解。有的学者以形气和精神区分二者。如刘节先生曾有如下解释：心之中又有心，应作如此解，凡是形气的心，是生理的心，心之中的心是指道德的心，其作用是思，是知。②陈佩君有类似看法，认为这里是说心的两个层次，前者是"心之形"，即生理的心，后者是"心之术"，即心的精神活动。③此外，也有学者从精神的不同层面把握"心"的二分。如陈鼓应先生认为："心以藏心"是一个富有深层哲学性的命题，认为心之官中还蕴藏一颗更具根源性的"本心"，所谓"彼心之心"命题中第二个心对第一个心来说是心的实体，比官能之心更为根本。④匡钊先生则认为，"心"之所以被二分，在于"心"能否与普遍精神相结合，如未与之结合则此心仅停留在感觉层面，如能与之结合则此心便具有更为高级的思知能力。⑤

结合前面所论"心"作为气渊的角色来看，笔者认为这里所说的第一层"心"是指气渊之心，它不是形质之心，也不是心识或心智的低级形态，而是形质与精神的统一体；在此"心"之背后还藏着一种作为深层主体以规范前者的"心"，这是纯精神性的存在。这两层"心"既有深浅之别，同时也构成主体和对象的关系。表层之心

---

① 王念孙认为此两处"音"当读为"意"（参见郭沫若《管子集校》三，第132页）。可从。"音以先言，音然后形"在《心术下》作"意以先言，意然后刑（形）"。
② 刘节：《古史考存》，第255—258页。
③ 陈佩君：《先秦道家的心术与主术——以〈老子〉、〈庄子〉、〈管子〉四篇为核心》，台北：博士学位论文，台湾大学2008年，第197页。
④ 陈鼓应：《管子四篇诠释——稷下道家代表作解析》，第113页。陈先生所言官能之心或亦带有生理之心的意思，但他所强调者仍在于精神上的两层之分。
⑤ 匡钊：《先秦道家的心论与心术》，第58页。

也即气渊之心，是主导身体以开展行动的主体，①而深层之心则是规范前一主体的主体。

"心"作为气渊的特性是理解此论的一个基点，进而再来看此论的前后文。引文开头有言"我心治，官乃治；我心安，官乃安"，这是说，我的心得到安治，我的身体便能得到安治。此心是就表层之心而言，它是身体的主导者。随后又言"治之者，心也；安之者，心也"，"之"指代前面所说的"心"，而作为"治之""安之"之主体的"心"即是背后所藏的主导者。后面还提到"彼心之心"以及"意""形""言""使"诸言。②"彼心之心"是指深层之心。"意"是表层之心的内容，后面的"形""言""使"都是指此心在行动上的表现。所谓"彼心之心，意以先言"是说深层之心使人"意以先言"，也即指导人们在行动之前将事情考虑清楚。"意"的所在是表层之心，而指导"意以先言"的是深层之心。这种指导正是前文所说"治之""安之"的表现。

《内业》篇另一处有"精想""宁念"之论，也可体现"心"的这种构造：

> 有神自在身，一往一来，莫之能思。失之必乱，得之必治。敬除其舍，精将自来。精想思之，宁念治之，严容畏敬，精将至定。得之而勿舍，耳目不淫，心无他图。正心在中，万物得度。

"精想思之，宁念治之"一句比较关键，此间隐含着一个思索、治理精气的主体。在它的治理下人常保精气不失，从而"耳目不淫，心无他图"。这里存在两个层次的"心"：一个是"得"精气的场所，即"心无他图"的"心"；一个是在背后"思之""治之"的深层心识。结合"心以藏心"之论来看，此处从"精想思之"到"心无他

---

① 前文曾论及气渊之心是精气存聚的渊深之处，这是基于身体这一"精舍"而言，意味着"心"是"精舍"的深层所在。此处言道气渊之心是表层之心，这是相比于另一层"心"而言。

② "形"谓表现、表达，也可将其理解为人在行动上的形迹。"使"指使唤别人。

第四章　探寻德政的基础：《管子》四篇的"德"观念

图"之言正可体现"治之""安之"的意思；并且这里还反映出，所谓"治之""安之"，直接来说是治理表层之心，实际上是治理此中之精气。后面还说"正心在中，万物得度"，"正心"即"心无他图"之"心"，此"心"是表层之心，它是主导身体以开展行动的主体；人能端正此"心"，将会使万物各得其宜。①

在养气成德之事业中，"心"的不同层次扮演不同的角色。表层之心直接从事修养，而深层之心则是其背后的主导者。精气在表层之心运行而为精神性的活动，其合理之表现即是人的"内德"。它之所以能够合理运行，是源于深层之心的安治。后者指导精气的运行，让其灵明之效充分发挥出来。所谓"正心"，即在于它有此"内德"作为内容。

四篇思想中"心"的两个层次和庄子所思者不无类似。某种意义上，庄子思想中能"斋"、能"游"之"心"比起"成心""机心"也具有高级主体的地位（参见庄子章第二节中"德有心"部分）。但有所不同的是，庄子思想中两个层次的"心"皆纯就心灵、心识而言，而在四篇思想中深层之心固然纯为心识，但表层之心乃是形质和精神的统一体。此外，在两层"心"的关系上二者也存在一定的差异。庄子关注的是高级之心对低级之心的克服和超越，而四篇则强调深层之心对表层之心的指导和规范。此表层之心以精气为内容，在价值上是中性的，其正与不正，关键是看此中之精气能否充分发挥其"德"，或者说人的"内德"能否在此养成。

（二）"正""静""定""敬"诸种工夫

所谓"心术"，指的是心灵修养的方式。从"心"的双重角色来看，深层之心是修养事业背后的主导者，而直接从事修养者则是作为"气渊"的表层之心。此修养之目的即在于让精气在心中和畅运行，

---

① 上博楚简《凡物流形》也有两种"心"的思想："心不胜心，大乱乃作；心如能胜心，是谓小彻。"此间分"心"为两层，且亦关注一方对另一方的规范作用。不过，此所言低层之心并无作为气渊的意义。关于《凡物流形》中"心"的意义，王中江先生有深入讨论，见《"心灵"概念图像的多样性：出土文献中的"心"之诸说》，《哲学研究》2019年第12期。

· 407 ·

◇◆◇ 先秦道家"德"观念研究

让其效能合理地发挥出来,以成就人的"内德"。那么具体来说,应该如何开展修养呢?这是接下来需要探讨的内容。气渊之心是形质和精神的统一体,这意味着身体的修养之术一定程度上也适用于心的修养。但心的精神属性又决定着其存在和活动又有自身的特性,在此等方式以外它有着专属于自身的修养之术。

前面所讲的"宁念治之"和"正心在中"已提示了一种"心术"。深层之心通过"精想思之,宁念治之",让精气安定下来,从而生发"正心",让万事万物各得其度。这里的"正"既在指陈一种结果,也在说明一种方式。后者是说深层之心使气渊之心得到端正。所谓"治之",实亦"正之"。在讲述身体之术时,作者也很强调"正"。这两种"正"基于不同的层面而言,但它们有相通之处。无论是身正还是心正,其具体表现都是精气的运行得到了端正。只不过在心正这一点上,精气的合理运行将直接成就"内德"。

"正"之外,四篇又强调"静"对于修德的意义。如《内业》有言:

> 凡道无所,善心安爱〈处〉。心静气理,道乃可止。彼道不远,民得以产;彼道不离,民因以知。是故卒乎其如可与索,眇眇乎其如穷无所。被〈彼〉道之情,恶音与声;修心静音(意),道乃可得。①

"道"指精气运行之道。它并无固定之所,遇"善心"则安处之。此"善心"不是指好心好意,而是指处于合理状态的"心"。此状态即是后面所说的"静"。心静了,其间的精气方可和畅运行,其"道"方可安顿于此。后面又言"修心静意",再度点出"静"的意义。所谓"彼道之情,恶音与声;修心静意,道乃可得",是说

---

① "爱"字,据陶鸿庆之说当为"处"字;"被"字,据张佩纶之说当为"彼"字;"音"字,据王念孙之说乃"意"之借字。参见黎翔凤《管子校注》(中),第935—936页。

第四章　探寻德政的基础：《管子》四篇的"德"观念

"道"不是靠音声呼唤而来，唯有通过"修心静意"的方式才能够获得它。[①] 人的"内德"作为一种"得"，既是对此精气的获得，也是对其"道"的获得。

关于"静"的工夫，《内业》篇还有"心能执静，道将自定"的说法：

> 彼道自来，可借与谋。静则得之，躁则失之。灵气在心，一来一逝，其细无内，其大无外。所以失之，以躁为害。心能执静，道将自定。

这里同样强调"静"是获得精气之道的前提，并且是从正反两面突显其意义。此所谓"灵气"是精气的一种特殊形态，它是指在心中运行而为精神的那种精气（参见第二小节中"几个前提性的问题"）。"道将自定"的效果也就是"灵气在心"，此心对灵气之道的充分获有，即是"德"的状态。前引《内业》篇的"敬发其充，是谓内德"，与此间文句可相互阐释。

前面分别考察"正""静"之心术。四篇还曾并言"正""静"：

> 人能正静，皮肤裕宽，耳目聪明，筋信而骨强。乃能戴大圜，而履大方；鉴于大清，视于大明。（《内业》）
>
> 人能正静者，筋肕而骨强；能戴大圆者，体乎大方；镜大清者，视乎大明。正静不失，日新其德，昭知天下，通于四极。（《心术下》）

若此心正静，则其身亦能康健——"皮肤裕宽，耳目聪明，筋信而骨强"。如此便能戴圆履方（顶天立地）、堪比日月（大清指月，大明指日）。正静其心之所以能产生这样的效果，是因为心于正静之

[①] 《内业》另一处有言："是故此气也，不可止以力，而可安以德。不可呼以声，而可迎以音（意）。"可结合理解。

409

中将使精气常在不失，将使其"德"得到不断的更新和完善。
"正""静"之外，四篇又强调"定"对于修德的意义。如《内业》有言：

> 圣人与时变而不化，从物而不移。能正能静，然后能定。定心在中，耳目聪明，四枝坚固，可以为精舍。

关于此处所言"正""静"，罗浩认为达到"正"先于达到"静"，二者都是培养德与平稳或凝练之心的基础。① 从原文表述来看，"定"是"正""静"之后的工夫，这一点是明确的；但"正""静"二者并无明确的先后之分。从四篇其他地方关于"正""静"的言论来看，也无严格的先后次序。② 作为二者的后一步工夫，"定"是指"心"的安定。它和"道将自定"以及"精将至定"的"定"义有不同，但存在密切的关联。心的安定正是以精气之道的安定为内容。换言之，唯有精气之道得到安定，此心方可谓之"定心"。

一般来说，道家论修养主以"静"，儒家则主以"敬"。值得注意的是，四篇在重视"静"的同时也倡导"敬"之工夫。四篇论"敬"集中见于《内业》：

> 敬慎无忒，日新其德，徧知天下，穷于四极。敬发其充，是谓内得（德）；然而不反，此生之忒。
> 敬守勿失，是谓成德。德成而智出，万物果得。
> 敬除其舍，精将自来。精想思之，宁念治之。严容畏敬，精将至定，得之而勿舍，耳目不淫，心无他图。正心在中，万物得度。

---

① [美]罗浩：《原道——〈内业〉与道家神秘主义基础》，第72页。
② 罗浩作此解释，和他将"正"理解为一种坐姿有关。详见第二小节关于"正"的讨论。

第四章　探寻德政的基础：《管子》四篇的"德"观念

此所谓"敬"，是指人对待己身所蕴之精气的恭敬态度。在作者看来，"敬"是精气长存心中的一个必要条件，唯有敬守此气，方有可能成就自身之"内德"。

在《内业》的另一处，"敬"和"静"还被结合而论：

> 凡人之生（性）也，必以平正；所以失之，必以喜怒忧患。是故止怒莫若诗，去忧莫若乐，节乐莫若礼，守礼莫若敬，守敬莫若静。内静外敬，能反（返）其性，性将大定。①

"莫若乐"的"乐"是指礼乐之乐；"节乐"之"乐"是指喜乐之乐，此对应前文"喜怒忧患"的"喜"。作者把"喜怒忧患"看作失性之缘由，后面讲到如何节制或化除时只提到"怒""忧""乐"三项。察其意，所谓"忧患"应为一项。在作者看来，诗、礼、乐是节制或化除三种情感的最好方式。这里显然是吸收了儒家的思想。接下来，作者说到"守礼莫若敬，守敬莫若静"，把"静"看成比"敬"更为深层的工夫。随后的"内静外敬"一言，对"静""敬"之关系给予总结，并言道这是返归其平正之性的基本途径。

老子倡导"静"，从不言"敬"。庄子也推崇"静"，对于"敬"并无关注。② 稷下道家对"敬"的重视有可能是受到儒家的影响。但在其思想中，"敬"的观念又被给予了一定的改造。一则，四篇将"敬"与"静"结合起来，提出"内静外敬"之论，把"静"看作比"敬"更为内在的工夫。二则，"敬"的对象在这里也发生了一定的变化。儒家思想中"敬"的对象在根本上来说即是自身的"德"，这是对西周以来"敬德"观念的继承（当然，儒家"德"的内涵有所不同）。在四篇这里，"敬"的对象是蕴于己身之精气，"德"作为精气在人之性能，也可以说是"敬"的对象，但它更主要的意义是

---

① 此段在《心术下》作："凡民之生（性）也，必以正乎。所以失之者，必以喜乐哀怒。节怒莫若乐，节乐莫若礼，守礼莫若敬。外敬而内静者，必反其性。"

② 《庄子》中虽有出现"敬"的语词，但基本上是普通用法，并未在个人修养上对此加以推崇。

指"敬守"精气的一种效果。

(三) 节欲、去情与化智

前面探讨了四篇所论"正""静""定""敬"诸种工夫，接下来将从另一角度考察其间关于养德的"心术"。就"心"的内容言，四篇和庄子一样，都考虑到了欲、情、智数者，其具体看法和庄子有同有异。在这一角度下，所谓"心术"也即如何对待此三者的问题。

欲望在作为心灵一部分的同时，又和身体密切相关。作为意识的一种表现，欲望都是发生在心上，但它的内容可以是比较纯粹的心理上的欲求，也可以是和身体之需要有关的生理欲求。前面探讨身体之角色时也论及欲望问题，这是基于后一情形来讲。但欲望终归是心识的一种表现，如何对待欲望根本上来说还是"心术"的问题。这里我们将围绕四篇之言论对此问题作更全面的探讨。

对于欲望，四篇整体上是持节制的主张。《心术上》经文部分曾揭示欲望过度的危害性：

> 心处其道，九窍循理。嗜欲充益，目不见色，耳不闻声。故曰上离其道，下失其事。

所谓"上""下"，是指前面所言的"心"和"九窍"，宽泛而言，则是指心与身。嗜欲一般是指和身体有关的过度欲望，但欲望的发生终归是在心上。正如解文部分所言：

> 夫心有欲者，物过而目不见，声至而耳不闻也，故曰"上离其道，下失其事"。

欲望说到底是心的表现，故说"心有欲"。回到经文来看，"嗜欲充盈"是指欲望过多，这是"心处其道"的反面；"目不见色，耳不闻声"意味着身体的官能没法正常发挥，这是"九窍循理"的反面。最后说的"上离其道，下失其事"，正是对此意的一个总结。

《心术上》经文部分在后面提出了"虚其欲"的主张：

第四章　探寻德政的基础：《管子》四篇的"德"观念

> 道不远而难极也，与人并处而难得也。虚其欲，神将入舍。扫除不洁，神乃留处。

从语境来看，这里的"神"是指"道"。唯有"虚其欲"，也即"扫除不洁"，神妙之"道"才有可能留存于心中。解文部分用"去欲则宣，宣则静矣"来解释"虚其欲"。所谓"宣"，是指通畅，它是"神乃留处"的一个条件。"宣则静矣"则说明"去欲"的做法和"静"的工夫密切相关。

所谓"去欲""虚其欲"，并非主张去除一切欲望。此所言"欲"是指前面所说的"嗜欲"，"去欲""虚其欲"其实是主张节欲。这一点在其他地方也有言及：

> 恶不失其理，欲不过其情，故曰"君子恬愉无为"。（《心术上》）
>
> 节其五欲，去其二凶。不喜不怒，平正擅匈（胸）。（《内业》）
>
> 彼道自来，可藉与谋。静则得之，躁则失之。灵气在心，一来一逝。其细无内，其大无外。所以失之，以躁为害。心能执静，道将自定。得道之人，理丞而屯〈毛〉泄，① 匈（胸）中无败。节欲之道，万物不害。（《内业》）

"欲不过其情"的"情"指合理的限度。"节其五欲"指节制五官之欲。最后一段所说的"节欲之道"是就如何对待欲望这一问题的总结。"节欲"的目的是"得道"，此"道"是指灵气运行之"道"。"灵气在心，一来一逝"（"逝"指来往之往），其运行之效能

---

① 王引之云："'屯'当为'毛'，字之误也。"参见郭沫若：《管子集校》（三），第142页。"理"指腠理，"丞"通"蒸"。"理丞而毛泄"是说体内污秽将会通过皮肤毛孔蒸泄于外。参见陈鼓应《管子四篇诠释——稷下道家代表作解析》，第129页。

即是人的"内德"。

接下来讨论四篇思想中的情感问题。前引"节其五欲，去其二凶"已涉及此点（"二凶"指喜、怒）。我们再来看更具体的言论：

> 凡心之刑（形），自充自盈，自生自成。
> 其所以失之，必以忧、乐、喜、怒、欲、利。
> 能去忧、乐、喜、怒、欲、利，心乃反济。彼心之情，利安以宁，勿烦勿乱，和乃自成。
> 折折乎如在于侧，忽忽乎如将不得，渺渺乎如穷无极。此稽不远，日用其德。（《内业》）

此处所言颇有层次感，从精气充盈到何以丧失，再到如何涵养，最后是涵养之后的状态，层层递进，理路颇为清晰。《内业》的另一段话也展现出类似的层次：

> 凡人之生（性）也，必以平正。
> 所以失之，必以喜怒忧患。
> 是故止怒莫若诗，去忧莫若乐，节乐莫若礼，守礼莫若敬，守敬莫若静。内静外敬，能反（返）其性，性将大定。

这里没有专门描述涵养之后的状态，但在本性何以丧失、又当如何回归的问题上，它的意思和前一段文句是一致的。具体来看两处所提到的情感类型，前一段讲了忧、乐、喜、怒四种，[①] 后一段的"喜怒忧患"，结合后文来看，应是指喜、怒、忧患三种。总而观之，这些言论强调的是对于内德修养而言，情感是一种负累，唯有去除之，方能"返其性""日用其德"。《内业》他处还言道："忧则失纪，怒则失端。忧悲喜怒，道乃无处。"《心术下》亦言："民之生（性）也，必以正乎。所以失之者，必以喜乐哀怒。"其间对情感的态度亦

[①] 后面说的"欲""利"两项是就欲望而言。"利"指贪图物利。

414

第四章 探寻德政的基础：《管子》四篇的"德"观念

是如此。

情、欲二者本密切相关，四篇屡将二者并言，其原因应在于此。但在如何对待二者的问题上，其主张似不尽相同。就欲而言，虽然四篇也曾言及"去欲""虚其欲"，但整体上看，它主要是用"节"来体现自己的立场。在情的问题上，其间也有"节乐"之说，但它更多地是用"去"来说明自己的态度。《内业》篇的"节其五欲，去其二凶"之论，可直接反映它对二者态度的差异。当然，其所言去情不可能是指去除一切情感。它认为某些情愫可能会成为"德"之负累，因此主张去除之，以"返其性""日用其德"。根本上来说，这也是一种节制的立场。之所以出现"节"和"去"的差异，是因为"节"的对象是就欲之全体言，而"去"的对象是就部分情愫言。

进而再看智的问题。整体上看，四篇所言智包括了两种形态，一种是负面的与所谓"故"密切相关的"智"，一种是被推崇的与"德"统一的"智"。先看智的负面形态：

> 君子不怵乎好，不迫乎恶，恬愉无为，去智与故。其应也，非所设也。其动也，非所取也。过在自用，罪在变化。是故有道之君，其处也若无知，其应物也若偶之，静因之道也。（《心术上》）

"故"指故意、机心。与"故"相关的"智"是指带有机心的智虑。《庄子·刻意》亦言"去知（智）与故，循天之理"，所谓"智与故"与此处类似。这里还说"其处也若无知"，"知"指负面之知识，它是"智"的一种表现。最后说到的"其应物也若偶之，静因之道也"，则从反面点出了"知"以及"智与故"的要害。这句话是说，有道之君应物无所用心，自然契合（"偶"指契合），这就是虚静因循的道理。可见，所谓"知"，具体是指那些违背事物之本然的知识，而所谓"智"，则是指那些不能因循事物本身、仅是体现个人之意志的智虑。"智与故"实为一体，"故"言其个人意志，"智"是与此意志相配合的智虑。

以上是四篇对智的否定之论。而在别的地方智又成了正当的存在，并且还是作为"德"之内容出现：

> 敬守勿失，是谓成德。德成而智出，万物果得。(《内业》)
> 一物能化谓之神，一事能变谓之智。化不易气，变不易智，惟执一之君子能为此乎！(《内业》)①

第一段大致是说，恭敬地涵守精气，即能养成内德；养成了内德，即可生出智慧，让万物最终各得其度。智在这里是内德自然而有的一项内容。第二段话大致是说，应对事物既能专一于一个道理，又能灵活地随顺变化，这是精气之妙用，也是人的智慧表现（原文第一句是互文）；不管事物怎么变化，其中的精气之用、人的智慧不会改变（这是对"一"的强调），只有"执一"之君子才能做到这一点。此间没有直接体现"智"与"德"的关系，但其间所言"气"实已暗示了这一点。精气在心的合理运行既是人的智慧所在，也是人的德性所依。

总的来看，四篇思想中的智包括了两种形态，一种是违背事物本然、仅体现个人意志的智，一种是基于精气之妙用的既能专一又能任变随化的智。② 前一种智是累德之因，但后一种智和内德相统一，它是内德必有之内容。由此来看，所谓养气成德，其实也就是将含"故"之"智"转化为"一事能变"之"智"的过程。

围绕如何成德的问题，四篇考虑到了欲望、情感和智识三种因素，并提示了相应的处理之法。这些方法和前面讨论的诸种工夫是一

---

① 《心术下》有类似之言："一气能变曰精，一事能变曰智。慕选者，所以等事也。极变者，所以应物也。慕选而不乱，极变而不烦，执一之君子。"可结合理解。

② 四篇有些地方所言智并无特定指向。如《心术上》有："宫者，谓心也，心也者，智之舍也，故曰'宫'。"这是就一般的智识而言，并无价值判断。我们此上所讲的两种形态是就带有价值判断的情形而言。

第四章　探寻德政的基础：《管子》四篇的"德"观念

体的，① 我们是从不同的角度对其所论"心术"进行呈现。另外，四篇论及欲、情、智，主要是为了说明如何恰当处理这些物事以保证内德的养成，而不是为了弄清楚心灵究竟包括哪些部分。但客观上来看，它也向我们呈现了一种关于心灵之构造的思想。

相比于庄子，四篇关于欲、情、智的看法有同有异。对待三者，庄子整体上持超越的立场，也即，在否定物欲、人情和俗智的同时，他又在更高的层面上肯定了道欲、天情和真智（就欲、智二者言，老子亦如此）。四篇对待三者则是就事论事，未以一种态度通贯之。对于欲望，它主张节制，并且它关注的欲望之类型和庄子有所不同，庄子更关注功名之欲念，而四篇更留意和身体有关的生理之欲，这和它对身体角色之重视直接相关。对于情感，它主张去除某些不利于内德养成的情愫。庄子亦倡言"无情"，但他在否定之外又肯定了另一形态的天情。后一点在四篇当中并无体现。对于智识，四篇的主张和庄子不无类似，和"智与故"相对的"一事能变"的"智"也可说是一种真智，并且在二者思想中此等真智都是"德"的内容所在。有所不同的是，四篇思想中的真智以精气的合理运行为基础，庄子未从气之运行言说真智，他关心的是对各种俗智的超越，而俗智所含之内容也不限于不能因循事物的"智与故"之类。

在修养成德的问题上，儒家更强调扩充"德之端"，而老、庄更关心化除"德之累"。在老、庄看来，"德"是本根之"道"在己身之全蕴，所谓成德，其实是指让本然完整的"德"如其所是地展放出来。因此，他们强调的修养之路不在于让"德""从小到大"逐渐养成，而在于避免"德""从有到无"这种情况的发生。在成德路径之思想上稷下道家表现出和老、庄相一致的风格，所谓节欲、去情和

---

① 如"去欲则宣，宣则静矣""心能执静，道将自定。……节欲之道，万物不害"等言，说明节欲之法和"静"的工夫是相通的。又如"不喜不怒，平正擅匈（胸）""止怒莫若诗，去忧莫若乐，节乐莫若礼，守礼莫若敬，守敬莫若静"等言，说明去情之法和"正""静""敬"的工夫密切关联。而所谓"去智与故，……此静因之道也"，则体现了化智与"静"的关系，此外"化不易气，变不易智，惟执一之君子能为此乎"则可体现化智和"定"的关系。当然，这不是说此三者和前所言诸种工夫存在着明确的对应关系，这里只是举出具体的例子以说明它们之间其实是相通而一体的。

化智,都是围绕化除"德之累"这一点展开。

(四) 身、心合论

在四篇思想中,身与心不是截然相分的两个部分,它们是紧密缠绕一起的。为了便于讨论,前面分别从两个角度作了考察。过程中也可看到,这种讨论方式只是各有侧重而已,并不意味可以将二者作截然的划分。

四篇对身心关系的一处典型论述是:"心之在体,君之位也。九窍之有职,官之分也。"(《心术上》)身体各部分各有所职,它们受心的统一领导,这就好像百官和君主的关系那样。就成德问题而论,心也是居于主导地位。此心直接来说是指作为气渊的表层之心,它负责对身体的直接管理;根本上而言,则是指背后所藏的深层之心,它负责指导气渊之心的运行,目标是让其"德成而智出"。所以说,真正主导养气成德之大业的是"彼心之心",而直接从事修养者则是气渊之心。

四篇关于"内德"的思想可概括为养气以成德,这是稷下道家有别于老、庄的特色所在。在养气成德这一大方向下,以形养气和以心养气是成德大业的一事之两面。不管是"身术"还是"心术",其目标皆在于成就"内德"。有待继续说明的是,四篇也曾反过来说明"德"之养成对于身、心的意义:

> 精存自生,其外安荣。内藏以为泉原,浩然和平以为气渊。渊之不涸,四体乃固;泉之不竭,九窍遂通。乃能穷天地,被四海。中无惑意,外无邪菑。心全于中,形全于外。(《内业》)

"内德"养成意味着精气在己有合理之运行。它将会带来身、心两方面的效益。所谓"中无惑意,外无邪菑。心全于中,形全于外",即是对双重效益的概括。

《内业》另一处亦曾言及此意:

> 既知其极,反于道德。全心在中,不可蔽匿。和于形容,见

第四章 探寻德政的基础:《管子》四篇的"德"观念

于肤色。(《内业》)

人能返于"道德",其"心"即可健全,其光彩无可隐藏,将见诸形容与肤色。如果说前一段引文和庄子所言"德全者形全,形全者神全"(《庄子·天地》)不无类似,那么此处引文便带有点孟子的"睟面盎背"之论[1]的味道。

在四篇思想中,"德"与"身""心"是双向互动的关系。"德"之养成需从"身""心"两方面着手,"心"是主角,然"身"之工夫亦不可旷废;"身""心"不仅是养"德"之场所,同时也是"德"的受益者,"德"之养成将能促使心神完善,也将带来体魄之康健。就"身术"和"心术"来说,"内德"是修养的目标,但这一目标是暂时的,它又服务于身心健康这一更加根本的目标。当然,这一暂时的目标又是必需的。它指示着精气在人之运行所应达至的和畅之状态,只有达至这一状态,身心的健康才成为可能。

养气之论的存在让稷下道家的成德思想显示出不同于老、庄的特色,反而和孟子学说显得有些相似。白奚先生很早就注意到了这一点。他指出,《管子》四篇的心气论和孟子思想有许多的相通、相似之处,《管子》对孟子产生了重大影响,启发了孟子以气言心性。[2] 笔者认为,谁影响谁可能难以论定,也许以养气论修身是当时比较流行的一种思路,而稷下道家和孟子都接受了这一思路。此外,四篇和孟子的养气之论固然有不少的相似之处,[3] 但其间的差异也有待注意。一则,四篇论气主以精气,而所言精气之意义不仅在于成德,天地万物之生成、构造,皆以精气为原质;孟子所论无关于精气,且其所言气也无关于天地万物之生成。二则,四篇和孟子虽然都很关注"气"

---

[1] 《孟子·尽心上》:"君子所性,仁义礼智根于心。其生色也,睟然见于面,盎于背,施于四体,四体不言而喻。"
[2] 白奚:《〈管子〉心气论对孟子思想的影响》,载陈鼓应主编:《道家文化研究》(第六辑),上海古籍出版社1995年版,第144—145页。
[3] 比如前面曾提到的以"浩然"论"气"、以"充"言"气"、注重"敬"的工夫、关注"德"在形体上的焕发等等。

之"充",但其具体意味甚为不同。孟子所言"充"是指扩而充之,关注的是"四端"发展壮大的过程;① 而四篇思想中的"充"是指本然的充实,② 精气本存于己身,人所要做的不是扩充它,而是要"敬守勿失"。这里关乎儒道两家成德思想的基本性格问题,在此点上稷下道家和老、庄是相一致的。三则,孟子有"睟面盎背"之论,四篇有"和于形容,见于肤色"之言,二者都关注德性在形体上之流现。有所不同的是,四篇很重视形体的修养之术,这在孟子思想中是比较缺乏的。孟子虽有"践形"之论,③ 但他不是很关心具体的养身之法,他只是把"睟面盎背"作为"四端"扩充的自然效果来看待。

第三节 政治领域中"内德"的运用

就功效来看,"内德"能带来体魄之康健和心神之完善,但这不是它的全部效用。养气成德不仅可以完善个人身心,对于天下国家之政事亦有重大之影响。而且,从四篇整体来看,它对政治功效的强调要甚于个体身心方面。那么,"内德"何以具有政治之效用,其效用具体是如何表现的?它的这种特点反映了黄老学的何种理念?诸如此类的问题,是接下来需要继续讨论的内容。

一 政治行为正当性的基础

就作为思想基底的关系而论,"德"主要存在于道与物、道与人、己与他以及王与民这四组关系之中,其内容分别关乎宇宙论、心性论、伦理思想和政治思想。在四篇这里,"德"主要体现前两种和第四种情形。并且,由于精气论的存在,于道物关系、道人关系之外,

---

① 《孟子·公孙丑上》:"凡有四端于我者,知皆扩而充之矣,若火之始然,泉之始达。苟能充之,足以保四海;苟不充之,不足以事父母。"
② 《内业》的"凡物之精,此则为生"从宇宙论上肯定了精气是一切事物生成和构造的原质。《内业》的"有神自在身""凡心之形,自充自盈"以及《心术下》的"气者,身之充也",则更加直接地说明了精气本充实于人。
③ 《孟子·尽心上》:"形色,天性也;惟圣人,然后可以践形。"

第四章　探寻德政的基础:《管子》四篇的"德"观念

这里又存在精气和万物的关系、精气和人的关系,后两者是前两者的具象化表现。

就其主体来看,四篇人事论域的"德"基本都归于治国圣人。在这一点上,它不同于庄子,但和老子比较类似。老子思想中治国圣人的"德"包含了德性和德行两个方面。在四篇这里,圣人之"德"主要表现为第一种意义,这是"内德"思想之性格所决定的。但这不意味着此"德"并无政治意味。四篇所关心的"内德"是治国行为得以正当开展的基本前提,此情形正类似于老子思想中"恒德"和"玄德"是圣人治国的内在之基。当"德"的主体被定格在治国者这里,其意味就不限于个人的身心修养。由于主体的特殊地位,它必将运用到政治活动当中,成为保障政治行为能够合理展开的一个基础。

《心术下》关于"内德"之政治功效有如下叙述:

> 形不正者德不来,中不精者心不治。正形饰德,万物毕得。翼然自来,神莫知其极。昭知天下,通于四极。是故曰:无以物乱官,毋以官乱心,此之谓内德。[1] 是故,意气定然后反正。气者,身之充也;行者,正之义也。充不美,则心不得;行不正,则民不服。是故,圣人若天然,无私覆也;若地然,无私载也。私者,乱天下者也。凡物载名而来,圣人因而财(裁)之,而天下治;实不伤,不乱于天下,而天下治。

上文通过此段的前一部分(至"此之谓内德")讨论了"内德"的内涵,接下来我们看后面的叙述。很明显,作者在后面把问题引向了治国领域。在他看来,治国者若具有"内德"便能意气安定而复归于正,行为恰当而民众信服;此将如同天地一般,没有私覆、私

---

[1] 此段引文在《内业》篇作:"形不正,德不来;中不静,心不治。正形摄德,天仁地义则淫然而自至。神明之极,照乎知万物,中义守不忒。不以物乱官,不以官乱心,是谓中得。"《内业》篇此段引文的后面并未直接涉及政治问题。

载；凡物皆有名，圣人因之以裁断，不伤物之实，因而天下得以安治。从意气安定到取信于民，再到以形名之术治理天下，此间逐层展现了圣人的政治活动。这一系列的活动离不开身心的修养，离不开"无以物乱官，毋以官乱心"的"内德"，此是圣人行为之所以端正、天下之所以得治的前提。

作为心性状态的"内德"之所以具有政治上的功效，直接的原因即在于它的葆有者不是一般的个体，而是作为最高统治者的圣人。就其含义言，"内德"仍是指个人的内在德性，但由于圣人地位特殊，他所拥有的"内德"必将被推行于政治活动中。这是黄老学的从修身到治天下的理路在四篇这里的一个具体表现。《内业》和《心术下》的两段话同样反映了这个理路：

> 一物能化谓之神，一事能变谓之智。化不易气，变不易智，惟执一之君子能为此乎！执一不失，能君万物。君子使物，不为物使。得一之理，治心在于中，治言出于口，治事加于人，然则天下治矣。一言得而天下服，一言定而天下听，公之谓也。（《内业》）

> 一气能变曰精，一事能变曰智。慕选①者，所以等事也。极变者，所以应物也。慕选而不乱，极变而不烦，执一之君子。执一而不失，能君万物。日月之与同光，天地之与同理。圣人裁物，不为物使。心安，是国安也；心治，是国治也。治也者，心也；安也者，心也。治心在中，治言出于口，治事加于民，故功作而民从，则百姓治矣。（《心术下》）

这两段话比较相似，我们先看《内业》一段。关于此中的"神""智"诸词，我们在前面已作了解释（参见"化智"部分），这里将关注这段话整体上的理路。显然，此处也展现出了修养心性和治理天

---

① 张舜徽认为"慕选"当作"恭巽（逊）"（《周秦道论发微》，第239页），可备一说。

第四章 探寻德政的基础:《管子》四篇的"德"观念

下的两个层次。"执一"是说把握了"一"这个道理,后文所言"得一之理",其义也在此。所谓"一",是指精气之理,也即精气之道。把握了精气之道,即是修成了"内德",即是其心得以安治,如此一来,其言、其行也将得以安治,而最终天下也将得以得治。末句的"一言"是指"一"之"言",亦即"一之理";① 所谓"一言得""一言定",即对应前文的"得一之理"。"一言得而天下服,一言定而天下听"是对前文所论之意的一个概括。

接下来看《心术下》一段。此处未论及"得一之理",但提出了"心安,是国安也;心治,是国治也"这一重要命题。心安治了,国家便能安治,何以如此,下文便给出了解释:其心若能安治,则其言、其事皆能安治,所以事有功而民安定。统治者之所以要修养自身,直接来说,是为了让其心得以安治,进一步而言,则是为了让其言、其事能够正当,而在最终意义上,则是为了实现国家天下之"治"。"内德"之所以具有政治上的功效,正是基于"心治是国治也"这一基本原理。

作为"心治""心安"的一种状态,"内德"是为政者治国安民的必要前提。此等理路还可见于《内业》和《心术下》的以下言论:

> 凡道,必周必密,必宽必舒,必坚必固。守善勿舍,逐淫泽薄。既知其极,反于道德。全心在中,不可蔽匿。和于形容,见于肤色。善气迎人,亲于弟兄。恶气迎人,害于戎兵。不言之声,疾于雷鼓。心气之形,明于日月,察于父母。赏不足以劝善,刑不足以惩过。气意得而天下服,心意定而天下听。(《内业》)

> 金心在中不可匿,外见于形容,可知于颜色。善气迎人,亲

---

① 论者对此所谓"一言"有不同解释。赵守正、姜涛等人将其理解为一句话,认为"一言得"是指一言得当,"一言定"意即一言裁定(赵守正:《管子通解》下,第 125 页;姜涛:《管子新注》,第 356 页)。陈鼓应先生将"一言"解释为"道"(《管子四篇诠释——稷下道家代表作解析》,第 104 页)。笔者赞同后解。更具体来说,"一言"是指"一"之"言",也即前文所说的"一之理"。

如弟兄。恶气迎人,害于戈兵。不言之言,闻于雷鼓。金心之形,明于日月,察于父母。昔者明王之爱天下,故天下可附。暴王之恶天下,故天下可离。故货之不足以为爱,刑之不足以为恶。货者,爱之末也;刑者,恶之末也。(《心术下》)

前面曾以《内业》一段说明"内德"对于体魄和心灵的双重效益,在此我们关注它对于安定天下的意义。"气意得""心意定"与《内业》他处所说的"严容畏敬,精将至定""心能执静,道将自定"的意思差不多,这是指精气之道安定于心的状态。所谓"气意得而天下服,心意定而天下听",则与前面讨论过的"一言得而天下服,一言定而天下听"意义相仿,它们都表现出以个人修养为安治天下之基础的意思。《心术下》一段没有"气意得""心意定"之类的说法,但后面出现了关于"明王""暴王"的言辞,这分别对应前文的"善气迎人,亲如弟兄"和"恶气迎人,害于戈兵"。统而观之,这两段话都反映了养气以成德的政治意义,在其思想中养气成德不仅事关个人身心的完善,同时也是治理国家天下的必要前提。

四篇的大部分言论都是在说明如何涵养精气以修成内德,但需进一步看到的是,其所谓养气成德在很大程度上是服务于国家天下之治理。在"德"的主体上,不同于普遍关注所有个体的庄子,四篇是将关切点放在了治国圣人身上,这和老子的思路比较相似,并且变得更加显著。它所言"内德"作为一种修养境地,必将运用到政治场合,成为治国行为获得正当性的前提。为政者只有先确保自家心地的完善,才有可能让自己的政治行动变得合理,从而让国家天下在自己的治理中得以安定太平。所谓"心治是国治也",即是对此等原理的精辟概括。而"内德"之所以具有政治上的功效,也正是源于这一原理。

二　从内圣到外王:黄老政治思想的内在理路

由上论可知,"内德"之所以成为一个具有政治性的概念,直接

第四章　探寻德政的基础：《管子》四篇的"德"观念

的原因是此"德"之主体是作为最高统治者的圣人，而深层的因素则在于"心治是国治也"这一基本原理。四篇主张以"内德"确保治理行为的正当性，这是其政治思想的核心理念。德政的实现不仅要考虑为政者如何开展正当的治理，还需关注为政者如何从事个人修养，以便为其治理行为提供正当性的基础。后一情形正是四篇思想的焦点所在。虽然它的多数言论是在讲述如何修养"内德"，对于政治活动之开展并无很多关注，但我们仍将其论概括为德政学说，个中原因正在于此。

治理行为的恰当开展属政治德行的范畴，而作为其正当性之基础的"内德"则是一种政治德性。① 从德性之修养到德行之开展，体现的正是从内圣到外王的理路。这种理路在黄老思想中普遍存在，四篇的德政观即是一个典型。在此问题上冯友兰先生曾言道，稷下黄老之学认为养生和治国是一个道理的两方面的应用；改造道家的养生理论，使之同法家的治国学说结合起来，就是黄老之学的要点。② 确如冯先生所见，黄老思想中养生和治国是紧密联系的两个方面，但二者之间不是一理两用的平行关系，而是因果相承的递进关系。在稷下黄老看来，养生是治国的基础，作为养生之核心的养气成德是政治活动获得正当性的前提。曹峰先生把黄老学的这一理路称为"从养身到治国"，③ 郑开先生则直接用"内圣外王之道"来提炼黄老政治哲学的理论旨趣，④ 这样的概括更能体现两个方面的内在关系。此外，冯先生认为道家本是以养生理论为主，其治国学说是黄老吸收法家而来。这一点也可待商榷。老子学说中原即存在修身和治国的两个方面，后来黄老学确实吸收了法家的学说，但这一吸收并不是新生了治国的方面，而是让原有的治国的方面变得更加具体。并且，在吸收"法"之学说以外，四篇所代表的稷下道家还补充了精气之论，这也让其间

---

① 此所谓德性有别于庄学中的个人德性，这是指政治领域里为政者的德性，故谓之政治德性。
② 冯友兰：《中国哲学史新编》（上卷），第518页。
③ 曹峰：《近年出土黄老思想文献研究》，第3—4页。
④ 郑开：《道家政治哲学发微》，第293页。

的治国学说比起老子出现变化,这种变化甚至比"法"之学说带来的变化还要大。①

在论及四篇思想时,学者们比较重视其间从心术到主术的理路。②本书所言的从内圣到外王与此相关,但又有不同。上引论著所言的从心术到主术,是指四篇当中以心身关系类推君臣关系的思想,这在《心术上》一段话中有直接体现:

> 心之在体,君之位也。九窍之有职,官之分也。心处其道,九窍循理。嗜欲充益,目不见色,耳不闻声。故曰:上离其道,下失其事。毋代马走,使尽其力。毋代鸟飞,使弊其羽翼。毋先物动,以观其则。动则失位,静乃自得。

以"毋代马走"为界,前面讲心身关系,后面论及君臣关系。③解文用"无为而制窍"来总结此处所论心身之关系(上引属经文部分),颇具概括性。这段话正是以"无为而制窍"的"心术"来类推君王统御群臣的"主术"。这是黄老学对"无为"思想的一种发展,它将老子所说的"无为而无不为"转化为君主无为而臣下有为的政治模式。④

---

① "法"之学说所带来的变化在《黄帝四经》中更为明显。

② 参见张舜徽《周秦道论发微》,第203—204页;陈鼓应《管子四篇诠释——稷下道家代表作解析》,第132—134页;陈佩君《先秦道家的心术与主术——以〈老子〉、〈庄子〉、〈管子〉四篇为核心》,第206—209页。"心术"一词见于《心术上》:"心术者,无为而制窍者也,故曰'君'。"这是指心灵统御身躯的方法。四篇未见"主术"一词,它出现于《韩非子》和《淮南子》。《韩非子·外储说左下》有言:"简主之应人臣也失主术。朋党相和,臣下得欲,则人主孤;群臣公举,下不相和,则人主明。"《淮南子》书中有《主术训》一篇,其《要略》篇对此总结道:"《主术》者,君人之事也,所以因作任督责,使群臣各尽其能也。明摄权操柄,以制群下,提名责实,考之参伍,所以使人主秉数持要,不妄喜怒也。其数直施而正邪,外私而立公,使百官条通而辐辏,各务其业,人致其功,此主术之明也。"从《韩非子》和《淮南子》所论来看,"主术"是指君主统御群臣的方法。上述诸学者是借用《韩非子》《淮南子》的术语来概括《管子》四篇在这方面的思想。

③ "上离其道,下失其事"有过渡之效。此所言"上""下",既是就心、身而言,也是就君、臣而言。

④ 关于这方面的论述,参见陈鼓应《管子四篇诠释——稷下道家代表作解析》,第133页。

第四章 探寻德政的基础:《管子》四篇的"德"观念

本书所言的四篇之中从内圣到外王的理路,是体现于以"内德"保障政治行为之正当性的思想,非谓心身和君臣的类推关系。当然,某种意义上也可以说,从心术到主术即是从内圣到外王的一种体现。从四篇整体来看,心术的内涵并不限于心灵统御身躯的技术,它可以囊括心灵修养的各种方法。而所谓主术,也可用来概称为政者治理天下的各种方法和途径,而不限于君主的御臣之术。由此来看,所谓从心术到主术,其意味即相当于从修身到治国、从内圣到外王。当然,此时所讲的心术和主术都是广义的,二者之义已不限于以心身类推君臣的思想。①

作为一种思想模式,"内圣外王"现今通常被用来定位儒家学说。从词源上看,它最早出自道家,② 并且道家思想在很大程度上也体现着这样的理路。《老子》和《管子》四篇的德政观便是其中之典型,《黄帝四经》中同样存在此等理路,虽然它对"内圣"一面的强调程度不如《老子》和《管子》四篇。③

第四节 综 论

道家"德"观念的构造丰富而复杂。从共时性角度看,它关乎道物、道人、己他和王民这四组关系。从历时性也即观念史来看,从老子到庄子和黄老,它在各个系统中表现出既相仍相承又各有特色的形态。作为老子之学的后续者,庄子和黄老有不同的关注点。相比于重视个人德性自由实现的庄子思想,黄老学则更关注君王德政如何推行

---

① 郑开先生用"内圣外王之道"提炼黄老政治哲学的理论旨趣,进而以"心术"和"主术"来说明内圣与外王的两个方面(《道家政治哲学发微》,第295—321页)。其所言"心术"和"主术"即是上述之广义者。在这种用法上,此二语能集中彰显黄老学内圣外王之道的理论特色。

② 《庄子·天道》:"是故内圣外王之道,暗而不明,郁而不发,天下之人各为其所欲焉以自为方。"

③ 《庄子》虽是此词的提出者,但庄子思想在这方面的情况比较复杂。详见庄子章第三节的讨论。

的问题。

在道家思想中，德政的实现不仅需要考虑为政者如何开展正当的治理，同时还要关注为政者如何从事个人修养，以便为其治理行为提供正当性的基础。前者属于政治德行的范畴，后者则可谓之政治德性。从德性修养到德行开展，是道家的从内圣到外王之理路的一个体现。在老子思想中德政的这两个方面是并重的，到了黄老学则出现一定的分化。作为战国黄老学的两部典型文献，《管子》四篇和《黄帝四经》的侧重点是不同的。前者更关注政治德性的培养，所谓"内德"，即是此方面的核心概念。后者比较重视如何开展治理行为，相比于前者，其所言"德"可谓是一种"外德"。

作为治国活动之基础的"内德"应如何养成，是《管子》四篇"德"论所要处理的核心问题，某种意义上这也是此部文献整体上的核心问题。学界之所以将此四篇归为一个体系，是由于其间贯穿着"心术"这一共同的话题。但"心术"是一个过程性的概念，作为一套修养方案，它所要达成的目标还需进一步关注。四篇所言之"内德"，即指示着"心术"的目标所在。而在"心术"以外，这里也关注与之紧密相关的"身术"：身、心之术相辅相成，共同通向"内德"之境。此等境地即是精气在人和畅运行的状态，因此身、心之术的要害即在于涵养精气以充分发挥其妙能。进而又可看到，"内德"作为身、心之术的目标是暂时性的，在最终意义上它是为了给为政者的合理行为提供内在的基础。以"内德"确保政治行为的正当性，是内圣外王模式在稷下黄老学中的一个体现。

养气以成德、成德以治国，是四篇思想所蕴的基本理路，也是其"德"论的特质所在。这种特质和精气论的存在直接相关，此论不仅使稷下道家的人事学说出现许多不同于老、庄的地方，也让其宇宙论表现出自身的特色。老、庄的宇宙论以道物关系作为基本的架构，而在稷下道家的宇宙论中，除了道物关系，还存在气物关系这一结构。在后一结构中，"精气"具有类似于"道"的作为万物之本根的地

第四章　探寻德政的基础：《管子》四篇的"德"观念

位，但二者的具体意义有所不同。① 无论是在道物关系，还是在气物关系，"德"都作为一个具有联结性的概念出现。就后一关系而论，"德"标示着精气在万物运行之效能，这是养气成德之方案在宇宙论上的深层依据。

关于四篇思想中"德"义的构造，我们可用下图作一简示：

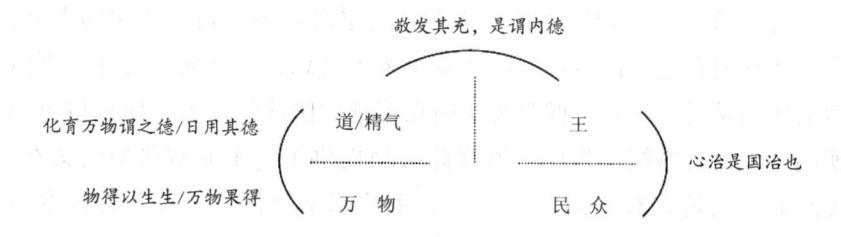

```
                    散发其充，是谓内德

化育万物谓之德/日用其德   道/精气      王
                                              心治是国治也
物得以生生/万物果得       万  物     民  众
```

图4.1　《管子》四篇"德"观念的内在构造 ②

比起老、庄，四篇论"德"虽然出现诸多不同，但其思想仍是以"关系"为基底，只是在关系的构造上出现了一些变化，伴随于此，"德"的意义也发生了一定的改变。此处包括了宇宙论、心性论和政治哲学三个论域，第三个论域以王民关系为架构，前两个论域则各自含有两组关系（宇宙论包含道物关系和气物关系，心性论包含人和道的关系、人和精气的关系）。接下来，我们围绕底层的关系构造对"德"的意义及其相关问题作进一步总结。

道物关系是道家宇宙论的基本架构，"德"在此中之义包含两个向度。此二者均见于四篇，分别出现在《心术上》的经文和解文。

---

① "精气"和"道"是"本根"之大观念中两个意义不同的概念，前者指万物得以生成和构造的原质，后者指万物得以生成和存在的原理。"道"在四篇思想中具有两种形态：一种出现在气论中表示"精气"运行之原理；一种和"精气"并无直接关联，类似于老子所论之"道"。此所言四篇中的"道物关系"是指后一形态的"道"和天地万物之间的关系。

② 此图左边表示"德"在宇宙论两种架构中的表现。"/"表示"或者"之义。左侧文字中，"/"之前的语句体现道物之间的"德"，之后的语句表示气物之间的"德"。另外，就气论中的"道"而言，"道/精气"这一项也可拟为"精气之道"。此处将二者作并列表示，主要反映前一注释所说的后一种形态。

在经文的"虚无无形之谓道,化育万物之谓德"之论中,"德"义类似于老子所论"玄德",这是指"道"生养万物的功能。而解文所论的"物得以生生,……德者,得也",则是道家物德思想的一个体现,此所谓"德"是指万物由"道"而得的成其为自身的依据。经、解之间的变化或是思想演变的结果,也不排除同一个作者在不同语境中选择不同角度的可能。

就"道"与"德"的关系来看,这里既出现了道体德用的类型,也有体现内在超越的言论。前者延续老子之思,并无明显变化,更值得关注的是后一情形。四篇关于内在超越的阐述较之老、庄显得更加明朗,也更为系统,为理解道家此义理提供了一个非常典型的文本。无间而有别是它对"道""德"关系的基本定位:二者并无根本差异,"德"即是"道","道"即是"德";之所以又要分而言之,原因在于"德"是就"道"在事物中的驻留这一点来讲;"道"与"德"均谓世界万物之本根,就其本身言,是为"道",就其"舍"于万物、为物所"得"而论,即是"德"。道家的内在超越之义理在此处得到了系统而清楚的总结。

精气论的出现让稷下黄老的宇宙论还包含气物关系的架构。在此关系中"德"也是作为一个具有联结性的概念出现。它的意味可从两个方面进行把握:或指精气运行于事物的效能("日用其德"),或指事物所得于精气的属性("万物果得")。这类似于"德"在道物之间的两义,但有所不同的是,精气概念不含超越性,它和万物之间的融合性更为突出,因此"德"义之两面在气物关系中也显得更加统一。所谓"德",即是指事物基于其所容之精气而具备的一种性能。这不仅是理解四篇宇宙论的一个关键,也是理解其养气成德思想的重要基础。

个人成德的问题实即如何运用"道"或如何发挥精气之妙能的问题。此方面思想的背景是人和道/精气的关系。类似于老、庄,稷下黄老也通过"得"来界定这种关系。所谓"德",即是"得道"或者"得精气"的状态。整体上看,道家思想中"德"作为"得道"包含着先天潜蕴和后天觉悟这两层意味。前一种"得道"为人与他物所

第四章 探寻德政的基础：《管子》四篇的"德"观念

共有，后一种"得道"唯人方有。这两层意思隐含于老子思想，在庄子学说中则要明朗一些，但庄子并未明确界分两层，也没有解释后天之"德"为人所独有的原因。稷下道家则以"物得以生生"与"智得以识道之精"之论，对"得道"的两层意味给出明确的区分，而其间点出的"智"也提示了后天之"德"为人所特有的依据。

德性之养成既是"得道"的过程，也是"得精气"的过程。人本是"得精气"而来，之所以又存在如何"得精气"的问题，是因为精气在人之效能不是必然能够合理开展，若要让它的妙能充分发挥出来，还需人的后天涵养。作为四篇"德"论的核心语词，"内德"即是就"得精气"而言，它指的是人充分获得精气之妙能的状态。四篇讲述了许多修养的工夫，这些工夫有一共同旨向，此即涵养精气以成就"内德"。在养气成德这一大方向下，以形养气和以心养气是个人修养大业的一事两面。

在道家系统中，稷下黄老是比较重视身体修养的一系。身体的养护问题在老子思想中尚未引起很高的重视，而庄子则似乎流露出贬低身体的倾向。稷下黄老的"正形摄德"之言和庄子的"忘形养德"之论看起来有点针锋相对，其实它们是建立在各自不同的理论基础之上，并不存在谁针对谁的情况。在庄子思想中，人之于形躯的执念是一种累德之因，所谓"忘形"，是就去除此等执念而言。在稷下黄老看来，身体作为精气之"舍"的角色决定了它是德性得以养成的基础。

心术作为心的修养之法，是养气成德的主要途径。四篇关于心之构造的思想是把握其所论心术的前提。心作为身体的一部分，是精气之"舍"的一个构件，但此构件十分特殊，它是"舍"的核心部位，也是"舍"的灵明之处，精气正是在此处运行而为精神，而其合理之运行即是"内德"。所谓"气渊"，即是对心之角色的一个概括。这也意味着，四篇一般所言的心是一个形质和精神的统一体，这是其心论的一处特色。进一步来看，"心以藏心"之论又提示着，在气渊之心的背后还藏着一种作为主体以规范它的深层心识。气渊之心直接从事内德修养，它是主导身体以开展行动的主体，而深层之心则是规范此主体的主体。稷下黄老学中"心"的两个层次和庄子所思者不无类似，但也存在不同之处。庄子所思两层均就心灵或心识而言，在两层之关系上他关注的是"斋""游"之心对"机心""成心"的克服与超越，而稷下黄老则强调深层之心对表层之心的指导和规范。

论至具体的成德之心术，可从两个角度把握四篇的思想。一是"正""静""定""敬"诸种工夫，二是节欲、去情和化智等修为之法。稷下黄老提出"内静外敬"之论，这延续了老子关于"静"的主张，同时也吸收了儒家关于"敬"的观念，把二者视作互为内外而相辅相成的两种工夫。第二类修为之术在指示如何成德的同时，也暗示着稷下黄老对心之构成的看法。过度的欲望、不良的情愫以及那种与"故"相随的"智"，是影响精气运行的负面因素，有待节制或转化。老子关注到人心中的欲和智，提出"无智无欲"的主张，在否定物欲、俗智的同时又在更高的层面上肯定了道欲和真智；庄子延续了这种转化或超越的立场，并进一步关注到情感问题。在庄子思想中，更高层面上的道欲、天情和真智是"德"的实质所在。稷下黄老没有明确指出欲望和情感的更高形态，而智识一项则存在和庄子类似的情况。就儒道之间来看，在如何成德的问题上儒家强调扩充"德之端"，而老、庄则更关注化除"德之累"。这是儒道两家"德"思想的一处基本区别。稷下黄老关于成德的思想虽然和老、庄存在一些差异，但在化除"德之累"这一基本性格上它和老、庄是一致的。

从功效上看，养气成德不仅可以完善个人身心，对天下政事亦有重大之影响。四篇更强调的是后一方面的功效，其所论养气成德在很大程度上是服务于国家天下之治理。在"德"的主体上，不同于普遍关注所有个体的庄子，四篇将关切点放在治国圣人身上，这和老子的思路比较相似，并且变得更加显著。为政者只有先确保自家心地的完善，才有可能让自己的政治行动变得合理，从而让国家天下在自己的治理中得以安定太平。所谓"心治是国治也"，即是对此等原理的一个概括。而"内德"之所以成为政治正当性的基础，也正是源于这一原理。

第四章　探寻德政的基础:《管子》四篇的"德"观念

四篇不怎么关注政治活动如何开展的问题，而是把重点放在了心性修养上，这和我们对黄老学作为一种政治哲学的通常印象显得不甚符合。事实上，黄老学是一门维度多样而层次丰富的学说。政治问题固然是其学说之焦点，但围绕于此，其思路还延及广阔的宇宙场景，同时也深入到内在的心性维度。它的宇宙论、心性论都与政治问题存在密切的关联，如果说宇宙论是为了给政治活动觅寻天道层面的依据，那么心性论则是要阐明政治活动所依赖的内在基础。四篇确实很少讲述具体的政治活动，但养气以成德、成德以治国的思想脉络提示着其理论仍然是一门政治哲学。在政治德性和政治德行之间，它关注的是作为德行之基础的德性。相对而言，另一部黄老文献《黄帝四经》则将重点放在了政治德行上。① 结合这两部文献，我们可以对黄老学尤其是其德政思想获得比较完整的理解。

---

① 从内圣外王的思想模式看，《管子》四篇重内圣，而《黄帝四经》偏外王。老子之后道家哲学的发展可能给人一种庄子重内圣而黄老重外王的印象。如果就内圣与外王的关联性而论，这样的看法其实并不确切。庄子关注个体的存在境域，重视个人德性的自由实现，这不是作为外王之基础的内圣，或者说，其所论个人德性并非服务于政治活动（其间的帝王之德有此意味，但这不是庄子德论之重点）。从"德"的角度看，我们可以对老子之后道家哲学的发展作如下理解：庄子重个人德性而黄老重君王德政，德政包含从内圣到外王的模式，在此模式之中《管子》四篇重内圣而《黄帝四经》重外王。

第五章　德政的开展：《黄帝四经》的"德"观念

黄老道家关于"德"的论议主要是关心德政问题，但在不同的文献中，德政问题受关注的方面是有所不同的。《管子》四篇侧重于作为德政之基础的君王德性，《黄帝四经》则将重点放在德政的具体开展上。后者似乎默认了德性存在的前提，进而将眼光集中在以何种方式推行德政的问题上。

就全书思想来看，如何开展恰当的政治活动以成就"帝道"之功业，是它所要处理的核心问题。围绕于此，可将此书之学说分作三个层次来看：一是宇宙论方面的内容，这为其政治主张提供天道层面的依据；二是关于为政之原则的学说，这代表着它对政治基本方向的规定；三是关于治理措施的主张，这是对帝王如何开展政事的具体指示。"推天道以明人事"是此书学说的基本理路，而在"明人事"这一项中又可分作原则与措施两个层次来看。[①]

在这三层思想中，"德"都扮演着重要的角色。《黄帝四经》以"道"指称天地化生万物之理则，以"德"指示天地化生万物之德行，后者的出现使得天地成为了道德的行动者，这为此书的德政理念铺定了思想基础。当"德"落实到人事领域，它首先是指一项政治原则，这包含了"玄德"和"明德"的两个方面；其次它可以指一

---

① 推天道以明人事、从内圣到外王是黄老学的两种基本理路，不过在不同的文献中此二者显现的程度有所不同。《管子》四篇里也存在前一理路，但它更彰显后者。就《黄帝四经》来看，后一理路也被包含，但前一理路更为突出。

第五章 德政的开展:《黄帝四经》的"德"观念

种具体的治理方式,作为一种奖赏措施,它和作为惩罚措施的"刑"相辅相成,成为贯彻"德"之原则的两种基本途径。天地之"德"的突显意味着此书之理论结构比起老子出现了重要的变化,而政治原则上"玄德"与"明德"的两相配合,更昭示着它在老子思想的基础上接引了新的思想资源。至于"德""刑"二柄之思想,它在春秋时期已然流行,《黄帝四经》延续之,并将它和"法"的观念相结合。"道生法"作为书中的一个基本理论,是"推天道以明人事"此等理念的集中体现。"法"以"道"为基础、以"德""刑"之制度为主要内容,这种思想在和法家具有相通性的同时,又表现出黄老学自身的特性。

在目前研究中,此书的"德""刑"理论是比较受关注的地方。从此书之德政思想来看,此等理论只是当中的一个层次。某种意义上,天地之"德"和为政之"德"是我们理解"德""刑"理论的前提,只有把握了前二者,才能够更深入地理解此理论之所以被提出的思想背景。在本章的三节内容中,我们将对这三个层面的思想依次展开考察。我们不仅关注"德"的意义表现,同时也以此为线索,考察此书政治思想的内在构造,以及它和老子学说之间的种种复杂联系。①

第一节 "德"在天地场景

在道家言论中,"德"不纯是一个人事概念,它也经常出现在宇宙论场合。老、庄的宇宙论以道物关系为骨架,"德"是此关系得以构造的关键。《管子》四篇的宇宙论在包含此关系之同时,还存在气物之关系,"德"是这两组关系共有的枢纽。在《黄帝四经》中道物关系也是呈现宇宙论的一个架构,此外这里还存在另一种关系模式,

---

① 本书所引《黄帝四经》以《马王堆汉墓帛书(壹)》(国家文物局古文献研究室编,文物出版社1980年版)中《经法》《十六经》《称》《道原》四篇为据,如从其他注本,将随文说明。

◇◆◇ 先秦道家"德"观念研究

此即天地和万物的关系。在前一种关系中，天地作为"形之大者"①属于物的世界；而在后一种关系里，天地却拥有了类似于"道"的地位，作为万物的生养者，它和万物构成一种类似于道物关系的结构。"德"在《黄帝四经》的道物关系里并无出现，它只出现在后一种关系中；并且，它只用以表示天地化育万物的功德，并没有用来指谓与之相对的各种事物之属性。当然，"德"在天地与万物之关系中的角色和它在道物关系不无相似。就人世德政而言，"道"之"德"是君王为政的依据所在，而天地所表现的"德"也具有类似的地位。

一 天地之德行及其两种表现

在《黄帝四经》的宇宙论中，"德"的符号屡屡出现。总的来看，它只出现于天地与万物的关系当中，表示天地覆载、化育万物的功能。由于"德"的融入，天地作为万物的生养者也就具有了道德行动者的角色。具体而论，作者对其角色之展现又可区分为以下几种情形。在论及天地自然之表现时，此书或合称"天地"，或分言"天""地"，或单独称"天"。在前两种情形中，"天"与"地"相对，二者合而表示宇宙自然之整体；在第三种情形中，"天"是指含"地"在内的宇宙自然之整体。"德"的符号在三种情形中都有出现，以下依次论之。

（一）合称"天地"

先来看《经法·君正》关于"天地之德"的言论：

〔毋〕②苛事，节赋敛，毋夺民时，治之安。无父之行，不得子之用；无母之德，不能尽民之力。父母之行备，则天地之德

---

① 《庄子·则阳》："天地者，形之大者也；阴阳者，气之大者也；道者为之公。"
② 帛书原无"毋"字。整理者注曰："'苛事'上疑写脱一字。'□苛事'与下'节赋敛'为对文。"（国家文物局古文献研究室编：《马王堆汉墓帛书》壹，第48页）胡信田、余明光、陈鼓应、魏启鹏认为所脱为"毋"字。据补。见胡信田《黄帝经通释》，台北：天工书局，1984年，第83页；余明光校注《黄帝四经》，大中华文库汉英对照本，岳麓书社2006年版，第172页；陈鼓应《黄帝四经今注今译》，商务印书馆2007年版，第73页；魏启鹏《马王堆汉墓帛书〈黄帝书〉笺证》，中华书局2004年版，第27页。

· 436 ·

第五章 德政的开展:《黄帝四经》的"德"观念

也。三者备,则事得矣。能收天下豪桀(杰)票(骠)雄,则守御之备具矣。

在此,"德"不是用来表征"道"的性能,也不是用来指称某些具体事物的属性。它的主体是现象界中作为形之大者的"天地"。"德"与"行"相对,一指品性,一指行为,二者所在文句是一种互文表达。所谓"无父之行,不得子之用;无母之德,不能尽民之力",是说为政者若无父母之德行,那么子民的能力也就无法充分发挥。所谓"父母之行备,则天地之德也",则是说为政者如果具备了如同父母一般的德行,那么也就具备了天地的德行。天地作为道德的行动者,它的德行表现于对万物的覆载、生养之功能,这意味着为政者对民众也能起到化育的作用。所谓"毋苛事,节赋敛,毋夺民时",即是此等作用的具体表现。

(二)分言"天""地"

前面所述属合称"天地"者,接下来看分言"天""地"之情形。此中之"德"主要是和"地"相关联,成为一个表征大地之品性的符号。如《称》篇有言:

> 诸阳者法天,天贵正,过正曰诡□□□□祭乃反;诸阴者法地,地〔之〕德安徐正静,柔节先定,善予不争,此地之度而雌之节也。

作者在此之前论及阴阳大义,[①] 此处则以"诸阳者法天""诸阴者法地"进行总结。世间事物可分以阴阳两大类,"地"与"天"则

[①] 原文为:"凡论必以阴阳□大义。天阳地阴。春阳秋阴。夏阳冬阴。昼阳夜阴。大国阳,小国阴。重国阳,轻国阴。有事阳而无事阴。信(伸)者阴者屈者阴。主阳臣阴。上阳下阴。男阳〔女阴。父〕阳〔子〕阴。兄阳弟阴。长阳少〔阴〕。贵〔阳〕贱阴。达阳穷阴。取(娶)妇姓(生)子阳,有丧阴。制人者阳,制人者制于人者阴。客阳主人阴。师阳役阴。言阳黑(默)阴。予阳受阴。""信者阴者屈者阴"一句,整理者注曰:"此句本当作'信者阳而屈者阴',抄写有误。"见国家文物局古文献研究室编《马王堆汉墓帛书》(壹),第85页。

· 437 ·

◇◆◇ 先秦道家"德"观念研究

是两类之代表。"天"以"正"为贵,而"地"之品性则表现于"安徐正静"。①

以"阳""阴"论"天""地"是书中常见之情形,此外作者也以"动""静"概括二者之性:

夫天有〔恒〕②榦③,地有恒常。合□□常,是以有晦有明,有阴有阳。夫地有山有泽,有黑有白,有美有亚(恶)。地俗(育)德以静,而天正名以作。静作相养,德疟(虐)相成。两若有名,相与则成。阴阳备物,化变乃生。(《十六经·果童》)

"恒榦""恒常"指天地自然的恒久性规律。后面即是对"恒榦""恒常"的说明,其中"地俗德以静,而天正名以作"一句有总结之意。"俗"是"育"的通假字。这句话是说,"地"以"静"的方式培育其"德",而"天"则以"作"的方式正定其"名"。④"地育德以静"和《称》篇的"地之德安徐正静"之论相似,皆强调大地的静柔之性。

此句之后有言"静作相养,德虐相成",结合来看,似存在如下

---

① 两处皆言及"正",其义有所不同。"天贵正"的"正"指正常的限度,所谓"过正曰诡",是说超过了正常的限度就称作诡异(此句之后也述及"天"之性,因有阙文,未知其义)。"地之德安徐正静"的"正"指正定,此与大地表现出来的安静、舒缓有关。参见陈鼓应:《黄帝四经今注今译》,第395—396页。

② 帛书原无"恒"字。整理者注曰:"《行守》篇亦有'天有恒榦,地有恒常'之语(一三四行下),此文'榦'上似脱一'恒'字。"(国家文物局古文献研究室编:《马王堆汉墓帛书》壹,第66页)研究者多从之,主张"榦"前补一"恒"字。参见胡信田:《黄帝经通释》,第276页;余明光校注:《黄帝四经》,第198页;陈鼓应:《黄帝四经今注今译》,第243页;魏启鹏:《马王堆汉墓帛书〈黄帝书〉笺证》,第126页;谷斌、张慧姝、郑开:《黄帝四经注译·道德经注译》,中国社会科学出版社2004年版,第52页。

③ "榦"同"幹"("干"的繁体字),指纲纪。参见魏启鹏:《马王堆汉墓帛书〈黄帝书〉笺证》,第126页。

④ 此"名"意指秩序。曹峰先生曾系统论析《黄帝四经》的"名",他依据用法及含义将其间的"名"分为五类,分别是名称、生成论意义上的"名"、执道者见知天下的工具、秩序准则、职守,并指出第四种是《黄帝四经》中"名"的主要用法(《中国古代"名"的政治思想研究》,第157—163页)。"天正名以作"的"名"属曹先生所分的第四种。此句强调,"天"的秩序是通过"作"的方式得到体现。

· 438 ·

第五章　德政的开展:《黄帝四经》的"德"观念

的对应关系:地—德—静—德;天—名—作—虐。这似乎是说,地以安静为特点,对万物施与恩德;天以运作为特性,对万物施行虐杀之事。在论及《经法·君正》的"天地之德"时,陈鼓应先生曾言道,父之行指刑罚,母之德指庆赏,"父母之行备"意思是赏罚相济、慈严并施。[①] 陈先生将"天"和"地"的作用分别归于刑罚和庆赏,其论与这里的"静作相养,德虐相成"似可两相呼应。实际上,无论是"德",还是"虐",均是"天""地"共同作用的结果,并不存在"天""作"为"虐"、"地""静"为"德"的线性关系。这里的一个关键在于,"德虐相成"的"德"和"地育德以静"的"德"义有不同:前者指与"虐"相对的施恩行为,而后者则是指大地的性能。另一关键处则在于,"地育德以静,而天正名以作"一句具有互文性,地之静既是"德"(品性)之表现,也是"名"(秩序)之表现,天之作亦然。说到底,作者是要强调,地的特点在于静,而天的特点在于作,天与地相互配合,即所谓"静作相养";在此机制之中,天地作为一个整体也就实现了对万物的"德"与"虐"的两方面作用。

在"天""地"对举的情形中,作者虽是仅以"德"称谓"地"之性能,但其中也隐含着"天之德"的意思。"地"之"德"在于"静","天"之"德"则表现为"作"。在《经法·君正》的"天地之德"的表述中,作者并未区分"天"与"地"的品性,而在此处言论中则有意强调二者的不同特点。

(三)单独言"天"

将天地视作道德的行动者,以此作为帝王为政之圭臬,这是《黄帝四经》德政学说的基本思路。除以上言论,书中还有"天德"之说,围绕于此可对其德政思路获得进一步了解:

> 高阳问力黑曰:"天地〔已〕成,黔首乃生。莫循天德,谋相复(覆)顷(倾)。吾甚患之,为之若何?"

[①] 陈鼓应:《黄帝四经今注今译》,第74页。

· 439 ·

力黑对曰："勿忧勿患，天制固然。天地已定，规（蚑）侥（蛲）毕挣（争）。作争者凶，不争亦毋（无）以成功。顺天者昌，逆天者亡。毋逆天道，则不失所守。天地已成，黔首乃生。胜（姓）生已定，敌者○生争，不谌（戡）不定。凡谌（戡）之极，在刑与德。刑德皇皇，日月相望，以明其当。望失其当，环视其央（殃）。天德皇皇，非刑不行；缪（穆）缪（穆）天刑，非德必顷（倾）。刑德相养，逆顺若成。刑晦而德明，刑阴而德阳，刑微而德章。其明者以为法，而微道是行。……"（《十六经·姓争》）

高阳是五帝之一，名颛顼，号高阳氏。① 力黑是传说中黄帝的四大辅臣之一。② 作者通过设计高阳和力黑的对话来表达自己的思想主张。高阳向力黑请教为政之法，力黑的回答包括很多内容，其要点在于遵循天道、德刑相辅。"天德"一词出现了两次，其义并非完全相同。此所谓"天"，是表示含"地"在内的宇宙自然之整体，但其中的"德"各有所指，需加以辨析。

关于"莫循天德"的"天德"，一般都认为其义相当于后文的"天制"和"天道"。③ 在作为天地自然之理则的意义上，这些语词确实是相通的。《黄帝四经》还有"天常""天理""天稽"等词，④ 所指与上述者类似。需补充的是，虽然这些语词的意味大致相当，但它们的侧重点并不一样。"道""理""制""稽"诸词的法则义更加明

---

① 《史记·五帝本纪》："帝颛顼高阳者，黄帝之孙而昌意之子也。"
② 力黑，又被称为力牧。敦煌汉简作"力墨"。古书中亦有作"力墨""力黑"者。参见国家文物局古文献研究室编《马王堆汉墓帛书（壹）》，第63页。
③ 余明光、胡信田将"天德"直接解为"天道"（余明光校注：《黄帝四经》，第98—100页；胡信田：《黄帝经通释》，第303页）。陈鼓应认为"天德"即下文"毋逆天道"的"天道"，"莫循天德"与《经法·论约》的"不循天常"是一个意思（《黄帝四经今注今译》，第264页）。郑开认为"天德"意即后文所说的"天制"（《德礼之间——前诸子时期的思想史》，第432页）。魏启鹏指出此"天德"有"天理"之义（《马王堆汉墓帛书〈黄帝书〉笺证》，第141页）。
④ 《经法·四度》："禁伐当罪，必中天理。"《经法·论约》："不循天常，不节民力，周迁而无功。"《十六经·姓争》："可作不作，天稽环周，人反为之〔客〕。"

第五章 德政的开展：《黄帝四经》的"德"观念

显，而"常"字则突显这种法则的恒常性，至于"德"，其基本意味则在于德行。只是作者又强调这是一种应当被效法的德行，因而作为天之德行的"天德"又带上了法则之义。

"天德皇皇"的"天德"义有不同。此"德"与"刑"相对，专指天之德行或法则的一个方面。天之德行或法则表现于它对万物的作用，这种作用包括生长和杀夺两个基本的方面。所谓"德""刑"，是对两个方面的概括。这两方面的作用具体表现于四时循环之中——"春夏为德、秋冬为刑"（《十六经·观》）。春夏是事物生长的时节，这是天施与恩德的表现；而秋冬则是事物衰亡的时节，这是天进行杀夺的结果。对于万物的活动而言，"天"之"德"与"天"之"刑"都是需要的。倘若无"德"，则万物无以成长；倘若无"刑"，则万物无以推陈出新。"德"与"刑"相辅相成，二者均是天地之"德"（广义）的表现。所谓"刑德皇皇""刑德相养"，即是强调二者相互配合的关系，这也就是人间政治领域"德""刑"应当并用的依据所在。

这两处"天德"虽然义有不同，但也有内在之关联。前者是广义，它指天地作为一个整体的德行，进一步来说，则是指天地覆载、化育万物的功德。这种功德表现于天地对万物的两面作用之中，包括了"天刑"与狭义的"天德"。就广义而言，"天德"所具的两面性有点类似老子所言"玄德"的性格。但"玄德"是表现为"生""长"与"弗宰"的两个方面，而"天德"则表现为"德"与"刑"的两个方面。这种区别和《黄帝四经》对"法"的重视直接相关。

"天德"一词并非首见于《黄帝四经》，在西周时即有出现。《书·周书·吕刑》曰："惟克天德，自作元命，配享在下。"此"天德"指上天的美德，这句话大致是说唯有能效法上天之德，自为长久大命，才可配当天意而享有天下。"天德"在诸子学说中时常出现，比如庄子就曾言及。在庄子言论中"天"体现其状态义，所谓"天德"是指自然的德性（详见庄子章第二节）。《黄帝四经》中的"天德"与前两种皆有不同，除了"德"义有别，所谓"天"的意味也不一样。

除《庄子》《黄帝四经》以外，"天德"一词也见于战国时期的其他文献，现将其主要言论列举如下：

天降休命于朕邦，有厥忠臣䚡，克顺克卑，亡不率仁，敬顺天德，以佐佑寡人，使知社稷之任，臣宗之义，夙夜不懈，以善道寡人。（《中山王䂮鼎》铭文）

观其事，上利乎天，中利乎鬼，下利乎人，三利无所不利，是谓天德。聚敛天下之美名而加之焉，曰此仁也，义也，爱人利人，顺天之意，得天赏者也。（《墨子·天志中》）

魂乎归来！国家为只。雄雄赫赫，天德明只。三公穆穆，登降堂只。诸侯毕极，立九卿只。昭质既设，大侯张只。执弓挟矢，揖辞让只。魂乎来归！尚三王只。（《楚辞·大招》）

唯天下至诚，为能经纶天下之大经，立天下之大本，知天地之化育。夫焉有所倚？肫肫其仁！渊渊其渊！浩浩其天！苟不固聪明圣知达天德者，其孰能知之？（《礼记·中庸》）

鑯而知之，天也。鑯也者，赘数也。唯有天德者，然后鑯而知之。（马王堆汉帛《五行》）

天行健，君子以自强不息。"潜龙勿用"，阳在下也。"见龙在田"，德施普也。"终日乾乾"，反复道也。"或跃在渊"，进无咎也。"飞龙在天"，大人造也。"亢龙有悔"，盈不可久也。"用九"，天德不可为首也。（《易·乾·象》）

"潜龙勿用"，阳气潜藏。"见龙在田"，天下文明。"终日乾乾"，与时偕行。"或跃在渊"，乾道乃革。"飞龙在天"，乃位乎天德。"亢龙有悔"，与时偕极。乾元"用九"，乃是天则。（《易·乾·文言》）

是故小人变乱天常以逆大道，君子治人伦以顺天德。……昔者君子有言曰"圣人天德"曷？言慎求之于己，而可以至顺天常矣。（郭店楚简《成之闻之》）

变化代兴，谓之天德。天不言而人推高焉，地不言而人推厚焉，四时不言而百姓期焉。夫此有常，以至其诚者也。（《荀子·

第五章 德政的开展:《黄帝四经》的"德"观念

不苟》)

　　五疾,上收而养之,材而事之,官施而衣食之,兼覆无遗。才行反时者死无赦。夫是之谓天德,是王者之政也。(《荀子·王制》)

《中山王礜鼎》铭文①、《墨子·天志中》②、《楚辞·大招》③的"天德"与《周书》所见者属于同类,意谓上天之美德,或指上天美德的具体表现(上天的一种恩德)。《中庸》以及马王堆汉帛《五行》的"天德"与《庄子》所见者属于一类,均谓自然之德性。④《易传》所见两处和《黄帝四经》所见者接近,但《易传》此两处"天"作为乾卦的象征物,与坤卦所象征的"地"相对,而《黄帝四经》所见者则是就天地之整体言。

郭店楚简《成之闻之》以及《荀子》的"天德"与《黄帝四经》所见者更加接近(具体来说,是和"莫循天德"的"天德"更加接近)。它是指天地作为一个整体的德行表现,同时也带有天地自然之理则的意味。《成之闻之》所见"天德"与该段前文的"天常"义近,《荀子》所见"天德"也和"常"有关,这和《黄帝四经》的情形甚为相似。此外,《荀子》还通过四时展现"天德",并强调

---

① "敬顺天德"意即敬顺天命。上天的任命对于王来说是一种恩德,故天命又可称作天德。

② 圣王若能做到"上利乎天,中利乎鬼,下利乎人,三利无所不利",即是"顺天之意",如此便能成为"得天赏者"。这里的"天德"指上天对圣王的恩赏。

③ "天德明只"是说"雄雄赫赫"者能明"天德"("只"是语末助词),"天德"意指上天的美德。

④ 关于《中庸》"天德"一段,杜维明先生有精辟之解读:由于人性是天赋的,所以"诚"的创造力是人的结构本身所固有的,人性从最终的意义上来说就是"诚"的完全表现,因而圣人只是以他具有的人性参与宇宙的创造(《杜维明文集》第四卷,武汉出版社2002年版,第98页)。杜先生将此"天德"理解为天赋的人性,亦即人基于"诚"而本身固有的品性。本书第四章讨论《庄子》"天德"时曾指出,"天"在这里是用其状态义,表示德性的自然而有。这一点论至《中庸》"天德"亦然。这不是说《中庸》"天德"与《庄子》"天德"完全同义,此处将二者视为同类,主要是就"天"的用法来看。

◇◆◇ 先秦道家"德"观念研究

它作为为政之准则的意义,这也和《黄帝四经》所见者比较相似。①对于三者所见"天德"思想,我们难以断定究竟是谁影响了谁。可以明确的是,以"天德"表示人事所应遵循的天地自然法则是战国中后期比较流行的一种做法。

综合诸种材料可以发现,原本表示上天之美德的"天德"在战国时期出现了"去神化"的趋向:一方面,用"天德"表示天地自然之性能的情形较为常见;另一方面,随着"天"作为"自然而然"之性状这种含义的兴起,"天德"又可表示人所固有的天性。当然,带有神灵意味的"天德"在战国时期仍有出现,如《中山王䁐鼎》铭文、《墨子·天志中》以及《楚辞·大招》所见者即是这一类型。对于"天德"观念的流变过程,不宜一概而论地认为这是从神灵崇拜到人文理性的单线式演进。正如同王中江先生所概括的,三代的宗教信仰在东周子学的突破中并没有完全地消解,它自身也经过了转化而在东周子学中继续有所表现。②思想观念的发展往往不是直线式的推移,我们在看到转变的同时还需注意连续性的一面,"天德"观念的演变即是一个典型。

以上区分了三种语境,对此书宇宙论中"德"的意味展开探讨。根本上而言,"德"是在天地与万物的关系中,指称天地覆载、化育世间万物的德行及其功德。③这种德行是人事所应遵循和效法的,故"天德"也带有类似于"天道""天制"的自然法则的意义。天地的德行或法则将具体表现在对万物的两个方面的作用,作者以"德""刑"概称此二者,在此语境中"德"又被用来专指天地德行的一个方面。作者所理解的天地之德行或功德,并不限于施与恩典的一面,也包括刑杀和剥夺的一面。倘若无"德"(狭义),则万物无以成长;倘若无"刑",则万物无以推陈出新。对于万物整体上的存续和发展

---

① 以上对战国文献所见"天德"的分类只是相对而言。"天德"之义在一定程度上取决于"天"的所指。"天"的意味比较复杂,其间诸种义项并无绝对的界限。
② 王中江:《简帛文明与古代思想世界》,第26页。
③ 解之为"德行",是关注天地的行为表现;解之为"功德",则是论其事功结果。此二者是统一的,我们可结合具体语境进行灵活理解。

· 444 ·

第五章 德政的开展：《黄帝四经》的"德"观念

而言，"德"与"刑"这两个方面都是需要的，此二者均是天地化育万物之功德（广义之"德"）的表现。

以"德"表示天地化育万物之表现，其实也就是将宇宙自然现象予以道德化，将天地视作世间最大的道德行动者。天地覆载而化育万物，正如同父母生养子女一般，其间所表现的道德行动乃是为政者为政理民时所应效法者。这种"德配天地"的思想是儒道两家所共有的，① 虽然在"德"的具体内涵上两家的看法并非一致。《易传·系辞下》曰："天地之大德曰生，圣人之大宝曰位。"《礼记·经解》云："天子者，与天地参。故德配天地，兼利万物，与日月并明，明照四海而不遗微小。"在这些言论中，天地都被视作道德的行动者，其德行作为君王为政之依据，是构造人世间德政场域的基础。

二 理论结构之演化

从道家宇宙论的道物关系来看，天地作为形之大者乃属于物的世界。《老子》第二十五章有言："有物混成，先天地生。"② 第三十九章又言："天得一以清，地得一以宁。"③ "道"在天地之"先"，天地作为物之两种，皆由"道"而得成其为自身的属性。《庄子·则阳》曰："天地者，形之大者也；阴阳者，气之大者也；道者为之公。"天地作为形之大者属于物之世界的角色在这里更加明确。

包括天地在内的万事万物，皆是由"道"而得成其为自身的属性，这一思想也见于《黄帝四经》。《道原》篇对此论之甚确：

> 古（故）无有刑（形），大迥无名。天弗能复（覆），地弗能载。小以成小，大以成大。盈四海之内，又包其外。在阴不腐，在阳不焦。一度不变，能适规（蚑）侥（蛲）。鸟得而蜚

---

① "德配天地"作为一个语词出自《礼记·经解》，但它很适合用来概括黄老德政观的基本理路。
② 此"物"非谓由"道"所生成的现象事物，亦即，它不是道物关系中的物。
③ "得一"即"得道"。《老子》第四十二章有言"道生一"，此间"道""一"有别。在"得一"之论，"一"和"道"意义相当。

· 445 ·

◆◆◆ 先秦道家"德"观念研究

（飞），鱼得而流（游），兽得而走，万物得之以生，百事得以成。……天地、阴阳、〔四〕时、日月、星辰、云气，规（蚑）行侥（蟯）重（动），戴根之徒，皆取生，道弗为益少；皆反焉，道弗为益多。（《道原》）

用"得一"或"得道"来说明万物存在的依据，是道家一以贯之的思路。《老子》的"万物得一"是此思想之源头，《庄子·天地》的"物得以生谓之德"、《管子·心术上》的"德者，道之舍，物得以生生"以及《黄帝四经·道原》的上引言论，则是此思想的进一步展开。在此思想中，现象界的万事万物皆有得于"道"，皆以"道"作为自身存在和活动的依据，作为形之大者的天地亦莫能外。

如此说来，所谓"天地之德"即是"物德"的一种，它是指"天地"作为物之大者由"道"而得成其为自身的属性。然而有待细察的是，在有关"天地之德"的言论中（包括前述之三种），作者并不强调"道"的意义，或者说，他并不强调"天地"作为物之大者有得于"道"的情况。在此言论中，"天地"或者作为天地之整体的"天"拥有着类似于"道"的作为万物之生养者的角色。因此，有关"天地之德"的思想不宜放在道物关系中进行理解，这里蕴含的是另一种关系模式，此即天地与万物的关系，① 而所谓"德"，指的是天地对于万物的生养功能。

此所言情况不仅关乎"德"的意义，也涉及背后所依的理论结构。道物关系是道家构造宇宙论的基本骨架，与此同时它还关联着人世间的政治问题。正如同在前几章所看到的，道物关系和王民关系存在着相互契应的脉络，前者是后者得以构成的基本依据。在此之外，道家宇宙论还包含天物之关系，此关系的思想地位色类似于道物关系，它既是宇宙论的一个架构，同时也联系着人世间的王民关系，只是在此脉络中，有待君王效法的不是"道"，而是作为宇宙自然之整

---

① 为讨论方便，可将其简称为天物关系。此"天"含"地"在内，指宇宙自然之整体。

· 446 ·

第五章 德政的开展：《黄帝四经》的"德"观念

体的"天"。从天物关系到王民关系的脉络，其实是三才结构的一种复杂化形式。"人"作为其中之一"才"被区分成为政者和民众两类群体，而"天"和"地"此两"才"则通过对芸芸万物的作用来表现它们的性能。所谓"德配天地"，即是此脉络的一个集中体现：君王对待民众的"德"是取法于天地之于万物的"德"。

就先秦道家思想谱系来看，上述两种脉络是相互交错的。在老、庄思想中，三才结构也有出现，[①] 但道物关系是其间的主调；而在黄老学中，道物之关系同样存在，但三才之思想显得更加突出。[②] 从时间上来说，三才思想早于道物思想，后者始于老子学说，而前者在老子以前即已存在。老子提升"道"而构造道物之关系，在此思路中天地作为形之大者被"收入"物的世界；但在某些语境中，天地却保留着原有的作为万物之生养者的角色，老子不甚强调它为"道"所统摄的情况。在后一情形里，三才结构作为早初思想在老子学说中的留存具有一定的独立性。这种独立性也见于庄子思想，而在《黄帝四经》中则变得更加突显了。

如上所述，在《黄帝四经》的宇宙论中，作者有时是以"天"表示宇宙自然之整体，其义相当于被合而言之的"天地"。对于"天"，作者不仅用"德"表征其性能，同时也用"道""制""稽""常"等语词指示它的活动原理。此所谓"道"，和"德""制""稽""常"等语词相类似，是表征"天"之理则的一个概念。专就

[①] 如《老子》第五章："天地不仁，以万物为刍狗；圣人不仁，以百姓为刍狗。"第七章："天长地久。天地所以能长且久者，以其不自生，故能长生。是以圣人后其身而身先；外其身而身存。非以其无私耶？故能成其私。"又如《庄子·大宗师》："天无私覆，地无私载，天地岂私贫我哉？求其为之者而不得也。然而至此极者，命也夫！"同书《天地》篇："天地虽大，其化均也；万物虽多，其治一也；人卒虽众，其主君也。"同书《天道》篇："帝王之德配天地。此乘天地，驰万物，而用人群之道也。"

[②] 这一点在《黄帝四经》中尤为典型。除《道原》强调道物关系，《经法》《十六经》《称》此三"经"所论基本上是依托于三才结构。《管子》四篇的情况复杂一些，这里存在道物之关系、气物之关系以及三才结构。前两种在上一章已有细述，第三种如："天主正，地主平，人主安静。春秋冬夏，天之时也；山陵川谷，地之枝也；喜怒取予，人之谋也。是故圣人与时变而不化，从物而不移。"（《管子·内业》）在《管子》四篇中，三才结构并没有取得类似于它在《黄帝四经》中的显著地位。

◆◆◆ 先秦道家"德"观念研究

"道"与"天"的关系而言，上述两种思想脉络的交错实际上也就是"道""天"之间哪个居"上位"的问题。在道物关系里，"天"作为物之一员是"道"的下级概念；而在天物关系中，"道"成为了隶属于"天"而表征其活动理则的概念。"道"与"天"的这两种关系同时见于道家思想，老、庄学说以前者为主，而黄老学则是以后者为重点。

"道"与"天"的关系还涉及道家和儒家的思想差异。崔宜明先生曾指出，在古代哲学思想中"天"与"道"的关系是难以理清的，以至于在最简单的意义上问是"天"大抑或是"道"大，都没有明确的答案，天、道之争在某种意义上具有儒道斗争的意味。① 陈静教授则有如下概括：儒家思想中的"道"是"天下有道"之"道"，"道"在"天"之下，道家思想中的"道"是"道生天地"之"道"，"道"在天地之前，这个"前"不是时间的含义，而是本源的含义；"天下有道"之"道"是展现于空间的普遍性价值，而"道生天地"之"道"则是能够使空间在时间中展开的本源性根据。② 此论精辟概括出儒道两家在"天""道"关系上的不同立场。当然，这是就两家思想之主流而论，若就某一文献作具体考察，则情况会显得复杂些。如在《老子》的"天道""天之道"之论中，"天"表现出在"道"之上的倾向，③ 这种倾向也见于《庄子》；④ 而在《黄帝四经》

---

① 崔宜明：《生存与智慧——庄子哲学的现代阐释》，上海人民出版社1996年版，第205页。

② 陈静：《道与对待关系的形成——道家之道简论》，载王中江主编《老子学集刊》（第五辑），中国社会科学出版社2021年版，第32—41页。

③ 曹峰先生曾对老子思想中的"天之道"作深入探析。他指出，"道"的运行方式及其作用、功能通过"天之道"（或"天""天地"）表现出来；于是，道物关系的理论自然地转变成天人关系的理论，"天之道"仿佛一种媒介，使由"道"向"物"、由"无"向"有"的转移变得顺理成章（《论〈老子〉的"天之道"》，《哲学研究》2013年第9期）。"天之道"是"道"的一种"降格"，此中"道"的地位发生了变化。

④ 孙以楷、甄长松曾指出，《庄子》外杂篇叙述道德之意，往往是先"天"而后"道"，这种情况在内篇是比较少见的（孙以楷、甄长松：《庄子通论》，东方出版社1995年版，第166页）。刘笑敢先生进一步关注到《庄子》所论"天"和黄老学之间的关系，他指出庄子基本上保持了老子之"道"的意义，但庄子后学中的黄老派则表现出"天"比"道"更根本的倾向，后者以"天"为宗的思想与《经法》等黄老帛书是相通的（《庄子哲学及其演变》，第275—277页）。

第五章 德政的开展：《黄帝四经》的"德"观念

中，"天"在"道"之上的情形变得更突出，其重要性甚至超过了"道"在"天"之上的情形。黄老学中"天"比"道"高的情形和儒家思想不无相通。当然，其所言"天"更接近荀子思想中作为宇宙自然之整体的"天"，而不是思孟学说中带有超越意味的"天"。

通过上述种种可知，黄老学的理论结构比起老子思想已发生了重要的变化。这和此学说的治术化转向密切相关。黄老学的一个基调是将老子思想中抽象而玄奥的政治原理转变成具有可操作性的统治术，这也是史华慈（Ben Jamin I. Schwartz）将其称为"工具性道家"（instrumental Taosim）的主要原因所在。① 曹峰先生曾将《黄帝四经》的道论和政论概括为两种类型，这有助于我们把握黄老学理论结构之所以发生变化的缘由。曹先生认为此书存在两种类型的道论和政论：一种是"老子类型道论"，强调"道"作为世界终极本源的意义，由此推衍的政治学说即是"老子类型政论"；另一种是"黄帝类型道论"，《黄帝四经》中有大量关于天地之道的描述，"道"在这种语境中表示宇宙自然的基本秩序，以此为准则的政治主张即是"黄帝类型政论"。进而曹先生指出，对于《黄帝四经》而言，这两种道论是共存互补的，但前一种道论似乎不是它论述的重点，后一种道论具有更实际的指导意义，显得更为重要。② 我们在前面所讨论的天物关系的突显（从"道""天"关系言，即是"天"之地位的提高），大致相当于曹先生所言的第二种道论的重点化，而这一变化和黄老学的治术化倾向是直接相关的。

可以说，在《黄帝四经》所代表的黄老思想中，"道"的地位在一定程度上被"降格"了。出于对老子政论进行具体化或现实化发展的需要，黄老学将"道"从至高无上的位置"搬"到可观

---

① ［美］史华慈：《古代中国的思想世界》，第245页。
② 曹峰：《出土文献视野下的黄老道家研究》，《中国社会科学》2013年第2期。关于《黄帝四经》中道论的双重性，张增田先生也有论及。张先生对《黄帝四经》的"道"与"天道"予以区分，认为《黄帝四经》所说的治道具有两种理据，一种是作为最高范畴的"道"，另一种是表示自然宇宙法则的"天道"，《黄帝四经》的立论更倾向于后者（《黄老治道及其实践》，第41—42页）。

可感的现实世界。如同陈丽桂教授所指出的，原本《老子》中那个超乎万物之上的至高律则之源的"道"，在黄老帛书里不得不依次递降，而为天地四时之象、人事之理，黄老帛书在强调"道"之规律性的同时，总是想向下降一大格，用天地自然之象来代表"道"。①

理论结构之变化直接影响着"德"的意义表现。在老、庄思想中，天物关系虽有一定表现，但道物关系是其主调，"德"的意义依托于道与万物的关系展开。② 在《管子》四篇所代表的黄老学说中，道物关系和天物关系都有出现，"德"的意义发生于前一种情形；这里还出现了精气和万物的关系，此关系是"德"义的另一重要场景，这是《管子》四篇论"德"的特色所在。在《黄帝四经》所代表的黄老学说中，道物关系和天物关系同时存在，后者是其主要情形，"德"的意义也只发生于此一情形。

如上所述，从天物关系到王民关系的脉络是三才结构的复杂化形式。《黄帝四经》中天物关系的重点化其实也就是三才结构的突显。这不是说此书创造了这一理论结构，也不是说它从别的学派中直接吸收了这一理论结构。三才思想在老子以前即已存在，作为老子提升"道"的原材料，它在老子学说中仍有保留。到了《黄帝四经》，这种被保留的原材料又被重新突显出来。之所以如此，和黄老学试图将老子思想进行现实化发展的倾向直接相关。在三才结构中，"天地之德"作为君王为政之依据，比老子所论"道"之"玄德"更加直观，更容易被把握。

理论结构的演化不仅让"德"在宇宙论上的意义发生改变，而且也促使人事领域的"德"出现一定的变化。在老子思想中，君王效法"道"之"玄德"，遂有顺任百姓之"自然"的"玄德"。在《黄帝四经》中，君王为政之主要依据转向了"天地之德"，"德配天地"

---

① 陈丽桂：《战国时期的黄老思想》，第72页。
② 庄子有"天德"之论，但此所谓"天"是用其状态义（表示自然而然的状态），和天物关系或三才结构并无关联。

第五章 德政的开展：《黄帝四经》的"德"观念

是其政治思想之基调。那么，当"德"落实到人事领域时，它的意义具体作何表现？所谓"德配天地"又当如何达成？黄老学之于老子思想的现实化发展是如何体现的？这些问题不仅关乎《黄帝四经》德政思想的构造，也涉及道家德政观的发展和演化，是接下来需要着重探讨的内容。

第二节 "德"作为为政之原则

关于黄老所论"德"，王中江先生曾将其义概括成三种，分别是"道"落实于事物而成就的事物属性、君主的为政之德、与"刑"相对的奖赏意义上的"德"。①王先生此论为把握黄老"德"论提供了非常重要的思路。具体到《管子》四篇和《黄帝四经》这两部文献来看，我们可得出如下认识。第一义见于《管子》四篇，在《黄帝四经》中并无显见。"德"在后一文献可指天地之性能，但此"天地之德"依托的是三才结构，并非处于道物关系而指谓由"道"所得之属性。第二义在两部文献都有出现，但二者所论之重点并不一样。前者强调内在之德性，后者更关注德行之开展。第三义不见于《管子》四篇，它是《黄帝四经》特有之情形，此义之"德"和作为惩罚措施的"刑"相辅相成，构成君王为政之二柄。

就《黄帝四经》来看，"德"在人事领域包含了两个层次，一是作为为政之原则，一是作为治理国家的具体措施。②前者是层次更高、意义更广的指示政治基本方向的符号，而后者作为一种奖励措施，和作为惩罚措施的"刑"一起成为贯彻上述原则的具体途径。"德"的这两个层次大致对应宇宙论上"天德"的广狭两义，这是"德配天地"之理念在政治上的具体落实。

---

① 王中江：《早期道家的"德性论"和"人情论"——从老子到庄子和黄老》，《江南大学学报》（人文社会科学版）2012年第4期。
② 所谓原则与措施，是就"德"的思想层次而论。就语义来看，前者或指德性（如"玄德"之"德"），或指德行（如"好德"之"德"），此外也可指功德（如"明德"之"德"），后者则是指与"刑"相对的奖赏之举，这是政治德行或功德的一种具体表现。

◆◆◆ 先秦道家"德"观念研究

　　在原则的层面上，书中的"玄德""明德"之论尤能体现其德政思想之特质。关于此二者，郑开先生曾有独到之发现：儒家绝口不言"玄德"，似乎是针锋相对，道家著作里亦鲜见"明德"语词，《黄老帛书》同时提到"玄德"与"明德"，体现着黄老学相容并蓄的思想特征。[①]"明德"是诸子以前即已流行的观念，后来为儒家所发扬，老、庄对此却丝毫不谈，反而提出有点针锋相对的"玄德"。然而，在《黄帝四经》这里"玄""明"两"德"竟然都有出现，并且是出现在同一篇（《经法·六分》）。正如郑先生所论，这是黄老学相容并蓄的一个表现。那么，在"德"的思想上此书为何要将"玄""明"两类兼容并蓄，此中究竟蕴含着怎样的用意呢？这是殊值探讨的问题。在《六分》篇中，作者先言"明德"，后论"玄德"。我们的考察则先从"玄德"着手，先来看看此书所论较之老子思想有何继承和发展，进而再考论"明德"传统被结合进来的深层意味。

一　"玄德"："王术"的内在基础

　　老子哲学的批判精神在"德"的观念上有集中的体现，所论"玄德"即是其中之典型。西周以来统治者倡言"明德"，在"以德受命"的思想基调中，"明德"是用来解释政权正当性的一个理论工具。老子丝毫不提"明德"，而是创造了一个新的概念——"玄德"。[②]"玄""明"之相对，暗示着老子要另造"德"的传统。庄子和黄老学派都继承了这一传统，同时又往不同的方向发展。在老子思想中"玄德"既是一个宇宙论概念，也是一个心性论符号，而其最终诉求则落实于政治领域。庄子着重发扬其心性修养之义，《天地》

---

　　① 郑开：《玄德论——关于老子政治哲学和伦理学的解读与阐释》，《商丘师范学院学报》2013年第1期。
　　② 除"玄德"外，老子还言"上德""恒德""孔德""广德"等。"上德"与"下德"的相对也是其批判精神的一个体现。这里就老子所倡"玄德"和西周以降的"明德"传统而论。

第五章　德政的开展：《黄帝四经》的"德"观念

篇的"玄德"论即是一个典型，① 此外，"支离其德"（《人间世》）、"才全德不形"（《德充符》）等言论，也委婉地延续着"玄德"的幽隐不明之意味。

《黄帝四经》彰显的是"玄德"的政治性格。其论的一大特点是和"王术"相结合，在此思路中，"玄德"成为了"王术"赖以实施的内在基础，而"王术"则是"玄德"得以开展的现实路径。如此一来，老子思想中原本作为一项抽象主张的"玄德"，在它和"王术"的紧密关联中，即获得了比较具体的推行方案。

（一）"玄德"之论

我们来看《经法·六分》关于"玄德"的言论：

> 知王〔术〕者，驱骋驰猎而不禽芒（荒），饮食喜乐而不面（湎）康，玩好嬛好而不惑心，俱与天下用兵，费少而有功，□□□□□□□□□则国富而民□□□□□其□
>
> 〔不〕知王述（术）者，驱骋驰猎则禽芒（荒），饮食喜乐则面（湎）康，玩好嬛好则惑心，俱与天下用兵，费多而无功，单（战）朕（胜）而令不□□□失□□□□□□空□与天□□则国贫而民芒（荒）。□即（圣）之人弗留，天下弗与。如此而有（又）不能重士而师有道，则国人之国已（矣）。
>
> 王天下者有玄德，有〔玄德〕独知〔王术〕，〔故而〕王天下而天下莫知其所以。② 王天下者，轻县国而重士，故国重而身

---

① 《庄子·天地》有言："性修反德，德至同于初。同乃虚，虚乃大。合喙鸣，喙鸣合，与天地为合。其合缗缗，若愚若昏，是谓玄德，同乎大顺。"此论应是源自《老子》第六十五章关于"玄德"的阐述（"常知稽式，是谓玄德。玄德深矣，远矣，与物反矣，然后乃至大顺"），但庄子更强调"性修反德"的工夫及其相应之境界。

② 此处文字有残缺。胡信田、陈国勇补为"有〔玄德〕独知〔文德武功〕。王天下，而天下莫知其所以"（胡信田：《黄帝经通释》，第126页；陈国勇主编：《黄帝经》，第6页）。魏启鹏补为"有〔玄德〕独知〔天之道术〕王天下，而天下莫知其所以"（《马王堆汉墓帛书〈黄帝书〉笺证》，第38页）。陈鼓应补为"有〔玄德〕独知〔王术〕，〔故而〕王天下而天下莫知其所以"（《黄帝四经今注今译》，第95页）。从前后文义判断，笔者赞同陈鼓应先生的补字。

· 453 ·

安；贱财而贵有知（智），故功得而财生；贱身而贵有道，故身贵而令行。□□天下□天下则之。朝（霸）主积甲士而正（征）不备（服），诛禁当罪而不私其利，故令行天下而莫敢不听。自此以下，兵单（战）力挣（争），危亡无日，而莫知其所从来。夫言朝（霸）王，其□□□唯王者能兼复（覆）载天下，物曲成焉。（《经法·六分》）

这几段话旨在论述君主如何做才能"王天下"。前两段从正、反两个方面说明"王术"的重要性，第三段则强调"玄德"是帝王"知王术"的前提。

在"玄德"和"王术"的关系上，陈鼓应先生认为，黄老学主张有"玄德"还要知"王术"，"玄德"与"王术"相互参用，在处理方针大计时御之以"玄德"，在对待具体事情时则御之以"王术"。① 陈先生以国之大计和具体事务来界定二者之关系，笔者更倾向于从内外两方面进行理解。"玄德"指的是帝王所具的玄远之德性，而"王术"则是指帝王以此德性为基础所开展的各种统治之术。在作者看来，"玄德"与"王术"一内一外，相辅相成，可共同成就"王天下"的帝者之功。

那么，作为"玄德"之推行方式的"王术"具体又是指什么统治术呢？有学者将"王术"解释为君主的御臣之术，② 也有学者从比较宽泛的意义理解，认为这是指《黄帝四经》所提出的各种治理方案。③ 如果从《六分》篇来考虑，所谓"王术"主要指的是帝王的御

---

① 陈鼓应：《黄帝四经今注今译》，第98—99页。
② 参见余明光校注《黄帝四经》，第30页；丁原明《黄老学论纲》，第162页；魏启鹏《马王堆汉墓帛书〈黄帝书〉笺证》，第37页。
③ 如张增田先生认为，"王术"是指《黄帝四经》所提出的一系列的为政主张，包括原则性的与具体性的，惟其如此，才能成为决定"无为而治"能否实现的根本因素（《黄老治道及其实践》，第223页）。曹峰先生根据引文中的"驱骋驰猎而不禽芒（荒），饮食喜乐而不面（湎）康，玩好罢好而不惑心，俱与天下用兵，费少而有功"，也认为这里的"王术"并不限于帝王御臣之术（《中国古代"名"的政治思想研究》，第164页）。

第五章　德政的开展：《黄帝四经》的"德"观念

臣之术。① 当然，若从此书的整体思想来把握，也可以对"王术"作一宽泛理解：它包括了此书所提出的关于为政治国的一系列方案，这不仅关乎如何驾御群臣，也关乎如何治理民众。后者是"王术"的最终意义，如何驾御群臣，其目的仍在于天下得治，让民众得享太平。

（二）"玄德"意涵之演变

从"王术"角度看，作者是援用了老子的"玄德"观念，以之作为帝王统治术的内在基础。而从"玄德"角度来看，则可说作者是希望通过"王术"的融入，为老子的政治理念提供一套更具现实性的操作方案。在老子思想中，"玄德"指示着"生而弗有，长而弗宰"的双重责任，② 这是一项原则性的规定。在《黄帝四经》这里，"玄德"与"王术"两相配合，前者也就拥有了更加具体的实施路径。此是黄老所论"玄德"整体上的变化，申而论之，还有以下几处需当注意。

一则，从"玄德"所处的关系来看，在老子那里它是就君王和民众的关系来讲，所谓"生""长"，所谓"弗有""弗宰"，均是指君王对待民众之作用；《黄帝四经》所论的最终之义亦在王民之关系，但其间又非常重视君臣之关系，和"玄德"相配合的"王术"主要指的是帝王的御臣之术。老子思想不甚关注君臣之关系，君王如何驾

---

① 引文第三段提示了"王术"的相关内容。所谓"轻县国而重士""贱财而贵有智""贱身而贵有道"，皆与君臣关系有关。进一步来看，在所引文段之前此篇讲到了"六逆"（国家的六种悖逆现象）和"六顺"（国家的六种顺当现象），这些现象都是就君臣关系而言："凡观国，有六逆：其子父，其臣主，虽强大不王。其○谋臣在外立（位）者，其国不安，其主不吾（悟）则社稷残。其主失立（位）则国无本，臣不失处则下有根，〔国〕忧而存。主失立（位）则国芒（荒），臣失处则令不行，此之胃（谓）顽（颓）国。主两则失其明，男女挣（争）威，国有乱兵，此胃（谓）亡国。……凡观国，有大〈六〉顺：主不失其立（位）则国〔有本。臣〕失其处则下无根，国忧而存。主惠臣忠者，其国安。主主臣臣，上下不〔者〕，其国强。主执度，臣循理者，其国朝（霸）昌。主得〔位〕臣楅（辐）属者王。六顺、六逆□存亡〔兴坏〕之分也。主上者执六分以生杀，以赏□，以必伐。"

② "生""长"是一方面，义在辅助；"弗有""弗宰"是另一方面，义在不干涉，也即"无为"。关于老子政论中"玄德"之义，参见老子章第四节的讨论。

· 455 ·

御群臣,在他那里还没有成为一个被关心的问题。在《黄帝四经》思想中君臣关系尤其是君王如何统御群臣的问题得到了重视,这是黄老政治思想较之老子的一个重要变化。

二则,从"玄德"的根源来看,老子所期待的圣王之"玄德"乃是源于"道"之"玄德","玄德"首先是"道"的功能表现,至于圣王之"玄德",则是圣王基于"惟道是从"而具有的一种德性;《黄帝四经》未明言"玄德"之来源,如果追问之,那么可说这是一种源于"天地"的德性。作者论及"玄德"与"王术"之后,乃以"唯王者能兼覆载天下,物曲成焉"进行总结,可见他是基于三才结构而论议帝王之"德"。[1] 此等情况涉及前节所述的理论结构之演化的问题。

最后,就"玄德"之"玄"的意味看,老子所论者含幽暗、减损和玄妙三义(参见老子章第二节);在《黄帝四经》这里,玄妙义仍是此字的一个基本义,但其减损义不甚明显,而其幽暗义则得到了强化。"玄"义之变化,意味着"玄德"作为一项政治主张的关切点发生了变化。首先,减损义所代表的"弗有""弗宰"之责任虽然也被《黄帝四经》所肯定,[2] 但在它的"玄德"之论中这一点并无直接反映。其次,"玄"之幽暗义在老子言论和《黄帝四经》中的具体所指并不一样。老子所论者是指"道"或圣王之妙用隐微深远,难以

---

[1] 所谓"覆载",是将帝王之"德"类比于天地之"德"。这句话是说,帝王以"玄德"实施"王术",便能如同天地那般普遍地覆载天下("兼"谓普遍),随顺万民而成就之("曲"谓随顺)。此论与《易传·系辞上》的"范围天地之化而不过,曲成万物而不遗"不无相似。对《易传》此语,韩康伯注曰:"范围者,拟范天地,而周备其理也。曲成万物而不遗。曲成者,乘变以应物,不系一方者也,则物宜得矣。"孔颖达疏云:"范谓模范,围谓周围,言圣人所为所作,模范周围天地之化养,言法则天地以施其化,而不有过失违天地者也。言圣人随变而应,屈曲委细,成就万物,而不有遗弃细小而不成也。"(王弼注、孔颖达疏:《周易正义》,北京大学出版社1999年版,第267—268页)可参之理解《黄帝四经》此论。韩康伯和孔颖达对"曲成"的解释有所不同,笔者从韩氏之解。

[2] "弗有""弗宰"代表不干涉的责任,也即"无为"之责任。这是道家一以贯之的政治主张,虽然不同的文献里"无为"的具体内涵有所不同。就《黄帝四经》来看,有关"无为"的言论频频可见。此言两例。如《经法·道法》:"故执道者之观于天下也,无执也,无处也,无为也,无私也。是故天下有事,无不自为形名声号矣。"又如《十六经·顺道》:"形恒自定,是我愈静;事恒自施,是我无为。"

第五章 德政的开展：《黄帝四经》的"德"观念

直接观察。《黄帝四经》中"玄"之幽暗义则与"王术"之为"术"的特性有关。参照韩非子的言论可知，"术"讲究的是"不欲见""藏之于胸中"。① 《黄帝四经》所言的"莫知其所以"，即是"术"之此性的一个体现，这也是此"德"之所以为"玄德"的原因所在（"独知王术"的"独"也能体现此点）。这种与"术"有关的幽暗隐微的意思，并非老子"玄"义之所在。可以说，"王术"的加入，不仅使"玄德"拥有了具体的施行方案，同时也让它带上了权谋和权术的意味。

总归来看，在《黄帝四经》思想中"王术"标示着帝王德政开展的方式，而"玄德"作为与之相配合的一种德性，则指示着帝王德政赖以开展的内在基础。在作者看来，此二者各为内外，相辅相成，由此可成就"覆载天下"的帝王之功。黄老学在继承老子"玄德"理念之同时又补充了新的内容，在和"王术"的两相配合中，"玄德"拥有了更具现实性的施行方案；与此同时，"王术"之为"术"的特性也让"玄德"带上了权谋的意味，"玄"的幽暗之义已不同于老子所论者。

二 "明德"与德政的正当性依据

通过"王术"的融入，《黄帝四经》在继承的同时也改造了"玄德"的内涵。不惟如此，那个已被老子拒斥的"明德"传统在此书中又被重新接引进来。在它的学说中，帝王德政既有"玄"的一面，也有"明"的一面。将"玄""明"两个传统结合起来，是其德政思想的一大特色。那么，此书所论"明德"究竟何谓，在此书的德政思想中又扮演着怎样的角色？这是接下来需要继续探讨的问题。

（一）"明德"之论

在《经法·六分》中，作者讲到"玄德"之前曾论及"明德"：

---

① 《韩非子·难三》有言："人主之大物，非法则术也。法者，编著之图籍，设之于官府，而布之于百姓者也。术者，藏之于胸中，以偶众端而潜御群臣者也。故法莫如显，而术不欲见。"

◇◆◇ 先秦道家"德"观念研究

  六顺、六逆〔者〕①，存亡〔兴坏〕之分也。主上者执六分以生杀，以赏〔信〕②，以必伐（罚）。天下大（太）平，正以明德，参之于天地，而兼复（覆）载而无私也，故王天〔下〕。

  "六顺"指六种顺当的现象，"六逆"指六种悖逆的现象（原文见前一小节所引），"六分"即是指顺当和悖逆之间的六种分际。作者强调，"六顺"和"六逆"乃是存亡兴衰之分际，主上者应严明于此，做到赏而能信、罚而能必。所谓赏信罚必，是黄老学和法家共有的一项主张。其意是说，奖赏与刑罚之执行应完全依照"法"之规定，不为个人私意所干扰。

  接下来作者言及"天下太平，正以明德"。关于"正以明德"一句，学者有不同解释，或解为以光明之德端正民众，③ 或解为公正地彰明其德。④ 在两种解释中"明德"的语法结构有所不同，一为偏正结构，一为动宾结构。⑤ 要确定"明德"之义，首先应明确"正"的所指。从前后文来看，此所谓"正"应是指公正。它是对前面所说的"赏信""必罚"的概括，而后面所说的"无私"，也呼应着"正"的公正之义。由此来看，"明德"一语应为动宾结构。所谓

---

① "者"字原缺，据余明光校注《黄帝四经》（第28页）补。
② "信"字原缺，据魏启鹏《马王堆汉墓帛书〈黄帝书〉笺证》（第35页）补。《管子·版法解》："无遗善，无隐奸，则刑赏信必。刑赏信必，则善劝而奸止。"《商君书·修权》："故赏厚而信，刑重而必；不失疏远，不违亲近，故臣不蔽主而下不欺上。"《韩非子·难二》："赏厚而信，夫人轻敌矣；刑重而必，夫人不比矣。"可参以理解。
③ 参见余明光校注：《黄帝四经》，第28页；魏启鹏：《马王堆汉墓帛书〈黄帝书〉笺证》，第40页；谷斌、张慧姝、郑开：《黄帝四经注译·道德经注译》，第20页。
④ 参见陈鼓应：《黄帝四经今注今译》，第86页。
⑤ 作为西周以来一直流行的表述，"明德"的语法结构本有两种。一为偏正结构，意谓光明之德，如《幽公盨》铭文的"民好明德，顾在天下"、《沇其钟》铭文的"沇其肇帅型皇祖考，秉明德，虔夙夕"、《诗·大雅·皇矣》的"帝迁明德，串夷载路……帝谓文王，予怀明德"、《书·周书·君陈》的"黍稷非馨，明德惟馨"。二为动宾结构，意谓彰明其德，如《书·周书·康诰》的"惟乃丕显考文王，克明德慎罚"、《书·周书·多士》的"自成汤至于帝乙，罔不明德恤祀"、《逸周书·程典解》的"慎德必躬恕，恕以明德"、《逸周书·酆保解》的"六卫：一明仁怀恕，二明智设谋，三明戒摄勇，四明才摄士，五明德摄官，六明命摄政"。综合来看，"明德"一语之用法比较灵活，如何理解当结合它所在的语境。

第五章　德政的开展：《黄帝四经》的"德"观念

"正以明德"，是说主上者能公正地彰明其德，这是"天下太平"的一个前提。此所言"德"，非谓与"刑"相对者，而是指宽泛意义上的为政之功德。无论是奖赏，还是刑罚，只要能得到公正的执行，那么都是"明德"（彰明帝王功德）的表现。

除《经法·六分》以外，"明德"之言还见于《经法·论》：

> 六枋（柄）：一曰观，二曰论，三曰僮（动），四曰转，五曰变，六曰化。观则知死生之国，论则知存亡兴坏之所在，动则能破强兴弱，枋（转）则不失讳（韪）非之〔分〕[1]，变则伐死养生，化则能明德徐（除）害。六枋（柄）备则王矣。

和《六分》篇所论相似，此处"明德"也用为动宾结构，其义也是指彰显帝王之功德。此处将"明德"和"除害"对应成文，所谓"明德"，正是要通过"除害"（去除天下之弊害）得到实现。

（二）德政正当性之论证

回到《经法·六分》，在作者看来，"明德"作为一种政治行为，是"参之于天地，而兼覆载而无私"的表现。"参之于天地"的"之"指代"明德"之"德"。所谓"参"，既有参合、效法之义，也有并立为三的意思。其德参于天地，即是说，帝王效法天地，其功其德将与天地并立为三。[2] 综合起来看，前引文段第三句是说，天下太平，在于帝王能够公正地彰明其德，能够像天地那样，普遍覆载而

---

[1] "分"字原缺，据陈鼓应《黄帝四经今注今译》（第139页）补。

[2] 《国语·越语下》："夫人事必将与天地相参，然后乃可以成功。"韦昭注曰："参，三也。天、地、人事三合，乃可以成功。"见徐元诰：《国语集解》（修订本），中华书局2002年版，第582页。《中庸》："可以赞天地之化育，则可以与天地参矣。"朱熹注曰："赞，犹助也。与天地参，谓与天地并立为三也。"见朱熹：《四书章句集注》，第33页。此二处可资以理解《黄帝四经》所言"参之于天地"。另外，在"参之于天地"一句之后，作者还言道："王天下之道，有天焉，有人焉，又（有）地焉，参（三）者参用之，〔然后〕而有天下矣。"["然后"二字原缺，据陈鼓应《黄帝四经今注今译》（第88页）补] 这里出现两个"参"字，一处通假为"三"，一处指参合，其义与"参之于天地"的"参"并非完全相同。

无私，如此便可"王天下"。

前节曾论及，将天地视作道德的行动者，以此作为帝王为政之依据，这是《黄帝四经》德政观的基本理路，也是"推天道以明人事"此等理念在此书的一个具体表现。《经法·六分》的"正以明德，参之于天地"，以及《经法·君正》的"父母之行备，则天地之德也"（详见前节所述），都是这一思想的典型表现。此外，《十六经·立命》还有"德乃配天"之论：

> 昔者黄宗质始好信，作自为象（像），方四面，傅一心。四达自中，前参后参，左参右参，践立（位）履参，是以能为天下宗。"吾受命于天，定立（位）于地，成名于人。唯余一人〔德〕① 乃肥（配）天，乃立王、三公，立国，置君、三卿。数日、历月、计岁，以当日月之行。允地广裕，吾类天大明。……"

从"吾受命于天"起，是作者依托的黄帝之言。② 其中的"德乃配天"一语，是对效法天地以施行德政这种思想的集中概括。"受命于天""类天大明"中的"天"是指与"地"相对者，而"德乃配天"的"天"应是指含"地"在内的宇宙自然之整体。所谓"配天"，其实包括了对"天"和"地"的效法；所谓"德乃配天"，实际上说的是"德配天地"。后面所言的"允地广裕，吾类天大明"，③ 即是此点之体现。另外，"类天大明"之言还提示着，"德"之所以要"明"，是出于"类天"的要求。《经法·论》的"明以正者，天

---

① 此字原缺，研究者一般都认为此缺字应为"德"字。参见陈鼓应《黄帝四经今注今译》，第198页；余明光校注《黄帝四经》，第72页；魏启鹏《马王堆汉墓帛书〈黄帝书〉笺证》，第97页；谷斌、张慧姝、郑开《黄帝四经注译·道德经注译》，第41页。

② 首句所言"黄宗"即黄帝，黄帝"能为天下宗"，故又称为"黄宗"。参见陈鼓应《黄帝四经今注今译》，第197页。

③ 此句是说，效法地之广大与天之光明。"允"，指相副、比附，与"类"义近（参见陈鼓应《黄帝四经今注今译》，第199页）。《礼记·乐记》有言："是故清明象天，广大象地。"其义与"允地广裕，吾类天大明"类似。

第五章 德政的开展:《黄帝四经》的"德"观念

之道也",《十六经·姓争》的"天德皇皇"("皇皇"谓昭明显著),也在强调"天"的清明之性。这是帝王之所以要"明"其"德"的依据所在。

作为黄老德政思想的基本理路,"德乃配天"或者说"德配天地"在其他黄老文献中也频频可见。如马王堆帛书《九主》篇有言:"法君者,法天地之则者。志曰天,曰〔地〕,曰四时,复(覆)生万物,神圣是则,以肥(配)天地。"《文子·下德》亦言:"承天地之和,德与天地参,光明与日月并照。"《管子·宙合》曰:"德之流润泽均,加于万物,故曰圣人参于天地。"《管子·版法》又曰:"法天合德,象地无亲,参于日月,佐于四时。"《鹖冠子·天则》有:"不创不作,与天地合德,节玺相信,如月应日。"① 凡此等等,都是此等思想之体现。在此,"天地"或者"天"并无神灵之意,"德配天地"说的是政治活动应当以天地自然法则为依据,帝王所需从事的不是以"德"获求天之任命,而是取法天地之则以推行人间德政。

从天地自然之中寻求人间政事之依据,这是黄老学对德政正当性的一种论证。不同于早初思想或墨家学说把德政的效力诉诸高高在上的天帝,也不同于儒家思想从人心当中寻求德政的合理性依据,② 道

---

① 《庄子》书中有类似的言论。如《天道》有言:"莫神于天,莫富于地,莫大于帝王。故曰:帝王之德配天地。此乘天地,驰万物,而用人群之道也。"《天运》有言:"天有六极五常,帝王顺之则治,逆之则凶。九洛之事,治成德备,监临下土,天下戴之,此谓上皇。"我们在第四章曾有述及,庄子关于"德"的学说主要是一种"民德论",至于君王之"德",虽然不是其"德"论的主要情形,但也不是没有表现。除上引以外,《天地》篇也有关于"王德"的言论:"季彻局局然笑曰:'若夫子之言,于帝王之德,犹螳螂之怒臂以当车轶,则必不胜任矣。且若是,则其自为处危,其观台多物,将往投迹者众。'"这些论议"王德"的篇章具有比较明显的黄老学色彩(关于这一点,学者已有注意到。参见丁原明:《黄老学论纲》,第111—119页;陈鼓应《黄帝四经今注今译》,第26页;刘笑敢《庄子哲学及其演变》,第271页)。我们很难确证这是黄老学的作品杂进了《庄子》书中,还是庄子学派中不乏学人受到了黄老思想的影响。针对老子之后道家思想的发展,庄学和黄老学的区分是相对意义上的,它们之间可能存在相互交叉或相互影响的情况。

② 《黄帝四经》虽然主张以"玄德"作为"王术"之内在基础,但这不是对德政正当性的论证。儒家对德政正当性的论证整体上包含两种思路,一种以《礼记·经解》所论"德配天地"和《易传·系辞下》所言"天地之大德曰生"为代表,一种以孟子所论"先王有不忍人之心,斯有不忍人之政矣"为代表。前者和黄老学的理路相似,后者则是从心性之中寻求德政的正当性依据。

家乃是将视域投向于宇宙万物的大场景，希望从自然世界中寻求人间秩序的蓝本。这一蓝本在老子学说和黄老学说中具有不同的面貌。老子把德政效力的来源追溯至"道"，将德政的正当性建立在"道"之"德"这一基础之上，体现的是一种"形上化"的思路。黄老学则将其效力建基于天地自然，通过更加现实而直观的"天地"之"德"来论证这一方案的合理性，走的是一种"形下化"的思路。①在黄老学看来，德政之所以具有正当性，根本上是因为这是一种源于天地之大德的秩序。天覆地载及其种种养育行为是万物赖以生存的基本条件，世间之功德莫过于此，帝王为政切当以此为楷模，做到"正以明德，参之于天地"，以实现"兼覆载而无私"的太平之世。天地覆载而化育万物是自然而然的，因而帝王善待民众之德政也就具有了自然而然的正当性。这样的德政不仅是对人间和谐之世的构建，同时也是对宇宙自然秩序的参与和融入。

在论证政治方案之正当性的同时，诸家所提供的效力来源其实也是对政治权力的一种制约。墨家希望通过"天志"对为政者建立起宗教式的约束；儒家从"不忍人之心"推出"不忍人之政"（《孟子·公孙丑上》），希望在人心当中寻求权力自我约束的力量。道家的考虑有所不同，他们没有寄希望于高高在上的神意，对于心性当中自我约束的力量虽然也有留意，但他们主要是希望从宇宙自然之中寻觅到可以约束权力的客观力量。②老子寻觅到的是世界根源处的"道"的力量，但这种力量比较玄奥，缺乏直接而具体的指导性。伴

---

① 《黄帝四经》的这种思路也可概括为"自然化"。这里所说的"自然"不同于道家本有的"自然"概念。它既是指作为一种状态的自然而然，也含有实体性的宇宙大自然之义。在《黄帝四经》思想中，帝王的为政之"德"乃根源于天地化育万物之"德"，天地化育万物是自然而然的，所以帝王推行德政也是自然而然的。另外，此间所述尚未涉及庄子。庄子的德政思想比较特别，在其学说中德政之正当性是建立在天下人固有之德性这一基础之上。庄子德政思想是一种民德论，我们这里讨论的情形都是针对王德论。

② 儒家当中的《易传》《礼记》也存在从宇宙自然寻求制约性力量的思想，但相对来说，儒家更关注心性当中自我约束的力量，而道家更强调宇宙自然中的制约性力量。另外，关于权力制约之思想，这里是围绕德政方案而论，如果不限于此，那么法家的情况也应考虑进来。法家是希望建构一种客观而普遍的法律制度来约束政治权力的行使。以法制权的思路在《黄帝四经》中也有体现，后一节将论及此点。

第五章 德政的开展:《黄帝四经》的"德"观念

随着黄老学的形下化趋向,道家寻觅到的客观力量也就变得更加现实而直观。天覆地载、阴阳更替、四时运行,这些情况既是自然而然的,又是显而易见的,它对政治活动的制约将来得更加直接。通过圣王之"德"与天地之"德"两相契应的模式,黄老道家试图为人世政治活动提供一种客观而具体的标准。他们希望通过天地自然法则来引导、规范统治者的政治行为,将社会公共生活导向一种"与天地合德"的理想秩序。

三 德政两个传统的结合与改造

"明德"是西周以来一直流行的话语。周人用它来解释自身政权的合理性,所谓"以德受命",具体来说即是以"明德"(或者与之类似的"嘉德""懿德")得到上天的认可,从而荣膺天之命。老、庄丝毫不提此语,而代以"玄德"之论,其重造传统之意暗蕴其间。儒墨两家则继承了原有的话语传统,但对其思想内涵进行了不同角度的改造。

墨子保留"明德"的宗教性,但其具体意味有别于以往。在其思想中"天"依然是作为最高神的存在,但他否认"命"的存在,这是他以"天志"代"天命"的基本原因。在此基调之中,他所强调的不是"明德"获取"天命",而是"明德"符合"天志"。[1] 儒家则弱化"明德"的宗教性,把"明德"当作个人德性修养的基本要求。所谓"明德",即是指通过自身之修养让内有之德性得以显明。这一显明既包括一般的伦理场合,也包括政治领域。自后者而言,"明德"即是儒家德政理念的一个代表性符号。如《大学》开篇即

---

[1] "明德"在《墨子》中见于以下几处。《墨子·天志中》:"《皇矣》道之曰:'帝谓文王,予怀明德,不大声以色,不长夏以革,不识不知,顺帝之则。'帝善其顺法则也,故举殷以赏之,使贵为天子,富有天下,名誉至今不息。"《墨子·天志下》:"非独子墨子以天之志为法也,于先王之书大夏之道之然:'帝谓文王,予怀而明德,毋大声以色,毋长夏以革,不识不知,顺帝之则。'此诰文王之以天志为法也,而顺帝之则也。"《墨子·明鬼下》:"昔者郑穆公,当昼日中处乎庙,有神入门而左,鸟身,素服三绝,面状正方。郑穆公见之,乃恐惧奔。神曰:'无惧!帝享女明德,使予锡女寿十年有九,使若国家蕃昌,子孙茂,毋失。'"

言:"大学之道,在明明德,在亲民,在止于至善。"又曰:"古之欲明明德于天下者,先治其国"。此"明明德"即是就"平天下"这一政治功业而言。[①] 它的价值不在于获取上天之任命,而在于"止于至善",这是儒家德政理念较之此前的一大突破。值得注意的是,荀子不仅倡言"明德",并且还对道家所主张的"玄德"提出过批评。[②] 他是就治理方式的"幽""明"而论,所言"明德"之义较之《大学》更为具体,而对于"玄德"的批评实际上是体现他对幽暗之"术"的否定。"玄德"在老、庄思想中并无"术"之意味。《黄帝四经》结合"王术"论"玄德",使之带上此意。荀子所批评者实是那种经过黄老学转化的"玄德"。

在《黄帝四经》这里,"德"之"明""玄"两个传统得到了汇流。老子重新缔造的"玄德"传统得到了继承和转化;而那个更早的已然被老子拒斥的"明德"传统也被重新接引进来。这种接引未必直接源自儒家。自西周以来,"明德"一直是一个流行话语,儒墨学派对它的称述即是战国时期此话语仍在流行的一个表现。《黄帝四经》的作者应该是受到了这一大环境的影响。

此书将两个传统结合在一起,同时又对二者给予一定的改造。

[①] "明明德"既是"三纲领"之首项,也是"八条目"之终境。就后者言,它和"平天下"意义相当。另外,从语法结构看,"明明德"一语同时体现了西周以来"明德"话语固有的两种结构(偏正和动宾)。儒家对此传统的继承还表现于对《诗》《书》"明德"之言的引述。如《大学》有:"《康诰》曰:'克明德。'《太甲》曰:'顾諟天之明命。'《帝典》曰:'克明峻德。'皆自明也。"《中庸》亦有:"《诗》曰:'予怀明德,不大声以色。'子曰:'声色之于以化民,末也。'《诗》曰:'德輶如毛',毛犹有伦。'上天之载,无声无臭',至矣!"在这些引述中"天命"的观念仍有体现(如《大学》所引"顾諟天之明命"),但此"天命"不同于以往所言者。关于《大学》所引此语,朱子注曰:"諟,犹此也,或曰审也。天之明命,即天之所以与我,而我之所以为德者也。常目在之,则无时不明矣。"(《四书章句集注》,第4页)《中庸》所谓"天命之谓性",孟子所言"此天之所与我者"(《孟子·告子上》),其义要之亦在此。"天命"义的改变,和"天"义的变化直接相关。儒家所言"天"的主要性格是义理之天,而不是以往的神灵之天。

[②] 《荀子·正论》:"故主道明则下安,主道幽则下危。故下安则贵上,下危则贱上。故上易知,则下亲上矣;上难知,则下畏上矣。下亲上则上安,下畏上则上危。故主道莫恶乎难知,莫危乎使下畏己。传曰:'恶之者众则危。'《书》曰:'克明德。'《诗》曰:'明明在下。'故先王明之,岂特玄之耳哉!"

第五章 德政的开展:《黄帝四经》的"德"观念

"玄德"之变化在前文已有论述。就"明德"来看,此书所论和早初思想以及儒墨学说都有一定的区别。"明德"观念的宗教意味在此书中被大大淡化,① 它强调的既不是以"明德"获取"天命",也不是以"明德"应和"天志",而是以"明德"参于"天地"。其所谓"天地"(或作为宇宙自然之整体的"天")并无神灵意味。它主张为政者能够像"天地"那样"兼覆载而无私",以实现"天下太平"的目的(《经法·六分》)。所谓"德乃配天""允地广裕,吾类天大明"(《十六经·立命》),也是在此意义上而言。就"天下太平"这一目的而言,此书所论和《大学》的"明明德"不无类似。但儒家所论不限于政治场合,并且就政治场合来看,二者所论也甚有不同。比较明显的一点是,儒家"明德"之论并不关注"以赏信,以必罚"的做法。此书所言"明德"是建立在"正"也即依法施行赏罚的基础上,这意味着"德"之实现和"法"的运用密切相关,而儒家所论并不强调此点。总之,《黄帝四经》的"明德"之论不仅有别于早初思想,在诸子的同类言论中它也具有自身的特色。不同于儒家在"诚意""正心"的基础上将"明德"视作德性修养的基本要求,也不同于墨家在"天志"的笼罩下讲论"明德",此书乃是在天地人互动的三才结构中,将"明德"视作帝王参合天地的必然结果。

有待继续关注的一个问题是,在"明德"的思想传统中它一直和"天"密切相关。不管"明德"的含义如何变化,它的最终旨趣都在于"配天",② 只是各个学理系统中"配天"的具体意味有所不同。在用以解释政权正当性的"以德受命"的思想中,"天"是作为最高神的存在,所谓"配天",是指配当"天"之"命"。在墨子言论中,"天"仍是此等存在,但墨子不承认"天"之"命",乃代之以

---

① 此书亦有"受命"之论(如《十六经·立命》有言"受命于天"),但此论所强调的也不是以"德"获取上天的任命,而是根据天地自然法则来安排政治活动,包括通过推算日、月、年而制定历法,使之合乎日月的运行规律等(详见前引《立命》之言)。此所谓"受命于天",实是说依据天道推行德政。

② 墨家并未直言"配天",此所言"配天"是借用儒家和黄老之语对诸系统中"德""天"之关系进行概括。

◇◆◇ 先秦道家"德"观念研究

"天"之"志",所谓"配天",是指符合"天"之"志"。在《黄帝四经》中,有待配者是作为宇宙自然之整体的"天",所谓"配天",是指"参之于天地",也即参合、效法天地之德,从而与天地并立为三。就儒家来看,所谓"配天"包含着两义。一种以《礼记·经解》的"德配天地"之论为代表,① 此中意味类似于《黄帝四经》;另一种则以《大学》所引的"顾諟天之明命"为代表,这和孟子所言的"尽其心者,知其性也;知其性,则知天矣"(《孟子·尽心上》)意义相当。后一种语境中的"天"是义理之天,所谓"配天",乃是指实现源于"天"的"性"。

此上分别从"玄""明"两"德"考察《黄帝四经》对两个传统的改造。集中到道家思想之发展来看,可发现这两处改造都体现着黄老学较之老学的现实化转向。老子所论"玄德"是一项原则性的规定,在《黄帝四经》这里,"玄德"与"王术"两相配合,前者也就拥有了更具可操作性的实施方案。而"明德"及其关联的"配天"之论,也让道家对德政效力的论证变得更加具体而直观。老子把德政效力的来源追溯至玄奥之"道",黄老学则将其效力建基于天地自然,通过更加现实可观的天地之"德"来论证德政方案的正当性。

《黄帝四经》对两个传统既结合又改造,这是从外部环境考察其思想脉络,具体到此书学说的内部构造来看,这两个观念存在密切之关联,集中反映着作者的政治主张。首先,"玄德"指示着"王术"赖以开展的内在基础,从"玄德"到"王术"其实是从内圣到外王的一种体现;而"明德"则涉及帝王德政在天道层面上的依据,"正以明德,参之于天地"之论告示人们,"德"之"明"是出于天道的要求,这是"类天大明"的必然结果。可以说,此二者扮演着各自不同而又相互配合的角色,一个处理的是作为王术之基础的内圣问题,一个处理的是德政正当性的来源问题。

其次,相比于作为奖励措施的"德","玄""明"两"德"均

---

① 《礼记·经解》曰:"天子者,与天地参。故德配天地,兼利万物,与日月并明,明照四海而不遗微小。"

第五章　德政的开展：《黄帝四经》的"德"观念

属政治原则层面。在此层面上，"玄德"指向为政权谋的一面，而"明德"则强调行事公正的一面。为政需当用以权谋，要运用"莫知其所以"的"玄德"与"王术"，但同时又要做到公正无私，不能以个人私意干扰国家法度的施行，这是为政治国当中两个相辅相成的方面。进一步来看，"明德"所伴随的"以赏信，以必罚"提示着它与"法"密切相关，而"玄德"作为"王术"之基础也反映着它与"术"融为一体。由此而论，"明""玄"之汇流其实也折射着"法""术"之结合。《十六经》中《观》与《姓争》两篇都有言及："其明者以为法，而微道是行。"所谓"微道"，是指隐微之道术，也即所谓"王术"。对于帝王为政而言，"明法"与"微道"不可或缺，二者相互配合，方可实现"王天下"之大功。①

最后，"玄"与"明"这两个看起来相互排斥的思想系统，之所以具有被结合的可能，根本上来说，是源于现实当中政治事务的丰富性和复杂性，此外也和黄老学兼容并蓄之思想特征直接相关。黄老学对诸种思想资源的兼容并蓄并不是一成不变地接引进来，而是基于道家德政理念如何得到具体开展这一核心问题，对相关资源进行改造和转化，以凝练出一种更具现实性、更有可操作性的德政方案。需要注意的是，此书在统合两种传统之时，采取的是以"王术"配合"玄德"、以"三才"统摄"明德"的思路，而不是将"明德"与"王术"相结合，也不是在"三才"之中讲"玄德"。这既和"术"的幽暗特点有关，也和"天"的清明之性有关。"术"的特性决定了它难以和"明德"相结合，但它正好符合"玄"的幽暗之义。而在另一方面，天覆地载、四时更替的自然现象是显而易见的，这正好与"明德"之"明"相对应。由此来看，作者在统合之时对于各种理论资源的选择应该不是随意而为的。

总之，在《黄帝四经》的结合与改造之中，"玄""明"两个德

---

① 论至"法""术"之结合，韩非子学说是为典型。《黄帝四经》成书时间很可能是在战国后期，但我们难以断定它和韩非子之间究竟是谁影响谁。或许，"法""术"相结合是战国后期的一种思想趋势，《黄帝四经》之论和韩非子之学说都是此等趋势的体现。

政传统都获得了新的意义，成为其政治思想的两个相辅相成的方面。这是一种复合型的德政观，它以三才结构中的"天地之德"为准则，使殷周以降一直流行的"明德"话语走出了天意的笼罩；同时它又为老子所倡导的"玄德"设计了与之相配合的"王术"，在使"玄德"拥有具体实施方案的同时又让它带上了权术之色彩。这两处改造一并反映着老子政治理念在黄老学当中的形下化之转向。

四 "德"的内外之辨与价值意涵

以上围绕"玄德"与"明德"，对《黄帝四经》德政思想的内涵及其和既有传统之关系作出探讨。就此书"德"论来看，尚有其他问题有待关注。一是关于"德"的内外之辨（它是表示内在之品性还是表示外在之行为），二是关于"德"的价值意涵（它是不是只表示正当的品性或行为）。这两个问题不仅涉及如何理解此书之学说，也关乎如何看待"德"在先秦时期的某些演变趋势。

（一）"德"的内外之辨

大局上来看，"德"从早初思想到诸子学说，可以说经历了一个逐渐内在化（从强调德行转向强调德性）的过程。当然，在这种简略的概括之中又有以下两处需要注意。一则，这种演变只意味着"德"的重点发生了转移，并不是说诸子以前只有行为义而诸子时期只有心性义。二则，在诸子时期不仅"德"的行为义仍有表现，而且在某些思想系统中甚至会出现行为义强于心性义的情形。

就第一点而言，前面讨论的老子、庄子以及《管子》四篇的"德"观念便是一些例子。老子思想中这一观念已有内在化的转向，这种转向在庄子思想和《管子》四篇思想中更为显著。庄子所论的"游心乎德之和"（《庄子·德充符》）、《管子》四篇所提出的"内德"（见于《内业》和《心术下》），可以说是内在化的集中表现。但这不意味着"德"在这些思想系统中和外在行为毫无关联。即便是在"德之和"和"内德"之论中，这一观念仍带有行为事功之义。正如第四、五章已然论及的，"德之和"不是一种纯粹内在的精神状态，作为一种境地，它体现于行动者和他者的交往当中；至于所谓

第五章 德政的开展：《黄帝四经》的"德"观念

"内德"，《管子》四篇甚为强调它和政治活动的联系，"心治是国治也"的内圣外王思路决定了它不纯是一种精神修养，这种德性必将被运用到治国行动当中。

诸子论"德"以道、儒两家为要。前文论述了道家之表现，此等情况同样见于儒家。以孟子学说为例，"仁""义""礼""智"被孟子归为人性当中固有之四德，① 这是"德"之内在化的一个典型。但在其言论中，此概念同样带有行为活动的意思。四德必将通过行动得到实现，这还只是义理上的推导，不能直接体现"德"的行为之义。更明显的例子是，在谈到王霸之辨时，孟子所言"以德行仁""以德服人"中，"德"即是一个表征德行的概念。所谓"以德行仁"，意思是说以德行实践仁义；所谓"以德服人"，则是说通过德行让人心悦诚服。②

总之，"德"是一个兼含内外义的概念，在不同的思想系统中，或者在同一系统的不同语境中，它强调的重点会出现一定的差异。从观念史角度看，它从早初到诸子确实经历了一个逐渐"内在化"的过程，从原来的强调行为事功方面转向强调品性和心志的方面。郑玄所释"德、行，内外之称。在心为德，施之为行"，③ 即是对内在之"德"的一种概括，这种概括依据的是诸子及其以后的情况。需要进一步看到的是，所谓"内在化"趋势，只是说从早初到诸子它的重点发生了转移，不代表它在诸子以前没有内在义，也不代表它在诸子时期和行为事功毫无关联。在诸子以前它更多地是体现行为事功的方

---

① 《孟子·告子上》："恻隐之心，仁也；羞恶之心，义也；恭敬之心，礼也；是非之心，智也。仁义礼智，非由外铄我也，我固有之也，弗思耳矣。故曰：'求则得之，舍则失之。'或相倍蓰而无算者，不能尽其才者也。《诗》曰：'天生蒸民，有物有则。民之秉夷，好是懿德。'孔子曰：'为此诗者，其知道乎！故有物必有则，民之秉夷也，故好是懿德。'"孟子引《诗经》以及孔子之言，对自己所论进行总结。在此，他是用"懿德"来概括自己所说的"仁""义""礼""智"这四种德性。

② 《孟子·公孙丑上》："以力假仁者霸，霸必有大国；以德行仁者王，王不待大。汤以七十里，文王以百里。以力服人者，非心服也，力不赡也；以德服人者，中心悦而诚服也，如七十子之服孔子也。"

③ 《周礼·地官·师氏》郑玄注语。见郑玄注、贾公彦疏《周礼注疏》（上），北京大学出版社1999年版，第348页。

面，但也关联着品性和心志的状态。诸子论"德"则往往更侧重它的内在义，不过，其行为活动之义仍有一定表现。

就第二点来看，《黄帝四经》所论"德"即是一个典型。在此书中"德"主要体现的是行为事功的方面，其内在维度则显得比较单薄。整体上来看，此书所论"德"可以区分成天地之"德"和人事之"德"两大类，而这两类都包含着广义的事功之"德"和狭义的恩赏之"德"两个层次。天地之"德"的两个层次均指向天地对万物的功能表现。当然，这不是问题的要害，关键在于此书所论人事之"德"彰显的是行为活动之义。作为奖励措施的"德"自不待言，而作为为政之原则者同样也在反映这一点。比如前论两处"明德"即是明显的例子。一处是《经法·论》的"明德除害"，意思是说君王明其功德、去除弊害。另一处是《经法·六分》的"正以明德"，意即以公正的方式明其功德。这一举动是建立在"主上者执六分以生杀，以赏信，以必罚"的基础上（《经法·六分》）。因此更具体而言，所谓"正以明德"，即是说在公正的赏罚之中明其功德。

在原则的层面上，此书还有"正德""好德""逆德"等言论。它们在反映作者政治主张的同时，也体现着"德"的外在形态。先看"正德"与"好德"之言：

> 中请（静）[①] 不刺，执一毋求。刑于女节，所生乃柔，〔此之谓〕[②] 正德。好德不争，立于不敢，行于不能。单（战）视（示）不敢，明埶（势）不能。守弱节而坚之，胥雄节之穷而因之。（《十六经·顺道》）

[①] 整理者以"请"为"情"之借字（国家文物局古文献研究室编：《马王堆汉墓帛书》壹，第79页）。陈鼓应先生以之为"静"之借字（《黄帝四经今注今译》，第329页）。从前后文看，陈先生所释可从。

[②] 此三字原缺。胡信田《黄帝经通释》（第391页）补为"是谓之"。从语境来看，胡先生所补可从。《经法·论》有言："天建八正以行七法：明以正者，天之道也；适者，天度也；信者，天之期也；极而反者，天之性也；必者，天之命也；□□□□□者，天之所以为物命也；此之谓七法。"据此来看，补为"此之谓"可能更符合作者的表述方式。

第五章　德政的开展：《黄帝四经》的"德"观念

　　先对此段文义作一疏解。首句是说，心静不急躁，①守一不杂求。接下来的"刑于女节，所生乃柔"是说，以雌节为法，②遂生柔弱之效。作者用"正德"对此进行概括。所谓"正德"，意即正当的"德"。此"德"是个中性词，并无价值之规定。作者进而言及"好德不争"，这是说好此正德而与人无争。③"好德"的表现即是"不争"，更具体来说，即是"不敢""不能"。紧接着，作者进一步解释了何谓"不敢""不能"。所谓"战示不敢，明势不能。守弱节而坚之，胥雄节之穷而因之"，意思是说：战争之时展示出不敢战的态度，向对方表明不能战的形势；坚守柔弱之节，等到对方以雄节逞强而穷困之时再乘势攻击它。④

　　"中静不刺，执一毋求"之言说明"德"在此间也和内心情态有关。不过，接下来所说的"刑于女节，所生乃柔"则提示着此"德"主要是指行为的方面。再结合"好德不争"及其后文来看，"德"的行为活动之义则更加显著。就词义而言，"正德"可解作正当的行为，"好德"可解作好此德行。⑤在此，作者不仅以行为论"德"，并且还特别强调此等"德行"在战争场合的运用，在很大程度上已把

---

　　①　"中"指内心。刺，整理者注曰："刺，读为㥽，急也。"见国家文物局古文献研究室编：《马王堆汉墓帛书》（壹），第80页。
　　②　"刑"，指效法。"女节"即后文所言"弱节"，其义相当于《十六经·雌雄节》所论"雌节"。
　　③　"好"用作动词，意指喜好。《论语·子罕》有载："子曰：'吾未见好德如好色者也'。"此所言"好"亦为动词，"好德"指喜好美德。
　　④　在《黄帝四经》中，"好德不争"的意义主要体现于战争场合，并且带有鲜明的权谋意味。老子论"德"亦倡言"不争"，并且也曾言及它在战争中的运用。《老子》第六十八章曰："善为士者，不武；善战者，不怒；善胜敌者，不与；善用人者，为之下。是谓不争之德，是谓用人之力，是谓配天，古之极。"不过，老子所言"不争之德"并无权谋之意味，且不限于战争场合。如《老子》第八章有言："上善若水。水善利万物而不争，处众人之所恶，故几于道。"第八十一章曰："天之道，利而不害；圣人之道，为而不争。"根本上来说，"不争"是"玄德"之"弗有""弗宰"的表现。
　　⑤　在"正德"一词中，"德"没有价值上的规定。而"好德不争"之言中，"德"是指前面所说的"正德"。因此，"正德"之"德"宜解作行为，"好德"之"德"应解为德行。

◆◆◆ 先秦道家"德"观念研究

所谓"正德""好德不争"视作一种战术。这种权谋化的意味也见于作为"王术"之基础的"玄德"。所不同的是,"玄德"的权谋化主要表现在帝王如何驾御群臣;而所谓"正德""好德"则被运用到战争场合。

《经法·亡论》有"逆德"之言,同样反映着"德"作为一种行为的意义:

> 三凶:一曰好凶器,二曰行逆德,三曰纵心欲。此胃(谓)〔三凶〕。

从语词构造看,"逆德"有两种可能:一是偏正结构,意指悖逆的德("行逆德"是说施行悖逆的德);[①] 二是动宾结构,意指违背德("行逆德"是说行为违背了德)。[②] 在先秦文献中,"逆德"的两种用法均有出现。[③] 具体到《亡论》来看,"好凶器""行逆德""纵心欲"三者对仗成文,"凶器"和"心欲"均是偏正结构,[④] 那么此所言"逆德"应该也是偏正结构。这里的"德"意指行为,是一个中性词。所谓"行逆德",是说统治者做出了悖逆的行为。"逆德"之义正好与"正德"相反。"正德"是指持守雌节的正当行为,那么"逆德"则是指违背雌节的悖逆行为。[⑤]

---

① 胡信田(《黄帝经通释》,第196页)和谷斌、张慧姝(《黄帝四经注译·道德经注译》,第35页)作此解。
② 余明光(《黄帝四经》,第185页)和陈鼓应(《黄帝四经今注今译》,第161页)持此见解。
③ 如《国语·越语下》有"夫勇者,逆德也;兵者,凶器也",《文子·下德》有"夫怒者,逆德也;兵者,凶器也",此"逆德"即为第一种用法。又如《鹖冠子·近迭》有"反义而行之,逆德以将之,兵诎而辞穷,令不行,禁不止,又奚足怪哉",《韩非子·难四》有"今未有其所以得,而行其所以处,是倒义而逆德也",此"逆德"即属第二种用法。
④ "凶器"意即凶杀之器,具体指兵器;"心欲"意即心之所欲。
⑤ 《亡论》篇主要是论述几类导致国家危亡的因素,包括"六危""三不辜""三壅""三凶""五患"等。"三凶"是其中的一类,而作为"三凶"之一的"行逆德"即是指君王做出了将会危害国家的不良行为。

第五章　德政的开展：《黄帝四经》的"德"观念

上考几处皆反映"德"的外在形态。当然，这不意味着"德"在此书毫无内在之维。比如和"王术"相配合的"玄德"，即是特殊的一处。作为"王术"的基础，"玄德"指向的是帝王内有之德性，其地位有点类似于《管子》四篇的"内德"。但《黄帝四经》没有像《管子》四篇那样给出详细的成德之术，它并不关注"玄德"的修养及其精神境地。所以，即便其所言"玄德"涉及内在的维度，但这一维度依然是比较单薄的。

此外，《称》篇有以下诸言，一定程度上也涉及"德"的内在形态：

> 时极未至，而隐于德；既得其极，远其德，○浅①〔致〕②以力；既成其功，环（还）复其从，人莫能代。③ 诸侯不报仇，不修侮（耻），唯〔义〕④所在。隐忌妒眛（昧）贼妾（唉）⑤如此者，下其等而远其身；不下其德⑥等，不远其身，祸乃将起。

先对文义作一疏解。时机未到则隐身修德，时机到了则广施其

---

① 陈鼓应疑"浅"为"践"之借字（《黄帝四经今注今译》，第364页）。"践致以力"意谓努力行事。
② "致"字原缺，据陈鼓应《黄帝四经今注今译》（第364页）补。
③ 从开头至此，其义类似于《管子·势》的"未得天极，则隐于德；已得天极，则致其力；既成其功，顺守其从，人不能代"。
④ "义"字原缺，据陈鼓应《黄帝四经今注今译》（第365页）补。
⑤ "隐忌"与"妒眛"义近，"隐""眛"谓蒙蔽君主，"忌""妒"谓妒忌贤能。《荀子·致士》："隐忌雍蔽之人，君子不近。"《荀子·大略》："蔽公者谓之眛，隐贤者谓之妒，奉妒眛者谓之交谲。交谲之人，妒眛之臣，国之薉孽也。"可参以理解。"贼"谓贼害忠良。"妾"字之义，诸家看法不同。魏启鹏以之为"唉"之借字，解为进谗言（《马王堆汉墓帛书〈黄帝书〉笺证》，第211页），可从。
⑥ 帛书原有"德"字，整理者疑为衍文（国家文物局古文献研究室编：《马王堆汉墓帛书》壹，第84页）。研究者多从之。参见余明光校注：《黄帝四经》，第219页；陈鼓应：《黄帝四经今注今译》，第367页；谷斌、张慧姝、郑开：《黄帝四经注译·道德经注译》，第85页。魏启鹏看法不同，以"德等"为一词，解为以其德所评定之等（《马王堆汉墓帛书〈黄帝书〉笺证》，第211页）。从前文"下其等而远其身"来看，此处"德"字不无衍文的可能，但也不排除作者原以"德等"为一词、而前文脱一"德"字的可能。就后者而论，"德等"之义可从魏先生之解。

德，努力行事；成功以后，依然要坚守原来的原则，这样就没有人能够取代其地位。①诸侯不一定是有仇必报，有耻必雪，关键要看是否合乎道义；对于那些蒙蔽君主、妒忌贤能、贼害忠良、谄媚奸佞的人，就应该降低他们的官爵职位，远离他们，否则的话，就会因此而生出祸患。就其中三处"德"来看，前两处的主体是君主，第三处则属臣工。先论第三处。所谓"德等"，是指以品行所定之职位。前两处中，一指君主之德性，一指此等德性所表现之功德。其情形类似于《老子》第五十四章的"修之于身，其德乃真；修之于家，其德乃余；修之于乡，其德乃长；修之于国，其德乃丰；修之于天下，其德乃普"，在这段话中第一处"德"和后面几处的意义也侧重于不同的方面。②总的来看，"德等"以及"远其德"主要体现"德"的外在形态，而"隐于德"则涉及它的内在之义。

"德"的内外义并无截然分明之界限，前面是结合诸种语境，在一定程度上区分出它的侧重点。综合上论可知，《黄帝四经》中此观念主要彰显的是外在形态。诸如"明德""好德""正德""逆德""德等""远其德"等言论，都是这一特点的直接反映。外在之"德"既可以指主体的行为活动，也可以指此等活动所产生的效果。若论至具体词义，则前者是为德行（具有正面价值）或行为（无价值规定），后者是为功德。德行与功德一脉相承，只是强调的"阶段"有所不同。在上述诸言辞中，"明德"之"德"以及"远其德"之"德"均是指功德（"明德"意谓明其功德，"远其德"意谓推广其功德），"好德"之"德"是指德行（"好德"意谓好此德行），至于"正德""逆德""德等"诸言，此中的"德"则是指

---

① 此等思想亦类似于《庄子·天地》的"天下有道，则与物皆昌；天下无道，则修德就闲"。不惟道家如此，儒家也有这方面的观念。孔子曰："天下有道则见，无道则隐。"（《论语·泰伯》）孟子亦言："得志，泽加于民；不得志，修身见于世。穷则独善其身，达则兼善天下。"（《孟子·尽心上》）

② 第一处主要指自身的德性修养，后面四处则指向这种德性所表现出的对家、乡、国、天下的功德（详见老子章第四节）。

第五章 德政的开展:《黄帝四经》的"德"观念

中性的行为。① 当然,"德"在此书并非全无内在之维,像"玄德""隐于德"等少数言论,也能体现它作为德性的意义。只是,此书并不怎么关注如何从事修养的问题,它不像庄子或《管子》四篇那样,对"德"之修养及其境地颇为重视。因此,即便出现上述情形,但"德"的内在维度在此书当中依然是比较薄弱的。

整体上看,此书主要展现的是一种"外德",这包括作为基本原则的为政之"德",也包括作为具体措施的奖励之"德"。这和强调"内德"的另一部黄老文献(《管子》四篇)形成了鲜明比照,同时这也是"德"之内在化趋势中一个特异的现象。这一特点和它整体思想上的治术化转向有关。它重视的是帝王德政以何种方式得到实施,至于作为德政之内在基础的德性如何养成,则不是它主要关注的问题。②

(二)"德"的价值意涵

前面所考的"正德""逆德"之言,还涉及"德"的另一问题。在通常印象中,"德"是一个褒义词,言论者说及之时已设定它的价值属性——它只表示良好的品性或行为。简单点来说,"德"即是指美德。但《黄帝四经》的"正德""逆德"之言提示我们,"德"在价值上的面貌并非如此单一。

全面来看,"德"的价值属性比通常印象要复杂一些。在诸子以

---

① "德"有正、逆之分,"德等"有上、下之别,此间之"德"皆为中性。另外,"好德""正德""逆德"之言中,"德"虽然是指称德行或行为,但它仍然和帝王事功有关。在《十六经·顺道》中,作者论及"正德""好德"之后即有言道:"其民劳不□,饥不急,死不怨。不旷其众,不以兵邻,不为乱首,不为怨媒,不阴谋,不擅断疑,不谋削人之野,不谋劫人之宇。"这即是对"德"所生发之效果的阐述。至于《经法·亡论》的"行逆德"之言,则从反面说明了不行"正德"的结果。

② 这里是从"德"的角度说明此书思想在内在维度上的缺乏。匡钊先生曾从"心"的角度对此书学说得出类似的结论。他指出,从《黄帝四经》的整体思想来看,其主要关注的问题是群治的问题,而对个体修养层面的内容则涉及较少;《黄帝四经》总体而言在于心有关的话题方面并没有太多新的思想上的突破,这使得心及相关观念在其中的理论表现较为单纯(《先秦道家的心论与心术》,第38—39页)。整体上来看,此书把重点放在了政治活动如何开展的问题上,对于心性如何修养的问题则显得不甚重视。当然,这不意味着关注政治必将导致对心性问题不重视。关注政治也可以像《管子》四篇那样,依然重视作为政治活动之基础的心性修养。

· 475 ·

前，它既可用作褒义词（被设定正面的价值），也可用作中性词（并无价值规定），后一种情形在当时并不少见。① 到了诸子时期，"德"用作褒义词的情形成为主流。在儒、道、墨诸学派的使用中，它基本上已被正面化，成为一个专门表示良好品性或行为的概念。② 当然，这其中也有特例。比如孟子就曾说过"求也为季氏宰，无能改于其德"，③ 荀子也曾讲到"四方之国，有侈离之德则必灭"，④ 而墨子则用"夏德大乱""天不序其德"来解释商革夏命、周革商命的原因。⑤ 在这些言论中，"德"都是一个中性语词（意谓行为）。如果说儒墨

---

① 在西周时期，人们常说"明德""懿德""嘉德"等，同时也说"暴德""逸德""凶德""慆德"。这种情况到了春秋时期仍是如此，有所谓"吉德""懿德"，也有与之相对的"凶德""昏德"。有关于此，详见前诸子一章第二、三节的考论。
② 法家所论"德"主要是和"刑"一起表示赏罚之二柄，不在此讨论范围。
③ 《孟子·离娄上》："求也为季氏宰，无能改于其德，而赋粟倍他日。孔子曰：'求非我徒也，小子鸣鼓而攻之可也。'由此观之，君不行仁政而富之，皆弃于孔子者也。""无能改于其德"意谓冉求不能改变季氏的行为。
④ 《荀子·王霸》："制度以陈，政令以挟，官人失要则死，公侯失礼则幽，四方之国，有侈离之德则必灭。"杨倞注曰："侈，奢侈。离，乖离，皆谓不遵法度。"王念孙曰："杨分侈、离为二义，非也。侈，亦离也。《尔雅》曰：'誃，离也。'《说文》曰：'誃，离别也。'作'侈'者，借字耳。"（王先谦：《荀子集解》上，中华书局1988年版，第216页）现代研究者不乏据王念孙之言，将"侈离之德"进一步解为离心离德（参见杨柳桥《荀子诂译》，齐鲁书社2009年版，第209页；张觉《荀子译注》，上海古籍出版社2012年版，第152页；方勇、李波译注《荀子》，中华书局2015年版，第177页）。此解并不符合"侈离之德"的语法结构，同时也和前文之义显得有些脱离。王念孙以"侈"为"誃"之借字，可从。然"誃"之义非指离别之离，乃谓乖离之离。杨注中除"奢侈"之解，余者皆可从。结合而论，所谓"侈离之德"，即是指乖离悖逆、不遵法度的行为。"德"是一个表中性行为的语词。如此解释，既符合此语之结构，也和前文之义显得连续。又，楼宇烈先生亦以"侈"为"誃"之借字，解"侈离之德"为分裂的行为（《荀子新注》，中华书局2018年版，第216页）。"侈离"之训虽可待商榷，但此解亦合乎该词之结构，同时也能体现"德"作为中性行为的意味。
⑤ 《墨子·非攻下》："逮至乎夏王桀，天有诰命，日月不时，寒暑杂至，五谷焦死，鬼呼国，鹤鸣十夕余。天乃命汤于镳宫，用受夏之大命：'夏德大乱，予既卒其命于天矣，往而诛之，必使汝堪之。'汤焉敢奉率其众，是以乡有夏之境，帝乃使阴暴毁有夏之城，少少，有神来告曰：'夏德大乱，往攻之，予必使汝大堪之。予既受命于天，天命融隆火于夏之城间西北之隅。'汤奉桀众以克有夏，属诸侯于薄，荐章天命，通于四方，而天下诸侯莫敢不宾服，则此汤之所以诛桀也。逮至乎商王纣，天不序其德，祀用失时，兼夜中十日，雨土于薄，九鼎迁止，妇妖宵出，有鬼宵吟，有女为男，天雨肉，棘生乎国道，王兄自纵也。"墨子此论和《书·周书·立政》以桀、纣之暴德解释天命转移的思想一脉相承（后者参见前诸子一章第二节）。

第五章 德政的开展：《黄帝四经》的"德"观念

两家是在极个别情形下偶然用及它的中性功能，那么道家的使用则是有意借助这一功能对人的品性或行为给出不同层次的划分。老子分判"上德"与"下德"（《老子》第三十八章），庄子既言"其德甚真"，又言"是欺德也"（分别出自《应帝王》前两章），《黄帝四经》区分"正德"与"逆德"，[①] 都是这方面的典型。

总的来看，"德"在先秦时期经历了一个价值属性逐渐明确的过程，这和古希腊的德性（ἀρετή）概念走过的思想历程不无相似（详见前诸子一章第三节）。诸子在个别情况下仍保留了"德"原有的中性用法。儒墨偶然用及它的中性功能，并无对"德"进行两分的意思，而道家则有意借此对"德"进行两分。这一点和道家比较强烈的批判意识有关，用一个作为中性词的"德"，他们可以很直接地表述关于良善者和不良者的分判。在"上"与"下"、"真"与"欺"、"正"与"逆"的诸种区分中，他们对某些问题的批评以及对某种愿景的规设，能够非常鲜明地展现出来。

第三节 作为治理措施的"德"与"刑"

在《黄帝四经》的人事论域中，"德"包括了两个层次，一是作为为政之原则，一是作为治理之措施。这两个层次内涵不同，角色也不同，但它们又存在紧密之联系。概言之，作为奖赏的"德"和作为惩罚的"刑"共同构成了贯彻"德"之原则的基本途径。它们是治理国家不可或缺的两种手段，一并服务于帝王为政之"德"的实现。无论是恩赏之举，抑或惩罚措施，只要能得到公正的施行，那么都是帝王"明德"之举。所谓"以赏信，以必罚，……正以明德"

[①] 《十六经·顺道》中"正德"前面有阙文，我们在前面的解释是基于"此之谓"这一补文的基础上。如果不予补充，就"□□□正德"此句来看，"正德"之"德"也是一个中性词。不管前面的文字为何，"正德"一语的结构只有两种可能，要么是偏正结构（正当的德），要么是动宾结构（端正其德）。这两种情形中"德"均无价值上的规定。另外，深受道家思想之影响的《吕氏春秋》也有所谓"凶德"之言："凡兵，天下之凶器也；勇，天下之凶德也。举凶器，行凶德，犹不得已也。"（《仲秋纪·论威》）此所言"凶德"，和《黄帝四经》的"逆德"颇为相似。

◆◆◆ 先秦道家"德"观念研究

(《经法·六分》),正是此等思想的集中反映。

从老子到黄老的发展脉络看,《黄帝四经》整体上显示出一种治术化的转向。这在"德"观念上有典型的表现。比起奖赏之"德","玄德""明德"属原则层面,但较之老子德政思想,后者仍有治术之倾向。在"玄德"之论中,"王术"的配合让它拥有具体方案的同时也带上了权谋之色彩;而在"明德"之言中,这一事功的实现则有赖于"执六分以生杀,以赏信,以必罚"的为政举措。"玄""明"两"德"虽内涵不同,但它们对于政治活动的指导性比起老子之学都变得更加具体。此等情形在"德""刑"之论上更为显著。这已经不是和治术存在多大关联的问题,"德"本身即是作为一种治术出现。

那么,作为两种并行的治术,"德"与"刑"如何才能得到公正的施行呢?《黄帝四经》给出的方案是依"法"而为。"法"作为一个制度体系,其内容在很大程度上即是关于如何实施"德""刑"的规定。并且,在作者看来,"德""刑"以及作为二者之制度的"法"之所以具有效力,根本上是因为它们符合人的"自为"(为自己)的性情。依"法"实施"德""刑",其实是因循"人情"(人的性情)的一种表现。这些思想很容易让我们联想到法家。无论是从"德""刑"相辅的关系来看,还是从"法"作为施行标准来看,抑或是从"德"、"刑"及"法"的"人情"基础来看,《黄帝四经》都和法家都表现出比较明显的相似性。

不过,这只是一个方面,与此同时它又和法家存在甚大之区别。二者都强调"德""刑"兼用,但不同于法家的重"刑"轻"德",此书则表现出"德"主"刑"辅之倾向。[①] 其次,二者对"法"的作用虽有类似之见,但《黄帝四经》又进一步关注法家所未曾重视的"法"之为"法"的依据问题,所谓"道生法"(《经法·道法》),即是这方面思想的集中体现。再者,就效力基础来

[①] 这有点类似于儒家在"德""刑"问题上的看法。但此书中"德"的内涵不同于儒家。儒家"德"主"刑"辅思想中"德"主要指道德教化,而此书所言者则是指一种恩赏措施。在"德"的内涵上它近似于法家。

第五章　德政的开展：《黄帝四经》的"德"观念

看,《黄帝四经》的"人情"学说是老子"自然"思想的一种发展形式。法家方面虽然韩非子在某些言论中也流露出对老子"自然"思想的推崇,但整体上来看,这并未成为法家的基本理念。最后,《黄帝四经》不仅从人性当中寻求"德""刑"能够发生作用的原因,此外还从天道层面找寻用以证成二者之正当性的依据,后者所体现的"推天道以明人事"的思维是法家学说所不具备的。围绕"德""刑"的合理性问题,此书给出了两重论证:天地自然本就有这两种作用,而具体到人的情性来看,此二者也正好合乎人的"自为"之性。① 总之,透过此书和法家的诸种相似之处,可以看到二者在更深层的地方其实存在诸多差异,而这些差异在很大程度上是源于老子思想的影响。

总之,"德""刑"之论看似简单,实则牵涉诸种复杂之问题。它不仅是一个体现《黄帝四经》之治术思想的基本理论,同时也是一个反映黄老与老子、法家的错综关系的重要节点。上述之种种只是择其概要而略言之。接下来,我们将围绕这一节点对其内涵及其所涉问题展开逐层的探讨。

一　"德""刑"之关系

此书人事论域的"德"不仅指示为政之原则,同时也指示贯彻此原则的一种措施,此即与"刑"相对之"德"。在后一情形中"德"与"刑"分别指君王对臣民的恩赏与惩罚,它们都是"德"之原则在治国行为上的具体落实。赏罚兼用、恩威并施,是作者关于二者关系的一项基本规定,这也是法家的基本主张。此外,在二者的先后次序、主次地位上,作者也有相关的规定,其论与法家之区别也正是在此两点上得到体现。以往学界颇关注此书的"刑德相养"之论,对其他两点则重视不够,因而此书"德""刑"理论与法家之区别也尚未得到足够的呈现。

---

① 所谓"道生法",正可以从这两个方面展开理解。一方面它是从天道到人事这种思维的体现,而另一方面这里也蕴含着"法"以"人情"为基础的思想。

先秦道家"德"观念研究

(一) 刑德相养

"德"与"刑"相互配合,共同实现"王天下"之大功,这是此书关于二者之关系的首要规定。这在《十六经·姓争》中有明确阐述:

> 凡谌(戡)之极,在刑与德。刑德皇皇,日月相望,以明其当。望失其当,环视其央(殃)。天德皇皇,非刑不行;缪(穆)缪(穆)天刑,非德必倾。刑德相养,逆顺若成。刑晦而德明,刑阴而德阳,刑微而德章。其明者以为法,而微道是行。(《十六经·姓争》)

本章第一节考察"天德"之时已论及此段,这里集中关注作者的人事主张。所谓"刑德相养",是说"刑""德"二者相辅相成,不可或缺。它的依据即在于"天"之"德""刑"本是相助相成。接下来作者说到"逆顺若成",这是指国家的逆、顺之局也就因此而定("若"意指乃、于是)。言外之意是说,能否做到"刑德相养"是国家顺、逆之局的关键。为了强调二者相互配合的关系,作者还用"晦—明""阴—阳""微—章"这三组配对给予进一步说明。[①]

此书还有一些含义与"德""刑"相近的语词,诸如"德""虐"与"文""武"之类。在这些言论中作者也经常强调二者相互配合的关系。先看"德""虐"之论:

> 地俗(育)德以静,而天正名以作。静作相养,德疟(虐)相成。两若有名,相与则成。阴阳备物,化变乃生。(《十六经·

[①] "微"指隐微,"章"通"彰",指彰显。需要指出的是,后面一句"其明者以为法,而微道是行"的"明"并非对应"刑晦而德明"的"明"。如前所述,"其明者以为法,而微道是行"是"明""玄"两个传统得到结合的表现。这句话是说,君王施行"德""刑"之时既要做到"其明者以为法"(要依照"法"的标准),也要做到"微道是行"(要辅以隐微的"王术";"微道"之"道"实是指"术")。"法"代表"明"的方面,"术"代表"微"也即"玄"的方面。

第五章　德政的开展：《黄帝四经》的"德"观念

果童》）

所谓"德""虐"，是指天地对万物的生养和肃杀的两种作用（详见第一节）。"德虐相成"既是对天地作用的一种描述，也是对君王为政的一种指示，这与"刑德相养"之论正可两相呼应。

再看"文""武"之言：

> 天有死生之时，国有死生之正（政）。因天之生也以养生，胃（谓）之文；因天之杀也以伐死，胃（谓）之武。〔文〕武并行，则天下从矣。（《经法·君正》）

> 君臣当立（位）胃（谓）之静，贤不宵（肖）当立（位）胃（谓）之正，动静参于天地胃（谓）之文，诛〔禁〕① 时当胃（谓）之武。静则安，正〔则〕治，文则〔明〕，武则强。安〔则〕得本，治则得人，明则得天，强则威行。参于天地，阖（合）于民心，文武并立，命之曰上同。（《经法·四度》）

> 万民和辑而乐为其主上用，地广人众兵强，天下无適（敌）。文德厩（究）于轻细，武刃于〔巨室〕，② 王之本也。（《经法·六分》）

---

① "禁"字原缺，据陈鼓应《黄帝四经今注今译》（第103页）补。《经法·国次》："诛禁不当，反受其殃。"与此相反为文。

② 此两字原缺。陈鼓应补为"当罪"，认为"武刃"指武功，在此谓刑罚，且认为"于"上当省"究"字（《黄帝四经今注今译》，第90页）。余明光未补缺字，将两句解释为文德也就是奖赏要普及下层，武刃也就是刑罚也应该触及权贵（余明光校注：《黄帝四经》，第30页）。魏启鹏补缺字为"重钜"，读"刃"为"牣"，训为"满"，认为此句是说君王之武功，征讨邪恶，功盖高山钜野（《马王堆汉墓帛书〈黄帝书〉笺证》，第36页）。此间有两个问题需探析，一是如何理解"武刃"，二是所缺两字原何事。"武刃"亦见于《经法·四度》："武刃而以文随其后，则有成功矣。"结合来看，"武刃"应为一词，其义当如陈、余所解。所缺两字本为何字，难以断定，然余先生所释句义可从。《孟子·离娄上》："为政不难，不得罪于巨室。"所缺之字应是指"巨室"一类，亦即国之权贵（孟子所言"巨室"是指具有道德典范性的贵族，而此处所言权贵并无此义）。据此，或可将此句补为："文德究于轻细，武刃于巨室。""武刃"之后应是省略了一动词，然或非陈先生所言之"究"字。这句话大致是说：当赏则赏，不管他是多细微的百姓；当罚则罚，不管他是多高贵的贵族。

◇◆◇ 先秦道家"德"观念研究

"文""武"之论集中见于《经法》诸篇。两词之义大致相当于"德""刑"。① 所谓"文武并行""文武并立",即是说"刑德相养""德虐相成"。在第三段中,作者还将此等做法概括为"王之本"(王天下的基本方法),足见对二者作用之重视。此外值得注意的是,作者认为"文武并立"将能产生"参于天地,合于民心"的效果,此等状态可称为"上同"。所谓"上同",是指向上而同,亦即民心与君上相同。《经法·君正》有言:"若号令发,必廄(勾)而上九(仇),② 壹道同心,〔上〕下不赿,③ 民无它志。"这是对天下"上同"之状更具体的说明。④

———————

① 关于此点,已有论者注意到。如金春峰先生指出,"德""刑"在此帛书中又称为文武之道,"文"指"德","武"指"刑"(《论〈黄老帛书〉的主要思想》,《求索》1986年第2期)。余明光、陈鼓应等人在解释时也明确地解"文""武"为赏、罚(余明光校注:《黄帝四经》,第30页;陈鼓应:《黄帝四经今注今译》,第90页)。陈丽桂教授认为,"养生"叫"文","伐死"叫"武","文武"便是"德刑","文武并行"即是德刑兼用、恩威并施(《战国时期的黄老思想》,第86—87页)。浅野裕一也把"刑""德"视作与"文""武"意义相当的一对范畴,并强调主张刑与德、文与武并用是黄老政治思想的基本特色之一(《黄老道的形成与发展》,第321页)。

② 整理者注曰:"廄,读为勾,聚结。九,读为仇,合也。《管子·君臣上》:'法制有常,则民不散而上合,竭情以纳其忠。'"(国家文物局古文献研究室编:《马王堆汉墓帛书》壹,第48页)《释名·释宫室》:"廄,勾也。勾,聚也。"《尔雅·释诂》:"仇,合也。"

③ 整理者以"赿"为"斥"之借字(国家文物局古文献研究室编:《马王堆汉墓帛书》壹,第47页)。余明光、陈鼓应皆读如本字,余先生解为牵扯,陈先生解为分离(余明光校注:《黄帝四经》,第171页;陈鼓应:《黄帝四经今注今译》,第61页)。从前后文看,宜从陈解。

④ 此所言"上同",容易让我们联想到墨家的"尚同"之论。天下之"同"不仅是墨家之主张,儒、道两家亦有此等理想,只是三家所期待的"同"之状并非完全一致。儒家倡言"大同"(《礼记·礼运》),墨家论以"尚同",道家方面,老、庄有"玄同"之论(详见庄子章第三节的探讨),《黄帝四经》有"上同"之言。就其义涵看,此书所论"上同"作为"上下不赿,民无它志"的一种状态,和老、庄所论"玄同"关联不大,而与墨子所言"尚同"比较接近,不排除此书之作者受墨子学说影响的可能。墨子"尚同"之要义在于民众应"上同"于天子,而天子又必须"上同"于"天"。(《墨子·尚同上》:"察天下之所以治者何也,天子唯能壹同天下之义,是以天下治也。天下之百姓皆上同于天子,而不上同于天,则菑犹未去也。")此书强调民众"上同"于君王,而君王又必须以"天"或"天地"为圭臬("得天""参于天地")。作为君王所需"上同"者,"天"的意味在墨家和此书有所不同。墨子所言"天"指神灵之天,而此书所言"天"则是指宇宙自然之整体。又,从《墨子》中《尚同》三篇的内容来看,其所言"尚"应是"上"之借字;但就"尚贤""尚同"之篇名来看,其所言"尚"又有崇尚之义。

· 482 ·

第五章 德政的开展:《黄帝四经》的"德"观念

(二) 先德后刑

以上考察了"德""刑"相养的思想。就作者的规定来看,相养相成只是其中的一个层面。在此基础上,作者又有"先德后刑"之主张:

> 不靡不黑,而正之以刑与德。① 春夏为德,秋冬为刑,② 先德后刑以养生。……夫并时以养民功,先德后刑顺于天。(《十六经·观》)
>
> 始于文而卒于武,天地之道也。四时有度,天地之李(理)也。日月星辰有数,天地之纪也。三时成功,一时刑杀,天地之道也。(《经法·论约》)

与前论不同,此处更关注二者实施的顺序。第一段直接讲人事主张,第二段则阐述作为依据的天地之道。春夏是万物生长之季节,秋冬是万物萧索之时令,人事应当与之相应,故春夏应施德,秋冬当用刑。"先德后刑"是顺乎时令的表现,故曰"顺于天"。所谓"始于文而卒于武",即是就四时"德""刑"之次序而言,这是"先德后刑"之举在天道层面的依据。③

"先德后刑"之主张不仅适用于一年之政事,从更长远来看,二者之实施也有先后之别。如《经法·君正》有以下之言:

---

① "不靡不黑"之前有讲到民人生存繁衍之事,此语大概是说饮食不奢靡,婚配不混乱。"而正之以刑与德"是说,要想达到这种效果,则需要用刑、德规范之。

② "为德""为刑"的主语是君王,"为"指施为。"春夏为德,秋冬为刑"是说,君王在春夏时节应当施德,在秋冬时节应当用刑。荆雨先生认为,"春夏为德,秋冬为刑"有双重含义:一是指自然界中春夏长养万物是为德,秋冬肃杀可视为刑;二是指为政要效法自然之刑德规律,春夏时节行德而秋冬时候用刑(《自然与政治之间——帛书〈黄帝四经〉政治哲学研究》,第286页)。从前后文来看,此所言"春夏为德,秋冬为刑"当是后一种意义。不过,就此书整体思想而论,荆先生所言第一义也是成立的。春夏长养万物,秋冬肃杀万物,这分别是"天德""天刑"之表现。

③ 第二段后面还讲到"三时成功,一时刑杀,天地之道也",由此来看,所谓"文""武"似分别对应三时(春夏秋)和一时(冬)。这与第一段的"春夏为德,秋冬为刑"似非完全一致。

· 483 ·

◇◆◇ 先秦道家"德"观念研究

  一年从其俗,二年用其德,三年而民有得,四年而发号令,〔五年而以刑正,六年而〕民畏敬,七年而可以正(征)。

  一年从其俗,则知民则。二年用〔其德〕,民则力。三年无赋敛,则民有得。四年发号令,则民畏敬。五年以刑正,则民不幸(倖)。六年□□□□□□。〔七〕年而可以正(征),则朕(胜)强适(敌)。

  俗者,顺民心殹(也)。德者,爱勉之〔也。有〕得者,发禁拕(弛)关市之正(征)也。号令者,连为什伍,巽(选)练贤不宵(肖)有别殹(也)。以刑正者,罪杀不赦殹(也)。□□□□□□殹(也)。可以正(征)者,民死节也。

  若号令发,必廄(句)而上九(仇),壹道同心,〔上〕下不赾,民无它志,然后可以守单(战)矣。号令发必行,俗也。男女劝勉,爱也。动之静之,民无不听,时也。受赏无德,受罪无怨,当也。贵贱有别,贤不宵(肖)衰(差)也。

  《君正》篇主要论述君王为政治国的基本方法(篇名之"正"是"政"的通假字)。第一段提出为政七年里应依次推进的几种做法,第二段逐一说明这些做法的效果,第三、四段则就这些行为给出进一步解释。

  关于第二年的"用其德",研究者解释不同。[①] 笔者认为,"德"指的是与"刑"相对的庆赏措施,所谓"用其德",即是说使用德赏

---

① 或认为这是指选用有德之人,作为其效果的"民则力"则是说民众百姓争相努力(参见余明光校注《黄帝四经》,第171页;陈鼓应《黄帝四经今注今译》,第54页;魏启鹏《马王堆汉墓帛书〈黄帝书〉笺证》,第21页;荆雨《自然与政治之间——帛书〈黄帝四经〉政治哲学研究》,东北师范大学出版社2007年版,第264页)。或认为这是指使用民众所通行的道德规约,"民则力"是说民众的积极性被充分调动起来(参见胡信田《黄帝经通释》,第73页;张增田《黄老治道及其实践》,第119—120页;林中坚《中国传统礼治》,广东人民出版社2007年版,第80页)。此外也有学者将其解作赏功或施行恩德,"民则力"则是说民众都能受到劝勉(参见胡家聪《稷下争鸣与黄老新学》,第107页;[日]浅野裕一《黄老道的形成与发展》,第324页)。

· 484 ·

第五章 德政的开展：《黄帝四经》的"德"观念

这种措施。作此理解，理由要之有二，一是"用其德"和"以刑正"两相呼应，二是第三段的"德者，爱勉之也"一言可说明"德"的所指。"德者，爱勉之也"是作者对其前面所言"德"的解释。此句是说，"德"是爱护、勉励民众的一种做法。这种做法也即庆赏之举，它对民众能起到鼓励的作用，而君王对民众的爱护也正是在此得到体现。第四段还说"男女劝勉，爱也"，这是对君王之"爱勉"的进一步阐释。① 与"用其德"相应的是第五年的"以刑正"，这是指通过刑罚纠正大家。对此第三段也有解释："以刑正者，罪杀不赦也。"总的来看，这里所主张的"用其德"和"以刑正"，某种意义上也呼应着《十六经·观》所提出的"先德后刑"原则。所不同的是，《观》篇是就一年之期强调之，而《君正》篇则是就七年之期提出这一主张。②

不管是一年之举措，还是长期之政事，作者都主张"德""刑"之用应有先后之分。当然，这并非意味着春夏丝毫不施刑、秋冬完全不行赏，也不意味着七年之期中第二年只用德赏、第五年唯施刑罚。所谓"先德后刑"，当是就各个时段为政之重点而言。而所谓"刑德相养"，既是从总体上强调处先之"德"和处后之"刑"的两相配合，同时也是说某一时段中在以一个为主的同时还需配合以另一个手段。

（三）二文一武

相养相成和先后有别是此书对"德""刑"关系的两层规定。此外，在何者为主的地位问题上，它也有相关的说明。某种意义上，"先德后刑"之论已流露出重"德"轻"刑"之倾向。当然，也可以说这只是时间上的先后之分，不见得作者是以"德"为重。但在以

---

① 此书以"德"为"爱"之表现，而韩非子则强调"刑"是"爱"的表现。《韩非子·心度》："故法者，王之本也；刑者，爱之自也。夫民之性恶劳而乐佚，佚则荒，荒则不治，不治则乱，而赏刑不行于天下者必塞。""自"，谓起始。全面来看，韩非子其实是将"德""刑"都看作"爱"的表现。只有依"法"实施"德""刑"，天下秩序方可得治，民众生活方能安稳。"德""刑"之所以为"爱"，其理要之在此。

② 引文中"德"出现了四处。最后一处"受赏无德，受罪无怨"中，"德"与"怨"相对，意指感激。

◆◆◆ 先秦道家"德"观念研究

下言论中,其尚"德"之倾向即有明显表现:

> 美亚(恶)有名,逆顺有刑,请(情)伪有实,王公执〔之〕① 以为天下正。因天时,伐天毁,② 胃(谓)之武。武刃而以文随其后,③ 则有成功矣。用二文一武者王。其〈失〉④ 主道,离人理,处狂惑之立(位)处〈而〉不吾(悟),身必有瘳(戮)。(《经法·四度》)

如前所述,"文""武"之义大致相当于"德""刑"。"用二文一武者王"一句,直接表明了作者在"文""武"二者孰轻孰重问题上的看法。⑤ 另需注意的一点是,这里说到"因天时,伐天毁,谓之武",可见"武""刑"之类不只是针对个人的措施,此外它还可以是针对诸侯国的行为。就后者而言,但凡武功征伐之举皆可谓之"刑"。由之类推,"文""德"之运用也不限于个人。

《经法·亡论》的一段话也能体现此书的尚"德"倾向:

> 凡犯禁绝理,天诛必至。一国而服(备)六危⑥者威(灭),一国而服(备)三不辜者死,废令者亡。一国之君而服(备)三壅者,亡地更君。一国而服(备)三凶者,祸反〔自〕及也。

---

① "之"字原缺,据陈鼓应《黄帝四经今注今译》(第117页)补。
② "天毁",指依乎天时或天道必将灭亡的国家。
③ "武刃而以文随其后"是说,武功征伐之后以文德安抚之。这和前论的"先德后刑"之主张显得矛盾。"先德后刑"是一项基本规定,不排除具体操作中灵活变通的可能。比如针对一个成为"天毁"的国家,那么应当以"武"伐之,但事后又应当以文德予以安抚。这正是"刑德相养""文武并行"的表现。
④ 整理者注曰:"本句其字本作亓,疑为失之误字。"(国家文物局古文献研究室编:《马王堆汉墓帛书》壹,第52页)研究者多从之。从前后文看,此说可从。
⑤ 《管子·枢言》:"先王用一阴二阳者霸,尽以阳者王,以一阳二阴者削,尽以阴者亡。"其看法和《黄帝四经》不尽一致,但这里也表现出重"文"尚"德"之倾向。关于"刑""德"与"阴""阳"之关系,后文将有专论。
⑥ "六危"指六种危险现象。后面还说到"三不辜""三壅""三凶",它们分别指三种无罪之人受刑被杀、危害国家的三种壅塞之事、三种凶险之事。所引此段是《论约》篇的第一段话。作者在此给出总论,后面则一一解释何谓"六危""三不辜"等。

486

第五章　德政的开展：《黄帝四经》的"德"观念

上洫（溢）①者死，下洫（溢）者刑。德溥（薄）而功厚者隳（䃘），名禁而不王②者死。

此所言"功"非谓事功、功德之类，它是指与文德相对的武功。所谓"德薄而功厚者隳"，是说文德薄浅而武功厚重者必将走向毁灭。这与《四度》篇的"用二文一武者王"之言恰可相互阐发。

（四）小结

在此书学说中，"德""刑"作为治国之两术，分别指君王的恩赏之举和惩罚措施。细而言之，其中有两点需当注意。一是对象。不论是德赏还是刑罚，它既面向作为个人的臣民，也面向作为集体的国家。《黄帝四经》一般是基于天下的立场立论，就面向国家而言，这是指帝王针对各诸侯国的行为。③ 二是内容。"德""刑"作为两种措施，并非仅指那些很具体的物质性奖励或身体上惩罚。大凡于人有恩泽惠利者，包括赐予官爵名号之类，皆属"德"的范畴；而那些带有惩罚性的举措，则为"刑"之举措。比如针对一个诸侯国，进行武力征讨即是"刑"的举动，而使之休养生息则是"德"的表现。当然，不管对"德""刑"作何种范围的理解，都需要看到"德"作为道德教化的意义在这里并不明显。

在"德""刑"关系上，作者总共提出了三个层面的规定。所谓"刑德相养""先德后刑""二文一武"，即是三个层面的代表性言论。此三者概而论之即，"德"为主、"刑"为辅，二者相互配合，不可偏废，而在具体运用中则有时间上的先后之分（此先后之分不宜作绝对化的理解，详见前论）。就言论之多少看，《黄帝四经》在相养相成这一点上的论议最多。以往研究者比较关注此点，其原因也多在

---

① "溢"，指骄溢、骄奢。"上""下"分别指君上、臣下。《十六经·行守》："骄洫（溢）好争，阴谋不羊（祥），刑于雄节，危于死亡。"可辅以理解。

② 陈鼓应解"名禁"为名分、禁令，读"王"为"匡"，训为匡正（《黄帝四经今注今译》，第149页）。可从。此句是说，名分制度和各种禁令不能正定的话，其国将会灭亡。

③ "德""刑"作为两种治术的思想在春秋时期已有出现，其义本不限于针对个人的赏罚之举。比如"德以柔中国，刑以威四夷"（《左传》僖公二十五年）、"伐叛，刑也；柔服，德也"（《左传》宣公十二年），此所言"德""刑"即是指面向国家的行为。

此。但这不是此书学说的特色所在。法家也非常强调赏罚兼用、恩威并施的治国方式。此书在"德""刑"问题上区别于法家的地方正在于此外之两点。

法家不关注先后次序的问题,而在孰轻孰重的问题上其主张与此书大不相同。商鞅重"刑",著名的"刑九赏一"之论即是一征。① 韩非子则表现出二者并重的立场,正所谓"赏莫如厚而信""罚莫如重而必"。② 韩非子无意于区分孰轻孰重,而商鞅的主张则与《黄帝四经》恰好相反。在主次、先后问题上此书之所以出现这样的差异,既和它对"德""刑"之性质及功用的看法不同有关,也和它的"推天道以明人事"的思维有关。

从思想史角度看,"德""刑"二者在西周并无对等之地位,前者是一个层次更高、事关政治原则的概念。到了春秋时期,"德"出现治术化的倾向,原本被它所统摄的"刑"开始具有与之平起平坐的地位。及至战国时期,黄老、法家以及儒家都继承了"德""刑"并用之思想,但诸家的关注点有所不同,这主要表现于"德"的意义非完全一致。在春秋时期的"德""刑"思想中,"德"作为一种恩典性措施,可以是恩赏施惠之行为,也可以是道德教化之举(详见前诸子一章第三节)。儒家继承的是教化之"德","德主刑辅"意味着为政治国当以德教为主,同时辅以刑罚。黄老和法家则继承了"德"作为恩赏的意义,两家所共有的"德""刑"相辅之主张则意味着,为政治国应当赏罚兼用、恩威并施。在此之外,黄老又强调二者的先后之分、主次之别,这是它有别于法家之处。在主次轻重的问题上,黄老的立场和儒家一致,但在二者的内涵上,它又和法家显得接近。

二 "德""刑"正当性的基础

在"德""刑"思想上,黄老学不是直接复制春秋以来既有的思

---

① 《商君书·去强》:"王者刑九赏一,强国刑七赏三,削国刑五赏五。"
② 《韩非子·五蠹》:"赏莫如厚而信,使民利之;罚莫如重而必,使民畏之;法莫如一而固,使民知之。"

第五章 德政的开展:《黄帝四经》的"德"观念

想,它在延续的基础上又作出了许多重要的发展。这首先就表现于,在主张并用以外它还关注二者的先后次序和主次轻重,后两点是以往不甚着意的。进一步来看,它的发展还表现在以下两个方面:一是它注意到"德""刑"何以正当的问题,并从天道和人性两个层次给出了论证;二是它强调"德""刑"之施用必须遵照一定的法度,君王手握赏刑之大权,但其权力必须接受"法"的约束。这些情形在法家思想中也有一定的表现,法家也从人性解释"德""刑"的效力,也强调"德""刑"之施必须接受"法"的约束。但这种相似性之下又包含着各自不同的思路。比如,法家不怎么关注天道层面的依据,也不甚着意"法"的来源问题。

这里先考察黄老如何论证二者的正当性。"德"与"刑"何以能够成为为政治国的两种基本方式,是《黄帝四经》颇为关注的问题。虽然书中没有直接提出此问,但其间的诸多论述均是围绕此问题展开。综考可知,其论证共包含两个层面,一是从天道之中寻求合理性的依据,二是从人性当中找寻二者效力的来源。

(一)天道依据

要解释"德""刑"何以正当的问题,首先要解释二者存在的合理性,其次是要解释二者关系的合理性。从此书的天道层面之论证来看,它主要着意的是后一问题,对前一问题的解答则蕴含于对后一问题的阐释中。比如在解释相养关系时,其论即暗含对存在之合理性的解答:"天德皇皇,非刑不行;穆穆天刑,非德必倾。刑德相养,逆顺若成。刑晦而德明,刑阴而德阳,刑微而德章。"(《十六经·姓争》)天地之间本就存在"刑""德"两种作用,这是"阴""阳"两种力量的表现。既如此,那么人世间存在"德"与"刑"也就自然而然了。这不是人们"为"(有意创造)出来的,它是普遍的"阴""阳"力量在人世间的一种延续。可见,在论证相养关系之合理性的同时,这里也隐含着对二者存在之合理性的解释。

如前所述,在"德""刑"的关系上此书共有三种规定。对此,作者都从天道层面提供了合理性的论证。就相养关系来看,前引《十六经·姓争》关于"天德""天刑"的一段即是典型。它既

◇◆◇ 先秦道家"德"观念研究

是提出相养关系的核心言论,也是以天道证成此等关系的代表性话语。其中的"刑阴而德阳"一句尤为关键。"阴""阳"是天地间两种相辅相成的基本力量,二者的相养关系是"德""刑"需当相养的根本依据。

将"刑""德"各归"阴""阳",以"阴""阳"之道证成"刑""德"之术,是此书从天道层面解说两种治术之合理性的基本思路。在论及"先德后刑"之主张时,作者同样是以此加以证成。《经法·论约》的"始于文而卒于武,天地之道也"即是一处,但它没有明确提到"阴""阳"。更典型的论证见于以下文段:

> 夫民之生也,规规①生食与继。不会不继,无与守地;不食不人,无与守天。是□□赢②阴布德,□□□□民功者,所以食之也;③宿④阳修刑,童(重)阴长,夜气闭地绳(孕)者,〔所〕以继之也。⑤ 不麋不黑,而正之以刑与德。⑥ 春夏为德,秋冬为刑,先德后刑以养生。……是故为人主者,时控三乐,⑦ 毋

---

① 整理者据《庄子·庚桑楚》的"若规规然若丧父母",解"规"为细小貌(国家文物局古文献研究室编:《马王堆汉墓帛书》壹,第63页)。余明光据《庄子·秋水》的"规规然自失也",解"规规"为惊视自失貌(余明光校注:《黄帝四经》,第192页)。陈鼓应据《庄子·德充符》的"知不能规乎其始",解"规"为知(《黄帝四经今注今译》,第215页)。笔者认为,此所言"规规"之义当同于《庄子·秋水》"子乃规规然而求之以察"的"规规",谓孜孜以求貌。"规规生食与继"是说,民人都着力于追求生存、饮食与传宗接代之事。

② "赢"通"盈",谓满盛。

③ 此间阙文难以断定。据后文"重阴长……继之也"来看,"□□□□民功者,所以食之也"可能是说阳气逐渐积累,昼气运作,成就民之事功,人类因此得以饮食养育。

④ "宿",久也。

⑤ "重阴长……继之也"大致是说,阴气逐渐积累,夜气闭合,大地孕育着生机,人类因此得以繁衍。

⑥ 关于"麋""黑"二字,诸家解释不同。笔者认为,"麋"指饮食奢靡,"黑"指婚配混乱。"不麋不黑,而正之以刑与德"是说,要想让民众做到饮食不奢靡、婚配不混乱,则需要用刑、德规范之。

⑦ 《国语·越语下》作"时节三乐"。陈鼓应据之认为,"控"盖读为"适"。"三乐",陈先生据《经法·论约》的"三时成功,一时刑杀"解为春、夏、秋三时之逸乐(《黄帝四经今注今译》,第224页)。陈先生解"控"或可从,然"乐"恐非指逸乐,从前后文看,"乐"或指劳作之乐。

490

第五章 德政的开展:《黄帝四经》的"德"观念

乱民功,毋逆天时。然则五谷溜孰(熟),民〔乃〕蕃兹(滋)。君臣上下,交得其志。天因而成之。夫并时以养民功,先德后刑顺于天。(《十六经·观》)

较之前引《姓争》之言,此间对阴阳之道的关注点有所不同。《姓争》篇强调相养相成,而这里则关注先后次序。"赢阴布德"是说,当阴气极盛、阳气萌动之时,即需要布恩施德,以便和天地间正在兴起的阳气相配合;"宿阳修刑"则是说,当阳气极盛、阴气兴起之时,则需要修治刑罚,以便和天地间正在兴起的阴气相配合。"阴""阳"二者相辅相成,这是"刑德相养"之依据;四时运行先"阳"后"阴",此即"先德后刑"之理由。"春夏为德,秋冬为刑"(此"为"指君王的施为),正是为了配合这"阳""阴"运行之次第。

此书对"德""刑"关系的第三个规定是"德"为重、"刑"为轻。在表述这种关系的言论中(如《经法·四度》的"用二文一武者王"、《经法·亡论》的"德薄而功厚者隳"),作者没有提到天道层面的依据。但《经法·论约》的"三时成功,一时刑杀,天地之道也"一段,可以提供相关的论证。"三时成功"是指在春、夏、秋三时,天地长育万物,让万物有所成,这是"天德"之表现;"一时刑杀"则是说冬季时节万物萧索衰亡,此乃"天刑"之举动。天地间的"德""刑"原有主次之分、轻重之别,人世间的"德""刑"亦当顺从此道。这就是蕴含在此论当中的对"二文一武"之主张的论证。当然,我们是将不同地方的言论加以结合才得出此见。若细究之,其间还存在不谐之处:"二文一武"的治国之道和"三时成功,一时刑杀"的天地之道在数字比例上没有形成直接的对应;并且,就天道层面来看,"三时成功,一时刑杀"的天地之道和"春夏为德,秋冬为刑"的天之"德""刑"也显得不协调。前一点也许是我们解释上的问题(能否这样结合,或可待商榷),但后一点则可能是此书本身存在的问题。

沿着以上问题,我们还可发现其他的不谐之处。在作者的论证思

◇◇◇ 先秦道家"德"观念研究

路中,"文""德"属"阳"的一面,而"武""刑"属"阴"的一面,"二文一武"和"三时成功,一时刑杀"等言论反映出作者具有尚"阳"的倾向。但在论述"雌雄节"的地方,他又采取了尚"雌"的立场。如果说"阴""阳"和"雌""雄"是两相对应的,那么尊"阳"与尚"雌"之间也就构成了一种矛盾。此情形和"德""刑"正当性之论证没有直接关系,但对于理解此书思想比较紧要,以下稍作展开。

尚"雌"之论集中见于《十六经·雌雄节》:

> 皇后①屯磿(历)②吉凶之常,以辩(辨)雌雄之节,乃分祸福之乡(向)。宪(显)③敖(傲)骄居(倨),是胃(谓)雄节;〔宛湿〕④共(恭)验(俭),是胃(谓)雌节。……
>
> 夫雄节而数得,是胃(谓)积英(殃)。凶忧重至,几于死亡。雌节而数亡,是胃(谓)积德。慎戒毋法,大禄将极。……
>
> 凡人好用雄节,是胃(谓)方(妨)生。大人则毁,小人则亡。以守不宁,以作事〔不成,以求不得,以战不〕克。厥身不寿,子孙不殖,是胃(谓)凶节,是胃(谓)散德。
>
> 凡人好用〔雌节〕,是胃(谓)承禄。富者则昌,贫者则谷。以守则宁,以作事则成,以求则得,以单(战)则克。厥身

---

① "后"指帝王。此所言"皇后"是指黄帝。余明光、陈鼓应、魏启鹏等人均指出此点,曹峰对此有论证。参见余明光校注《黄帝四经》,第204页;陈鼓应《黄帝四经今注今译》,第271页;魏启鹏《马王堆汉墓帛书〈黄帝书〉笺证》,第147页;曹峰《近年出土黄老思想文献研究》,第290—291页。

② 整理者注曰:屯历,疑即洞历。《论衡·超奇》:'上通下达谓之洞历。'"见(国家文物局古文献研究室编:《马王堆汉墓帛书》(壹),第70页。陈鼓应认为"屯""洞"皆为定母字,"屯历"读为"洞历"(《黄帝四经今注今译》,第271—272页)。

③ "宪"通"显",指炫耀。参见陈鼓应《黄帝四经今注今译》,第272页。

④ 此两字原缺。陈鼓应据《十六经·顺道》的"宛湿恭俭"补此两字为"宛湿",并认为,"宛"读为宛,顺也,"湿"读为燮,和也,宛燮,即和顺也(《黄帝四经今注今译》,第272页)。《十六经·顺道》:"大莛(庭)之有天下也,安徐正静,柔节先定,宛湿共(恭)佥(俭),卑约主柔。"此言与《雌雄节》所论义有相通。陈先生补字及训释可从。

第五章 德政的开展:《黄帝四经》的"德"观念

〔则寿,子孙则殖,是谓吉〕节,是胃(谓)绔①德。

故德积者昌,〔殃〕积者亡。观其所积,乃知〔祸福〕之乡(向)。

此所言"德"与治术之"德"义有不同。"德"与"殃"相对,分别指福、祸。至于"雌节""雄节",则分别指以"雌"为节、以"雄"为节,亦即将"雌""雄"当作行为的节度。综考此论之义,可得以下之脉络:

雄节—凶节—散德、积殃—殃积者亡
雌节—吉节—绔德、积德—德积者昌

不同于前论的尊"阳"倾向,作者在此显然是尚"雌"的立场。就"德"而论,它在此间所配应的是"雌",而不是"阳"。后者容易解释:"德"在此间意指福泽,与"殃"相对,和"德""刑"之论自当分而观之。但前一情形存在一定的张力,是一个有待考察的问题。

从"雌"为"阴"而"雄"为"阳"这一基本对应来看,即可发现尊"阳"和尚"雌"之间的张力。我们还可结合文本对此张力作具体呈现。此篇以"宛燮恭俭"("宛燮"谓和顺)和"显傲骄倨"("显"指炫耀)来解释"雌""雄"两节。从"阴""阳"角度看,前者属"阴",后者属"阳"。崇尚"雌节",实为尚"阴"也。此是一层,进而考之,结合书中其他言论来看,"雌""雄"两节之义尚不限于"宛燮恭俭"和"显傲骄倨"。正如陈鼓应先生指出的,"雌节""雄节"是两个大的范畴,前者统摄了柔、后、静、退、谦、弱、不争等,后者统摄了刚、先、动、进、骄、

---

① "绔"通"洿",指聚集。《广雅·释诂》:"洿,聚也"。参见陈鼓应《黄帝四经今注今译》,第278页。

◇◆◇ 先秦道家"德"观念研究

强、作争等。① 这两类情形正好各属"阴""阳"之两面。总之,从以上两层来把握,均可见作者尚"雌"也即尚"阴"的立场,这和他处所见的尚"阳"倾向显得不谐。②

那么,应该如何解释其中的张力呢?也许我们可以认为,此书并非出自一人之手,故其中之主张会出现差异;又或是,作者在不同的地方秉持不同的立场而不自知。当然,我们也可以尝试找寻这种张力背后的思想机理。首需注意的一点是,书中所论"雄节"之表现,其实是一种过度的"阳",贬"雄"和尚"阳"之间并无直接矛盾。其次,书中关于尚"雌"和尊"阳"的言论往往是针对不同的情形而论。前者主要指示为政治国应当柔和谦让,后者则主要提倡在文德和武功之间应以文德为重。由此可看到,"二文一武"之主张和"雌节"的柔和之道其实不无相通。再次,从思想史角度看,此书的尚"雌"之论应是继承了老子的尚"阴"思想,此外它又吸纳了其他学说,这让它在尚"雌"崇"阴"之同时又表现出尊"阳"的倾向。后者没有直接违背它以"雌节"为善的基本立场,尽管尊"阳"和

---

① 陈鼓应:《黄帝四经今注今译》,第 276 页。陈先生提出此见时未对他处"雌""雄"之论展开考察,笔者通过以下几例作一说明。(1)《十六经·顺道》:"中请(静)不刺,执一毋求。刑于女节,所生乃柔,〔此之谓〕正德。好德不争,立于不敢,行于不能。单(战)视(示)不敢,明埶(势)不能。守弱节而坚之,胥雄节之穷而因之。"此处将"雌节"称为"女节""弱节",与"胥雄节之穷而因之"的"雄节"相对。在内容上,此处主要论说"雌节"之表现,对"雄节"的表现未作解说,但可由"雌节"反推之。(2)《十六经·行守》:"骄洫(溢)好争,阴谋不羊(祥),刑于雄节,危于死亡。"此处论及"雄节",未言"雌节"。"雄节"在内容上除了"骄溢"(类似于"显傲骄倨"),还包括"好争""阴谋不祥"。按,"阴谋不祥",注家多解为阴谋者不吉。从前后文看,此"不祥"当指不祥之事。《文子·下德》:"阴谋逆德,好用凶器,治人之乱,逆之至也。""阴谋逆德"是说阴谋悖逆之举,和"阴谋不祥"同义。又,《经法·亡论》有"行逆德"之言,"逆德"义类于《文子》所见者。(3)《称》:"诸阳者法天,天贵正,过正曰诡□□□祭乃反;诸阴者法地,地〔之〕德安徐正静,柔节先定,善予不争,此地之度而雌之节也。"这里将"雌之节"和"地之度"合而观之,其表现是"安徐正静,柔节先定,善予不争",此即"诸阴者"所为。

② 王葆玹先生根据地域的不同,将先秦道家区分为北方和南方两系,并认为老、庄所代表的南方道家主张贵阴,而《黄帝四经》所代表的北方道家则主张贵阳(《黄老与老庄》,中国人民大学出版社 2012 年版,第 29—33 页)。但从前面的论析来看,《黄帝四经》其实包含了贵阴和贵阳这两种立场。

第五章 德政的开展：《黄帝四经》的"德"观念

尚"雌"之间并非毫无张力。某种意义上，此书对两种立场的"兼容"是它以老子思想为基底而容纳其他资源的一个表现。正因有了对"阳"之一面的肯定乃至推崇，才有可能将新的思想因素援引进来，尤其是那些指示人君应当积极作为的主张。

我们回到以"阴""阳"证"刑""德"的问题。通过前论可知，无论是"刑""德"存在的合理性，还是二者关系的合理性，都可以在"阴""阳"之道中找到成立的依据。就关系的合理性来看，在相养、先后两种关系上作者的论证思路是比较清楚的，但在主次关系上他没有给出明确的论证，并且，"三时成功，一时刑杀"之言和"春夏为德，秋冬为刑"之论也显得不协调。当然，这不影响以"阴""阳"之道证成"刑""德"之术这一基本思路在此书学说中的成立。

学界中很早有人注意到此书以"阴""阳"证"刑""德"的思想。如金春峰先生认为，阴阳刑德理论是《黄帝四经》全部思想的核心，它具有鲜明的时代特征，以刑德论阴阳，将刑德提高为主宰万物的两种根本力量，确是以帛书为最令人醒目。[①] 此等思想在《黄帝四经》中确实非常重要，但是不是重要到成为此书思想之核心，则是一个有待商榷的问题。根本上来说，此等思想其实是黄老学的基本理念——"推天道以明人事"——在"刑""德"治术上的一个具体表现。这一理念的内容非常丰富，仅就《黄帝四经》来看，它就包含诸多方面的义涵。除了阴阳刑德之言，如著名的"道生法"（《经法·道法》）之论，也是一个典型的表现。当然，这不意味着笔者即认为这一理念即是《黄帝四经》思想的核心。所谓核心，笔者更倾向于从一个学理系统所要处理的主要问题进行把握。此书所要处理的主要问题是如何开展正确的政治行为（从"德"的角度看，即是以何种方式开展有"德"之政治），对此，它给出的基本解决思路是"推天道以明人事"——效法天地之道，以它作为政治活动之圭臬。无论是"道生法"之论，还是阴阳刑德之言，其实都是这一思路下的产物。

有的学者则从思想史角度关注此书阴阳刑德之论的地位。如白奚

[①] 金春峰：《论〈黄老帛书〉的主要思想》，《求索》1986年第2期。

先生认为,《黄帝四经》把阴阳之理应用于政治领域,首创了阴阳刑德的理论,这是此书四时教令思想的主要内容。① 崔永东先生强调,帛书《黄帝四经》首次把刑德与阴阳合而论之,以阴阳为刑德之自然根据,开启了中国古代法律文化自然化的先河。② 以"阴""阳"证"刑""德"确实是此书的一大特色,但论至是否为首创的问题,情况可能要复杂一些。比如,《管子·四时》中即存在与之类似的思想:

> 阴阳者,天地之大理也;四时者,阴阳之大经也;刑德者,四时之合也。刑德合于时则生福,诡则生祸。……阳为德,阴为刑。……德始于春,长于夏;刑始于秋,流于冬。刑德不失,四时如一。刑德离乡(向),时乃逆行。作事不成,必有大殃。

《管子》是稷下学宫的作品汇集,其主要篇章成于战国中后期。若将阴阳刑德思想归为《黄帝四经》之首创,即意味着它的年代当在《管子》之前。但正如本书导论即已提到的,关于《黄帝四经》的成书年代目前尚无定论,它和《管子》之间也就不便明分先后。那么,此等思想是不是它的首创也就难以断定了。

以上围绕"德""刑"的合理性问题,考察此书如何从天道层面提供相关的论证。结合第二节所论,我们可以发现,"德"作为一种治术的合理性和它作为一项为政原则的合理性都是源于所谓的"天德"。"天德"有广狭两义,人事之"德"的两层合理性即各自根源于此:广义之"天德"指应当被效法的天地之德行,此德行表现于天地对万物的覆载成就之功,这是为政原则之"德"的正当性来源;狭义之"天德"指天地德行的一个方面,即与刑杀相对的养育万物的表现,这是治术之"德"的合理性根据。对于万物整体上的存续

---

① 白奚:《稷下学研究——中国古代的思想自由与百家争鸣》,第109页。
② 崔永东:《帛书〈黄帝四经〉中的阴阳刑德思想初探》,《中国哲学史》1998年第4期。

第五章 德政的开展：《黄帝四经》的"德"观念

和发展而言，天地所施的"德"与"刑"都是需要的，它们是广义天地之"德"的两个方面。同样道理，对于人间社会的太平境地而言，帝王的"德""刑"两术也是不可或缺的，它们是更高层次的为政之"德"的两种落实途径。《经法·六分》曰："主上者执六分以生杀，以赏信，以必罚。天下太平，正以明德，参之于天地，而兼复（覆）载而无私也。"此论正可体现为政之"德"包含"德""刑"之两面的意思（此所言"赏""罚"即"德""刑"），同时它也能反映"德"的两层合理性皆源于"天德"的意味。至此我们可看到，"德"在此书中的含义是复杂多样的，但这些义项之间又具有深层的关联。概要来说，为政之"德"和治术之"德"是天地之间两层之"德"在人间社会的具体呈现，后两者是前两者之所以具有正当性的基本依据。如此思路，正是黄老学"推天道以明人事"这一基本理念在德政问题上的一个反映。

（二）人性基础

围绕"德""刑"之所以正当的问题，此书提出了两重论证。从天道尤其是阴阳之道中寻求合理性的依据是其中的一重，而另一重则表现于从人性当中找寻二者效力的基础。以"德""刑"治国之所以是合理的，不仅是因为这两种方式合乎普遍的阴阳之道，同时也因为它们的施行符合人的"自为"的情性。

第二方面的思想见于《称》篇以下言论：

> 不受禄者，天子弗臣也；禄泊（薄）者，弗与犯难。故以人之自为〔也，不以人之为我也〕。①（《称》）

---

① 《慎子·因循》有类似之言："天道因则大，化则细。因也者，因人之情也。人莫不自为也，化而使之为我，则莫可得而用矣。是故先王见不受禄者不臣，禄不厚者，不与入难。人不得其所以自为也，则上不取用焉。故用人之自为，不用人之为我，则莫不可得而用矣。此之谓因。"针对《称》篇"自为"之后的阙文，学者多据《慎子》此言进行补充，但所补内容不尽相同。有的学者主张补为"也，不以人之为我也"（陈鼓应：《黄帝四经今注今译》，第355页），有的学者主张补为"则莫不可得而用矣"（魏启鹏：《马王堆汉墓帛书〈黄帝书〉笺证》，第202—203页）。笔者赞同前见。

◆◆◆ 先秦道家"德"观念研究

所谓"自为",是指为了自己。这是就人的自私自利之情性而言。① 所谓"为我",是从天子角度来说,即众人为了天子;从众人角度来说,这是"为人"的表现。② 这段话大致是讲:对于那些未受俸禄的人,天子不要指望以之为臣;对于那些受禄薄寡的人,天子不要指望他们与自己共患难;要顺应人的"自为"的情性,不要指望他们能够为我做些什么。

此处没有直接论及"德""刑",但包含着对二者效力之发生机理的思考。人皆"自为",不要指望他们能为别人做些什么。他们能否成为臣子、能否一同赴难,关键在于是否有俸禄的激励以及这种激励有多大。俸禄属德赏的一面,类推可知,能否禁止人们去做那些不利于国家社会的事情,关键在于是否有相应的惩罚以及惩罚的力度有多大。德赏能够激励大家,而刑罚则起到禁止的作用,正如《经法·君正》所言:"德者,爱勉之也。……以刑正者,罪杀不赦也。"那么"德""刑"二者何以能够起到劝勉和禁止的作用呢?关键就在于人有"自为"之情性。此等情性决定了人总是趋利避害的,这正是"德""刑"得以发生作用的原因所在。倘若人不趋利,则德赏没法产生激励的作用;倘若人无避害之本性,则刑罚也无以产生禁止之功效。

类似的学说也见于其他的具有黄老性质的文献。比如前引的《慎子》《尹文子》的相关言论,即是一些表现。此外,《管子》中也有

---

① "自为"一词有两义,一指自己作为,一指为了自己。此两义在《黄帝四经》均有出现。后义即见于上引《称》篇文段。前义见于《经法·道法》:"是故天下有事,无不自为形名声号矣。……凡事无小大,物自为舍。逆顺死生,物自为名。名形已定,物自为正。"在此,"为"均用作及物动词,"自为×"指自己成就×。上博楚简《恒先》亦有"自为"之论:"举天下之为也,无夜(舍)也,无与也,而能自为也。""舍"谓指定,"与"指干预。"自为"之"为"是不及物动词。"自为"指自己作为、自己成就。不管"为"是及物动词还是不及物动词,意指自己作为的"自为"均是"自然"之表现。"然"作为指示代词,正是对各种动作状态的概括和抽象化。意指为了自己的"自为"也和"自然"有关,但其情形不同于前者。老子的圣人以"无为"顺任民众"自然"的思想,在《黄帝四经》这里被转变成君王以"德""刑"因循人之"自为"情性的思想。人的"自为"之情性得到因循,即是"自然"的实现。

② 《尹文子·大道下》:"人皆自为而不能为人,故贤人者之使人,使其自为用,而不使为我用。"众人"为我"(为了天子),其实就是《尹文子》所说的"为人"(为了别人)。

第五章 德政的开展：《黄帝四经》的"德"观念

类似之学说。如《管子·禁藏》曰："夫凡人之情，见利莫能勿就，见害莫能勿避。"同书《形势解》又曰："民之情莫不欲生而恶死，莫不欲利而恶害。故上令于生利人，则令行；禁于杀害人，则禁止。"这里把人的"自为"之性称为"人之情""民之情"（"情"谓情性），并通过这一点来解释"令"与"禁"之所以发生作用的原因："令"可"生利人"（有助于生，对人有利），人有趋利性，故其"令"能得到执行；"禁"乃"杀害人"，人有避害之本能，故其"禁"能发生作用。《管子》此论虽未就"德""刑"而言，然其间所述原理如出一辙，并且它将"以人之自为"（顺应人们"自为"的情性）这层意思讲得更加明白。[①]

法家方面也通过人的"自为"情性来解释"德""刑"的合理性，这在韩非子思想中有鲜明表现。《韩非子·八经》曰："凡治天下，必因人情。人情者有好恶，故赏罚可用；赏罚可用则禁令可立，而治道具矣。"同书《难二》又曰："好利恶害，夫人之所有也。赏厚而信，人轻敌矣；刑重而必，夫人不北矣。"[②] 这里说的"人情"相当于《管子》的"人之情"、《黄帝四经》的"自为"。在韩非子看来，人皆有好利恶害之情性，这是赏、罚二柄能够有效开展的基础。对于人性的内容，韩非子继承了其师荀子的见解，[③] 但在如何对待人性的问题上，他没有继承其师以"礼义"改造人性的主张，而是倡导以"赏刑"因循人性。韩非子后一方面的思想很可能是受了黄老的影响。

[①] 广义上来说，"德""刑"和"禁""令"之类都是"法"之内容。关于黄老思想中"法"和"人情"的关系，王中江先生论之甚详，见氏著《简帛文明与古代世界》，第439—455页；《早期道家的"德性论"和"人情论"——从老子到庄子和黄老》，《江南大学学报》（人文社会科学版）2012年第4期。

[②] "轻敌"指不畏敌，"比"谓朋比为奸。

[③] 荀、韩二子均是就人的趋利避害的自然情性讨论人性。《荀子·性恶》曰："人之性恶，其善者伪也。今人之性，生而有好利焉，顺是，故争夺生而辞让亡焉；生而有疾恶焉，顺是，故残贼生而忠信亡焉；生而有耳目之欲，有好声色焉，顺是，故淫乱生而礼义文理亡焉。然则从人之性，顺人之情，必出于争夺，合于犯分乱理，而归于暴。故必将有师法之化，礼义之道，然后出于辞让，合于文理，而归于治。用此观之，人之性恶明矣，其善者伪也。"荀子所言人性是就人的"好利""疾恶""耳目之欲"的自然情性而论。对于人之此"性"，荀子既称为"人之性"，也称作"人之情"。后一语词类似于《管子》所言"人之情"、韩非子所论"人情"。

◇◆◇ 先秦道家"德"观念研究

　　以上我们考察了《黄帝四经》关于"德""刑"之正当性的两重论证。作者在天道和人性之中找到了两种治术之所以合理的依据。这两种论证思路是相互配合的：以"德""刑"治国之所以具有合理性，首先在于它们是世界普遍具有的"阴""阳"两种力量在人世间的一种体现，同时也在于这两种治术的施行正符合人的"自为"的情性。前一种论证更关注"德""刑"的本质，在和"阴""阳"之道的两相契应之中，它们拥有了天然的正当性；后一种论证则着眼于"德""刑"之功能，在和"自为"情性的相互吻合之中，它们获得了世俗层面上的合理性。相对来说，此书在天道论证上叙述得比较多，而关于人性之论证则没有充分展开。后一点上需结合其他的黄老文献才能获得比较完整的理解。

　　在人性当中寻求"德""刑"效力的基础，是黄老和法家共有的思路。但法家不甚关注天道层面的依据。虽然韩非子在个别地方也流露过以"阴""阳"证"刑""德"的意思,[①] 但他并不像黄老道家那样强调此点。至于商鞅之思想，则基本上不从天道层面考虑问题。整体上来看，在法家思想中以"阴""阳"证"刑""德"并没有成为一种与人性论证相配合的论证思路。另需指出的是，黄老和法家都比较关注"德""刑"二者给国家社会带来的效益，某种意义上这也是对两术之正当性的一种论证。《黄帝四经》期待的效果是"天下太平"（《经法·六分》），而韩非子则强调"国富兵强"。[②] 前者是基于"天下"的立场来考虑治术的功效问题，体现的是黄老道家所倡导的"帝道"理念；后者则立足于"国"，是法家"霸道"之理念在"德""刑"问题上的一个反映。"帝道"与"霸道"是两种不同的政治理念，这是两家思想出现诸种差异的一个重要原因。[③]

---

　　① 《韩非子·解老》："凡物不并盛，阴阳是也；理相夺予，威德是也。"
　　② 《韩非子·六反》："圣人之治也，审于法禁，法禁明著则官治；必于赏罚，赏罚不阿则民用。民用官治则国富；国富则兵强，而霸王之业成矣。"
　　③ 关于黄老"帝道"与法家"霸道"，可参拙文《"帝道"理念的兴起及其思想特征》，《中国哲学史》2017年第1期。

第五章　德政的开展：《黄帝四经》的"德"观念

就老子到黄老的脉络来看，"自为"与"人情"的思想其实是老子"自然"理念在黄老学当中的一种发展。"自然"作为一种状态，必得有一归属者（主体）。从政治论域看，此主体即是天下之民众。民众得以"自然"，其实是说其内在的某种东西得到了充分实现。换言之，所谓"自然"，其实有一个作为内在依据的落脚点。比如在庄子那里，它的落脚点即在于"德"，所谓"自然"，实际上是指世人之"德"得到了充分实现。在老子思想中，"德"主要归属于为政之圣人，它没有成为世人"自然"的落脚点。但老子所思"自然"依然有一落脚点，此即"百姓之心"。[①] 所谓"自然"，即意味着民众之意愿得到了充分实现。

老子政治思想中"自然"的落脚点在"百姓之心"（民心），庄子政治思想中其落脚点则在于世人之"德"（民德）。至于黄老学，"自然"之所依乃在于"自为"之"人情"（民情）。在如何成就世人之"自然"上，老子提出了"辅"而不"宰"的基本主张（无为只是一个方面，此外还有辅助的一面，详见老子章第四节），庄子则倡导为政者应当以维护者的角色做到"在宥"而"藏"（详见庄子章第三节）。老、庄所设想的为政者之角色都包括了积极责任和消极责任这两个方面，他们把更多的注意力放在了后者，对于前者，他们虽保留了一定的空间，但没有给出进一步的规划。黄老道家则不然。他们一方面延续了"无为"的主张，与此同时又把老子思想中"辅"的那一面给大大强化了，并且将其具体发展为以"德""刑"之方式因循"人之情"的学说。在其思路中，人的"自为"之"情"得到了因循，也就意味着世人

[①] 《老子》第四十九章："圣人无常心，以百姓心为心。"此句在帛乙本、汉简本均作"圣人恒无心，以百姓之心为心。"（帛甲本此句有残缺，楚简本不见此章）"常"在老子言论中一般指示正面情况。"恒无心"的表述比"无常心"更符合老子之思想。所谓"圣人恒无心，以百姓之心为心"，正是老子思想中圣人"无为"而民众"自然"此基本理路的一个体现。

的"自然"得到了实现。①

"自然"是道家政治思想的核心理念，而与之相应的"无为"则是指为政者为了成就民众之"自然"而采取的一种基本方式（这只代表消极责任的方面）。这一理念在老学、庄学和黄老学中具有不同的落脚点，或者说，"自然"之所依在这三个学理系统中具有不同的形态。从老子的"民心论"，到庄子的"民德论"和黄老的"民情论"，"自然"理念在这三种形态中得到越来越丰富的开展。② 道家当

---

① "自然"作为一个概念，是对各种"自×"状态（如老子所言"自化""自朴""自正"）的概括和抽象化，而诸种"自×"则是指"自然"在不同场合中的具体表现。从语词构造看，此所言"自×"是偏正结构，强调自己×、而非他者使之×。意指为了自己的"自为"是倒装的动宾结构，不属于"自然"所统摄的那种"自×"语词，但它仍然和"自然"存在紧密的联系。这种联系是深层的，不同于"自×"与"自然"的关系。就"自然"思想在黄老学的发展而言，我们可以有多种考察的角度，一是看"自然"语词，二是关注"自×"语词，三是关注深层的"自然"思想（比如"自为""人情"的思想）。从第一角度看，让人感到奇怪的是，在两部典型的黄老文献中（《黄帝四经》和《管子》四篇），"自然"的语词并无出现。即便扩展到整部《管子》书来看，"自然"也只是出现了一次："得天之道，其事若自然。失天之道，虽立不安。"（《管子·形势》）至于《鹖冠子》和《文子》，"自然"在其中虽多有出现，但此二者或学派属性不明确，或成书年代不确定。此外，在近年出土的黄老文献中，比如《太一生水》《恒先》《凡物流形》，"自然"的语词并未出现。总之，就学派属性和成书年代较少争议的黄老文献来看，"自然"的语词几乎没有出现过。但这不意味着"自然"思想在黄老学中没有得到传承。事实上，这种思想在黄老学中不仅得到了传承，而且还被给予了丰富的发展，这主要体现于上述的后两种情形。"德""刑"因循"人之情"的学说便是第三种的典型。第二种情形也即作为"自然"之具体表现的"自×"，在黄老文献中经常出现。比如《黄帝四经》有："天下有事，无不自为形名声号……凡事无小大，物自为舍；逆顺死生，物自为名。名形已定，物自为正（《经法·道法》）"；"名自命也，物自正也，事自定也"（《经法·论》）；"形恒自定，是我愈静；事恒自施，是我无为"（《十六经·名刑》）；"弗为而自成，因而建事"（《称》）；"分之以其分，而万民不争；授之以其名，而万物自定"（《道原》）。《管子》四篇有："纷乎其若乱，静之而自治"（《心术上》）；"圣人之治也，静身以待之，物至而名自治之。……名正法备，则圣人无事"（《白心》）。上博楚简《恒先》有："气是自生，亘（恒）莫生气，气是自生、自作"；"举天〔下〕之事，自作为事，甬（用）以不可廙（更）也"；"举天下之为也，无夜（舍）也，无与也，而能自为也。"这些"自×"语词从不同的角度或场景丰富了"自然"的内涵，并且，老子思想中圣人"无为"而民众"自然"的理路在黄老学这里得到了更清楚的揭示。

② 它们存在一个共同的价值取向，但关注点各有不同。老子所言"百姓之心"侧重于民众的心志和意愿；庄子所论"天下之德"则关注世人的本真德性；黄老所言"人之情"主要指人的"自为"情性。

第五章　德政的开展：《黄帝四经》的"德"观念

中这种以"民"为本位的思想，较之儒家"民本论"[①] 在具有某些相通性的同时又表现出独特的关切。它们是先秦诸子"民论"之中两种相互辉映的学说，集中反映着那个时代的思想家对于"民"这一天下之主体的关切和思考。就目前研究来看，相比于备受热议的儒家"民本论"，道家在这方面的思想还没有引起足够的关注。我们对道家政治思想的研究每每聚焦于"无为"，这不仅淡化了道家关于为政之积极责任的思想，同时也塑造成一种以君王为中心的研究范式。如此一来，道家的"民本"之论也就难以引起足够的注意。即便"民"的问题被加以讨论，那往往也是附属在有关君王"无为"的研究之中。[②]

三　法制当中"德""刑"之施展

如前所述，比起春秋时期的"德""刑"思想，黄老学的发展既表现于它对"德""刑"关系的系统规定，也表现于它对正当性问题的论证，以及对由"法"实施这一原则的强调。上面两个小节探讨了前两种情形，这里将集中考察第三种。"德""刑"在春秋时期虽已成为两种并行的治术，但它们还没有和"法"结合起来。黄老在这方面的学说自然离不开当时"法"思想兴起的大环境。"德""刑"的施用需接受"法"之约束，这也是法家的一个基本主张，黄老所论和法家之学显得颇为接近，但其间又存在不同于法

[①] 以"民本论"定位儒家的相关学说，容易造成工具化的理解方向。王中江先生主张以"民意论"概括儒家的相关思想（《权力的正当性基础：早期儒家"民意论"的形态和构成》，《学术月刊》2021年第3期）。如果注意到儒家"民本论"是一种以民意、民心之实现为政治目的的学说，它有别于《尚书》当中以"民本"为工具的"民惟邦本，本固邦宁"之论（《夏书·五子之歌》），那么儒家"民本论"这一定位也可继续采用。有关于此，详见庄子章第三节的讨论。

[②] 本书也带着以君王为基点的研究视域。在关于庄子所论"德"的研究中，笔者的视域是基于天下之"民"，但在关于老子和黄老"德"思想的研究中，基本上还是以君王为中心。这是本书研究对象所决定的。就"德"之主体来看，庄子所论"德"归于普遍意义上的个体，而老子所论"德"主要归于为政之圣人，至于黄老，其所论"德"归于为政者的特点则更加鲜明。上文指出应当突破以君王为基点的研究视域，这是就道家整体上的政治思想而言。论至"德"的问题，则需结合此观念的具体情况。

家的独特之处。

(一)"德""刑"之"法"

作为两种并行相辅的治术,"德""刑"分别指君王所作出的奖赏之举和惩罚措施。此二者的行使权力掌握在君王手里,但这不意味着他的恩泽与惩罚可以随意施加。在作者看来,不管是体现劝勉之功的奖赏,还是追求禁止之效的刑罚,其施行都必须遵循一个客观的标准。这一客观的标准即是"法"。"法"是黄老学的一个重要观念。此书以"道生法"三字开篇(《经法·道法》),在标示"道"之意义的同时,也点出了"法"在其思想中的角色。

作者在书中使用了很多与"法"意义相当的语词,诸如"刑""名""制""纪""常""理""节""度"等。① 在论及"德""刑"两术时,作者是用"刑"来表示二者施展中所需遵循的法度:

> 力黑已布制建极,□□□□□曰:"天地已成而民生,逆顺无纪,德疟(虐)无刑,静作无时,先后无名。今吾欲得逆顺之〔纪,德虐之刑,先后之名〕,② 以为天下正;静作之时,因而勒之。为之若何?"(《十六经·观》)

---

① 曹峰先生曾专门考察《黄帝四经》的"节""度"思想,并指出,其间包括作为客观法度和刚性标准的"节""度",以及主观意义上的、作为柔性原则的"节""度"(《〈黄帝四经〉所见"节""度"之道》,《史学月刊》2017年第5期)。曹先生此文主要关注后一种意义的"节""度",本书所论"德""刑"之"法"则属于前一种意义的"节""度"。

② 此间数字原缺。余明光补为"今吾欲得逆顺之〔纪,德虐之刑,静作之时〕"(余明光校注:《黄帝四经》,第76页)。陈鼓应认为,如此读法,文意不相贯,字句重复,疑原文本作:"今吾欲得逆顺之纪,德虐之刑,静作之时,先后之名,以为天下正。因而勒之,为之若何?"(《黄帝四经今注今译》,第208页)余先生所补确实存在陈先生所指出的问题。陈先生所补在文义上更通畅,但它改变了原文语句(把"静作之时"调到了前面)。笔者认为,从"今吾欲得"起,应是就"逆顺"(恶善)、"德虐"(德刑)、"静作"、"先后"(尊卑)四者为言;前面已言"逆顺",后面又言"静作",则残缺处应是就"德虐""先后"而论。据此,宜补为"今吾欲得逆顺之〔纪,德虐之刑,先后之名〕"。后文"静作之时"前省略了"今吾欲得"一语。如此,前后文之义能够通畅,既不存在余先生所补的问题,也没有调整原文语句的顺序。

第五章 德政的开展:《黄帝四经》的"德"观念

"德虐"即谓"德刑"。"德虐之刑"的"刑"指法度,① 其义与前后文的"纪""名"大致相当。② 所谓"德虐之刑",即是指"德""刑"施展中所需遵循之法度。除此以外,这里还讲到"逆顺之纪"(善恶之标准)、"先后之名"(尊卑之名分)、"静作之时"(动静之节度),这些都是广义上"法"的内容。"法"的作用是"因而勒之""以为天下正"(用它们来约束大家,以作为天下人的楷式)。它的规范功能不仅面向民众,也针对法度的制定者。就"德虐之刑"而论,意味着它同时也针对此"刑"的制定者。③

《观》篇强调"德虐"之用需遵照一定的"刑",《十六经·姓争》的一段话则说到不依法度的严重后果:

> 若夫人事则无常,过极失当,变故易常;德则无有,昔(措)刑不当;居则无法,动作爽名,是以僇(戮)受其刑。

"德则无有,措刑不当"是说"德""刑"之用不依照一定的法度。它和"居则无法,动作爽名"一样,都是人事"无常"也即

---

① 研究者一般都认为此"刑"指法度,其中不乏以"刑"为"型"之借字者。"刑"本有法度义,无须通假。如《诗·大雅·文王》:"刑于寡妻,至于兄弟,以御于家邦。"毛传曰:"刑,法也。寡妻,適妻也。御,迎也。"郑笺云:"寡妻,寡有之妻,言贤也。御,治也。文王以礼法接待其妻,至于宗族,以此又能为政治于家邦也。"(《毛诗正义》,北京大学出版社1999年版,第1010页)"刑"指法。此处用为动词,"刑于"指"用法于"(或亦可理解为"刑"后省略一动词)。这句诗是说,法用于贤妻,至于宗族,进而能治理家邦。又如《诗·周颂·我将》:"仪式刑文王之典,日靖四方。伊嘏文王,既右飨之。"毛传曰:"仪,善。刑,法。典,常。靖,谋也。"郑笺云:"靖,治也。受福曰嘏。我仪则式象法行文王之常道,以日施政于天下,维受福于文王,文王既右而飨之。言受而福之。"(《毛诗正义》,第1302页)"仪式刑文王之典"一句中,"仪"为主语,"式""刑"为谓语动词,指以之为"式"、以之为"刑",也即效法之义。郑笺所言"式象""法行"分别就"式""刑"二字解释。

② "时"指"静""作"之时节,也带有法度之义,但此义不如"纪""名"显著。

③ 若细之,可以说"德虐"用以规范民众,而"德虐之刑"则用以约束"德虐"的施行者。这里涉及"法"的普遍性问题,后文将有进一步讨论。

"过极失当,变故易常"的表现。① 这样的后果将是"戮受其刑"——遭到惩罚乃至走向灭亡。

前面两段言论从不同的角度说明了"德虐之刑"的重要性。那么此"刑"、此"法"具体包括哪些内容呢?它对两种治术的约束力具体是如何表现的呢?《观》篇该段之后是黄帝对力黑的回答,其言之核心在于"先德后刑以养生""先德后刑顺于天"。仅就此篇而论,作者强调的"法"即在"先德后刑"此点。若从此书之整体进行把握,则前面曾考论的"刑德相养""二文一武",亦属"法"之范畴。作者在相养、先后以及主次问题上的论述,既体现着他在"德""刑"关系上的看法,同时也代表着其思想中"德""刑"之"法"的内容。

此外,《经法·六分》曰:"主上者执六分以生杀,以赏信,以必罚。"在此,"六分"(政事顺当和悖逆之间的六种分际)即成为一项关于施行"德""刑"的基本法度。② 同篇又曰:"文德究于轻细,武刃于〔巨室〕。"这也是"法"的一项内容。此"法"意味着,德赏不遗细民,刑罚不避权贵,二者之施用应一视同仁——施赏行罚当以功罪而论之,不能因身份阶层而区别对待。这种思想和商鞅的"刑无等级"(《商君书·赏刑》)、韩非子的"法不阿贵"(《韩非子·有度》)是相一致的。儒家主张"礼不下庶人,刑不上大夫"(《礼记·曲礼上》),就"刑"之施用而言,其主张与黄老、法家不同。

由上可见,"德""刑"虽出自君王之手,但不意味着他可以随意行使,二者之施展应遵循一定的法度,施赏行罚之权力要接受"法"的制约。在"法"的内容上,作者所作之规定仍属抽象,他没有给出很具体的设计。比如,在《吕氏春秋》和《礼记·月令》中,

---

① 在此文段中,"常""极""法""名"诸词的意义大致相当,都是指恒常之法度。所谓"无常""无法""爽名""过极失当,变故易常",都是指违背常法的表现。

② 关于"六分"的具体内容,详见第二节讨论"玄德"处所引。

第五章　德政的开展：《黄帝四经》的"德"观念

我们可以看到关于"先德后刑"的比较细致的规定，① 这样的规定在《黄帝四经》并无出现。因此，所谓"德""刑"的制度化，并不是说此书提出了很具体的制度设计，这种定位首先是就书中所强调的二者之施用必须遵循客观之"法"此点而言，其次是就书中所提出的"刑德相养""先德后刑""二文一武"以及无分贵贱等几项规定而论。在"法"的内容上，此书只提出比较抽象的规定，并未进行细致的设计，这和它作为理论著作的属性有关。②

（二）"法"的本质与诸种属性

就其内容而言，"法"在很大程度上即是对"德""刑"之施用的制度性规定。从性质来看，"法"作为一个制度体系本身即具有客观性与普遍性，这是施德用刑之权力需接受其制约的原因所在。"法"之所以具有此等属性，和它本源于"道"这一点直接相关。要充分理解施德用刑之权力何以要接受"法"之制约，我们还需进一步考察此书关于"法"的基本思想。

此书之开篇即强调了"法"的本质及其诸种属性：

　　道生法。法者，引得失以绳，而明曲直者殹（也）。故执道

---

①　此内容见于《吕氏春秋·十二纪》中每纪之首篇，其论与《礼记·月令》大致相同，关于孰先孰后（究竟是《吕氏春秋》摘取于《月令》，还是《月令》摘抄《吕氏春秋》）的问题，学界不无争议。此以《吕氏春秋》为例进行说明。《孟春》："天气下降，地气上腾，天地和同，草木繁动。……命相布德和令，行庆施惠，下及兆民。庆赐遂行，无有不当。"《仲春》："日夜分。雷乃发声，始电。蛰虫咸动，开户始出。……安萌牙，养幼少，存诸孤。择元日，命人社。命有司，省囹圄，去桎梏，无肆掠，止狱讼。"《孟夏》："天子亲率三公九卿大夫，以迎夏于南郊。还乃行赏，封侯庆赐，无不欣说。乃命乐师习合礼乐。命太尉赞杰俊，遂贤良，举长大；行爵出禄，必当其位。"《孟秋》："凉风至，白露降，寒蝉鸣，鹰乃祭鸟，始用刑戮。……命有司修法制，缮囹圄，具桎梏，禁止奸，慎罪邪，务搏执；命理瞻伤察创、视折审断，决狱讼，必正平，戮有罪，严断刑。"《仲秋》："日夜分，雷乃始收声，蛰虫俯户。杀气浸盛，阳气日衰。……命有司申严百刑，斩杀必当，无或枉桡，枉桡不当，反受其殃。……无或失时，行罪无疑。"《季秋》："草木黄落，乃伐薪为炭，蛰虫咸俯在穴，皆墐其户。……寒气总至，……乃趣狱刑，无留有罪。"《孟冬》："天气上腾，地气下降，天地不通，闭而成冬。……工有不当，必行其罪，以穷其情。……行罪无赦。"

②　此书是从思想观念的层面论议"德""刑"之"法"。它是一部理论著作，不是一部法典，所以也不可能进行具体的制度设计。

・507・

者生法而弗敢犯殹（也），法立而弗敢废〔也〕。〔故〕① 能自引以绳，然后见知天下而不惑矣。虚无刑（形），其裻（寂）② 冥冥，万物之所从生。

自此书出土以来，"道生法"之论一直备受关注，以至于被视作黄老学说之核心。一般地，我们对这一命题会作如下之理解：黄老学倡导由"法"治国，并以老子的"道"生万物之思想来解释"法"的来源问题。这样的理解其实有点笼统，尤其是，其间所含的黄老道家对"法"之本质的看法，还没有得到足够清楚的揭示。

要理解这一命题，首先应注意此所言"法"究竟何指。对此，我们在前面已有论述。③ 其次是要注意此所言"道"究竟何谓。曹峰先生曾将黄老所论"道"区分成形上玄妙之"道"和现实直观之"道"（天地之道），并指出这两种"道"对于政治具有不同的意义，前者可体现"道"的权威性和绝对性，后者可提供更为实际的指导作用。④ 此见解对于把握"道生法"之义颇具启发性。笔者想进一步指出的是，黄老所论"道"确实存在这两种形态，但这两种形态有时候是"混杂"在一起的。比如"道生法"之"道"，从后面的"虚无形，其寂冥冥，万物之所从生"来看，这是形上玄妙之"道"；但与此同时，此"道"又是现实直观之"道"，即《黄帝四经》频频论及的"天道"或"天地之道"。在理解"道生法"的意义时，后一种"道"显得更为关键。

如前所述，"法"的内容在很大程度上即是对"德""刑"之施

---

① "故"字原缺，据陈鼓应《黄帝四经今注今译》（第4页）补。
② "裻"字有不同解释，或依本字解为衣背之中缝、引申为中枢，或读为"寂"，或读为"督"。笔者赞同读为"寂"的观点。关于此字释读的不同意见，以及应当读为"寂"的原因，详见陈鼓应：《黄帝四经今注今译》，第6页。
③ 它的一大内容是关于"德""刑"之施用的制度性规定，此外也包括"逆顺之纪""先后之名""静作之时"等其他方面的法度（见前引《十六经·观》"力黑已布制建极"一段）。当然，这是此书关于"法"之内容的比较集中的论述，并不意味着它所理解的"法"仅限于此。
④ 曹峰：《出土文献视野下的黄老道家研究》，《中国社会科学》2013年第2期。

第五章 德政的开展：《黄帝四经》的"德"观念

用的制度性规定，诸如"刑德相养""先德后刑""二文一武"以及无分贵贱等，都是"法"的体现。"法"的这些内容源自何处呢？答案即在于作为"阳""阴"之表现的天之"德""刑"（天地对万物的两种基本作用）。天之"德""刑"本有相养、先后、主次的"道"，故而人世间之"德""刑"亦有相养、先后、主次的"法"；天之"德""刑"对待万物一视同仁，能够"兼覆载而无私"（《经法·六分》；"兼"谓普遍），沿承此"道"，故人世间之"德""刑"亦有不分贵贱之"法"。在此意义上，所谓"道生法"，其实是说天地间的阴阳运行之"道"衍生出人世间的刑德施用之"法"。

此书一方面保持老子所论"道"的形上玄妙之特性，这是为了体现"道"的崇高性与权威性，而其最终目的则在于增强"法"对为政者的震慑力和约束力。与此同时，它的意义又指向形而下的天地之"道"、阴阳之"道"，这才是实际上的"生法"之"道"。这里也体现出"德""刑"问题对于理解黄老思想的关键性。从"德""刑"问题切入，结合"道"的两种形态，我们能够对"道生法"这一紧要命题得出比较确切的理解。①

理解此命题的第三个关键点是其间的"生"字。此字在命题之后文也有出现——"执道者生法"。这两个"生"字的意味大有不同。"道生法"之"生"是指衍生，它强调的是"法"以"道"为依据。"执道者生法"之"生"则是指现实当中法度的制定。这两个"生"字虽义有不同，但存在紧密之联系。现实生活中，"法"都是立法者所"生"，不过，此"生"并非立法者凭乎己意而"生"，实乃源"道"而"生"。所谓"执道者"（"执"谓把握），已设定了这一前提。立法者只是以"法"的形式将本然自在之"道"呈现了出来，并不是根据他的个人意志"生"出法度。

比如在前引的"力黑已布制建极"一段中（《十六经·观》），力

---

① "道生法"之论还存在另一理解的角度。以规定"德""刑"之施用为内容的"法"是合乎"自为"之"人情"的，简要来说，"法"是来源于"人情"的，这一情况即是"生法"之"道"。

◇◆◇ 先秦道家"德"观念研究

黑作为立法者,并不是根据自己的个人意志制定法度,他只是将天地间本然自在的"道",用"法"的形式加以确立而已。这里将引发一个问题:既然此"道"在天地间是普遍存在的,那么属于天地间的人类社会又何必重新确立呢?《十六经·姓争》的一段话包含着对这一问题的解答:"夫天地之道,寒涅(热)燥湿,不能并立;刚柔阴阳,固不两行;两相养,时相成;居则有法,动作循名,其事若易成。若夫人事则无常,过极失当,变故易常;德则无有,昔(措)刑不当;居则无法,动作爽名,是以僇(戮)受其刑。""天地之道"本然自在,但人事往往会"过极失当,变故易常"(不遵守自在之"道"),故而需要以"法"的形式对其加以确立,尤其是需要以"德""刑"的方式对其加以保障——基于人的趋利避害之情性,德赏能够勉励大家遵守"道",刑罚能够禁止人们"过极失当"。"德""刑"之所以成为治国的基本方式,于此亦可见一斑。

要言之,"执道者生法"的"生"是生成论意义上的"生"。现实当中,是执道者将"法"制定了出来。而所谓"道生法"的"生",其实无关生成论,它强调的是"法"的本质——"法"是"道"在制度上的一种呈现。这种呈现是指执道者/立法者将本然自在之"道"以"法"的形式加以确立。可见,"道生法"的要害并不在于解释"法"的来源。与其说这一命题是从生成论角度解释"法"的来源,毋宁说它是从存在论角度说明"法"的本质。[①]

理解到"法"作为"道"之制度呈现的本质,则容易继续把握此文段所涉的"法"的诸种属性。"法"的制定无关于立法者的个人意志,他们只是以现实制度的形式将本然自在之"道"加以呈现而已,这是"法"之所以具有客观性的根本原因。"法"的客观性不仅体现于它的制定过程,同时也体现于它的施行过程。《称》篇有如下

---

① 王中江先生曾援借西方的自然法和实在法的理论,以说明此间所言"道""法"之内涵(《黄老学的法哲学原理、公共性和法律共同体理想——为什么是"道"和"法"的统治》,《天津社会科学》2007年第4期)。黄老所论"道""法"之义,与西方学说中的自然法和实在法确实有类似之处。实在法本质上是自然法在制度形式上的一种呈现,论至黄老学中"道""法"之关系也是如此。

· 510 ·

第五章 德政的开展：《黄帝四经》的"德"观念

言论，正是要强调后一种情形：

> 世恒不可择（释）法而用我。用我不可，是以生祸。有国存，天下弗能亡也；有国将亡，天下弗能存也。

这里的"我"代表着与"法"对立的为政者的主观意志。"释法而用我"是说舍弃法度而用个人之私意。如果说"道生法"之论提示了"法"的制定不能夹带个人之意志，那么"不可释法而用我"之言则是强调"法"的施行不能出此等情形。

进而可看到，为政者依"道"所立之"法"不仅对辖内臣民具有约束力，对于其自身也具有同等的约束力，这是"法"之普遍性的一个体现。"道生法"一段中，所谓"弗敢犯""弗敢废""自引以绳"，正是要强调"法"的这一属性："法"一旦"生"出，它将适用于辖内一切人等，包括制定者本身也要接受它的约束。此外，《经法·六分》所主张的"文德究于轻细，武刃于〔巨室〕"，实际上也是"法"之普遍性的一个体现——它不会因为身份阶层的不同而在施用上出现差异。另需注意的是，《十六经·观》曾说到"德虐之刑"的作用在于"因而勒之"（用它来约束大家），结合此间所论"法"的普遍性可知，受此"刑"所"勒"的人自然也包括制定此"刑"之人。

"法"的客观性和普遍性也意味着它是一种具有公共性的制度，它体现的是公共利益的诉求，并不像以往很多研究所讲的它是服务于君主专制的工具。[①] 根本上来说，"法"的诸种性质均来源于"道"，这和前面所说的"法"之内容来源于"道"意思不同。排除个人意志，体现公共诉求，对一切人等皆具约束力，说到底，这些都是"道"的属性。

总之，"法"是"道"的制度呈现，这是此书关于"法"之本质

[①] 关于这一点，王中江先生论之甚详。见王中江《黄老学的法哲学原理、公共性和法律共同体理想——为什么是"道"和"法"的统治》，《天津社会科学》2007年第4期。

的基本定位，也是它框定"法"之诸种属性的根本依据。通过"法"，原本在老、庄思想中形上玄奥的"道"即获得了现实的表现形式。在黄老道家看来，"法"能够规避"我"之因素而成为全然体现"道"的制度载体，这是他们倡导由"法"而治的深层原因。但老、庄在此点上的看法有所不同。在社会制度能否规避个人意志的问题上，老、庄的看法显得比较消极。老子将"礼"归为"下德"（《老子》第三十八章），[①] 庄子将"经式义度"定性为"欺德"（《庄子·应帝王》），都是此等看法之反映。正如前文已指出的，老、庄没有完全否定社会制度的价值，但他们对社会制度能否规避"我"之因素持比较悲观的态度，故而其思想中虽然存在关于为政之积极责任的设想，但此等责任并没有得到更进一步的制度上的确认。

和老、庄所思不同的是，黄老道家对制度能否规避"我"持一种乐观的态度——"执道者"能够制定出一种只体现"道"而不夹杂"我"的"法"。这就为黄老道家引入"法"敞开了空间，或者说为他们对积极责任进行制度规划提供了可能。[②]《黄帝四经》开篇提出

[①] 老子也将"仁""义"归为"下德"。广义上来说，为政者以"仁""义"治国也是现实法度的一个表现。这里只以法度形式更为显著的"礼"进行讨论。另外，人们通常是基于《老子》第五十七章的"法令滋彰，盗贼多有"，认为老子对现实制度持批判的态度。老子固然有此态度，但此言论或无法成为依据。"法令"二字在楚简本、帛书乙本、汉简本以及河上公本中皆作"法物"。此词与该章前文的"奇物"相对。"奇物"指人们觉得奇怪的事物，"法物"指人们觉得正常的事物。该章相关文句在楚简本作："人多智天＜而＞戠（奇）勿（物）慈（滋）记（起），法勿（物）慈（滋）章（彰），眺（盗）恻（贼）多又（有）。"这是说，"法物"也好，"奇物"也罢，都是"人多智"而制造出来的东西，这类东西越是增多，越是诱使人们为盗。其意与《老子》第三章的"不贵难得之货，使民不为盗"两相呼应。有关此问题的详细考论，可参拙文《老子"物"论探究——结合简帛〈老子〉的相关信息》，《中国哲学史》2021年第1期。

[②] 此处所讨论的黄老和老、庄思想中的社会制度，是一种宽泛的指称。当时的社会制度主要包括"礼"和"法"两种形式，前者是殷周以降的传统制度，后者是战国时期逐渐流行的新兴制度。老子将"礼"归为"下德"，庄子将"经式义度"定性为"欺德"，主要是基于对传统制度的不信任（"经式义度"和"礼"更为接近）。黄老倡言"道生法"，肯定"法"的价值，则是针对新兴之制度。黄老和老、庄对社会制度持不同的态度，也许和"礼""法"之差异不无关系。就老子到黄老这一脉络来看，老子虽然批判"礼"，但他并没有杜绝援入其他形式的可能，因而黄老补充"法"的观念，也不构成对老子思想的根本违背。

的"道生法",集中体现黄老学以老子思想为基础而吸收"法"之观念的理论特色,这一点研究者已论之甚多。需进一步看到的是,这里还关乎黄老道家和老、庄对于制度能否规避"我"的不同态度。并且,黄老道家引入"法"的观念未必是受法家之影响。在战国时期,"法"的观念逐渐流行,诸子多有论及,法家是尤为重视它的一个学派。正如同"道"不是道家的专有概念,"法"也不是法家的独有之言。

当然,不管黄老学中的"法"是否接受了法家的影响,两家关于"法"的看法确实存在诸多的相似之处。在法家思想中,"法"在很大程度上即是对"德""刑"二柄的制度性规定,并且,法家同样强调"法"的客观性和普遍性。① 史华慈(Ben Jamin I. Schwartz)将法家所论之"法"概括为普遍的、客观的非人格化的刑法和奖赏体系,② 颇能体现其义。某种意义上,这种概括也能用于黄老所论之"法"。但这不意味着两家关于"法"的理解是完全一样的。殊为不同的一处是,黄老学基于"道生法"而强调"法"的本质,并以此为基础框定"法"的诸种属性;而法家则直接界定"法"的属性,没有进一步追寻其属性之依据。③ "法"在本质上是"道"的制度呈现,这是黄老学的一个创见,是它在当时的"法"思潮中所作的一大贡献。

第四节 综 论

自老子以后,道家围绕"德"从不同的向度作出发展。庄子从"天下之德"着手,关切个体德性如何实现的问题,黄老则基于"帝王之德"思考德政如何推行的问题。道家思想中的德性与德政并无截

---

① 如《韩非子·有度》曰:"故当今之时,能去私曲就公法者,民安而国治;能去私行行公法者,则兵强而敌弱。"《韩非子·饰邪》曰:"禁主之道,必明于公私之分,明法制,去私恩。夫令必行,禁必止,人主之公义也。"这和《黄帝四经》的"不可释法而用我"之论如出一辙。

② [美]史华慈:《古代中国的思想世界》,第345页。

③ 虽然韩非子也曾论及"道"(包括对老子所论"道"的阐发),但他并没有立足于"道"来说明"法"的本质。

然界线，不同的学理系统对二者的思考方式有所不同。在庄子思想中，天下人德性的实现离不开君王德政的保障。① 在黄老学这里，君王德政之推行则要建立在其德性的基础上。所谓德政，可以理解成君王之德性在政治领域的行动开展。这是黄老学所含蕴的从内圣到外王的基本思路。黄老学是一个复杂的系统，不同的文献对德政思想的发展有不同的侧重。就两部典型文献来看，《管子》四篇关注的是德政何以可能的内在基础，而《黄帝四经》则似乎默认了德性存在的前提，乃将重点放在了德政的具体开展上。

如何开展恰当的政治活动以成就"帝道"之功业，是《黄帝四经》所要处理的主要问题。对此它提出的基本方案是"推天道以明人事"：把天地自然法则作为政治行为之圭臬，在天、地、人三才互动的一体结构中，开展"参于天地，合于民心"②的政治活动。在此思路中，"德"是评判政治正当性的核心标准，合乎"德"的政治即是正当的政治，这是此书对帝王政治活动的基本规定。这种规定不仅表现于人事之"德"对政治行为的直接规范，也表现于天地之"德"所提供的更具普遍性的引导。③

天地之"德"和人事之"德"是此书关于"德"的两个基本论域。此二者都包含广、狭两义，分别代表其间的两个层次。广义上的天地之"德"是指应当被效法的天地之德行，此德行表现于天地对万物的覆载、成就之功，这是为政之"德"的正当性来源。狭义上的天地之"德"则专指天地德行的一个方面，此即与刑杀相对的生长万物的表现，这是治术之"德"的合理性根据。倘若无"德"（狭义)，则万物无以成长；若是无"刑"，则万物无以推陈出新。对于万物整体上的存续和发展而言，天地所施的"德"与"刑"都是需要的，它们是广义天地之"德"的两个方面。同样道理，对于人间

---

① 庄子也讲"帝王之德"，此"德"将表现为"在宥天下""藏天下"，从而为天下人德性之实现提供一个自由的场域。详见庄子章第三节。
② 语出《经法·四度》："参于天地，阖（合）于民心，文武并立，命之曰上同。"
③ "道""理""常"等概念有类似的功能。关于"德"和它们的联系，后文将有总结。

第五章　德政的开展：《黄帝四经》的"德"观念

社会的太平境地而言，帝王所掌握的"德""刑"两术也是不可或缺的，它们是更高层次的为政之"德"的两种落实途径。可见，"德"在此书之含义虽然复杂多样，但这些义项不是孤立、零散的存在，它们之间实有深层之关联。概而论之，为政之"德"和治术之"德"是天地间两层之"德"在人类社会的具体表现，后两者是前两者之所以具有正当性的基本依据。如此思路，正是黄老学"推天道以明人事"之理念在德政问题上的一个反映。

通过以上总结，我们可用下图对《黄帝四经》中"德"的义理构造作一简示：

图 5.1　《黄帝四经》"德"观念的内在构造

比起关注"内德"的《管子》四篇，《黄帝四经》侧重的是"外德"。同时它又将"德"延伸到宇宙自然的大场景，以此作为"外德"开展之依据。《管子》四篇中"德"也关乎宇宙论，但其间之构造大有不同。总的来看，"关系"依然是《黄帝四经》论"德"的思想基底，但在"关系"的构造上，它和《管子》四篇多有差异，比起老、庄思想也表现出明显的不同。"德"具有不同的意味，和作为思想基底的"关系"具有不同的构造直接相关。

《黄帝四经》的宇宙论由两种关系构造而成，一是道家哲学一以贯之的道物关系，二是此书所特别彰显的天物关系。[①] 此书关于

[①] 此书在有些地方是讲论天地与万物的关系，有些地方则讲论"天"与万物的关系。前一语境中"天"与"地"相对，后者中"天"含"地"在内。为讨论方便，这里将两种情形合称为"天物关系"。

◇◆◇ 先秦道家"德"观念研究

"德"的论议只出现在天物关系中，它或指天地对于万物的整体作用，或指天地对于万物的一方面功能。虽然道物关系也是此书塑造宇宙论的一个架构，但其"德"论并未依托于此。因此，这里没有出现老子类型的"道"之"德"，也没有出现庄子类型的万物之"德"。

　　此情况不仅涉及"德"义的演变，在更深的层次上还关联着此书理论结构的变化。在老子哲学中，"道"是世间万物生成与存在之本根，它所具备的"德"乃是万物化生与活动的力量源泉；具体到人世政治领域，"道"之"德"乃是圣人之"德"的基本依据，圣人在体认"道"的基础上开展"生而弗有，长而弗宰"的有"德"之政。"道"之"德"是老子对人世德政的基本指示，但这一指示十分抽象，甚至显得玄奥缥缈。《黄帝四经》没有将"德"放在道物关系中进行讨论，而是放在了直观可见的天物关系之中，如此做法应是为了给人世德政提供一种更加现实而具体的指示。作为天地覆载、成就万物的表现，"天"之"德"比起"道"之"德"显得更加直观、更为现实。道家宇宙论不仅是对万物之生成、存在之本根进行追溯，同时也是对人间事务之开展给予指导。在《黄帝四经》中，天物关系的彰显不仅反映着它对万物生成与存在问题具有不同的看法，同时也提示着它在追寻一种对于政治事务更具实际指导性的行动指南。[①]

　　在道家哲学里，道物关系是呈现宇宙论的基本架构，但天物关系也一直存在其间。这两种关系在道家宇宙论中一直是交错存在的。在老、庄以及《管子》四篇的思想里，道物关系是主要的架构；但在《黄帝四经》这里，天物关系显得更加突出。在两种关系的交错之中，"天"与"道"这两个概念处于一种相互缠绕的状态：在道物关系里，"天"隶属于"道"，它是为"道"所生的物之大者；而在天物关系中，"道"隶属于"天"，它是表示"天"之运行法则（天

[①] 《管子》四篇的宇宙论在沿承道物关系的同时，又彰显气物之关系。比起道物关系，气物关系和天物关系都表现出具象化的倾向。

第五章 德政的开展:《黄帝四经》的"德"观念

道)的一个符号。道家哲学里"道"与"天"一直是缠结互绕的,个中情况复杂而微妙。① 这种情况也见于儒家思想。大局上可以说,道家以"道"为上而儒家以"天"为高,但细究之下可发现内中情况其实要复杂很多。在道家思想中"天"的概念一直贯穿着,甚至有时还表现出高于"道"的倾向;而在儒家思想中"道"也一直扮演着重要角色,有些场合中其地位甚至会超越"天"。②

接下来看心性的论域及其关系构造。相比于此前所考察的道家文献,此书在这一维度上的意义显得薄弱一些。老子和《管子》四篇都很关注治国圣人的德性问题,这是德政赖以开展的内在之基础。庄子则将目光投放于天下间所有个体,以"心"之"悬解"展放生命内蕴之"德",这是他提供的关于成德体道的基本方案。在这三个系统中,心性论都是"德"的重要论域,而呈现此论域的架构主要便是人和道的关系(《管子》四篇还包括人和精气的关系)。《黄帝四经》的心性论域包括了人与道的关系、人与天的关系。其所论"玄德"暗含着人与道的关系,而所言之"明德"则牵连到人与天的关系。③ 但总的来看,此书没有在有得于"道"/"天"的意义上讲论"德",也不怎么关心"德"以何种方式得到修养。即便其所论和心性问题并非毫无关联,但这一维度依然是比较薄弱的。从"德"的基本义项来看,心性论域中"德"的基本义项是为"获得"。此书所

---

① 以"天"为本源是西周以降的思想传统,以"天道""人道"表示天地、人事之法则,在春秋时期已逐渐流行。老子从"天道""人道"思想中萃取出形而上的"道",以之取代原来作为万物之本源的"天"。不过,老子的取代并不彻底,他仍保留了"天道""天之道"的思想。庄子继承老子的"革命"成果,但同时也像老子那样,对"天道"思想给予了保留。《管子》四篇以超拔而纯粹的"道"为主,但同时也屡屡论及"天之道",其情形和老子颇为类似。至于《黄帝四经》,则是"天道"之论变得更为显要。在其言论中,那种隶属于"天"的"道"要多于那种超拔而纯粹的"道"。

② 在先秦至汉唐的儒家思想中,整体上来看,"天"是高于"道"的。但到了宋明时期,情况变得复杂一些。"理"的突显让"道"的地位明显提升。理学家们将自己的学问思想也称为"道学",可见一斑。

③ 关于"玄德"作为人、道之联结,书中未有明言。从它所源的老子"玄德"思想来看,这里应暗含人、道之关系。至于"明德",它直接面向的是天下臣民,其所依托的架构是帝王和臣民的关系。但"正以明德,参之于天地,而兼覆载而无私也"(《经法·六分》)的思想,提示着"明德"也牵连到天人之关系。

· 517 ·

◆◆◆ 先秦道家"德"观念研究

论"德"皆基于"恩德"之义项,①"获得"之义项并无显见。其思想中"德"的心性维度比较薄弱,和它没有立足于"获得"讲论"德"有关。

这里也关乎"德"的内外义问题。大局上来看,从早初思想到诸子学说,"德"经历了一个逐渐内在化(从强调德行转向强调德性)的过程。但需要注意的是,这种演变只意味着"德"的重点发生了转移,并不是说诸子以前只有行为义而诸子时期只有心性义;此外,在诸子时期不仅"德"的行为义仍有表现,而且在某些思想系统中甚至会出现行为义强于心性义的情形。就后一点而言,《黄帝四经》中"德"的思想即是一个典型。

政治论域是此书"德"观念的主要论域。首先需指出的是,在此书思想中君臣关系的问题得到了其他三个系统所未有的重视。在老、庄思想中,君臣关系的问题没有引起专门关注,其政治论域基本上是关心王民之关系。《管子》四篇对君臣关系有所留意,《心术上》以心身类比君臣即是一处表现。在《黄帝四经》这里,君臣关系的问题得到了更多的关注。比如"玄德"所面向的对象主要是群臣,又如"德""刑"两术在面向天下民众的同时也指向君王管辖下的臣工。

"德"在此书之政治论域中包括原则与措施这两个层次的意义,前者以"玄""明"两"德"为代表,后者以"德""刑"之术为要害。"玄""明"之汇流在体现黄老学兼容并蓄之特点的同时,也提示着作者关于为政治国之两面的基本设想——行事公正、敞明的同时又需运用一定的权谋之术。正所谓"其明者以为法,而微道是行"(《十六经》的《观》《姓争》均见此语),这种汇流某种意义上也反映着"法"与"术"的结合。在第二层次,"德"作为一种奖赏措施,与另一种治术("刑")相配合。作者对两种治术的关系作出了多重规定,并从天道和人性两个层面找寻二者的正当性

---

① 从上图可看出,"德"在此书共包含四种含义。它们虽有差异,但都是基于"恩德"之义项。

第五章　德政的开展：《黄帝四经》的"德"观念

依据。在具体实施上，他强调"德""刑"行使之权力必须接受"法"的制约。

以上围绕作为思想基底的关系进行总结，接下来叙述"德"与"道""无为""自然"等概念的关系。如前所述，此书论"德"没有依托于道物之结构，这里没有出现老子类型的"道"之"德"，也没有出现庄子类型的万物之"德"。因此，"道"与"德"的体用关系或者内在超越之关系在此书中并无显见。这两个概念在此间主要表现为并列之关系，包括宇宙论中"道"与"德"都可指称天地之表现，以及政治思想中"道"与"德"均能规定为政之方向。二者的内涵有类似之处，但侧重点各有不同。"道"强调原理、法则之义，偏重于指示性。[①] 至于"德"，则是指德行、功德，偏重于评价性。在规定政治时"道"强调的是帝王行为应遵循此"道路"，而"德"则主要体现遵循此"道路"所能收获的效果——施恩于民，成就天下太平之功业。"道"与"德"都含有价值意涵，但相对来说，"德"的评价性更为浓厚，这和它自西周起即作为政治评判之核心标准有关。

"无为"与"自然"在道家哲学里存在两种关系形态（详见庄子章第二节）。《黄帝四经》延续了老子所开创的君王"无为"而民众"自然"的思路，但论至"德"在其中之表现，此书较之老子多有不同。在老子思想里，"德"是君王"无为"的内在基础，而民众"自然"则是此"德"之旨向。《黄帝四经》中作为政治原则的"德"某种程度上也带有此等意味，但它主要是通过"德""刑"因循"人情"这一点来体现"无为"与"自然"的思想。"德""刑"之施用正符合人的"自为"情性，臣工以及民众的"自然"在此等治术之中得到了实现。因循"人情"也说明君王之治理并未构成不正当的干涉，其行为乃合乎"无为"（"为"指干涉）的原则。并且，依"法"实施"德""刑"将能达成君逸臣劳之格局，这是君王得以

[①] 类似于"道"的还有"理""常"概念。"理"和"道"都侧重于原理、法则之义。"常"在指涉此义的同时又强调理则的恒常性。

"无为"的一个条件。可以看到,不管是"无为",还是"自然",在此书的治术化倾向中都获得了更具可操作性的行动方案。

黄老学是一个兼容并蓄的学理系统,这一点已成为我们的通识。在"德"的观念上它的这一特点有鲜明的表现。但也正是通过这一观念,我们又可发现黄老学的兼容并蓄并不是对各种思想进行简单的组合而已。它确实吸纳了不同来源的思想理论,但与此同时它又进行了一定的改造,融会成一种具有自身之特性的学理系统。从"德"的观念看,至少有以下几个方面可体现黄老学的这一情况。

首先是,"德"在宇宙论中所依托的是天物之关系,至于老子所开创的道物之关系在这里虽然得到了延续,但是它没有成为"德"论之基底。结合王民之关系可知,从天物关系到王民关系的脉络,其实是三才结构的一种复杂化形式:"人"这一"才"被区分成为政者和民众两类群体,而"天"和"地"此两"才"则通过对芸芸万物的作用来表现它们的性能。老子思想中的从道物到王民的思路在此书中并不突显,它更关注的是在天、地、人三才一体的结构中,提供一种更具可操作性的行动方案。此外,它没有将"德"放在道物关系加以论述,但它的宇宙论仍保留了这一架构。从指导人事来看,这是为了突显"道"的崇高性和权威性,从而增强其行动方案的震慑力和约束力。

其次,"玄""明"两"德"的汇流也是一个典型的表现。"明德"是西周以来一直流行的观念,儒墨两家都继承和发展了这一传统。老、庄丝毫不提此语,而代以"玄德"之论,其重造传统之意暗蕴其间。可以说,"玄""明"两"德"在诸子学说中代表着两种旨向不同的德政传统。这两种传统在《黄帝四经》这里出现了汇流。这一汇流不是直接复制两种既有思想,而是在结合的基础上对其加以改造,以表明自身的学理主张。相比于老子的"玄德"之论,此书更强调"王术"的配合,试图以此为"玄德"之落实提供一个具体方案,在此过程中也让"玄德"带上了权谋的色彩。论至"明德"方面,其论不仅有别于早初思想,在诸子的同类言论中也具有自身的特色。不同于儒家在"诚意""正心"的基础上将"明德"视作德性

第五章 德政的开展:《黄帝四经》的"德"观念

修养的基本要求,也不同于墨家在"天志"的笼罩下讲论"明德",此书乃是在天地人互动的三才结构中,将"明德"视作帝王参合天地的必然结果。可见,无论是"玄德"还是"明德",在此书之中都获得了新的意义。通过对此二者的改造和结合,作者要表达的是他关于为政之两面的基本设想。

最后,"德""刑"及其相关的"法"的思想亦能体现黄老学的自身特点。"德"成为一种与"刑"相辅相成的治术,这种思想在春秋时期已有出现。此外,它在西周时期所具有的作为政治原则的意味在春秋时期也被延续了下来。在春秋时期"德"存在两个基本的层次,后来的儒家、墨家以及道家当中的老、庄,只沿着为政原则的层次展开思考,而法家则只是关注治术的层次。黄老道家同时继承了"德"的两个层次,并作出了新的发展。就治术这一层次来看,黄老所论和法家具有共性的同时又表现出诸多的差异。首先,法家也强调相辅之关系,但在主次轻重的问题上,其看法不同于黄老的重德轻刑之论。商鞅主张"刑九赏一",韩非子则采取两者并重的立场。其次,围绕两术的正当性问题,法家也重视人性方面的论证,但它不关注天道层面的依据。再次,以"法"约束施赏行罚之权力,是两家的共同主张,但法家没有为"法"的存在找寻更深层次的依据。黄老提出"道生法"的命题,并不是将道家之"道"和法家之"法"加以组合那么简单,这里包含着它对"法"之本质的理解。"法"的本质是"道"在制度上的一种呈现,这是黄老的独有之见。在当时的"法"思潮中,这是一个非常重要的理论贡献。

基于老子所提出的抽象原则,提供现实具体的、更具可操作性的行动方案,是黄老思想的宗旨所在。这不仅见于《黄帝四经》,也见于《管子》四篇。前者主要从外王方面提供具体的行动方案,后者则主要从内圣方面给出比较细致的指示。《黄帝四经》突显三才之结构,以治术定位"德",《管子》四篇主以精气之论,大谈修养"内德"之心术,凡此种种,都是这一宗旨下的产物。

结　语

人的思想总是处于生生不息、变化不断的过程。这不仅是说当下我们自身的思想，也是说过去存在的思想。思想变迁集中表现在观念的演变上。观念是思想的基本单位，观念之于思想，就好比细胞之于生命体。思想在变化的同时又会保持自身的同一性，变化之中总有不变之处。大至人类整体之思想，小至我们个人的思想，都是如此。具体到观念来看，它们在演化的同时也会保持自身的同一性，这是思想在变化之中又具有不变性的基础所在。

论至历史上曾经存在的道家思想，其理亦然。道家思想一直处于演化、变动之中，且不论它从诞生至今的两千多年的过程，仅就先秦诸子时期来看，它也一直处于变化之中。不过，变化之中它又具有自身的同一性，这是道家之所以成为道家的原因所在。道家思想的变和不变，由众多观念符号的变和不变所构成。"道""德""天""有""无""真""朴""化""自然""无为"等等观念，是构成道家思想生命体的基本细胞。它们的变与不变是道家思想之变与不变的集中体现。

从思想和观念的关系来看，观念史研究是我们了解过去某种思想的必经之路。对于观念史研究，人们可能会把它看成对一个观念之演变的考察。这里有两点需要澄清。一是，围绕某个观念开展研究，不代表只关注这一个观念。观念和观念之间总是处于复杂纷纭的关系之中，而观念的意义也正是在这些关系中得以体现。在一个观念没有和其他观念发生关系的情况下，它不可能拥有自身的意义。因此，围绕某一观念开展研究，实际上是选择了它作为中心，去考察它所在的思想体系。二是，观念史研究不仅关注观念在历史中的演变，同时也关注演变之中的不变之处。一个观念之所以成为一个观念，必然有其自身的同一性。追寻它在演化过程中某些一以贯之的内容，同样是观念史研究的关切所在。

就第一点来说，我们对道家"德"观念的研究，就不是仅仅针对这一观念的考察，而是选择了"德"作为中心，去探讨道家思想的内在机制。对于道家思想研究来说，这首先是一种视域转换。在过去的道家思想研究中大家的进路非常丰富，但不管采取哪一种，都或多或少带着以"道"为中心的视域。这不是研究者有意选择的结果，因为在道家思想里"道"本来就是一切事物的起源、一切存在的依据，在众多的观念符号之中它具有无可争议的优先性。以"德"作为研究的中心，则是有意选择的结果。这种"有意"具体来说包含以下三点。一则，《道德经》的书名和结构，以及司马谈所称"道德家"的意味，都提示着"道"与"德"并驾齐驱的情况。在以"道"为中心的视域中，研究者每每是出于论"道"之需要而涉及"德"，只有很少数的学者会把"德"直接当作研究的对象。"道"与"德"在研究中的比例和它们道家思想中本身的比例是远不相配的。二则，"德"是诸子以前思想舞台的主角，在诸子百家的哲学突破中它虽然不再具有那种无与伦比的主角身份，但它依然活跃，是诸子哲学突破的重要构成部分。选择"德"作为中心，正是要透过道家对这一曾经之主角的重造，考察道家哲学和殷周传统的关系，以及道家哲学中那些容易让人淡忘但又比较重要的内容。三则，从一般的文本和视域的关系来说，一种视域对文本意义的呈现总是有限的，视域的转换能够让文本意义得到更加充分的展放。以往的道家思想研究在呈现文本意义上作出了许许多多的贡献，但也容易造成某些固化的印象，它在呈现、突显某些意义的同时难免会淡化乃至遮盖其他的意义。从这一点来说，选择"德"作为考察的中心，也是希望对以往的研究视域做一种可能的补充和调整。

就第二点来说，我们对道家"德"观念的研究，就不是仅仅考察它在道家诸子中的演变情况，而是一并关注它的变化以及变化之中所蕴含的某种同一性。就前者而论，我们关心的是"德"在道家思想中是如何发生的，后来又是如何传承和发展的，它的变化和道家哲学之流变存在怎样的关系。就后者而论，"德"作为关系构造的枢纽和关键，是笔者对其同一性的基本定位。此所谓关系构造，是指作为道家"德"观念之基底的四组关系。这不是事先预设的框架，它是笔者在多年研究中逐渐发现的，现今把它提炼出来并加以突显。把这些内蕴的关系揭示出来，不仅有助于理解"德"的意义和角色，而且前面所说的以"德"为中心、重新探讨道家哲学的愿望也能拥有一个具体的路径。

在导论中笔者提出了围绕道家"德"观念有待探讨的五个方面的问题，包括它的含义、它的演化历程、它的内在构造、它与其他概念的关系，以及它在道家和他家之间的同异表现。含义是理解其他问题的基础，演化和构造即属上面所说的同时关注的两个向度，这是本书的主体内容，此后两个问题在辅助于"德"之理解的同时也是对道家哲学体系及其特质的探讨。论述其他问题将以含义为前提，对于第一项我们在此不打算专论。接下来围绕后面四个问题，对本书的研究作一总结。

一 "德"在道家思想的历程

中国哲学史上包含很多具有贯通性的巨链型观念，比如"天""命""道""德""仁""义""理""气""性""心"等。从目前已知的材料来看，"德""天""命"三者是最早登上中国思想之舞台的。而在此三者之中，最为紧要的则是"德"的观念。"以德受天命"的意识形态使它成为至关要害的符号，是它决定着"天"之"命"应该落往何处。这种无可替代的政治解释功能，让它成为那个时代思想文化的主角。"德"的这种角色始于周人的创造。甲骨文的"㣅"很可能是"德"字初文，并且"德"的观念在殷商时期应该已有出现，但它在当时还没有成为解释政权合理性的专门符号。学界一直争议的甲骨文有无"德"字、殷商时期有无"德"观念的问题，看起来是一个符号之争，其实问题的要害在于殷商时期有没有形成

结 语

"以德受天命"的意识形态。从这一点来说，即便我们认为甲骨文出现了此字、殷商时期形成了此观念，但依然无法否认周人思想的创造性。

"以德受天命"是西周政治思想的基调，这种基调到了春秋时期依然如故。不过，随着这一时期社会政治形势的变化，"德"的解释力又开始遭遇困境，这为诸子对它的改造提供了契机。道、儒、墨、法、阴阳诸家都参与了改造工作，① 其中贡献最大的是道、儒两家。在两家的重塑之下，中国的"德"观念脱胎换骨，从此迈向新的思想历程。它在两家学说中所获取的新的生命力，是它在日后能够继续前行从而贯穿中国之思想的动力所在。

面对曾经的思想主角，孔子在继承它某些内涵的同时又赋予新的意义。他延续了以"仁""智""勇"等品质作为"德"之内容的思想，但又突显"仁"的根本地位；同时他还消除了"德"的工具性思维，在其思想中"德"不再是获取某种效益的一种工具，它的价值只在于它自身；此外他确立了"德"的根源在于"天"，这延续了"天"的思想传统，但在"德"与"天"的关系上他的看法其实和此前大为不同。后世儒家继承了孔子的思路，并作出新的发展。孟子把"仁""义""礼""智"界定为"德"的核心内容，并提倡"以德行仁"的王道政治；他在强调"此天之所与我者"的同时，又倡言"知其性，则知天矣"。荀子没有把"德"看作人的先天品质，这和

---

① 关于道、儒两家情况，后面逐次论及。这里简要谈谈其他学派的情况。法家延续了春秋时期逐渐流行的"德""刑"思想，同时又把它们组合到"法"的框架内，让"德""刑"成为"法"的实质性内容。阴阳家倡导"五德终始"之说，以此解释朝代政权之更迭。在这里"德"的政治解释功能仍有体现。以"德"称谓五行之属性，进而与朝代政权之性质相匹配，这保留着以"德"指示政权正当性的意味，只是阴阳家不那么强调以"德"配"天"，而是倡言以"德"配"五行"。墨家继承了以"德"配"天"的思想，但在其"非命"的基调下，"天命"被改造成了"天志"，与此同时，"德"的内涵也被"兼爱"重新填充。可以说，法家延续并进行改造的是作为治术的"德"，而墨家和阴阳家所关注的则是作为政治原则的"德"。"德"在西周主要以原则层次出现，作为一种治术是在春秋时期开始流行。当然，如追溯起来，春秋时期所流行的治术之"德"某种意义上又体现着"德"的更古老的意味。在殷商时期，它本来就是指一种具体的治术（巡视、巡狩），是周人基于"以德受天命"的意识形态将"德"的层次加以提升。

他对人性的不同理解有关。在其思想中，"德"代表着人们"化性起伪"的基本方向，也是指引为政者治国理民的一个价值目标。

不同于孔子，老子走的是在批判中进行重建的路径。在《德经》开篇之处，老子一上来就明确区分"上德"与"下德"；对于此前的"以德受天命"的思想，他丝毫不论，而是倡言"孔德之容，惟道是从"；针对一直流行的"明德"之语，他也只字不提，反而倡言有点针锋相对的"玄德"。这种种迹象都暗示着他要重新打造"德"的观念。"德"的重造和"道"的升华是老子思想革命的两个方面，《道德经》的书名以及它的文本结构就是此情况的直接反映。

可以说，道家的"德"观念正是诞生于老子的深刻的批判意识。他通过改造以后的"德"来容纳他关于人事行为（尤其是政治行为）的基本主张，同时也通过升华以后的"道"来标示其主张的根本依据。所谓"孔德之容，惟道是从"，正是这一理念的集中体现。由此，"道"与"德"在中国思想上首度建立起明确的关联。① "德"作为人事主张的关键词，包括了对治国圣人的两个方面的诉求，一是大家比较熟悉的"无为"，一是人们容易忽视的"辅助"。② 老子的批判立场并没有让他走向完全消极的立场。他注意到世俗政治中标榜德政而对民众"自然"造成侵害的各种现象，遂提出"上德不德""无为而民自化"的主张。但这不意味着他一味地否定政治作为，而不留下积极行动的空间。通过对"德"的深入考察可以看到，他对为政者角色的规定包括了消极责任（无为）和积极责任（辅助）的两个方面。长期以来我们的研究都是聚焦于前者，这固然是老子思想的一个要点，但它不是老子对为政者角色的全部规定。

---

① "道"与"德"在孔子思想中也出现一定的联系。孔子说："志于道，据于德，依于仁，游于艺。"（《论语·述而》）孔子将"道""德"并言，但他没有具体说明二者之间是何种关系。

② "生而弗有，长而弗宰，是谓玄德"之论（《老子》第十章帛乙本和汉简本），在强调"弗有""弗宰"的同时，又提示着圣人所应承担的"生""长"的责任。后者意味着圣人应当为天下民众的生存与发展提供相应的资源和条件，此亦"辅万物之自然"的意义所在。我们把这一方面的责任概括为"辅助"。另外，"辅万物之自然而不敢为"一语也集中体现了圣人责任的两个方面。

结 语

作为"无为"和"辅助"的内在基础,圣人的"德"还有更深的渊源,它来自"道"的化育天地万物的"德"。圣人是"道"在人事领域的化身,他的"德"是"道"之"德"在人事上的一种具现。由此可看到,"德"既是老子政治哲学的基本观念,也是其宇宙论的重要符号。它在这两个领域的意义具有内在的对应性。这种对应性不是说圣人可以随随便便地模仿"道"。圣人何以能领会"道"、如何觉悟"道",是老子非常关心的问题。这里涉及"德"的第三种意义,也就是作为"得道"的意义(圣人治国之"德"和"道"之"德"是为前两种)。"德"作为"得道"包含先天和后天两层:先天之"得道"是指己身潜蕴"道",这是人之所以能够体"道"、行"道"的依据所在;后天之"得道"是指生活中觉悟"道",这是先天潜质在生活中的释放与展现。① "德"的先天义关乎觉悟"道"的可能性。正因人身上蕴含着这一潜质,"惟道是从"才成为可能。"惟道是从"不是说向外跟从"道",而是指遵从己身本来潜蕴的"道",让自身的潜质在现实生活中释放出来。

总之,老子改造了"德"的思维,拓展了"德"的论域,让它从一个解释政权的工具,转变为一个承载人事价值的符号,也让它从一个政治—宗教观念,转变为一个兼含世界观、心性论和政治哲学三重意义的观念。老子的重造工作奠定了道家"德"观念的基本性格。在此之后,庄子和黄老学派沿着不同的方向,继续丰富这一观念的内涵。庄子主要关心"德"作为一般个体之德性如何实现的问题,黄老学派则侧重于"德"作为君王之德政如何推行的问题。

老子关于"德"的诉求主要集中在治国圣人身上,普通个体的"德"在其思想中是隐而未发的。庄子思想的一个明显变化是,"德"不再限于为政之人,它成为了一个表征一般个体之德性的观念。所谓"天下之德始玄同",集中体现着他在这方面的关切。比起老子,

---

① 老子没有直接说"德"就是"得道",更没有明确区分"得道"的两层意味。但他的言论已含有此意。比如"恒德不离,复归于婴儿"(《老子》第二十八章帛甲本和汉简本),关乎"德"的先天义,而"修之于身,其德乃真",则指向它的后天义。

527

"德"在庄子思想中出现了"降落"的趋势,在人事学说中它从为政者"降落"到天下众生,而在宇宙论中它也从形而上的"道""降落"到形下万物。这两个方面的趋势具有内在的契应性。就宇宙论来看,老子从"道"的向度讲论"德"("德"是"道"的"德"),而庄子则是从万物的向度讲论之("德"是万物的"德")。《老子》五千言从没有把"德"归为万物之"德",而《庄子》数万言也从没有以"道"之功能定位"德"。这是殊值注意的现象。它不仅关乎老、庄对"德"之主体的不同定位,同时也牵连到老、庄对道物关系的不同理解。

庄子"德"观念的另一处变化是它在心性维度的意义变得更加深厚。"德"即"得道"之义在庄子这里更加明确,并且它所包含的先天和后天的两层意味也变得更加显豁。"物得以生谓之德"和"德者成和之修也"分别关乎"德"作为"得道"的两层意味。前者是指人先天所具的觉"道"之潜质,[①] 后者是指此潜质在心上之展现,它们分别关联着庄子的性论与心学。"成和之修"不是说让"德"自外而内地填充,而是说让它自内而外地展放。要释放这一潜质,需排除许多障碍,即所谓"去德之累"。老子已觉察到"欲"和"智"对于"德"的障碍性,庄子同样关注此二者,此外他还注意到"情"的障碍性。更为根本的是,庄子又探察到更深层的障碍,此即"欲""情""智"数者所根源的"我"。"去德之累""成和之修",说到底即是"吾丧我"的工夫。从各种障碍中超脱出来,让固有于己身的"德"得到释放,这也就是庄子所谓"悬解"的要义所在。

个体如何成德是庄子思想的核心关切。对此他提出的根本路径即是"悬解",另外他也关注社会政治环境对个体成德的影响。"德"的实现不仅有赖于个体自身的"悬解",也需要一个能够维护"天下之德"的政治场域。对于世人德性而言,他自身的"我"的因素固

[①] "物得以生谓之德"之论虽是就"物"而言,但其关切点在人,这从后面的"性修反德"之言可以看出。

结　语

然是根本的负累，而统治者的"为天下"也会成为一种障碍。因此，统治者有责任以"无为"和"在宥"的方式对待天下，他们应当维护天下作为自由场域的本质，让世人拥有一个"混芒"而"天放"的环境。在这里，"德"的符号又回到了为政者身上。庄子把注意力转向了"天下之德"，但他不是丝毫不论"帝王之德"。"帝王之德"的存在是为了配合"天下之德"的实现，它是帝王能够做到"无为"和"在宥"的前提。这就好比老子思想中圣人之"德"是"无为"和"辅助"的基础那样，只不过老子仅用"德"来表示圣人的状态，而没有用它来表示天下民众的状态。在老子思想里，集中体现民众状态的观念是"自然"。庄子延续之，同时又将"德"的观念运用到民众身上，用它来表示个体得以"自然"的内在依据。①

　　就"德"在行动上的表现而言，庄子的考虑也有不同于老子之处。"德"是一个具有涉他性的概念。某人的"德"将通过自身和他者的交往活动得到体现。老子关注的有德者是治国圣人，圣人所面向的是政治场合中的天下民众。庄子思想中有德者的范围更加广泛，有德之人所面向的既可能是天下民众，也可能是一般伦理场合的他者。庄子每每以"游""和"之境来定位有德者的状态，这尤能体现"德"在己他伦理上的意义。此等境界不是指那种和他者无涉、纯是内在体验的冥想状态，作为有德者的表现，它是指一种涵容外物而与他者和谐互成的行动状态。所谓"德者，成和之修也；德不形者，物不能离也"，即提示着作为"德"之状态的"和"不仅指内心的平和，也关乎己他之间的和谐。所谓"乘物以游心""游心乎德之和"，也提示着作为"德"之展放的"游"并非"绝

---

① 关于为政者角色，老、庄的规定都包含消极责任和积极责任的两个方面。"无为"是二子共同所倡的消极责任。在积极责任上，老子主张"生之畜之"也即"辅万物之自然"，庄子倡导"在宥天下""藏天下"（"宥"指宽容，"藏"谓保护，"在"指自在，前二者是方式，"在"是目的）。老子倡导辅助，庄子主张维护。维护天下的本质，某种意义上也是辅助天下人的表现。不过，庄子的主张比起老子仍有一定区别。在老子的"辅万物之自然而不敢为"和庄子的"顺物自然而无容私"之论中，"辅"和"顺"具有微妙的差异（"顺"不是指丝毫不为，这是以"在宥"和"藏天下"为基础的"顺"，它包含为政者的积极责任）。

· 529 ·

物"之"游",它始终是"乘物"之"游"。对于庄子所谈的境界,我们可能会把它仅仅看作内心的一种状态,事实上,所谓境界始终是统合内外的,它以某种心意为基础,通过行动者和他者的交往活动得到体现。

相比于庄子,黄老学派整体上表现出很不同的理论旨趣。他们关心的不是作为个体德性的"德",而是它作为君王德政的形态。在这一点上,黄老学派比老子更为突出。在论及"德"之行动表现时,老子基本上是围绕治国圣人来讲,但在那些关于"德"之心性维度的言论中,老子还是为一般个体保留了一定的空间,而这一空间也正是在庄子思想中得到了极大的扩展。黄老学派关注"德"作为君王德政的形态,不意味着他们不重视心性维度。他们也非常关心"德"的心性之维,只不过他们所关心的是服务于治国理民的政治德性,而不是一般伦理意义上的德性。广义上来说,黄老德政思想包含了政治德性和政治德行两个方面。已知的两部主要黄老文献——《管子》四篇和《黄帝四经》——正好各侧重于一个方面。通过对二者的考察,我们可以对黄老德政思想获得一个比较综合的理解。

《管子》四篇主要沿着政治德性的方向发展。老子已经关注到圣人德性作为治国理民之基础的意义,并提出了关于德性修养的一些工夫。《管子》四篇强化了德性的政治价值,它把这种作为治国理民之基础的德性称为"内德";此外,它基于"内德"和"精气"相结合的思想,对德性修养提出了更加具体的路径。在其思想中,"内德"是指精气在人的一种和畅状态,它的修养以"心术"为核心,同时也有赖于身体维护之术;"心术"和"身术"共同导向"内德"的养成,而"内德"的养成又导向天下得治这一最终的目标。所谓"心安,是国安也;心治,是国治也",是此等理路的一个集中反映。

精气学说的融入在很大程度上是为了让德性修养拥有更具体的路径,但同时也带来了宇宙论层面的变化。老、庄的宇宙论都是以道物关系为基本骨架,而《管子》四篇中除了这一骨架,还存在由精气和万物所构成的气物关系,后者所呈现的宇宙论显得更加具象。"德"在《管子》四篇的宇宙论也有出现。它既被用在道物关系(表示"道"化育万物的功能和万物由"道"而得的属性),也被用在气物关系(表示精气在万物中所具的性能)。前一关系中的"德"包含了"道"之"德"和万物之"德"两种形态。老子由"道"论"德",庄子就"物"言"德",《管子》四篇则兼有这两个向度。后一关系中的"德"在表征精气在物之性能的同时,也为人的"内德"确立宇宙论上的根基。另外,此文献关于"德""道"关系的论述殊值注意,它集中体现了"德""道"之间所构成的内在超越之关系。

《黄帝四经》更注重政治德行如何开展的问题。它似乎默认了德性这一基础,乃将关注点直接放在政治行为上。它提出的为政之"德"包含了原则和措施两个层次,后者与作为惩罚措施的"刑"一起构成了为政治国的两种基本手段。在原则层次上,它继承了老子的"玄德"理念,同时又把那个被老子所否弃的"明德"观念接引进来。"玄""明"两"德"是此书关于为政之方向的基本规定,前者在延续老子相关思想的同时又和权谋之术关联起来,后者基于三才结构指示君王行政应做到"兼覆载而无私"。在措施层次上,它继承了春秋时期开始流行的"德""刑"二柄思想,同时又作出新的发展。它对"德""刑"之关系给出了多重规定,同时又将二者和"法"结合起来,强调"德""刑"之施展需遵照"法"的标准,此外它又从天道和人性两个维度对"德""刑"的正当性给出论证。它关于"德""刑"的思想和法家有相似之处,但也存在有别于法家的独特性。

在此书里"德"不仅表现于政治论域,同时也出现在宇宙论之中。所谓"天德"或"天地之德",作为对天地化育万物之功能的概括词,实质上是为了给人世政治提供一个行动指南。天地之"德"是君王之"德"的根源,前者具有天然正当的指引性。这类似于老子思想中"道"之"德"和圣人之"德"的关系,但此书没有用"德"来表示"道"的作用(即便其间有不少关于"道"的言论),而是把它看作天地覆载万物的表现。此等变化和黄老学的"具象化"

发展有关。对于指引政事而言，天地覆载万物的现象比"道"的作用更加直观而具体。为老子所提出的政治理念提供现实可操作的行动方案，是黄老思想的宗旨所在。这在《黄帝四经》和《管子》四篇都有典型的表现。前者主要从政治德行方面提供具体的方案，后者则主要从政治德性方面给出细致的指示。如果说一个代表的是治术化的发展，那么另一个则体现着心术化的方向。

"德"在道家思想中经历了一个不断开展、不断丰富的过程。经由老子重造、后学发展，道家贡献出了一种别具一格的"德"观念，和儒家共同成为轴心时期重造"德"之传统的杰出代表。老子奠定了它的性格，铺展了它的论域，庄子和黄老学派沿着不同的方向进行发展。庄子主要关心的是"德"作为个体之德性如何实现的问题，这一观念承载着他关于生命本质与价值的基本思考。黄老学派则着重关注"德"作为君王之德政如何推行的问题，此等符号指示着他们所期许的社会政治形态。

这样的描述不意味着庄子只重视德性而不考虑德政，也不意味着黄老只关注德政而不过问德性。庄子把"德"看作一个代表个体德性的符号，个体成德既有赖于自身的"悬解"，也离不开政治上的"在宥"。"在宥"是君王德政的表现，君王之"德"的存在是为了配合天下个体之"德"的实现。黄老学派把"德"看作一个代表君王德政的符号，这种德政并非仅仅关乎君王的政治行为，它得以推行乃是以君王内在的德性为基础。所谓德政，实际上就是君王德性在政治领域中的表现。可以说，庄子和黄老都很重视德性和德政的问题，只不过二者的着眼点以及思考的方式有所不同。前者首先着眼于天下间的个体，基于对个体德性的关切而考虑君王德政的配合作用；后者首先着眼的是君王，希望君王在其德性修养具有保障的基础上推行一种让天下太平的德政。

对于道家思想的发展，我们通常会描述为老子兼论心性与政治、庄子重心性而黄老重政治。这种看法在呈现道家子系统某些特色的同时，也可能会引起一些误解——庄子漠视政治而黄老淡化心性。"德"的观念兼涉心性与政治两个论域，正可为我们重新审视这一问题提供一个便利的视角。通过上述我们可以看到，老子固然是二者并重，但庄子其实非常关心政治问题，而黄老也很重视心性问题，后两者的区别不在于单方面地强调心性或政治，而在于对心性和政治的思考方式有所不同。

二 "德"的义理构造与道家的关系学说

关于"德"的义理构造及其所蕴含的关系学说，我们在导论提前作了总结。这里谈谈与之相关的几个问题，对此方面情况作一补充论述。

（一）"德"之构造在道家诸子的表现

导论从共时性视角总结了"德"之构造的整体表现，具体到道家每一"子"来看，其表现则各有特色。就道物关系而言，老子从"道"的向度讲论"德"，用它来表征"道"化育万物的功能，庄子则从万物的向度讲论"德"，以之表示万物由"道"而"得"的成其为自身的本质，至于《管子》四篇，则同时包含这两个向度，而《黄帝四经》中虽然有道物关系之思想，但它没有把"德"放在此关系进行讲论。综合前三"子"来看，其间不仅关乎"德"的主体问题（或属"道"，或属"物"），同时也涉及道物关系的构造问题。道物关系包含相分和融合的两个方面，不同的"子"对这两个方面会有不同的侧重。老子强调相分的一面，庄子强调融合的一面，而《管子·心术上》的经文和解文则分别类似于老子和庄子。"德"在道物关系中的不同向度，反映着道家诸子对道物关系两个方面的不同侧重。就老、庄之间来看，它从"道"之功能转变为"物"之属性，正好体现了从强调道物相分到强调道物融合的变化趋势。老子以"道"代"天"，重新确立世界的本根。"道"与"天"这两个概念有很多差异，但"天"的超越品格在老子的"道"的概念中仍有留存。庄子则淡化"道"的超越性，转而强调其内在性，所谓"（道）无所不在""道在屎溺中""物物者与物无际"等等，都是这一思想倾向的表现。他不仅通过各种关于"道"的言论来说明本根的内在性，同时也通过对"德"的重新界定来指示这一情况。"道"无所不在，内在于每一物，其内在之"结果"即是各物之"德"。"德"的概念使"道"的内在性得到了凝练的表达。①

就人与道的关系来看，"德"的基本意味即是"得道"，它是人、道之间得以联结的一个关键。如前节所述，"得道"包含先天和后天两层意味。这两层意味在道家思想中经历了一个逐渐明朗的过程。《老子》的"恒德不离，复归于婴儿"和"修之于身，其德乃真"等言论，已暗含"德"的两层意味；而《庄子》的"物得以生谓之德"和"德者成和之修也"等言论，则让这两层意味变得更加明显；至于《管子》四篇的"德者，道之舍，物得以生生，知（智）得以职（识）道之精"，则集中地反映出这两层意味。庄子在不同的地方就不同的层面而论，并没有明确地界分两个层面，也没有解释后天之"得道"为人所独有的原因。《管子》四篇以"物得"与"智得"对两层意味给出了明确的区分，并且通过"智"对后天之"得道"为何为人所特有的问题给出了解释。在道家哲学所内蕴的四组关系中，人和道的关系最为关键，它是道物关系与己他关系、王民关系得以发生联系的纽带。道物关系是人在把握"道"时所依赖的基本平台（离开了万物，"道"的作用无以体现），而己他关系和王民关系则是人运用"道"、践行"道"的两个重要场景，在此"道"将以"德"的形态得到开展。

伦理上的己他关系是"道"以"德"之形态进行开展的场域之一。老子把"德"的诉求集中在治国圣人身上，他在讲论此观念时不怎么强调己他关系的背景。黄老学派对"德"之政治诉求的强调较之老子更为突出，其所论"德"基本上不涉及己他关系这一背景。道家诸子中庄子是比较重视"德"在己他伦理上之表现的一位。如前所述，在其思想中"德"作为一种境界，始终是指行动者与他者和谐互成的一种状态。类似于前两项关系，"德"在己他之间也承担着枢纽性的角色，它指示着行动者对待他者的一种态度和方式。相比

---

① 道物关系是道家呈现其宇宙论的基本骨架，但不是唯一骨架，除此以外，道家宇宙论还包括气物关系、天物关系，这些关系得以构造而成，同样有赖于"德"的联结。

于老学和黄老学，庄子思想中的"德"更加鲜明地具有德性伦理的意味。当然，这不代表老子和黄老所论的"德"完全没有德性伦理的意涵。不同于古希腊哲学家区分伦理和政治的做法（亚里士多德是为典型），道家没有把伦理和政治作明确的区分，在其思想中伦理是一个包含政治的更广的领域。己他关系体现的是伦理的一般形态，而王民关系作为己他关系在政治上的一种形式，则体现着伦理的特殊形态。可以说，老子和黄老的"德"观念关乎君王和民众之间的德性伦理，而庄子的"德"观念则更能反映一般个体之间的德性伦理。

王民关系是道家政治哲学的基本架构。从伦理角度看，道家政治哲学也可以说是其伦理学的一种特殊形态。不过，道家对这一特殊形态的关注要多于它对伦理一般形态的关注。在直接的意义上道家政治哲学要处理的核心问题是，作为治理者之代表的君王应当如何对待天下民众，这一问题背后所含蕴的其实是道家对天下民众之生活境域的关切。他们的言论往往是围绕君王展开，但他们的关切点始终是在民众身上。"德"指示着他们对君王政治活动的基本规定，[①] 而所谓"自然"则代表着他们对民众境域的基本期待。就"德"而论，它在道家诸子中的内涵既有相通性，也存在一定的差异。"德"包含着消极责任和积极责任的两个方面，在消极责任上道家诸子一以贯之地强调"无为"（不干涉），而在积极责任方面，其主张则各有特色。老子倡导"生之畜之"的辅助责任，庄子则提倡"在宥天下""藏天下"的维护责任，至于黄老学派则提出了更具建构性的主张。老、庄对其所主张的辅助或维护责任没有进行具体说明，更没有在制度上给出设计，黄老学则从制度上对治理者的积极责任给出规定。在其思想中，"法"作为一种因循"人情"的规范体系，是"道"在制度上的一种呈现，它对民众境域并不构成干涉，和作为消极责任的"无为"不会发生矛盾。也正是在此意义上，"法"成为了德政得以落实的一

[①] 庄子思想中"德"也被运用到民众身上，表示个体得以"自然"的依据。这里是就道家诸子的共性而言。

个必要途径。①

(二)"德"的关系性特点及其成因

上述四组关系是道家论"德"的基底。不管"德"的意义如何变化，它始终不离这四组关系。这在体现"德"之地位的同时，也在反映它的一个重要特点——它总是依托于某种关系而出现。"德"的"关系性"并非道家思想所独有，在道家以前它已具有此等性质，而在同时期的他家思想中它也具有类似表现。在西周时期，"德"本来就具有关系性，它是一个联结君王和上天、先王和后王、君王和民众的观念。"德"是君王据以受天命的一种综合状态，这种状态具体表现于他对社稷民众的治理上，并且"德"可以在历代君王之间进行传递。到了春秋时期，这样的关系性依然存在，此外还形成了更加具体的恩惠施受关系。在此关系之中，"德"可以表示一方施与另一方的恩惠，也可以表示收受方对施与方的感激。后来道家思想中"德"的关系性与此恩惠施受关系密切相关。某种意义上可以说，道家思想中的四组关系是此等关系被进行抽象化和复杂化的结果。道物关系、己他关系以及王民关系中的"德"，保留着恩惠施受关系中施与方之恩惠的痕迹，不管"德"的意义变得如何抽象或复杂，它依然蕴含着恩惠之义（这是它的底层语义）。至于恩惠施受关系中"德"的感激之义，在道家思想中则被转化为获得之义，这是道物关系中万物之"德"以及道人关系中个人之"德"的底层语义。②

"德"的关系性也见于同时期的他家之思想。法家倡言"德""刑"之术，"德"在君民或君臣之间表示一种奖赏措施。墨家主张以治民之"明德"响应"天志"，这是西周所见的"德"作为君王与

---

① 另需指出的是，黄老学还关注到政治领域的另一种结构——君臣关系，这种关系在老、庄思想中没有引起重视。在黄老思想中"德"不仅是构造王民关系的关键，也是构造君臣秩序的要害。

② 在原来的恩惠施受关系中，施与方的恩惠之"德"将产生"获得"对方感激的效果，但"德"还不具有收受方之"获得"的意思。"德"具有收受方之"获得"的意思是出现在儒道两家思想，这和他们所构造的"德者得也"的义理声训有关。

结　语

上天、君王与民众之枢纽的一种延续（只不过墨家不承认"天命"，而将它改造成"天志"）。阴阳家以"德"称谓五行之性能，某种程度上五行和万物之间也带有恩惠施受之意味，具体到人事领域来看，朝代政权之"德"则延续了此前的君王待民之"德"。更加明显的情况是出现在儒家思想。儒家用"德"表示天地化育万物的功能（如《易传·系辞下》有言"天地之大德曰生"），这类似于道家所言的"道"之"德"，是恩惠施受关系中施与方之恩惠被进行抽象化的结果。儒家所论"德"同样出现于己他关系和王民关系中，这里也是以恩惠之义作为"德"的底层语义。此外，儒家也将"德"的感激义转化成了获得义（"德者得也"的义理声训是儒道两家共同的贡献），但儒家没有以此获得义为基础进一步讲论万物之"德"，并且在个人之"德"上，儒家对其获得义的界定不像道家那么统一。①

由上可见，"德"的关系性特点并非道家所独有，这是此观念本身所具的特点。在兴起之初它已具有了这样的性质，随着思想文化的发展，此等性质变得更为抽象，也变得更加丰富和复杂。但在另一方面我们也可看到，"德"的关系性特点在道家思想中表现得比较典型，或者说道家将它的这种特点发挥得更加广泛。除道家外，将"德"之此功能运用得较多的是儒家，但儒家"德"观念所涉的关系没有道家那么丰富。

关系性作为"德"的特点不是就道家和他家的对比来说（即便此性质在道家比较典型），而是就"德"观念和其他观念的对比而言。此等性质是"德"观念所独有的特征。那么，接下来需要探讨的问题是，"德"为何能具备此等特性呢？这首先是因为它是一个只

---

① 在道家思想中"德"作为一种"得"即是指"得道"，不论万物之"德"还是人之"德"，均是如此。当然，人之"德"作为"得道"包含先天和后天两层意味，后一层意味也即觉"道"、行"道"的意义是万物之"德"所不具备的。儒家不讲万物之"德"，其所论人之"德"作为一种"得"是指有得于"礼乐""术道"（如《礼记·乐记》有言"礼乐皆得，谓之有德。德者，得也"，《礼记·乡饮酒义》有言"德也者，得于身也。故曰古之学术道者，将以得身也"），这是就"德"的后天义来说。儒家所论人之"德"也有先天义，他们认为"德"是所得于天者（如孔子有言"天生德于予"，孟子有言"此天之所与我者"），但在这些言论中，他们没有明确用"得"进行界定。

表示实体之性状而不表示实体本身的概念。在这一点上,"性"的概念和它是相似的。然而我们会看到,"性"的概念虽然一定程度上也能体现诸实体之关系(某物之"性"将表现为它对他物之活动),但它并没有像"德"那样成为构造诸种关系的枢纽。"德"之所以如此,又源于那些"性"之概念所不具备的因素。一则,"德"本来依托于恩惠施受关系,在此关系中它或指一方对另一方的恩惠,或指收受方对施与方的感激,这让它具有比"性"更加显著的涉他性。后来"德"的意义变得抽象而复杂,但它依然带有恩惠施受关系的痕迹。比如道家思想中的四组关系,即是此等关系在不同论域被进行抽象化和复杂化的结果。二则,"德"既可表示事物的内在属性,也可表示其属性的外在表现也即行为活动,而"性"只能表征前一层意味。"德"作为行为的一面也让它具有更为明显的涉他性。三则,"德"在表征属性的同时,又关联着"心"的状态。当"悳"字被添加心符而成为"德"字时,它就和"心"紧密关联起来了。"性"虽然和"心"不无关联,但其联系没那么直接。这让"德"具有了比"性"更强的能动性。总之,相比于"性","德"的观念叠合了更多的因素。它是一个表征实体之性能的范畴,同时又具有比"性"更为显著的能动性和涉他性,这是它得以成为构造诸种关系之枢纽的主要原因所在。

(三)道家关系学说的研究意义

在道家思想中,"德"的关系性被运用得更为广泛。比起其他学派,道家思想更有助于我们发现"德"的这一特点。换个角度来看,"德"的观念比起其他观念也更加有助于我们把握道家哲学的关系结构。对于道家哲学的关系结构,我们也可以通过其他路径进行阐发,比如王中江先生等人通过对"无为""自然"观念的解释,已揭示出道家关于道物关系、王民关系的思想(见导论第三节所引)。相比而言,"德"的观念更能反映道家哲学的内部构造,这源于它自身所具的关系性特点。通过对"德"的探讨,我们在上述两组关系之外考察出人和道的关系、行动者和他者的关系,并且还能从整体上看到这些关系之间的关联性。

"德"的关系性不是道家思想所独有，这意味着关系学说也不是道家所独有，比如在儒家那里，关系学说同样存在。但在另一方面，"德"的关系性在道家思想被运用得更加丰富，这又意味着道家的关系学说具有更加广泛的内涵。可以说，道家哲学在很大程度上就是一门关系学说。从研究的立场而言，关注道家的关系学说比关注儒家关系学说更为迫切。儒家注重和谐已成为我们的通识，这种通识包含着我们对儒家关系学说的重视。相比而言，道家关系学说得到的关注要少很多，这和关系学说在其思想中的地位是不相匹配的。

道家思想每每给人一种离世脱俗乃至缥缈玄乎的印象。这和道家本身的思维特点以及言论风格有关，也和我们在理解视域上的选择有关。通过对其学说中关系构造的考察，我们可以看到它甚为"世俗"和"切实"的性格。本书围绕"德"的观念对道家的关系学说作了相关探讨，其间还存在许多有待进一步开发的问题。对它展开研究，将有助于我们深入把握道家哲学的内在构造，以及那些蕴藏于脱俗言论之中的世俗性关切。

三 "德"与"道""性""心"

观念和观念之间总是处于复杂纷纭的互动关系中，而观念的意义也正是在互动之中得以体现。前面所说的四组关系已经体现了观念之间的互动性，对于"德"来说，这些关系是它的思想基底，我们称之为第一层关系（所称关系学说，是就此层而言）。此外还有第二层关系，也即"德"与其他观念的关系。在道家哲学中，与"德"关系比较密切的观念有"道""性""心""天""真""朴""游""自然""无为""精气""刑""法""术"，等等。其中，有些观念和"德"的关系是集中出现于道家的某一"子"，有些观念和"德"的关系在道家思想中则具有贯通性，尤其是"德"与"道""性""心"，这些观念的互动性一直贯穿于道家哲学。它们也是学界一直比较关注的问题，我们在导论中所总结的三种解释进路，即可反映研究者们对其互动性的关注。鉴于这几组关系的特殊性，我们这里对道家在此上之思想作一整体论述（"德"与其他观念的关系见各章讨论及综论之归纳)。

在这几组关系中,"德"与"道"的关系自然是最受关注的。《道德经》的书名以及它的文本结构已提示了"道""德"二者在道家哲学中并驾齐驱的情况。古代即有出现而现今在常用的"道德"一词也在反映着二者的密切联系。"道"与"德"在诸子以前未出现明确的联系,它们的关联是老子建立起来的。整体上来看,此二者的关系在道家哲学中主要包括四种类型,分别是道体德用、内在超越、道总德分以及道德并列。在不同的语境中,"道"与"德"会表现出不同的关系,这和它们本身的多义性有关,也和言论者在各种场合中不同的关注点有关。

道体德用关系中,"道"指谓世界万物之本根,"德"指称本根化育万物之功能。比如《老子》所言的"道"之"玄德"、《管子》四篇所论的"虚无无形谓之道,化育万物谓之德",即是此关系之典型。内在超越关系中,"道"指谓世界万物之本根,"德"指谓本根在万物(尤其在人)之境域,前者代表本根超越于万物的一面,后者代表本根内在于万物的一面。其典型言论见于《庄子》的"物得以生谓之德",以及《管子》四篇的"道之与德无间,故言之者不别也。间之理者,谓其所以舍也"。道总德分关系中,"道"是指万物的总根源、总依据,"德"是指"道"分化到各物的表现。不同于前者,此关系类型更加强调"德"作为"道"之分殊的意义。比如《庄子》的"夫道未始有封,言未始有常,为是而有畛也……此之谓八德""德总乎道之所一……道之所一者,德不能同也",都是此类型之体现。道德并列情形中,"道"与"德"分别指事物活动的理则和性能,比如《庄子》以及《黄帝四经》所见的"天地之道"和"天地之德"。"道""德"的所指有一定区别,但很多时候言论者是把它们一并视为人事应当效法的准则,因而它们在含义上会出现趋同的倾向。

进一步来看,在这四种关系中,道体德用和内在超越才是"道"与"德"的根本关系。所谓根本关系,是指二者基于它们各自所特有的、其他概念无法替代的意义所组成的关系。道总德分关系中,

"道"表现其特有之意义，但"德"与"性"相当，并非不可替代。并列关系中，"德"亦与"性"相当，而"道"则类似于"理"，"道"与"德"均未表现其特有之意义。道体德用和内在超越两种类型，则是建立在"道""德"特有之义的基础上，这两个概念的角色无法用其他概念来替代。回到作为思想基底的四组关系来看，在道物关系这一基底之中，道体德用和内在超越同时存在，它们各自侧重于道物关系的两个方面，前者更体现道物相分的一面，后者更彰显道物融合的一面。就道人关系这一基底来看，"德""道"之间只构成内在超越之关系。

在四组作为基底的关系之中，人和道的关系最为关键。这意味着，"德""道"之间的内在超越之关系是二者关系之中最为关键的一种。让"道"以"德"的形态在"人"这里得到开展，是道家一以贯之的关切。"德""道"之间的内在超越关系尤能反映道家的这一核心关切。就此而论，道家是以"道"标示世界之本根，以"德"指示本根在人之境域。没有"道"，人事和万物都缺乏本原性的支撑；而没有"德"，"道"将会成为一个纯粹形而上的孤立的符号。"德"与"道"互需而互动，它们是构建道家哲学体系的两根基本支柱。[①]

接下来看"德"与"性"的关系。"德性"一词已提示了二者的密切联系。在诸子以前，"德"作为君王的一种综合状态，已包含"性"的成分。就道家思想来看，其所言万物之"德"或人之"德"在根本上都是指一种属性，但它和"性"之概念又非完全等同。"德"与"得"相关，它是指事物由"道"而"得"的成其为自身的本质；"性"与"生"相联，它是指事物与生俱来的某种性质。道家以"德"所表征的属性或指作为"道"在事物之全蕴的潜质，或指作为"道"在事物之分化的特性。在后一种意义上"德"

[①] "内在超越"之论常被用来解释儒家哲学，实际上道家哲学也存在此等义理，它在"德""道"关系上有集中体现。换个角度来说，"内在超越"的理论结构也有助于我们理解道家哲学中"德"与"道"的关系。"内在超越"之论自其被提出以来，一直不乏质疑和批评的声音。在基本立场上，笔者肯定此论的成立。

◇◈◇ 先秦道家"德"观念研究

相当于"性",在前一种意义上"德"是一个有别于"性"的概念。就人事而论,"德"的前一种意义代表着人之所以能够觉"道"、行"道"的依据,这是"性"之概念所不能表达的内涵。庄子以"物得以生"界定"德",用"各有仪则"界定"性",这是"德""性"有别的直接体现;而所谓"性修反(返)德,德至同于初",则表明"德"是人能够"同于初"也即"同于道"的依据所在。①

无论是从"德"的字形来看,还是从道家的思想言论来看,"德"都与"心"存在紧密之关联。在诸子以前,"德"作为一种综合状态,包含心志或心意的方面。在道家思想中它与"心"的联系更加密切,它在不少地方都可以被理解成心灵体"道"的一种境界。需要注意的是,"德"虽然可被作出这样的理解,但它在根本上仍是一个表征"属性"的范畴,更具体来说,它仍是指人之所以能够体"道"、觉"道"的一种潜质。道家(尤其庄子)确实在不少地方就着境界讲论"德",但"德"的根本意义仍在于潜质,道家所论之境界其实是指此等潜质所展放的状态。

可以说,"德"之心境义是其潜质义的一种延伸。这两种意味分别关联着道家的"心"论与"性"论。从"性"论层面看,如同很多研究者已注意到的,道家用"德"的观念表达他们关于人性的思考(见导论所引)。需进一步指出的是,道家人性论关心的不是人性善恶的问题,而是人性当中是否存在觉"道"之依据的问题。从"心"论层面看,"心"与"德"的关系包括了两个方面,一则,"心"是"德"进行展放的场域,二则,"心"所具的能动性为"德"的展放提供根本的动力。不乏学者主张以容器和水的关系来理解"心"与"德"的关系(见导论所引),这是很有启发性的。庄子就曾以水的"内保之而外不荡"来比喻"德不形"的状态,在此

---

① 此段所论"德""性"之关系均是以《庄子》为依据。《老子》未出现"性"的概念,《管子》四篇和《黄帝四经》论及"性"的概念,但二者并未出现直接体现"德""性"之关系的言论。

"心"就好比一个承载"德"的容器。但这只是"心""德"关系的一个方面，在另一方面，"心"又提供着让"德"之潜质得以释放的动力，这是容器喻所不能含括的内容。比如庄子所说的"游心乎德之和"，"德"作为一种潜质意味着我们人本来就具有"和"也即"与物有宜"的能力，"游心"于此则是说这种潜能在"心"上通过"游"的方式得到了展放。"德"所具有的"和"的潜能之所以能够实现，有赖于"心"所具有的"游"的能动性，这是"心""德"关系在另一方面的表现。

四 "德"在道儒之间

最后，我们集中谈谈"德"在道儒两家的同异表现。从"德"的观念史来看，此两家起到了非常关键的承上启下的作用。正是在两家的重造之下，中国的"德"观念焕然一新，它由此而获得的新的生命力，是它在日后能够继续前行从而贯穿中国之思想的动力所在。从诸子时期的哲学突破来看，儒道两家是最为杰出的代表，而"德"的重造乃是两家哲学突破的重要构成部分。西周统治者提出"德"的观念，意在解释"革命"的合理性，但在客观上也极大地推动了中国思想的发展。"德"作为主角的出场，是周人政治自觉的成果，同时也是中国思想史上人文意识高涨的一大标志，这为后世道儒两家的哲学突破提供了极为重要的思想素材。衡量两家的哲学突破，可以有很多的尺度。最受关注的自然是"仁"的内化和"道"的升华。事实上，"德"的重造也是一个重要的尺度。

道、儒、墨、法、阴阳诸家对"德"都进行了一定的改造，对后世影响最大的是儒道两家。并且，相比于其他诸家，此两家对"德"的重造也存在更多的相通性，即便其中又有许许多多的差异。首先的一个共同点即在于，两家都消除了"德"原来所含的工具性思维，让它成为一个纯粹表征道德价值的符号："德"不再是获取天命的工具，也不会是求得其他效果的手段；"德"之所以重要，只在于其自身。从工具到价值的转变，是中国"德"观念的重要分水岭。其次,"德"在两家思想中都出现了内在化的转向,从原来的强调行为方面转变为强调品性方面。再次,两家都很重视"德"在政治上的运用,德政是两家对社会政治形态的共同期待。我们还可以举出其他的共同点,不过笔者更关心的是在这些共性的基础上两家所具的不同思考。

两家都关心"德"的来源问题。儒家认为"德"来源于"天",道家则认为"德"以"道"为根源。儒家继承了此前传统中"德"与"天"的关联,但他们重新塑造了"天"的内涵(即一般所说的义理之天),同时也改造了"德"与"天"的关系(此前是以"德"获得"天"的认可,儒家是把"德"看作源于"天"的品质)。道家以"道"代"天",重新确定世界存在之本根,在此基调之下"德"首先是"道"的"德";论至人事领域,无论是君王之"德",还是一般个体之"德",都是"道"之"德"在他们身上的一种具现。[1] "天"与"道"看起来是一个符号之别,实则内蕴甚大之分殊,其分殊具体表现在德性与德政这两方面的内涵上。

就德性维度来看,儒道两家的"德"都包含着先天和后天两层意味,但相对来说,道家更强调它的先天意味,儒家更关注它的后天之义。在道家思想中,"德"在根本上是指人所含具的体"道"、觉"道"的一种潜质,其后天之义(作为心灵境界的"德")实际上是指这一潜质在现实生活中的释放和展现。道家思想中"德"义的要害在于潜质,所谓心境其实是潜质义的一种延伸。这也反映着"德"在道家哲学中的一个重要功能:通过它,道家对人的觉"道"的可能性给出了确认。在儒家思想里"德"也有先天之义,[2] 但它的主要意味在于后天,它更多地是指后天修养的一种境地。儒家学说中起到道家"德"观念之功能的概念主要是"性"。通过"性"的概念,儒

---

[1] 《黄帝四经》比较特殊,它关注的是"天德"或"天地之德",而不是"道"之"德"。虽然"天"的内涵和儒家不尽相同(儒家所论主要是义理之天,此典籍所论是作为宇宙自然之整体的"天"),但以"天"为"德"之根源的思想和儒家比较接近。

[2] 比如孔子说"天生德于予"(《论语·述而》),孟子把"仁""义""礼""智"看作先天固有之"德"(《孟子·告子上》)。

结 语

家确认了人的修"德"成"圣"的可能性。① 道家也言"性",比如《庄子》论"性"之言并不少见,但用以确认觉"道"之可能性的概念依然是"德"而不是"性"。

论至"德"的修养路径,两家的主张也大为不同。庄子所言的"去德之累"(《庄子·庚桑楚》),和孟子所说的"扩而充之"(《孟子·公孙丑上》),尤能反映两家之差异。荀子和孟子关于修"德"的看法虽然存在区别,但相比于道家而言,他们其实属于同一"阵营"。孟子强调"扩而充之",希望"德"能够出现从小到大的扩展;荀子主张"化性起伪",希望"德"能够发生从无到有的转变。二者都是带着"发展"的眼光看待修"德"问题。而在道家看来,"德"的修养不是让它从小到大或者从无到有,而是避免从有到无这种情况的发生。相比于儒家所关注的"发展",道家更强调的是"释放"。要"释放"生命本身所具的"德",自然就需要排除各种牵累它的因素。庄子所言的"去德之累",其义要之在此。老子和黄老学派关于修"德"的基本主张和庄子是一致的,只是在"德之累"上大家的关注点和思考的程度不尽相同。②

去除"德之累"和扩充"德之端",分别代表着道儒两家关于修"德"的基本看法。我们经常说道家主张做"减法"、儒家主张做"加法",就修"德"问题来看,这种定位是可从的。但需进一步看到的是,这两种主张背后其实蕴含着两家对人性的不同看法。儒家很关心人性的善恶问题,这不仅是为了弄清楚人性本身的情况,同时也

---

① 儒家内部对"性"的看法并不一致,最为著名的便是孟子所代表的"性善"之论和荀子所代表的"性恶"之论。正文所论是基于孟子思想而言。在荀子思想中,"性"是修"德"的起点(通过改造"性"也即"化性起伪"来修养"德"),但让修"德"成为可能的不是"性",而是"心"。通过"心"的"知",人能够"化性起伪",从而成就"德"。"心"之"知"又存在自觉和他觉之分,这是圣人和普通人的区别所在。

② 某种意义上,我们可以将道家关于修"德"的主张概括为"不修之修"。庄子曾言道:"至人之于德也,不修而物不能离焉,若天之自高,地之自厚,日月之自明,夫何修焉!"(《庄子·田子方》)这里就体现出"不修之修"的意味。"不修之修"仍是一种修养,只是它排除"修"的前识或机心,所谓"不修",正是就此而言。在道家看来,这样的前识或机心是"德之累"的一种表现。

· 545 ·

◆◆◆ 先秦道家"德"观念研究

是为了确定好自我修养的路径。比如孟子在人性当中找到了"德之端",这既是为了说明人性本善,也是为了确立"扩而充之"这一基本的修养方案。道家在很大程度上是通过"德"的言论来传达他们对人性的看法,但他们并不怎么关心人性的善恶,而是着意于人性当中是否存在觉"道"之依据的问题。道家以"德"的观念表明他们的立场,并且这种被确认的依据是完整意义上的,而不是某些学者所认为的对"道"的分有。这是道家主张"去德之累"的根源所在。某种意义上,我们也可说道家的人性论是一种性善论。从道家角度来看,人性之所以为"善",不在于它含具"仁""义""礼""智"之"德",而在于它含有作为觉"道"之潜质的"德";人性中并非没有"仁""义""礼""智"之"德",但人性之所以为"善"的根据不在于此。

儒道两家都很重视"德"在政治领域的运用。德政与德性存在一定的关联。德性可以是一般个体之德性,也可以是君王之德性。就后者来说,德性是德政得以推行的基础。所谓德政,实际上就是君王之德性在政治领域的表现。这一点在两家思想中都是成立的,两家学说都存在着"从内圣到外王"的理路。① 但论至何为德政或者德政应如何开展的问题,两家的主张又出现很大的差异。一个显著的区别是,儒家强调君王之"德"的典范性,推崇仁义之教化,但这些在道家思想中是受到批判的。道家并没有否认仁义之德在人性当中的存在,也没有否定仁义之行在现实生活中的价值,但他们反对以"为之"的方式倡导仁义。在他们看来,君王的作用只在于辅助或维护,不在于直接规训,人为的教化非但不能助人成"德",反而会导致"德"的异化。

---

① 儒家方面,《大学》的"八条目"之论是为典型,此外孟子所论"先王有不忍人之心,斯有不忍人之政矣"(《孟子·公孙丑上》)也是一处集中体现。道家方面,老子所说的"修之于身,其德乃真;修之于家,其德乃余;修之于乡,其德乃长;修之于国,其德乃丰;修之于天下,其德乃普"(《老子》第五十四章),尤能体现这一点。此外,《管子·心术下》的"心安,是国安也;心治,是国治也"也是一处典型。庄子的情况显得特别一些。他的"德政"思想着眼于"天下之德",是一种独特的"民德论"。当然,庄子同时也论及"帝王之德"。这里对道家德政思想的考察都是基于"王德"这一点展开的。

结　语

在更深的层面上，这里反映的是两家对于为政者之"己"（个人意志）的不同定位。儒家对"己"显示出更多的肯定，这和他们所推崇的"己欲立则立人"的原则有关。但这一原则在道家这里是受到批判的，此点在庄子思想中表现得最为突出。在他看来，用以治理、教化民众的"经式义度"之所以不正当，正因为它是由"己"而出的制度建构，这将破坏人的"自然"的能力（《庄子·应帝王》）。他还曾用"以己养养鸟"的寓言来说明，"己"的动机未必不良，但其行为客观上不符合鸟本身的需要。从伦理角度看，"己欲立则立人"是一种具有两面性的原则，它存在消弭他异性的可能，但己他之间并非完全异质，此原则仍有一定的合理性。儒家沿着后一个方向，希望在其合理的范域内，尽可能发挥人为秩序的功效。而道家对于"己"的危险十分警惕，这导致他们在秩序建构上持一种比较保守的态度。之所以反对仁义教化，之所以主张"无为"，其根本原因要之皆在此。[①]

在人事之"德"（包括德性与德政）以外，道家还论及万物之"德"，这种物德思想在儒家学说中并无显见。道家所论物德有两层义涵。一是指事物的特质，如庄子所言"鸡德""狸德"，在此"德"是一个与"性"相当的概念。二是表征"道"在事物中的潜蕴，如庄子所论"物得以生谓之德"，此所谓"德"不同于"性"。儒家有言"天地之大德曰生"（《易传·系辞下》），也曾言及骥之"德"、玉之"德"（相关言论见庄子章第一节"合论"部分所引）。前者基于天地对万物之功德而论，它在地位上类似于道家所言的"道"之"德"，不属于物德之思想。后者是一种类比，它的关注点仍在于人的品德，不像道家所言"鸡德""狸德"那样，着意于事物本身的属性。

[①] 此间所述是基于老、庄思想，论至黄老学，则情况有所不同。老、庄对为政者的"己"十分警惕（老子没有像庄子那样，直接论述"己"的问题，但其态度和庄子是一致的），在秩序建构上持一种比较保守的态度。但黄老道家在此点上的态度是比较积极的。在黄老道家看来，"法"能够规避"己"之因素而成为全然体现"道"的制度性载体，所谓"道生法"（《黄帝四经·经法·道法》），即是要肯定"法"的这一本质。

就道家物德思想的宗旨来看，第一种义涵是为了反映事物的多样性和差异性，万物各有其"德"，也即万物各有其"性"。第二种是为了确认"道"普遍存在于万物之中，而它更进一步的旨趣则在于确认人人皆有觉"道"之潜质。觉"道"之潜质实际上指的是完善自我、修养成圣的可能性。儒家虽不存在明显的物德思想，但在人何以能成圣的问题上他们也有相关的思考。他们是基于人、物之异（更具体来说，则是人禽之辨）来考虑这一问题。孟子之所以反对告子所论的"生之谓性"，正是要突显人禽之差异，而荀子所强调的"心"之"知"也能显示人禽之区别。道家先是关注人、物之同，进而关心人、物之别，以此确认人的成圣之可能。《管子》四篇的"德者，道之舍，物得以生生，知（智）得以职（识）道之精"，尤能反映这样的理路。

总之，在道儒两家的重新打造之下，"德"突破了原来的政治—宗教的藩篱，以一种新的姿态活跃于诸子时期的思想舞台。两家改造了"德"的性格，重新充实了"德"的内涵，让它从一个工具性概念转变成一个价值性概念，在德性和德政两个维度上同时获得新的意义。两家的改造工作对后世"德"观念产生了深远的影响。在中国的"德"的观念史上，两家起到了非常重要的承前启后的作用。二者正好代表了两种既相通又互异的转型思路，构成了"德"之观念史上相互辉映的两道风景。对于中国传统思想的"德"，我们通常是立足于儒家思维进行理解，而事实上道家所代表的另一种思维一直存于其间。它潜蕴在人们思想的深处，隐隐地塑造着人们对世界与人生的思考和看法。

相比于儒家，道家的思想主张容易给人一种离世脱俗的印象。儒家考虑问题的方式比较世俗化（这里说的世俗是中性用法），他们就着世人生活中所面临的普遍问题，以一种合乎俗情的思维进行深刻的思考，以期找寻出解决问题的方案。相比而言，道家的思维方式显得比较特异，他们考虑问题的角度难免有些脱离俗情，甚至有点反常识。但实际上，道家所要处理的问题和儒家是高度一致的。我们要透过那些不大世俗的言论，看到其性格中非常世俗性的一面。

"德"是一个能够集中体现道家思想之世俗性的观念。相比于容易被定格在形上世界的"道","德"承载着更多的关于世俗问题的思想。围绕这一观念,本书在既有研究的基础上作了进一步探讨,所论不见得完全妥切,此间还存在不少有待继续探讨的问题,这将是笔者以后研究的一个方向。庄子曰:"求之以察,索之以辩,是直用管窥天,用锥指地也,不亦小乎?"(《庄子·秋水》)本书所论未免于察辩之术,恐难深契往圣哲思之精谛,且做引玉之砖,谨此就教于大方之家。

参考文献

一 古籍（含古书注释、出土文献）、工具书

北京大学出土文献研究所编：《北京大学藏西汉竹书》（贰），上海古籍出版社2012年版。

陈初生编纂、曾宪通审校：《金文常用字典》，陕西人民出版社1987年版。

陈淳著，熊国祯、高流水点校：《北溪字义》，中华书局1983年版。

陈鼓应：《管子四篇诠释——稷下道家代表作解析》，商务印书馆2006年版。

陈鼓应：《黄帝四经今注今译——马王堆汉墓出土帛书》，商务印书馆2007年版。

陈鼓应：《老子注译及评介》（修订增补本），中华书局2009年版。

陈鼓应：《庄子今注今译》（最新修订重排本），中华书局2009年版。

陈国勇主编：《黄帝经》（中华古典文学丛书），广州出版社2003年版。

陈立撰、吴则虞点校：《白虎通疏证》，中华书局1994年版。

陈柱：《老子集训》，上海书店出版社1996年版。

戴家祥主编、潘悠等编纂：《金文大字典》，学林出版社1995年版。

戴震著、何文光整理：《孟子字义疏证》，中华书局1982年版。

丁四新：《郭店楚竹书〈老子〉校注》，武汉大学出版社2010年版。

董作宾：《殷墟文字·甲编 图版》，商务印书馆1948年版。

方勇、陆永品：《庄子诠评》，巴蜀书社2007年版。

方勇、李波译注：《荀子》，中华书局2015年版。

方玉润：《诗经原始》，中华书局1986年版。

高亨：《老子注译》，清华大学出版社2010年版。

高亨：《老子正诂》，清华大学出版社2011年版。

高亨：《诗经今注》，清华大学出版社2010年版。

高明：《帛书老子校注》，中华书局1996年版。

谷斌、张慧姝、郑开：《黄帝四经注译·道德经注译》，中国社会科学出版社2004年版。

古棣、周英：《老子通·上部 老子校诂》，吉林人民出版社1991年版。

古文字诂林编纂委员会编纂：《古文字诂林》，上海世纪出版集团、上海教育出版社1999年版。

郭沫若主编：《甲骨文合集》，中华书局1982年版。

郭沫若：《管子集校》，《郭沫若全集》历史编第五至八卷，人民出版社1984年版。

郭庆藩撰、王孝鱼点校：《庄子集释》，中华书局2004年版。

国家文物局古文献研究室：《马王堆汉墓帛书》（壹），文物出版社1980年版。

何宁：《淮南子集释》，中华书局1998年版。

胡厚宣主编：《甲骨文合集释文》，中国社会科学出版社1999年版。

胡信田：《黄帝经通释》，台北：天工书局，1984年。

黄怀信：《鹖冠子汇校集注》，中华书局2004年版。

黄怀信等：《逸周书汇校集注》（修订本），上海古籍出版社2007年版。

姜涛：《管子新注》，齐鲁书社2006年版。

蒋锡昌：《老子校诂》，收入熊铁基、陈红星主编：《老子集成》第十四卷，宗教文化出版社2011年版。

焦竑：《老子翼》，收入熊铁基、陈红星主编：《老子集成》第六卷，宗教文化出版社2011年版。

焦竑：《庄子翼》，蒋氏慎修书屋校印1914年版。

金兆梓：《尚书诠译》，中华书局 2010 年版。
荆门市博物馆编：《郭店楚墓楚简》，文物出版社 1998 年版。
黎靖德编、王星贤点校：《朱子语类》，中华书局 1986 年版。
黎翔凤撰、梁运华整理：《管子校注》，中华书局 2004 年版。
李定生、徐慧君校释：《文子校释》，上海古籍出版社 2004 年版。
李孝定：《甲骨文字集释》，台北："中研院"历史语言研究所，1970 年。
李学勤主编：《字源》，天津古籍出版社 2012 年版。
刘柯、李克和：《管子译注》，黑龙江人民出版社 2003 年版。
刘熙：《释名》，中华书局 1985 年版。
刘笑敢：《老子古今》（修订版），中国社会科学出版社 2006 年版。
林希逸撰、周启成校注：《庄子鬳斋口义校注》，中华书局 1997 年版。
楼宇烈主撰：《荀子新注》，中华书局 2018 年版。
吕大澂：《说文古籀补》，中华书局 1988 年版。
吕惠卿：《道德真经传》，收入熊铁基、陈红星主编：《老子集成》第二卷，宗教文化出版社 2011 年版。
马承源主编：《上海博物馆藏战国楚竹书》（三），上海古籍出版社 2003 年版。
马承源主编：《上海博物馆藏战国楚竹书》（五），上海古籍出版社 2005 年版。
马承源主编：《上海博物馆藏战国楚竹书》（七），上海古籍出版社 2008 年版。
马其昶：《老子故》，收入熊铁基、陈红星主编：《老子集成》第十二卷，宗教文化出版社 2011 年版。
马叙伦：《老子校诂》，收入熊铁基、陈红星主编：《老子集成》第十二卷，宗教文化出版社 2011 年版。
马叙伦撰、许嘉璐主编、李林点校：《庄子义证 庄子天下篇述义》，浙江古籍出版社 2019 年版。
钱熙祚校：《慎子》，中华书局 1954 年版。

钱熙祚校：《尹文子》，中华书局1954年版。

清华大学出土文献研究与保护中心编、李学勤主编：《清华大学藏战国竹简》（壹），中西书局2010年版。

容庚编著，张振林、马国权摹补：《金文编》，中华书局1985年版。

《十三经注疏》整理委员会整理、李学勤主编：《十三经注疏》，北京大学出版社1999年版。

石一参：《管子今诠》，中国书店1988年版。

释德清：《庄子内篇注》，华东师范大学出版社2009年版。

司马迁：《史记》，中华书局1959年版。

《宋本玉篇》，中国书店1983年版。

苏辙：《道德真经注》，收入熊铁基、陈红星主编：《老子集成》第三卷，宗教文化出版社2011年版。

孙诒让：《名原》，齐鲁书社1986年版。

孙希旦：《礼记集解》，中华书局1989年版。

孙星衍：《尚书今古文注疏》，中华书局1986年版。

陶鸿庆：《读老子札记》，收入熊铁基、陈红星主编：《老子集成》第十二卷，宗教文化出版社2011年版。

王弼注、楼宇烈校释：《老子道德经注》，中华书局2008年版。

王彬译注：《法华经》，中华书局2010年版。

王卡点校：《老子道德经河上公章句》，中华书局1993年版。

王利器：《文子疏义》，中华书局2000年版。

王念孙撰、钟宇讯点校：《广雅疏证》，中华书局1983年版。

王叔岷：《庄子校诠》，台北："中央研究院"历史语言研究所，1999年。

王先谦撰、沈啸寰点校：《庄子集解》，中华书局1987年版。

王先谦撰，沈啸寰、王星贤点校：《荀子集解》，中华书局1988年版。

王先慎撰、钟哲点校：《韩非子集解》，中华书局1998年版。

王中江解读：《老子》，国家图书馆出版社2017年版。

魏启鹏：《马王堆汉墓帛书〈黄帝书〉笺证》，中华书局2004年版。

吴毓江：《墨子校注》，中华书局1993年版。
奚侗：《老子集解》，收入熊铁基、陈红星主编：《老子集成》第十三卷，宗教文化出版社2011年版。
谢浩范、朱迎平：《管子全译》（修订版），贵州出版社2009年版。
徐元诰：《国语集解》（修订本），中华书局2002年版。
徐中舒主编：《甲骨文字典》，四川辞书出版社1989年版。
许慎撰、段玉裁注：《说文解字注》，上海古籍出版社1981年版。
许维遹撰、梁运华整理：《吕氏春秋集释》，中华书局2009年版。
严灵峰：《老子达解》，台北：华正书局，2008年。
杨伯峻：《列子集释》，中华书局1996年版。
杨柳桥：《荀子诂译》，齐鲁书社2009年版。
姚孝遂主编：《殷墟甲骨刻辞类纂》，中华书局1989年版。
尹志华点校：《道德真经注》，收入中国道教协会编纂：《中华道经精要》第十二卷，待出版。
余明光校注：《黄帝四经》（大中华文库汉英对照本），岳麓书社2006年版。
于省吾：《甲骨文字诂林》，中华书局1996年版。
张觉：《荀子译注》，上海古籍出版社2012年版。
张默生著、张翰勋校补：《庄子新释》，新世界出版社2007年版。
张松辉：《老子译注与解析》，岳麓书社2008年版。
张松辉：《庄子译注与解析》，中华书局2011年版。
张松如：《老子校读》，吉林人民出版社1981年版。
张亚初：《殷周金文集成引得》，中华书局2001年版。
赵守正：《管子通解》，北京经济学院出版社1989年版。
中国科学院考古研究所编辑：《甲骨文编》，香港：中华书局香港分局1978年版。
中国社会科学院考古研究所编：《殷周金文集成释文》，香港：香港中文大学中国文化研究所2001年版。
钟泰著、骆驼标点：《庄子发微》，上海古籍出版社2002年版。
朱谦之：《老子校释》，中华书局1984年版。

朱熹：《诗集传》，中华书局2011年版。

朱熹：《四书章句集注》，中华书局1983年版。

宗福邦、陈世铙、萧海波主编：《故训汇纂》，商务印书馆2003年版。

二　著作

白奚：《稷下学研究——中国古代的思想自由与百家争鸣》，生活·读书·新知三联书店1998年版。

蔡明田：《庄子的政治思想》，台北：牧童出版社1976年版。

曹峰：《近年出土黄老思想文献研究》，中国社会科学出版社2015年版。

曹峰：《中国古代"名"的政治思想研究》，上海古籍出版社2017年版。

陈鼓应：《老庄新论》（修订版），商务印书馆2008年版。

陈来：《古代宗教与伦理——儒家思想的根源》，生活·读书·新知三联书店2009年版。

陈来：《古代思想文化的世界——春秋时代的宗教、伦理与社会思想》，生活·读书·新知三联书店2009年版。

陈丽桂：《战国时期的黄老思想》，台北：联经出版事业股份有限公司1991年版。

陈少明：《〈齐物论〉及其影响》，北京大学出版社2004年版。

陈赟：《自由之思——〈庄子·逍遥游〉的阐释》，浙江大学出版社2020年版。

程乐松：《身体、不死与神秘主义——道教信仰的观念史视角》，北京大学出版社2017年版。

崔大华：《庄学研究》，人民出版社1992年版。

崔宜明：《生存与智慧——庄子哲学的现代阐释》，上海人民出版社1996年版。

丁四新：《郭店楚墓竹简思想研究》，东方出版社2000年版。

丁原明：《黄老学论纲》，山东大学出版社1997年版。

丁原植：《郭店竹简〈老子〉释析与研究》，台北：万卷楼图书股份有限公司1999年版。

董平：《老子研读》，中华书局2015年版。

杜国庠：《先秦诸子思想概要》，生活·读书·新知三联书店1955年版。

杜维明著，郭齐勇、郑文龙编：《杜维明文集》（第四卷），武汉出版社2002年版。

方东美：《中国哲学之精神及其发展》，匡钊译，中州古籍出版社2009年版。

方维规：《概念的历史分量》，北京大学出版社2018年版。

方维规：《什么是概念史》，生活·读书·新知三联书店2020年版。

方维规：《历史的概念向量》，生活·读书·新知三联书店2021年版。

冯契：《中国古代哲学的逻辑发展》，上海人民出版社1983年版。

冯友兰：《中国哲学史》，华东师范大学出版社2000年版。

冯友兰：《中国哲学史新编》，人民出版社1998年版年。

冯友兰：《中国哲学史新编试稿》，《三松堂全集》第七卷，河南人民出版2001年版。

付粉鸽：《自然与自由——老庄生命哲学研究》，人民出版社2010年版。

傅斯年：《性命古训辨证》，广西师范大学出版社2006年版。

高瑞泉：《平等观念史论略》，上海人民出版社2018年版。

葛荣晋：《中国哲学范畴通论》，首都师范大学出版社2001年版。

郭沫若：《金文丛考》，《郭沫若全集》考古编第五卷，科学出版社2002年版。

郭沫若：《青铜时代》，《郭沫若全集》历史编第一卷，人民出版社1982年版。

郭沫若：《十批判书》，《郭沫若全集》历史编第二卷，人民出版社1982年版。

胡道静主编：《十家论老》，上海人民出版社2006年版。

胡道静主编：《十家论庄》，上海人民出版社 2004 年版。
胡家聪：《稷下争鸣与黄老新学》，中国社会科学出版社 1998 年版。
胡家聪：《管子新探》，中国社会科学出版社 2003 年版。
黄怀信：《〈逸周书〉源流考辨》，西安：西北大学出版社，1992 年。
贾晋华、陈伟、王小林、来国龙编：《新语文学与早期中国研究》，上海人民出版社 2018 年版。
江山：《文化与宪政》，台北：元照出版有限公司 2008 年版。
江山：《自然神论》，世界宗教博物馆基金会 2013 年版。
金德建：《先秦诸子杂考》，中州书画社 1982 年版。
荆雨：《自然与政治之间——帛书〈黄帝四经〉政治哲学研究》，东北师范大学出版社 2007 年版。
匡钊：《先秦道家的心论与心术》，中国社会科学出版社 2021 年版。
劳思光：《新编中国哲学史》（一卷），广西师范大学出版社 2005 年版。
李存山：《中国气论探源与发微》，中国社会科学出版社 1990 年版。
李存山：《中国传统哲学纲要》，中国社会科学出版社 2008 年版。
李零：《郭店楚简校读记》（增订本），中国人民大学出版社 2007 年版。
李平：《先秦法思想史论》，光明日报出版社 2013 年版。
李若晖：《郭店竹书老子论考》，齐鲁书社 2004 年版。
李若晖：《老子集注汇考》（第一卷），上海辞书出版社 2015 年版。
李若晖：《道论九章——新道家的"道德"与"行动"》，上海人民出版社 2017 年版。
李巍：《从语义分析到道理重构——早期中国哲学的新刻画》，商务印书馆 2019 年版。
李晓英：《个体论——先秦儒道对"德""道"的诠释》，中央文献出版社 2009 年版。
李学勤：《夏商周文明研究》，商务印书馆 2015 年版。
李义天：《美德伦理学与道德多样性》，中央编译出版社 2012 年版。
李泽厚：《中国古代思想史论》，生活·读书·新知三联书店 2008

年版。

李泽厚：《历史本体论·己卯五说》（增订本），生活·读书·新知三联书店2008年版。

廖名春：《郭店楚简老子校释》，清华大学出版社2003年版。

林光华：《〈老子〉之道及其当代诠释》，中国人民大学出版社2015年版。

林中坚：《中国传统礼治》，广东人民出版社2007年版。

刘节：《古史考存》，人民出版社1958年版。

刘梁剑：《汉语言哲学发凡》，高等教育出版社2015年版。

刘翔：《中国传统价值观诠释学》，生活·读书·新知上海三联书店1996年版。

刘笑敢：《诠释与定向——中国哲学研究方法之探究》，商务印书馆2009年版。

刘笑敢：《庄子哲学及其演变》（修订版），中国人民大学出版社2010年版。

刘信芳：《荆门郭店竹简老子解诂》，台北：艺文印书馆1999年版。

罗安宪：《虚静与逍遥——道家心性论研究》，人民出版社2005年版。

吕思勉：《先秦学术概论》，云南人民出版社2005年版。

蒙文通：《先秦诸子与理学》，广西师范大学出版社2006年版。

牟宗三：《才性与玄理》，广西师范大学出版社2006年版。

庞朴：《中国的名家》，中国国际广播出版社2010年版。

钱穆：《庄老通辨》，生活·读书·新知三联书店2005年版。

任继愈主编：《中国哲学发展史》（先秦卷），人民出版社1983年版。

容肇祖：《韩非子考证》，商务印书馆1936年版。

沈卫荣：《回归语文学》，上海古籍出版社2019年版。

沈卫荣、姚霜编：《何谓语文学——现代人文科学的方法和实践》，上海古籍出版社2021年版。

孙党伯、袁謇正主编：《闻一多全集》，湖北人民出版社1993年版。

孙熙国：《先秦哲学的意蕴——中国哲学早期重要概念研究》，华夏出版社2006年版。

孙以楷、甄长松：《庄子通论》，东方出版社1995年版。

孙以楷：《老子通论》，安徽大学出版社2004年版。

汤一介：《儒道释与内在超越问题》，江西人民出版社1991年版。

唐君毅：《中国哲学原论·原道篇》，中国社会科学出版社2006年版。

涂光社：《庄子范畴心解》，中国社会科学出版社2003年版。

王葆玹：《黄老与老庄》，中国人民大学出版社2012年版。

王博：《老子思想的史官特色》，台北：文津出版社1993年版。

王博：《庄子哲学》，北京大学出版社2004年版。

王国维著、周锡山编：《王国维集》（第四册），中国社会科学出版社2008年版。

王力：《中国语言学史》，复旦大学出版社2014年版。

王威威：《治国与教民——先秦诸子的争鸣与共识》，中国社会科学出版社2019年版。

王玉彬：《庄子哲学之诠释与重建》，人民出版社2015年版。

王中江：《道家形而上学》，上海文化出版社2001年版。

王中江：《视域变化中的中国人文与思想世界》，中州古籍出版社2005年版。

王中江：《简帛文明与古代思想世界》，北京大学出版社2011年版。

王中江：《道家学说的观念史研究》，中华书局2015年版。

王中江：《根源、制度和秩序——从老子到黄老》，中国人民大学出版社2018年版。

王中江：《自然和人：近代中国两个观念的谱系探微》，商务印书馆2018年版。

汪子嵩等：《希腊哲学史》，人民出版社1993年版。

吴根友：《道家思想及其现代诠释》，上海交通大学出版社2018年版。

吴光：《黄老之学通论》，浙江人民出版社1985年版。

吴怡：《逍遥的庄子》，广西师范大学出版社2006年版。

萧平：《老庄自然观念新探》，台北：花木兰文化出版2015年版。

熊十力：《新唯识论》，中华书局1985年版。
熊十力：《体用论》，中华书局1994年版。
徐复观：《中国人性论史》，华东师范大学出版社2005年版。
徐克谦：《庄子哲学新探——道·言·自由与美》，中华书局2005年版。
徐克谦：《轴心时代的中国思想》，安徽文艺出版社2000年版。
许建良：《先秦道家的道德世界》，中国社会科学出版社2006年版。
许建良：《先秦法家的道德世界》，人民出版社2012年版。
许抗生：《帛书老子注译及研究》（增订本），浙江人民出版社1985年版。
许抗生：《老子与道家》，新华出版社1993年版。
许倬云：《中国古代社会史论——春秋战国时期的社会流动》，邹水杰译，广西师范大学出版社2006年版。
严复：《严复集》（第四册 按语），中华书局1986年版。
严灵峰：《老庄研究》，台北：台湾中华书局1979年版。
严灵峰：《列子辩诬及其中心思想》，台北：时报文化出版事业有限公司，1983年。
杨国荣：《庄子的思想世界》，华东师范大学出版社2009年版。
杨立华：《郭象〈庄子注〉研究》，北京大学出版社2010年版。
杨立华：《一本与生生——理一元论纲要》，生活·读书·新知三联书店2018年版。
杨立华：《庄子哲学研究》，北京大学出版社2020年版。
叶海烟：《老庄哲学新论》，台北：文津出版社1997年版。
尹振环：《帛书老子再疏义》，商务印书馆2007年版。
余明光：《黄帝四经与黄老思想》，黑龙江人民出版社1989年版。
余樾：《诸子平议》，中华书局1954年版。
张秉楠：《稷下钩沉》，上海古籍出版社1991年版。
张岱年：《中国哲学大纲》，中国社会科学出版社1982年版。
张岱年：《中国古典哲学概念范畴要论》，收入《张岱年全集》第四卷，河北人民出版社1996年版。

张岱年、王中江著、苑淑娅编：《中国观念史》，中州古籍出版社 2006 年版。

张丰乾：《出土文献与文子公案》，社会科学文献出版社 2007 年版。

张丰乾：《训诂哲学——古典思想的辞理互证》，巴蜀书社 2020 年版。

张恒寿：《庄子新探》，湖北人民出版社 1983 年版。

张立文主编：《中国哲学范畴精粹丛书》，中国人民大学出版社 1989 年版。

张舜徽：《周秦道论发微》，中华书局 1982 年版。

张世英：《新哲学演讲录》，广西师范大学出版社 2004 年版。

张松辉：《老子研究》，人民出版社 2009 年版。

张松辉：《庄子研究》，人民出版社 2009 年版。

张增田：《黄老治道及其实践》，中山大学出版社 2005 年版。

章太炎：《齐物论释定本》，收入《章太炎全集》（六），上海人民出版社 1986 年版。

赵永刚：《美德的实在性研究》，武汉大学出版社 2017 年版。

郑开：《德礼之间——前诸子时期的思想史》，生活·读书·新知三联书店 2009 年版。

郑开：《庄子哲学讲记》，广西人民出版社 2016 年版。

郑开：《道家形而上学研究》（增订版），中国人民大学出版社 2018 年版。

郑开：《道家政治哲学发微》，北京大学出版社 2019 年版。

郑良树：《老子新论》，上海古籍出版社 2011 年版。

《中国哲学史研究》编辑部主编：《中国哲学史主要范畴概念简释》，浙江人民出版社 1988 年版。

周耿：《先秦道家人性论研究》，巴蜀书社 2019 年版。

朱伯崑：《先秦伦理学概论》，北京大学出版社 1984 年版。

［德］海德格尔：《路标》，孙周兴译，商务印书馆 2000 年版。

［德］卡西尔：《人论——人类文化哲学导引》，甘阳译，西苑版社版 2003 年版。

[德]康德：《实践理性批判》，韩水法译，商务印书馆1999年版。
[德]瓦格纳：《王弼〈老子注〉研究》，杨立华译，江苏人民出版社2008年版。
[德]雅斯贝尔斯：《论历史的起源与目标》，李雪涛译，华东师范大学出版社2018年版。
[法]卢梭：《社会契约论》，何兆武译，商务印书馆2003年版。
[法]德里达：《论文字学》，汪家堂译，上海译文出版社1999年版。
[古希腊]柏拉图：《理想国》，郭斌和、张竹明译，商务印书馆1986年版。
[古希腊]亚里士多德：《形而上学》，吴寿彭译，商务印书馆1959年版。
[古希腊]亚里士多德：《尼各马可伦理学》，廖申白译注，商务印书馆2003年版。
[古希腊]亚里士多德：《范畴篇》，秦典华译，苗力田主编：《亚里士多德全集》（第一卷），中国人民大学出版社2016年版。
[古罗马]卢克莱修：《物性论》，方书春译，商务印书馆1981年版。
[韩]李顺连：《道论》，华中师范大学出版社2003年版。
[美]艾德勒（Mortimer J. Adler）：《哲学是每个人的事——六大观念》，郗庆华、薛笙译，哈尔滨：北方文艺出版社，2014年。
[美]艾兰（Sarah Allan）：《水之道与德之端——中国早期哲学思想的本喻》（增订版），张海晏译，商务印书馆2010年版。
[美]爱莲心（Robert E. Allinson）：《向往心灵转化的庄子——内篇分析》，周炽成译，江苏人民出版社2010年版。
[美]安靖如（Stephen C. Angle）：《圣境——宋明理学的当代意义》，吴万伟译，中国社会科学出版社2017年版。
[美]安乐哲（Roger T. Ames）：《主术——中国古代政治艺术之研究》，滕复译，北京大学出版社1995年版。
[美]安乐哲、郝大维（David L. Hall）：《道不远人——比较哲学视域中的〈老子〉》，何金俐译，学苑出版社2004年版。
[美]罗浩（Harold D. Roth）：《原道——〈内业〉与道家神秘主义基

础》，严明 等译，学苑出版社 2009 年版。

［美］洛夫乔伊：《存在巨链——对一个观念的历史的研究》，张传有、高秉江译，商务印书馆 2015 年版。

［美］洛夫乔伊：《观念史论文集》，吴相译，江苏教育出版社 2005 年版。

［美］孟旦（Donald J. Munro）：《早期中国"人"的观念》，丁栋、张兴东译，北京大学出版社 2009 年版。

［美］牟复礼（Frederick W. Mote）：《中国思想之渊源》，王立刚译，北京大学出版社 2009 年版。

［美］倪德卫（David S. Nivison）：《儒家之道——中国哲学之探讨》，周炽成译，江苏人民出版社 2006 年版。

［美］史华慈（Ben Jamin I. Schwartz）：《古代中国的思想世界》，程钢译，江苏人民出版社 2004 年版。

［日］池田知久：《池田知久简帛研究论集》，曹峰译，中华书局 2006 年版。

［日］池田知久：《道家思想的新研究——以〈庄子〉为中心》，王启发、曹峰译，中州古籍出版社 2009 年版。

［日］池田知久：《郭店楚簡老子の新研究》，東京：汲古書院，2011 年。

［日］池田知久：《问道：〈老子〉思想细读》，王启发、曹峰等译，广西师范大学出版社 2019 年版。

［日］木村英一：《老子の新研究》，東京：創文社，1971 年。

［日］浅野裕一：《黄老道的形成与发展》，韩文译，凤凰出版社 2021 年版。

［日］增渊龙夫：《中国古代的社会与国家》，吕静译，上海古籍出版社 2017 年版。

［英］葛瑞汉（Angus C. Graham）：《论道者——中国古代哲学论辩》，张海晏译，中国社会科学出版社 2003 年版。

［英］哈耶克：《通往奴役之路》，王明毅等译，中国社会科学出版社 1997 年版。

[英]亚当·斯密：《国富论》，郭大力、王亚南译，商务印书馆2015年版。

Ames, Roger T., and Hall, David L. *Dao de jing: making this life significant: a philosophical translation*. New York: The Ballantine Publishing Group, 2003.

Bahm, Archie J., *Tao teh king*. Albuquerque: World Books, 1986.

Graham, Angus C., *Disputers of the Tao: Philosophical Argument in Ancient China*. La Salle: Open Court Publishing Company, 1989.

———. *Chuang-tz?: The Inner Chapters*. London: Unwin Hyman Limited, 1989.

Hansen, Chad, *A Daoist Theory of Chinese Thought: A Philosophical Interpretation*. New York: Oxford University Press, 2000.

Michael, Thomas, *The Pristine Dao: Metaphysics in Early Daoist Discourse*. Albany: State University of New York Press, 2005.

Moeller, Hans-Georg, *The Philosophy of the Daodejing*. New York: Columbia University Press, 2006.

Waley, Arthur, *The way and its power: a study of the Tao tê ching and its place in Chinese thought*. New York: Grove Press, 1958.

Watson, Burton. *The complete works of Chuang Tzu*. New York: Columbia University Press, 1968.

三 论文

白奚：《〈管子〉心气论对孟子思想的影响》，载陈鼓应主编：《道家文化研究》（第六辑），上海古籍出版社1995年版。

白奚：《从"辅万物之自然"到"无以人灭天"——道家对人类中心观念的反思》，《诸子学刊》2012年总第七辑。

白奚：《西汉竹简本〈老子〉首章"下德为之而无以为"考释》，《哲学研究》2015年第1期。

曹峰：《上博楚简〈凡物流形〉的文本结构与思想特征》，《清华大学学报》（哲学社会科学版）2010年第1期。

曹峰：《〈老子〉首章与"名"相关问题的重新审视——以北大汉简〈老子〉的问世为契机》，《哲学研究》2011年第4期。

曹峰：《出土文献视野下的黄老道家研究》，《中国社会科学》2013年第2期。

曹峰：《论〈老子〉的"天之道"》，《哲学研究》2013年第9期。

曹峰：《〈老子〉的幸福观与"玄德"思想之间的关系》，《中原文化研究》2014年第4期。

曹峰：《〈黄帝四经〉所见"节""度"之道》，《史学月刊》2017年第5期。

曹峰：《〈老子〉生成论的两条序列》，《文史哲》2017年第6期。

曹峰：《〈文子·自然〉研究——兼论对"道法自然"的理解》，《现代哲学》2018年第5期。

曹峰：《思想史脉络下的〈齐物论〉——以统一性与差异性关系为重点》，《中国人民大学学报》2020年第6期。

晁福林：《试析庄子的"情性"观》，《中州学刊》2002年第3期。

晁福林：《先秦时期"德"观念的起源及其发展》，《中国社会科学》2005年第4期。

陈鼓应：《道家的社会关怀》，载陈鼓应主编：《道家文化研究》（第十四辑），生活·读书·新知三联书店1998年版。

陈鼓应：《〈庄子〉内篇的心学——开放的心灵与审美的心境》，载陈鼓应主编：《道家文化研究》（第二十五辑），生活·读书·新知三联书店2010年版。

陈鼓应：《庄子论情：无情、任情与安情》，《哲学研究》2014年第4期。

陈广中：《为张湛辨诬——〈列子〉非伪书考之一》，《〈列子〉三辨——〈列子〉非伪书考之二》，《从古语词看〈列子〉非伪——〈列子〉非伪书考之三》，载陈鼓应主编：《道家文化研究》（第十辑），上海古籍出版社1996年版。

陈静：《"真"与道家的人性思想》，载陈鼓应主编：《道家文化研究》（第十四辑），生活·读书·新知三联书店1998年版。

陈静：《"吾丧我"——〈庄子·齐物论〉解读》，《哲学研究》2001年第5期。

陈静：《道与对待关系的形成——道家之道简论》，载王中江主编：《老子学集刊》（第五辑），中国社会科学出版社2021年版。

陈来：《孟子的德性论》，《哲学研究》2010年第5期。

陈佩君：《先秦道家的心术与主术——以〈老子〉、〈庄子〉、〈管子〉四篇为核心》，台北：台湾大学哲学研究所博士学位论文，2008年。

陈少明：《"吾丧我"：一种古典的自我观念》，《哲学研究》2014年第8期。

陈少明：《由训诂通义理：以戴震、章太炎等人为线索论清代汉学的哲学方法》，《中国社会科学》2018年第7期。

陈霞：《孔德之容，唯道是从——论道家道德哲学的根基及其特征》，《哲学研究》2016年第3期。

陈赟：《"尧让天下于许由"：政治根本原理的寓言表述——〈庄子·逍遥游〈的内在主题》，《社会科学》2009年第4期。

程乐松：《物化与葆光——〈齐物论〉中所见的两种自我形态》，《中国哲学史》2020年第3期。

崔永东：《帛书〈黄帝四经〉中的阴阳刑德思想初探》，《中国哲学史》1998年第4期。

丁四新：《早期〈老子〉文本的演变、成型与定型——以出土简帛本为依据》，《中州学刊》2014年第10期。

丁四新：《论刘向本（通行本）〈老子〉篇章数的裁划依据》，《哲学研究》2014年第12期。

丁四新：《"数"的哲学观念与早期〈老子〉文本的经典化——兼论通行本〈老子〉分章的来源》，《中山大学学报》（社会科学版）2019年第3期。

高瑞泉：《观念的力量及其实现》，《华东师范大学学报》（哲学社会科学版）2019年第6期。

高瑞泉：《词汇：中国观念史研究的进路》，《学术月刊》2021年第

5 期。

郭沂:《"德"义探本》,《周易研究》2019 年第 3 期。

郭沂:《从西周德论系统看殷周之变》,《中国社会科学》2020 年第 12 期。

韩巍:《北京大学藏西汉竹书本〈老子〉的文献学价值》,《中国哲学史》2010 年第 4 期。

韩振华:《突破,抑或迷思?——儒学"内在超越说"的跨文化考察与批判重构》,《复旦学报》(社会科学版)2019 年第 2 期。

何发甦:《〈说文解字〉"悳""德"辨析》,《北京师范大学学报》(社会科学版)2008 年第 3 期。

黄玉顺:《中国哲学"内在超越"的两个教条——关于人本主义的反思》,《学术界》2020 年第 2 期。

金春峰:《论〈黄老帛书〉的主要思想》,《求索》1986 年第 2 期。

金春峰:《"德"的历史考察》,《陕西师范大学学报》(哲学社会科学版)2007 年第 6 期。

匡钊:《先秦"心"的思想研究——以修身工夫为视角》,清华大学哲学系博士学位论文 2010 年版。

匡钊:《早期儒家的德目划分》,《哲学研究》2014 年第 7 期。

匡钊:《中国古典学与中国哲学"接着讲"》,《深圳大学学报》(人文社会科学版)2018 年第 5 期;

匡钊:《心由德生——早期中国"心"观念的起源及其地位》,《中国哲学史》2020 年第 6 期。

匡钊:《字义与范畴——从语文学能抵达哲学语义分析吗》,《学衡》2021 年第 1 期。

乐爱国:《〈管子〉的精气说辨正》,《管子学刊》1996 年第 1 期。

李存山:《〈内业〉等四篇的精气思想探微》,《管子学刊》1989 年第 2 期。

李若晖:《以"天"代"帝"——周人对于君权正当性之反思及"德"之初步独立》,收入周强、陈望衡主编:《儒源新探——周先祖与中国文化》,中国社会科学出版社 2012 年版。

李若晖：《〈老子〉八十一章本早期形态探索》，《浙江大学学报》（人文社会科学版）2021年第6期。

李巍：《德治悖论与功利思维——老子"无为"观念的新探讨》2018年第12期。

李巍：《道家之道：基于类比的概念研究》，《深圳大学学报》（人文社会科学版）2020年第5期。

李霞：《道家之"德"的生命论意蕴》，《江苏大学学报》（社会科学版）2012年第6期。

李夏：《帛书〈黄帝四经〉研究》，济南：山东大学文史哲研究院博士学位论文，2007年。

李晓英：《〈庄子〉天下观初探》，《郑州大学学报》（哲学社会科学版）2015年第2期。

李学勤：《祭公谋父及其德论》，《齐鲁学刊》1988年第3期。

李学勤：《论燹公盨及其重要意义》，《中国历史文物》2002年第6期。

连劭名：《金文所见周代思想中的德与心性学说》，《文物春秋》2009年第2期。

林明照：《庄子"真"的思想析探》，台北：台湾大学哲学研究所硕士学位论文，2000年。

刘黛：《郭店楚简、马王堆帛书、王弼本〈老子〉版本比较与分析》，北京大学哲学系硕士学位论文2008年版。

刘黛：《从事而道者的得失之路——以帛书为基础的〈老子〉第23章新诠》，《马克思主义与中华文化研究》2019年第2期。

刘恒：《殷代"德方"说》，《中国史研究》1995年第4期。

刘蔚华：《论道家的自然哲学》，载陈鼓应主编：《道家文化研究》（第四辑），上海古籍出版社1994年版。

罗安宪：《庄子"吾丧我"义解》，《哲学研究》2013年第6期。

罗祥相：《庄子"命"与"逍遥"思想辩证》，《哲学研究》2016年第4期。

蒙培元：《"道"的境界——老子哲学的深层意蕴》，《中国社会科学》

1996 年第 1 期。

孟琢：《〈庄子〉"吾丧我"思想新诠——以汉语词源学为方法》，《中国哲学史》2020 年第 5 期。

裘锡圭：《稷下道家精气说的研究》，载陈鼓应主编：《道家文化研究》（第二辑），上海古籍出版社 1992 年版。

裘锡圭：《㝬公盨铭文考释》，《中国历史文物》2002 年第 6 期。

任剑涛：《内外在超越之外：儒家内在超越论及其诱发结果》，《上海大学学报》（社会科学版）2021 年第 1 期。

圣凯：《佛教观念史的方法论传统与建构意义》，《清华大学学报》（哲学社会科学版）2021 年第 6 期。

圣凯、谢奇烨：《经典、观念、生活：佛教观念史的要素与维度》，《世界宗教文化》2021 年第 5 期。

王博：《论〈黄帝四经〉产生的地域》，载陈鼓应主编：《道家文化研究》（第三辑），上海古籍出版社 1993 年版。

王博：《老子"自然"观念的初步形成》，《中国哲学史》1995 年第 3—4 期合刊。

王博：《权力的自我节制：对老子哲学的一种解读》，《哲学研究》2010 年第 6 期。

王博：《思想史视野中的〈老子〉文本变迁》，《中国哲学史》2015 年第 4 期。

王楷：《庄子德论发微》，《道德与文明》2013 年第 1 期。

王威威：《从"平等"到"一体"——论庄子的天下观》，《商丘师范学院学报》2019 第 1 期。

王玉彬：《"游心乎德之和"——庄子哲学"德"义发微》，《道德与文明》2013 年第 2 期。

王玉彬：《庄子哲学的"天下"观念》，载陈鼓应主编：《道家文化研究》第二十九辑，生活·读书·新知三联书店 2015 年版。

王玉彬：《"德""性"之辨——〈庄子〉内篇不言"性"释义》，《哲学研究》2017 年第 12 期。

王中江：《道的突破——从老子到金岳霖》，载陈鼓应主编：《道家文化研究》（第八辑），上海古籍出版社1995年版。

王中江：《黄老学的法哲学原理、公共性和法律共同体理想——为什么是"道"和"法"的统治》，《天津社会科学》2007年第4期。

王中江：《〈凡物流形〉的宇宙观、自然观和政治哲学——围绕"一"而展开的探究并兼及学派归属》，《哲学研究》2009年6期。

王中江：《道与事物的自然：老子"道法自然"实义考论》，《哲学研究》2010年第8期。

王中江：《早期道家的"德性论"和"人情论"——从老子到庄子和黄老》，《江南大学学报》（人文社会科学版）2012年第4期。

王中江：《出土文献与先秦自然宇宙观重审》，《中国社会科学》2013年第5期。

王中江：《个体：从类、性到关系和普遍相关性》，《哲学分析》2016年第5期。

王中江：《关系空间、共生和空间解放》，《中国高校社会科学》2017年第2期。

王中江：《关系的类型和事态：对偶性、相互关联和交往世界》，《社会科学战线》2017年第6期。

王中江：《"关系时间"语言：个体的过程、同一和流逝》，《社会科学战线》2019年第4期。

王中江：《"心灵"概念图像的多样性：出土文献中的"心"之诸说》，《哲学研究》2019年第12期。

王中江：《关系世界、相互性和伦理的实态》，《武汉大学学报》（哲学社会科学版）2020年第3期。

王中江：《强弱相关性与因果确定性和机遇》，《清华大学学报》（哲学社会科学版）2020年第3期。

王中江：《权力的正当性基础：早期儒家"民意论"的形态和构成》，《学术月刊》2021年第3期。

王中江：《"差异性"和"多样性"的世界：庄子的"物之不齐论"》，《社会科学战线》2021年第4期。

许抗生：《〈列子〉考辨》，载陈鼓应主编：《道家文化研究》（第一辑），上海古籍出版社 1992 年版。

叶树勋：《先秦象天明刑锥指》，硕士学位论文，清华大学，2010 年。

叶树勋：《上博楚简〈凡物流形〉鬼神观探究》，《周易研究》2011 年第 3 期。

叶树勋：《从〈庄子〉的潜语境解读知礼意的进程》，《道家文化研究》总第 28 辑，三联书店 2014 年版。

叶树勋：《"帝道"理念的兴起及其思想特征》，《中国哲学史》2017 年第 1 期。

叶树勋：《道家"自然"观念的演变——从老子的非他然到王充的无意志》，《南开学报》（哲学社会科学版）2017 年第 3 期。

叶树勋：《早期道家"自然"观念的两种形态》，《哲学研究》2017 年第 8 期。

叶树勋：《从"自""然"到"自然"——语文学视野下"自然"意义和特性的来源探寻》，《人文杂志》2020 年第 2 期。

叶树勋：《老子"物"论探究——结合简帛〈老子〉的相关信息》，《中国哲学史》2021 年第 1 期。

尹志华：《〈老子〉通行本分章问题再探讨》，《哲学研究》2017 年第 7 期。

袁青：《〈老子〉"德经"首章新解》，《学术探索》2014 年第 9 期。

袁青：《〈黄帝四经〉成书年代辨析》，载陈鼓应主编：《道家文化研究》第三十辑，中华书局 2016 年版。

张汝伦：《论"内在超越"》，《哲学研究》2018 年第 3 期。

郑开：《〈老子〉第一章札记：两个语文学疏证及哲学阐释》，《清华大学学报》（哲学社会科学版）2008 年第 1 期。

郑开：《玄德论——关于老子政治哲学和伦理学的解读与阐释》，《商丘师范学院学报》2013 年第 1 期。

郑开：《试论老庄哲学中的"德"：几个问题的新思考》，《湖南大学学报》（社会科学版）2016 年第 4 期。

郑开：《中国哲学语境中的本体论与形而上学》，《哲学研究》2018 年第 10 期。

郑开：《德与 Virtue——跨语际、跨文化的伦理学范式比较研究》，《伦理学术》2020 年总第 9 卷。

郑开：《新考证方法发凡——交互于思想史与语文学之间的几个例证》，《同济大学学报》（社会科学版）2020 年第 1 期。

郑开：《试论〈逍遥游〉中的"卮言"——从语文学到哲学的分析进路》，收入杜晓勤主编：《中国古典学》第一卷，中华书局 2020 年版。

周耿：《〈老子·三十八章〉"上""上德"探微》，《哲学研究》2017 年第 5 期。

朱凤瀚：《燹公盨铭文初释》，《中国历史文物》2002 年第 6 期。

[韩] 洪淳穆：《先秦思想中"德"的意义范畴》，《当代韩国》2003 年春夏合刊。

[日] 小仓芳彦：《〈左传〉中的霸与德——"德"概念的形成与发展》，许洋主译，收入刘俊文主编：《日本学者研究中国史论著选译·第七卷 思想宗教》，中华书局 1993 年版。

[日] 小南一郎：《天命と德》，《東方學報》1992 年第 64 辑。

[日] 小野澤精一：《德論》，收入赤塚忠、金谷治等主编：《中國文化叢書·第 2 卷 思想概論》，東京：大修館書店，1968 年。

[日] 窪田忍：《中国先秦儒家圣人观探讨——殷周时代的"圣"观念及其在先秦儒家思想中的演变和展开》，北京大学哲学系博士学位论文 1989 年版。

Ames, Roger T., "Putting the *Te* back into Taoism," in J. Baird Callicott, and Roger T. Ames, eds. *Nature in Asian Traditions of Thought: Essays in Environmental Philosophy*. Albany: State University of New York Press, 1989, pp. 113 – 143.

Callahan, W. A., "Discourse and perspective in Daoism: A Linguistic Interpretation of *Ziran*," *Philosophy East and West*, 1989, Vol. 39, No. 2, pp. 171 – 189.

Kryukov, Vassili., "Symbols of Power and Communication in Pre – Confucian China (On the Anthropology of "*De*"): Preliminary Assumptions,"

Bulletin of the School of Oriental and African Studies, University of London, Vol. 58, No. 2, 1995, pp. 314 – 333.

Nivision, David S. , "Royal 'Virtue' in Shang Oracle Inscriptions," *Early China*, Vol. 4, 1979, pp. 52 – 55.

后　记

　　拙著的原型是本人在 2013 年 6 月完成的博士论文。毕业以后，我的研究领域多有转移，但道家"德"观念的问题一直萦绕于心。这几年在博士论文基础上陆续开展进一步研究，对此观念的理解也出现了一些变化。相比于原型，本书最大的修改之处在于把"关系"作为考察"德"的基本背景。这些年一直在思考一个问题，"德"的意义纷纭多样，背后有没有一个内在的机理呢？后来逐渐发现，道家论"德"一直有个基底，不管它的意义如何流变，道家一直是把它放在几组关系中来讲。把这个基底揭示出来，不仅可以系统把握"德"的意义和角色，在更大的范围上还可以为理解道家哲学的内部构造提供一种思路。在博士论文中，笔者已然将"德"放在道物关系和王民关系里进行讨论，但当时还没有明确意识到这是道家论"德"的思想基底，也没有把"关系"作为全书的线索。

　　本书部分内容曾在刊物上发表，现按目录顺序作一说明。第一章中关于"德"与"得"的内容，曾以"'德'与'得天命'的关系——西周'德'观念的一个问题"为题，发表于《现代哲学》2021 年第 4 期。第二章第一节曾以"《老子·德经》首章的文本与义理问题"为题，发表于《四川大学学报》（哲学社会科学版）2021 年第 5 期。第二章中与"玄德"有关的内容，曾以"老子'玄德'思想及其所蕴形而上下的通贯性"为题，发表于《文史哲》2014 年第 5 期。围绕老子的"德"观念，还有发表于《中国哲学史》2013 年第 4 期的《"德"观念在老子哲学中的意义》，和发表于《哲学研究》2014 年第 9 期的《老子对"德"观念的改造与重建》，两文的部分内容被收入此著。第三章第一节的部分内容曾以"道家物德论在《庄子》中的展开"为题，发表于《陕西师范大学学报》（哲学社会科学版）2014 年第 3 期。第三章第二节的部分内容曾分别以"庄子的'悬解'之'德'"和"生命价值的内向省察——'德'观念在庄子哲学中的意义"为题，发表于《史学月刊》2013 年第 10 期和《哲学门》2016 年第 32 辑。第三章第三节的部分内容，曾以"《庄子》的世德观念及其政治意蕴"为题，发表于《现代哲学》2015 年第 4 期。第五章的部分内容曾以"黄老道家德政思想的新探讨——以帛书《黄帝四经》为中心"为题，发表于《道家文化研究》2015 年第 29 辑。另外，关于"物德"问题曾有两篇专论，分别是发表于《文史哲》2017 年第 2 期的《早期道家宇宙观的人文向度——以物德论为中心的探讨》和发表于《哲学动态》2018 年第 2 期的《从形而下到形而上——先秦道家物德观念的多层意域》，两文的部分内容被收入此著。

  拙著得以完成，有赖于很多师友的指教和帮助。首先感谢我的导师王中江先生。此著从选题到答辩，再到后来的修改，每一步都离不开王老师的谆谆教诲。老师的言传身教将是我受益终生的宝贵财富。同时要感谢我的导师江山先生。在清华法学院跟随江老师求学的岁月，是我生命中十分珍贵的时光。还要感谢曹峰老师。自博士求学以来，曹老师对我的学业一直关心有加，本书研究的开展离不开曹老师一路来的指导。此外要感谢南开哲学院诸位师友的赐教和支持，让拙著有机会入选"南开哲学文丛"进行出版。同时也感谢中国社会科学出版社冯春凤老师等人，你们的耐心和认真是拙著得以面世的保障。此书在研究过程中还曾得到学界诸多师友的指导和帮助，在此谨致谢忱。南开哲学院的学生李志鹏、姚磊、李佳惠、谢文康、郭田恬、李婉荥等人曾帮忙校对书稿，谢文康翻译了所涉日文论著的内容。感谢诸位同学的帮助。最后要感谢我的家人，是你们的理解和支持，让我拥有了一路前行的动力。

叶树勋

2021 年 12 月 28 日于南开大学